U0632401

分卷主编 陈开科

中华民国时期
外交文献汇编

1911—1949

第十卷

下

中华书局

二、中苏关系

说明:1944 年—1945 年,在苏联的支持下,中国新疆的伊犁、塔城、阿尔泰发生声势浩大的三区革命,新疆各族人民掀起反对国民党反动统治的革命斗争。但是,革命初期,革命领导权为封建宗教上层所控制,成立了"东突厥斯坦人民共和国",不但具有民族分裂的倾向,且对苏联产生政治上的隐忧。最终,在苏联的全力斡旋下,中苏合力和平解决了"伊宁事件",取缔了分裂政权,维护了中国疆土的统一。但是,同样由于苏联的支持,民国政府不得不承认外蒙古的独立。此时中国非仅边疆不宁,内地亦因国共之争局势趋于恶化。1946 年 6 月蒋介石发动全面内战,但节节失败,到 1947 年下半年,解放军开始战略反攻。中国国共两党角逐情势的变化,加上美、苏矛盾的激烈,苏联慢慢将对华政策的重心倾向中共。1949 年初,中共在内战中的胜利已成定局。苏联与中共开始了秘密外交。同年 1 月联共(布)派米高扬访问西柏坡。6 月中共派刘少奇访问莫斯科。中共与苏联的秘密外交使中共慢慢确立向苏联"一边倒"的外交方针。10 月 2 日,苏联宣布与中华人民共和国建交,与中华民国断交,开启了中苏关系的新时代。

本章主要资料来源①:

中国国民党中央委员会党史委员会编,秦孝仪主编:《中华民国重要史料初编——对日抗战时期》第三编《战时外交》(二),台北"中央"文物供应社,1981 年

中国国民党中央委员会党史委员会编,秦孝仪主编:《中华民国重

---

① 部分俄文翻译过来的资料,为方便利用,时间标记为俄历,俄历比公历迟 13 天。如 5 月 12(25)日。

要史料初编——对日抗战时期》第七编《战后中国》(一),台北"中央"文物供应社,1981年

台北"外交部"编印:《外交部档案丛书——界务类》第三册、第四册,新疆卷(一)、(二),2001年

《建国以来刘少奇文稿》(1949年7月—1950年3月)第1册,中央文献出版社,2005年

李嘉谷编:《中苏国家关系史资料汇编》(1933—1945),社会科学文献出版社,1997年

薛衔天编:《中苏国家关系史资料汇编》(1945—1949),社会科学文献出版社,1996年

[俄]A.M.列多夫斯基著,陈春华、刘存宽等译:《斯大林与中国》,新华出版社,2001年

[俄]A.M.列多夫斯基编,李玉贞译:《米高扬与毛泽东的秘密谈判(1949年1—2月)》,《党的文献》1996年第1期

《中央日报》1945—1949年

《人民日报》1949年。

(一)中、苏有关新疆问题的交涉

说明:1944年发生的三区革命是新疆各族人民在苏联的支持下发动的一场反对国民党暴政的革命斗争。但革命初期,领导权落入封建宗教的上层手中,成了"东突厥斯坦人民共和国",出现了民族分裂的倾向,终引起中、苏两国的重视。最后,在苏联的支持下,中、苏两国经过艰难的谈判,和平解决"伊宁事件",民族分裂倾向被制止,中国维护了国家的统一。此后,中苏两国恢复经济合作谈判,在新疆加强了地区经济合作。1947年,中蒙发生边界冲突"北塔山事件",国民政府处置不当,导致中苏关系趋于恶化。

1. 伊宁事件的和平解决

盛世才致蒋介石函

迪化，1944 年 4 月 28 日

委座钧鉴：窃自苏方策动哈民叛变，以苏蒙之陆、空军侵新以来，迭承钧座垂眷，勉策有加，复屡奉亲笔手谕，详示机宜，仰见钧座日理万机，无微不至，俾职有所遵循，铭感曷极，又蒙派朱长官来新，当面指示机宜及调派精锐三师入新，分屯驻守，拱卫边疆，并拨发械弹器材补充军实，使职及边省武装同志一致感奋，十四宗族咸戴德威，职惟有率领军民，誓守疆土以报党国，以报钧座知遇之恩，以不负钧座期望之心。兹将目前情形略陈于次：查蒙卡现驻有苏蒙军约壹千四百人，哈匪活动之壮丁约有壹千五百人（配属枪枝者约七百人），判断其目前企图以先取富蕴，积极夺占阿山区为其侵新根据地。

其军事策略，虽因我中央抗议及国际舆论并甘肃军队陆续入新关系而暂行停止空军轰炸行动，然在陆地方面，除积极补充哈匪步枪外，并增加轻重机枪、掷弹枪、自动步枪等火器，使用自动火器及指挥哈匪作战之指挥官，均系苏联与外蒙人。

其在政治策略方面，亦有整个阴谋计划。刻在省城方面已获苏方组织之游击队员及共产党秘密组织，除对省城方面日夜加紧审讯，陆续逮捕，积极肃清反动份子外，对外区已派警务处长李英奇驰赴南疆侦查，复派警务处副处长张光前驰赴阿山侦察，以便加快肃清其他各行政区之反动份子。

职目前对苏蒙政治阴谋之对策，系采取积极肃清内部之反动份子，特别是加快肃清游击队秘密组织及共产党秘密组织，同时并极力把握各宗族头目阿洪以及有声望者，以减弱苏方活动力量，加强各宗族对国家民族观念。

至对苏蒙哈匪军事活动之对策，系一方积极进行剿办窜入新境之苏蒙哈匪,一方在解富蕴之围后,对由富蕴至承化间之要点,及由富蕴至福海间之要路,均驻扎相当兵力,以防堵蒙哈匪窜扰阿山,以打破其夺占阿山计划。

以上两项对策如有不当之处,敬祈钧座详加指示,以便遵循为盼。再舍弟世骥曾奉核准赴渝报告一切,现以分团有些干部被捕,暂时不克离迪。至职所有应禀钧座事项,均请朱长官代为禀陈。

再据吴特派员函称,阿拉木图领馆消息,谓苏方派十三人秘密入新,专以行刺为目的等情,职除饬有关机关严加注意外,深恐奸党对我党国要人应必有谋刺之阴谋,更因本党党员众多,难免不无奸党份子混入,当此时局复杂之时,特请钧座在饮食起居方面多加注意,函此敬请钧安。职盛世才谨禀。卅三年四月廿八日晚十一时。

《中华民国重要史料初编——对日抗战时期》第三编《战时外交》(二),第461—462页

高思致赫尔电

重庆,1944 年 10 月 9 日

阁下:关于所称新疆省哈萨克人劫掠一事,大使馆 8 月 24 日下午 1 时 1451 号电报及此前函电计已收到,谨将驻迪化领事 1944 年 9 月 23 日电报内有关此事之情报呈报如下。

该领事称,据外交部驻新疆特派员报告,约 30 名哈萨克人于 1944 年 8 月 31 日从塔城以东约 90 公里,离俄国边界约 10 公里的乌什绥(Wushihshui)附近赶着 300 匹马;中国边境哨兵向离俄国边界约三四公里处开枪制止哈萨克人前进。哈萨克人向中国边防军还击;俄国边防军为呼应哈萨克人侵入中国领土一公里多,并协助哈萨克人从中国边防军包围中夺路;苏联边防军也对中国边防军开了火;苏联边防军和哈萨克人在被中国边防军追击中抢走了马匹;在此次冲突过程中有四名中国边防军受伤。

该领事报告内并称,据外交部特派员告知,位于伊宁东 120 公里的山区内的巩哈村从 1944 年 9 月 17 日起即被一队约 60 名哈萨克人

包围。

史密斯说,曾数次就所指控的苏联于本年 7 月及 8 月积极参与哈萨克人在新疆西部暴动一事的真实性询问该特派员,该特派员一再向史密斯保证说,经仔细核对证据,确信苏联参与的说法是可靠的。据史密斯说,外交部特派员认为,上述新发生的事件是"又一次神经战,意在促成将原有机构剩下的边境行政官吏解职。"

据重庆报导,向史密斯提供情报的吴霭宸被外交部召回,继任者为原驻莫斯科大使馆参事刘泽荣先生。一般认为,此项调动表明,中国政府将进一步任命受俄国人欢迎的人为驻新疆官员。

FRUS,1944,Vol.6,pp.814-815

高思致赫尔电

重庆,1944 年 10 月 19 日上午 8 时

在 11 日电报中,驻迪化领事报告外交部特派员的消息:10 月 8 日 40 名哈萨克人袭击了迪化以南 8 公里的地区;另有 100 多人袭击了迪化以北 16 公里地区,900 多阿尔泰哈萨克人抢劫并焚烧了在迪化以北 40 公里的有城墙的阜康镇,日期不明;喀什西南两个边境碉堡被 500 名苏联兵和一些哈萨克人或吉尔吉斯人攻占,日期不明。该领事说,据报导,在最近一次袭击中一名幸存的人证实,他看到几百名用苏联新式步枪和刺刀武装的阿尔泰哈萨克人。据该领事报导,新任省主席说,他决心保持新疆和平和民族平等,第一步是用宣传而不是用子弹劝说哈萨克人停止袭击。

FRUS,1944,Vol.6,pp.816-817
《中苏国家关系史资料汇编》(1933—1945),第 503 页

卜道明致蒋介石函

重庆,1944 年 11 月 25 日

司高磋代办答称:

一、苏联将用一切方法增进并加强中苏友谊及两国之合作,因中苏接壤五千余公里,两国必须合作,且无不能解决之争论。

二、新省在盛督办时代确曾发生敌视苏联国民之事实,致妨碍中苏邦交之增进,经潘大使通知贵方有案。此类事实,近来并未发生,此亦贵国政府调整新省人事之效果也。惟新省某些商人,仍不愿卖货物给苏联国民,谅系过去之残余情绪,不难纠正。

三、关于伊宁白俄(白归化族)之暴动,本人系于一星期前与阁下谈话中始获知悉,今竟几将伊宁城全部占领,实属不幸(该代办言至此,摇头,并低声骂"他妈的!")。查该白俄等均系不愿回返苏联祖国者,彼等认中国较苏联为好,经贵国收容后,散居新省、东三省、上海、天津等处,一九三七年天津白俄曾将天津苏领事馆打劫一空,经向日政府(因当时日军已占领天津)提出抗议有案。迪化苏领事对于暴动情形,也许知之较详,阁下抵新后能与该领事一谈,当然更好,惟白俄虽系俄人,仅系语言上相同,彼等思想则全与苏联不同,究竟彼等企图如何,本人尚不知悉。惟相信苏联对于此等白俄之暴动,决不至有何种关系或支持,倘苏联人在新省有此种举动,苏联当用极严厉手段处置也。

四、关于新苏经济合作事,请先与巴固林代表一谈,因此系巴代表主管之事,必须先有商洽。

五、阁下关于新省问题之谈话,本人当报告莫斯科,并电驻迪苏领事欢迎阁下前往洽谈。

《中华民国重要史料初编——对日抗战时期》第三编《战时外交》(二),第462—463 页

华德致斯退丁纽斯电
迪化,1944 年 12 月 10 日

国务卿阁下:关于伊宁暴乱,在 1944 年 11 月 16 日至 12 月 10 日间本领事馆曾向驻重庆大使馆发出 2 至 9 号电(包括 9 号),11—21 号电(含 21 号),24,28 及 29 号电。电报要点想已转发国务院,现再就此事提出下列报告。

摘要:11月7日在新疆省西部离边境不远的伊宁市开始发生暴乱。参与暴乱的有哈萨克人,突厥人,鞑靼人和流亡新疆的俄罗斯人。暴乱者控制了伊宁,当时大部分中国驻军离开了伊宁去讨伐乱民,其余或被消灭或被赶回到伊宁市北一个大致成椭圆形的地区,中国人即在此以飞机场,空军部队兵营和奎旺寺为根据地,成功地进行防卫以迄于今。在暴徒推进到靠近飞机场西面的一个据点以前,被围困的驻军还有可能从空中得到物资和轻装备供应,但现在已不再可能,被迫将物资空投到旷野中。利用公路派遣增援部队受到延误,因为直到最近二台还在乱民手里,而二台是在霍尔果斯——迪化公路上的一个战略关口。中国人夺回这个关口,加以胡宗南部队的两个师从"关内"到达迪化,这使得新疆当局人士恢复了信心,在写此份报告时,他们认为不久就能将暴乱平息。此时,暴民似乎装备齐全,并且为他们所设立的"东突厥共和国"进行宣传,显然他们希望以全省穆斯林联合为基础反对占少数的汉人。中国人一致认为,暴乱是苏联煽起的,但是就俄国人的情况而言,他们本可以不必有所行动就达到所追求的任何目的,这样也就不会受到任何指责;他们似乎不会去做任何有损其地位,或给中国人本已过份的反苏指责火上浇油的事情。动乱更可能意味着对多年暴政的反抗。摘要完。

(以下为详细报告原文)

Ⅲ、归罪于苏联同谋

从暴乱开始以来,领事馆接触过的差不多每一个中国人都从内心里相信是苏联在共谋,有很多事也确实如此。在第一次拜访朱绍良时,他直言不讳地说,暴乱是苏联煽起的;朱将军断言,暴乱是红军节(11月7日)在伊宁市白俄居民区开始,是由一群具有中国公民身分但也在苏联领事馆秘密登记的白俄发动的。他说两名囚犯指出,白俄领导人是盛世才以前的俄国顾问波利诺夫。据朱将军说,造反者的真正基地是在俄国边境的霍尔果斯镇。在霍尔果斯和伊宁之间的水定也被造反者控制,他们经常通过这里和霍尔果斯接触,并且通过此路线接收从苏联来的武器和物资。为了证明这些论点,他出示了一个 20 毫米反坦克、反飞机炮弹和 5 个 25 毫米口径的枪榴弹。

这位将军又说,造反者占据的位置在驻伊宁苏联领事馆周围和后面,使中国人很难对他们进行攻击而不冒破坏领事馆的风险。

在和朱将军第二次和随后的谈话中,他又将这些指责进一步发展。他说,苏联领事馆大院有围墙,墙上架设了很多机枪;这些机枪经常支持造反者;当有一架中国飞机通过大院时,受到大院以内的机枪射击。他还宣称,夜间可以看到水定——广仁——霍尔果斯公路上向暴民运送苏联物资的来往卡车不断闪烁的车灯。在一次谈话中,当问到在这些物资上是否有苏联字样的证据时,他出示一个机枪弹盒,一个金属子弹箱,几个反坦克炮弹,五六个小迫击炮弹,其它证据主要是一份护照,据说是在原先攻击伊宁警察派出所带队人的尸体上搜出的,这份护照已转交给外交特派员。当然特派员非常愿意向我们出示这份护照。

特派员吴霭宸不仅让我们看了护照,而且向我们出示了一份大概是由苏联驻伊宁领事发给持护照者的一份俄文请柬,请他于 11 月 6 日晚参加庆祝红军节晚会。特派员说,被邀参加这次晚会的有 300 名白俄,就是这 300 人于次日清晨全副武装去夺取伊宁。现正将这些证据和一份详细报告送给蒋委员长。

和每一个能来到我的办公室的中国人的说法相比,这些说法在语气和内容上有相当的代表性。我在这里引述这些说法并非是因为是出自当局者之口,而是因为在这两个事例中,也只是在这两例中,为他们的说法多少提出了佐证。

从这个证据的性质看,可以指出:没有提出有关双重国籍指责的证据;但是如果有,也还是可以指出,在伊宁航线上飞行的最能干的驾驶员有权说他是美国公民,但中国人却认为他是中国人,因为成千上万中国人在国外出生并住在国外;(2)中国人自己也常说,一个人在十分严酷的审讯中,是什么都会说的;(3)有两个镇都叫霍尔果斯,一个是中国的,另一个是俄国的,彼此相距半公里;苏联政府无法控制最接近水定和伊宁的霍尔果斯所发生的一切;(4)如果以拥有苏制军火证明苏联共谋,那么也可以同样公平地说,美国在整个东半球从事鼓励革命四十年,而且还是日本的一个强有力的支持者;(5)其他说法中没有一项有如他所描绘的情况的目击者作证;谁看见卡车灯光?他如何知道那是卡车灯光?哪个驾驶员能说出他的飞机是被苏联领事馆射击的?如果按以前的说法,乱民集中在苏联领事馆周围并配有充分的机枪,哪位目击者能说出他走到相当靠近的地方,看清这些机枪确实是架设在苏联领事馆墙上,而不是架在经过仔细选择的邻近领事馆的墙上?(6)关于请柬,可以这样说,即使这是一份真请柬,仍然没有说明仅有一份请柬,而另外299名所谓的客人没有得到请柬是怎样去赴会的。

还有需要叙述两个能说明迪化政治气氛的事件。在因中国确信苏联政府正在攫取大片中国土地而引起的紧张局势高潮中(一位高级中国官员断言,从伊宁到沈阳一切都处于危险关头),苏联代理总领事叶夫谢耶夫和他的馆员康斯坦丁诺夫领事拜会了朱将军。在讨论了他们的业务以后,朱请两位来客饮酒,他们表示欢迎并按照俄国方式,开怀畅饮,在频频对酌中感到越来越融洽。最后,康斯坦丁诺夫向朱将军保证,他们认为朱是一位明智的人,愿做一切对他有帮助的事。并问他是否会有一天来共进晚餐谈些事?如果他愿意,一次小型宴会,只有他们三位。然后两人告别。

事发当天,就有人将这一"事件"以一份长电报秘密向蒋委员长报告,极力断言苏联人正在试图用欺骗盛世才的诡计期望朱绍良;他们制造伊宁事件,使朱在镇压中不可避免地要有他们的支持,一旦朱依靠他们,朱就必定遵照他们的而非中央政府的命令行事。然而,委员长确信朱不会这样干,也不会去赴宴会。

(以下仍为详细报告)

甚至据说,盛本人对省府事务仍然保持实际的影响,而且尽管现在的省主席和司令官都是能干、热诚而心地善良的人,但政府的行政则操在二陈系手里,似乎不可能在今后可能发生的事件中采取迅速、切实而独到的行动,把新疆从日益逼近的甚至比当前暴乱更为严重的影响中解救出来。

Ｖ、结论

观察伊宁暴乱的人作出的第一个结论是,想必暴乱的确不像是由苏联实地煽动起来的,因为该省的目前局面是,苏联要做的是继续避免采取任何形式的行动,他们完全相信,由于中国人近于病态地缺乏面对事实的能力,在经过相当长的时间之后,中国人统治新疆的权力也将消耗殆尽。如果做了任何事,恰好证明中国所轻易编造的所谓进行了干涉的指责,只会削弱苏联的地位。

对于中国人来说,坚信罪责全在苏联,这是出于精神上的需要。中国曾经遭受极大的折磨和过分的痛苦;说部分痛苦是由于他自己的过失也是过甚其词,就新疆而言,即使最温顺的各族人民,也认为年复一年的粗暴统治只能引起叛乱,以反对统治他们的少数汉人。英国对香港的统治就很好,但是如果不尊重包括被统治的97%人口的情感,在非常危急情况下,他们就要为过失或疏忽付出沉重的代价。在新疆,汉人是居于统治地位的少数民族,他们现在正处于危急关头,必须应付一些比英国人在香港受到的指责多得多的错综复杂情况。令人奇怪的是,他们为什么不能面对现实,而一定要像水手亚哈那样,使自己相信,所有的坏事都是一只大白鲸干的,它净干坏事,而当他们以疯狂的仇恨追逐他们的白鲸时,海水吞没了他们。

FRUS,1944,pp. 817–821

《中苏国家关系史资料汇编》(1933—1945),第504—507页

霍勒斯 H. 史密斯[1]备忘录

华盛顿,1945年1月11日

请参考1944年10月10日迪化23号发文,其中扼要介绍了引起

---

① 时任美国驻苏大使馆二等秘书。

新疆省政府主席盛世才更换的事件。

我在 1944 年 7 月 19 日的报告中着重指出：由于盛世才的阴谋，可能需要对苏联将要采取的政策重新予以考虑。但是我相信，新的消息只能减少这种可能性，不能改变苏联机构可能正在鼓励和支持新疆叛乱的看法。

更换盛世才后，吴忠信和朱绍良得到了一些关于新疆形势的消息。他们重新估计这些消息后，开始对吴特派员和罗家伦博士过去提供的一些消息产生怀疑，据说他们的消息来源于盛世才向他们和向委员长提供的报告。

传说哈萨克人从新疆越境走私货物，从俄国越境走私军火是受苏联边防军支持的，所以和苏联边防军发生冲突。这是盛世才一面之词，缺乏直接证据。不过，鞑靼人和其他非汉人的活动证明，吴特派员的说法是有根据的。他说哈萨克匪帮武装齐全，使用俄式步枪、机枪和迫击炮。对于吴的苏联几乎公开援助哈萨克人的说法，私人无法核实。但是吴和罗都认为报告的内容是正确的，他们口头但正式讲述这些情况，并保证他们自己对每一情况都在进行核对，他们对这些报告的可靠性表示满意。根据以上情况，有充分理由相信他们的说法，所以具备条件向国务院报告。

关于上述问题，在我的 23 号报告中已经指出。盛世才完全有可能利用传说中的共产党阴谋来说明他的一系列逮捕行动，包括四、五、六、七月大量逮捕当地公务员和八月间逮捕新疆省政府中重庆任命的官员，这些完全由盛策划的行动，再加上酷刑逼出的"自首"和"证据"，使得盛及其心腹赴重庆之前把目击他们暴行的人一网打尽。

另一方面，哈萨克人袭击和伊宁叛乱仍和上次报告所述，未发生任何其它情况。根据中国人的报告，在没有任何反面证据的情况下，我曾经于 1944 年 7 月 19 日送上一份题为《苏联可能在新疆推行建立一组半自治国家的政策》的报告，其中扼要说明苏联立场，仍然可以用它解释过去几个月中苏联在新疆采取的行动。同时，从中也可以找到有关盛世才阴谋的一些根据。

有一些突出的问题简要回顾如下：

1. 1944 年 11 月 13 日我告别时,发现苏联总领事馆墙上挂着一幅大地图,上面把原来中国现代地图上划着的外蒙和新疆边界随便擦掉,按照去年春天的苏蒙位置用墨水深深地划上一条新边境线。1944 年 4 月 1 日塔斯社新闻稿中已经表明,苏联支持这条新边界线的挑衅性立场,将 8 万多平方公里富饶的新疆领土划给蒙古。

2. 有一些边境地区可能存在争议。根据吴特派员的说法,中国中央政府对这种可能性非常关切。正对上述地区秘密进行测量。

3. 从鞑靼人和其它非汉人方面得到的证据,表明哈萨克侵袭小组的大多数煽动者和带头人不是苏联公民就是多年在苏联受庇护的新疆居民。这些鞑靼侵袭小队使用的步枪和军火除了苏联供给外,别无其它来源。他们大胆的袭击范围离省会不到五英里。暴动已经从阿尔泰迅速扩大到塔城和伊宁地区,这种情况说明,他们有可能得到苏联的支持。

4. 没有苏联军火,苏联如不答应给予支援,1944 年 11 月 7 日住在伊宁及其附近的 1000 名鞑靼人和白俄根本不能举行叛乱。中国方面向罗伯特・S. 华德领事的报告中,预料会成立一个东土耳其斯坦共和国(参阅 1 月 2 日下午 2 时重庆 1 号电报。)

5. 如果将恢复关系后首批大规模逮捕 300 名苏联书店主顾作为"新"政策的实际样本的话,那么迪化苏联领事人员对由于盛世才被调走而引起的中国对苏联政策的任何重要变化进行讽刺挖苦就都是有道理的。新政权可能不太公开地反苏,但结果必然一样。

6. 众所周知,苏联的总政策是设法保证所有毗邻国家的政府都对苏友好。但不能忘记以下几个因素:在战略价值方面,新疆的东部边界比西部边界特别容易防守,另外,新疆还有油田、金矿、钨矿和畜产品等。

评论意见:虽然我不得不相信我 23 号发文中关于以上问题的内容。但是传说中有关盛世才的阴谋可能根本不存在,也许是盛故意打出的牌,为自己找安全出路。不过,这一阴谋部分地存在仍然有可能。直到盛去重庆接受新职务一个星期之后,整个局势处于动荡状况,结果难以预料。今天还不太清楚苏联和中国在新疆有关地位和势力的角逐结果。中国不惜一切要坚持住,看样子苏联打算不费什么力气使新疆回到它的怀抱或者再划入它的势力范围。

　　对中国和苏联在新疆的真正企图以及它们互相摸底的结果只能进行猜测。不过,可以明显地看出,尽管盛世才已被撤换,现在新疆严重的暴乱仍在继续。我认为我在1944年7月9日第11号发文中预料的第二步正在实现。不过,如果真是那样,还看不出中国方面要下大力量改正他们自己行政上的错误。就是这些错误使当地人民和苏联对中国丧失信心。

FRUS,1945,Vol.7,pp.988-990

《中苏国家关系史资料汇编》(1933—1945),第507—509页

赫尔利致斯退丁纽斯电

重庆,1945年1月19日下午2时

　　1.以下为迪化领事发来的报告:接续1月12日的会谈(参阅1月17日大使馆80号发文),朱将军表示,他相信叛乱是苏联唆使和指挥的。这个问题很快就会像波兰和俄国之间的问题同样紧迫。苏联已经决定新疆必须建立一个受它控制的政府。但是,朱又说:叛乱份子的宣传继续拥护土耳其斯坦应回到回族手中。宣传并非共产党性质。(朱对军事形势悲观的看法受到省主席公开赞成。)

　　2.领事表示他相信上述朱的意见是坦诚的。也就是说,朱对他的谈论并非仅仅为了宣传,我们在此间中国人当中的日常消息提供人,一般对新疆局势的发展或者漠不关心,或者对讨论抱谨慎态度。没有出现1944年4月那种反苏宣传浪潮。

FRUS,1945,Vol.7,pp.992-993

《中苏国家关系史资料汇编》(1933—1945),第509—510页

赫尔利致斯退丁纽斯电

重庆,1945 年 5 月 5 日上午 8 时

以下为迪化领事华德最近发来的电报内容摘要:

1. 精锐增援部队的到来(4 月 18 日下午 3 时大使馆 643 号报告),似乎表明新疆和兰州的交通并未被切断,叛乱分子攻击迪化也未获得成功。但是维持这样大的军事设施所费不赀,有可能加剧通货膨胀和在当地居民中产生不满情绪。无论如何,形势继续紧张。当局已经发出一系列新的逮捕命令,据说其目的是为了防止叛乱分子将势力范围扩大到喀什地区。

2. 苏联新任驻华大使彼得罗夫 4 月 16 日抵达迪化,4 月 25 日前往重庆。在访问迪化的过程中,苏联代表和蒋经国进行一系列友好商谈。华德称:从他到达迪化以来,这是第一次看到中国方面寻求苏联友好的真诚努力。蒋经国也于 4 月 25 日赴重庆,但乘的是另一架飞机。他由吴忠信陪同,吴已提出辞职,可能不再返回新疆。

FRUS,1945,Vol.7,p.1000

《中苏国家关系史资料汇编》(1933—1945),第 512 页

赫尔利致斯退丁纽斯电

重庆,1945 年 6 月 16 日下午 4 时

根据华德发来的电报,对目前新疆局势作出分析如下:

1 月间中国在伊犁河谷遭到败绩,接着五月间迪化阴谋破产,结果形成僵局。这个僵局应该能提供一个按纯粹国内事务方式解决叛乱问题的机会。但是,根据李楚农特派员和其他了解情况的人传来的消息,中国当局不愿再费力气设法就地解决,也不打算进一步采取武力解决。据说朱将军相信只有通过外交途径才能达成协议,因为他坚信叛乱是苏联授意的。但是,英国和美国领事们的意见一致认为,叛乱不是出自苏联操纵,而是大量的内部原因引起的。虽然在边境的苏联一侧很可能存在着对叛乱分子不言而喻的同情,特别是在同一种族的成员中。

为了支持这种想法,华德举例说,有证据表明,叛乱活动显然缺乏全面领导。例如焉耆西北的叛乱分子攻击城市一个多月终归失败,这表明他们没有利用北疆连续不断的骚动和中国在南疆明显的防守虚弱。

有人秘密地告诉华德说,早在六月间,特派员根据中央政府命令,曾经通过苏联总领事,请求苏联调解叛乱事件。据说总领事建议这个问题应向莫斯科提出。按照特派员的说法。莫洛托夫和宋子文将在莫斯科讨论这个问题。

送呈国务院,抄至莫斯科。

FRUS,1945,Vol.7,pp.1001-1002

《中苏国家关系史资料汇编》(1933—1945),第512—513页

朱绍良致周至柔电

1945 年 9 月 5 日、7 日

(一)查乌苏申微八时三十分发现三星红徽符号重轰炸机二架在乌投弹八枚,四枚命中新二军司令部,炸死勤务传令兵数人(根据谢军长申微十时电)。(二)微晨八时半,精河上空发现飞机五架,重轰炸机一架,两翼有紫红色徽星,更番轰炸扫射,据降匪供称,将有四十八架飞机,分批在河沿基地降落(根据郭师长申微电),沙子山被匪炮击及轰炸,五七一团两连全部殉国,碉堡大半被毁(郭申微十四时一四分及一八时一八分两电)。(三)虞日晨,匪机两架,在乌苏投弹五枚并扫射,另一架盘旋后逸去(根据乌苏电台一二时〇〇防空情报)

《中华民国重要史料初编——对日抗战时期》第七编《战后中国》(一),第761—762页

甘乃光接见彼得洛夫纪要

1945 年 9 月 7 日

甘次长:今天请贵大使来,为要面谈一件事情,乃据新疆来电报告:(一)、(二)、(三)、(四)。

大使:本人关于贵次长所述各事实,无任何情报。这些事实似须详

细研究,本人以为实情不会如此。苏联政府对于自己签订的条约义务必将永远确实遵守。无论如何本人对贵次长所述各事实,当即报告政府,转请苏方协助调查一节,当一并报告政府,俟得莫斯科复电,当即通知贵次长。

[签呈]:奉谕并谈话纪录呈报委座。亚西司司长卜道明 卅四、九、八

据报:

一、八月廿二日,匪攻新疆喀什区之蒲犁,有飞机三架助战,似为苏联飞机。

二、九月四日晚有军队二千余,猛攻新疆之乌苏,现仍激战中。

三、九月五日上午八时半,有重轰炸机两架飞新疆之乌苏投弹八枚,命中城区,我伤亡甚众,该机似为苏联飞机。

四、九月五日上午十时,又曾来飞机两架,似为苏联飞机。不知贵大使关于上述情形,有无所闻? 现中苏业已签订友好同盟条约,请贵方与我合作调查事实见复。

我方已同时派人调查矣。

《外交部档案丛书——界务类》第三册,新疆卷(一),第299—300页

蒋介石召集有关人员商讨对苏机轰炸事件处置方略

1946年9月7日

七日

公为苏联飞机轰炸乌苏、精河事件,分别约见美、苏驻华大使后,召集外交人员讨论处置方略;又指示在新各部队,固守原防待命,并派郭寄峤参谋长偕军令部、航空委员会、侍从室高级人员,即往迪化襄助朱绍良司令长官妥作处理。公自记经过曰:"上午,约美、俄使节谈话,告以俄机轰炸乌苏消息后;乃入城召集外交人员等协商对俄机轰炸案之处置方略,一面令经国对俄使明告此案,一面令外交部召俄使正式知照此案,嘱其切实调查详报。嗣复召魏德迈、赫尔利来商对策,彼等极愿

派员参加调查真相。"又曰:"俄机轰炸乌苏消息,始甚惊骇愤激,继则依据理智研究,渐臻平定,最后乃一本理处之,而以祸为福,即祸兮福所倚也。"

《中苏国家关系史资料汇编》(1945—1949),第437—438页

外交部呈蒋介石
1945年9月8日

军事委员会委员长蒋钧鉴:奉　交下新疆谢军长来电,关于苏军进攻乌苏及苏机轰炸乌苏城区各节,经遵谕于九月七日下午四时半约晤苏大使彼得洛夫,面将原电各节通知该大使,并请苏方与我合作、调查事实见复。彼允转电苏政府,俟得复当即通知我方。谨抄同谈话纪录,电请签察。职甘乃光。齐。

谢军长五日九时电称:苏重轰炸机两架,五日早八时半飞乌苏投弹八枚,命中城区,我伤亡甚众。十时又来两架,苏军二千余,九月四日晚猛攻乌苏,现仍激战中。迪化所有飞机因航程太小,不能赴援,乌苏危殆。复查八月廿二日苏匪攻蒲犁时,亦有苏机三架助战。苏联一再公开使用飞机援助匪方。应如何迅筹有效办法,请速核示。

[批示]:阅。政务次长甘乃光代　卅四、九、七

《外交部档案丛书——界务类》第三册,新疆卷(一),第299页

外交部致傅秉常
1945年9月8日

据新疆谢军长报称:(一)八月廿日匪攻蒲犁时,有苏机三架助战。(二)九月四日晚有苏军二千余,猛攻新疆乌苏,现仍激战中。(三)九月五日上午八时半,有苏重轰炸机二架飞乌苏投弹八枚,命中市区,我伤亡甚众。(四)九月五日上午十时,又来苏机二架。奉委座谕,经于九月七日约晤苏大使彼得洛夫,告知前情,但仅谓:"是项飞机似为苏联飞机,现中苏两国既已订立友好同盟条约,请苏方与我合作调查事实

见复。我已同时派员前往调查"。彼允转电苏联政府,但称:"上述事实似须详细研究,本人以为不会如此"等语。谨闻。甘乃光。

《外交部档案丛书——界务类》第三册,新疆卷(一),第300页

蒋介石致朱绍良电节略

1945年9月9日

兹派郭寄峤参谋长来迪为兄等襄助一切,望静镇敬守,安定大局,为要。精河部队不应擅自撤防,须知一退却,即全军在途中被歼,万无逃命之望,只要我军各部能固守稳定,必可转危为安,当此军心动荡之时,要在军民主管坚忍镇静,决无大事,此中对外、对内从全局考虑之结论,绝非不负责之空谈也。希即通令各级军民长官,如无令擅退者,不论何人,皆照临阵脱逃论罪……。

《中华民国重要史料初编——对日抗战时期》第七编《战后中国》(一),第763页

刘泽荣致外交部

1945年9月9日

重庆外交部:(续前)职七日回迪后,始知新疆乱事,不但未见渐消,且局势日趋紧张,甚至乌苏等地,近来连日有飞机轰炸,疏散难民已有一万余人。吴主席职设法与苏领试谈,劝其对本省乱事予以协助。查职今年未赴莫斯科前,曾与苏领商谈数次,未得结果,现中苏盟约既定,如再谈此事,似应准备我方对此种协助之具体希望,研究此种协助,似有如下各办法:(甲)仍请苏方对私运军人严加禁止,但此项办法恐易流于空虚,而实际上尚难逆料。假使实际上无其效果,我方只有继续用武力,但用武力之有所困难,仍不能因利用此项办法而消除。(乙)请苏方予以武力规劝协助,似此项办法,于国家体面不利,又甚危险,且恐苏方未必肯公开出兵讨伐。(丙)请苏方设法调停,但我方须对一切可能发生之要求,在事前有充分之研究,及万一调停办法不成时,应如何处置。或(丁)请哈(萨克)共和国出名调停。总之,目前本省乱事已

形紧张,徒用武力似不易成功;外交途径,在莫斯科较在迪化当可获迅速效果。可否请边界负责干员赴莫斯科会同傅大使交涉。究竟如何处理,〔务〕乞速决电示,并乞将此电抄呈委员长为祷。职刘泽荣。

《外交部档案丛书——界务类》第三册,新疆卷(一),第 301 页

蒋介石致宋子文电

1945 年 9 月 10 日

宋院长:俄机九月五日八时半在新疆乌苏与精河二地,各有飞机二架投弹轰炸扫射。七日晨又有飞机五架,在精河阵地上空轰炸扫射,死伤甚重。此事已由外交部向俄使交涉,属其即速调查答复。据俄使对私人所说决不信有此事,待得其政府复电后准备双方共同调查真相云。然事实如此,而且新疆情势自中俄订约以后,半月来比往时更加严重,大炮及新式武器数量倍增,匪部指挥官及射击手皆为俄人,决非去春之局部扰乱可比也。但此间未得俄国答复以前,尚不主张公开,请兄在英美相机切商。又山海关与张家口先皆为俄军一度占领,不久其主力即时撤去,只留百数人留守,共匪乃随之占领其要地。秦皇岛海军根据地亦已为共匪占领矣。中正申蒸。

《中华民国重要史料初编——对日抗战时期》第七编《战后中国》(一),第 763—764 页

蒋介石对伊宁事件处理方针与对苏联调停的认识

1945 年 9 月 10 日、14 日

1. 一九四五年九月十日记事

甲、在引起新疆问题,转移我对东北之注意力,以贻误我接收东北之时机。乙、彼以新疆问题为口实,不履行交还东北之义务。丙、以此威胁我中央,暗助共匪交涉。丁、至助长哈匪多占地盘,以为将来造成事实,以偿其侵新之野心,则尚在其次也。由此决定对此之方针:(一)新疆即使沦陷,只可暂时忍受,不能立即作积极之抵抗。(二)外交与宣传只作应有与合理之表示,而不加以刺激,勿使其有所借口。

（三）对新疆政治与宗教之改革，则作积极之准备，此时应以全力接收东北与各省市军政第一要务也。

2. 一九四五年十月四日记事

苏联驻华大使彼得罗夫通知我外交部，谓新疆暴民愿派代表至迪化与政府商谈。先是，九月十五日彼得罗夫大使向我外交部表示，苏联准备调解，盖暴民请其居中调停，要求允予自治也。此固为苏联制造傀儡，以便其掌握利用之一贯政策，但我当以东北尚未接收，而中、苏条约亦签订不久，故姑俟其提出内容与条件后，再言方针。然日前我军所获暴民文件，竟有攻犯蒲犁计划及苏联印制之地图，由是而知其所谓"调停"与"商谈"，实为其缓兵之计耳。

《中苏国家关系史资料汇编》（1945—1949），第439页

蒋介石致王世杰电

1945年9月11日

急。伦敦王外交部长：关于新疆事，俄使尚未得其政府复电，请兄在英与莫洛托夫先行面商，看其如何答复。中正。

《中华民国重要史料初编——对日抗战时期》第七编《战后中国》（一），第764—765页

刘泽荣致外交部

1945年9月13日

特急。重庆外交部：523号电敬悉。关于飞机事，本署当地所得情报，就始所告，亦不过匪徒飞机来炸地点、时间及最后谓："最近乌苏、（京）〔精〕河遭炸"而已。吴主席八日接见苏领，告以本省境内有飞机轰炸情形，但并未作疑似苏联飞机表示。十二日，职与苏联领事谈话，亦如此告知。现局势日渐紧张。九日第449号电陈用外交途径解决，拟请苏方调停，近日事态更行紧急，乌苏已难守，迪化有发生危险可能。昨向苏领事试谈，请其协助消除乱事。彼称："设愿协助，亦非先知华方对协助方法之具体希望，无由进行"等语。窥其态度，调停办法或有

可能,恳速对 449 号电赐复为祷。职刘泽荣。

　　附注:亚西司 523 号去电——关于苏机助攻蒲犁事。又:449 号来电——电告哈萨〔克〕共和国表示友好情形由。机要室注

《外交部档案丛书——界务类》第三册,新疆卷(一),第 302 页

外交部致王世杰
1945 年 9 月 13 日

　　驻伦敦大使馆转王部长:311 号电计达。关于苏机轰炸案,请就近酌与莫洛托夫外长一谈,并示复。甘乃光。

《外交部档案丛书——界务类》第三册,新疆卷(一),第 302 页

甘乃光呈蒋介石
1945 年 9 月 13 日

　　军事委员会委员长蒋钧鉴:关于苏军进攻乌苏及苏机轰炸乌苏区一案,经遵谕办理如下:(一)面告苏大使转请苏方与我合作调查事实,业经抄同谈话纪录于九月八日电呈鉴察。(二)并于同日转电知莫斯科傅大使洽照在案。(三)嗣于九月十日派卜司长道明往访苏大使彼得洛夫,适因该大使患病,改晤米克拉舍夫斯基参事,面询前案,据称:"尚无获复"。但允于当再电莫京答复。(五)职并于同日致电伦敦王部长,就近酌与莫洛托夫外长一谈示复。(六)本日十三日,又由卜司长道明再电询米参事,据称:"仍无回答,一俟获复,当即转告"等语。除由部再电莫斯科傅大使转催苏方从速查复外,谨将办理本案经过情形,报请钧察。职甘乃光。光。

《外交部档案丛书——界务类》第三册,新疆卷(一),第 302 页

外交部致傅秉常
1945 年 9 月 13 日

　　311 号电计达。苏军进攻乌苏及轰炸该区案,前请苏大使转电苏

方与我合作调查事实,迄未得复,现乌苏区局势更形紧张,希转催苏方从速查复电部。甘乃光。

刘泽荣致外交部

1945年9月14日

急。重庆外交部部、次长:451号电计达。张部长治中先生十三日到迪后,经与省军政当局商讨新省局势,均认现时只有外交一途设法解决。张部长约苏总领事来谈,询其对本省时局意见,其谓全属本省内部事件,因中苏在莫斯科订约时,曾有不干涉内政正式声明,且苏联对新疆尚无任何野心,据其个人看法,现时亟应设法和平解决。张部长表示在原则上同意。嗣请其代为设法疏通,并应使对我方立刻停止军事行动,以便派代表进行商谈,否则一旦军事行动扩大,恐将无法商量。苏总领事允将此意转达莫斯科,并请示政府,其个人表示极愿帮忙,但无政府命令,绝不能有所行事。并谓此事须由中国政府正式向苏联提出较为有效。又云其个人无法与对方接洽,只有驻伊宁苏领事代为设法。但此事非经莫斯科不能通电等语。现新疆省局势极为吃紧,张部长与各方均认此事迪化除非匪不来攻,勉可苟全,否则迪化失陷,本省大局必难设法,除已由张部长请示委座,主张速电钧座,向苏政府正式提出请其速为设法调停,并主张派员赴莫协助交涉外,谨闻。职刘泽荣。

张治中、朱绍良致蒋介石

1945年9月15日

申元亥电计已呈览。职今日约苏领来谈,询其对新局意见,渠称此全系新省内部事,当中苏双方在莫京订约时,曾正式声明不干涉新省内政,因苏对新向无任何野心,据其个人看法,现时最好以和平解决。职当表示:"在原则上同意,并询其愿否代为疏通阻塞和平解决之道路,且必须先由匪方立刻停止军事行动,以便双方派出代表进行商谈,否则一旦军事行动扩大,恐再无和平解决之机会"。苏领允将此意转达,并请求莫斯科,因其个人极愿帮忙,但无政府明令不能有所行事。并云:"此事最好由中国政府向苏政府提出较易有效"。又称"渠个人无法与对方(匪方)接洽,只有驻伊宁之苏领可代设法,惟此事非经莫斯科不能商洽"等语。查此间情况万分紧迫,据各方面负责人之观察,除非匪中止前进,迪化殊无把握确保,目前求急办法惟有外交一途,盖此为问题症结所在至为明显。似不宜讳疾忌医,即必须对症下药。先谋保全迪化,然后徐图补救,否则迪化一失,局势全非,今后纵能恢复,亦须费极大之力量与极长时间,且夜长梦多,变化难测,影响中央威信太大,务请钧座当机立断,勿拘泥外交常轨,免致错失时机,可否令驻苏傅大使即向苏政府提出和平解决新局,并今后中苏在新经济合作意见,挽苏方出面调停,一面由钧座派员赴苏,协同傅大使进行交涉,俾于最短期内使形势趋于和缓,始能从新作其他适当措施,以期弥平变乱,恢复全疆,当可迎刃而解,敬祈裁行。

《外交部档案丛书——界务类》第三册,新疆卷(一),第 304 页

外交部呈蒋介石

1945 年 9 月 15 日

关于新疆匪乱事,据职部驻新疆特派员刘泽荣四四九号电,拟呈办法数项,经职部详加研究,谨核议如次:

该特派员原拟甲项"仍请苏方对私运严加禁止",确如该员所见,易流空虚,难期效果;其原拟乙项"请苏方予以武力规劝协助",亦如该员所陈,苏方未必肯公开出兵参加讨伐;仅所拟请苏方设法调停一节似可采取,所陈我方须对一切可能发生之要求在事前有充分之研究云云,亦不无见地,兹就是项,拟议办法:

一、以通常外交之方式,由我驻苏傅大使,正式向苏政府郑重提出措词如次:"新疆匪乱,匪方近且使用飞机,由于中国政府初不愿使用

武力解决此项匪乱之故,乃致匪徒猖獗,乱事扩大,基于匪乱区域,位于中苏两国边境之间,此项乱事之迅速解决,不容再延,乃两国共同利益之所在,兹中国政府敦请苏联政府,对有关解决此项匪乱,予中国政府以有效之合作,藉谋两国边境安宁之恢复及当地区正常生活之开始,以期中苏两国在新疆境内友好互助之贸易经济关系,得以顺利展开。中国政府准备与苏联政府立刻谈商关于解决此项匪乱,双方合作之具体方式"等语。一面仍由刘特派员本上措词在迪化向苏联领事提出,以取一致。

二、俟苏方答复愿与我商谈,并请我以所望于苏方之合作方式见告时,再提出具体办法,在莫斯科由傅大使或在迪化由刘特派员与之进行商谈,请其以居间人身份,积极参加,谋乱事之由政治途径解决,观测其意向与匪方意图,再定因应步骤。

以上拟呈,是否有当,敬请鉴核,所拟第一项如蒙核定,拟即急电傅大使及刘特派员遵办。谨呈委员长蒋。

《外交部档案丛书——界务类》第三册,新疆卷(一),第 305 页

刘泽荣致外交部

1945 年 9 月 15 日

限两小时到。重庆外交部部、次长钧鉴:迪化局势危急,省府各厅处并空军站已将职员家属向口内疏散,民众纷纷撤退,学校亦已解散。本署为免万一,拟即会同监察署及中央机关,向省府洽商一切准备手续,惟撤退时需巨款,万不得已时,拟向省府挪借,急电省府于必要时供给需用交通工具及一切便利,并乞电示。

《外交部档案丛书——界务类》第三册,新疆卷(一),第 308 页

傅秉常致外交部

1945 年 9 月 15 日

急。重庆外交部部、次长:211 及 216 两号电敬悉。昨语苏联外部

洛次长,告以各情,并告现悉苏区局势更甚紧张,我方前请彼得洛夫大使转达贵方,请即与我方合作调查。兹仍请苏联政府从速查复。彼答以:"此事未经详细调查,即谓似有苏联飞机及军队参加,实属不当"。彼又谓:"新疆回教民族占大多数,因恐不满地方当局而发生暴动,贵方不查明内部原因,即用简单之推测方法,指谓系由苏联参加者,当贵方向本国彼大使面〔询〕此事时,该使曾答由当地领事调查。现该领事尚无报告,暂时无从答复"等语。傅秉常。

　　附注:亚西司 211 号去电——为苏方飞机轰炸乌苏事由。又:216号去电——为电催从速调查苏军进攻乌苏区事由。

《外交部档案丛书——界务类》第三册,新疆卷(一),第 309 页

王世杰会晤莫洛托夫报道

1945 年 9 月 15 日

　　(中央社伦敦十五日专电)王外长世杰今日于出席五外长会议之余暇,接见来宾多人。晨十时,南斯拉夫驻英大使访王外长于我国大使馆。半小时后,阿比西尼亚驻英公使亦来访。中午王外长与苏外长莫洛托夫曾作四十五分钟之晤谈。

《中央日报》(重庆版)1945 年 9 月 17 日

甘乃光呈蒋介石

1945 年 9 月 16 日

　　苏联大使馆参事米克拉舍夫斯基本月十六日上午来部面称:"昨(十五)日下午七时半彼得洛夫大使见甘次长谈话之内容,为正确起见今特再书面送请查照。又昨日所谈关于苏军进入中国东三省后财政问题协定草案,我方准备于明(十七)日即开始商讨,贵方意见如何,请一并示复"等语。查伊宁变乱一案,苏政府表示如我方愿意,彼准备委派其驻伊宁领事试对我国政府提供可能之协助,以便调整新疆已造成之局势。究应如何答复苏方,理合检附苏方节略译文,签请核示祗遵。谨

呈委员长蒋。职甘乃光(印)呈,三十四年九月十六日。

《中华民国重要史料初编——对日抗战时期》第七编《战后中国》(一),第765页

甘乃光呈蒋介石

1945年9月16日

据苏联大使馆参事米克拉舍夫斯基本月十六日上午来部面称:"昨(十五)日下午七时半,彼得洛夫大使见甘次长谈话之内容,为正确起见,今特再当面送请查照。又昨日谈关于苏军进入中国东三省及财政问题协定草案,我方准备于明(十七)日即开始商讨,贵方意见如何,请一并示复"等语。

该参事将谈话纪录面交后,复询及"在中国投降之日军是否业已缴械,倘缴械事拖延时日,是否有日军窃藏军械、或将该械等军用品私自授予非政府军队,以为患将来之顾虑"等语。

查伊宁乱一案,苏政府表示如我方愿意,准备委派其驻伊宁领事,试对我国政府提供可能之协助,以便调整新疆已造成之局势,究竟如何答复苏方,理合附苏方谈话节略译文,签请请示祗遵。谨呈委员长蒋。职(政务次长代理部务)甘乃光

附呈节略译文

苏联驻伊宁领事报告苏联政府称:有回民数人,自称新疆暴动之人民代表,向该领事声称并暗示:"希望俄人出面为中间人,担任调解彼等与中国当局间所发生之冲突"。该代表等并声明:"暴动之人民,并无主张脱离中国之意,其宗旨:回民在新疆显占多数之各地,如伊宁、塔尔巴喀台、阿尔泰、卡什喀尔,各区均求达到自治之目的"。

该代表等并历述新疆回民之无权利,及中国行政当局之欺压违法与对回民之种种压迫情事,迫使回民出而以武力保护其权利。

苏联政府因关心安定,在其与新疆接连边界上之安宁与秩序,若中国政府愿意,则准备委派驻伊宁领事试对中国政府提供可能之协助,以

便调整新疆已造成之局势。

《外交部档案丛书——界务类》第三册,新疆卷(一),第307—308 页

王世杰致外交部

1945 年 9 月 16 日

　　重庆外交部甘次长:新疆事已向莫洛托夫郑重提出,并请调查。据称:"彼已有所闻,似此系过渡 Transitory 性质现象,请我放心勿重视"云云。彼谈话时颇现不安,但不否认,且暗示此事将终止。杰意:此或系中苏条约批准前预定步骤,而未曾宣布者。在外长会议中,莫洛托夫与我充分合作。余详日昨呈委座电。王世杰。

《外交部档案丛书——界务类》第三册,新疆卷(一),第309 页

甘乃光致吴忠信等

1945 年 9 月 18 日

　　新疆吴主席、朱长官、张部长:本月十五日,苏大使彼得洛夫来部面称:据苏联驻伊宁领事转报苏政府称:"有回民数人自称新疆暴动之人民代表,向该领事声请并暗示希望俄人出面为中间人,担任调解彼等与中国当局所发生之冲突,并声称:'暴动人民原无意脱离中国,其宗旨在于使回民在新疆显占多数各地,如伊宁、塔尔巴喀台、阿尔泰、喀什各区,达到自治之目的'。该代表并列述过去当局对彼等之种种压迫,苏政府因关心其与新疆接壤地区之安宁与秩序,如中国政府愿意,则准备委派驻伊宁领事试对中国政府提供可能之协助,以便调整新疆已造成之局势"等语。经面呈委座奉谕答复苏方要点如下:"(一)关于新疆回民暴动事,承苏政府愿意协助,我政府甚为感谢。(二)关于边疆人民待遇之改善,蒋主席早有宣示,政府对新疆人民甚为关切,此次事变政府已派张部长暗中赴新疆调查,实即为改良待遇之张本。(三)我政府甚望此次事变份子即派代表到迪化,向张部长陈述意见,以便商洽解决,政府必根据既定政策,使新疆全体人员在政治、经济上

与内地人民获得同等待遇。（四）苏驻伊宁领事愿意协助,请即代为通知并介绍彼等到迪化,晋谒张部长,商洽进行和平解决办法,至该代表等之安全我将力为保障"。以上各项已于十七日面告苏大使。特闻。

甘乃光

《外交部档案丛书——界务类》第三册,新疆卷（一）,第 310 页

甘乃光致王世杰、宋子文

1945 年 9 月 18 日

伦敦大使馆王部长并转呈宋院长钧鉴:311、317 号电计达。本月十五日苏大使彼得洛夫来部面称:据苏联驻伊宁领事转报苏政府称:"有回民数人自称新疆暴动之人民代表,向该领事声请并暗示希望俄人出面为中间人,担任调解彼等与中国当局所发生之冲突,并声称:'暴动人民原无意脱离中国,其宗旨在于使回民在新疆占多数各地如伊宁、塔尔巴喀台、阿尔泰、喀什各区达到自治之目的'。该代表并列述过去新省当局对彼等之种种压迫,苏政府因关心其与新疆接壤地区之安宁与秩序,如中国政府愿意,则准备委派驻伊宁领事试对中国政府提供可能之协助,以便调整新疆已造成之局势"等语。经面呈委座,奉谕答复苏方要点如下:"(一)关于新疆回民暴动事,苏政府愿意协助,我政府甚为感谢。(二)关于边疆人民待遇之改善,蒋主席早有宣示,政府对新疆人民甚为关切,此次事变政府已派张部长治中赴新调查,实即为改良待遇之张本。(三)我政府甚望此次事变份子即派代表到迪化,向张部长陈述意见以便洽商解决,政府必根据既定政策,使新疆全体人民在政治、经济上,与内地人民获同等待遇。(四)苏驻伊宁领事愿意协助请即代为通知,并介绍彼等到迪化晋谒张部长,商洽进行和平解决办法,至该代表等之安全我将力为保障"。以上各项已于十七日面告苏大使,又关于中苏财政协定事,准苏使馆本月十五日交苏方草案,并通知苏政府派彼得洛夫大使为全权代表,在重庆商订该草案,内容与以前所谈大致相符地,经签奉委座核派财政部俞部长为我方全权

代表,现正开始商谈,谨闻。职甘乃光。

刘泽荣致外交部
1945 年 9 月 18 日

重庆外交部部、次长,并请转张治中先生:本日苏领面告:"莫斯科方面已电彼得洛夫大使,转达我政府对新疆乱事允予调停"。在渝洽商情形如何,请随时电示为祷。职刘泽荣。

外交部签呈
1945 年 9 月

前奉交下张治中九月十四日自迪化所发申寒戌电,关于新疆匪乱事,请令傅大使即向苏政府提出和平解决新局,挽苏方出面调停,一面请派员赴苏协同傅大使进行交涉等情,并奉钧谕由职部办理具复等因。查关于解决新乱一案,苏大使于本月十五日通知苏方准备愿意协助各节,经报奉钧座答复苏方:请其转告变乱份子,即派代表到迪化,晋谒张部长,洽商和平解决办法,并经职部电知张部长接洽在卷。张部长原拟请令傅大使向苏政府提出和平解决新乱,挽苏方出面调停,并派员赴苏,协同傅大使进行交涉一节,似可暂缓办理。是否有当,理合报请钧察。谨呈委员长蒋。职甘乃光。

[浮签]:张部长所提关于令苏傅大使向苏政府提出和平解决新局及派员赴苏协同傅大使进行交涉各节,现以苏方已表示愿意协助,我方并已答复:"请转告变乱份子派代表赴迪化,晋谒张部长,洽商和平解决办法。"并由本部电告张部长。本案似可复办,并签复委座。亚西司司长卜道明　卅四、九、十八

外交部致傅秉常

1945 年 9 月 20 日

莫斯科傅大使。223 号电计达。张部长于巧日由迪返渝，我已请苏大使转电苏政府，将暴动份子派定代表、姓名、人数及赴迪日期告知我方，一俟得复，张部长即飞迪洽商。希洽照。甘乃光

《外交部档案丛书——界务类》第三册，新疆卷（一），第 313 页

外交部致刘泽荣

1945 年 9 月 20 日

迪化刘特派员:525 号电计达。我已请苏大使转电苏政府将暴动份子派定代表人数、姓名及赴迪日期告知我方，一俟得复，张部长即飞迪洽商。仰知照，并转陈朱长官、吴主席。甘乃光

《外交部档案丛书——界务类》第三册，新疆卷（一），第 314 页

刘泽荣致外交部

1945 年 9 月 24 日

重庆外交部:请速转张部长治中先生勋鉴:哿电敬悉。苏领尚未接到其政府训令。俟有新消息，当即奉闻。刘泽荣叩。

［签呈］:苏联助匪，原系事实，现苏方既经出面调解，关于来电各节，似暂不便向苏方作何表示，宜电刘特派员转陈朱长官，将掳获证据设法运迪，以备研究后，再定步骤，可否请示。又:本件应电签报委座，并示核示。亚西司帮办张剑非

［批示］:呈报委座。亚西司司长卜道明　卅四、十、三

《外交部档案丛书——界务类》第三册，新疆卷（一），第 315 页

刘泽荣致外交部
1945 年 9 月 27 日

重庆外交部:准朱司令长官转据喀什张师长申养电称:据所获匪方苏联印制地图,其攻我蒲犁计划出兵地点:(一)由苏卡卡克出兵 30 名攻占布伦口。(二)由卡拉托手铁列线出兵 50 名攻占苏巴十。(三)由别力他十出兵 155 名、50 名攻塔哈满、75 名攻蒲犁、20 名攻苦力干(塔哈满东 20 公里)、10 名攻大不大(蒲犁南 20 公里),侵蒲赤匪共有 235 名,现掳获证据甚多,请速派机运迪,迅向苏联提出抗议。并谓现时喀什中国受阻,飞机又无法前往,应如何交涉,请核办等语。应如何办理,乞电示。职刘泽荣。

《外交部档案丛书——界务类》第三册,新疆卷(一),第 315 页

外交部致刘泽荣
1945 年 9 月 30 日

迪化刘特派员:535 号电计达。关于新苏经济合作事,可酌向苏方表示如下:"中国政府于本年元月间,曾以新苏经济合作建议提交苏方,现此项经济合作,自应视新疆变乱解决及地方秩序恢复之情形而定,我方随时准备接(收)〔受〕苏政府开始谈判之建议。"除已面告苏大使外,仰洽照。甘乃光。

《外交部档案丛书——界务类》第三册,新疆卷(一),第 315 页

外交部致刘泽荣
1945 年 10 月 1 日

迪化刘特派员:463 号电悉。苏方既经出面调解,关于来电各节似暂不便向苏方作何表示,仰即转陈朱长官,仍设法将掳获证据运迪,俟

研究后再定步骤。甘乃光。

《外交部档案丛书——界务类》第三册,新疆卷(一),第315页

刘泽荣致外交部

1945 年 10 月 2 日

重庆外交部部、次长钧鉴:并请转张部长治中先生。第535、538两电及张部长24日电敬悉。变乱份子对派代表来迪化事,尚未闻有答复。此间苏总领事亦谓尚无消息。现在迪化方面虽较平静,而南疆阿克苏至喀什一带,仍为紧张。现天气日冷,山地即将下雪,长此以往,冬季各种困难,恐将又起。不知对方迟迟未答,原因何在,或先占脚步,或利用时间,有所企图。抑对我国内或国际何种情形观望,均难推测。我中央看法如何,有无促进办法,管见以为或者可请傅大使向苏联当局表示:"我方对新省速复正常状态及与苏经济合作,甚为切望,请其一面以调停者之地位,劝告伊宁变乱份子派代表来迪商洽,一面与我方集资经济合作,务请其速来"。如何,乞裁示为祷。职刘泽荣。

《外交部档案丛书——界务类》第三册,新疆卷(一),第316页

彼得洛夫见甘乃光谈话纪要

1945 年 10 月 3 日

大使:中国政府关于新疆问题之愿望业由本人转达苏联驻伊宁领事。驻伊宁苏领已转告暴动人民方面自称代表者,即中国政府希望和平解决新疆事变,及派张部长治中到迪化,接见暴动人民之代表。并希望该代表等到迪化晋谒张部长,商洽和平解决办法。张部长何时起程赴迪,应请告知,以便转知驻伊宁苏领,再由该领转知暴动人民之代表,赴迪化见张部长。

甘:该代表等约须若干时日方可到达迪化?

大使:自苏领之通知可以看出该代表等随时准备动身,但因交通不便,很难确实知道,大约须要几天的时间。

甘：由张部长现在重庆忙于另一谈判，他不能到迪化后再等候该代表等，故须先知道该代表等何时可到迪化。

大使：请于张部长起程前约一星期通知本人，以便本人有时间转达驻伊宁苏领，而该代表等亦可如时达到迪化。

甘：俟向张部长询明起程时间后，再通知大使。

《外交部档案丛书——界务类》第三册，新疆卷（一），第 316 页

甘乃光致刘泽荣

1945 年 10 月 4 日

迪化刘特派员：四六五号电悉。张部长定文（12）日飞迪。据苏大使面告："张部长到迪时变乱份子代表约可同时来迪"。仰密陈朱长官、吴主席。甘乃光

《外交部档案丛书——界务类》第三册，新疆卷（一），第 317 页

军事委员会致外交部

1945 年 10 月 4 日

抄件［新疆吴忠信主席申有戌麟电］

目前匪方动态：（一）主力控制乌苏、安集海一带，威胁迪化。（二）窜扰昌吉、奇台，牵制后路，并派散匪向各处以及迪化近郊活动。（三）积极图攻阿克苏，期达囊括喀什、沙车，俾与蒲犁打通。综合上述情形，匪方企图显系欲将新省沿边各区（沙车、喀什、阿克苏、塔城、阿山）先行占领，达成特殊事变，苏联政府亦正本使此一企图，以求构成其国际外围，故苏可能表面出面调停，而内取拖延姿态，俾匪方目的达成后再进行谈判。至反观我方对策，在军事上倚恃中央来援，缓不济急，而新省现有兵力，复成强弩之末之势。现所唯一期望能使西北大局转危为安者，厥在外交，若外交上再不急起直追，任其拖延，将来演变尚难逆料。因此职觉在重庆、莫斯科及伦敦各方对苏联外交必须迅速加紧，促其早日实践调停建议，嘱匪方即将来代表派来，当此美苏感情不

甚愉快之际,苏方或亦不能不有所忌惮也。

《外交部档案丛书——界务类》第三册,新疆卷(一),第318页

刘泽荣致外交部

1945年10月5日

重庆外交部:请译转张部长治中先生。昨日下午苏领来曾告称:"接莫斯科来电,谓伊宁方面代表询问在何地点及用何种符号可经过战线来迪化?"等语。当经商承朱司令官、吴主席,决定答复,大致如下:"彼方代表可经由乌苏、绥来间公路来迪,彼等何日到达第一线附近,应即先行电告,以便派车候接,届时彼方应先遣派二人乘马,手持白旗,到我第一战线联络,以便派员迎接"。以上各点,今日上午已面告苏领,彼允即电莫斯科转达,并谓:"相约一星期内,可有面信"。除俟有消息再达外,仅先电闻。职刘泽荣。

《外交部档案丛书——界务类》第三册,新疆卷(一),第318—319页

国民政府致甘乃光

1945年10月12日

外交部甘次长勋鉴:十月四日签呈为呈报刘特派员来电内容及电饬转请朱长官速将掳获匪证运迪研究后再定办法一案,准照所拟不向苏方作何表示,除抄知军令部及政治部张部长外,特复。中正酉文府参(一)。

《外交部档案丛书——界务类》第三册,新疆卷(一),第320页

刘泽荣致外交部

1945年10月13日

重庆外交部:对方代表三人本日上午十时到达,我代表下午六点平安抵此,住于省方所备招待所,定明日由苏领引至本署介绍。职刘泽荣

《外交部档案丛书——界务类》第三册,新疆卷(一),第320页

张治中致外交部

1945 年 10 月 19 日

重庆外交部王部长雪艇先生：治到迪后，关于对方态度及接见对方代表情形，曾两次电呈委座，谅已交到贵部，其中最大疑点为九月十五日苏大使向贵部声称："对方为暴动人民代表，并无有脱离中国之意"。而对方代表到迪竟以所谓东土耳其斯坦共和国代表自居，显属离奇，拟请先生斟酌向苏大使一询究竟。又政府对中共商谈是否已继续进行，岳军（张群）来渝否，天翼（熊式辉）到东北后交涉情形如何，能否密示概要？因此等问题似与新疆问题影响相关也。弟张治中，酉皓午。

《外交部档案丛书——界务类》第三册，新疆卷（一），第 321 页

苏驻迪化代总领事邀宴张治中

1945 年 10 月 22 日

（中央社迪化二十二日电）（迟到）张部长治中自十四日抵此后，连日至为忙碌，顷语记者称：渠在迪尚有相当时间之逗留，张氏虽极忙碌，精神甚为愉快，由此可知其公务进行之顺利，据此间经常可靠方面消息，短期内将有重要新闻发表。

（中央社迪化二十二日电）苏驻迪领事馆代总领事叶福进，二十二日邀宴张部长治中，及梁副秘书长寒操，彭副秘书长昭贤，屈厅长武，邓厅长文仪，中委张靖愚等，由副领事康士坦丁诺夫及美乌索夫等殷勤招待，宾主畅叙，尽欢而散。

《中央日报》（重庆版）1945 年 10 月 25 日

外交部致张治中

1945 年 10 月 24 日

限四小时到，急。迪化张部长文白兄：酉皓午电奉悉，对方代表如于谈话中，仍以东土耳其斯坦共和国代表立场发言，似可由兄严正表示，政府不知而不能承认此项所谓"共和国"之存在。弟引证苏大使所

称,就近商迪化苏领事,请促使纠正此种态度。岳军(张群)兄现在渝,中共商谈在继续进行中。东北交涉最大困难,仍为军队登陆及由陆路运输问题,美苏间最近之龃龉,与此事不无关系,委座及本部正设法疏解中。特复。王世杰。

《外交部档案丛书——界务类》第三册,新疆卷(一),第322页

刘泽荣致外交部

1945 年 11 月 2 日

渝外交部部、次长钧鉴:547号电奉悉。现与对方代表商谈已告一段落,张部长业将经过情形详电中央,当蒙鉴及。兹将职对此次商谈、并与苏总领事洽谈中所得印象谨陈于后:(1)该代表来此之初,确有提出所谓共和国独立之意,嗣因张部长有绝不承认之坚决表示,并经该总领事劝告,始未提出,仅转询我中央之意见,嗣张部长提出示后,乃表示有返伊报告之必要。(2)张部长提示中央意见时态度极为和平而诚恳,使该代表等深受感动,并一再表示:“应速返伊请示愿速和平解决”,故续商中心似将在自治之程度。(3)该总领事对此商谈,初时力避参与或干与态度,该领鉴于张部长有极愿发送在新中苏关系系诚恳表示,予以最好印象,乃复征□其愿协助之意,该领对其政府有所报告,并得指示,苏联方面似有诚意愿将此事速决。(4)苏联方面对经济合作,似欲俟伊宁事件解决后再谈。(5)极可注意者,迄今苏总领事对此间所谓反苏工作继续表示不满,并谓非速改善不可。此似属在新疆中苏关系之中心问题。以上为节除函呈张部长外,乞鉴核。职刘泽荣。

附注:亚西司547号去电——电昨苏大使面告:张部长到迪时,变乱份子代表约可同时来迪由。(此电迟到)机要室注

《外交部档案丛书——界务类》第三册,新疆卷(一),第322—323页

张治中致外交部

1945 年 11 月 3 日

特急,重庆外交部王部长:转请张主席岳军。先酉世电悉,中共问题似仍以政治方法解决为最宜,中央务须采取极大宽容忍耐之态度,排除万难,争取和平,此于党国、于领袖,皆属利多而害最小。弟据本此意,函陈委座裁夺。最近谈商情形如何,想已有进展,祈便示告。新疆事件,对方代表最近可重来此继续谈话,惟日期未定。弟张治中。戌江迪秘。

《外交部档案丛书——界务类》第三册,新疆卷(一),第 323 页

张治中谈处理伊宁事件

1945 年 11 月上旬

(中央社迪化三日电)最近外间对于未来新疆局势之推测,曾有种种传说,记者顷晋谒张部长治中,叩询真象,据张氏谈称:余奉命来新之任务,在听取伊宁事变分子代表陈述意见,并转达中央之意旨,余已将"中央对解决新疆局部事变之提示案"交给代表等,彼等现已返回伊宁,日内当再来迪续陈一切,余望能迅得正当之和平解决,返渝复命,所有重庆某两报先后所载消息,均非事实。

《中央日报》(重庆版)1945 年 11 月 5 日

刘泽荣致外交部

1945 年 11 月 28 日

限即到。重庆外交部:伊宁方面代表三人经过多次续商,因无权决定,必须再赴伊宁报告,业于昨日飞伊,预计一周可返迪化。经过详情已由张部长报告中央。职刘泽荣。

《外交部档案丛书——界务类》第三册,新疆卷(一),第 324 页

国民政府致外交部

1946 年 1 月 3 日

外交部王部长勋鉴：兹抄发迪仕张部长文白亥艳申电一件，希知照。中正子江府军仁（印）。

抄迪化张治中亥艳申电

（衔略）亥感未电计呈。两日来分召苏领及对方代表作多方转达其工作。关于对方此次增提之三条：（一）取消政治警察。（二）撤回国军。（三）今后警察由当地回教徒充任。经坚决拒绝后，对方代表声称："因无撤回权力，当向伊宁请示，自愿暂行搁置不谈。仍请先就此次经过修改（知）要求十一条，作具体研究"。今晨会谈结果，问题已集中于省府组织及部队改编两项：（甲）省政府组织问题，对方要求于三个月后，省参议会成立时，即选举省主席及副主席，在选举以前之过渡期间，省政府之临时主席，由中央任命。委员名额，照上次所定为二十五人，但除原定厅、处长分配办法外，并要求民政厅长亦由地方人士保荐之。省委十五人之分配办法（三区保荐六人，其他七区保荐九人），表示无须作此规定，有欲提出全部名单之意。职当予答复：（一）将来省主席是否由省参议会选举，应俟国民大会制颁宪法之后，遵照宪法，此时虽政府亦无权允许。（二）民政厅长应由中央直接合作。（三）省委必须就全省各区作合理之分配，俾符众意。（乙）部队改编问题，前次据该代表等具复，希望编为地方团队，但此次所提条件，则应照国军编制，编为民族部队，并要求全省各专员区均须编组民族部队，经职严词驳复，彼等勉强同意，乃仅将参与事变之部队改编。但其希望编成数额，及职上次令其提供之人马武器各项材料提出，仅谓：（一）希望原则上先允许参加事变之部队，照国军编制改编。（二）此项部队成单位数额及驻地，希望由职予以指示，俾向伊宁请示。（三）保证在原则上中央允许此项部队改编之后，决不致因数额问题有所争执，致影响问题之解决等语。职经多次令其先行提出希望编成之数额，俾便说解，并就上次提示之部分，遣归人马武器之点验，应受调遣派员训练等问题，再加申述。但彼等仍坚持请先由职提出数额及驻地,始便商定。关于此点,职原拟以团为最大单位,数额则以三团为限。但根据此间长官部之调查统计,伪军人数达三万余、步骑枪约二万余支、机枪约千挺、迫击炮七十余门,仅绥来正面,即有步兵二团、骑兵五团,及独立各一,步机枪俱全,今对方对于数额、驻地两点,所以固执不肯提出者,似有试探政府之意。职拟今晚邀吴主席、郭副长官、李铁军、宋希濂等,就此项问题详加研究之后,再作答案。如蒙钧座方针,乞速赐电祗遵,综合两日来情况,该代表等与苏领业已明了,凡有损害职威信、国家、主权之条件,决非我所能接受。虽其增提各条,能否撤回,彼转向尚在请示之中,若无违令拖延、甚至破裂之意,或易就范,惟尚待情况演进而定也。余容续呈。

《外交部档案丛书——界务类》第三册,新疆卷(一),第 326—327 页

刘泽荣致外交部
1946 年 1 月 4 日

急,重庆外交部部、次长:前晚张部长已与伊宁方面代表签订和平解决条款十一条及附文,其余另一附文尚未商妥,代表在请示中,俟伊方有答复,再行洽商。张部长已于四日飞渝,暂留三人在此与代表保持接触。职刘泽荣

《外交部档案丛书——界务类》第三册,新疆卷(一),第 327 页

米克拉舍夫斯基与甘乃光谈话纪要
1946 年 2 月 28 日

米:新疆暴动人民之代表请求苏联驻伊宁领事经过苏联驻华大使馆询问:张治中将军何时可赴迪化继续与彼等商谈? 如张部长不于最近将来赴迪化继续商谈,则彼等将认为谈判已经决裂,而过去与彼等所签订之条件亦将认为无效。

次长:所谓"最近将来",至何时为止?

米:不知,因伊宁领事未说明。

次长:据报纸所载,张部长同周恩来及马歇尔将军已于今日飞北平,其任务重大,似不能即行请其返回。其次,如众所周知者,二中全会订于三月一日开幕,张部长必须出席会议,恐于返渝后,亦不能即行离渝。此二点请烦电告伊宁领事转知暴动人民之代表。

米:次长所云,本人可即电告,以便暴动人民之代表于考虑时间时注意及之。

《外交部档案丛书——界务类》第三册,新疆卷(一),第 328 页

甘乃光接见米克拉舍夫斯基谈话纪要
1946 年 3 月 2 日

次长:阁下曾于二月二十八日向本人询问关于张治中将军赴迪化之时间,兹悉张(志)〔治〕中将军定于本月中即十五日左右飞迪,请阁下转电伊宁苏领转知对方代表。

米:本人可即转电伊宁苏领,请其转知暴动人民之代表。

《外交部档案丛书——界务类》第三册,新疆卷(一),第 329 页

刘泽荣致外交部
1946 年 3 月 8 日

外交部甘次长钧鉴:西 596 号电敬悉。兹将商谈经过据告如下:(A)上年十月十二日,代表团初次来此,十四日张部长到,因闻代表团曾要求承认东土耳其斯坦共和国,部长对苏领事表示:"绝不容许此种要求"。故十七日初次会谈代表团仅讲与中央意旨一致。十九日部长提出中央提示案,彼等乃谓必须回去请示,即于二十二日回伊。(B)十一月十三日代表团二次来此,提出方案十一条,内容大意:(1)新疆省各行长官民选;(2)宗教自由;(3)、(4)两条,各机关及学校用回文;(5)宗族文化自由发展;(6)集会言论自由;(7)减税;(8)贸易自由;(9)各区组织宗族军队;(10)回民按人口比例参加省府;(11)免究参与事变人员。商谈后,部长提出方案修正案大意如下:(1)三个月内选举

各县参政会,推举县长;(2)同意;(3)、(4)两条各机关国文、回文并用,准人民用本族文字,小学用本地文字,国文为必修科,大学国文、回文同用;(5)、(6)、(7)、(8)四点原则上同意;(9)事变部队改为保安队,兵额余剩编成国军,以团为最大单位;(10)宪法未定以前,省府设二十五委员,其中十五人由人民推荐,包括副主席、副秘书长、建设厅长、教育、卫生处长;(11)同意。彼等仍谓:"必须请示。"即于十一月二十七日回伊。(C)十二月二十五日,代表团第三次来此,提出方案十四条,内容与上述修正案不同之点改如下:(1)各区民选省主席、副主席,由省参政会选举,未选举以前临时主席由中央任命。(2)至(8)六条大致相同。(9)组织宗教军队,事变部队改为国军。(10)省府委员二十五人中,人民保荐之十五人,包括主席、民政总长、教育厅长、建设厅长、卫生处长、副秘书长。(11)相同。(12)新疆省应取消政治警察即特务机关。(13)事变期内调派来新疆之部队均应召回。(14)新疆警察由当地回民组织。以上各条经修正并将最后三条取消后,于十二日双方签字条款十一条及附件一,张部长已带渝,谅已核察。但经代表团声明,须经其组织核准方能生效。二月三日张部长回渝,十日代表团回伊报告,二月十四日苏领馆谓:"伊方对条款第九条、第十条及附件有未能同意之点,须协商"等语。以后情形,当随时报告。职刘泽荣。

《外交部档案丛书——界务类》第三册,新疆卷(一),第330页

张治中在二中全会报告新疆问题
主张敦睦中苏友谊
1946 年 3 月 12 日

(新华社延安十四日电)中央社渝十二日讯:二中全会上由张治中作新疆问题解决方案报告时称:新疆伊宁事件,发生于三十三年七月间,至去年七月,渐次扩大,九、十月间张氏两次奉命赴迪化与伊宁人民代表拉合木江等三人进行商议,结果签订了以和平方式解决武装冲突之协定十二条款,其主要内容有:(一)政治方面限期成立县、省参议

会,监督并协助县、省政府,在宪法未颁布,普选未确定以前,省府暂扩大组织,省府委员由中央直接派定及各区人民代表保荐中央任命之;(二)宗教文化方面,人民有信仰宗教之完全自由,国家行政机关与司法机关之文书国文与回文并用。人民上呈政府机关之文书,准予单独使用其本族文字。小学可用本族文字。中学以国文为必修科。大学则国文回文并用。民族文化与艺术自由发展。有出版、集会、言论之自由;(三)经济方面按人民实际生产力量而规定税率,商民可以自由对国内贸易,对国外贸易则需依照中央政府与外国所订商约之规定;(四)军队方面,地方军队参照国军编制,重新改编,并应由政府派遣教练人员协助训练(按这一协定,政府迄今未予批准实行)。张氏继即从历史、地理、外交等方面,说明应重视新疆问题,并称:"近百年来之新疆,实为一部极黑暗的历史,吾人应坦白检讨。"他强调:"从整个国家观点,尤其从迅速解决新疆问题观点而言,必须以最大诚意谋取中苏之友好关系。"因为新疆与苏联,无论在民族疆界经济交通等方面,都已发生极密切之关系。张氏对治理新疆之意见,主张必须修明政治、除国防、外交、币制、交通、司法诸端须由中央办理外,其余地方自治,民族文化及经济建设应充分予地方自由发展以安定新疆。并呼吁从速修筑从新疆至兰州的铁路。张氏报告完毕,即进行检讨,新疆省委员麦斯武德起立发言称:"张部长两度赴新,为维护国家民族利益,已尽其最大之责任。"麦氏继称:新疆为中国之门户,新疆人民数千年来,为中国看守这一门户,克尽职责,然数十年来,其人民则备受地方政治不良之痛苦,是否公允,自不待言。麦氏又称:"谈及边疆人民自治要求,咸怀疑虑,以为自治即为分裂,这种观念必须纠正,边疆人民要求自治,乃要求其自由发展,实际彼等如获得自由后,反可促成团结,政府除坚持领土主权外,则应以宽大态度处之,若因小失大,丧失边民之信心,则反为不智。"

《中苏国家关系史资料汇编》(1945—1949),第 441—442 页

张治中再赴迪化

1946 年 3 月 28 日

（联合社重庆二十八日电）张治中定明日启程赴迪化，俾与伊宁代表谈判最后协定。陪都人士预料张氏此行，必可签订协定，予新疆人民以高度自治，并取消所谓"东土耳其斯坦共和国"。

《中央日报》（上海版）1946 年 3 月 29 日

张治中抵兰州，赴迪化

1946 年 3 月 29 日

（中央社兰州二十九日电）新任行营主任张治中将军，今日专机离渝经西安，于午后四时三十分到达兰州，定一日续飞迪化，处理伊宁事件，记者于晚八时前往访问，据谈西北行营组织，与各地无异，所不同者，即今后西北之国防经济，均将由行营督导，以求其平衡发展，渠留新期间，行营筹设事宜，将由副主任郭寄峤来兰主持，参谋长副参谋长人选已决定以宋希濂刘任两氏分任，行营并将设交通建设，经济建设两委会，以为建设西北之枢纽，关于伊宁事件，张氏谓伊代表业已到迪，会商如和谐进行，开诚相见，当能获致圆满解决，晚应战区长官部之欢宴，明晚则将出席兰各界举行之欢迎会，甘省府定三十一日晚欢宴。

《中央日报》（上海版）1946 年 4 月 1 日

张治中就新疆省主席兼职

1946 年 4 月 2 日

（中央社兰州二日电）西北行营主任兼新疆省主席张治中，二日晨八时专机由兰飞迪就任新主席兼职，并处理伊宁事件，其夫人及男女公子均随行，张氏抵达后，西北行营副主任郭寄峤，即将由迪来兰，主持筹设行营事宜。

《中央日报》（上海版）1946 年 4 月 3 日

伊宁人民代表晋谒张治中

1946年4月5日

（中央社迪化五日电）伊宁人民代表拉合木江等三人，今日上午十一时，晋谒张治中，旋即正式谈商前次未获协议之军队改编问题。伊宁方面参加省府人员之名单，今未提出，且无首先提出之意，似须待明了中央所内定之人员后始正式提出，续商共历二小时半，均在和蔼空气中进行。

《中央日报》（上海版）1946年4月6日

刘泽荣致外交部

1946年4月7日

重庆外交部：昨日张部长平安抵迪化，今日已接见伊宁代表谈话，彼等对张部长担任本省主席，曾谓：代表人民表示最大欣慰，并向中央表示谢意。

《外交部档案丛书——界务类》第三册，新疆卷（一），第334页

张治中致王世杰

外交部王部长雪艇先生：极机密。寒陷电敬悉。此间商谈焦点集中于军队、改编军队问题。苏方第一次提出编成十三个团，驻地几遍全疆，旋减至十个团，驻地问题，无具体表示。弟初允三团，继增为四团，苏领则谓再增一、两个团即可解决，最后增至六团（内国军三团、保安团三团）。但一年后减缩编为国军两团及三个保安大队，驻地除事变三区以外，其他地点不能考虑。苏方表示数字同意，驻地亦未坚持。嗣伊宁代表返伊请示回迪，先与苏领晤面两次后，始来晋见，提出军队数字可减至八团，但阿克苏、喀什两区须合驻一团。弟当予拒绝，并从侧面与苏领商谈。据称："渠最后意见可减至七团，但喀什必须驻一团，如阿克苏不允驻兵，则改为迪化驻一团"。态度似颇决绝。昨日下午伊宁代表求见，弟派员与渠等商谈，渠等谓："已得伊宁复电，提出最后

希望:(一)数字改为七个团,内步兵三团、骑兵四团。(二)一年后不能裁减。(三)驻地除事变三区外,并各以一团驻迪化、喀什及阿克苏,七团以上设指挥机构,其指挥官由伊宁保荐。(四)在新国军于事件解决后,三个月内缩减至一九四四年一月以前之数额"。似此条件,愈提愈高,问题愈来愈多,对方是否愿从速解决,或故事拖延,殊成疑问。目前弟固不顾一切努力,希望获得协议,但似无把握,弟意苏联对我似有整个看法,现在国际外交情况暨东北问题、中共问题之复杂化,对新局自不无影响。但苏联对新疆之政策,就过去各种象征观察,或有适可而止之意。据报近来态度之闪烁,固与其他问题有关,但其最高当局根本不愿解决此项问题,尚难断定,现正在交涉,似为一种双簧式之外交谈判,迹近滑稽,且其协议变化之来源,是否出于其最高当局之指示,或系其余机关,尤其特务横外之策略,允盼早为解决,而在新省殊无彻底正在明了其真相之可能性,故此困难。委座建议拟请由我外交当局,向苏联公开直接谈判,或派员赴莫斯科,进行商谈,冀可因此另辟解决之途,如何之处,敬希就近请示,讯赐复电为荷。弟张治中,辰鱼迪秘。

《外交部档案丛书——界务类》第三册,新疆卷(一),第335页

吕同仑所拟说帖
1946 年 5 月 10 日

[批示]:暂密存。亚西司司长卜道明　卅五、五、十

本件要点在:(一)苏领已公开出面谈判,提出军事整编及编后驻地之条件,并对方代表态度坚决;(二)请就近请示与建议委座直接与苏方直接交涉。由第一点言,似谈判由于对方之坚决,已陷僵持。第二点则系觅取打开僵局或影响谈判俾获致协议之方式,着重于了解此种坚持,是否出于当地苏联人员之成见,抑莫斯科尚有意求问题之解决。故张部长来电,意在假手中央直接之谈判,测探苏方意向,至所云藉以"另辟谈商途径",尚属其次。

对本案之办法:

一、决定测探苏方意向之方式。无论在此向苏大使提出、抑派员赴苏，及由我驻联合国代表侧面向葛罗米可提出，均无不可。惟难必其有结果否耳。

二、另辟谈商途径，似亦可试试，但宜选择最适当之机会与际境，期发即有效，免徒贻侘之。如此时由我先作驻外蒙共和国使节之派设，藉以此新的友谊姿态在一新的较友好之环境中，开辟一新的谈商途径，未见无补也。

惟此件部长看法为何，可否由司拟议签呈请核夺。

《外交部档案丛书——界务类》第三册，新疆卷(一)，第335页

刘泽荣致外交部

1946 年 5 月 25 日

南京外交部：此间与伊宁代表未解决之各种问题，均已商妥，本年正月二日签定条款之第二附文，昨已由双方定稿，代表等已飞(宁伊)〔伊宁〕报告，约定数日后拟交来签字，彼方推荐省政府委员名单亦已提出。

《外交部档案丛书——界务类》第三册，新疆卷(一)，第335页

刘泽荣致外交部

1946 年 5 月 26 日

南京外交部：西六一八号电敬悉。哈代表返迪签字，想再无问题。此间商谈最困难问题为民族部队数量及驻扎地点，伊方坚持甚久。嗣经我方请苏领协助，劝告彼始就范。观苏方态度似甚愿早日解决，尚无须悲观。

附注：亚西司六一八号去电——为新伊谈判及苏方所持态度由。机要室注

《外交部档案丛书——界务类》第三册，新疆卷(一)，第336页

刘泽荣致外交部
1946 年 6 月 7 日

南京外交部:76 号电计达。伊宁代表已于四日返迪,所有一切问题均经商妥,附件二业于昨晚经双方签字。如此一年半以来伊宁事件已告和平解决。

附注:76 号来电——告与伊宁代表商讨困难问题要点。此电迟到。机要室注

《外交部档案丛书——界务类》第三册,新疆卷(一),第 336 页

新疆省政府委员名单
1946 年 6 月 19 日国府令

族别	姓名	父名	兼职	略历
塔塔尔族	鲍尔汉		副主席	在金树仁时为驻德代表,盛世才时为土产公司总理、宰桑领事,廿六年案下狱,卅三年释放为迪化区行政专员。
维吾尔族	阿合买提·江	喀引罗夫	副主席	伊宁。
汉族	刘孟纯		秘书长	随张主席赴新者。
锡伯族	萨立士		副秘书长	伊宁。
维吾尔族?	阿布都克力木	阿巴索夫	副秘书长	伊宁。
汉回	王曾善		民政厅长	立法院委员。
维吾尔族?	赖希木·江	沙比尔阿吉	民厅副厅长	伊宁。
汉族	卢郁文		财政厅	随吴主席为财政厅长。
汉回	马廷骧		财厅副厅长	鄯善回族省政府顾问。
维或哈?	赛福鼎	阿滋作夫	教育厅长	伊宁。
汉族	秦宗贤		教厅副厅长	随张主席赴新。
维吾尔族	穆罕默德	伊敏	建设厅长	中央委员。
汉族	顾谦吉		建厅副厅长	随张主席赴新。

续表

族别	姓名	父名	兼职	略历
汉族	赵剑锋		社会处长	抗日军赴新,为盛世才之副官长、公安管理处处长、塔城区行政专员,卅一年下狱,卅三年释放,为宣抚委员会副委员。
蒙古族	尔德尼		社会处副处长	焉耆蒙古,在盛世才时为建设厅副厅长,卅一年下狱,卅三年释放为和硕县长。
维或哈?	达力汗	苏古尔巴也夫	卫生处长	伊宁。
汉族	屈武		迪化市市长	陕西建设厅长。
维吾尔族	艾沙			立法院委员。
汉族	管泽良			未详待考。
维吾尔族	阿不都克力木汗	买合苏木		伊宁。
索伦族	钟隶华			索伦旗,塔城外交科长,卅三年下狱,卅三年翻译为宣抚委员会处长。
哈或维?	乌斯曼·巴图鲁	司马衣洛夫		伊宁。
哈萨克族	阿里汗土烈	夏克尔和加也夫		伊宁。
乌孜别克族	伊斯哈克江	穆那哈吉也夫		伊宁。
汉族	张治中		主席	

《外交部档案丛书——界务类》第三册,新疆卷(一),第 337—338 页

刘泽荣致外交部

1946 年 6 月 18 日

南京外交部部、次长钧鉴:兹遵西 629 号电报告谈判经过要点如下:此次谈判最困难问题为伊方部队之改编数量及其驻扎地点。四月七日开始续商时,伊方要求编为十三团驻扎于十处,迪化及南疆在内。我方仅允三团驻扎于事变之区。彼方坚持,后减至十团。我方允加至六团,但一年后缩至三团,并驻扎三区为限。彼方争持甚久,二十二日

彼方首席代表返伊宁报告,二十四日回迪化仍坚持十团,除三区外,驻扎南疆二处。我方不允,苏方表示意见谓:"团数似可略减,但不必于一年后缩减,并对驻扎南疆不反对"。五月三日伊方提出七团,其中三团驻扎迪化及南疆。四日我允六团,不说一年后缩减,但驻事变三区为限。伊方不允,我方请苏领协助劝告。五月九日答谓:"伊方可以同意,但希望对南疆喀什、阿克苏两区现有保安队加以整编,由当地回教徒补充"。谈判至此,开始整理附件二。草案五月二十一日由双方定稿,二十二日代表团返伊宁报告,六月四日回迪化,六月六日签字,所附件二全文另电报告。职刘泽荣叩。

附注:西629号去电——关于伊宁事件谈判经过仰速电复由。机要室注

《外交部档案丛书——界务类》第三册,新疆卷(一)第339页

刘泽荣致王世杰
1946年6月18日

南京外交部:西629号电奉悉。六月六日张部长与伊宁代表签订附文二之全文如下:(1)参加事变各民族部队应参照国军编制,编成骑兵三个团、步兵三个团,总人数以一万一千至一万两千名为限。此六个团中,骑兵二团、步兵一团为国军,骑兵一团、步兵两团为本省保安队。(2)政府准伊宁方面就当地回教徒中,保荐一人〔为〕伊犁、塔城、阿山三区部队指挥官,指挥以上六个团。该指挥官应遵照行营核定之编制组织、指挥部。该指挥官应服从新疆警备总司令及全省保安司令之命令,并由政府派该指挥官兼任全省保安副司令。(3)以上六个团之驻扎地点,以伊犁、塔城、阿山三区为限,该三区之治安,由政府责成只准由该指挥官所辖之六个团负责维持。国境之守备,由中央担任边务之军队负责,其办法可参照事变以前之办法办理。(4)该指挥官派定之后,准其协商会同迅将阿克苏、喀什噶尔两区之保安部队改编,其补充办法,均由当地回教徒人民补充之。(5)该六个团之等级、供应及将来

之武装装备,其三个国军团准予按照驻新疆国军之规章及标准办理,由中央补给之,其三个保安团,按照本省保安部队之规章及标准办理,由新疆省拨交保安司令部补给之。(6)参加事变各民族之改编事宜,由该指挥官对政府负责办理,此项部队编成六个团以后之驻扎地点,应分别呈请新疆警备总司令及全省保安司令核定之。该六个团之人马武器实数,应分别呈报新疆警备总司令及全省保安司令备查。

附注:西624号去电——关于伊宁事件谈判经过仰速电复由。机要室注。

《外交部档案丛书——界务类》第三册,新疆卷(一),第339页

新疆伊宁纠纷事件和平解决条款全文
1946年1月2日签字,7月1日发表

(中央社南京二十九日电)新疆伊宁于去年发生纠纷,曾由中央特派前政治部张部长治中前往处理,经与伊宁方面代表商谈,于本年一月二日,签订以和平方式解决之条款,业经政府核准,兹录其条款全文于左。

中央政府代表与新疆暴动区域人民代表之间,以和平方式,解决武装冲突之条款。

(一)政府给予新疆人民选举彼等相信之当地人士为行政官吏之选举权,为实行此种权利,其程序规定如左:事件解决后三个月内,由各县人民选举县参议员,成立县参议会。由县参议会选举县长、副县长、至县政府科长以上人员,由县长委用,尚未实施上项选举以前,事变区域内区及县之现有行政官吏,予以保留。区行政督察专员及副专员,由当地人民保留,呈请省政府核定,专员公署职员由专员任用,各县参议会成立以后,以法选举省参议员成立省参议会。代表人民之公意,监督并协助省政府,在宪法未颁布,普选未确定以前,省政府之改组办法如第九条所规定。

(二)政府取缔对于宗教之歧视并予人民以信仰宗教之完全自由。

（三）国家行政机关与司法机关内之文书，国文与回文并用，人民上呈政府机关之文书，准予单独使用其本族文字。

（四）在小学与中学用其本族文字施教，但中学应以国文为必修科，大学则依照教学需要，并用国文与回文施教。

（五）政府确定民族文化与艺术之自由发展。

（六）政府确定出版集会言论之自由。

（七）政府按照人民实际之生产力，并视其力量，规定税率，人民经明了对于政府经济上所负之义务，自当负担，但此项负担之数额，应以不妨碍人民之生活与经济发展为标准。

（八）政府给予商民以国内外贸易之自由，但对外贸易，商民应遵照中央政府与外国所订商约之规定。

（九）新疆省政府之组织应由中央予以扩充，委员名额为二十五人，二十五名省政府委员中，十名由中央直接派定，其余十五名，由各区人民代表保荐，中央任命之。中央直接派定之十名委员中，包括主席、秘书长、民政厅长、财政厅长、社会处长、教育厅副厅长、建设厅副厅长、卫生处副处长，及专任委员二人。由各区人民代表保荐中央任命之十五名委员中，包括副主席二人，副秘书长二人，教育厅长、建设厅长、卫生处长、民政厅副厅长、财政厅副厅长，社会处副处长各一人，及专任委员五人，余见附文。

（十）准予组织民族军队，此项人员之补充，应以回教徒人民为原则，此项军队，由参加此次事变之军队，参照国军编制，重新改编，此项军队之数额及驻地，另行讨论作成附文二，俟签定后，始发生效力，此项军队之教练及命令，以用维哈吾文为原则。此项军队之各级军官，以保留原级职之方式，分期调送军校，补习其应受之军官教育。此部队应由政府派遣教练人员协助训练，驻新中央军队，不与此项军队同驻一处，并应相互间保持友好关系，不得有互相仇视情事，余见附文。

（十一）事变迄至现在，双方拘捕之人士，于事件解决十天以内，盼互开释，并保证今后不得以任何借口，加以歧视，中央政府代表张治中，人民代表(维文签字),中华民国三十五年一月二日于迪化。

(附文一)关于中央政府代表,与新疆暴动区域人民代表所签订,以和平方式解决武装冲突条款之第九条,规定新疆省政府组织法一节,经双方同意补充规定如左。(一)在各区人民代表保荐中央任命之省府委员十五人中,事变区内之三区,可保荐委员六人。(二)上项之委员六人中,包括副主席一人,副秘书长一人,教育厅长或建设厅长一人,民政厅副厅长或财政厅副厅长一人,卫生处长或社会处副处长一人,及专任委员一人。(三)其他七区共保荐委员九人,包括副主席一人。及除中央直接派定与上述三区所保荐以外之其余厅长、处长或副处长、副秘书长、副厅长各一人,及专任委员四人。中央政府代表张治中,人民代表(维文签字),中华民国三十五年一月二日于迪化。

(附文二)中央政府代表与新疆局部事变人民代表,依据本年一月二日所签定之"以和平方式解决武装冲突之条文"第十条,关于事变区域内之参加部队重新改编问题,双方商得同意补充规定如左:

(一)参加事变之民族部队,参照国军编制,编成骑兵三个团,步兵三个团,总人数以一万一千名至一万二千名为限。此六个团中之两个骑兵团,一个步兵团为国军,两个步兵团,一个骑兵团为本省保安部队。

(二)政府准伊宁方面,就当地回教徒中保荐一人,派为伊犁、塔城、阿山三区部队指挥官,指挥节制以上六个团,该指挥官应遵照西北行营核定之编制,组织指挥部,该指挥官,应服从新疆省警备总司令及全省保安司令之命令,并由政府派该指挥官兼任全省保安副司令。

(三)以上六个团之驻扎地点,照以伊犁塔城阿山三区为限,该三区之治安,由政府责成之,准由该指挥官所管辖之六个团负责维持。国境之守备,由中央担任边防之军队负责,其办法可参照事变以前之办法办理。

(四)该指挥官派定之后,政府准其协商会同迅将阿克苏喀什两区之保安部队改编,其补充办法,均由当地回教徒人民补充之。

(五)该六个团之待遇供应,及其将来之武器装备,其三个国军团,准予按照驻新国军之规章及标准办理,由中央补给之。其三个保安团,按照本省保安部队之规章及标准办理,由省政府交保安司令部补给之。

(六)参加事变之各民族部队之改编事宜,由该指挥官对政府负责办理,此项部队编成六个团,以后之驻扎地点,应分别呈请新疆警备总司令及全省保安司令核定之。该六个团之人马武器实数,应分别呈报新疆警备总司令,及全省保安司令备查,中央政府代表张治中,人民代表(维文签字),中华民国三十五年六月六日于迪化。

《中央日报》(上海版)1946 年 7 月 1 日

张治中致王世杰电

1946 年 7 月 20 日

王部长雪庭兄勋鉴:此次伊宁事件和平解决(万众腾欢,莫不仰戴我中央无上德意),任八阅月商谈过程中,(友邦)苏联政府从中斡旋(其盛意实不可没),对苏方出力人员我方似应予以表示,就中前六月中,驻迪前代总领事叶夫谢耶夫及后两月间新任总领事萨维列夫均曾予极大助力,此外副领事康士坦丁诺夫(从旁始终协赞,亦足可感),为表示(诚挚感)谢意,拟请由我政府分别酌赠奖章,其中对萨叶两领事能有同等(待遇),尊意如何,希示复,并请转呈主席为荷。弟张□□叩。

原新疆省档案:第 1—1—100 号
《中苏国家关系史资料汇编》(1945—1949),第 446 页

张治中忆述苏联调停伊宁事件的和平解决(节录)

在恶魔盛世才被迫不得不离开新疆之后,吴忠信才接任一个月,就是一九四四年十一月,伊宁发生了革命暴动,消灭了国民党驻军,先后占领了伊犁、塔城、阿山三个专区,组成了一个"东土耳其斯坦共和国"。到一九四五年八月第二次世界大战结束,日本无条件投降,伊宁方面的民族军队又发动进攻,突破精河、乌苏,一直推进到绥来的马纳斯河西岸,距省会迪化仅一百四十多公里,同时对南疆更分路进攻,省

城已陷动荡混乱情况中。

　　这时候驻在迪化的国民党第八战区司令长官朱绍良迭电向重庆告急……蒋(介石)接电甚为焦虑,即派我到迪化去。他给我的任务是"振奋士气,安定人心,考查这次事变的实在情况,提出报告,作为解决问题的参考"。我是在一九四五年九月十三日由重庆飞到迪化的,当天朱绍良向我汇报了以下情况……

　　当时我一面叮嘱朱绍良和集团军总司令李铁军注意激励部属,振奋士气,确保迪化安全;另方面就请外交特派员刘泽荣先生转约苏联驻迪化代总领事叶谢也夫见面,征询意见,希望他能够出面调停。因为当时我已经考虑到,这件事情要想从军事上解决是毫无希望的,只有用政治方式来解决;而政治解决必须有中间人,最好的中间人是苏联。

　　在九月十四日我和叶谢也夫见了面,问他的意见,他表示:这是中国内部的事情,苏联不便干涉中国内政。就他个人的看法,这件事最好是设法和平解决。我当时表示同意他的看法,并问他愿不愿意代为疏通阻塞和平解决的道路,首先使伊宁方面停止军事行动,以便双方派代表商谈。他答应把我的意思转达莫斯科,并表示他个人愿意从旁帮忙,但是在没有得到政府指示前,他不能有所行动。还说:最好由中国政府向苏联政府提出,较易有效。

　　当时我认为他的话是具有诚意的。所以当天我就打电报向蒋提出建议说:此间情况万分紧迫,除非伊宁军队中止前进。迪化殊无把握确保,目前只有通过外交一途从事和平解决,否则迪化一失,则局势全非,今后即能恢复,亦须费极大力量与极长时间,夜长梦多,变化难测,恐影响中央威信太大,应请当机立断,不要拘于外交常规,可否即电驻苏大使傅秉常向苏联政府提出和平解决新疆局势并今后中苏在新疆经济合作意见,请苏联方面出来调停。

　　电报发出之后,我和朱绍良、吴忠信都认为局势已经看得很清楚,除了用这个办法解决之外别无它途,我没有再停留迪化的必要,于是在九月十六日飞回重庆向蒋汇报。

……

我回到重庆不久,苏联驻华大使彼得洛夫就向国民党政府外交部提出了一个备忘录,全文如下(张治中回忆录中的引文有遗漏,此引文录自台湾方面公布的"总统府档案"文件。——原编者)

"苏大使彼得洛夫见甘乃光次长谈话节略译文——民国三十四年九月十五日下午七点半钟苏联驻伊宁领事报告苏联政府称:有回民数人,自称新疆暴动之人民代表,向该领事声请,并暗示希望俄人出面为中间人,担任调解彼等与中国当局间所发生之冲突。该代表等声明暴动之人民,并无主张脱离中国之意,其宗旨凡回民在新疆显占多数之各地,如伊宁、塔尔巴哈台、阿尔泰、卡什喀尔各区,均求达到自治之目的。

该代表等并历述新疆回民之无权利,及中国行政当局之欺压、违法,与对回民之种种压迫情事,迫使回民出而以武力保护其权利。

苏联政府因关心安定在其与新疆接连边界上之安宁与秩序,若中国政府愿意,则准备委派驻伊宁领事试对中国政府提供可能之协助,以便调整新疆已造成之局势。"

外交部向蒋请示后,作为如下答复:

(一)关于新疆回民暴动事,苏联政府愿意协助,我政府甚为感谢。

(二)关于边疆人民待遇之改善,蒋主席早经宣示:政府对新疆人民甚为关切。此次事变,我政府已派张部长治中赴新疆调查实情,即为改良待遇之张本。

(三)我政府甚望此次事变分子派代表至迪化,向张部长陈述意见,以便商洽解决,政府必根据即定政策,使新疆全体人民在政治经济上,与内地人民获得同等待遇。

(四)苏联驻伊宁领事愿意协助,请即代为通知并介绍彼等到迪化晋谒张部长,商洽进行和平解决办法。至该代表等之安全,我将力为保障。

就这样,国民党政府就派我为中央代表到迪化去和伊宁代表会谈。到这时候,我就不能不对如何认识和解决新局问题作较详细深入的研究了。我的研究结果,肯定了以下各点:

（一）新疆问题是民族问题。……

（二）新疆问题又是外交问题。新疆与苏联向来就有历史的、地理的、民族的、经济的种种密切的关系,可以肯定,苏联对新疆绝无领土企图,但它也不能容忍在新疆出现反苏局面,所以新疆绝不能反苏,一定要和苏联保持亲善的关系。

　　……

我在飞新疆之前,向蒋陈述了我对新疆问题的看法和意见。……蒋听了用很肯定的语气表示:"新疆问题你可以全权处理,有什么问题你可以直接打电报来!"我听了这话后,才觉得有一些保证,于是在同年十月十四日由重庆飞到迪化。同行者:梁寒操、彭昭贤、屈武、张静愚、邓文仪、刘孟纯、王曾善等人。

伊宁方面代表三人,就是赖希木江、阿不都哈依尔·叶烈、阿合买提江,他们是先两天到迪化的。他们来时都佩戴"东土耳其斯坦共和国"证章,并且对招待人员说:他们是代表东土耳斯坦共和国政府来和中国政府代表进行谈判的,届时将出示证明文件,中国政府代表方面也应交验证件。

我知道这种情况之后,在十五日就约请苏联驻迪化代总领事叶谢也夫谈话。我说:彼得洛夫大使给政府的备忘录,只说是新疆暴动人民代表请苏方出面调停,并声言没有脱离中国的意图,而政府给苏方的答复,也说准许这一事变的分子派代表到迪化来陈述意见,以便商洽解决的办法,因此我只能以中央政府代表的地位接见事变分子的代表,不能接见所谓东土耳其斯坦共和国的代表。请苏领把我的意思转告伊方。苏领开始表示最好由我第一次接见时当面和他们说。我说:苏联政府已表示愿意协助我政府解决事变问题,您就负有转达的责任。叶领事遂答应为我转达。

伊方代表经苏领的劝告,就没有坚持他们原来的态度,于是我在同月十七日接见了他们。

　　……

　　话说完后,我就问他们对问题解决的意见,当时他们表示愿意先听听我们意见。……

　　我们在详加研究之后,就写出一个《中央对解决新疆局部事变之提示案》。这个提示案是依据民族平等、政治民主、地方自治的基本原则拟订的,是初步符合新疆人民的愿望和要求的。其全文如下(略)

　　同月二十日我第二次接见伊方代表,把上述提示案交给他们。他们当场表示要带回伊宁详细研究之后才能提出答复。……

　　当天晚上我又约苏领面谈。由于往来较多,彼此已较熟,态度上彼此都较为坦白直率,愈趋融洽了。我问叶领事对此事的意见,他表示伊方当然不能脱离中国,这是基本原则,但是据他的观察,中央提示案怕还不能满足伊方人民的愿望,可以让代表们先回伊宁一行,十天八天就可以回来继续商谈的。

　　……

　　第二天(十月二十一日)清早我就派人护送他们过绥来前线。

　　伊方代表在同年十一月十三日再来迪化,我在十四日接见他们,他们即出示伊方提出的书面答案。全文如下(略)

　　……

　　我们在研究之后,第二天就提出来一个答复,全文如下(略)

　　……

　　在(十七、十八)两天商谈中,大部分条款都获得了协议,但是伊方代表还坚持下列各点:(一)要求给予完全自治,自省主席以至县长各级行政官吏都由人民选举;(二)政府机关官文书均用回文,大中小学均用回文施教;(三)商民得对外自由贸易;(四)组织民族军队并保持民族形式。……他们认为这是最大限度的让步,但是和中央提示案还有相当的距离。当时我们一方面和苏领保持接触,希望以侧面说服的方式给他们一个考虑的机会,另一方面连日和他们恳切交谈,……但是他们到此仍然少有让步。

　　我们在详加考虑之后,再作一次让步,逐点给他们答复……

这个答复经过详加解释之后,他们表示无权决定,要求回伊宁请示研究,约计一周就可以回来,并表示对此已有深切的了解,并获得良好的印象云。

会后我又把这个答案征询苏领意见,他认为这个答案已经显示了极大的进步,即使不能完全满意,但预料已可得到解决的基础了。

……

伊方代表回伊宁后,直到十二月二十五日才再到迪化来。二十六日来见,提出了答复,对我给他们的修正文件表示原则接受,但在原提案十一项之外又新增了三条,要求:(1)撤销政治警察;(2)为应付一九四五年事变而调来新疆的军队于协议签订一个月后一律撤回;(3)当地警察由回教徒充任。我当时认为这是节外生枝,没有商谈的余地,即席坚决拒绝,要求他们全部撤回去。

我随即约晤苏领,请为疏解,苏领也答应了。经过两日多方说服,最后伊方代表表示他们无权撤回,要向伊宁请示,同意及时把这新增的三条搁下,先就修正的十一条作具体的研究。

到二十九日,会谈的焦点已集中在省府组织和部队改编两项,经过多次的反复会商、研究、折衷,才把这十一条正文初步肯定下来,关于省府组织和部队改编则另作两个附文,于是在一九四六年一月二日正式就正文和附文(一)签字。附文(二)关于部队改编则有待于再行会商。

《中苏国家关系史资料汇编》(1945—1949),第446—450页

研文:哈族乌斯满部收复阿山区对北疆情势影响颇大由
1947 年 10 月

查新疆自伊宁事件和条款签订后,于三十五年七月一日改组省政府,伊方即荐乌思满为阿山专员。同年八月间,乌思满因不堪伊方之压迫,携带印信,退出承化。本年三月间,将退至北塔山,收拾残部,待机而动,以期挽回颓势。因此伊方达列里汗(阿山副专员)勾通外蒙军侵略北塔山,意图一鼓而蕲灭之,遂造成中蒙冲突事件,蒙方自知理屈,故

于占领松树沟及白杨沟之后，即赶筑防御工事，不再进攻。因此两月以来，北塔山方面，再未发生战事。

本年八月间，伊方鉴于阴谋暴露，吐、鄯、托（吐鲁番、鄯善、托克逊）失败，阿合买提·江等挟省参议员四十余人返回伊宁，坚壁清野，不与省府往来，并经张主任致函伊方呼吁和平，但迄未〔获〕伊方答复，或系另有企图。近来迪化方面谣传董必武已赴伊宁，如果属实，似有作用，将来伊、塔等区可能变为中国共产党之势力范围。

伊宁方面为加强乌苏防线起见，将伊斯哈克·江（宋之副司令）所部撤出阿山。因此乌思满部乃未经国军援助，直捣承化，收复富蕴、青河等县，驱达列里汗于布尔根。布尔根位于北塔山之东北，外蒙视布尔根为北塔山之后路，倘布尔根有失，则北塔山之蒙兵，大受威胁，不但不敢进攻，且不得不预防后路。故乌部进驻迪化，对于北塔山事件之影响甚大。

职孙福坤谨签　卅六、十、四

勾增盛　卅六、十、八

〔批示〕：拟将所述意见电张主任参考。亚西司司长卜道明　卅六、十、四

《外交部档案丛书——界务类》第三册，新疆卷（一），第 344 页

2. 新疆与苏联关系的改善

（1）归文会问题的解决

刘泽荣、刘孟纯①致张治中电
1947 年 1 月 11 日

密。苏方要求归文会并将其财产移交、另行组织苏侨会一案，苏领

---

① 刘泽荣时任外交部驻新疆特派员，刘孟纯系新疆省政府秘书长。

谓钧座已经允诺,催办甚急。职等已一面告知归文会准备结束,一面与苏方开始商洽,并向之提出原则三项:

(一)归文会结束后准中籍俄人另成立组织;(二)准苏侨成立组织;(三)归文会现有财产由两新组织平分。

苏领对第三项反对甚力,据谓该会财产为全新万余俄侨所有,中籍俄人只有数十家,财产仅能照此比例分配。并主张先将全部财产移交苏侨会再行划分。职等未予同意,并提出先由社会处、归文会、苏领馆三方组织小组,将归文会现有财产调查清楚后,再商划分办法。苏领对此亦表同意。并要求即日着手组织,唯预料将来对于分产办法必有重大争执。且依据土地法第十七、十八、十九各条,苏侨除公共会所有土地、房屋以外,不能在我国享有土地所有权或租赁权。将来归文会不动产依法应不能转移于苏侨会,此外对苏侨在华不动产权利是否尚有其他法令限制,似应先在中央妥为研议,如依法绝无通融余地。将来似可将该会全部财产由政府收回,将其收益用补助名义拨给,以适合法定条文。此点为职等管见,并未向对方提出。敬乞钧裁,就近与外交、内政两部一商。

又,苏侨会之组织亦似应明白规定,以确系苏籍者为限。昨已将产业转移,因受土地法限制,须先行请示之意,告知苏领,请其稍候。安全应如何决定,敬乞迅赐详示为祷。

《中苏国家关系史资料汇编》(1945—1949),第 481 页

张治中复刘孟纯电
1947 年 1 月 16 日

电悉。关于归文会财产问题希仍本既定原则再与苏领商谈,能照此原则获得结果最佳,否则必须斟酌稍作让步。此事不必商会内政、外交两部洽商,免徒增枝节。缘此实为地方事件,不必涉及政治及法律问题。希商绍周兄斟酌办理,亦不必再行请示。

原新疆省档案:第 1—1—221 号
《中苏国家关系史资料汇编》(1945—1949),第 481 页

国民政府主席侍从室致张治中电

1947 年 2 月 7 日

据报:"苏联驻迪领馆以归化族有恢复苏籍者,要求新省府将迪化之归化族文化会拨归该领馆。省府刘秘书长已准社会处、归化族文化会及苏领馆三方面组成小组,将该会所有财产估价后再议分配办法,苏方已同意。查有多数未恢复苏籍之归化族人士对省府此项措施咸表国人已否认归化族为中国国民、归文会为中国文化机关。按我国土地法及外交部规定外人在我领土内不得有土地等不动产[所有治安],况迪市归化族恢复苏籍者极少,不能认之代表全体归化族,深望政府予以保障"等情。希查明具报。

原新疆省档案:第 1—1—221 号

《中苏国家关系史资料汇编》(1945—1949),第 482 页

新疆省政府关于归文会财产问题向苏驻迪化总领事馆提出的要求

1947 年 2 月 12 日

(一)归文会应即结束。中国籍之俄罗斯人可以遵照现行规则组织合作社。

(二)驻迪化之苏联侨民可以遵照现行规则组织苏侨会。该会会员仅以已在地方行政机关登记并已领取外侨居留证之苏侨为限,此点应在会章内规定。

(三)迪化归文会俱乐部连带属其所有之器具及设备,俟苏侨会成立后,由政府交与该会。

(四)旧会在迪化市内所有之其他财产,俟新合作社成立后,由政府交与该社。

(五)多虎利牧地由政府赎回,归政府所有。在该牧地所有马、牛、羊先交政府,再行解决。

《中苏国家关系史资料汇编》(1945—1949),第 482 页

苏联驻迪化总领事馆的答复
1947 年 2 月 21 日

（一）请先将俱乐部连带其所有设备移交苏联领事馆保管，俟苏侨会正式成立后再由领馆移交该会（希望迅速办理）。

（二）同时开始组织苏侨会。

（三）同时开始商洽旧会其他财产如何处理之问题。

原新疆省档案：第 1—1—221 号
《中苏国家关系史资料汇编》(1945—1949)，第 482—483 页

张治中致军务局转呈国民政府主席电
1947 年 3 月 24 日

南京国民政府军务局转呈主席蒋钧鉴：（卅六）丑虞侍洪字第 70021 号代电奉悉。查苏方要求将归化族文化会财产移交另行组织之苏侨会一案，系苏驻迪总领事于去年年底向职提出。其所持理由，以俄国革命后移居新疆之俄罗斯人甚多，前省府虽视彼等为归化人并发给公民证，但彼等并未正式办理归化手续，其中约有万余人当时曾成立经济互助组织，名为俄罗斯经济协会。嗣后，省府另行组织归化族文化会，即将经济协会所有财产移交该会接管。而现在归文会会员大多数已恢复苏联国籍，仅有极少数取得中国国籍者。以此少数人保有原属全体会员之财产似属不公，拟请准行由恢复苏籍之侨民组织苏侨会并接受归文会之财产等语。当时职对苏方此项提议曾面允加以考虑，并指定高级人员与苏领馆、归文会分别商议具体办法。根据会商结果：以过去迪化归文会会员已多数恢复苏籍，现已办理归化手续之会员仅约有四十人，且"归化族"之名称亦复欠妥，自有亟加调整之必要。同时各国侨民在驻在国组织侨民协会自为法令所许可，迪化当不便例外，至于对该项财产问题自应依照土地法之规办理。故对于本案经决定：

（一）苏侨会之成立应遵照法定手续办理，该会会员应以业经正式向我国登记确认为苏侨者为限；（二）归文会结束后，现有会员另行组

织合作社接受原有财产一部分,政府并予扶助;(三)归文会原有之财产,由省府社会处派员全部接受,除俱乐部一所准按照土地法第十九条关于外国人为公益团体会所得租赁或购买土地之规定先移交苏领馆接受,俟苏侨会成立时拨充该会会所外,其余应依照中国法律另议分配办法。奉电前因,理合将本案经过情形电复鉴核。

原新疆省档案:第1—1—221号

《中苏国家关系史资料汇编》(1945—1949),第483页

刘泽荣致萨维里耶夫①函

1947 年 3 月 24 日

准本年二月十四日第 35 号、三月十四日第 41 号及三月十七日第49 号各来函敬悉。一是业经转请主管当局,已转饬迅为详确之调查,俟真象调查明确再为奉告,如有必要当考虑公正合法之处理办法。唯函内所指之苏侨,已否遵照外侨登记办法,向警察登记,并依法领取外侨居留证,以资证实其外侨之身分? 为避免今后易生误会起见,应请贵总领事对苏侨登记一事加以注意与协助,务希劝告全体苏侨迅速履行登记。本特派员将建议省政府或将登记时限再度酌予延长也。相应函复,即希查照为荷。

原新疆省档案:第1—1—218号

《中苏国家关系史资料汇编》(1945—1949),第483—484页

刘泽荣致张治中电

1947 年 3 月 26 日

奉本年三月二十四日秘迪字第 183 号代电核示应行答复苏领各节,遵即于三月二十四日分别办理在案。查苏领对我答复其所作之口头声明并未作何表示,对我复函所提苏侨应履行外侨登记一事,经表示

---

① 时任苏联驻迪化总领事。

意见如下：

（一）愿本署转请省府，即饬有关机关继续接受苏侨登记申请，暂不限期，同时苏领馆可设法劝告其办理登记手续；（二）请我登记机关改善态度，勿使未登记者恐惧不前。遇有国籍问题发生时，对该申请人勿作直接表示，应依手续经由外交署办理。（三）俟本市人心安定（约需两星期）后，可请省府出一布告，说明为对尚未登记之苏侨予以便利起见，再将外侨登记期限延长至某时。届时苏领馆亦或可登报劝告苏侨登记云云。查苏领所提意见似可考虑，拟请令饬主管机关研议是否可行，再当回复苏领。所有遵电答复苏领各情，理合电请鉴核并查，并祈示复为祷。

原新疆省档案：第 1—1—218 号

《中苏国家关系史资料汇编》（1945—1949），第 484 页

刘泽荣致外交部电

1947 年 3 月 26 日

65 及 66 号两电敬悉。（甲）三月十日苏领口头声明，经商承张主任，已于三月二十日口头答复如下：贵总领事以中国人资格协助结束伊宁事变及订立和平条款，华方甚为感谢。中国政府及地方当局以彻底实行和平条款为基本政策，绝无变更之意等语。对此答复苏领未作何表示。（乙）答复苏领书面所提搜索苏侨各情事要点，允予确查真象，考虑合法处理办法并请劝告苏侨遵办外人登记手续，苏领表示赞同。现正商请省府拟定延长登记期限办法中。（丙）迪化局势自张主任返此后已呈安定，现张主任正与阿副主席等对各未决问题研商，处理办法加注奉闻。职刘□□　三月二十六日

注：迪化二月中旬以后迭次发生民众游行请愿事件，至二月二十五因有人向请愿群众开枪，引起骚动。治安当局为维持社会次序，不得不宣布临时戒严。二月廿日及三月四日分别在城内及南梁检查户口，均系戒严前通常应采之必要步骤，不能认为对和平条款有何

影响。

原新疆省档案：第1—1—218号

《中苏国家关系史资料汇编》(1945—1949)，第484—485页

刘泽荣致萨维里耶夫函
1947年4月

敬复者：准本月(四月)第67号大函敬悉。查本特派员于本年二月十二日与贵总领事谈话时，曾照主管机关之意见声明如下："(一)归文会即行结束，中国籍之俄罗斯人可以遵照现行规则组织合作社；(二)驻迪化之苏联侨民可以遵照现行规则组织苏侨会。该会会员仅以在地方行政机关登记并经领取外侨居留证之苏侨为限，此点应在该会章程内规定；(三)迪化归文会俱乐部连带设备，俟苏侨会正式成立后由政府交与该会；(四)旧会在迪化市内所有之其他财产，俟新合作社成立后由政府交与该社；(五)乌拉摆农庄由政府赎回后再行解决；(六)多虎利牧地由政府收回归政府所有。在该牧地所有马、牛、羊先交政府再行解决。"

嗣后于二月二十一日贵馆叶副领事到署，将贵馆意见面告如下："(一)请先将俱乐部连其设备交与苏联总领事馆暂行保管，俟苏侨会正式成立后再由领馆移交苏侨会；(二)同时开始组织苏侨会；(三)同时对旧会其他财产另行研议。"

本署曾将贵馆此意转达主管机关，结果主管机关曾令社会处将归文会财产接受现已完毕，并准备将俱乐部及其设备交与贵馆暂行保管，俟苏侨会正式成立后即可将该俱乐部移交该会。唯苏侨会之成立仍应依照上述办法办理，即"遵照现行规则组织苏侨会，该会会员仅以在地方行政机关登记，并经领取外侨居留证之苏侨为限，此点应在该会章程内规定。"贵总领事对此办法并未表示异议，兹为免将来发生误会起见，应请阁下将此办法书面追认同意，则可即通知社会处将俱乐部及其设备交与贵领馆暂行保管，同时并请将贵馆所派接收人员之名单通知

本署,以便转知有关机关洽办,相应函请查照办理,并希见复为荷。

萨维里耶夫复刘泽荣函

1947 年 4 月 15 日

敬复者,准本年四月九日第 187 号大函敬悉,本总领事于聆悉阁下通知撤消归文会之余并对阁下准在此间组织苏侨会之决议至感满意。关于将属于前归文会财产移交苏侨会一问题,兹补充本年四月三日敝函,敬声明如下:

(一)在组织苏侨会以前,本总领事认为必须完成其将前归文会俱乐部移交总领事馆领有之应有手续,接收俱乐部及属于该俱乐部什物并设备本宜本总领事已委记本总领馆秘书鲁斯塔毛夫及苏侨潘诺马林科、沙维利也夫及葛秋龄四人办理之。

(二)关于前归文会其余财产,其中包括房屋,田地,马及牛、羊暂先搁置,以待日内主管机关为苏侨会利益将此一问题作合理之解决。

(三)对于阁下所提必需在会章内订明苏侨会之会员只以曾经在当地行政机关登记之人为条件一节,本总领事深不能予以肯定之答复。因本总领事在会章内不应作此项条件之规定,盖苏侨民不论其是否加入苏侨会均应前往登记故也。

刘泽荣致刘孟纯便函

1947 年 5 月 12 日

关于归文会财产问题,昨苏联叶副领事来谈,提出主张三项:

(一)于本月十八日召集苏侨大会,成立苏侨会,选举临时理事会,请省府即将俱乐部移交该会临时理事会。

（二）限制会员资格一节碍难规定于会章内，只能以换文方式表示之。

（三）希望将乌拉摆农庄租给苏侨会，万一不可能时，则请省府将该农庄及多虎利牧地均用款赎回，并请将此款赎款拨交苏侨会，等语。

经就上述三点答复如下：

（一）成立苏侨会应将其会章以法定手续向社会处正式登记立案后始能将俱乐部移交苏侨会，但不能交其所有，只能作为长期无价租用（十年或若干年）。为免误会，所有该会发起人及理监人员应以经正式登记之苏侨为限。

（二）苏侨会会员仅以经正式登记之苏侨为限一节，即日以换文方式定之。

（三）乌拉摆农庄及多虎利牧地之赎款可分予苏侨会及中籍俄人合作社两团体。

叶副领事对第一项答复谓须请示总领事，并主张无论如何应说明期满后有权继续租用，至如何分配赎款，亦应待商，其余可同意云云，未审尊见以为如何？希即速示为荷。

原新疆省档案：第 1—1—218 号

《中苏国家关系史资料汇编》（1945—1949），第 486—487 页

（2）新疆当局协助苏联运回暂存猩猩峡等处物资

刘泽荣致外交部电
1946 年 7 月 24 日

003 号电计呈。（一）（略）。（二）苏方前在猩猩峡及哈密两地所存我政府付与交换物资之货物，现因伊宁事件解决，拟即起运出境，业经取得省当局同意，日昨苏联驻迪商务委员已前往伊犁一带考察沿途公路情况，返迪即可进行，并闻。

原新疆省档案：第 1—1—100 号

《中苏国家关系史资料汇编》（1945—1949），第 510 页

外交部致刘泽荣电

1946 年 7 月 27 日

3 号、14 号电悉。(一)略。(二)关于苏方物资存置猩猩峡者,应商请先行设法□□,勿任久置,必要时可商请省政府予以协助。

原新疆省档案:第 1—1—100 号

《中苏国家关系史资料汇编》(1945—1949),第 510 页

刘泽荣致苏联驻迪化总领事商务委员函

1946 年 12 月 26 日

……关于抗日时期中国政府为偿付贷款所交与苏联之货物,其尚未运出而寄存于猩猩峡、哈密两处者,现拟运至苏联一案,阁下于本(十二)月十八日与西北行辕主任张治中将军谈话时曾提出采取协助办法,以便将该项货物迅速输出问题。兹奉张将军指示,奉告如下:张将军因此项运输情形特殊,并愿对苏联顺利办理此项运输予以最大限度之友谊协助,故同意苏方用其汽车将该项存货得速输出,按照下开各项办理:

(一)华方担任对于新二台、精河、乌苏、绥来、迪化、吐鲁番、鄯善、七角井、哈密、猩猩峡十处原有招待站应行必需之修理,于最短期间出资办理。

(二)华方于开始进行运输之前,担任第一项所指示台站应需之什物器具,按照附开清单备齐,其缺乏者于必要时由华方请苏方代购,并代运至所需地点,其价款由华方记付。

(三)华方在招待站供给各汽车队人员之伙食,每次以一百五十人为标准,由苏方支付会议其价款,其计算法另定之。

(四)各站间电话之联络,由华方恢复之,其缺乏之器材必需时由华方请苏方代购,并代运至所需地点,其价款由华方认付。

(五)华方允许于本年十二月底由苏联派遣汽车五辆带服务员十二名来新查勘路线,其入境手续应按照第七项办法办理。

（六）华方同意苏方在实行运输以前派三十人来新，在精河、迪化、哈密、及其他由双方商定之地点组织修理班，其入境手续应按照第七项办法办理之。

（七）办理此项运输汽车队之每辆汽车均应持有华方发给凭以入境及通达全线之通行证，其上应注明（1）汽车种类；（2）汽车号数；（3）司机员姓名；（4）前往地点；（5）有效期限。

前项通行证由外交部驻新疆特派员公署签发之，是以苏联驻迪化总领事馆应于事前备开苏联汽车清单注明以上所举五点送致外交部驻新疆特派员公署。

每一汽车队所必需之人员，苏联驻迪化总领事馆，应于事前将其名单缮开四份，函送外交部驻新疆特派员公署，该项名单内应注明每一人员之：（1）姓名及其父名；（2）职务；（3）性别及年龄，请在该名单上加盖多次往返出入境总签证，其有效期限定为三个月，入境时即凭此项签证之名字验收。

（八）为保护汽车队起见，华方准许每辆汽车带步枪一支、手枪一支。

（九）此项车队由新疆开往苏联时，仅能以运出中国政府前（原文似有错漏）苏联开入新疆时，仅能以运入为该项汽车队所需之（1）油料；（2）汽车配件及其工具；（3）为该项汽车队服务人员所必须之物品及经华方向苏联订购与此项运输直接有关之物品为限。

苏方担保除上述物品外，各该汽车不运输任何其他货物，因此华方对此项运输之货物免其一切检验予以放行。

（十）双方同意对此项运输应尽量设法力求迅速，开始运输日起，至迟不过六个月以内办理完竣。

本照即希将苏方对上述十项所表之同意予以书面证实。

原新疆省档案：外1—1—101号

《中苏国家关系史资料汇编》（1945—1949），第510—511页

张治中致蒋介石电

1946 年 12 月 28 日

……我国在抗战期间与苏联交换军火之物资,现存猩猩峡及哈密,此计达三千余吨,此项物资于伊宁事变后,因交通断绝停运。在和平条款签订前后,苏领迭次表示,俟交通恢复后,即准备照过去办法由苏方派车接运。最近始正式向我提出,决于最近开始运输,关于运输办法业由刘外交特派员与苏领商妥,即所有沿途由我方办理招待事宜,关于运输物资苏方保证运出者,以我方所交付之物资为限,其汽车入境除随带运输所需汽油材料零件及我方托其购置用于招待之物品外,概不装载其他货物。我方认为此次运输仍系抗战期间中苏军事合作未了之手续,已允按照成例免予查验,但在各招待站自当密为部署,以便时加察查。……

原新疆省档案:外 1—1—101 号

《中苏国家关系史资料汇编》(1945—1949),第 512 页

刘泽荣致外交部电

1946 年 12 月 30 日

……关于苏联拟将猩猩峡、哈密两处存货运苏一案,曾于本年七月二十四日第 14 号电呈报钧座,并奉七月二十七日西第 13 号钧电示:准其照办,勿任久置,应商请省政府协助等因。苏方曾几度向省方提请协助,最后于本月十八日径向行辕张主任声请急速办理,并提出办法,大致于民国三十三年以前旧办法相同。当经张主任责成职等与苏方磋商其草案并随时加以指示,至本月二十六日协商完毕,由双方互换公函,我方去函由职署出名,苏方复函由其总领事及商务委员二人出名。我方去函内容如次:兹奉张主任指示,奉告如下:张主任因此项运输情形特殊,并愿予以最大限度友谊协助,故同意苏方用其汽车将该项存货得速输出,按照下开各项办理:(1)各招待站由华方修理;(2)招待站用品由华方准备;(3)伙食由华方供给,苏方付价;(4)电话由华方恢复;(5)允许苏方来十二人事前视察路线;(6)同意在数处设立修理班;

（7）每汽车应有通行证由外交署发给，其人员入境时应凭外交署签证，以三个月为期之名单验放；（8）每汽车准带步枪手枪各一支；（9）汽车出境时仅以输出该存货为限，入境时仅输入汽车队必需之油料零件人员用品及华方托购为招待车队人员所需物品为限，苏方担保除上述物品外，各该汽车不运任何其他货物，因此华方对此项运输货物免其一切检验予以示行；（10）双方同意此项运输应尽量设法迅速至迟不过六个月内办理完竣（内容完）。苏方复函内引证我方公函全文，并谓对该函内所述办法之同意予以满意证实等语。办法签订后，张主任已电呈国民政府主席蒋，现已由双方入手准备一切，想不久即可开始运输。查新疆多年来演成之局势欲求全稳定尚需要时间，尤赖对内对外措置之适当，运用其中对苏关系实为要因素之一。本案为抗战时期中苏军事合作未了之手续，苏联对我方办理此事，态度向来非常注意，过去有许多事实足资证明。此次又径向张主任一再请求予以便利，现张主任为表示友谊起见，决定在可能范围内予以最大协助，而职署秉承张公方针未及事前译报，谨祈亮察为祷。

原新疆省档案：外 1—1—101 号

《中苏国家关系史资料汇编》(1945—1949)，第 512—513 页

（3）中苏《延长合办中苏航空公司（"哈阿"）之协定》

张治中致刘泽荣电

1948 年 4 月 27 日

先后准外交部与交通部俞部长西酉卯梗醒暨卯漾航空电开："查一九三九年九月我与苏联所订中苏航空合约至明年九月期满，该约规定在期满前一年若双方之任何一方未以书面通知对方表示解约之意，则期满后再继续有效五年。本年九月为提出声明之期，兹准国防部代电，主张该约应宣布废止；经今交通部亦主张解约。尊见如何并电示"。"中苏航空合约将于明年九月间期满，规定于期满前一年通知解

约,否则再继续。本部鉴于历年苏方并未守约,加以目下新省情形特殊,拟即呈院,请准与苏方解约。将来追究苏航空公司所办之国内航线,由我国航空公司经营,自可易于管制。本案奉到,敬乞迅予惠示卓见如何"各等语,盼即与绍周、经文两兄迅速研提意见。电告。

原新疆省档案:外1—1—73号

《中苏国家关系史资料汇编》(1945—1949),第411页

刘泽荣致外交部电

1948年4月28日

部次长钧鉴:175号电奉悉,该公司现状,久为我方不满,挽回权益,势所必须。唯遽尔声明解约,将恐酿成不良影响,新疆在此现势下似应避免。管见似可现时先就明年合约期满、我方极愿继续合作。唯对必须调整各项事务,请苏方现即速商解决办法。否则我方将考虑届时解约问题各点作一表示,俟两三月后,再看情形研议第二步办法。

当否?仍请钧夺电示。

职　刘□□　四月廿八日

原新疆省档案:外1—1—73号

《中苏国家关系史资料汇编》(1945—1949),第411—412页

刘泽荣:关于中苏航空公司之意见

1948年4月27日

一、我方不满意现状之理由

(一)合约之不完备——即对华方权益合约上之保障不足。

(二)管理权完全在苏方手中,其中最重要之人事问题迄今尚未调整(如经理部华方只有协理一人及汉文秘书一人,公司所有技术人员全为苏方独占)。

(三)财政状况之不良——自一九四三年至一九四七年五年内公司亏损共计壹百壹拾余万美金,其中在一九四七年一年内即亏损八十

四万余美金(最大原因——即票价及美金折合率之不合实际,自去年底始行开始调整)。

二、苏方对该公司之看法

该公司飞机为驻迪化苏领馆与其本国间维持联络之最重要交通工具,对苏方有莫大便利,该公司为苏方甚有意义之机构。

三、对公司停办应顾虑之点

该公司成立于我国抗战时期,彼时咸认此一航线为欧亚间重要之交通线之一,作用甚大,并可借以表现中苏之合作。现在胜利后,我与各国进行发展国际航线之合作。如仅将唯一之中苏航空公司停办,则苏方必认为甚不友谊之举。且在新疆环境,尤其在对新现行政策之下,此事似应深加考虑。

四、我方可采取之态度

由于上述各点,我方似可表示对现状之不满意,必应加以改善,但并无不愿合作而停办之意。故似可一面声明期满时即行解约,一面同时建议即订新约。

五、办法

拟对苏方作如下表示

(一)现即通知苏方一九三九年九月九日中苏航空协定十年期满时即作解约。

(二)同时即对苏方建议现即进行谈判,以订新约。

原新疆省档案:外1—1—73号

《中苏国家关系史资料汇编》(1945—1949),第412页

李景潞[①]致刘泽荣密函

1948 年 5 月 31 日

关于中苏航空公司合约期满后应否解除问题,前经本部电询张主

---

① 时任国民政府交通部航政司司长。

任治中意见。嗣准电复认为,就此事本身而论,自不应继续办理。唯顾及中苏关系及新疆局势,主张采用折衷办法,先行通知苏方表示我方希望续约,但内容必须加以调整,以觇其反应如何,再加研讨。此事兹正由本部会同外交部呈请行政院核示中,特此密,敬希惠察。　　李景潞

五月卅一日

原新疆省档案:外 1—1—73 号

《中苏国家关系史资料汇编》(1945—1949),第 413 页

中国同意与苏谈判中苏新航空协定

1948 年 10 月 19 日

（合众社南京十九日电）外交部发言人十九日告合众社称:中国政府业已正式通知苏联,同意与苏联开始新航空协定之谈判,以代替一九四九年九月满期之协定。据称:苏联要求缔结新航空协定之答复,已交与苏大使馆,据消息灵通方面称,在新协定之谈判中,中国似将要求结束苏联单独在新疆经营航空线之权利,新疆中苏航空线,以中苏各控制一半为基础。

《中央日报》(上海版)1948 年 10 月 20 日

俞大维致刘泽荣电

1949 年 3 月 7 日

二月二十四、二十八两电敬悉。关于中苏航空新约商订事宜,经与外交部商定,于月内与苏代表团谈判并敬请兄协助,为我方首席代表,另派民用航空局业务处处长萧立坤、中苏公司协理李如桐及请张长官转荐一人为代表,并请兄偕李协理先与苏代表团初步交换意见,及请苏方将其已准备之新约草案提交我方,顺即以其要点电告,以便研究。应候华方代表等到时,再举行正式谈判。原则兹并奉达如下:

（一）新约不得与国际民用航空公约抵触,尤其(甲)公司经营哈阿线不得有专利权,免违公约七条之规定;(乙)公司法只能向中国政府

注册,使用中国航空标志,免违公约 18 条之规定。

（二）新约不得与我公司法、民法抵触。新公司应依我公司法设立,尤以向中国政府注册为限。

（三）新公司资本中苏各半股。我方得以飞机及其他器材抵充资本。

（四）新公司设董事五人,我方三人,苏方二人,董事长、总经理及其机航事务负责人均由华员担任,其他人员在可能范围内用苏员,公司并须极力引用华籍技术人员。

（五）新公司资本营业与非营业收支一切款项均以中国币制计算。

（六）一切公款须存中国国家银行。

（七）文件帐册以用中文为主,得兼用俄文。

（八）董事会议在中国境内举行,经理部设迪化。

（九）公司应依中国法令缴纳税款,输入器材亦须照章纳税。

（十）公司所有关于设备,任用人员与飞机航行等须照中国民用航空主管规定办理。

（十一）合约有效期间以二(?)年为限。

（十二）合约签订后须经双方政府批准方能生效。

除电派萧立坤担任代表外,特电奉达。敬希查照,并须密示李协理共同先与苏方接洽为荷。俞大维。寅阳穗。叩

原新疆省档案:外 1—1—73 号

《中苏国家关系史资料汇编》(1945—1949),第 413—414 页

俞大维致刘泽荣电

1949 年 3 月 12 日

寅阳芮穗电计达。订中苏航空新约代表团,经行政院八日院会通过,请兄担任首席代表,萧立坤、穆罕默德·伊敏、刘孟纯三君为代表,李如桐、夏舞参为顾问。最迟于三月底前开始谈判。新约签订,对方仍为本部与苏联民航局。除分电及着萧代表尽速至迪,早日会同开始正

式谈判外,特电请查照;并希将前电奉达谈判原则密告伊、刘两代表,并请会同先与苏代表团初次交换意见为荷。

原新疆省档案:外1—1—73号

《中苏国家关系史资料汇编》(1945—1949),第414页

刘泽荣致张治中电

1949年3月26日

　　关于中苏航空公司续约谈判,前奉交通部我方提案经电呈钧座在案,职荣并曾向交通部建议,对该提案再加研究,以减轻谈判困难,兹奉广州交通部寅敬航穗电略开:谈判原则兹修改如下:(一)新约以不违反国际民用航空公约及我国公司法与民法为原则,但如与苏联本国法令有抵触时,得研讨之。(二)公司组织一切权利与义务,双方应绝对平等(资本中苏各半并得以飞机及器材等抵算。各级员工包括空勤人员中苏各半,在中国境内之站长必须由华员充任。董事长及总经理用华员充任,可允添设苏籍副董事长。文件帐册中俄文并用)。(三)帐目以中国币制为本位,必要时,得随时按实际行情折合国际通用华币计算。(四)在中国领土内,所有公共场站设备等均须以中国章程办理。(五)新约有效期限,可增至三年或四年。(六)新约签订一年后,任何一方,如有必要时,得提请对方修改合约,宣告废约于一年后失效等语。当未收到此电前,钧座及交通部均示以在未开始谈判前,可先交换意见。但迭经试谈,苏方不肯先提方案,并谓应将双方提案同时提出,现交通部既已提示修改方案,本可即提出,唯恐双方距离太大,徒增困难。职等管见,认为:(一)航空公约,究竟注意何项,此间并无此文件,无从参考。再苏方并未参加该公约,当不受其拘束。至公司法等一节,我方似可提出一般原则,即公司应依照中国法律注册,本协定未规定者,均应遵照中国法律办理。(二)权利义务,双方均应绝对平等,例如平均用人原则,自应尽力主张,又总经理华正苏副,亦可提出,苏必坚持不允,届时再行研究。各站站长由华方担任,似暂勿提出,俟谈用人问题

时,再当设法。(三)以中国币制为本位一节,当此我国经济全面无办法之际似不便提出,或仍用美金,亦似无不可。(四)期限拟提五年,视其反应再酌。(五)签订一年后改约或废约一节,亦暂拟不提出,将来起草案时,拟订明期满一年前双方均有废约之权。对上述各点,钧座如认为可行,请即与交通部端木部长就近商定,速赐指示,俾便开始与苏方谈判为祷。

原新疆省档案:外 1—1—73 号

《中苏国家关系史资料汇编》(1945—1949),第 415 页

订定中苏航空新约会议记录
1949 年 3 月 30 日

第一次会议

日期:民国三十八年三月三十日下午四时

地点:迪化西北长官公署(新大楼)

出席人员:华方首席代表刘泽荣,代表:穆罕默德·伊敏、刘孟纯,顾问李如桐。苏方首席代表 A. A. 阿弗斜耶夫,代表:B. И. 里哈切夫、A. Φ. 齐肯、З. M. 达尼勒切夫、Φ. Φ. 克鲁格里科夫,此外尚有苏联驻迪化总领事萨维里耶夫列席。

主席:刘泽荣

纪录:李如桐

华方首席代表刘泽荣先生宣布开会后,即席致辞略谓:本人兹以华方代表团名义欢迎苏联代表团阿弗斜耶夫先生以及各位代表,祝此次会商迅速的成功。以增进并巩固中苏友谊之关系。

苏方首席代表阿弗斜耶夫先生致辞略谓:本人兹以苏联民航局所派代表团名义欢迎中国代表团,并相信对于双方协商航空新约问题定能顺利解决,以完成两国政府所付予之任务。

中苏双方首席代表致辞毕。

刘泽荣先生提:本日进行事项:(一)致辞;(二)互换代表证书;

（三）会议主席之问题；（四）会议地点，商谈问题之秩序；（五）双方提出其意愿之基本原则。

苏代表团对上项提议表示赞同。

此时双方代表团换阅代表证书。

刘首席代表谓：华方代表萧立坤先生及顾问夏舜参未到迪。俟一到迪，即可出席会议。苏方首席代表阿弗科耶夫先生并介绍苏联驻迪总领事萨维里耶夫先生作会议，刘首席代表表示欢迎。

刘首席代表提：会议主席以中苏双方首席代表轮流担任。

苏代表团表示同意。

刘首席代表继谓：今日会议主席由何方担任？

苏首席代表阿弗斜耶夫谓：当然以地主为今日会议主席。

刘首席代表又谓：关于会议地点，前者萨总领事请在领馆举行。本人意欲分作两处轮流举行，一在长官公署新大楼，另一地点即在苏总领馆。

苏代表团表示同意。

刘首席代表提：关于商谈问题之秩序，本人意见可将基本原则互相讨论确定后再行起草，然后呈请政府批准。

苏首席代表阿弗斜耶夫谓：为节省时间，可在每一个原则确定后，即行起草，以期迅速。

刘首席代表谓：亦无不可。吾等可先商谈，看情形再定秩序。

刘首席代表提：现双方可以提出基本原则。

苏代表团请华方先行提出。

刘首席代表即将华方十项原则提出：（一）公司在中国应依照中国法规注册并完全受中国法制管辖；（二）缔约双方在公司权利义务完全平等；（三）双方股本各半，并得以飞机器材抵算；（四）公司各级人员由中苏公民平均充任；（五）公司董事长及总经理以华人充任；（六）公司文件帐册中俄文同时并用；（七）公司业务及航线与机场设备应依照中国民用航空规章办理；（八）合约期限定为五年；（九）新协定应避免与中国国际民航公约所负义务有所抵触;(十)本协定未规定者均应依照有关中国法规办理。

苏首席代表阿弗斜耶夫先生谓:华方所提十项原则待研究后在下次会议开会时答复,同时并将苏方原则提出:(一)中国交通部与苏联民航总局同意在平等原则下续办中苏航空公司;(二)公司股本双方平均各认一半,即各为百分之五十;(三)中国交通部与苏联民航总局为公司唯一股东,哈密与阿拉木图间航空运输只准由本公司办理;(四)公司董事会由六人组成之,中苏双方各派三人,董事长由华方派充,副董事长由苏方派充,总经理由苏方派充,副总经理由华方派充;(五)飞机,飞机发动机设备及器材为正常营业所必需者,公司只能向双方股东国家购买其各该本国之出产品,凡公司所需物资由缔约此一方输入彼一方境内时免纳关税及其他税捐;(六)为避免亏损并求增加收益起见,即共同讨论关于公司在营业上扩展之办法;(七)合约期限为廿年。

华方代表团对此答以待研究后在下次会议时再发表意见。

第二次开会时间约以双方之一方如将上项原则问题准备妥当时即可通知对方开会。

下午五时三十分散会。

原新疆省档案:外 1—1—73 号

《中苏国家关系史资料汇编》(1945—1949),第 416—417 页

交通部呈行政院节略
1949 年 4 月 12 日

关于商订中苏航空通航事宜,本部前奉钧院本年三月八日院会通过以本部及苏联民航局为谈判对手,方本部同日以穗航字五号代电将谈判合组公司之原则报请鉴察在案。兹迭接我方代表刘泽荣、刘孟纯等来电报告,苏方所提条件,要求合组公司专利经营新省航线二十年等情,刘代表等颇有勉为接受其条件之意。经本部详细研究,并与外交部

数次商讨,均认为此项条件较一九三九年之旧合约尤为(荷)〔苛〕刻。站在本部立场,实属碍难接受。若逐条与之争论,必难获致结果,似可改用左列三方式以次提出商谈:

(一)照中美、中英等平等互惠通航办法经循外交途径商订中苏通航协定。

(二)苏方如不同意通航原则,则由中央航空公司与苏联民航公司派员合组新机构经营哈阿航线。

(三)最后让步将旧约延长五年。

自一九三九年该公司成立以来,对新省航权独霸专利,侵犯我主权,全国人士均不满。去年国民大会代表及立法院反对尤烈,唯此次张长官文白、刘秘书长孟纯就新省特殊环境,侧重外交立场,主张接受苏方条件,亦有见地。现值谈判伊始,我方对商谈全盘原则及最大让步限度,均应先行拟定。故特拟具本案详细节略一份,除已电首席代表泽荣暂缓谈判,并将本节略抄送外交部、空军总司令部及张长官文白外,理合检具该节略一份,呈迄鉴核示遵,以便转知我代表团遵照。

查此案事关国际条约,纯为外交事件,拟请改请外交部主办,本部属于技术协助地位,并祈核示。

谨呈行政院

附:商谈中苏航空新约节略一件计念份。

交通部部长　端木杰　印

商谈中苏航空新约节略

一、中苏通讯之历史

(一)中苏航空旧约之要点

中日战争甫始,苏联因供给我国军火飞机,乘机要求与我国通航,本部张前部长嘉璈于二十七年(1938年)春开始与苏方谈判,以合组公司方式开办由新疆哈密经迪化、伊犁至苏境阿拉木图之定期航空线,全线长880哩。因双方股本及公司用人诸问题,延到二十八年(1939年)9月9日始正式签订合约,其要点如下:

1. 公司定名为中苏航空公司,具有中苏双重国籍。

2. 合约有效期为十年,至一九四九年九月期满,前一年双方均未表示解约,得延长五年。

3. 公司股东,我方为交通部,苏方为中央民用航空管理局,各认股一半。

4. 股本共为美金一百万元(后增至一百八十万元),双方各付一半,盈利平分,亏损亦平均负担。

5. 哈密至阿拉木图航线由该公司专利。

6. 公司设:(1)董事会,由董事六人组成,双方各三人;(2)经理部设总经理一人,协理一人,自合约签订日起,二年以内,董事长及协理由我方派任,副董事长及总经理由苏方派任,二年后双方股东再会商之。

(二)中苏公司成立后情形

1. 董事会共开五次(合约规定每年最少二次),时间如下:二十八年(1939年)十一月,二十九年(1940年)四月,三十年(1941年)一月,三十二年(1943年)十月,三十七年(1948年)九月。董事会闭幕期内,一切事务由总经理全权办理。

2. 公司经理部人员约一百二十人(现拟减为六十一人),华方仅两人(协理一人,翻译一人)其余人员均为俄人,实权完全为苏方操纵。

3. 除一九四四年略有盈余外,每年均亏损。一九四八年底以前,共约亏损一百三十余万美金,公司运价极低,以符合苏方运输需要,帐册均未得我方稽查人员之审查。

4. 共有美式BC3飞机三架,现仅一架可用,沿线哈迪伊三机场,精河、乌苏两电台,连同一切设备均由苏方管理,我国飞机且不得使用其机场。

5. 现时业务不振,每月仅飞行一百余小时(中国航空公司每月飞行六十小时)。

6. 苏方邮件均不交我邮局,而径交该公司飞机带运。

7. 主要业务为运送迪化苏领事馆人员给养信件及伊迪间特殊人

士,故纯为政治性之任务。

二、中苏解约缘由商谈新约之前提

(一)三十七年(1948年)四月本部呈院请于该约期满即行解约后,经各方研究决定通知解约时应表示,如苏方愿与我国继续通航,我方愿与之商谈新约。

(二)三十七年(1948年)国民大会及立法院对该公司独占新省航权、丧失主权均表不满,并反对续订合组公司之新约。

(三)国防部时常获得情报,证明该公司兼作苏方情报,挑拨我民族感情,便利特殊分子往返等情,并曾数次转知本部。

(四)钧院本年三月八日院会通过新约原则二条:(1)合约签订对手仍为中国交通部与苏联民航局;(2)新约内容决定不违背国际民航公约及我国公司法。

(五)中苏公司之哈阿航线对我国毫无经济价值,在政治军事上且为心腹之患,如能解约撤销该公司,实为上策。

(六)三十七年(1948年)九月该公司第五届董事会决议双方平均用人,我方可派二十九员。但因该公司待遇极低,本部无人可派,中央公司技术人员均不懂俄文,其业务重心在沿海,无法抽派人员前往。

(七)中央公司三十六年(1947年)四月起定期飞航沪迪线(不经哈密),维持沪迪交通绰有余力。如能取消中苏公司专利权,并将各机场交中央公司使用可更便利。

(八)我国现有民航公司三家,实力雄厚为远东冠,国际通航声誉甚佳。如苏方诚意与我通航,似可照国际民航公约办理。

(九)苏联未参加国际民航公约,我国则为签字国。该公约对两国合组公司经营航线毫无规定,唯对两国通航特加鼓励。现我国已与英、美、法、荷、菲、暹、印七国订约,定期通航,挪、澳、加、比亦时有不定期通航,平等互惠,为国际良好惯例。合组公司专利独占,则为众所不取。

(十)苏联及其卫星国家亦与西欧各国通航,故亦可能同意与我国通航。

三、中苏航空新约之原则

本案无论就外交或交通立场,谈判最高目的应为对我国利益最大或弊害最小,故新约原则依照其利害轻重可分为下列三种,其办法及利弊兹略如下述:

(一)循外交途径照中荷、中英等平等互惠通航办法商订中苏通航协定。

1. 本办法要点

(1)航线:我方由迪化飞入苏境,经莫斯科、雷加,并伸延至丹麦、伦敦;苏方由阿拉木图飞入我境,经迪化、上海,并得伸延至亚洲他国。

[注意事项]

①有商业降落权之地点双方相同。

②技术降落站另行规定。

③航路须规定不得任意飞出航路范围。

④技术上之便利应与本国飞机同等待遇,但得收费。

⑤在对方国家内不必设维护设备,而应由双方公司互订技术合作合同办理之。

(2)班次:暂定每星期各飞来回一班。

[注意事项]

①增减班次须经双方航空当局事前核准。

②双方均不得享受内空航行营业权。

③飞机及旅客过境入境手续应互惠的简化。

④运价应互相协议并参照 IATA(国际民航公司公会)规定。

⑤采用中国国币及国际通用货币。

⑥不得中途换机型。

(3)期限:最多四年,一年前通知废止。

(4)人员:在对方境内机上及地面人员均以本国人为限,不得用外国籍人。

(5)指定通航之公司应限于本国资本占60%以上及实际管理权在

本国人之手者,每方通航公司家数由双方航空当局协议之。

(6)使用空军机场及设备时应受其指导,但不超出协定范围为限。

(7)在双方国境内营业飞行应遵守所在国之一切法令。

2.本办法之利

(1)合组公司之弊害均可免除。

(2)商订两国双边通航协定国际民航公约有所依据,我国已与英、美、荷、法、印、暹订约,经验丰富,不致吃亏。

(3)在协定内限制航路,限定班次,只许利用我国设备,可使苏机不能任意飞行,亦不能长久留驻我境内,有利国防。

(4)对过境手续、加油及导航等服务,可互惠办理,如一方不合作,对方立刻可以报复,或停止飞行,别无损失。

(5)在此冷战剧烈之时,苏方自愿以和平互惠方式通航远东,我方亦可以与苏方通航,作傅部长就任调整外交政策之姿态,争取国际地位,博得人民拥护。

(6)中央航空公司(前欧亚航空公司)二十年来时欲飞越苏俄,沟通远东与西欧,均以政治及设备所限,无法实现。现该公司已订购最新式之 Convair 式客机六架,四月份即可抵华。该机时速 300 哩(空中霸王 200 哩),为现世最舒服、安全、迅速之中型客机。因航程不长(约 1500 哩),不宜作越洋长途飞行,而最宜作大陆上长途飞行,因陆上可每隔 800 哩左右加油一次,既可增加载重,又可保证安全。但以此最华贵之飞机,限作国内之用,因运价太低,极不经济。为争取外汇、发展国际业务计,必须以此飞机尽量作国外之用。但南洋航线,中国中央公司与英、美、菲、法、荷、挪、澳、印诸国公司竞争极烈,不容中央公司将六架新机完全加入飞行。菲暹二国对我机飞行班次且有限制,故向西北苏联、西欧发展为中央公司唯一生路。现英、美、荷公司所飞之远东经印度至西欧航线,道经热带沙漠,气流极坏,航程太长,乘客多不舒服。如改苏联,循大圆圈飞行,航程可缩短三分之一,时间可由 48 小时减为 28 小时,既为东西捷径,营业必盛。

（二）由我国中央航空公司与苏联航空公司派员合组新机构经营哈阿航线。

1. 本办法要点

（1）新机构仅为营业机构，而不自置飞机器材及机航人员设备。

（2）两国航空公司将飞机器材人员租予此新机构。

（3）每星期（或每月）由中央公司飞机定期飞行哈阿线若干班，苏方公司飞机飞行若干班。

（4）此项飞行客货邮运收入由新机场收取，提去一部分作为佣金，以作新机构之开支，其余悉交出租飞机之公司作为租金。

（5）新机构设董事会，双方派任董事人数照航线在其国境内之哩程比例定之，董事长由我方派充。

（6）每月应租机飞行之次数，由董事会视需要开会决定之。

（7）董事会下设经理一人，稽核一人，事务员若干人，由董事会派任。

（8）沿航线之航行设备，由所在国民航局主办经营。

（9）营业应遵照所在国之一切法令规章。

（10）期限定为四年。

2. 本办法之利

（1）凡由合约合组公司之害均可免除。

（2）交通部为一行政机构，无力实际监督哈阿线业务，如以中央公司为股东，即可与苏方势均力敌。

（3）不需付出大量美金作为股本，视营业旺淡随时增减班次，略有经济价值。

（4）机构撤销时各自收回器材，别无损失。

3. 本办法之弊

（1）哈阿线客货以苏方者为多，我方飞机为苏方服务之部分多，苏方为我服务之部分少。

（2）迪化、哈密油料缺乏，如苏方不允供给增加中央公司成本，我政府应予补贴。

（3）无通航各办法之利。

（三）将旧约延长五年，继续维持现有公司。

1. 本办法要点

（1）在不超过旧约范围与苏方谈判合组公司。

（2）严格执行该公司第五次董事会各项决议。

（3）饬本部民航局对新公司多负责任。

（4）不订新约，仅由外交当局换文声明延长旧约五年。

2. 本办法弊害

（1）旧公司过去十年独占新疆航权之流毒将继续为害五年。

（2）如有亏损我方须负担半数。

（3）公司基地设在我国，苏方可派大批员工驻我境内兼作情报工作，又可在我境内自设航路设备，破坏我系统，我方不能派大批人员驻俄境内。

（4）我方人员不愿前往工作，新公司仍为苏方操纵，有损主权。

（5）共组公司国际民航公约毫无规定，苏联并未参加该公约，无法引用；既认为两国特殊事件，难免受其外交压力，无所声援。

（6）照合约规定旧公司应为双重国籍，但并未完成向中国注册手续。新公司即令补办手续，仍不免双重国籍，即不受我国管理，国内民航法令之约束，又不受我国管理国际民航法令之约束。

现苏方所提条件较延长旧约尤为（荷）〔苛〕刻，故实无法接受。

四、商谈步骤

（一）本案本质为外交事件，故应由外交部秉钧院指示之原则、循外交之途径主办，交通部处于技术协助之地位。如钧院认为此案仅为两国交通问题，商谈皆不必考虑其他政治外交及新省特殊因素，则交通部始可主办。

（二）外交部正式通知苏大使馆，我方欲与之商订两国通航协定。

（三）如苏方接受此原则，则训令我代表团向苏代表团提出协定草案,或改在莫斯科商谈,我国可趁机派机送我代表团前往兼作试航。

(四)如苏方不接受通航原则,我外交部应询问其理由。

(五)如理由不充足,可趁机解约,不必另订新约。

(六)如理由充足,或外交压力太大,可示意愿照上述第二办法,由两国航空公司合组新机构。但此为极大之让步,非万不得已,不得采用。

(七)如苏方仍不接受,且两国邦交有破裂之虞,外交部应提出备忘录,评述中苏公司十年来经营失败之事实,请苏方负失败之责。

(八)外交部可示意可以继续合办公司,但新公司应完全改正为以中国为主,中国股本占80%,苏方占20%,其理由为:过去苏方主持之失败,二航线大半段在中国境内。

(九)最后让步将原合约延长五年。

附录

附件一:中苏航空新约我方所提谈判原则

(甲案)1949年3月8日呈行政院

(一)新约不得与国际民用航空公司抵触,尤其:(甲)新公司经营哈阿线不得有专利权,免违公约(7)条之规定;(乙)公司飞机只能向中国一国政府注册,使用一种标志,免违公约(18)条规定。

(二)新约不得与我公司法及民法抵触,新公司应依我公司法设立,尤以向中国一国政府注册为限。

(三)新公司资本中苏各半,我方得以飞机及其他器材抵充资本。

(四)新公司设董事五人,我方三人,苏方二人,董事长、总经理及机航事务负责人均由华员担任,其他人员在可能范围内任用华员,公司并须极力训练华籍技术人员。

(五)新公司资本、营业与非营业收支一切款项均以中国币制计算及记帐。

(六)款项均存放中国国家银行。

(七)文件帐册以用中文为主并得并用俄文。

（八）董事会议在中国境内举行，经理部设迪化。

（九）新公司应以中国政府法令缴纳税款，输入器材亦须照章纳税。

（十）新公司所有关于空运设备、任用技术人员与飞机航行等须照中国民用航空主管机关规定办理。

（十一）合约有效期间以二年为限。

（十二）合约签订后须经双方政府批准方能收效。

附件二：中苏航空新约我方所提谈判原则

（乙案）1949年3月23日航穗11号附件

（一）新约以不违反国际民用航空公约及我国公司法与民法为原则，但如与苏联本国法令有抵触时，得研究折衷办法。

（二）公司组织，一切权利义务双方应绝对平等：

1.资本中苏各半，并得以飞机及器材资产等抵算。

2.各级员工包括空勤人员等中苏籍各半，在中国境内之站长必须由华员充任。

3.董事长及总经理应由华员充任，可允添设苏籍副董事长一人。

4.公司文件帐册华俄文并用。

（三）款项帐目应以中国币制为本位，必要时得随时按实际行情折合国际通用货币计算。

（四）在中国领土内所有公司场站设备（包括航行设备）及飞航程序等，均须依照中国民用航空局制定之章程办理。

（五）新约之有效期限可增至三年或四年。

（六）新约签订一年后，任何一方如遇必要时得提请对方修改合约或宣告废约于一年后失效。

附件三：中苏航空新约苏方所提谈判原则

（刘泽荣致外交部机要室电　1949年3月29日　第423号）

（一）中国交通部与苏联民航局总局同意在平等原则下续办中苏航空公司。

（二）公司股本双方各半。

（三）中国交通部与苏联民航局总局为公司唯一股东,阿拉木图与哈密间之航空运输只准由本公司办理。

（四）公司设董事六人,中苏各半,董事长由华方派充,总经理由苏方派充,副经理由华方派充。

（五）飞机、飞机发动机设备及器材只能购用双方股东国家之出产品。并此项物资由缔约此一方输入彼一方时免除一切捐税。

（六）为避免亏损并求增加收益起见,现即预谋商扩充公司营业之办法。

（七）协定以二十年为期。

原新疆省档案:外 1—1—73 号
《中苏国家关系史资料汇编》(1945—1949),第 418—425 页

第二次中苏航空公司会议记录

1949 年 4 月 15 日

时间:三十八年(1949 年)四月十五日下午四时

地点:苏联驻迪化总领事馆

出席人:华方首席代表刘特派员泽荣、伊敏副主席、刘秘书长孟纯,苏方首席代表阿夫斜耶维赤、里哈切夫、达尼勒切夫、齐肯等四人,列席萨总领事、鲁秘书。

主席:阿夫斜耶维赤

记录:楼楚江

主席报告:主席宣布开会后,以根据三月三十日第一次会议协议,为缩短时间起见,特根据苏方提出方案,并参照华方提出方案,拟定草案一份,关于苏方原提出方案第六条(扩充公司营业部分)在本草案内未列入,暂予保留,苏方即将草案递交华方(见附件)。

刘:看完草案后,虽然苏方表示系根据苏方所提原则并参照华方所提原则拟订定新协定,但此项草案与旧协定内容仍无多大出入,并且甚难看出采取华方所提原则之情形。

阿:因为阁下自行口头翻译此项草案,注意力分散,对于本草案文

字上未及详细研究,所以没有看出本草案与旧协定所有不同之点,实际上是根据双方法律完全平等互惠的原则。

刘:好。经我们研究后再表示具体意见。

阿:中国方面有何具体意见?

刘:等研究后再提。

阿:现在我有所请,即希望能缩短研究期间。

刘:阁下之愿望与我们完全相同。

阿:还有其他问题吗?

刘:没有。

阿:宣布散会。

附件:苏方于三十八年(1949年)四月十五日提出新协定草案内容

第一条:大致与旧约相同(但"航线之任何变更应经双方同意办法"一项删去)。

第二条:大致与旧约相同(但加"平等原则"字样)。

第三条:文曰:"双方业经平均入股,即每方为百分之五十,公司依照章程所规定之股本为美金一百八十万元。"

第四条:大致与旧约相同(董事长华正苏副,总经理苏正华副,并未提再加协商之可能)。

第五条:大致与旧约相同(但未提及股本之每一半应在两国分别注册)。

第六条:大致与旧约相同(但"以专利之原则"数字改为"只由本公司办理")。

第七条:与旧约相同(但"莫斯科"改为苏联首都,"重庆"改为中国首都)。

第八条:与旧约相同。

第九条:文曰:"公司为正常营业所必需之飞机、飞机之发动机、设备及材料只向双方股董订购其国自产,自缔约此方领土运往缔约彼方领土运输公司所需物品时,均应免纳关税及其他一切税捐。"

第十条:完全与旧约相同。

第十一条:完全与旧约相同。

第十二条:完全与旧约相同。

第十三条:完全与旧约相同。

第十四条:完全与旧约相同。

第十五条:文曰:"本协定自签订日起生效并代替旧约。"

第十六条:期限定为二十年,如在期满一年以前不通知废约,则继续有效十年。

原新疆省档案:外1—1—73号

《中苏国家关系史资料汇编》(1945—1949),第425—427页

张治中致行政院交通部、外交部电
1949年4月23日

极机密。中苏航空续约谈判,自我代表团于寅卅根据交通部寅敬航穗电所示原则,向苏方代表提出后,以中央迭次变更指示,谈判迄无法进行。经我代表团再三催促,至卯马始接获端木部长致刘代表孟纯卯号航电,将卯皓钧行政院指令要点转达,当由我代表团非正式向苏方提出,苏方已坚决拒绝接受,其所持理由为:(一)中苏两国政府原均同意协商续办中苏航空公司,在此原则以外之任何提议苏代表团均无权考虑。(二)根据原有协定,期满双方不宣告废止即延长五年,如中国政府愿将旧约延长,最少亦须五年,苏方始能考虑。因此苏代表团要求我方今日举行正面会议,预料我方将钧行政院指示正式宣布之后,此项谈判必立即宣告破裂,同时业已获得初步协议之贸易及经济合作谈判亦必连带失败,无异宣告中苏在新外交关系已达极端恶化之程度,情势异常严重。我代表团以责任重大,再三向本署请示。治盱衡国内情势与新省环境认为,中央一向对新省局部外交政策均主张与苏联保持相当友好态度,以缓和新省内部之各种矛盾,维持新省安定之局面。三年以来新省始终奉行中央此项政策,使新省克维小康之局。现我对共战争正全面激烈展开,新省政治、经济及民族间各种复杂因素受大局影

响,人心极度动荡,随时可发生意外。此时唯有利用外交关系作为缓冲,使内部暂时相安无事。倘中苏各项交涉均告破裂,则新省绝无自保之道。治等职责所在,未便坐视,爰权衡利害轻重,已权饬我代表团于卯有根据寅卅中苏双方所提原则继续进行谈判,务期早获协议。为适应国家及地方环境,此项措施当为中枢所谅许。谨电陈明,敬祈鉴核。

原新疆省档案:外 1—1—73 号

《中苏国家关系史资料汇编》(1945—1949),第 427—428 页

中 华 民 国 交 通 部 延长合办
苏维埃社会主义共和国联邦民用航空总管理局
中苏航空公司("哈阿"线)之协定
1949 年 5 月 31 日

中华民国交通部与苏维埃社会主义共和国联邦民用航空总管理局认为,继续合办中苏航空公司("哈阿"线)经营哈密、阿拉木图间之定期航空交通,为对于双方具有利益,爰经双方决定,订立协定如下:

第一条

对于中华民国国民政府交通部与苏维埃社会主义共和国联邦民用航空总管理局,为组设哈密、阿拉木图间定期航空交通,于中华民国二十八年(即公历一千九百三十九年)九月九日在重庆所订立之协定,其有效期间于中华民国三十八年(即公历一千九百四十九年)九月九日应即届满者,现予以继续展期五年,即以中华民国四十三年(即公历一千九百五十四年)九月九日为止。

第二条

本协定自签字日起生效。

为此由缔约双方授权之代表将本协定签字以昭信守。

中华民国三十八年(即公历一千九百四十九年)五月三十一日订于迪化,中文、俄文各缮三份,中文俄文有同等效力。

此项中文、俄文协定三份,应由中华民国交通部及苏维埃社会主义

共和国联邦民用航空总管理局各收存一份,余一份由上述中苏航空公司收存之。

中华民国交通部　授权代表　刘泽荣

苏维埃社会主义共和国　授权代表　阿夫谢耶维赤

联邦民用航空总管理局

原新疆省档案:外 1—1—73 号

《中苏国家关系史资料汇编》(1945—1949),第 428 页

中苏航空协定延长五年
1949 年 5 月 31 日

(中央社迪化一日电)一九三九年在渝签订之中苏航空协定,现经双方代表月余谈判,已同意至本年九月九日期满后继续延长五年,是项新协定三十一日午前在新大楼正式签字,我方由交通部授权驻新外交特派员刘泽荣代表签字,苏方由首席代表阿夫谢也维基签字,陶峙岳副长官,鲍尔汉主席,及苏联驻迪总领事萨维诺夫等,均参加签字仪式,新协定全部内容仅有条文两项,即(一)中苏双方同意,一九三九年渝签订之中苏航空协定,至本年九月九日期满后,继续延长五年。(二)本协定自签字日起生效。苏领馆今晚并举行晚会,庆祝协定诞生,苏方来迪出席谈判代表五人,定六月二日离迪返莫斯科。

《中央日报》(重庆版)1949 年 6 月 2 日

3. 中国新疆与苏联关系的逆转——北塔山事件

(1)北塔山事件的经过

《中央日报》报道北塔山事件之发生
1947 年 6 月 5 日

(中央社迪化九日电)据此间军事当局,接阿山区专员阿斯满及北

塔山驻军报称：本月五日午，外蒙骑兵一营，配合军用汽车多辆，更带轻重武器，向我北塔山驻军进攻，当时并有苏联标志飞机四架临空掩护，投弹扫射，我军民颇有死伤，现外蒙骑兵已深入国境六百华里，我军正奋力阻其前进，按北塔山在新疆奇台东北三百五十余华里，阿斯满专员原驻承化，自本年二月起，历受某方之武力压迫，节节退让，于四月中旬退抵北塔山。

（中央社迪化十日电）北塔山战事，仍继续进行中，苏联标志飞机，仍不断分批轰炸我阵地。

《中央日报》（上海版）1947 年 6 月 11 日

中央社报道北塔山战斗经过

1947 年 6 月 5 日—8 日

（中央社迪化十四日电）北塔山战事，因当地电台为入侵飞机炸毁，数日未能通报，致情况不明，此间军事当局极为焦急，特派人星夜赴往查询情形，并加派部队驰援守军，惟以路途遥远，往返需时，今晨始接获前方详细报告，兹志如下：本月五日中午，外蒙骑兵约一营，附轻重武器，在苏联标志之飞机五架（前误为四架）之掩护下，向我北塔山守军猛攻，该地为我骑兵第七旅之一连驻军，连长马希珍，当即率部猛烈抵抗，蒙军以三倍之兵力，向我压迫，飞机则低飞轰炸扫射，我军在其陆空联合攻击下，自五日至八日血战四昼夜，该地得失数次，终于八日午将来犯蒙军击退，敌方遗尸三十余具，其中有军官一员，我掳获蒙军小炮一尊，轻机枪三挺，步枪十余支，电台一座，文件地图多件，并在击毙之军官身上搜得照片三帧，钞票四张，金质奖章二枚，此均为此次蒙军侵我新疆之有力证据。我方伤亡亦重。现北塔山仍在我军固守中，全疆警备总司令宋希濂，接获上项报告后，以北塔山守军连长马希珍及其所部，在蒙方陆空联合及数倍于我之优势兵力攻击下，血战四昼夜，卒能固守阵地，保全国家领土，其忠毅果敢深堪嘉许，决即派员前往慰劳，犒赏该连士兵国币五百万元。现增援部队，已陆续到达前方，士气极旺。

我军正严阵以待,当予侵略者以重大打击。至蒙军最后遗弃之尸体三十余具,已由我方掩埋,掳获各项证件,已运抵迪化,并将摄成照片公诸世界。

《中央日报》(上海版)1947 年 6 月 15 日

中央通讯社参讯

1947 年 6 月 8 日

(迪化八日电)顷由军事方面证实,苏联飞机四架,于五日轰炸我白塔山驻防国军,并掩护外蒙军队向该地驻军进攻,飞机低飞轰炸扫射,投弹甚多,我军民死伤颇众,现外蒙骑兵两营,已侵入境内六百余华里,正与我守军激战中。按白塔山在奇台东北三百五十华里处。

(迪化八日电)此间人士,闻悉苏机及外蒙进攻我边境守军一事,群情已为愤慨,我国与日本帝国主义抗战八年,即为保全领土主权之完整独立,今复遭此侵略,故民心极为愤激,一致要求政府采取强硬措施,以制止此种侵略行为,保障国家领土主权完整及人民生命财产之安全。现态是否扩大,当视苏蒙方面之行动而定。

(迪化八日电)苏机及外蒙军队进攻我白塔山守军事,据悉系导源于某方不满阿山专员乌斯满所致,阿山系三十四年秋为事变军队所占领,当时进占阿山之军事指挥,即为乌斯满。后伊宁事变和平解决,伊方即请求派乌斯满为阿山专员,惟某方始终不信任乌斯满,时加压迫,并派达里列法为副专员,强加控制。阿山军事结束后,某方即派八百名矿工,在阿山之富蕴县,开采煤矿与金矿,并有三百名武装兵保护开采,阿山全区百分之九十五,均为哈萨克族,平日对某方种种作风深感厌恶,年余以来,某方因开矿关系,甚觉不能事事如意,遂促使伊宁向阿山用兵。本年二月初,伊方即派军事指挥官伊斯哈克·江,率装备精良之军队五千人进攻阿山,乌斯满力战不支,乃退至白塔山一带,乃某方仍不以为足,必欲置之死地,遂由外蒙出兵侧击。北塔山原有我国军一连驻防,外蒙军六月二日深入我边境,约六百余华里,向我军及乌部进攻,激战结果,除死伤数十名外,并生俘八名,遂恼羞成怒,增派两营骑兵,于本月五日,向我军猛攻,苏机四架亦同时出动,轮番向我白塔山防地轰炸扫射,我军民闻讯,极为愤怒,一致要求制止此种侵略行为,保卫国土,望全世界民主国家,一致起来制裁侵略,现白塔山一带正激战中。

《外交部档案丛书——界务类》第四册,新疆卷(二),第 182 页

宋希濂呈蒋介石
1947 年 6 月 8 日

此次苏机助外蒙军进兵北塔山之导源,实由于苏方不满而致。查阿山区居民百分之九十五为哈萨克族,当盛世才亲苏时,哈族对共产主义深为痛恶,表示反对。其后盛氏态度转变,因阿斯满为哈族首领,苏方乃利用阿斯满与伊犁方面结合,造成三十三、四年之伊塔阿山区事变,和平告成。阿斯满被任为阿山专员,但苏方因过去之凤恨不予信任,另以苏籍之(里立)〔达立里〕汗控制一切,阿不甘压迫,乃于上(卅五)年八月退出承化,向我方输诚。并以苏方派遣武装矿工,开采富蕴矿产等等情报,供给我方,因此益触苏方旧恨,遂促使伊方向河山用兵。自二月开始,节节进逼,阿部卒以众寡悬殊,于四月中旬,退抵北塔山。职原饬阿斯满本人径来迪化或暂住奇台,阿以安顿游牧及整理残部为词,请缓其行。经迭次派员携带计划前往宣慰,不意苏方必欲置之死地,复唆使劳军从东侧击,以达其全部消灭之目的。谨乞鉴核。

《外交部档案丛书——界务类》第四册,新疆卷(二),第 186 页

路透社报道北塔山事件起因
1947 年 6 月 12 日

(路透社南京十二日电)可靠政府人士今日透露,新疆行政专员阿斯满之揭发苏联在该省北部之间谍活动,乃此次事变之主要原因,阿斯满发现苏联间谍未奉准许,在北塔山以北一带探测黄金等矿藏,并有由苏联工业界开发该区之计划,阿斯满企图阻止此等活动,向中央提出机

密报告。阿氏原为亲苏人物,于新省府改组后,始投效中央,因此苏方遂有歼灭阿斯满及其部队之意,此次进攻之藉口,乃外蒙兵八名在阿山区之被捕,外蒙军官乃限阿斯满于四十八小时内释放,阿氏请示张治中主席后,复电已令释放。然以复电到时,已逾四十八小时,蒙军遂开始进攻,当时系自北及东西两面向白塔山包抄,此次事件其实已非新发展,自本年初以来,小接战即不时发生,中心人物即为阿斯满,渠乃哈萨克族领袖,而在汉蒙两族最易起纠纷之地任职,在外蒙独立前,阿氏一度为外蒙所俘,新省府改组后,阿氏以省委员而兼阿山区行政专员。

《中央日报》(上海版)1947 年 6 月 13 日

蒋介石日记

1947 年 6 月 15 日

蒙人由俄机掩护侵入我新疆奇台东北六百里之北塔山,其原因乃为乌斯满反对俄国与伊宁,对方必欲予以根本消灭,不容其留驻该地而起,然其重大原因,尤在中央委派麦斯武德为新疆主席以后,大为俄国傀儡阿哈马提江所嫉恨,故出此间接示威之狂举,我政府已向俄提出严重抗议矣。

《中苏国家关系史资料汇编》(1945—1949),第 452 页

北塔山继续发生中蒙军队武装冲突

1947 年 6 月 21 日

(中央社迪化二十一日电)北塔山战事续起,外蒙军于二十日拂晓以少数部队向我军阵地进攻,为我军击退,自十七日以来,每日均有蒙方基地起飞之飞机一二架飞至我阵地上空侦察,各种迹象显示外蒙军似有大举进犯之势。

《中央日报》(上海版)1947 年 6 月 22 日

中央社报道北塔山蒙军仍不断犯扰

1947 年 6 月下旬—7 月上旬

（中央社迪化八日电）奇台讯,北塔山事件,自经外交部向外蒙提出严重抗议后,我军除确保阵地外,即望此事能循外交途径解决,然月余以来,蒙军除在事件发生之初期,因世界舆论之指责,而略退避外,现仍不时向我侵扰,以牵制我在新国军之行动,其目的显含有广泛之政治意义。六月二十六日晚九时许,外蒙骑兵三百余人,在胡芝尔待(北塔山北麓)以南向我乌斯满部队进攻,激战至二十七日午,始不支败退。二十八日下午三时,有双翼战斗机一架,飞至我阵地上空侦察,并以机枪扫射。七月三日拂晓,蒙骑三百余,复向我白杨沟(北塔山北麓)进攻,经激战后,于此午后二时向白杨沟正面之东南方面败退,当激战时,又有轻重轰炸机各一架飞临助战,投弹多枚,并低空扫射,我该地后方之游牧民众人畜,均有相当死伤。四日晨九时,蒙将复向白杨沟我军阵地进攻,经一昼夜之争斗,战况异常激烈,迄五日晨十时,始不支败退。此间军民情绪至为愤慨,亟盼政府再向外蒙作最后一次之抗议,以制止此连续无耻之行为,并返还侵略我国所有土地,否则应采取有效措施,将蒙军全部逐出我国领土外,按蒙军已入新疆六百华里以上,布尔根察罕通古等地,去年即已先后为其侵占。

《中央日报》(上海版)1947 年 7 月 10 日

中央社报道不明国籍飞机出现新省上空

1947 年 7 月 1 日—18 日

（中央社迪化十六日电）据悉:新省喀什方面边疆与苏境接壤地带,常有不明国籍飞机出现,经多方向有关方面探悉,其详情如次:(一)七月一日不明国籍飞机两架侵入我喀什暨蒲犁县以北布口西二十余里之阿克伯尔的达板上空,盘旋约两小时后,始向西飞去。(二)七月三日又飞来无标志飞机一架,至布仑口上空盘旋,约四小时后飞去。(三)七月十日乌恰县南乔木上空发现不明国籍飞机一架,盘旋约三小时,向南飞去。(四)七月十八日乌恰县东南约八十华里之木吉上空,发现不明国籍飞机一架,盘旋约三小时余,始向西飞去,据综合判断,该项飞机系作非法之空中测绘。

《中央日报》(上海版)1947 年 8 月 17 日

北塔山主峰国军仍固守中
1947 年 7 月 6 日

(中央社兰州六日电)据行辕接获报告称,北塔山事件发生后,至六月底止,因外蒙军之迭次进扰,不断有小触,但均为我守军击退,乌斯曼专员驻地之阿伦布那克,及北塔山之主峰,现仍在国军固守中。

《中央日报》(上海版)1947 年 7 月 8 日

《中央日报》报道蒙军再度进攻北塔山
1947 年 8 月 24 日

(中央社驻奇台记者北塔山二十四日急电)(迟到)昨夜北塔山北麓,外蒙军一队约五十余人,于雨雪冰雹交织中,向我胡芝尔特前哨阵地进攻,蒙军作战有如"黄牛阵"蜂拥而来,冰雹最猛时,枪声亦最密,来袭蒙军均为我军火力所压制,按旬日来蒙军后方甚为活跃,每日均有五六辆大卡车载运军队至前线,当为大战之准备,二十三日晚九时蒙军三十余人,亦乘大雾进攻我乌斯满部,被击退,一般判断蒙军似在试探我主力所在,以便大举进攻。

(联合社南京二十五日电)此间今日接获迪化来电称,新疆北塔山区国军与外蒙骑兵开战事重新爆发,外蒙骑兵约五十人于二十三日夜间进犯国军阵地,但黎明即被击退。

(路透社南京二十五日电)迪化来电称:外蒙骑兵一小队,于八月二十三日夜再度进犯新疆省北塔山,于次日拂晓时即经中国防军击退,国防部对此一消息尚不能证实,又据报界消息,主席东北行辕将召开重要会议,讨论国军之改编,以应付共军秋季攻势。

《中央日报》(上海版)1947 年 8 月 26 日

国民党中央党史会库存史料记述"北塔山事件"

(一)苏空军参战

(一九四七年)六月五日午刻,外蒙骑兵一营,配合军用汽车多辆,携带轻重武器,并有苏俄标志之飞机五架掩护,向我北塔山驻军进攻,投弹、轰炸及扫射,经我军猛烈抵抗达十小时之久,始将敌军击退。此役我方阵亡中士班长一名、保安队员一名,马伤亡及失踪者三十余匹,粮秣、帐棚均被炸毁。计毙敌四十余人,马二十余匹。我军恐敌断我后路,撤出北塔山,退至库仆(距北塔山十里)。自六日至九日,每日均有苏机侦察并轰炸我军阵地。我军于九日放弃乌隆布拉克,退至乌拉斯台(在乌隆布拉克东十里)。

(二)我提严重抗议

六月十一日,外交部根据西北行辕报告上述情形,电令驻莫斯科傅大使分别向苏蒙提出抗议,要求苏俄政府严惩对于此事有关之过失人员,并要求保证今后不再发生类似事件,中国政府对于上述中国军民所受之损害,保留向苏俄要求赔偿之权。对蒙并要求蒙军立即退出中国国境。同时叶次长(公超)召见苏俄大使馆代办费德林参事,声明事件之严重及中国政府之重视此一事件,并声明已电令傅大使向莫斯科苏俄外交部提出抗议。中外报章无不登载,全国人心忿恨,咸注意北塔山事件之演变;而迪化各族领袖如:马良骏、哈德万、穆精阿等则发起组织"新疆各族人民拥护和平统一联合会",午间在西公园开筹备大会,指斥破坏和平统一分子(指伊、塔、阿伪组织领袖而言),并议决为国家领土主权之完整而奋斗。十四日,莫斯科电台广播塔斯社之声明:苏俄政府否认苏俄飞机掩护外蒙军进攻新疆之事实。十六日莫斯科电台又广播外蒙古当局否认曾侵犯新疆边界,反之,新疆边界之中国军队曾越境至外蒙构筑工事,并杀害外蒙军交涉人员,故被迫采取军事行动,以驱逐之,并保留对中国要求惩凶赔偿损失之权。十八日,中国新闻局董局长(显光)代表中国政府声明谓:"北塔山地区之在新疆省界内为中国领土,实无丝毫疑问,无论在一九四五年中苏条约签订之前或以后,北塔山向由新省设防,该地向有新疆省政府所设之警察局及驻防之军队。对于莫斯科广播,中国军队曾越过新疆边界进入外蒙一点,本人必须严正否认莫斯科所广播之外蒙外长声明,实属绝对无稽之谈,在苏联及外蒙正式答复前,本人不欲多言,只欲再度声明北塔山事件,并非寻常边境事件,或疆界争执,而系与广泛意义之政治问题有关。"自十七日至二十日,北塔山之战事又起,连日均有自蒙方基地起飞之苏俄飞机一架或二架,飞临我军阵地上空侦察,军事情报如雪片飞来,大有"山雨欲来风满楼"之概。

……

(三)苏俄谎称未侵北塔山

二十日,苏俄驻华大使馆函复外交部称:"敬启者:中国驻莫斯科大使傅秉常先生六月十一日转达贵部长电称各节,苏联外交部业经收悉。本代办兹奉苏联政府命令奉复如下:在贵部长六月十一日之声明中,断言似乎有苏联标志之飞机四架(原文如此),于六月五日越界侵入新疆境内二百英里,在北塔山之上空投弹及低空扫射,兹特奉告贵部长,中国外交部代表与此相同之断言,业经塔斯社六月十四日用正式声明:以系不符事实,并系挑拨性之虚构,而加以否认。因此苏联政府碍难接受贵部长之抗议,并对于中国政府利用未加证实及无根据之情报,作若是之声明,表示诧异。本代办向贵部长表示崇高之敬意。"二十二日,外蒙古驻苏公使答复傅大使,否认外蒙军越境侵犯北塔山事实。二十七日,蒙使又照称:关于北塔山事件,系华军侵入蒙境。均经外交部先后将来照予以驳复。八月五日,苏俄驻华大使馆二次照复,仍保持六月二十日照会之立场。同日,外蒙古驻苏公使照复傅大使,仍否认事实,并称北塔山北麓为蒙境。九月六日,蒙使又照称:北塔山事件,蒙方损失为蒙币3,398,752元,要求我方赔偿。十一月二十六日,外交部驳复蒙使九月六日之照会,并声明:"外蒙之武装力量越过中国边境,攻击中国新疆省内北塔山区之地方驻军,地方驻军不得不作自卫之抵抗,倘外蒙军队因此而遭受任何损失,自应由外蒙政府负其责任,外蒙政府绝无向中国政府提出赔偿损失之理由。同时北塔山区之中国驻军,因屡被外蒙武装力量越境攻击,遭受重大的生命的及物资的损失,现正由中国政府令饬地方驻军详细查报中,一俟清查完毕,中国政府即将向外蒙政府提出要求赔偿。"同时外交部分电西北行辕转饬北塔山驻军,将损失情形及数字,分别列表呈报,以凭交涉,并要求赔偿。

《中华民国重要史料初编——对日抗战时期》第七编《战后中国》(一),第776—778页

张治中忆述"北塔山事件问题"

到一九四七年夏,又发生了所谓"北塔山事件"。

事情是这样引起的:阿山专员乌斯满是个反复无常的人,最初参加了伊宁革命,和平条款签订后忽又反对伊宁,伊宁方面派兵驱逐他,乌节节败退,从阿山一直退到迪化专区的奇台县境的北塔山附近。不知怎样他曾一度侵入蒙古境内,并捕去蒙兵八名。当时骑五军马呈祥部的一个旅(旅长韩有文)驻在奇台,派了一个连驻在北塔山,曾据报在北塔山旁的松树沟发现可疑马迹,驻军连长马希珍派兵四处搜索,与蒙兵发生遭遇战,旋即接到蒙古边防军科布多中校队长班子尔克沁的通牒,说五月十二日有汉哈部队非法越过蒙境白特色同山,并捕去蒙兵八名,这是破坏蒙古边防和中蒙友好的行为,限于四十八小时内把驻在刀塔头尔特山东北对山胡芝尔特阿上的野营撤退,并交还失踪的士兵马匹,否则应由该连长负责等语。

韩旅长据报。即令将蒙兵放回。但是马连长在六月六日来电,说五日中午有"苏联标志"飞机四架飞来轰炸,马连猝不及防,颇受损失。马连后奉令撤十里的库仆地方,蒙兵亦后退,以后飞机虽数来侦察,未有轰炸,双方部队亦无接触,事态逐渐趋平息了。

这里应予说明两点,其一,马希珍连长是行伍出身,他分不清苏联

和蒙古标志,所谓"苏联标志"的飞机并不可靠。其二,中蒙边境本来就没划分清楚,科布多和阿山在清初原来同属一个地区,外蒙独立后划界迄未定案,亦向未设置边卡岗哨,边境问题此时亦很难说。

但是国民党的中央社迪化分社却发出了一个夸大其词的荒谬消息:"顷由军事方面证实,苏联飞机四架,于五日中午轰炸我北塔山驻防国军,并掩护外蒙军队向该地驻军进攻,飞机低飞轰炸扫射,投弹甚多,我军民死伤颇重。现外蒙骑兵两营已侵入新疆境内六百余华里,正与我守军激战中。"

当时的中苏关系,正由于国共两党关系的日趋恶化而陷于微妙状态中,国民党的宣传机构不断宣传反苏,寻求反苏资料,这个消息拍到内地后,各报争相转载,甚有发表社论,煽动反苏情绪的。南京政府的行政院长张群、外交部长王世杰一再来电查询,不由分说就电令驻苏大使傅秉常向苏联并通过苏联向蒙古提出了严重抗议。

《中苏国家关系史资料汇编》(1945—1949),第456—457页

(2)国民政府就北塔山事件的应对与交涉

外交部致刘泽荣、张文白
1947年6月9日

(一)迪化刘特派员泽荣

顷据中央社报告,苏机及外蒙军于五日进攻我新疆边境,究竟内容为何? 我方已否向苏方作何表示,希即日电复,嗣后新疆情事,凡与对外有直接、间接关系者,希随时报部,并希至少每周报告一次为要。外交部

(二)迪化行营张主任文白兄:昨据中央社报告,苏机及外蒙军曾于五日进攻我新疆边境,真相如何,至祈查示为盼。弟王世杰(西)。

《外交部档案丛书——界务类》第四册,新疆卷(二),第183页

外交部呈蒋介石

1947 年 6 月 11 日

案奉钧府侍(洪)字第七〇三六〇号代电,为抄发西北行辕张主任及新疆警备总司令宋希濂电各一件,略以:本月五日外蒙军队及苏联飞机越界轰炸我白塔山驻军,应请外交部向外蒙提出抗议,等情。饬速核办具报等因。关于此事,业遵钧座决定,于本月十日电令我驻苏傅大使向苏联政府及外蒙驻苏公使,分别提出严重抗议,并于十一日上午十一时,由本部叶次长召见苏联大使馆费德林参事,将我政府关于苏机掩护外蒙军队深入我国国境,进攻我白塔山驻军,我政府已训令傅大使向苏联政府提出严重抗议事,通知该参事,并对该参事声明新疆事件之严重性及我政府对此事件之重视。

兹为加强我对苏蒙关于此事交涉之立场,及把握时机起见,拟请钧座电令新疆军事长官,转令白塔山一带驻军,极力避免足以扩大事态之行为,但对于自己阵地,务须坚守,不许轻易退让,并请电令张主任治中,将当地相关情形,逐日电告,其所电告之事实,务必详确,且为节省时间起见,拟请饬将有关情报,径行分电本部,以便随时研讨对策。

至此案应电提出联合国,现正由本部缜密研讨。

又我若准备将此事提出联合国,大抵如提出联合国,势须将苏联牵涉在内,否则苏联在联合国对外蒙问题,将必使用其否决权。

奉电前因,理合将本案遵办情形,及所拟各节,签请鉴核示遵。谨呈蒋主席。

《外交部档案丛书——界务类》第四册,新疆卷(二),第 188 页

外交部致张文白

1947 年 6 月 11 日

关于本月五日,外蒙军队在苏机轰炸扫射掩护下攻击我白塔山驻军事,经呈奉主席及张院长决定向苏联及外蒙分别提出严重抗议,本部已于本日电令傅大使速办,并要求苏蒙严惩过失人员,保证今后不再发

生类似事件,对于外蒙并要求蒙军退出中国国境。又我白塔山驻军当时所见苏机标志为何? 种类为何? 白塔山距边境及迪化距离为何? 均请迅即查明电示。此电并转知刘特派员为盼。弟王世杰。

刘泽荣致外交部

1947 年 6 月 11 日

行辕六月六日接到禁卫总司令部报告,略谓:"六月二日蒙古边防军科布多队长致我北塔山驻军马连长函略称:'五月十二日,汉服饰部队越过白特色同山,捕去彼方士兵八名、马一匹,此种行为破坏蒙古边防及中蒙友好,限于四十八小时内,将呼兰尔特河野营部队撤退,并交还所捕人马'等语,马连长当将送此函之蒙民代表二人中扣留一名,总司令部已饬将扣留士兵等释回,并派员调查真相,同时仍饬严密防范。嗣行辕于六月七日又接报告,略称:'五日午时苏联飞机四架轰炸北塔山我军,我方阵亡中士一名、保安队员一名,并损失三十余马匹,同时蒙古骑兵一营向我攻击,经抵抗十小时,我毙敌三十余人,马二十余匹。'总司令部已派员觅求解决途径,以免事态扩大。"关于此事补充,谨闻如下:

(1)北塔山距在我蒙界附近之布尔根西南约 120 公里,属迪化区奇台县。

(2)所谓苏联飞机似系外蒙飞机。

(3)阿山之乌斯满与伊宁方面部队冲突后,其残部退至北塔山附近,受我军掩护送出,此次行动似与此有关,但经过真相尚需调查。

(4)行辕已将此案报告中央,并主张向外蒙提出抗议。

(5)未知蒙方尚有无如何企图,惟此案牵涉边界问题,谋取应付对策,对新疆与外蒙间边界应注意。据最后消息,六、七、八三日均有飞机来轰炸,我方部队撤退,又闻。职刘泽荣。

外交部致傅秉常
1947 年 6 月 11 日

莫斯科傅大使：据我新疆驻军司令报告，外蒙军队于本月二日越我国界，侵入新疆境内，并于五日增加骑兵两营，向奇台以北之白塔山我驻防军攻击，同日苏机四架飞至该白塔山上空轰炸扫射，掩护外蒙军队进攻。该北塔山在迪化东北约二百余公里，距中蒙界线亦二百余公里，其为侵越，可无异议，该地为国军及忠于中央之哈族首领乌斯满部队现驻扎地。苏蒙目的显系以武力压迫该首领与国军，我政府对于此种动机，虽暂不必作何表示，但对苏机与蒙军越境攻击之事实，我政府决定向苏联及外蒙抗议，兹将两抗议文，另行电达，希接到后先复，并即刻分致苏联政府及外蒙驻苏公使馆为荷。外交部。

《外交部档案丛书——界务类》第四册，新疆卷（二），第 186 页

外交部致傅秉常
1947 年 6 月 11 日

莫斯科傅大使：希即向苏联政府提出书面抗议文曰：中国政府接到新疆驻军司令报告，本月五日午时有苏联标志之飞机四架侵入中国新疆境内二百余公里之白塔山上空投弹轰炸，并低飞扫射，以掩护外蒙军队向该白塔山中国驻军进攻，致使当地军民遭受死伤。此种越境攻击行为，显然违反国际公法，尤与中苏友好同盟条约之明文及精神相背，本人亦奉中国政府训令，向苏联政府严重抗议，要求苏联政府严惩对于与此事有关之过失人员，并要求保证今后不再发生类似事件。中国政府对于上述中国军民所受之损害，保留向苏联政府要求赔偿之权云云。又对外蒙之抗议其首段文字可如下文曰：本月五日外蒙军队携带轻重武器，在苏联飞机轰炸掩护之下，深入中国新疆境内白塔山，向中国驻军攻击，以致中国军民遭受死伤。此种越境侵害行为，显然违反国际公法云云。以下文字可与对苏抗议相同，惟须删去涉及中苏条约一语，并

增加要求外蒙军队立即退出中国国境一语。外交部。

《外交部档案丛书——界务类》第四册，新疆卷（二），第 187 页

外交部签呈

北塔山事件我对外蒙抗议内容 系六月十一日电令驻苏大使向外蒙驻苏公使提出

本月五日外蒙军队携带轻重武器，在苏联飞机轰炸掩护之下，深入中国新疆境内北塔山，向中国驻军攻击，以致中国军民遭受死伤，此种越境侵略行为，显然违反国际公法，本人兹奉中国政府训令，向外蒙政府严重抗议，要求外蒙政府严惩对于与此事有关之过失人员，保证今后不再发生类似事件，并迅令外蒙军队立即退出中国国境，中国政府对于上述中国军民所受之损害，保留向外蒙政府要求赔偿之权。外交部。

《外交部档案丛书——界务类》第四册，新疆卷（二），第 269 页

傅秉常致外交部

1947 年 6 月 11 日

324 号电敬悉。抗议书遵于本日（六月十一日）下午已分别向苏联政府及外蒙古驻苏联公使馆提出。傅秉常。

《外交部档案丛书——界务类》第四册，新疆卷（二），第 190 页

接见费德林谈话稿

1947 年 6 月 11 日

中国政府据新疆驻军司令报告：本月五日午时，有苏联标志之飞机四架，深入新疆之白塔山上空掷弹轰炸，并低空扫射，以掩护外蒙军队向该白塔山之中国驻军进攻，致使当地军民遭受死伤。此种越界攻击行为，显然违反国际公法，尤与中苏条约之明文及精神相背。中国政府已训令驻莫斯科傅秉常大使向苏联政府提出抗议，要求苏联政府严惩对于此事有关之过失人员，并要求保证今后不再发生类似事件。中国

政府对于上述中国军民所受之损害,保留向苏联政府要求赔偿之权,本人兹特通知苏联大使馆查照。

谈话后,叶次长召见该参事,告以王部长因今晨开会,故未接见苏大使。并谓关于白塔山事件已由卜司长说明。叶次长并对该参事声明白塔山事件之严重性及我政府对于此事件之重视。

末了,叶次长向该参事表示,希望苏方对我派驻旅大之视察团,能依照苏方之语言,予以充分之协助。

《外交部档案丛书——界务类》第四册,新疆卷(二),第191页

外交部会稿

驻莫斯科大使馆:对于莫斯科广播外蒙外长所称,我军越界进入外蒙一节,我新闻局已于十八日斥为绝对无稽之谈,并郑重声明,北塔山在我新疆省界内,为中国领土,毫无疑问。无论在一九四五年中苏条约签订之前或以后,北塔山向由新省设防,该地向有新省府所设之警察局,及驻防之岗哨,并声明北塔山事件并非寻常边境事件或疆界争执,而系与广泛意义之政治问题有关。我现正搜集蒙军进犯物证以备需用。外交部(西)。

《外交部档案丛书——界务类》第四册,新疆卷(二),第275页

张沅长[①]就北塔山事件答记者问

1947年6月11日

(中央社南京十一日电)关于外蒙军队侵入新疆事件,我政府已向外蒙及苏联双方,分别提出严重抗议,外交部情报司长张沅长,十一日午出席行政院新闻局记者招待会,曾于答复记者询问时,作如下之宣布:"关于外蒙军队侵入新疆攻击我驻在北塔山之防军一事,我政府已接到报告,此事并非寻常边疆冲突事件,我政府极为重视,当地军事当

---

　①　时任外交部情报司司长。

局,已奉命坚守疆土,慎重处理,驻莫斯科傅大使,亦奉命向苏联政府,并经由外蒙驻莫斯科公使,向外蒙政府,分别提出严重抗议,我政府并拟派大员赴新疆,指示地方当局。"按今日各记者所询有关上述事件之询问,多达九起,内容如次:(一)外蒙军侵入新疆六百华里,且有苏联标志飞机四架参加,此事是否与中苏友好条约抵触,政府发言人对此有何解释。(二)在外交方面政府对此事准备作何种措置,是否于今日提出抗议。(三)如政府提出抗议,对象在苏联,抑为外蒙,在我国与外蒙尚未互派外交使节之现在,将用何种方式,向外蒙抗议。(四)据中央社迪化电,阿山区专员阿斯满,自本年二月起,即受某方压迫,节节退让,自二月至现在,已历四个月,在此期间,政府对此边疆事件,接获报告否,是否曾予注意,又在此期间是否曾就此事,作外交上之交涉,详情如何。(五)外蒙军侵入新疆之前,是否边疆上曾发生事件,致为外蒙藉口,或外蒙方面另有藉口,其内容如何。(六)外蒙军侵入新疆与当地少数民族有无勾结,在外蒙军侵占之地区内,人民对外蒙军态度如何。(七)阿山区我驻军,是否仅作抵抗,是否亦准备收复失土,外蒙军如继续侵入,政府将采何种办法,以制止之。(八)新疆尤其阿山区驻军,实力如何,是否有制止外蒙军继续侵入之足够力量,政府是否准备派兵增援。(九)外蒙军如继续侵入,是否将引起我政府对外蒙宣战之考虑。

《中央日报》(上海版)1947 年 6 月 12 日

就北塔山事件外交部向苏蒙分别提出抗议

1947 年 6 月 11 日

(本报南京十一日专电)关于外蒙军侵新疆及有苏机掩护轰炸事件,我国已对外蒙及苏政府分别提出严重抗议,对苏政府系由傅大使直接提出,对外蒙抗议系由外蒙驻苏公使转达,我政府并将派大员前往新疆视察并指示一切。

(本报南京十一日专电)据此间深夜消息,莫斯科对于我国政府为外蒙军犯新疆之抗议,已有非正式表示。

(本报南京十一日专电)苏联大使馆参赞费得林,今晨访我外交部王部长,由叶公超次长代为接见,费氏告记者称,苏使馆方面,尚未接获关于外蒙军进袭新疆之报告,此事已向莫斯科查询。

(本报南京十一日专电)外蒙军队侵犯新疆,攻击我防军事件,此间各方均极注意,政府已令当地驻军,坚守疆土,慎重处理,据悉外蒙进兵之迹象,系开始于本月二日,嗣后即有显著之发展,西北行辕张主任治中,已有电呈最高当局,阿哈买提江氏刻仍在迪化。

(本报南京十一日电)新疆省保安处参谋长扎克勒在京晋谒蒋主席有所报告后,业于昨日飞返迪化。

(合众社南京十一日电)此间报载,苏联大使馆参事官曾趋访外长王世杰,但未会晤,由外次叶公超接见。苏联参事官告记者称。此间苏大使馆尚未接获任何外蒙古军队侵入新疆之报告,并拒绝置评,据另一苏联大使馆负责官员称,除报上所载称外,渠并未获悉此事,此间苏大使馆不能相信此项消息,同时,关于此事苏大使馆十一日晨曾电询莫斯科。

《中央日报》(上海版)1947 年 6 月 12 日

张治中致外交部

1947 年 6 月 12 日

南京外交部王部长雪艇先生:已真子电敬悉。藉悉贵部已决定向苏联及外蒙分别提出严重抗议,弟期期以为不可。盖此项飞机轰炸我方,系由于冬日外蒙军官对我方连长提出限四十八小时答复之通牒后之行为,同时关于此项飞机之种类、标志在前方低级军官亦未能辨别证明究为何方飞机,故无论此项飞机是否系苏方派出及此案实情如何,在未搜获证据资料以前,我只能向外蒙或请苏联转达外蒙提出抗议,实不能向苏联直接提出抗议,以免受苏方反驳。且弟见此系局部一时之冲突,此时以国内及新疆情势,似不宜使事态扩大,请速再电傅大使改正如何,并盼电复。弟张治中,已文午秘迪。

《外交部档案丛书——界务类》第四册,新疆卷(二),第321页

张治中致蒋介石

1947年6月12日

主席蒋:9700(表)密。(一)关于北塔山对方飞机越境轰炸一案,现已经由宋总司令派员前往查明一切实况,如敌机之标识、种类及轰炸经过情形后,再行电报,惟敌机自微(五日)日轰炸后,虞(七)、齐(八)两日虽有机侦察,并未轰炸,宋总司令灰(十)电报轰炸,顷称不确。查此案起因,原由于外蒙边防军科布多中校队长藉口我驻军越境,并俘其士兵,故对我驻军马连长提出即行撤退,并放还其士兵八人,限四十八小时答复之通牒,而此次敌机轰炸北塔山,即为其通牒提出后之行动,查该山驻有我骑兵一连,系于阿山乌斯满溃败,将退入奇台县境前派遣,意在掩护乌部后撤,并防备对方进入奇境,事件发生后,已由宋总司令命令该连即撤至北塔山南十里之库仆,以后数日即未获继续冲突之报告。(二)关于乌斯满问题职经多次报告,认为其如此反复之人,我将来必受其牵累,故彼虽迭请派遣飞机及军队助战,退入奇境后,并请求派兵协助再回(春)〔青〕河,职均怀下井救人,因小失大之虑,迄未答允,仅予以械弹粮食之接济。依职判断,彼退至奇境后,对马连长多方怂恿,冀获其支援,扯其下水,亦自在意中。而马连长越过奇台境界,击捕蒙方骑兵,亦恐系事实。故对此案之处理,在真相未调查明确前,实宜郑重考虑,自和平条款签订以后,为乌斯满问题,使我方蒙受极大之不利,而伊塔阿三区特殊化之未获解除,伊方已明白表示全为此一问题影响之故,职意拟于此案告一段落之后,将乌氏送至内地观光,俾免因渠引起更大冲突,牵动新省全局。(三)新疆问题虽明知系苏联幕后策动操纵,但为顾虑国内情势,不能不极力容忍,避免正面冲突。顷接外交部王部长已真子电,谓中央已决定分别向苏、蒙两方提严重抗议,并经电傅大使遵办,职窃以为不可,盖此项轰炸系蒙方军(官)对我驻军

提出通牒后之行为,而飞机之种类标志亦未能辨别证明,同时自微(五日)日轰炸后,鱼(六)、齐(八)两日虽续有敌机侦察,并未轰炸。职意可认为局部一时之事件,目前似不宜使事态扩大,我方只能向外蒙或通过苏联转向蒙方提出抗议,不宜直接向苏联抗议,以免受苏联反驳,转为不佳。(四)文(十二日)子得京电,藉悉白部长(十二)晨飞迪,职经电请从缓,实因此案尚未扩大恶化,白似可暂不来迪,并因据最近苏方与伊方之表示,白部长来迪对当前局面实值顾虑,曾记今春京中曾一度谣传白部长即将调主新政,伊方即公开表示中央如派白部长来新,即等于准备战争,又此次麦斯武德新命发表后,苏方曾非正式透露,此省主席为美国通过白部长之一种阴谋,亦即在新疆反苏行动之开端。现麦氏虽已视事,而反对声浪愈趋愈高,市上传单、标语不断出现,诬麦为汉人奸细、反苏份子,本日省政府首次会议,阿合买提副主席及伊方委员均未参加,并表示人民反对麦氏甚烈,故不能违反人民意思而出席会议。又据报将复煽动示威请愿,现局势尚在僵持,且苏、伊两方对白部长先有成见,如于此时来迪,殊足以增加其疑惧,更易发生意外纠纷,此职所请求白部长暂缓来迪之真因也。如钧座有所指示,而为文(十二日)电所不便言者,请面谕现在京受训之刘副参谋长任,由渠返迪或另派次要人员来迪传达,如有必要,职即返京一行,聆训亦可,余容续呈,谨候核示。职张治中叩。已文申秘迪印。

《外交部档案丛书——界务类》第四册,新疆卷(二),第 321—322 页

蒋介石致张治中电(节略)

1947 年 6 月 13 日

北塔山事件,我政府决不能不对苏蒙采取严正外交步骤,否则,政府等于否认其事,或公然容许侵略,乌斯满部请援,应予援助,并应设法保持北塔山驻地,盖我政府既采外交步骤,原驻地区决不容续被攻夺,否则,我政府或将被迫采取其他外交步骤,事态更将扩大也。

《中苏国家关系史资料汇编》(1945—1949),第 457—458 页

北塔山事件的有关新闻报道

1947 年 6 月 13 日

（本报南京十三日专电）灵通方面深夜透露，西北行辕主任张治中将军，顷有电呈最高当局，就外蒙军进犯新疆一事，作较详细报告，据悉此次事端之起因，及目前发展情形，并不如外间所传，张氏除奉命坚守疆土外，正作有效之制止，期不使事态扩大，白崇禧部长，定明日飞往新疆，白氏今日复电张主任时，曾勉所属忠诚保国。

（本报南京十三日专电）据悉苏联驻华大使彼得罗夫，奉召返国述职，已定本月十八日由京乘机启程，行前将招待我各界人士，苏使返国，闻系早经预定，与目前局势无关。

（中央社迪化十三日电）北塔山战事，现正相持中。

（合众社南京十三日电）据迪化传来白塔山前线消息，白塔山至十日晚，尚在进行激战，外蒙军队继续在有苏联标志之飞机掩护下实行进攻，白塔山之北坡之战事尤为激烈云。传白崇禧将军业已电西北行营主任张治中将军，命令其士兵忠诚履行其保卫国土之责任。据此间未证实消息称：苏联驻华大使彼得罗夫即将回国一行，报告新疆事件，但此讯尚无从获得证实，彼得罗夫大使在英大使馆参加英王乔治六世诞辰之欢会中，有中国记者询以新疆事件，但渠拒不置评云。

（本报讯）伦敦十三日广播，据莫斯科广播塔斯社讯，否认苏联参与外蒙侵袭新疆边境事件。

（中央社南京十三日电）政院政务检讨会第六次会议，十三日上午十时举行，主席张群，出席王世杰、白崇禧、许世英、蒋匀田、刘维炽、左舜生、陈启天、庞松舟、王云五、朱家骅（杭立武代）、李敬斋、俞大维、张厉生、薛笃弼、俞鸿钧、谷正纲、谢冠生、周诒春、彭学沛、甘乃光、浦薛凤、董显光、陈克文等。国防部长白崇禧、外长王世杰，先后对外蒙军队侵入新疆事件，作军事及外交上之说明，席间各委员，并互相交换意见。

（本报沈阳十三日专电）关于外蒙军侵入新疆境内一事，颇引起战乱情态下东北人民之极度关切，记者为此昨晨曾探询某当局之意见，据称新疆内部情势虽甚复杂,但国际上所接触关系,则极为简单,但自近代以迄九一八,而至现在,其所给与国际上之认识与发生之关系,则极为紧密复杂,在新疆边患之今日,我人自应提高警觉,但亦应沉静信赖政府之处理,记者复询以东北境内共军造乱,闻有外蒙骑兵渗杂其间,此种情形与西北对照之感想若何,某当局谓东北境内共军部队,虽闻有外蒙军队参加,当不外为在东北造乱者所策动,过去情形见于报载,刻尚无新报告。

(本报镇江十三日专电)自外蒙骑兵在苏联标志飞机掩护下,犯我新疆,侵入我国国境六百华里之消息公布后,省会各界,同声愤慨,省临参会、省记者公会、省商联会、省教育会、省律师公会、县记者公会、县教育会、县妇女会等十余团体,代表江苏三千四百万民众,联电中央,请对苏蒙提出强硬抗议,要求外蒙骑兵从速退出我国国境,并保证嗣后不得再有此类事件发生,以维我国主权之完整。

(中央社沈阳十三日电)辽省各民众团体及沈市临参会以外蒙军侵入新疆北塔山,及苏机轰炸我国城市军队事,无异第二"九一八"事件重演,东北人士,倍极关切,特电呈蒋主席,请求政府向蒙苏严重交涉,使其军队即撤出我国境,赔偿损失,保证不再发生同样事件,并表示决不惜任何牺牲,誓作政府后盾。

(中央社重庆十三日电)国民党渝市党部全体执监委员,今日上电蒋主席,对蒙军犯境事,请速向苏蒙严重抗议,立即撤退入侵军队,及赔偿损失,又渝市农商工渔及教育妇女六团体,亦电请蒋主席,迅采有效步骤,并向苏抗议,陪都百万市民,愿为后盾。

(中央社成都十三日电)川省农会、商联会、妇女会、渔会等八团体,顷电呈国府蒋主席,请严重抗议外蒙军侵我新疆一事,并谓中共不顾人民生计,破坏国家统一,应请速采有效办法制止。

(中央社新疆十三日专电)南洋商报及中兴日报两报,今晨对新疆被侵事,均有所评论,中兴日报称,此系苏联征服世界野心之一部,该报并指责中国共产党为标准卖国贼,同时南洋商报警告称,中国应准备对苏联帝国主义,作五年之抵抗,此间泰半华侨,对新疆事件,深为重视。
(中央社巴达维亚十二日专电)今日此间各报,均以显著篇幅,刊载关于中国就外蒙军队进攻新疆事,对苏联提出抗议之报道。

《中央日报》(上海版)1947 年 6 月 14 日

外交部致刘泽荣
1947 年 6 月 14 日

近日苏联标志飞机轰炸我白塔山驻军事,希密洽张主任,指派专门技术人员前往白塔山地区,设法摄取该次轰炸及侦察我阵地之军用飞机,以及被炸情形之照片寄部,以备需用为要。外交部。

《外交部档案丛书——界务类》第四册,新疆卷(二),第 192 页

外交部致国防部
1947 年 6 月 14 日

国防部公鉴:极密。关于近日有苏联标志之飞机掩护外蒙军队进攻我新疆白塔山驻军一案,本部业电令驻苏联傅大使,分别向苏联政府及外蒙驻苏公使提出严重抗议。兹为增加对苏交涉力量起见,拟请贵部洽令空军总司令部,迅派专门技术人员,赶赴新疆白塔山地区,设法摄取该项轰炸及侦查我阵地之军用飞机,以及当地被炸情形之照片,以便识别该项飞机之种类与标志,并于必要时予以运用。相应电请查照核办,并惠复为荷。外交部(西)。

《外交部档案丛书——界务类》第四册,新疆卷(二),第 192 页

傅秉常致外交部
1947 年 6 月 14 日

南京外交部钧鉴:东(十四)日塔斯社辟谣称:"中央社息,中国外部代表慎重称:'六月五日新蒙边境双方军事冲突事件,蒙军曾将绘有苏联标志飞机参加'。本社授权声明:该代表所称不符事实,并为一种

挑拨性之虚构"云云。驻苏大使馆。

张治中致外交部

1947年6月15日

　　南京。国民政府主席蒋、行政院张院长岳军先生、国防部白部长健公、陈总长辞修兄、外交部王部长雪艇先生:关于北塔山敌机轰炸问题前经以巳文午(六月十二日)秘电奉陈,计荷察及。兹为使中央对本案具有较详晰之印象起见,爰不嫌重复,再详陈如次:(甲)事件动机:阿山乌斯满问题向为政府与伊方争持之焦点,自去年八月以后,日趋紧张,伊方派兵驱逐乌氏,乌氏节节后退,势穷力蹙,最后退入迪化区奇台县境。宋总司令为掩护乌部后撤,并防备对方进入奇台境,曾令骑七旅派兵一连进驻阿山与奇台接壤之北塔山。乌部于危急时,我军曾推进接应,始获脱险。而驱逐乌氏,当然为苏联及外蒙之嗾使与支助。闻将使乌部完全消灭而后已。此事件发生之动机所在也。(乙)事件经过:于乌部撤退至北塔山前,据报当地哈族保长钦海?等,曾与外蒙搜索兵遭遇,毙敌二名,获马十匹。惟另据报,该地哈族自卫队数名,于辰文(五月十二日)往北塔山旁松树沟牧马时,发现有马迹,经报告驻军,四山搜索,翌日在白杨沟与外蒙侦察兵五名接触,毙敌二名、马一匹,获苏造步枪及马各一,《俄蒙文化》一本,余窜去。另据连长马希珍辰铣(五月十六日)、辰篠(十七日)铣辰篠电乌部近日曾俘获越境侵袭之蒙兵八名。据供称,新蒙边界之界泉,尚有蒙军一五零名,至巳江(六月三日)又据报称北塔山地区发现蒙军五十余人,正搜索中,至巳鱼(六月六日)据宋总司令转报韩旅长巳微(六月十日)电称:据马连长希珍巳冬(六月二日)电称:"今有蒙人持蒙古边防军科布多中校队长班子尔克沁致我中、蒙文文件各一件,略称辰'文(五月十二日)有汉哈部队越过蒙境白特色同山,并捕去彼方士兵八名,此种破坏蒙古边防及中蒙友好之行为,限于四十八小时之内将飞刀塔头尔特山东北对山胡芝尔特河上之野营部队撤退,并交还失踪士兵及马匹,否则应由该连长负责'等语请示前来"。宋总司令于微日(五日)接报,即饬将扣留捕获士兵等释回,并派员前往查明处理,正办理间,至巳虞(六月七日)忽据韩旅长电,据马连长希珍鱼(六日)电称:(一)微(五日)午突飞来苏联标识飞机四架,轰炸至下午二时,我方因猝不及避,死伤及失踪马三十余匹,阵亡中士班长、特保大队队员各一名。(二)敌骑兵一营,并附有辎重兵器及汽车数辆,来往送运粮料子弹,我与激战达十小时,毙敌四十人,马二十余匹。(三)乌专员闻讯,亲率三十余人前往增援,我夺获敌转盘机枪乙挺,乌部夺获敌轻机枪二挺、马六十余匹,惟恐敌截断后路,遂撤退至库仆(离北塔山十里)等情。至巳灰(六月十日)复据宋总司令转马连长巳虞、巳齐(六月七、八日)二电先后略称:(一)职于鱼午率自卫队三十人及骑兵一排与乌部张参谋率属三十余人,开往原地搜索,下午五时到达防地,敌方全退出,敌机仍在侦察中,乘闭昏时将所剩之粮料搬离该地约十里处宿营,骑兵排则于十时返库仆。(二)(七日)虞辰五时,仍前往搜索,自卫队寻得转盘轻机枪一挺、手提式机枪二挺,并由尸体上搜出地图、米尺、相片、日记本等物品,判断该尸体系敌方参谋人员,乌部寻得小型话报机一架,已损坏,高射机枪一挺、大药一箱、弹药五箱、步枪数枝,并于另一尸体内,搜出多质奖章两枚,及党证相片文字。据乌部告:系敌方指挥官云。所得物品,由乌部派员虞(七日)晚启程运往奇台。今齐(八日)晨敌机仍在侦察,另汽车四部往北塔山附近运送敌军及军用品等情。(待续)张治中。叩。巳寒戌亲一。

《外交部档案丛书——界务类》第四册,新疆卷(二),第 193—194 页

张治中致外交部

1947 年 6 月 15 日

(续前电):顷据宋总司令报告,自鱼、齐两日,敌机虽来过侦察,敌骑亦迄未来犯,我马连仍驻北塔山照旧,事态似暂趋停息,惟一切实情,待派往调查人员返迪后,方获详悉。(丙)飞机标识及俘获品,据马连

报告及阿山情报员张侠电报,均谓轰炸者为苏联标识之飞机,但标识为何,飞机是何种类及来去方向,均未说及。盖对苏联与外蒙飞机标识区别所在,恐难辨别。如以蒙机即视同苏机所假装,此为政治现实的看法,自无疑义。据迭次电报所俘获物品,计有机枪六挺、高射机枪、话报机、金质奖章两枚,并周围队团体相片、日记、党证文件等物,此项物品,均有所研考价值,一俟运送来迪,当可得若干参证资料,另行报核。(丁)地理形势:查所谓北塔山者,一般系指乌龙不拉克泉附近,包含山地与平原之一带区域而言。乌龙不拉克有泉水二处,其附近山地则有青草,为行旅游牧所依赖,向为奇台、哈密、阿山接壤之一游牧区,至其附近之山地,实系其北塔山之尾闾该山之来脉,地理上称为哈布塔克山,又称巴一他克,包含大奴日山,自东迤西迄乌龙不拉克泉,势渐平伏,山脉立东部,概系在外蒙科布多境内,惜中间究以何处为新疆与科布多之分界,遍查图籍,并无陈案可稽。且阿山与科布多,在清季本属一区,至民国初年,因外蒙“独立”划界时,颇多争执,迄成悬案。在图上(此间只有四万分之一、五十万分一、百万分一图三种)亦无显著地名可资标记。后因人烟稀少,无户籍可查,又在过去时期,于该地亦无边卡设置,尤其在今日情况下,虽明知为乌龙不拉克泉附近地域为新疆之所管辖,然亦无法指明境界之所在。但该地东北荒山,西阻大漠,为北疆东部连络阿山之惟一通道,南距奇台县城四百余里,约五马站,依山为险,屏障镇西、奇台北部,形势重要,蒙古据此,则可绝我对阿山之关系,并进而可以威胁镇西、奇台之安全。故该地有彼我必争之价值,亦为造成事件原因之一。(戊)结论:总据以上各点分析此次事件系边界纠纷问题,其发端在乌斯满问题。以最近数日情形预测,蒙兵似无再挑衅侵入之意,事态亦不至扩大,如中央对此次事件有所运用,自当别论。此间孤悬塞外,消息梗阻,对世界局势与国内情形至为隔膜。呈祈赐予指示,俾有遵循。张治中。已删辰亲二。

《外交部档案丛书——界务类》第四册,新疆卷(二),第 194—195 页

傅秉常致外交部

1947 年 6 月 16 日

外交部:本日苏联报载,中国军队发动之边境事件之标题称,蒙古外交部声明:"中国中央社及外交部代表,曾经宣称蒙古军队在有苏联标志之飞机掩护下,协助进攻白塔山区,并进入新疆二百英里一讯,由白塔山原在外蒙境内一点即可证明其虚假,该事件系因华军侵入蒙界十五公里之白塔山区设立军事建筑,攻击该区蒙古边防军所引起,蒙古当派代表请求华军撤退,不惟未能生效,且该代表反遭扣留,于是蒙军不得不采取若干蒙古飞机协助下,对破坏边境之华军,加以驱逐,但在此行动中,蒙军亦未侵入华境,事后发现蒙古代表被害肢解腹剖,另蒙兵四名亦已被杀,眼被挖,因此引起蒙人之不满,蒙古政府特向中国政府提出严重抗议,并保留向中国提出严惩凶犯及补偿此次事件蒙古方面所有一切损失之权"云。傅秉常。

《外交部档案丛书——界务类》第四册,新疆卷(二),第 195 页

王世杰称北塔山事件循外交途径解决

1947 年 6 月 16 日

(本报讯)王世杰外长昨日抵沪,出席联合国远东经济委员会,昨日记者趋谒,叩询外蒙侵犯新省事件,据谓关于新省事件,本人站在外交立场上,未便发表任何意见,惟可奉告者,即政府已循外交途径,提出严重交涉。记者复询问苏联及外蒙是否已有复文,内容如何,王氏则谓一切尚待发表。

(本报南京十五日专电)据悉政府专机一架,定明日飞新,在兰州稍停后,续飞迪化,白崇禧部长新疆之行,经昨晚官邸会议决定中止后,政府为明了外蒙军侵入之实际情形,将另遣人员乘专机前往。

(合众社南京十五日电)据可靠方面消息,国防部长白崇禧已取消新疆之行,新疆事件将循外交途径予以解决,西北行辕主任张治中已奉命全权处理该处内政部份事宜,至于有关国际性质事宜当在南京进行。

另悉,行政院长张群十四日晚设宴为苏联大使彼得罗夫夫妇饯行,外长王世杰亦在座,波得罗夫定于十八日返莫斯科,张院长昨并召见蒙藏委员会主席许世英及国务委员西藏代表章士嘉呼图克图,讨论新疆事。

《中央日报》(上海版)1947 年 6 月 16 日

张治中致外交部

1947 年 6 月 16 日

行政院张院长岳军先生、外交部王部长雪艇先生、国防部白部长健公、国防部陈总长辞修兄:关于北塔山案件,弟历次电报均系根据宋总司令书面或口头报告(行辕过去曾规定所有各部队应直接受警备总司令指挥,不得越级报告本辕),至昨(寒)(十四日)深夜,复据宋总司令转据驻奇台整骑七旅韩旅长有文(六月十三日)来函报告,发觉与前各次报告间有出入。今(删)(十五日)晨调阅韩旅长原函照抄如下:"北塔山于本月五日发生情况,蒙军骑兵一营进犯疆界,并以飞机五次猛烈轰炸,掩护蒙军作猛烈攻击。我军守土有责,即采取抵抗,激战十小时,将蒙军击溃。而五、六、七、八数日,蒙军飞机连续轰炸本旅派驻北塔山马连之旧宿营地,是晚因避免再生冲突撤至库仆(按距原驻地十里)与乌专员同住一处,且至九日晚十二时,北塔山电台发生故障迄今(元)(十三日)尚未通报,职于灰日(十日)由奇另派电台一部,限期删日(十五)到达工作,以利通讯。因马连系行伍出身,所报情况稍不清楚,为彻底明了实际情形,着本部军法官郭乔五协同警备部阎、毛二课长(按阎震黄、毛向强二人,系警备总部派赴北塔山调查人员)办理调处工作,并作实际查询。惟蒙军飞机标识型及位置等,查询清楚后即引报告"等语。兹该函与历次报告出入之处说明于左:(一)飞机据马连长电谓,鱼(六)午及齐(八)晨敌机仍在轰炸,但未言明苏机。而韩呈电函则谓:(并以飞机五架猛烈轰炸),(惟蒙军飞机标识型及位置等,电询清楚后即行报告),(马连长系行伍出身,所报情报稍不清楚),并无提出苏机字样。(二)飞机架数,据韩旅长巳鱼(六日)电系飞机四架,而此函则谓五架,此节亦须待查明。(三)轰炸日期,韩旅长巳鱼(六日)、巳齐(八日)、巳齐戌电谓微(五日)午轰炸,下午二时停止。(六日)鱼午。(八日)齐晨仍在轰炸。而宋总司令转据骑兵指挥部郭参谋长电话报告,则于鱼、齐两日仅系侦察,并无轰炸。惟此函则谓于:"五、六、七、八日蒙军飞机连续轰炸本旅派驻北塔山马连之旧宿营地"。(四)前方情况,弟迭据宋总司令口头或书面报告,皆谓齐日以后,无冲突。而韩旅长函则谓:"九日晚北塔山电台发生故障,至今(元)未通,已另派电台前往"。昨(寒)十四、今(删)十五,骑兵指挥部郭参谋长则报称:"前方无事,只在北塔山对峙中"。惟顷再询以该参谋长,谓:"北塔山电台已于元? 晚复通,近情正在去电询问,待复中"。以上各点不符,系因该指挥部与前方通讯、交通两均困难及军官知识关系。兹特以韩旅长电函为准,补行更正。弟张治中叩,删西亲。

《外交部档案丛书——界务类》第四册,新疆卷(二),第 196 页

外蒙军侵我(白)〔北〕塔山事件节略
1947 年 6 月 17 日

卅五年八月间,阿山专员乌思满,因不甘受伊方达里(立)汗之压迫,退出承化。卅六年一月下旬,曾有外蒙军二千余人,入据布尔根,并有二百余名侵入北塔山,掳我方人民拷打,探询我方军情。二月初旬,伊方指挥官伊斯哈克·江,率武装精备部队五千人进攻阿山,乌部节节败退。三月十七日,乌部放弃温都尔哈拉,退出北塔山,我方派骑兵第七旅连长马希珍率两部于北塔山收容,在乌部未到达北塔山之前,其哈族保长钦海与外蒙搜索兵遭遇,毙敌二名,获马十匹。五月二十日,马连在白杨沟与外蒙侦查兵五名接触,毙敌二名,马一匹,获苏造步枪一支,马一匹,俄蒙文化一本,乌部又俘获蒙兵八名。六月二日,北塔山发现外蒙军五十人,同日外蒙古边防军科布多中校队长班子尔克沁,致函乌隆布拉克我驻军马连长云:"五月十二日,有汉哈部队非法越过白特色同山,并捕去彼方士兵八名,马一匹,此种破坏蒙古边防及中蒙友好

之行为,限于四十八小时内,将刀布尔特山东北对山胡艺尔特河上之野营部队撤退,并交还失踪士兵及马匹,否则事态应由该连长负责"等语;六月五日,宋司令希濂始接获报告,旋即电饬释回,并派员查明处理,正办理间,同日(六月五日)午刻,外蒙骑兵一营,配合军用汽车多辆携带轻重武装,并有苏联标志之飞机五架掩护,向我北塔山驻军进攻,投弹轰炸扫射,经马连猛烈抵抗,达十小时之久,我方阵亡中士班长一名,保安队员一名,伤亡及失踪之马卅余匹,粮秣、帐棚均被炸毁,此役计毙敌四十余人,马廿余匹,夺获转盘机枪一挺,乌部闻讯增援,夺获轻机枪二挺,马廿余匹,略晚因恐敌断后路,我军撤出北塔山,退至库仆(离北塔山十里)。六月六日,马、乌联合搜索前进,敌已退出,敌机仍侦查并轰炸我军旧阵地。六月七日复往搜查,自卫队寻得转盘轻机枪一挺,手提式机枪二挺,并由尸体上搜出地图、米尺、相片、日记本等物,判断该尸体为参谋人员,乌部寻得小型话报机一架,已损坏,高射机关枪一挺、火药一箱、弹药五箱、步枪数枝,并于另一尸体搜出金质奖章两枚及党证相片文字,判断该尸体为指挥官,是日及八日,均有敌机侦查并轰炸我军旧阵地。六月九日,本部电张主任治中、刘特派员泽荣,查问事件真相。六月十一日晨,本部电令傅大使分向苏、蒙抗议,要求苏联政府严惩对于与此事有关之过失人员,并要求保证今后不再发生类似事件,保留向苏联要求赔偿损失之权,对外蒙一并要求蒙军立即退出中国之境。同日上午十一时,本部叶次长召见苏使馆费德林参事,声明事件之严重,及中国政府之重视此一事件,并声明已电令傅大使向莫斯科政府提出严重抗议,又同日本部胪陈今后处理意见,呈请主席蒋,电饬北塔山驻军坚守防地,并避免事件扩大。另将抗议情形,电知张主任,是日晚,莫斯科广播,对苏机及蒙军侵入新疆之消息,不作任何评论,于中国政府提出抗议时,亦不拟作任何答复,傅大使于是日晚,分向苏联外交部及外蒙驻苏公使提出抗议。六月十二日,本部分电驻英郑大使及驻美顾大使并转夏代表等知照。六月十四日,莫斯科广播,苏联政府正式否认苏机掩护蒙军进攻新疆之事实。六月十六日,伦敦广播,按莫斯科广播,外蒙古当局否认曾侵犯新疆边界,反之,新疆边界之中国部队,曾越界至外蒙构筑工事,并杀害外蒙军交涉人员,故被迫采取军事行动,驱除出境,并保留要求中国赔偿损失之权。(截至六月十六日止,余待续)。孙福坤谨拟。

《外交部档案丛书——界务类》第四册,新疆卷(二),第 197 页

张治中致外交部

1947 年 6 月 17 日

行政院张院长岳军先生、国防部白部长健公、国防部陈总长辞修兄、外交部王部长雪艇先生:关于白塔山案件,今复调阅警备总司令部之原卷,觉应有补呈之处谨摘录如下:(甲)马连于五月廿一日曾连续三次报告宋总司令韩旅长转据北塔山马军法官辰丑来电称:寒(五月十四)晚乌专员派来精壮部属十五名,恳请本队领队前往界泉搜索,删(十五)午返防。据分队长报称:驻地以北一百十五华里处有蒙军警戒,因该处地形复杂,人数不明,晚间有火光四处。韩旅长辰巧酉(五月十八日)称电呈:查界泉系新蒙边界,蒙军亦有相当准备,惟乌部撤驻北塔山,亦不归本部指挥,嗣后如发生事情,本部实难负责,为防患起见,乌可由钧部直接指挥或饬本部指挥,拟请转报明令指示,以便控制。韩旅长转据马连长希珍辰筱酉(十七日)电称:(1)本连每隔一日派队搜索或协同特保大队连夜搜索,不敢疏忽。(2)据云乌部近日俘获蒙军八名,而蒙军口供在界泉驻有蒙军一百五十余人。(3)乌专员于巧日(十八日)移驻,哈萨(克)增援,并准备攻击蒙军之说。(乙)据韩旅长巳江(六月三日)转据马希珍已东(六月二日)电今有青格里河方面派人持信前来,蒙文一张并有关防,译成中文者一张。谨将原文电呈于后(待续)。张治中叩,巳铣亥一。

《外交部档案丛书——界务类》第四册,新疆卷(二),第 198 页

张治中致外交部
1947 年 6 月 17 日

　　行政院张院长岳军先生、国防部白部长健公、国防部陈总长辞修兄、外交部王部长雪艇先生：（总续巳铣亥）"北塔山区域之汉哈武装部队马连长鉴：据蒙古人民共和国国界居民之报告，为保护本国国界起见，近有三百名汉哈部队由你指挥从新疆非法越过白特色同山，来蒙古人民共和国之刀塔头特山及对山胡芝尔特河上驻扎之野营，你们部队于一九四七年五月十三日侵略我国之马一四[？]，并非法捕去我士兵八名，此种非法破坏国境、侵犯蒙古人民共和国边防之行为，我认为你破坏中蒙两国友好关系，本人负有保护本国领土之责任，要求你阅此文件后在四十八小时内，将驻在本国境之野营完全退出本国国界，并将前捕去之八名士兵交还本国，是荷。假如不照我之要求执行实现的话，本人不得不采取对付之办法，将来事件之责任应由你本人负责。此照。蒙古人民共和国边防军科布多部队长中校班子尔克沁，一九四七年六月二日"。（丙）韩旅长转据马成功、马希姚巳虞（六月七日）戍电称"职于鱼（六日）午率自卫队三十人及马连一排，与乌部张参谋率属三十余人，同往旧地搜索，下午五时到达防地，敌方全部退出，敌机仍在轰炸中，垂黄昏时，将剩之粮料帐房搬到离该地约十里之地宿营，马连一排于十时返回库仆。"（丁）另据骑兵指挥部郭参谋长电话，据韩旅长巳元（六月十三日）辰秘电略称："北塔山来部人员称，蒙军亦来进犯，现为对峙状态"、"本删（十五日）晨另派往北塔山之电台可能业经通报，但尚未接获任何报告"各等语，除俘获各件业已到迪化、正整理、另呈外，谨电再补报。职张治中，巳铣十六日亥二。

《外交部档案丛书——界务类》第四册，新疆卷（二），第 198 页

情报

　　南京苏联大使馆方面对外蒙古骑兵进侵新疆北塔山事件之表示如下：

（一）关于外蒙古侵入新疆事，苏联大使彼得罗夫认为，此类事件时常发生，因边疆两方哨兵语言习惯及立场之不同，时生冲突，兼以新疆民族特别复杂，往往受不住中国政府军队之专横压迫，有时故意逃往外蒙边境制造事件，中国士兵又向无国际观念，也随时向外蒙哨兵寻衅，再加中国当局对外蒙独立怀恨在心，故地方官吏及驻军官长，有时亦向外蒙捣乱，由此种原因，边境冲突，不时发生，最近之事，即系中国军队故意扣留外蒙军曹，由小争执而转冲突，中国政府故意扩大查办，乃别有作用耳。

（二）关于苏联飞机协助外蒙军队作战事，苏联大使馆参事费德林认为有以下原因：（1）中国政府欲求最近期间，获得美国五亿贷款，甚至欲获得比五亿更多之贷款，故在美国大量援助希、土及匈牙利问题与苏联意见相左时，中国为刺激美国舆论及观感，故意造此危言，希望美国加紧大量援助中国，美国亦可借此以作援助中国之口实。（2）中国政府对学生运动感于无法控制，乃欲借此转移学生目标，使学生起而反苏，或无心上课，鉴于以上原因，故国民党令其宣传机构故作宣传，其实苏联既为中国条约国，何能协助外蒙侵略中国土地，有人解释外蒙一切军用机械，均来自苏联，故即使飞机助战，亦系外蒙利用苏联飞机，惟并非苏联派机相协，此种说法虽属好意，然亦为谎言，因外蒙飞机绝不敢伪用苏联标志，故苏联对于中国报纸故意造谣，认为全系阴谋，欲以此获得美国援助，并压制国内民主运动耳。

《外交部档案丛书——界务类》第四册，新疆卷（二），第 200 页

新蒙边境我蒙两军冲突情形

查阿山窝斯满部，以忠于政府，致遭伊方达立里汗之攻击。三月廿七日，放弃其基地温都尔哈拉，仅余官兵一八〇名、民众一一〇名，退抵我方地区。宋总司令为争取逐渐内向之数十万哈族信心，乃着骑七旅派兵一连在北塔山予以收容。兹据宋总司令转据骑兵指挥官马呈祥转据驻北塔山附近之骑兵连连长马希珍五月十六日电略称，窝斯满部近

俘获蒙军八名等情，当电饬马指挥官转饬马连长通知窝斯满将所俘蒙兵释还。又据马指挥官六月五日转韩旅长电称，蒙古边防军科布多中校队长致我北塔山驻军马连长文件称，有汉哈部队非法越过地界，并捕去蒙兵八名、马一匹，此种破坏蒙古边防及中蒙友好之行为，限四十八小时内，将塔头尔七里山等地之野营部队撤退，并交还失踪士兵及马匹，否则事变责任，应由该连长负责等语，马连长当将送文件之蒙军代表扣留一名等情。三日复据阿山组情报员报称：（一）二日有蒙民百余，扰我松树沟防地，并派代表二名向驻军提出立即撤对要求，及交还彼方失踪士兵。（二）哈拉汗德奥赫现有蒙骑上百，附载重汽车二辆。（三）蒙边大队长连同飞机二架，已由科布多抵达，开军事会议，讨论边防问题。闻拟将该部扩大为五〇〇人等情。查松树沟北塔山等地，均属我疆境内，虽蒙方藉端滋扰，然为求取和平、保持友好计，乃饬将扣留士兵等释回，并派员赶往查明真相，觅求解决。正处理中，又据韩旅长转来北塔山马连长六日电称，（一）五日午，飞来苏联标志飞机四架，轰炸我北塔山驻军，我死伤及失踪马匹共卅余，伤亡中士一、保安队队员一。（二）蒙军骑兵一营，并附轻重兵器及汽车数辆，向我攻击，经抵抗达十小时，我毙敌三、四十人，马廿余匹。（三）已派员迅速前往解决，以免事态扩大等情。查所称马连驻地北塔山及松树沟，系在新省境内，确属实在。蒙方此种行动，显系因我军掩护阿斯满残部在北塔山整顿收容，使阿山反动势力感觉威胁，遂不惜越界攻击，迫我防军令阿斯满部南撤。为不使事件扩大，我方自可令阿斯满部撤出北塔山，但以我国军驻守该境，则不容人越界攻击，拟请饬外交部设法向外蒙古方面提出抗议。当否，即乞电示。

附呈新营边境我蒙两军冲突态势要图一份。

《外交部档案丛书——界务类》第四册，新疆卷（二），第200页

彼得洛夫举行告别招待会
1947 年 6 月 17 日

（中央社南京十七日电）苏大使彼得罗夫，十七日下午六时至八时，假国际联欢社举行鸡尾酒会，与我国各界及外交团话别，我中枢省长孙科、张群、于右任、吴铁城、邵力子、王云五、张厉生、王世杰、白崇禧、朱家骅、俞大维、许世英、翁文灏、陈立夫、陈庆云、彭学沛、董显光、吴恩豫、桂永清、民盟沈钧儒、罗隆基、黄炎培、章伯钧、中苏文协理事张西曼等，及美大使司徒雷登，英大使施谛文，加大使戴为世，巴大使游兰略，暹使杜拉勒及全体外交团人员均出席，美军顾问团长鲍克斯中将亦莅临参加，苏大使馆参事费德林，武官罗申少将，驻沪总领事哈林等，周旋宾朋间，至八时始欢散。

（中央社南京十七日电）苏大使彼得罗夫返国在即，今日下午特赴外部拜会王部长世杰辞行，大使及夫人偕二女公子及二等秘书喀拉布哈夫，定十九日专机离京，经迪化飞莫斯科。又王部长世杰，定明晚假外部官舍为大使及夫人饯别。

《中央日报》（上海版）1947 年 6 月 18 日

董显光就苏广播中国军队越境事发表声明
1947 年 6 月 18 日

（中央社南京十八日电）关于北塔山事件新闻局长董显光今代表政府作如下之声明：北塔山地区之在新疆省界内，为中国领土，实无丝毫疑问，无论在一九四五年中苏条约签订之前，或以后，北塔山向由新疆省设防，该地向有新疆省政府所设之警察局，及驻防之军队。

对于莫斯科广播，中国军队曾越过新疆边界，进入外蒙一点，本人必须严正否认，莫斯科所广播之外蒙外长声明，实属绝对无稽之谈。

在外蒙及苏联政府正式答复以前本人不欲多言，只欲再度声明，北塔山事件并非寻常边境事件，或疆界争执，而系与广泛意义之政治问题有关。

《中央日报》（上海版）1947 年 6 月 19 日

中央社驳苏联关于中国军队越入蒙境的报道

1947 年 6 月 19 日

（中央社迪化十九日电）莫斯科连日广播，诬我军越境进入外蒙边界，中央社记者今特走访此间某权威人士叩询意见，据答称，莫斯科之广播实为荒谬无稽，我政府已由新闻局董局长严予驳斥，北塔山距离外蒙边界六百华里以上，我军何由越境，按我国地图及若干文献所载，新疆边卡系设于察罕通古，察罕通古之西北为布尔根，布尔根之西南始为北塔山，故北塔山与外蒙边界之距离如何不言而知。民国二年科布多之役，新疆督军杨增新派兵往援科布尔，在察罕通古以东与蒙军遭遇，嗣后自杨增新、金树人以至盛世才，我军均在察罕通古驻防，三十二年国军入新，首即驻防布尔根察罕通古一带，三十四年秋阿山为伊宁暴动军侵入，我军始退至北塔山。年余以来，因阿山在特疑状态下边防空虚，蒙军遂经由察罕通古侵入布尔根，今复由布尔根侵犯我北塔山，为我军击退，乃竟诬我军越境以图委卸责任，殊属荒谬可笑，惟此次事件董局长已声明"并非寻常边境事件或疆界争执，而系与广泛之政治问题有关"，我国人对此当有深切之了解。

（联合社迪化十七日电）（迟到）西北行辕主任张治中，今日向联合社记者发表谈话，承认"亲苏叛乱份子"要求自治，但预料完成省政府改组不致遭遇困难，其他人士虽不如张氏乐观，对于新疆外蒙边境事件在军事上言并不过分严重，且最近将来不致再度发生等节，则与张氏所见相同。但预测六个月内毗邻苏蒙之边区将有更严重纠纷，对此张氏未表示意见。据称，本人正设法使新疆更与中国本部接近，已将新疆与苏联间通商路线封锁，大量货物虽仍越境交流，但因此省幅员广阔，殆难控制。东北旧道则已开放，同时并谋拓展省内外航空路线，闻省政府正在议购美国制造四引擎飞机中。

《中央日报》（上海版）1947 年 6 月 20 日

费德林致王世杰

1947 年 6 月 20 日

径启者：中国驻莫斯科大使傅秉常先生六月十一日转达贵部长电称各节，苏联外交部业经收悉。本代办兹奉苏联政府命令奉复如下：

在贵部长六月十一日之声明中，断言似乎"有苏联标志之飞机四架，于六月五日越界侵入新疆内二百余英里，在北塔山上空投弹及低空扫射"。兹特奉告贵部长，中国外交部代表与此相同之断语，业经塔斯社于六月十四用正式声明，以系不符事实并系挑拨性之虚构而加以否认。因此苏联政府不能接受贵部长之抗议，并对于中国政府利用未加证实及毫无根据之情报，作若是之声明，表示诧异。本代办向贵部长表示崇高之敬意。

《外交部档案丛书——界务类》第四册，新疆卷（二），第 214 页

张治中致外交部

1947 年 6 月 22 日

外交部王部长雪艇兄先生：（甲）苏大使彼得罗夫皓日下午七时抵迪。哿（廿）、马（廿一）两日两次谈话，弟首对其向者斡旋伊宁事件表示谢意，惟伊方一年来迄未执行和平条款之军事部份，仍然保持三区特殊化状态，加以制造塔城惨案、额敏惨案，最近复有策动反对麦主席之事，此皆以影响新省和平局面者，不能不认为遗憾。嗣分析当前新省人民心理不外两者：一为亲汉反苏、一为亲苏反汉，均属错误，实应依照施政纲领中所昭示拥护国家统一、增进中苏亲善两大原则，新省方可获致和平，同时并讽示我政府在新省推行和平与亲苏政策后，省内情况与人民心理业变更，而苏联在新省之观念与作风，迄未改变，希望加以检讨。又指出吾人固信苏方对新省并无领土野心，惟在国际间及中国一般人，仍不免多怀疑虑。此点亦足供苏联考虑。弟所言极率直，彼答词未作否定，且以外交词令表示：新疆乃中国领土，只有在中国政府领导下，方可获致经济、文化之发展，成为进步之一省。渠于两次谈话中，迄未提

及北塔山事件,渠定梗(廿三)晨离迪,预料彼不致再向弟提出。盖苏对我方抗议既采藐视态度,延不置答,可推知也。巳巧(十八)午电所嘱及卜司长来电,弟已完全了解,吾人对外交问题遇有不同意见时,自可研究辩论,但在中央决策后,即应对外一致,先生多虑,今可释然矣。弟张治中。巳马亥迪。

　　附注:部长巳巧午去电——避免与苏大使谈及新蒙事件。机要室注

《外交部档案丛书——界务类》第四册,新疆卷(二),第 214 页

傅秉常致外交部

1947 年 6 月 23 日

　　外交部部、次长:此间外蒙公使馆廿二日送来外蒙外长柴葆三复我抗议一函,原文如下:1947 年六月十一日来电悉。所称本年六月五日外蒙军队在苏联飞机掩护下越过中国新疆边界,深入中国领土攻击白塔克博多区之中国军队,外蒙古政府坚决否认此项不符事实之声称。并声明:"外蒙军队无论在白塔克博多区或其他任何地带,均未越入中国边界,而本年六月五日在外蒙领土内所发生之事件中亦无苏联飞机之参与。基于上述情形,外蒙政府特将阁下所提抗议予以驳回。并提请中国政府注意中国中央社关于此事通讯之挑拨,曾谓:六月五日外蒙骑兵一团似曾攻击白塔山之华军,并有苏联标志飞机四架助战,以其外蒙军队似曾深入中国领土二百英里云云。又请注意中国外交部代表六月十一日在南京记者招待会中挑拨性之发言,其不但未将中央社之报导加以更正,且反予证实,谓系在距离新疆与外蒙边界甚远之中国领土白塔山区发生,而非在外蒙领土内云云。外蒙政府可列举若干事实,证明系由中国武装部队破坏新疆外蒙边界,侵入外蒙,并非法抢掠惨杀外蒙之居民,在此次事件以前,即已一再有发生。例如:1946 年十月廿日在白塔克博多区,即有二十人以上之武装部队由新疆进占入蒙古领土,此项破坏边界者,曾击毙蒙古边防军二名,掳去蒙方马匹 108 匹,事后

仍返新疆。1947 年二月三日,武装部队四十五人由新疆入蒙古杀死蒙古边防军军官及兵士各一名,事后仍返新疆。1947 年二月六日武装部队廿二人由新疆侵入蒙古,赶走科布多属阿尔泰梭蒙牧群马卅三匹,事后仍返新疆。中国武装部队屡次破坏蒙古边界,仅于上述数项事实即可证明。彼等对于新疆蒙古边界纠纷事件,原属蓄意准备,六月五日蒙古境内白塔克博多区所发生之事件实俱有同样性质,该事件亦系由于中国武装部队之挑衅而发生。此次中国武装部队约有三百人越界,以后在蒙古境内胡日尔腾河流域白塔克博多区内衣黑塔喜尔堡乌拉山东北地方挖壕盘踞,事前该地常川驻守之(蒙古)边防军蒙指〔挥〕官基于中蒙友好关系,并为避免冲突起见,当派代表要求该中国军队长官撤退至蒙古境界之外,华军长官不仅未能履行此项合法要求,并违犯一般国际惯例,对蒙古代表加以拘留。基于上述原因,又以该部队仍欲久据外蒙边境,外蒙边防军不得不采取自卫举动以之应付,但仍未越范围及侵入中国领土。该中国部队退出外蒙以后,六月九日在其所驻地带发现外蒙代表之尸体,可见该代表曾受酷刑,手足被烧,腹被剖解,并有眼睛被挖之蒙兵尸体四具,事实真相如此,而华方竟企图加以辩论。外蒙政府对于中国武装部队越界侵入外蒙白塔克博多区,以及违反国际惯例惨杀外蒙代表及边防军,特向中国政府提出严重抗议,外蒙政府要求严厉处分破坏蒙界之罪犯及残害外蒙代表与蒙边防军之参与者,并要求保证此后不再有同样事件之发生,并保留向中国政府提出要求赔偿此次由于中国武装部队挑衅所生事件中蒙古方面所受一切损失之权"云。傅秉常。

《外交部档案丛书——界务类》第四册,新疆卷(二),第216页

张治中致外交部

1947 年 6 月 24 日

外交部王部长雪艇先生:酉巳梗未电敬悉。(甲)顷据宋总司令希濂巳梗(廿三)三代电称:(一)顷据北塔阎课长震黄(该总部派往调查

人员）绥哿（廿日）申电称：苏机标志为红五角星、链刀、斧头、穗形。已微（六月五日）午以五架向我北塔山之胡芝尔特驻军（按即马希珍连与奇台哈族保安大队六百名）轰炸扫射。鱼（六日）至灰日（十日）除轰炸外，并在阿尔脑特（大布逊）西北及布逊一带侦察。筱（十七日）晨并有一架袭击乌龙不拉沟等情。谨闻。（二）据阎课长震黄巳马巳（廿一日）、巳马午两电报称：（1）哿（廿日）晚侵袭乌部正面之蒙骑六、七十名，马晨（廿一日）始被连退，职与乌专员、马副营长、肖[萧]连长等于击退敌骑后，曾至北塔山前线视察乌隆不拉沟与敌踪。（2）哈萨坟为我后方交通要点，为敌骑窜援，似应派兵驻守。（3）敌刻沿北塔山东北山麓一带驻守，尚无工事设备，惟敌后方交通线优良便利。（4）前俘敌一名，拟即解迪，所获武器，除乌部者外，均已于哿（廿日）带交奇台，由韩旅长转迪等情。除分报国防部外，谨电奉闻。（三）据韩旅长有文巳晨（迵）申（廿四日）秘电，转据北塔山郭乔五巳养（廿二）未电称：（1）乌专员本月获悉达里力汉为迎接青河哈民回驻原地，将派兵会同外蒙军合攻我军。（2）北塔山敌情日趋紧张，（蓉）〔苏〕阿两面，均有顾虑，非有装备优良之大部队增援，颇难维持。（3）乌部正面刻发现机关枪及步枪声，情况尚不明确。我正严密戒备中，等情。除分报国防部外，谨闻。以后续有情况，当随特奉闻。（乙）据京电中央社讯，旧金山皓（十九日）专电，洛杉矶时报记者德瑞克幸在该报撰文略称：中国政府对苏联向持沉默，但既翻脸，又不敢激怒四百万突厥回民，莫斯科近曾提出秘密建议，要求迪北边疆地带，中国并未发表是项要求，其原因或系南京政府对边省抱有微弱希望，而求加以保持。又称麦氏长新系空前未有之举，其责任即在中国保有新疆等语。是否确有此文，请电示为荷。弟张治中。四敬（廿四）申秘迪。

附注：亚西司巳梗未去电——电告北塔山事件我抗议苏联已答复，并请将近日情况详告。机要室注

外交部致张治中

1947 年 6 月 27 日

迪化张主任文白兄:已敬申电敬悉。北塔山阎课长震黄哿电所称苏联逃机标志为红五角星、链刀、斧头、穗形,经洽询空军总司令部,据告苏机标志向仅为五角星,似无链斧及穗形,此点应请转饬详确查明。外蒙对我答复,已于本月廿二日经其驻苏公使提出,由傅大使于廿四日电部,否认我提事实,声明外蒙陆空军未越入中国边界,暨苏机未参与,及称中国部队破坏边界,侵入外蒙抢掠、惨杀外蒙居民,并举例谓,一九四六年十月廿日在白塔克博多区,有廿人以上之武装部队进入蒙境,击毙蒙边防军二名,掳去马一〇八匹后退回新疆。一九四七年二月三日,又有四十五人侵入,杀死蒙军官兵各一,及一九四七年二月六日廿二人侵入,赶走科布多属阿尔泰梭蒙牧群马卅三匹,均于事后返新境。未指此次事件具(内)〔同〕样性质,由中国部队挑衅发生。谓我部队三百人越界盘踞蒙境胡日尔腾河流域,白塔克博多区内衣黑塔喜尔堡乌拉山东北地方,经蒙军派代表洽请中国军队撤退,但所派代表被拘留,故不得不采自卫措置。及华军退出后,在共军所驻地发现蒙方代表尸体曾受酷刑,手足被烧,腹被剖解,内并有挖目蒙兵尸体四具,故向我抗议,要求惩凶,并保留要求一切赔偿云云。本部正考虑驳复。蒙方称我军越界三例,究竟事实真相、详情如何,并请迅饬查明电示为荷。弟王世杰(西)。已感。

《外交部档案丛书——界务类》第四册,新疆卷(二),第 217—218 页

傅秉常致外交部

1947 年 6 月 27 日

外交部:顷此间外蒙公使馆转来蒙古政府致我政府照会内称:"蒙古政府特向中国政府声述,本年六月十七日中国武装部队约四百人,又自白塔克博多区越过蒙界五公里,在诺林哈尔盖塔河口处射击蒙方边防军一事,特向中国政府提出严重抗议,蒙古政府要求严惩破坏蒙界之

罪犯,保证将来不再发生此种越界行动,并向中国政府保留提出要求上述中国武装部队对于蒙古所受损害赔偿之权"。傅秉常。

《外交部档案丛书——界务类》第四册,新疆卷(二),第 218 页

《中央日报》报道蒙古人民共和国答复外交部照会
1947 年 6 月 27 日

(中央社南京二十六日电)关系方面获悉,外蒙政府于本月二十二日由其驻莫斯科公使,将对我政府前所提出抗议之复文,交予傅秉常大使,该项复文,并于二十四日由我驻苏大使馆电达外交部,据悉:其内容要点,为外蒙政府认北塔山事件,系起因疆界纠纷,外蒙政府认为北塔山"在外蒙疆界内",中国军队曾"侵入"外蒙疆界,因此引起冲突云,此间观察认为外蒙是项曲解事实,强词掩饰其犯境行动之声明,将令北塔山事件之解决,增加困难,又苏联及外蒙对我提出抗议之复文,先后送抵南京后,外交当局正在慎密研究考虑中。

(本报南京二十六日专电)关于北塔山事件,外蒙曾非正式表示,要求我方承认北塔山为其领土,作为息争交换条件一点,据白部长崇禧表示,要求乌斯满撤回迪化,绝不可能,并将极力支援乌斯满坚决抵抗。

(中央社迪化二十六日电)奇台讯,北塔山连日无战事,然我守军戒备极严,将随时予来犯蒙军以重大打击,此间日前自闻悉我军于北塔山前重创蒙军之消息后,人心至为振奋,对我守军之忠勇,极表钦佩,除派人携带慰劳品前往慰劳外,并已于二十三日在奇台举行军民联欢会,由该县县长及韩旅长,分任主席,远近数百里各族人民万余人,均齐集城外广场上,韩旅长莅场时,群众欢呼达三分钟之久,因北塔山之守军,即为韩部之一连,故众对之特别表示钦仰,大会节目六十余项,而韩部表演之马术最为精彩,擅长骑技之哈萨克,亦为之咋舌不已。

《中央日报》(上海版)1947 年 6 月 27 日

国民党中央政治委员会内政外交军事三专门委员会联席会议
关于外蒙军侵入新疆问题报告书
1947 年 6 月

　　奉交关于外蒙军侵入新疆问题，内政、外交、军事三专门委员会联席会议研究一案，遵于六月二十七日，召集本三专门委员会联席会议，详加研究。金以最近外蒙军侵入新疆之事件，性质颇为复杂，事态亦相当严重，迥非偶然发生之边疆纠纷可比，亦非外蒙之独自行为，显有其背景。当此内乱外患交相煎逼之际，政府应付之策，自宜审慎考虑，轻率固属不可，畏葸亦为非计。归纳本联席会议研究之意见，在原则上言之，似宜：（一）不使事态扩大；（二）尽力保守阵地；（三）恢复原日态势。在此原则之下，其措施之具体方案，自可由各主管机关，各就职掌范围，妥为计划，切实办理。惟北塔山向为新疆阿山区所辖，确属新省辖区，对于外蒙以疆界为藉口之反抗议，似宜由外交部根据各种确切之事实，或并指明经纬度数，从速再提抗议。否则无异默认其主张，招致它日之困难，此其一。外蒙系由我国内部分裂而出者，其管辖范围早有规定，无论如何应以内政部出版之地图为根据。而官厅文书及民国四年之中俄蒙协约，均可资为参考资料。且外蒙界线不限于新疆方面，自西且东，至为广袤，目前无从谈起，似宜俟之它日，此其二。国境界线纠葛至多，拟由内政部、国防部、外交部及蒙藏委员会，组织边界研究委员会，负责搜集资料，作一整个之研究，拟订实施之办法，此其三。苏联经营蒙新为时甚久，殚精竭虑，不遗余力，此次指使外蒙军袭击新疆，派遣飞机协助，自属当然之举，其答复我之抗议，否认此种行为，亦在吾人意料之中。应由外交部从速设法搜集确实证件，以便外交上作进一步之行动，此其四。是否有当，敬请裁夺。谨呈中央政治委员会。

　　中央政治委员会第七次会议决议（民国三十六年七月二日）如次：

　　决议：通过。交主管机关本党负责同志迅速办理，余提下次会议讨论。

录自中央党史会库藏中央政治会议档案

《中华民国重要史料初编——对日抗战时期》第七编《战后中国》（一），第 789—790 页

张治中致外交部

1947 年 7 月 8 日

外交部王部长雪艇先生：北塔山近况据报如次：（一）府？驾增至五百余人，分驻三处：第一松树沟，第二胡居尔特，第三乌拉斯台，其后方仍在哈拉汉德奥都嘛。（二）北塔山主峰阿勒吞卧巴及胡居尔特等要点，为蒙我必争之地，蒙骑百余人自已有（六月廿五日）酉时起，即不断向我进攻我窝斯满部，据阿勒吞卧巴峰堵击，战况激烈，双方均有伤亡。延至感日（廿七日）申时，蒙军为我击退。当晚我窝部乘胜夜袭，计毙蒙军二十余，获步枪二十枝、轻机枪四挺、马三十匹、驼四峰、帐幕四顶、军马八把及弹药面粉文件等。（三）前被蒙军袭据之胡居尔特亦经窝部克复。（四）检获前敌机所投炸弹破片两块上有俄文标志等情。除饬将所获文件与破片及战利品缴辕转送国防部外，特电奉闻。弟张治中。36 午齐辕迪一主。

[附有地图：外蒙军越界侵袭北塔山地区图说]

《外交部档案丛书——界务类》第四册，新疆卷（二），第 222 页

外交部为抗议外蒙军侵入新疆致苏联驻华大使馆照会

1947 年 7 月 8 日

径启者：接准贵代办本年六月二十日来照，为答复中国驻莫斯科傅大使于六月十一日向苏联外交部送达之本部长关于北塔山事件之抗议及要求等由，本部长业经阅悉。

查六月五日外蒙军队越过中国边界，攻击新疆境内北塔山之中国驻军时，曾有飞机四架投弹扫射为之掩护，中国政府曾一再详查，获悉该项飞机系涂有红色五角星之军用飞机，此为当时身历其境之众多中国军官及士兵所共同目睹之事实。因之中国政府仍保持其六月十一日向苏联政府所提之抗议。相应照请贵代办查照，并希转达贵国政府为荷。本部长顺向贵代办表示敬意。此致苏维埃社会主义共和国联邦

驻华大使馆代办费德林先生。

《中华民国重要史料初编——对日抗战时期》第七编《战后中国》(一),第791页

外交部为抗议外蒙军侵入新疆致蒙古人民共和国驻苏公使照会
1947 年 7 月 8 日

莫斯科傅大使:466 号及 473 号电悉。希以下列照会致送外蒙驻苏公使。文曰:"贵公使送来外蒙外交部部长乔(保)〔巴〕山先生本年六月廿二日函,为答复中国政府六月十一日关于外蒙武装力量侵入中国新疆境内,攻击北塔山中国驻军所提之抗议,中国政府业经阅悉。本大使兹奉中国政府训令,就北塔山事件再向外蒙政府声明如下:中国政府业于一九四六年一月五日,宣布承认外蒙独立,外蒙在未被承认独立以前,原为中国之一行政区,构成中华民国领土之一部分,此为众所周知者。外蒙与新疆及与中国其他省区之疆界,曾经中国中央政府依法划定,有划定中华民国境内各行政省区界线之档案地图等历史文件,足资证明。一九四五年八月中国政府在中苏换文中曾声明,外蒙独立后'即以其现在之边界为边界',其意义系指外蒙在独立后之边界,即为外蒙在独立前,中国中央政府所划定之外蒙古之疆界。根据外蒙被承认独立以前,中华民国行政省区界之地图,北塔山系在新疆省境内,新疆省当局向来在该地区设有警察所,及地方驻军之岗哨。外蒙政府外交部部长来函称,北塔山系在外蒙境内,而不在新疆省境内云云,实系毫无根据。中国方面尚获有确证,证明外蒙军队自一九四六年冬季起,曾迭次侵入中国境内。外蒙军队起初曾侵入新疆省境内之布尔生支及布尔根以北地区,嗣渐向北塔山乌龙布拉克泉区域推进,终致以正规军队在有外国标识之飞机掩护下向北塔山之中国驻军进攻。来函所指出之所谓'中国武装部队侵入外蒙境内'北塔山之'事实',由于函中所举地名系在中国境内一点,正足证明外蒙方面已多次侵越中国境界之事实,而中国地方驻军之岗哨及警察,对此种越界侵犯行动,自系被迫采取适当之自卫措置。来函所称,本年六月九日在中国军队驻扎地带发

现外蒙代表被惨杀之尸体云云;据中国政府所查明之真相,显证来函所云为不确实。此次北塔山事件发生时,外蒙方面所派之代表两人,均经先后放回,绝无所称杀害情事。至于外蒙以其武装力量越过中国边界,深入中国境内二百余公里,攻击北塔山之中国驻军,此种事实,绝难解释为'普通之边界纠纷'。纵令如外蒙当局之解释,六月五日之北塔山事件,系导源于'边界纠纷',则外蒙政府何以不循一般国际惯例,或现时联合国宪章,以求和平解决,而遽以四十八小时为限之最后通牒送达中国地方驻军,随即运用武装力量,攻击中国境内之军队?此种武力侵犯行为,显示外蒙政府无尊重国际和平与国际社会所共同信守之规约之意思。中国政府认为北塔山事件之发生及其后果,其责任应完全归诸外蒙政府。中国政府兹训令本大使向外蒙政府重申六月十一日关于北塔山事件所提之严重抗议,并坚持有关各项要求"等语。此照会送发后希即将发出日期电部备查。又473号来电所述外蒙续提之照会,政府已另文答复,该答复可于上述照会送出后一日送出。王世杰(西)。

《中华民国重要史料初编——对日抗战时期》第七编《战后中国》(一),第791—793页

外交部致傅秉常

1947 年 7 月 8 日

莫斯科傅大使:苏代办费德林六月廿日送来苏外部对我方六月十一日关于北塔山事件向苏方所提抗议之答复,否认有苏联标志之飞机曾参与北塔山事件。经本部本月八日驳复苏代办,略以我政府曾一再详查,获悉六月五日掩护外蒙军队越界攻击我北塔山驻军之飞机,系涂有红色五角星之军用机,此为当时身历其境之众多中国军官及士兵所共同目睹之事实。因之我政府仍保持其六月十一日向苏政府所提之抗议,等语,特达。王世杰(西)。

《外交部档案丛书——界务类》第四册,新疆卷(二),第219页

外交部致傅秉常

1947 年 7 月 8 日

　　莫斯科傅大使:对外蒙第二次抗议,希以下列照会致送外蒙驻苏公使,曰:"贵公使本年六月廿七日外蒙政府之照会,关于似乎有中国武装部队约四百人于六月十七日自北塔克博多区越过外蒙边界五公里,在诺林哈尔盖塔河口处射击外蒙边防军事,向中国政府提出抗议等由。兹奉中国政府之命,答复如次:关于中国与外蒙在中国新疆省方面接壤之边界,中国政府业于七月十日答复外蒙政府之照会中予以说明,兹不复述。查中国军队无论在本年六月十七日或其他任何时间及任何边界地点,均未越界进入外蒙境内。中国政府不能接受外蒙政府毫与事实不符之抗议。中国政府接到详确之报告,获悉实际情形,恰与外蒙政府来照与声明者相反。自六月六日至六月三十日之期间,续有外蒙武装部队,越过中国边界,攻击中国驻军,并续有来自外蒙之飞机,飞至中国新疆境内侦察轰炸,及扫射之事实。该项飞机曾于六月六日、七日、八日、九日连续飞至新疆境内,轰炸北塔山地区之中国驻军,并在阿尔脑特西北及布逊一带侦察。十三日午后三时至四时,有自外蒙方面飞来之双翼战斗机一架,在北塔山地区上空复向中国驻军扫射。六月十七日及六月廿八日,续有自外蒙方向飞机之飞来袭击上述地区之中国驻军及乌龙布拉克沟。六月廿六日,越过中国边界之外蒙武装部队一队,深入新疆境内,攻击胡芝尔特大山以南之中国驻军。六月卅日晚,又有越过中国边界之外蒙骑兵六、七十名攻击北塔山地区之中国驻军。上述事实,证明外蒙政府自中国政府六月十一日提出抗议之后,仍在纵任外蒙军队,继续攻击中国新疆境内驻军。中国政府兹再度向外蒙政府提出严重抗议,坚持其六月十一日所提有关各项要求,并特再郑重要求外蒙政府今饬其侵入中国新疆省境内之军队迅即自中国境内撤退。"等语,希送达后,以送发日期电部。王世杰。(西)

《外交部档案丛书——界务类》第四册,新疆卷(二),第 221 页

傅秉常致外交部

1947 年 7 月 10 日

外交部部、次长:346 及 347 两电奉悉。本月十日已将 346 号电内容备具照会,送达外蒙驻苏联公使。347 号电内容亦准备照会,迟日续办。又 345 号部电系通知钧部驳复苏代办之内容,并非令本馆答复苏方者。顷奉 349 号电,希将送达苏蒙方之照会内容电部云云,是否有误请电示。傅秉常。

附注:(一)亚西司 345 号去电——电达我驳复苏方对我关于北塔山事件抗议之答复,及重申我六月十一日之抗议由。

(二)亚西司 346 号去电——关于北塔山事件,电令对外蒙六月廿(三)〔二〕日之答复,提出反驳,并重申六月十一日抗议由。

(三)亚西司 347 号去电——令对外蒙二次抗议致送我方答复,要求蒙方迅令其撤退侵入之蒙军由。

《外交部档案丛书——界务类》第四册,新疆卷(二),第 224 页

外交部第二次向蒙古人民共和国抗议

1947 年 7 月 10 日

(本报南京十一日专电)北塔山事件外交部对苏联及外蒙之第二次抗议,业已发出,主要内容为要求外蒙立即撤兵新疆,并要求惩凶,保证不得再有此项同类事件发生,抗议尤声明我政府得保留要求赔偿损失之权利。

(中央社南京十一日电)关于北塔山事件苏联政府曾照会我政府,否认苏机参加,兹悉我政府对此事曾一再详查,并已再度照会苏方,维持我方之原抗议。

(中央社南京十一日)外交界息,外蒙政府对于我国关于北塔山事件之抗议,曾于六月二十二日答复,作种种虚伪抵赖之词,嗣复于六月二十七日来文,诬我军于六月十七日有越界射击之事,兹悉,外交部已根据事实于七月八日及十日电令傅大使(七月十日及十一日),二度以

照会向外蒙严重抗议,该两照会之内容要点为:

(一)本国政府在承认外蒙独立之时,曾宣告外蒙应以当时之边界,其意义系指外蒙在独立后之边界,应为外蒙独立前经中国中央政府所制定之外蒙疆界,北塔山系在新疆省内,新疆当局在承认外蒙独立之前后,均在该地设有警察及地方驻军岗哨。

(二)外蒙军深入中国境内二百余公里之地,对北塔山中国驻军施行攻击,不得目为普通边界纠纷。

(三)纵令六月五日之事,系导源于所谓"边界纠纷",外蒙政府何以不循国际贯例或现时联合国宪章,以求和平解决,而遽以四十八小时为限之最后通牒,送致当地中国驻军,随即动用武装力量,攻击该驻军,显示外蒙政府无尊重国际和平与国际社会所共同信守之规约之意义。

(四)自六月六日至六月三十日之期间,续有外蒙武装部队越界攻击中国驻军,并续有飞机侵入中国新疆境侦察轰炸,及扫射之事实。

(五)中国政府除要求惩凶,保证不再有类似行动,及保留要求赔偿之要求,外蒙政府立即令饬其侵入新疆之军队撤退。

《中央日报》(上海版)1947 年 7 月 12 日

外交部致张治中

1947 年 7 月 13 日

迪化张主任文白兄:午冬电敬悉。本部业于午齐电令傅大使:
(一)对外蒙外长六月廿二日来函复驳略如下:我政府于一九四六年一月五日宣布承认外蒙独立,但外蒙在未被承认独立以前,原为中国之一行政区,为中华民国领土之一部份。外蒙与新疆及与中国其他省区间之疆界,曾经中国中央政府依法划定,有划定中华民国境内各行政区界线之档案、地图等历史文件,可资证明。一九四五年八月我政府在中苏换文中曾声明外蒙独立及"即以其现在之边界为边界",其意义系指外蒙在独立后之边界,即为外蒙在独立前,中国中央政府所划定之外蒙古之疆界。根据外蒙被承认独立前,中国行政省区界线之地图,北塔山系在新疆省境内,新疆省当局向来在该地区设有警察所,及地方驻军之岗哨。外蒙外长所称北塔山系在外蒙境云云,实系毫无根据,我方面获有确证,证明蒙军自一九四六年冬季起,曾迭次侵入中国境内,起初侵入新疆省境内之布尔生支及布尔根以北地区,嗣渐向北塔山乌龙布拉克泉区域推进,终致以正规军队,在有外国标识之飞机掩护下,向北塔山之中国驻军进攻。外蒙外长来函所指"中国武装部〔队〕侵入外蒙境内"北塔山之"事实",由于其中所举地名,系在中国境内一点,正足证明蒙方多次侵越中国境界之事实,而中国地方驻军之岗哨及警察,对此种越界侵犯行动,自系被迫采取适当之自卫措置。来函称六月九日在中国军队驻地,发现外蒙代表被惨杀之尸体云云,据中国政府所查明之真相,显证来函所云为不确实。此次事件发生时,蒙方所派代表两人均经先后放回,绝无所称杀害情事。至于,外蒙以武力越界深入中国境内二百余公里攻击北塔山中国驻军,此种事实,绝难解释为"普通之边界纠纷"。纵今如外蒙之解释,六月五日之北塔山事件系导源于"边界纠纷",则外蒙政府何以不循国际惯例,或现时联合国宪章,以求和平解决,而遽以四十八小时为限之最后通牒送达我地方驻军,随即用武装力量攻击中国境内之中国驻军,此种武力侵犯行为,显示外蒙政府无尊重国际和平与国际社会共同信守之规约之意思。我政府认为北塔山事件之发生及其后果,其责任应完全归(绪)〔诸〕外蒙政府,我政府兹重申六月十一日关于北塔山事件所提之严重抗议,并坚持其有关各项要求。(二)对外蒙六月廿七日向我所提抗议,驳复略谓:中蒙在新疆省方面接壤之边界,业于前此答复外蒙政府之照会中说明,兹不复述。查中国军队无论六月十七日或其他任何时间,及任何边界地点,均未越界进入外蒙境内,中国政府不能接受外蒙与事实毫不相符之抗议。中国政府根据详确报告,获悉实际情形恰与外蒙来照所称者相反。自六月六日至六月卅日之期间,续有外蒙武装部队越过中国边界,攻击中国驻军,并续有来自外蒙之飞机飞至中国新疆境内侦察、轰炸、及扫射之事实。凡此事实,证明外蒙政府自六月十一日我政府提出抗议之后,仍在纵任外蒙军队继续攻击中国驻军。故再度向外蒙政府提出严重抗议,坚持六月十一日所提有关各项要求,并特再郑重要求外蒙政府令饬其侵入中国新疆省境内之军队,迅即自中国境内撤退。等语。又本部对苏方六月廿日否认有苏机参加六月五日北塔山事件之答复,亦于午齐驳复苏代办,略以:六月五日掩护蒙军越界攻击我白塔山驻军之飞机,经一再详查,系涂有红色五角星之军用机,此为当时身历其境之众多中国军官及士兵共同目睹之事实,因之我政府仍保持其六月十一日向苏政府所提之抗议等语。特达。弟王世杰(西)。

《外交部档案丛书——界务类》第四册,新疆卷(二),第 226 页

王世杰致中央政治委员会函

1947 年 7 月 15 日

准贵处政议字 307 号公函,以奉中央常务委员会第七十二次会议决议,交政治委员会研究关于最近外蒙军侵入新疆问题一案,如内政、外交、军事三专门委员会研讨决定原则三项,提奉中央政治委员会第七次会议决议通过,交主管机关本党负责同志迅速办理。抄同原报告函请办理等由,敬悉。兹将遵办情形函复如下:

一、关于北塔山事件案,业遵照中央政治委员会第七次会议指示各要点,拟就驳复苏联及外蒙照会,暨对外蒙提第二次抗议照会。除复苏方照会,已于七月八日送致苏联驻华大使馆外,致外蒙两照会,并已于同日电令傅大使向外蒙驻苏公使提出,兹抄附各该照会原稿三件,请即转陈察阅。

二、关于组织边疆研究委员会,搜集资料,作整个研究,拟订实施办法一节,遵当于最近将来会商内政、国防两部暨蒙藏委员会办理。惟查关于中蒙边界资料之搜集研究,早经有关各部会多次开会讨论,拟组"边情访问团"分赴各有关地区实地勘察搜集,并曾于卅五年十二月十四日拟具该项"访回团"之编制预算,呈奉主席蒋指示暂缓在案。兹拟与有关各部会会商会呈,提请恢复组织该项"访问团"之计划,并定期

分派出发,实地勘察,搜集资料,作成方案,以作交涉时之依据。

三、关于搜集苏机协助蒙军确证一节,遵经再电请张主任治中设法搜集。

以上三项,相应复请查照,转陈为荷。此致中央政治委员会秘书处。王世杰(印)敬启。七月十五日。

《中华民国重要史料初编——对日抗战时期》第七编《战后中国》(一),第790—791页

张治中致外交部

1947 年 7 月 18 日

国防部白部长健公、陈总长辞修兄、外交部王部长雪艇先生:据阿山专员阿斯满六月廿日报告节称:此次外蒙军侵入阿山区,进攻北塔山,其主要目的,在企图占新疆之领土,是国际强盗性之行为。兹谨将外蒙侵犯北塔山之事实陈述如次:(一)今卅六年三月廿五日,外蒙曾发给青河县孔直尔台吉及哈尔台吉等步枪一百枝,后彼等即向全部落之哈民称:"我们应该归向外蒙,反对中国",并散发传单,分裂部落,破坏哈民之团结。(二)北塔山向属我国,在历史、地理上,均有事实可证。但于四月八日,有外蒙兵十余人,潜窥北塔山之南乌龙布拉克地方,抢劫哈民托海之财物,并击毙之。此即为敌首先越界侵犯之事实。(三)五月廿一日,我哈族通讯兵二人,至北塔山南部阿合赛礼地方,被外蒙军瞥见,一被击毙一人被捕去。(四)六月五日,忽有不明标识飞机五架,前来掷弹,并有蒙军二百余人,每人携带步枪一枝、手榴弹四枚,另有轻重机枪十八挺、汽车四辆、迫炮一门,向我进攻。(五)现在敌机仍不断至达[大]布逊(乌龙布拉克西北)及乌龙布拉克等地侦查,等情。查所称上项各情,到达稍迟,特电参考。弟张治中(36)午篠辕迪。

《外交部档案丛书——界务类》第四册,新疆卷(二),第227页

张治中致外交部
1947 年 7 月 24 日

外交部王部长雪艇先生:酉午皓电敬悉。查乌部检获敌机所投炸弹翼尾全块经鉴定上有字迹确为俄文,并分别注明一九四五年及一九四七年造,内装黄色炸药等字样,至炸弹属于何型及何厂出口,则无法判明,特电敬复。弟张治中。午敬辕迪一奏。

附注:亚西司午皓去电—电请查告乌部迥日检获弹片两块详情。机要室注

《外交部档案丛书——界务类》第四册,新疆卷(二),第 229 页

张治中致外交部
1947 年 7 月 31 日

外交部王部长雪艇先生:据宋总司令转据北塔山韩团长午马(七月廿一日)电称,敌方逃来蒙兵一名,向我投诚。讯称:(一)柏杨沟口驻蒙军 120 名,每人配乘马二匹,另有运粮骆驼十峰,柏杨沟口北七十华里之处,驻有蒙军百名,该处系蒙方补给所。(二)蒙军甚惧我军攻击,已往运机枪日内即可到达。(三)蒙方政府现令蒙军暂不与我冲突,因中蒙政府正在谈判,十日以内双方退出北塔山境,若届期不退,蒙军决以骑兵队及飞机等连合进攻等情。除饬投诚蒙兵应妥为优待看管解送来迪备讯外,特电参考。弟张治中,午世辕迪一民。

《外交部档案丛书——界务类》第四册,新疆卷(二),第 230 页

费德林致外交部
1947 年 8 月 5 日

敬启者:接准阁下七月八日来照,为关于六月五日在蒙古人民共和国境内北塔山地区所发生之事件,兹应奉复者,即苏联政府仍继续保持本人本年六月廿日在照会内所述之立场。本代办顺向贵部长重表崇高

之敬意。此致　外交部部长王世杰博士阁下

傅秉常致外交部

1947年8月6日

外交部部、次长:准蒙古驻苏联公使八月五日照复如下:蒙古人民共和国阅悉阁下七月十日及七月十二日两照会,特命本人声明如下:蒙古人民共和国在本年六月廿二日照会内对中国政府一九四七年六月十一日关于六月五日在 Baitak Bogdo 所发生事件之抗议,已坚决拒绝,因上述抗议,纯系根据虚构消息,该照会曾指出发生事件之 Baitak Bogdo 区,系在蒙古境内,惟中国政府于七月十日照会内谓,中国未承认蒙古人民共和国前,Baitak Bogdo 区域系属新疆境内,并继续声称,六月五日事件系在新疆境内。中国政府做此声明,毫无根据。蒙古人民共和国对此事,除前已声明外,咨再请中国政府者,根据蒙古人民共和国政府所有地图及文件,蒙古及新疆边境在 Baitak Bogdo 山脉区,系沿该山脉南山峰,故一九四七年六、七月在 Ikhe Takhieta Ula 山及 Khrizhirtin Gol 河区所发生之事件,系在蒙古境内。中国政府应熟悉者,即 Baitak Bogdo(白塔山)区于前(清)及自治时期向由蒙古地方边吏所防守,自一九二一年之后,则由蒙古人民共和国边防军所守(待续)。傅秉常。

傅秉常致外交部

1947年8月7日

南京外交部:(续前)蒙古人民共和国由于上述理由,认为中国政府对于本年六月五日白塔山区边境所采态度,足征中国政府不顾白塔山区边境之安宁,及蒙古、中国之间睦邻关系。中国政府容许中国武装部队继续在白塔山区侵犯蒙古边境,如本年七月廿七日夜至廿八日,中国部队约三百人,携有步枪轻重机关枪侵入蒙古境内,进至 Khrizhirtin

Gol 河源，突然袭击蒙古边防军，结果蒙古边防军死亡者八名，受伤者六名，并有重大物质上之损失。本年六月廿九日，中国军队约二百人，入同一地区，射击哨兵驻在所。七月四日夜至五日，中国部队约五百人，袭击 Khrizhirtin Gol 河岸之哨兵驻在所，结果蒙古边防军死亡者二名，受伤者五名。蒙古共和国政府，要求中国政府立即采取步骤，禁止中国部〔队〕侵入蒙境。蒙古人民共和国政府重行声明，本年六月廿二日及廿七日两照会所提抗议，对于白塔山区所发生边境事件及其后果，应由中国政府负全(贵)〔责〕云云。傅秉常。

《外交部档案丛书——界务类》第四册，新疆卷(二)，第232页

外蒙外交部长声明

蒙古人民共和国外交部长，本日发表声明，否认"某方消息"所称蒙古军队侵略中国国土之事。该项声明原文如下：

"有中国军队一队，侵越蒙古人民共和国之边界，进驻距离国境约八英里之胡芝尔特河流域之 Issi Ka Tchoung Noa 山。

该队兵士挖掘战壕，构筑防御工事，并攻击蒙古边卡，该项边卡设于该地由来已久。

蒙军司令官，在调(察)〔查〕此项中国武装部队非法侵入蒙古国土后，为免去一切无谓之纠纷起见，曾派人至中国部队，要求立即撤离蒙境。但中国司令官加以拒绝，并不顾国际公法，竟将该传信人扣留不放。

该部队继续留于蒙古境内。蒙古边境军队司令官因此不得不采取断然处置，以驱逐对其边界之侵犯者。

蒙古军队在几个蒙古空军单位支援之下，将中国之部队压迫撤退。蒙古国界守备军并未侵入中国境内。

蒙古传信人之尸体被找到，伤残颇甚。

此乃真实之事实，此项事实被中国中央社及外交部之官员故意歪曲。

中国武装部队如是悍然侵犯蒙古人民共和国之国界,及对(旅)〔待〕蒙古传信人之残暴行为,实系违反一般之国际礼貌,结果引起蒙古人民之深刻愤怒"。

《外交部档案丛书——界务类》第四册,新疆卷(二),第 233 页

傅角今谈北塔山属中国新疆省所辖

1947 年 11 月 11 日

(中央社南京十一日电)我驻美大使顾维钧于八日在联合国大会政治小组委员会中,对外蒙古人民共和国武装部队进攻我领土北塔山地带一事,有所说明,并驳斥苏方所称北塔山并不在中国境内一点。记者今特就此趋访地理学家,现任内政部方域司长傅角今,请其就历史事实及关于边界之文件中提出根据,以证实北塔山确在我国版图以内,傅氏称,北塔山亦有称为北大山,拜塔克山,或白塔山者,在我国新疆省奇台县东北,距外蒙边界尚有六百余华里,约合三百公里,约当东经九十一度一分,及北纬四十五度三分,该山之应为中国新疆省辖地,至为明显,兹就下列三方面言之(一)就有关新蒙边界之公文书言,光绪三十二年十二月二十五日,理藩部为科布多阿勒台(即阿尔泰)画疆分治之载折对阿尔泰管辖区域已有具体规定,民国二年十一月五日,我外交部与俄公使在北京互换照会,声明另件第四款,对外蒙自治区域,亦有明白说明,民国四年六月七日,恰克图条约第十一条对外蒙自治区域,复有补充,民国三十四年八月二十五日,中苏友好条约规定外蒙独立后之边界(以现在之边界为边界)所谓现在之边界自应以当前中国"蒙古地方"行政区域为准,换言之,即应以前列各公文书所列为疆界为准,以此北塔山自当为"我国新疆省领域"。(二)就史实言,北塔山在民初杨增新时代,即有新疆省驻军,民国三十三年以前,尚设有警察派出所,只因四面沙漠极少居民,致军警时驻时撤,直至中苏友好条约订立,北塔山事发生以前,外蒙军队亦从未进据其地。现该地东北布尔根河上游,并布尔根察汗道古等地,均为我版图,今北塔山离布尔根尚有二百公

里,其属我国新疆省之领域,更无疑义。(三)就中外地图之根据言,苏联 1926 年出版之地图,与一九四〇年绘制之地图,出入甚大,前者北塔山在我国新疆省境内,后者则将阿尔泰山脉以南全部山岳地带,绘入蒙境,其何以致此,当不难想像年来欧美各国政府及外交使节所用关于中亚新疆及蒙古高原地图,均以苏联所制地图为蓝本,竟亦误将阿尔泰划入外蒙,内政部民国二十九年(一九四〇)出版之《蒙古地方行政区域图》,还在北塔山事变发生以前,我政府承认外蒙独立,系在民国三十五年(一九四六)一月间事,故此项地图实为新蒙边界最可靠之资料,因而北塔山为我国新疆省辖境毫无疑义。

《中央日报》(上海版)1947 年 11 月 12 日

维辛斯基谈北塔山事件

1947 年 11 月 17 日

(中央社佛拉辛草地十七日专电)外蒙古侵略中国领土问题,今夜又经提及,苏外次维辛斯基在联大辩论联合国会籍问题时,曾再度申述,其对安理会拒绝外蒙申请加入联合国一节之批评,维氏于重申其批评时,并再度提出苏联前所指出"外蒙并未侵略中国而系中国侵略外蒙"之指责,渠称,此系历史上及法律上之既定事实。但维氏除再度提及八月间纽约某一报纸所刊载之函件,内称,按据苏联地图表明,今夏之冲突事实上并未发生于中国领土内一节外,并未作进一步之提证。我国代表张彭春在苏联声明后,继对其所提证据予以简短之驳斥,张氏提醒与会各国代表谓,中国系在一悲痛而使人永不忘记之特殊情况下承认对蒙古之独立者,渠继称,中国人民一向对外蒙人民保持友好,数百年来外蒙即为中国之一部,然中国对外蒙真正爱好和平一点,终感失望,盖外蒙在最近数月来之行动,已明白表示外蒙远非中国所希望者也。

《中央日报》(上海版)1947 年 11 月 19 日

4. 中苏新疆经济合作谈判

中国政府关于新疆省内中苏贸易与经济合作之建议
1945 年 1 月在重庆提交苏联大使

甲、贸易合作

（一）双方贸易关系应依据平等、互惠、互尊主权之原则。

（二）为双方便利起见,苏联所需新疆省之物资由新疆省贸易公司直接供给;华方所需之苏联物资由苏联驻华商务代表处驻迪化分处供给。

（三）交易方式,双方"以货易货"、或以美金买卖,得由双方商酌办理。

（四）中方所需苏方供应之货物(如布匹、棉花制品、五金零件、油料、糖、西药品等)及苏方所需中方供应之土产,由双方开单商办。

（五）易货标准或美金价格及易货数量,由新疆省贸易公司径与苏联驻迪化商务代表分处商量决定。

乙、经济合作

（一）在新疆省内之钨矿、锡矿经中苏双方同意后,由中苏两国合组公司开采。其资本各出 50%。行政人员中正、苏副,技术人员苏正、中副,会计由双方各派人员共同管理。其余行政技术人员双方平等任用。

（二）独山子油矿业经中苏双方于民国 33 年 2 月 16 日签订合同,应照合同办理。但中国方面欢迎技术合作,并愿以一部分产油售与苏方。

（三）轻工业之合作,得随时由双方商洽创办。

原新疆省档案:第 1—1—100 号

《中苏国家关系史资料汇编》(1945—1949),第 369 页

刘泽荣致外交部电

1946 年 7 月 3 日

限即到电。

南京外交部部次长：伊宁事件已解决。七月一日照协议改组之省政府，包括伊方省委等，由于院长监誓已正式就职，和平、建设端倪从此可望开始。目前急务，厥为恢复与苏联经济合作及贸易关系。去年初，钧部所提交之经济、合作方案，苏方尚未答复。但曾有表示，以此等问题，可俟伊宁事件解决后再商谈，并微露意见，以如能就地进商，较为便利。惟须由我方提出，始能请示莫斯科等语。张主席对苏方意见，亦无异议。现时可否在此间向苏方提出，应请示遵。职刘□□　七月三日。

原新疆省档案：第 1—1—100 号

《中苏国家关系史资料汇编》(1945—1949)，第 370 页

张治中致宋子文电

1946 年 7 月 23 日

伊宁事件解决后，和平建设局面已正在展开，目前要务，厥为恢复与苏联经济合作及贸易关系。此间苏领亦露意见，希望此事应由我方先提出，始能请示莫京。一面并认为此事如能与弟在迪化进行商谈，最为便利。去年初，外交部曾向苏方提出合作方案，但并无答复。本月三日弟已嘱刘特派员泽荣君电请外部核示，惜亦无复电。现时可否在此间向苏方提出并我兄意见如何，敬希电示为感。

原新疆省档案：第 1—1—100 号

《中苏国家关系史资料汇编》(1945—1949)，第 370 页

刘泽荣致外交部电

1946 年 7 月 24 日

003 号电计呈。(一)此事苏领迭露意见，希望最好能与张兼主席就地商办，现双方恢复经济合作时机似已迫近，闻张主席亦电中枢，请

示可否,准即提出,请速核示。(二)(略)

外交部致刘泽荣电

1946 年 7 月 27 日

3 号、14 号电悉。(一)查本部去年提交苏方之新苏贸易有关经济合作建议案,就目前新疆情况,有关修正或补充之处希先商请张主席详核研议,电复再行核办。(二)(略)

张治中致蒋介石电

1946 年 8 月 3 日

午艳府交电奉悉。遵于未东约苏领来晤,表示后,渠以此事为期能迅速获得莫京之反应最好,似应先由我方提出具体方案等语。当询以莫斯科能否提出关于此案之具体意见。据答当不可知。职当请其请示莫京。唯如苏方坚决不愿先提任何意见时,我方可准备一方案,相机提出。兹查上年一月十九日我外部提交苏方"关于新疆省内中苏贸易与经济合作之建议"原文如下:

"(甲)贸易合作:

(一)双方贸易关系应依据平等互惠、互尊主权之原则。

(二)为双方便利起见,苏方所需新疆之物资由新疆省贸易公司直接供给;华方所需之苏联物资由苏联驻华商务代表处驻迪化分处供给;

(三)交易方式,双方"以货易货"或以美金买卖,得由双方商酌办理。

(四)中方所需苏方供给之货物(如布匹、棉花织品、五金零件、油料、医药品等)及苏方所需苏(华)方供给之土产,由双方开单商办。

(五)贸易标准,或美金价格及贸易数量,由新疆省贸易公司经与苏联驻迪化商务代表分处商量决定。

（乙）经济合作：

（一）在新疆省之钨矿、锡矿，经中苏双方同意后，由中苏两国合组公司开采。其资本各出百分之五十，行政人员中正苏副；技术人员苏正中副，会计由双方各派人员共同管理，其余行政技术人员，双方平等任用。

（二）独山子油矿业经中苏双方于民国三十三年（1944 年）二月十六日签订合同，应照合同办理，但中国方面欢迎技术合作，并愿以一部分油产售与苏方。

（三）轻工业之合作，得随时由双方商洽合办。"

现在伊宁事件解决之后，一切情势变迁，上列原建议内有数点似不合宜。为适应当前情势，裨益将来建设，拟将原违议酌改如次：

（甲）贸易合作：第一项照旧。第二项因省营贸易公司，各方反对甚力，现已取消。将来省内对外贸易由省府或商民专设机构办理。故该项原建议内"由新疆省贸易公司直接供给"办法已不适用，拟即改为"由新疆省营或民营商业机构供给"字样。第三项照旧。第四项原采货物列举办法不免挂漏，将来双方贸易货名似应细商，故亦拟删去。

（乙）经济合作之第一项内仅皆出钨、锡两矿，但其他如油田、金矿等均在伊犁、塔城、阿山三区内，现我尚鞭长莫及，深恐由地方手内擅与外人直接订约，且闻一部分已被采办；为保障国家权利，必须由中央与苏联直接商办，矿产似不限于钨、锡两种，故不如将"钨矿锡矿"四字改为"矿产"两字之为益，此为事实所限制，且若远处着想亦有其重大意义在也。第二项关于独山子油矿合同系指结束合办之合同而言，兹根据当前情势及上述理由，似确有重商合办必要，故此项全文拟删去。第三项照旧。

以上所拟是否允当，谨请鉴核示遵。至开始进行谈判，拟请刘外交特派员泽荣并请令经济部高级人员来新协助。职张。

原新疆省档案：第 1—1—100 号

《中苏国家关系史资料汇编》（1945—1949），第 371—372 页

刘泽荣致（南京）外交部电

1946年8月17日

部次长13号电敬悉。八月三日张主任已将对苏贸易及经济合作修正草案电呈委座，十月奉示已交行政院审查，昨日据苏领面称，接到莫斯科来电，希望华方提出具体方案云云。

职　刘泽荣　八月十七日

原新疆省档案：外1—1—100号

《中苏国家关系史资料汇编》（1945—1949），第372页

中国政府关于新疆省内中苏贸易与经济合作之建议

1946年11月4日

甲、总则

中苏两国在新疆省内贸易及经济合作依据平等、互惠及互尊主权之原则。

乙、贸易关系

（一）为双方便利起见，苏方所需新疆省之物资，由新疆省营或经省政府核准对外贸易之民营机构供给之；中方所需之苏联物资，由苏联驻迪化之商务委员供给之。

（二）交贸方式，或以货易货，或以通用货币计算，得由交易双方商定办理。

（三）中方所需苏联供给之货物，及苏方所需中方供给之货物，由交易双方事先开单商定办理。

丙、经济合作

（一）在新疆省内之油矿、钨矿、锡矿，经中苏双方同意后，由中苏两国合组公司开采，其资本各出百分之五十，行政人员中正、苏副，技术人员苏正、中副，会计由双方各派人员共同管理，其余行政技术人员双方平等任用。

（二）关于新疆经济建设所需苏方供给之机器、材料及技术上之协

助,由中苏双方随时商洽办理。

原新疆省档案:第 1—1—100 号

《中苏国家关系史资料汇编》(1945—1949),第 373 页

张治中谈关于中苏在新疆经济合作谈判问题

1947 年 7 月 11 日

问:建设新疆近闻有中苏经济谈判情形如何? 答:此非新问题,三十四年一月宋兼外交部长子文,曾向苏驻我代办提出建议,惟迄未获答复,最近对该建议有若干修正,再送苏大使,正等候答复中,但此非中苏商约,仅指中苏在新疆之贸易问题。问:国军在新疆之驻地如何。答:新疆全省分十个行政督察区,其中七区,已驻有中央军队。问:所谓归化军,情形如何。答:此名词欠正确,从前由苏俄逃入新疆之俄人,入中国籍后,即为归化中国,故名归化,人数不多。

《中央日报》(上海版)1947 年 1 月 12 日

刘泽荣手条

1947 年 10 月底

三十六年(1947 年)十月月底与苏联布商务委员非正式谈话时,彼谓苏政府对经济合作问题迄未答复,似因新疆局势未能稳定所致云云。

原新疆省档案:第 1—1—100 号

《中苏国家关系史资料汇编》(1945—1949),第 374 页

张治中致刘孟纯电

1948 年 2 月 26 日到

迪化。刘秘书长:极机密。并分刘特派员、伊敏副主席。丑梗酉亲电悉。此事治当详加研究,请示中央后方能决定。谈判仍可继续进行,并与争持,但勿使陷于破裂,最后可表示:苏方所坚持各点,不特弟等不敢擅作决定,张长官亦须请示中央,方能作复。幸渠现仍赴京,可就近

与政府主管方面研商云云。以此延滞一时，俾便从长考虑。亦盼弟等再加研究，提出详实意见，并问陶副长官、鲍主席意见如何，具报。张治中　丑有申　京秘印

原新疆省档案：第1—1—100号

《中苏国家关系史资料汇编》(1945—1949)，第374页

刘孟纯致张治中电稿

1949 年 1 月 24 日拟，25 日发

限两小时到。

南京。长官张：密（加码），极机密。（一）昨（统）晚苏领及新到任之商务委员约晤鲍主席、刘特派员与职提出口头声明：

"兹乘商务委员伊甫成可夫来迪机会，承莫斯科之指示作如下之口头声明。

苏联政府对中国政府关于双方在新贸易及经济合作之建议业已研究，并同意此项问题以下开各点为条件着手谈判：

（1）关于贸易问题

甲、中苏双方应促进苏与新疆之间货物交换之扩展，同时双方对输入输出之货物不加以任何禁令或限制。

乙、所有贸易业务在苏方应由驻新商务委员办事处及苏联对外贸易各机构办理，在华方应由政府各贸易机构、商行及商人办理。

丙、苏联商务委员办事处及各对外贸易机构有权在新疆办理贸易业务，并有权自由选择顾主，所有买卖货物之条件应由买主与卖主之间自由商订。

丁、苏联各贸易机构对出入口货物所纳之捐税及在新疆境内办理贸易业务时所纳之税捐不应高于或重于新疆政府贸易机构、商行及商人所纳之税捐。

戊、此项贸易协定以三年为期，并有延长、展期之可能。

（2）关于经济合作

甲、在新疆组织两个平权的中苏股分公司：

（一）办理探测及开采有色的及稀有的金属矿产；

（二）探测、开采及提炼石油。

乙、此两个公司有权在新疆境内探测及开采有色的与稀有的金属矿产，探测、开采、提炼石油。

丙、苏方交给公司为其业务所必需之设备，运输设施及材料，以作公司内苏方之股份。华方交给公司为其业务所必需之地段，当地所产之建筑材料及款项，包括国际通用货币与地方货币，以上均作华方在公司内之股份。

丁、苏方有权向公司收买下开产品，其价额以成本并加正常纯利计算。（一）向探测有色及稀有金属公司有权收买除华方为满足新疆内部所必需之部分以外之全部产品。（二）向探采及提炼石油公司有权收买全部产量百分之五十，收买以后，苏方可以任意在新疆出售，或向苏联输出。

戊、在两个公司董事之人数，中苏双方平均分配，董事长由华方董事担任，副董事长由苏方董事担任；总经理由苏方担任，副总经理由华方担任。

己、此两个公司经营期限定为五十年。"

（二）经询悉，苏方已指定萨领及伊委员为谈判此项问题之代表。

（三）兹拟：（甲）请钧座就近转知行政院及外交、工商两部，作为迁就大局及新省现状，原则上似应同意在短时间内与苏方进行此项谈判；（乙）对苏方所提方案之内容及其意向所在，俟与副长官及刘特派员等详加研究后再将所见电陈，以供钧座参考。（丙）中央原授权钧座主持此项谈判，最好钧座能于短期内返迪，亲自主持，否则亦应由钧座指定人员办理，在方式上似必须由中央出面也。是否有当，统乞电示。职刘孟纯　子有未　亲印

原新疆省档案：第 1—1—100 号

《中苏国家关系史资料汇编》（1945—1949），第 374—376 页

张治中致刘孟纯电

1949 年 1 月 27 日到

限二小时到。

迪化。刘秘书长粹文弟：密子有未亲电悉。本案经面陈孙院长奉批："此事应由张长官负责全权办理，并随时报告行政院"，同时已与外交部、工商部、资委会商定原则，同意并派刘特派员为首席代表，派弟为本署代表，伊敏厅长为省府代表，工商贸委员人选当待决定。特复，并盼转告苏领。张治中　感京印

原新疆省档案：第 1—1—100 号

《中苏国家关系史资料汇编》(1945—1949)，第 376 页

中方对于苏方方案所提之主张

1949 年 2 月 7 日

(1) 关于贸易问题

关于甲项：双方应遵守：(一) 双方法律所规定之禁令及限制；(二) 为正常发展新疆经济所必须之限制；(三) 海关手续。

关于乙、丙两项：(一) 苏联贸易机构及其职员在新疆应遵守中国法律及政府命令。(二) 华方在新疆及苏联之贸易业务应由政府贸易机构及以法律手续登记之商行与商业团体办理之。(三) 双方办理贸易业务在手续及条件方面不应与当地现行法律有所抵触。关于在新疆所订合约如有争议发生时，应由中国法院解决之。(四) 新疆输出及输入之货物应基于新疆经济之正常发展及其人民之利益。

关于丁项：双方关于税捐之办法应以互惠为原则。

(2) 关于经济合作问题

关于甲项：两公司之组织应依照中国法律办理，两公司及其职员应遵守中国法律。(二) 对于"有色金属"及"稀有金属"之名词应加以说明。

关于乙项：(一) 两公司采矿之地区应由双方商定之。(二) 探测及

研究探测结果之工作应由中苏双方专家共同担任之。

关于丙项：双方所交与公司之财产物件作为股份者，其种类及数量应由双方商定之。此种财产物件应由双方共同估价。

关于丁项：(一)正常纯利应由双方商定之。(二)双方所购买金属之种类及数量应由双方商定之。(三)苏方愿出售之油料应尽先供给新疆省政府。

关于戊项：(一)两公司总经理由华方派任。(二)两公司各级职员由中苏人员平均充任。(三)公司章程及办事规则应由双方商定之。

关于己项：(一)两公司业务以二十年为期。(二)期满后应如何处理由双方协商办理。

原新疆省档案：第1—1—100号
《中苏国家关系史资料汇编》(1945—1949)，第376—377页

苏方对中方所提主张之答复摘要
1949年2月10日

民国卅八年二月十日下午三时苏方对华方就苏方所提"关于贸易问题"各项主张之答复摘要如下：.

萨总领事首先发言：苏方对中方前提各点需要研究，但尚来不及逐条研究。今日所能奉告者，即在研究中方意见时，觉得中方对苏方所提商谈基础离得太远，将使商谈大加困难，如中方所提"中方有权赴苏境经营商业"，这全是一种新主张。且此项问题亦与张治中将军原日所提建议不同。现双方主张既已提出，吾人自可客观的去处理，以求解决。关于在苏联境内办理贸易一节，与苏联对外贸易独占国策相背，张将军无疑有见于此，故在其原建议中曾言及："苏联方面的贸易由苏联商务委员代办处去办理"，因此自不应再有新主张。苏联对外贸易部依苏联法律通过它的一切机构办理一切商业，并与一切国家订立合同，其他任何机关或私人在苏联皆无权与其他国家从事贸易。苏联在此原则下办理对外贸易者已有三十年之历史，故吾人应承认苏联此种对外

贸易独占。尚有注意者,即苏联政府对苏联商务代表及其商务委员,或其一切对外贸易机构并所保证的商务代表或代办所签订之一切合同,均担负全责。

刘特派员:此不能认为离开商谈基础,亦未能谓为轻视了苏联对外贸易独占国策,中方提出者:(一)因于相互原则。(二)鉴于以往中商及其驼队即有赴苏联中亚经商之事实,故不能认为系新意见,如苏方必加反对,认为在苏境贸易有背苏联法律时,中方可以考虑取消好了。

萨:关于所谓"合法登记之商行及商人团体"一语及由苏方提议内删去"商人"一字,其故安在?

刘:为取得法律地位,保证各员利益,并便于征收税捐,发给执照,故必须要登记,正为苏方利益,故应与合法登记之商行或商人团体经营贸易。

萨:新疆有特殊情形,如牧畜商人即无商行,过去苏联贸易公司统计,与商人签订合同者,实较与土产公司签订者占大多数,苏方当然愿与合法之商行或商人贸易,以保自己利益,如在约内订明现得苏方愿与不合法之商人贸易,虽不反对华方意见,但终觉得不好看,苏方愿将此段改为:(一)政府商务机构;(二)商行;(三)商人团体;(四)商人。

刘:对此点可以考虑。

萨:关于对输出货物,应遵守双方法律上之禁令及限制一节,因苏联提议内已有促进双方贸易之扩展,如加入文内,似有矛盾,最好将此点列于约文之"序言"内。

刘:实无矛盾,如苏方重视此点,可加以考虑。

萨:关于关税手续,拟将两点意思合并为一。

刘:可允予考虑。

萨:关于苏联对外贸易机构及人员应遵守中国法令一节,因中苏商约已有规定,驻新疆苏联商务委员既亦在内,自当照商约规定。

刘:可以考虑其定义。

萨:关于解决法律住址问题方法很多,如公断(仲裁)等等,苏方对此问题尚须考虑。

刘：中方愿候提出苏方意见。

萨：关于捐税双方相互办理原则予以接受。

原新疆省档案：第1—1—100号

《中苏国家关系史资料汇编》(1945—1949)，第377—378页

外交部(自广州)致刘泽荣电

1949年2月14日发，15日收

迪化。外交特派员公署：286号电计达。关于新疆与苏经济合作开发新疆省矿产事，已由孙院长电张长官文白先生，谓：对苏提议所产石油暨有色及稀有金属矿产除供应新疆省自用外，有余概出售与苏联之条款应改为：除充分优先供应中国自用所需外，如有剩余，得售与苏联，以重新疆省资源我国得以充分利用之原则等语。仰即遵照，据理力争，以维主权。至该协议未签订之时，仍应先逐条全文密电报部备案。外交部。秘。二月十四日。第288号。

原新疆省档案：第1—1—100号

《中苏国家关系史资料汇编》(1945—1949)，第378—379页

合众社报道对中苏新疆经贸交涉美当局极表关切

1949年2月20日

(合众社华盛顿二十日电)官方消息二十日报告称：美国对目前中苏的交涉极表关心，此种交涉可能给予苏联在中国西北的长期开矿及贸易等权。报告者称，此种会谈如获成功，则将使新疆省并入苏联势力范围内，并违反去年十一月中国政府批准之中美商业条约中之条款。此间对在新疆省会正进行中苏会谈知悉极少。但中国方面报告称：此种会谈将使签订四十至五十年之协定，给与苏联开采金银铜铁煤及其他矿物之权。又报载称新疆省藏有大量铀矿。据悉：交涉并包括给与苏联油权，新疆与苏联间之贸易协定及苏联在该区之航空独占权等，报

告者称:如此种经济的让步给予苏联,则美总统对此交涉之关心将变为"警戒"。一九四八年之中美商约中称:在二国中之矿物开采权,如无签约国之相互让步,不得给予"第三国"。苏联势力在一九三四年时即扩展至中国西北省,相信四年前该处发生叛乱时,苏联亦获利不少,亲苏之东特尔基斯坦共和国之成立,即其结果。专家犹忆及苏联于一九三○年中曾在新疆获得若干经济让步,因当时当地军事长官曾要求苏军协助敉平叛乱。此种让步使苏联开掘油井及贸易方面权利,并于邻近苏联之该省边疆驻扎军队,该协定至一九四二年时止,因盛世才将军废弃此协定,并全力支持国民政府,但苏联仍继续在新疆东部哈密迪化间有飞行航线。官方人士猜疑在迪化之交涉可能在目前中国危机中,乃中国图使美苏冲突之一种努力。因此,在美国故虑询查此交涉前,对各有关因素必仔细研究,但官员称:此事必须予以注视及研究,盖牵涉可能使苏联获有该省之各政治及经济因素。

《中央日报》(上海版)1949年2月22日

张治中(自南京)致刘孟纯电

1949年2月20日

即到。迪化。刘秘书长孟纯兄:密。治今申抵京。本日上海大公报载文(十二日)曰合众社华盛顿廿日官方消息,廿一日报告称,美国对目前中苏的交涉极表关心,此种交涉可能给予苏联在中国西北的长期开矿及贸易等权。报告称:此种会谈如获成功,则将使新疆省并入苏联的势力范围之内,并违反去年十一月中国政府所批准的中美商约中的条款。此间对在新疆省会正进行的中苏会谈知悉极少,但中国方面报告称:此种会谈将签订四十至五十年的协定,给予苏联开采金、银、铜、铁、煤及其他矿物之权。又有报告称:新疆省藏有大量油矿,据悉,交涉并包括给予苏联采油权,新疆与苏联间的贸易协定,及苏联在该区的航空独立权等。报告称:如以此等经济的让步给予苏联,则美总统对此交涉的关心将变成"警戒"。一九四八年的中美商约称:在两国中的矿物开采权,如无签约国的相互让步,不得给予第三国。苏联势力在一九三四年时即扩张到中国西北,相隔四年前该处发生叛乱时苏联亦获利不少,亲苏的东土尔其斯坦共和国的成立即其结果。专家犹忆及一九三〇年中曾在新疆获得若干经济让步,因当时当地军事长官曾要求苏军协助敉平叛乱。此种让步使苏联获得开掘油井及贸易方面权利,并于邻近苏联的该省边疆驻扎军队。该协定至一九四二年终止,因盛世才废弃此协定,并全力支持国民政府。但苏联仍在继续在新疆东部哈密、迪化间有飞行航线。官方人士猜疑,在迪化的交涉可能在目前中国危机中中国图使美苏冲突的一种努力。因此在美国考虑、查询此次交涉前,对各有关因素仔细研究。但官员称此事必须予以注意及研究,因如他牵涉可能使苏联获有该省的各政治及经济因素等语。内有"美总统对此关心将变警戒"一语,至堪注意,应否使苏方知悉,盼即研酌,并盼电复。张治中　　丑养　　京秘印

原新疆省档案:第1—1—100号

《中苏国家关系史资料汇编》(1945—1949),第379—380页

刘泽荣致外交部(广州)电稿

1949年2月20日

部次长:286及288号两电奉悉,查苏联对我两年前所提建议直至此时始提出答案,其用意自甚积极。唯彼对张长官领导下之新疆既已在表明其经济上意向,是我方尚可由此觅求安定新疆之必然途径,且需从速解决。国家权益固应尽力争护,然此协议倘不成功,则新省大局前途宁堪设想!此案情形之复杂及困难不言而喻。职初奉命不胜恐惧,本欲恳辞,唯念成命即颁,宣敢重加政府困难。略能安心者,即职等三人仅授有初步谈判之责,并幸有张长官全权负责指导,否则仍不敢任此重责。伏维钧部定可鉴谅苦衷。张长官一再电促,力求早获成议,因此业于本月七日开始交换意见,其内容最重要各点如下(自此406号):贸易方案,主要问题对出入口货物,苏方主张不加限制;我方尽力设法

防范。经济合作方案:(一)采矿种类,苏方仅泛提有色及稀有金属,我方则主张列举并酌加限制,或说明何种金属不在开采范围之内。(二)288 号钧电所示矿产,应尽先供应中国一节,谨陈如次:关于石油,苏方提议双方各半,我方主张苏方之一半,尽先供应华方,但尚未同意。关于金属,对苏方提案,于奉钧电□,我已提出答案,分配方法应由双方商订之,彼不愿允诺,我方当力争。唯察苏方提议矿产用意,原为多取矿产,我方拟在种类及数量上加以限制,以针对其意向,恐苏方必仍坚持其主张,结果如何,当难预料,诚能做到各取一半,亦为其最大让步矣。(三)公司之组织、股东及董事人数各半,我方早在两年前建议同意。唯总经理一席,苏方认系技术方面之首长,倘依原建议是亦应归苏方,今欲力争,恐不易做到。(四)期限,苏方主张五十年,我当力争,拟尽可能缩短。(五)其余遇有不能解决问题,拟交由双方组织之公司董事会解决。总之,我方所拟谈判步骤已详报张长官,自应随时遵其指示办理。职刘□□ 月廿一日印

原新疆省档案:第 1—1—100 号

《中苏国家关系史资料汇编》(1945—1949),第 380—381 页

张治中谈中苏新疆经济合作谈判问题(节录)

1949 年 2 月 23 日

(本报南京二十三日专电)西北行政长官张治中将军,昨日来京后,今日下午五时在沈举人巷官邸精致之会客室中,接见往访之各报记者。

……

张氏继即答复记者之询问如下:

(问)中苏商约的商谈是不是已经初步完成,张长官这次来是否与商约的谈判有影响。

(答)中苏商约,现在还没有初步完成,目前每星期都规定会谈三次,我并不是谈判代表,而仅负指导责任,在不在当然没有影响,负责谈

判的代表,是外交部的驻新疆特派员刘泽荣,和新疆省建设厅厅长伊敏。

(问)中苏商约内容如何?

(答)中苏商约现在谈判的内容,包括了两个部分;(一)苏联和中国在新疆省的贸易;(二)苏联和中国在新疆的经济合作,后者包括了合作采矿的问题,采矿的利益,是以平均分配为原则。

(问)美国认为中苏商约是中国对美国的一种表示,甚至可能促成美苏战争,这一点是不是有此可能?

(答)中苏商约将来要公开的,绝无任何可以秘密的地方,而且将来要经过公开而正式的程序,由中央以及立法院批准,诸位将来自会知道。

(问)苏联在新疆的采矿权,是否获得专利?

(答)并未谈及此项问题,仅仅是普通的国际例有的经济合作。

(问)中苏商约中,中国在苏联是否也有相当的特殊权利?

(答)没有。

《中央日报》(上海版)1949 年 2 月 24 日

刘泽荣等致张治中电
1949 年 2 月 23 日

限两小时到。南京。张长官:密(加码)。昨(养日)与苏方作第六次谈判,全案进行已达最后阶段,苏方现坚持四点,表示决不让步。(一)贸易部分甲项,苏方主张维持其所提原案,对出入口货物决不肯加任何限制或禁令。(二)经济合作部分,对金属矿产之分配办法,与两公司总经理由苏方担任,及限期定为五十年三项均认为无让步余地。(三)苏方所持理由,认为我方已同意以苏方所提方案为谈判基础,则一切原则问题我方均不应再坚持异议。并表示,如该四项问题我方不能接受,则谈判即无从进行。词色竣厉,大有非达目的不可之意。虽经职等极力争持,苏方迄无和缓表示,以职等推测,系莫斯科对萨领等已有最后指示,似极难挽回。唯兹事体太大,尤其出入口货物不加任何限制,或禁令形诸于条文,实开世界各国任何通商条约未有之恶例。同时关于金属矿产之分配,中央已迭叠有指示,职等曾提出折中准备,仿照石油分配之例,各占百分之五十。但双方如不需用时,只能售与对方,并声明决不售予第三者,是实质上无异全部接受苏方提议,但苏方仍不满意。现此案之能否获得协议,其关键已系于上列四点。职等认为,现在我仍应据理力争,对贸易限制一项,拟说明双方须依照海关规定办法及手续办理。对经济合作之三点,如苏方坚不让步,则我方是否可于逐步争持之后,最后则放弃我方主张,似须中央裁定。但观察苏方现在态度,我之此种预定是否能得到协议,尚无把握。倘因此而谈判破裂,又非当前环境与政策所许可。究应如何办理? 敬乞迅赐裁夺电示,以便继续进行商谈为祷。职刘泽荣、穆罕默德伊敏、刘孟纯同叩。丑梗酉亲印

原新疆省档案,第1—1—100 号

《中苏国家关系史资料汇编》(1945—1949),第382—383 页

刘孟纯致张治中电稿

1949 年 2 月 28 日

即到。南京。长官张:密(加码)。极机密。(一)丑宥午亲电计呈。(二)经遵照钧座丑有申京秘电与刘特派员、伊敏副主席详密研商,拟具继续谈判方略如次:(甲)贸易部分,就苏方所提甲项原文提出修正案为"中苏双方应促进苏联与新疆间货物交换之扩展,双方对于此项货物之交换,除双方法律规章关于输出输入货物所定一般禁令或限制外,不加任何专定禁令或限制",至其他各条在原则上已获得协议,拟将文字整理完竣送交苏方,请求表示意见。如苏方接受,则贸易部分之谈判即可告一结束,否则再进行谈判。唯甲项在原则上我方决不让步。(乙)经济合作部分,最主要争持之点为:(1)金属矿产之种类问题。(2)金属矿产之分配问题。(3)两公司之总经理问题。(4)合

作之期限问题。兹分别拟具最后让步意见,敬乞钧座请示中央决定。
(1)矿产种类,拟除金银铂三种以外,余均交该公司采测及开采。唯查
我国法令,凡有关军用之钨、锑、铋、钼等矿,及含有放射性之铀、钍等
矿,均规定由国家保持;而预料苏方所最重视者当为上列各项矿产。其
中除钨矿一种我方以前提案已承认共同开采,无法争持外,其余各种是
否最后亦可放弃,自必须中央核准,始能让步。(2)矿产分配,拟第一
步仍坚持"除华方内部需要者外,其余全数售与苏方"。第二步则准备
仍提出各占百分之五十,但如苏方坚不让步,是否可同意苏方原案? 务
请钧座迅商中央决定。(3)两公司总经理及期限两问题,最后让步似
只有接受苏方提案。倘中央认为可行,则我等拟于逐步争持之后予以
同意。(4)关于以上各项问题,在未获钧座指示以前暂不准备向苏方
提出续商之建议。(三)苏方所派谈判中苏航空协定代表仍为上次在
阿拉木图出席董事会之苏联民航局副局长,今(俭)可抵迪。我方代表
现尚未派定,请催中央迅行决定电示。(四)依各种情况推断,苏方似
将利用目前时机将新省各项悬案同时解决,故贸易及经济合作之谈判,
如使其察觉到我方稍有延宕之企图,对新局恐发生不良影响。谨附陈
参考。职刘孟纯丑俭未亲印

原新疆省档案:第1—1—100号

《中苏国家关系史资料汇编》(1945—1949),第383—384页

苏方提出贸易协定提案
1949 年 3 月 1 日提交中方

(一)中苏双方同意促进苏联与新疆间贸易之扩展,除基于双方法
规对输入及输出货物所有之一般禁令及限制外,对于此项贸易将不加
以任何专定之禁令及限制。

(二)双方实施贸易者,在中方为:政府各贸易机构,各商业团体,
各商行及商人;在苏方为:苏联驻新疆商务委员办事处及苏联各对外贸
易机构。

（三）一九三九年六月十六日订立之中苏通商条约对于苏联驻中国商务代表处所规定之法律地位准适用于苏联驻新疆商务委员办事处（参该商约附件）。

在新疆办理贸易之各苏联对外贸易机构及其职员，均遵守中国法律及政府命令。

遇有因贸易事务而发生之争议时，应由中国法院或以依照中国法律之仲裁方法解决此种争议。

（四）苏联驻新疆商务委员办事处及苏联各对外贸易机构有权在新疆就中国各政府贸易机构、商业闭体、商行及商人内选择顾主，办理贸易事务。

（五）双方输入及输出货物时相互遵守所规定之各项海关法律及手续。

而苏联各贸易机构就输入或输出各货物征收之各税捐，以及在新疆省境内就其贸易事业所征收之税捐，不应较征于新疆各政府贸易机构、商业团体、商行及商人为加高，或加重。

（六）本协定自"签订"之日起，有效期定为三年，并得由两国商议以延长其期限。

附件：换函

□□先生阁下：

敬启者，本日签订关于……之协定，本……兹特声明对下列事项，两缔约双方，应相互了解如下：

（一）为符合缔约双方促进新疆经济发展之意愿，双方于实行本月所签订关于……之协定时，均应表示关切，须使输入或输出之货物，在其性质及其数量方面，当适应新疆经济上之要求及其人民之需要。

（二）因新疆为求其经济上发展，亟需能以促成新疆经济建设之苏联工业出品，故苏方应竭力协助，依中方之声请供给新疆以此类工业出品。

上开两项了解，如荷

贵……同意证实，则本换函及

贵方换函应构成本协定之一部分。

相应函达,敬请

查照见复为荷!

本……顺向

贵……重表敬意!

原新疆省档案:第1—1—100号

《中苏国家关系史资料汇编》(1945—1949),第384—385页

张治中致刘孟纯电

1949年3月1日发,3日接阅

限一小时到。迪化。刘秘书长孟纯弟:亲译极机密昨电计达。(一)昨下午午后与翁文灏、孙越崎两先生商谈,渠等表示:(1)两公司董事长由我方担任,总经理苏方派充一节,可予让步;(2)对于两公司经营期限,可订明廿五年或卅年,期满双方同意可续订廿五或廿年;(3)金属矿产分配一条,文字上可斟酌改为"除供新省所需外,余量可给予地理接近之国家以优先承购权"。(二)今晨复与孙院长详商,渠表此三点均可同意翁孙意见,唯美大使馆克拉克公使当其表示:(1)此项条约是否给予苏联在新省经济以垄断权。(2)开发矿产已否列举是否包括铀矿,此为美国所最关怀者,此项问题值得注意。治即答以条文上并无垄断或专利字样,唯事实上目前新省开矿任何国家均无法插足,我方亦不便提出,免滋误会,横生枝节。(3)铀矿之有无,我方尚无切实调查,即有亦系在三区之内,已非我所能控制。(三)关于出入口货限制问题,治今晨亦与工商部刘部长维炽、刘次长恺钟研商,渠等认为,世界上任何各国对其出入口贸易均有其必需之限制,如接受苏方要求,则凡曾与我订互惠条约之国家均可援例请求,牵涉太大,宜列举理由,向苏方解释。治复就商孙院长意见,认为新省情形特殊,苏方输入除烟酒等外。其他奢侈品等亦甚少。苏方能接受我方意见最佳,否则我亦可酌予让步。(四)治与孙翁刘刘谈话中均曾强调下列三点:(1)新省与苏

联之悠久的历史关系。（2）当前事实问题,目前主要矿产均在三区。（3）政治问题,苏方于此时提出谈判,不啻暗示其对新省尚无领土企图,且对我政府亦属一种友好态度。为安定西北,必先安定新疆,应先顾及此政治意义。渠等对此项观点均表同意。除贸易部分,仍拟于工商部再商外,弟与绍周、伊敏两兄对其他三点并盼再详加研究斟酌进行。张治中　寅东未　京秘印　三月一日

原新疆省档案:第1—1—100号
《中苏国家关系史资料汇编》(1945—1949),第385—386页

张治中致刘孟纯电(一)

1949年3月13日,16日到

迪化。刘秘书长孟纯弟并转刘特派员绍周兄:寅灰辰、寅佳申电悉,极机密。可均照兄等所拟再与苏方洽商,即:(一)两公司总经理可由苏方充任。(二)期限定四十年。(三)矿产分配能如兄所拟最佳,否则亦可酌予让步。(四)至放射性金属探采问题,似以候苏方提出适当方式再加研究为宜。张治中　寅元未　京秘印

《中苏国家关系史资料汇编》(1945—1949),第386页

张治中致刘孟纯电(二)

1949年3月22日发,23日到

即到。迪化。刘秘书长孟纯弟:密,寅铣辰亲电悉,可不提。张治中　寅养酉　京秘印

原新疆省档案:第1—1—100号
《中苏国家关系史资料汇编》(1945—1949),第386页

中国政府关于中苏经济合作问题致苏方函

1949年3月25日

(一)双方同意在新疆组织两个中苏均益的合办股份公司:其一,

为在新疆境内办理采勘及开采有色的及稀有的金属（注——见所附换文）。其二，为在新疆境内办理采勘、开采及提炼石油。

（二）上述两公司，在中国应依照中国法令注册，并完全受中国法制之管辖。该两公司所属各机关及其职员应依照各该公司章程，办理事务。此两公司之章程，应由双方商同编订，于签订本协定时，同时签订，作为本协定之附件，并应依照法定程序登记。

（三）上述两公司之股本应在章程内定之。

中苏双方对每一公司之股本，每方参加各半（每方为百分之五十）。华方交与两公司为业务所必需之地段及建筑材料，作为华方之股份。苏方交与两公司为业务所必需之设备、运输工具及材料，作为苏方之股份。倘双方中一方所交上述财产、物料之价值，不敷于其在某一公司之股份时，则不敷之数，应以钱款补充之。

在与本协定同时签订作为附件之议定书内，双方商定双方所交与两公司作为股份之财产、物料之种类，数量及价值。

（四）该两公司关于探勘矿藏及研究与鉴定探勘结果之工作，应由服务于各该公司之中苏双方专门人员共同办理。

（五）（两项办法）：

［A］苏方有权向两公司收买下开产品，其价额以成本并加正常纯利计算之（正常纯利定为成本百分之……）。

（甲）向金属公司有权收买除华方为满足其本身所必需之部分外之产品。

苏方可将其所收买之部分任意在新疆出售或输出至苏联。

双方中此方愿将其所取得两公司产品之部份出售时，应供应彼方。

（乙）向石油公司有权收买全部产量百分之五十。收买以后，苏方可以任意在新疆出售或输出至苏联。其在新疆出售者，应尽先供应新疆省政府。

（B）双方中每一方有权向两公司收买各该公司产品之百分之五十。其价额以成本并加正常纯利计算之（正常纯利定为成本百分之……）。

苏方可将其所收买之部任意在新疆出售或输出至苏联。

双方中此方愿将其所取得两公司产品之部份出售时，应供应彼方。

（六）每一公司董事会之董事由中华民国政府及苏联政府各派一半。每一公司董事会董事长由华董事充任，副董事长由苏联董事充任。

每一公司总经理，由董事会指派苏联籍人充任。副总经理，由董事会指派华籍人充任。

每一公司之总稽核，由华方派充。副总稽核，由苏方派充。

（七）在每一公司各级职员，均由中苏两国公民平均充任。

某一处、科或工作人员一组之正首长为中国公民时，其副者应由苏联公民充任。

某一处、科或工作人员一组之正首长为苏联公民时，其副者应由中国公民充任。

（八）双方同意本协定未规定者，遵应遵照中华民国有关法规办理。

（九）两公司经营期限，定为四十年。期满后，所有两公司一切财产，均无偿移交中国单方所有。

换文内容

查贵重金属（即金、银、铂）不在有色的或稀有的金属范围以内。因此，双方同意本协定所述金属公司，不以贵重金属为其探勘或开采之对象。

倘探勘其他金属时，偶然发现金、银、铂之矿藏时，应即报告新疆省政府核示。

倘开采他种金属时，偶然采得金、银、铂时，应全部移交与新疆省政府。由省政府予以合理补偿。

原新疆省档案：第 1—1—100 号

《中苏国家关系史资料汇编》（1945—1949），第 386—388 页

叶公超致张治中电

1949 年 4 月初

北平。张长官文白先生：极密。迳接刘特派员来电略谓：关于新疆与苏联贸易之谈判，苏方已同意我方原则，拟即起草协定，又谓：关于经济合作案，因顾及我国矿业法及我对第三国所负条约义务，故在向苏方提出之方案中建议拟办之中苏合股公司须向中国政府注册，俾取得中国法人地位。唯苏方借口三十四年一月宋前部长向苏方所提之方案认为，公司股本各半，董事长华正苏副，总经理苏正华副，总稽核华正苏副等项，原系华方建议，苏方坚持不肯更改等语，本部认为：（一）关于贸易谈判，苏方既已同意我方原则，似可即令刘特派员拟协定草案呈核。（二）关于经济合作案，提议中苏合股公司向中国政府注册办法固属妥善，但依照矿业法规定，此项公司注册须具备下列条件：（1）公司股分总额过半数应属我方；（2）董事过半数应为中国人；（3）董事长及总经理应以中国人充任。否则该项公司即不能取得中国法人之地位。又我国矿业法系于三十六年四月修正公布，宋前部长之方案系于三十四年一月向苏方提出，时过境迁，苏方似不能以三年前未成协议之方案现在提出强我承认。我受法令拘束之困难如向苏方详细说明，或可获其谅解。其次，拟签之协定如作为条约案先送立法院通过，然后生效，其可能结果有二：（1）该协定经立法院通过后在内国法上即系条约案，根据条约优于法律之原则，在事实上具有变更现行法律之效力，此时协定规定所组织之公司虽与现行矿业法规定未尽相符，仍得注册为中国公司，从而取得中国法人之地位，而其他国家亦不得为其法人要求同样待遇，但得依照最惠国条款要求与我国组织同样性质之公司，而由该项公司要求同等待遇。（2）立法院因其与矿业法相冲突而拒予通过，该协定如作为非条约案，不经立法院通过，亦不经批准手续，而经行签订生效，则在法律及事实上恐将无法予以执行。因此项协定既无变更法律之效力，而依该协定所组织之公司复与矿业法规定不符，自无从注册为中国公司，此时不但中苏间或将发生争执，而其他国家亦将要求同样之采矿权,在法理上我将穷于应付,此点似宜审慎考虑。(二)所拟探采之矿产种类及其所在地名称似应详细列举,以免流弊。以上各项统请卓裁,并示复。叶公超　西卯寒

原新疆省档案:第1—1—100号

《中苏国家关系史资料汇编》(1945—1949),第388—389页

驻新疆外交特派员致(广州)外交部电

1949年4月5日

广州。外交部叶代部长钧鉴:四日京一号电奉悉。贸易、经济两案,自苏方于子敬提出方案以来,均随时遵照张长官指示,曾与苏方商谈多次,迨双方意见接近后,始由我方于三月一日提出贸易原则草案,三月二十五日又提出经济合作原则草案。唯苏方尚未表示意见。兹谨将我方就苏方提案所能同意之各点,提出贸易原则,要陈如下:

(一)双方同意促进新疆与苏联间贸易扩展,除基于双方法规,对输入输出货物所有一般禁令及限制外,对于此项贸易,不加任何专定禁令及限制。

(二)双方实施贸易者,中方为政府贸易机构、商业团体、商行及商人;苏方为驻新疆商务委员办事处,及对外贸易机关。

(三)一九三九年中苏商约赋与苏联代表之法律地位,准适用于驻新疆商务委员;至苏联在新疆其他各贸易机构及其职员,均遵守中国法令。

(四)上述苏联各机构有权选择顾主,所有买卖条件依买主与卖主间自由商定。

(五)双方输入输出货物相互遵守海关法规及手续,向苏联各贸易机构征收各项税捐,不应较征于本国贸易机构或商人为加高或加重。

(六)协定以三年为期,在屡次谈判中对我国法律上权益均曾特加注意,诚能如此通过,似无问题;对第三国所承担条约义务当亦无何影

响。(待续)职刘□□四月五日印　第427号。

(续427号电)对于经济合作案,我方提出要点:

(一)双方同意在新疆组织两个中苏合办公司。其一为探采有色及稀有金属(用换文声明金、银、白银在外),其二为探采及提炼石油。

(二)两公司依中国法规注册,并受中国法制管辖。

(三)股本各半。

(四)探勘矿藏工作由服务于公司之双方专家办理。

(五)对分配两公司矿产,提出两种办法,任其选择:(甲)苏方可向金属公司收买除华方为满足其本身所需部分以外之全部产品;向石油公司收买产量之半数;(乙)双方均可向两公司收买全部产量之半数,此方欲将其部分出售时,应供应彼方。

(六)两公司董事会人数双方各半,董事长华正、苏副;总经理苏正、华副;总稽核华正、苏副。

(七)两公司各级职员中苏各半。

(八)协定未规定者,均照中国有关法规办理。

(九)期限四十年,满期后公司财产无偿移交中国。

查股本平均,董事会均权,总经理外籍,期限等项,固与我矿产法不符,但因三十四年一月宋前部长向苏联代办所提方案,除期限外,余均已如此建议,现所以苏方认为均不应有问题,对总经理一席亦不肯放弃。现承张长官指示,已表示让步。关于第三国关系,自应注意中美通商条约第五条。但此次所拟合办公司在中国注册,在中国经营业务可视为中国法人,美国似不能援例要求。关于此两协定立法程序,将来最好请钧部及张长官会商行政院,权宜办理,以免困难。再此事仍与俟双方意见接近时,始能起草协定,呈请政府核定后,请另指定人员签字,谨闻。职刘□□　四月六日印　第430号

原新疆省档案:第1—1—100号

《中苏国家关系史资料汇编》(1945—1949),第389—390页

苏维埃社会主义共和国联邦政府与中华民国政府间
关于组设中苏有色的及稀有的金属股份公司之协定
1949年6月6日苏方草案译件

兹因中华民国政府愿望苏维埃社会主义共和国联邦参加,在新疆境内开发有色的及稀有的金属矿藏,并经苏维埃社会主义共和国联邦政府同意此举,爰经双方政府议定如下:

第一条

缔约双方在平等原则下于迪化城地点组设中苏股份公司,缩称为"苏新金属公司",以便在新疆境内从事寻觅、探测、开采及冶炼有色的及稀有的金属,并将公司出产品销售于新疆或国外。

中苏股份公司即"苏新金属公司"应依照附于本协定之章程(附件第一号)从事活动,而此项章程自本协定签字日起,至迟应于……期限内以应有手续在迪化城登记之。

第二条

中苏股份公司之组成者为:

(甲)苏方:

(一)钨等稀有金属工业总局之新西比利亚工厂

(二)钨等稀有金属工业总局之乌拉尔联合企业

(三)全联邦联合公司"苏蒙贸易公司"

(乙)中方:

(一)……

(二)……

(三)……

第三条

公司股本规定为……卢布,此数百分之五十(50)属于苏方,其他百分之五十(50)属于中方。

依随公司业务之发展,得将其股本依缔约双方间之协议予以扩大。同时中苏两股东之平等参加,将仍旧不变。

公司之盈利由双方间按其各占有之股票数额分配之。

公司之股票为记名式,股票之转让以须经两缔约双方间之协议后始得为之。

第四条

缔约两方交付公司作为其股本者为:

苏方:

为公司业务上所必需之设备、材料及运输工具,依照清单及估价其总值为……卢布,而此项估价,自本协定签字日起在三个月内应由双方间协商之。

中方:

在新疆境内寻觅、探测、开采及冶炼有色的及稀有的金属之权,为开采有色的及稀有的金属所必需之地段及为工业建筑并居室所必需之建筑材料,其总值为……卢布,并对上述中方入股构成部分之估价,应于本协定签字日起三个月内由双方间协商之。

苏方所入之股自本协定签字日起三年期内逐年均分期量摊付之。

中方以交移在新疆境内寻觅、探测、开采及冶炼有色的及稀有的金属各权利为入股之方式者应于设立公司时行之,其以地段及建筑材料所入之股,应依公司之需要随时行之。

附注:经双方之协议,一方得以相当钱款作为其入股之一部分付之。

第五条

在公司董事会双方以平均额数之董事为其代表,每方各出董事三人。董事长由中方董事充任,副董事长由苏力董事充任。

执行之任务委予由苏联公民充任之总经理及由中国公民充任之副总经理。

迪化市为公司董事会所在地。

第六条

为保证本协定第一条所指公司之正常业务,中华民国政府给予公司下开各项权利：

（甲）在新疆境内起修及建筑工业的、辅用的、居住日用的及其他的建筑物，并得有自备之守卫组织以保卫此类建筑物。

（乙）购置为其所有及租赁地段并其他不动产。

（丙）敷设副线铁道与公路，在其各企业间建设电线，以及公司飞机，组织各企业间之航空交通。

（丁）无须特许及免纳关税，并免纳任何施行于现在或可能设定于将来之各项税捐，向新疆输入为公司工业及居住建设所必需之设备及材料。

（戊）在新疆境内或在国外设立其支所、代表处及代办处。

（己）出让及出赁地段、房屋、修建物及其他建筑物，为公司失去其必需性者。

（庚）依国家费用享用在新疆所有一切通信设备并得在公司各企业间敷设电报、无线电及电话路线。

（辛）组设贸易合作社、教育及医药卫生网，并辅助副业而皆为服务于公司劳工及职员并其眷属之用者。

中华民国政府对公司依照本条所给予其权利之实现将予以协助。

第七条

中华民国政府保证在简易手续下对公司所聘工作之苏联公民及眷属经过苏新边界往来两国者予以无阻碍之放行。

第八条

对公司探测、研究及鉴定探测结果之工作，由服务于公司中苏两方专家在彼此联系之行动下行之。

第九条

公司依照在新疆境内现行之各项法律实施其业务并享受为纯中国资本公司所有之各项权利及特权。

属于公司之款项公司得自由利用，无论在新疆境内作任何之支付及开销或自由汇兑至国外。

第十条

为代替缴付现行或将来设定于新疆境内之各税捐,包括公司、公司支所、代表处及代办处登记方面之税捐,由公司每年就其所出售之每吨生产成品成本百分之……缴付于中华民国政府。

第十一条

缔约双方之每一方有权向公司按成本加正常纯利(定各成本百分之……)收购其产品百分之五十。

缔约双方之此方愿将其所属之半部产品出售时,应尽先供予彼方。

苏方所购买之部分产品可在新疆出售或运往苏联。

苏方所向公司购买之产品得无阻碍的并毋庸领取特许,勿庸交付关税,或无论任何税捐,有权运出新疆。

第十二条

依公司股份所算付与苏方之红利不担负任何税捐,而苏联股东有权自由利用此项钱款,包括收购新疆出产之货物,无阻碍的及免税的得以运往苏联国。

第十三条

为准备为公司业务所必需之华籍人干部起见,公司有权组设必须之训练班及学校。

第十四条

公司业务期限规定为四十五年,此项期限届满后双方对公司继续业务予以协商。

第十五条

本协定自签字日起发生效力。

一九四九年……订于迪化市。原本两份,各用中文、俄文缮就,并均有同等效力。

苏维埃社会主义共和国联邦政府授权代表

中　华　民　国　政府授权代表

议定书

　　因苏维埃社会主义共和国联邦政府及中华民国政府间本日签订关于组设中苏有色的及稀有的金属股份公司之协定,经双方同意,所谓"有色的及稀有的金属"之概念不包括贵金属:金、银及白金。

　　此类贵重金属并非该协定所规定开采之对象,倘此类金属将来被随同采获时,则应以公平之补偿将其移交与中方。

　　一九四九年……订于迪化城,各以中文俄文缮就两份并均有同等效力。

议定书

　　因苏维埃社会主义共和国联邦政府及中华民国政府本日签订关于组设中苏有色的及稀有的金属股份公司之协定,经双方同意,该协定第四条内所指在新疆境内为开采有色的及稀有的金属所必需之地段,应由公司自行决定。

　　同时新疆地方当局按照该协定第四条无阻碍的及无偿的完成将该项地段权利转交予公司之手续,并在公司于其选定地段上开始工作时,不应有任何之阻碍。

　　对已交予或准备交予公司地段上第三者之任何要求,应直接由中国政府解决,公司无任何义务。

　　一九四九年……订于迪化城。原本两份,各用中文、俄文缮就,两本均有同等效力。

原新疆省档案:第 1—1—73 号

《中苏国家关系史资料汇编》(1945—1949),第 390—394 页

马步芳致外交部电(节录)

1949 年 6 月 11 日、13 日

　　据本署刘秘书长孟纯巳庚申亲电称,苏方所提贸易及经济合作协定草案,对原已谈判获得协议之各项原则,有重大增删修改,经与刘特派员详研之后,庚日下午与苏代表团晤谈,我方以严正态度表示:(一)原商定原则所有者,不得删削;(二)原商定原则所有者,不得增添;

(三)对原则有修改者,须经我方同意。旋根据此三项,极力争持,苏方对此三点,未允作概括之接受,亦不表示拒绝。但已请我方就其所提草案逐项提出能否接受之具体意见,并谓,彼方所提草案,业已获政府之准许,指责我方有意拖延,态度殊不友谊。现正研究,准备逐条提出意见,可能于明后(佳灰)日举行正式谈判。惟推测苏方此种态度,不外(一)根本不愿于此时与我成立协定,故意提出我不能接受之条件,将谈判破裂之责任诿诸我方;(二)有意观望拖延,以待时局之变化,另作打算;(三)故意试探新任代长官之对苏态度,并利用时机拖延,以压迫及要挟,俾得达到苏方在新取得特殊权益之企图。基于以上推测,无论从任何一点判断,对当前新局,均有极不利之影响。请与中枢预作周密之筹议,迅加指示。否则仅以代表团之枝节应付,恐非善策等情。查进行此项谈判,原为争取西北局面之安定,尽量减少后方之威胁,用舒中央西顾之尤。近以国内局势急变,苏方竟对原已获得协定方之各项原则,遽尔增删修改。根据来电三项推测,实已面临严重关头,深恐因新疆对苏联外交未得谅解,致我之军事行动,难获安全。亟应作慎密考虑,在基本原则上有所决定。除俟今后谈判经过电陈到兰,再行转报外,敬祈权衡利害,迅赐电示……

同日马步芳又电:

顷复据刘秘书长巳灰戌亲电称:今(灰)日下午与苏方作五小时谈判,我根据以前协议原则,对此次苏方所提协定,已逐条提出删改意见,尤其有损我主权之条文,如石油及金属公司自置警卫,修筑铁路,公路架设电话线,使用无线电通讯,苏人自用飞机运输,又如贸易及矿务人员,得无阻出入国境等,均予严正拒绝。苏方认为我代表团所提意见,对苏草案,几无一条系完全接受,甚表不满,并以极严峻之词色,逼我对草案究竟接受与否,复谓如仅修改二、三不关重要之条文,尚可详细商量,否则惟有要求我方将所提意见,全部收回。几经周旋始允下周再开谈判,逐条商讨。但声明如我方仍坚持今日所提意见,苏方决无法接受。测其意向,当为我主张删改之各点,正为对方须坚持之各点,我方已陷极端困难之境地。惟为达成谈判之目的,职等虽心情万分愤慨与痛苦,现不敢采取决绝态度。目前新省外交关系,已达最后阶段,无从敷衍,至深焦灼。务乞密呈中央,迅作具体指示,并切望于元日前获得复示,俾便应付等情。查此事急迫万分,务祈迅赐具体指示,俾资应付……

6月13日马步芳再电:

……顷复据刘秘书长孟纯已真戌亲电称,谈判仍继续进行,惟对方态度坚强,随时表现峻严词色,且以最近各方征象推测,苏方似已决定多方与我为难,如不能迅采周详合理解决办法,恐发生恶劣变化,不可不虑也。情急势迫,立待具体指示等情。经与近由新疆来兰之陶副长官峙岳兄反复详密研究,窃以西北环境特殊,自太原、榆林先后弃守以来,东面军事正值紧张,西面之新疆,应以外交和缓掩护驻新国军安全撤退,为第一要义。倘令发生意外,则直接影响西北之稳定,间接亦将影响全局。况就贸易及经济合作本身而言,贸易部份,本为我方所急切需要,经济合作部份,虽我方需要或居其次,然主要矿产,大多数均在伊宁、塔城、阿山三区之内,久已非我权力之所及,若中央以立场关系,顾虑他方外交问题,则似可视此项谈判为地方性问题,授权新疆省政府谈判签订,亦乃不获已之办法也。此项谈判经过,吾兄知之较详,务请即赐面陈院长,立下决心,明确电示。……

《中华民国重要史料初编——对日抗战时期》第七编《战后中国》(一),第810—812页

外交部呈行政院函(节录)

1949年6月17日

查新疆情形特殊,对苏关系重要,连年以来,政府在不损害国家主权之原则下,莫不尽量对苏联迁就,以谋新疆之安定。如最近中苏航约延期五年即其一例。……

至目前由中苏双方代表团在迪化进行之新苏贸易与经济合作谈判,据马代长官电告,苏代表团对原已获得协议之各项原则,增删修改,

提出比前更加苛刻之条件。苏方此种态度,可能系以进为退之张本,即可能最后让步,接受我方已同意之原则。届时,我如不与彼成立协定,势必形成于我不利之僵局,故应付苏方此种态度,极宜慎重。

政府对代表团之指示,似应以使上项谈判停止或拖延时间为原则,其办法如次:

(一)向苏方声明:苏方关于经济合作之提案,完全不顾及中国国内有关法令之规定及中国政府由于条约对他国所担负之义务,致使谈判无法继续进行。代表团希望苏方重新考虑其对此问题之立场,及其提案之内容。苏方如拒绝我之上项声明,则谈判自趋停顿,而停顿之责,并由苏方负之;苏方如接受此项声明,则谈判可拖延时间,而其以进为退之企图,亦因之无法实现。

(二)向苏方声明:苏方原提案及其对原提案之重大增删修改,以关系中国权益甚大,且涉及变更中国现行有关法令,代表团无法接受,已电请政府咨请立法院予以考虑。在未得政府指示以前,代表团不能继续参加谈判。苏方若拒绝此项声明,则谈判自趋停顿;苏方若接受此项声明,则以立法院现已休会为藉口,亦可使谈判暂时停顿。

(三)在不求获致任何协议政策之下,将此项谈判授权新疆省政府负责拖延,对苏以所获致之任何协议,须呈经中央批准并完成立法程序为理由,藉以拖延时间。

外交部旋奉行政院三十八年六月二十日批示"所拟办法三项,已提出本院政务会议决定,采用第一项办法,由该部查明以前口头协议内容,逐条叙明不能同意之理由,拟具复电稿送核。

6月23日外交部又呈行政院函:

查本案关于贸易部份,苏方前经同意我方所提原则,大致可获协议。以现在新疆省经济情形而论,与苏联通商贸易,调节有无,尚属可行,似不妨指示我代表团相机向苏方表示,先就此事成立协议。此亦为我之一种姿态,使经济合作谈判陷于停顿时所造成之僵局,得稍和缓。苏方向主贸易与经济合作两案同时解决,料将拒我此项建议,是则整个谈判仍将停顿。

外交部并附阎院长复马步芳电稿如下：

关于新苏贸易与经济合作谈判事，经据外交部转呈各电，查卷慎重研讨，认为苏方关于经济合作之提案，完全不顾及我国矿业法之规定，及我政府由于条约对他国所负担之义务。因之，我不仅对其新提增删修改不能接受，即对其与我代表团前已商得同意之各点而与我有关法令相抵触者，亦应予以推翻。希嘱我代表团根据上开理由，谓以奉政府训令，向苏方声明，希苏方重新考虑其对此事之立场及其提案之内容，否则谈判将无法继续进行。倘苏方拒绝此项声明，则谈判自趋停顿，而停顿之责由苏方负之。但如苏方对上项声明持保留态度，我不妨就原提案中之与我国内法及条约义务相抵触各点，逐条重商，冀以拖延时间，惟仍以不获致协议为原则。至关于贸易部份，苏方既经同意我所提原则，并为适应地方需要，必要时可向苏方表示先行成立协议。如此并可使经济合作谈判停顿时所造成之僵局，得稍和缓。倘苏方坚持贸易与经济合作必须同时谈判，而拒绝我之建议，则谈判亦自趋停顿，并由苏方负停顿之责。希即转饬遵办。

《中华民国重要史料初编——对日抗战时期》第七编《战后中国》（一），第812—814页

马步芳致刘孟纯电
1949 年 6 月 28 日

限两小时到。迪化。刘秘书长：奉院长阎巳有六（六月二十五日）徐电开：□密。关于新苏贸易与经济合作谈判事，经据外交部转呈各电查卷、慎重研讨，认为：苏方关于经济合作之提案，完全不顾及我国矿业法之规定及我政府由于条约对于他国所负担之义务，因之我不仅对其新提增删修改不能接受，即对其与我代表团前已商得同意之各点而与我有关法令相抵触者，亦应予推翻。希嘱我代表团根据上开理由，谓以奉政府训令向苏方声明，希苏方重新考虑其对此事之立场及其提案之内容，否则谈判将无法继续进行。倘苏方拒绝此项声明，则谈判自趋停

顿,而停顿之责由苏方负之。但如苏方对上项声明持保留态度,我不妨就原提案中之与国内法及条约义务相抵触各点逐条重商,冀以拖延时间。唯仍以不获致协议为原则。至关于贸易部分,苏方既经同意我所提原则,并为适应地方需要,必要时可向苏方表示,先行成立协议,如此并可使经济合作谈判停顿时所造成之僵局得稍和缓。倘苏方坚持贸易与经济合作必须同时谈判而拒绝我之建议,则谈判亦自坚持停顿,并由苏方负停顿之责。希即转饬遵办并电复。　马步芳　省办感晨一印

原新疆省档案:第 1—1—100 号

《中苏国家关系史资料汇编》(1945—1949),第 397—398 页

刘泽荣至外交部电

1946 年 6 月 30 日

部长钧鉴:马长官转下钧座已有申电及阎院长已有六徐电均奉悉。关于贸易、经济两案,自苏方本年一月提出方案,经行政院指定,由张长官负责全权办理,并派荣等为初步谈判代表后,当即遵照张长官指示进行谈判,并随时报告钧部。迨双方意见接近,我代表团曾于三月间先后提出两案原则草案(内容详 427 及 430 号两电),经双方续商,至四月十六日大致已获同意。苏方当表示,愿根据已商妥各原则草拟协定草案。旋候至六月六日,苏方提出所拟草案。唯因其中比较原议原则有所出入,故再度进商,冀获改正后拟再呈报政府核示。此际且奉马长官电示,希尽一切可能继续谈判,并竭力争持,期能获致协议等语。近半月来,连日谈判,结果苏方对我力争数点已表示让步。谈判现已达到最后阶段,所余一二问题想可日内解决,后即可成立草案,报请核示。万一最后仍有难达协议之问题时,亦唯有将双方意见,一并呈报政府,听候裁定。以上均系经过实情。今奉行政院新指示,是使谈判全部推翻。荣等参预此事已竭尽其心力,兹以管见所及,难安缄默,用谨沥陈如下:
(一)此次谈判目的实系根据我中央近数年来力求和缓新疆局势之一贯政策,且为马张两长官相同立场,我代表团不顾一切困难、戮力以赴

者亦不外此。(二)经济合作方案中之数点原则,固与我矿业法不符,但我方自宋前院长初次向苏方提出原则以来,均系自动如此提议,苏方固绝不让步,我方亦难以收回。(三)我代表团遵行行政院新指示甚易,但如此,则将立招绝裂,且无异显示我方在新疆之对苏外交态度完全变更,其未来之各种困难不能不加以审慎考虑。(四)我代表团曾提议先订贸易协定,但苏方坚决表示必须两案同时办理,以原拟办法先由双方就其所达成之协议商定草案,报请两国政府核示,届时我中央再行考虑一切,似比较缓和,不立著决裂痕迹。以上各点是否有当,谨电请鉴核,乞速示遵。再:现已遵照钧示,暂停谈判,并已告苏方静候数日。职刘□□　六月三十日印

原新疆省档案:第 1—1—100 号

《中苏国家关系史资料汇编》(1945—1949),第 398—399 页

刘泽荣致外交部电(节录)
1949 年 7 月 2 日

马长官转下钧座已有申电及阎院长已有电均悉。关于新贸易经济两案,自苏方本年一月提出方案,经行政院指定由张长官负责全权办理并派荣等为初步谈判代表后,当即遵照张长官指示,进行谈判,并经报告钧部。现双方意见接近,我代表团曾于三月间先提出两原则草案。经双方续商,至四月十六日,大致已获同意。苏方当时表示愿根据已商妥各前次之协定草案。旋候至六月六日,苏方提出所拟协定草案,惟因其中与原议原则有所出入,故再度进商,冀获改正后,拟再行呈报政府核示。此际且奉马长官电示,希尽一切可能继续谈判,并竭力争持,期能获致协议等语。近半月来,连日谈判,目前苏方对我力争数点,已表示让步。谈判现已达到最后阶段,所余一二问题,想日内解决后即可成立草案,报请政府核示。万一仍有难达协议之问题,亦唯有将双方意见一并呈报政府。以上均系实情,听候裁示。

同日又电:

今奉行政院新指示,是使全体谈判推翻。荣等参预此事,已竭尽其心力,兹以管见所及,难以缄默,用谨沥陈如下:(一)此次谈判目的,实系根据我中央近数年来力求和缓新疆局势之一贯政策,我代表团不顾一切困难,勠力以赴者,亦不外此。(二)经济合作方案中之数点原则,固与我矿业法不符,但我方自宋前院长初次向苏方提出原则以来,均系自动如此提议,苏方因绝不让步,我方亦难以收回。(三)我代表团遵行行政院新指示甚易,但如此则将立召决裂,且无异显示我方在新疆之对苏外交态度完全变更。其未来之各种困难,不能不加以审慎考虑。(四)我代表团曾提议先订贸易协定,但苏方坚决表示必须两案同时办理。(五)如依原拟办法,先由双方就其所达成之协议商定草案报请两国政府核示,届时我再行考虑,一切似较缓和,不致立有决裂痕迹。以上各点,是否有当,谨电请鉴核示遵。再现已遵照钧示,暂停谈判,并已告苏方静候数日。

《中华民国重要史料初编——对日抗战时期》第七编《战后中国》(一),第814—815页

外交部复刘泽荣电(节录)

1949 年 7 月 8 日

经将原电呈奉阁院长批示,仍照行政院已有(六月二十五日)电办理。希以代表团名义向苏方声明,略谓代表团根据政府指示,仍愿就新苏贸易部份先与苏方成立协议,至经济合作部分,尚待继续详细研究等语。如苏方对我声明表示接受,可就贸易部份与之达成协议;如苏方反对,并坚持贸易与经济合作同时谈判,则谈判自趋停顿。苏方反应如何? 希随时电部。

《中华民国重要史料初编——对日抗战时期》第七编《战后中国》(一),第816页

中苏新疆经济合作谈判暂缓进行

1949 年 7 月 8 日

(中央社迪化八日电)据悉:政院顷令此间参加中苏通商谈判之我方

代表,对刻在继续商谈中之中苏通商谈判暂缓进行,唯并无其他指示。按是项谈判,系开始于本年二月前后,时断时续,迄今已历时四月,其中对新疆与苏联局部恢复贸易关系一事,双方已获有相当结果,尚有与通商同时进行之经济合作方案,因内容较为复杂,磋商屡生阻碍。但截至目前止,闻大体亦已告一段落。是项谈判自开始进行以来,各方反应颇不一致,尤对经济合作方案,甚为各方所注视。据参与其事之我方某代表对记者称:谈判是否尚有恢复可能,或何时再恢复,渠此刻尚无所悉。

《中央日报》(重庆版)1947年7月9日

刘泽荣致外交部电

1949年7月16日

　　即到。广州。外交部部长钧鉴:酉347号电奉悉,遵即婉向苏方声明,彼方允考虑后,旋于七月十五日邀约我方代表,就贸易协定草案提出最后检讨,双方对于该草案共八条及其换文均臻同意,就中,除对第一条内关于输出输入货物限制一点,完全依照中苏商约第二条但书条文列举说明,及苏联驻新疆商务委员办事处得在我伊宁、塔城、承化、哈密、焉耆、阿克苏、喀什、莎车及和阗各城派设代表外,余均尽同本年四月五日第427号电所呈要点,并经双方同意将草案要点分别呈请两国政府核准(该草案当即航寄呈部)。唯该草案商妥后,苏方当即声明贸易协定必须与经济合作协定同时签字。现时唯候中国政府早将经济合作部分研究结果见复,以期达成协议等语,态度甚为坚决,故我方希望单独成立贸易协定似难作到。唯在新疆与苏方达成此项协议之重要性,职经迭次详呈,且据密闻,长官公署对于新疆军事、外交、内政均有详细方案提呈中央研究,其中各节均有联带关系,尤以对苏完成贸易与经济协定为最主要之一环,并闻此案已由政院交钧部研究中,务请钧部竭力维持,早日决定,速赐电示,边局幸甚。职刘□□　七月十六日　第474号印

原新疆省档案:第1—1—100号
《中苏国家关系史资料汇编》(1945—1949),第400—401页

刘泽荣致外交部代电

1949 年 7 月 20 日

广州。外交部叶代部长钧鉴：七月十六日第 474 号电陈苏方代表谈判新苏贸易协定经过各情形，谅邀鉴察。兹谨将该协定草案全文恭缮一份，电呈鉴核，敬祈早日决定，迅赐示遵。倘能仰邀中枢鉴纳，并请指派签署人员，以昭慎重为祷。职刘□□ 七月二十日印

附中苏贸易协定草案一份又换文一件，说明一纸。

草案（密件）

苏维埃社会主义共和国与新疆间关于贸易之协定

1949 年 7 月 15 日经双方最后同意之草案译文

中华民国政府与苏维埃社会主义共和国联邦政府议定如下：

第一条　中华民国政府与苏维埃社会主义共和国联邦政府应尽量促进新疆与苏维埃社会主义共和国联邦间贸易之扩展，同时除凡基于社会安宁及国家安全，保障公共健康，保存美术上、古物学上及历史上有价值之物品，保障属于国家专利或在国家监督下之专利，统制用白金、黄金及白银，或用由该金属作成之货币并其他物品之贸易，防备动物及植物之疾病，以及防备植物籽种之退化，所采取之各该限制或禁令外，双方中任何一方对于货物之输入或输出将不采取任何限制或禁令。

第二条　实施贸易业务在新疆方面者，为政府各贸易机构，私人团体之自利商人，而在苏方者，为苏联驻新疆商务委员办事处及苏联各对外贸易机构。

第三条　苏联驻新疆商务委员办事处及苏联各对外贸易机构在新疆境内有权办理贸易业务，并有自由选择顾主之权。同时货物买卖之条件，应依卖主与买主间自由商议决定之。

第四条　新疆与苏联之各有关机关，对于输入或输出之货物须领相当之许可者，应不予留难发给许可证。苏联商务委员办事处及苏联各对外贸易机构有权向新疆境内运入苏联货物。

第五条　中华民国政府同意，对于新疆各对外贸易机构向新疆输

入苏联货物或向苏联输出新疆货物,及因在新疆境内贸易业务关系所征收之各税捐,不应较对于新疆政府各贸易机关、私人团体及个别商人于输入输出货物时,及因在新疆境内由于贸易业务关系,所征之税捐为加高或加重。

双方应相互遵守所规定之海关手续。

第六条　苏维埃社会主义共和国联邦应在新疆有其商务委员办事处,地点设于迪化(乌鲁木齐)市。

苏联驻新疆商务委员办事处得派有其代表于下列各城市,即:伊宁(固尔扎)、塔城(秋勾卡克)、承化(沙拉——苏买)、哈密、焉耆(喀拉夏)、阿克苏、喀什葛尔、莎车(叶尔羌)及和阗。

第七条　中苏各有关机关彼此应在迅速手续下对于因办理贸易业务之中苏人民发给以前往新疆及苏联之入境签证,或由新疆及苏联之出境签证,并在简易手续下,对驮运、挽运、汽车、运轮并河流运输发给以通过苏新边界之通行证,以及伴送此类运输人员之通行证或签证。

第八条　本协定自签字日起生效,其有效期间为三年。

倘双方中之某一方于上述期限届满三个月以前未曾以书面表明其取消本协定之意愿时,则此协定仍应继续有效,直至双方中任何一方声明废约后三个月期满之日为止。

中华民国三十八年　月　日

订于迪化(乌鲁木齐)市。

西历一九四九年　月　日

原本两份,各用中文及俄文缮成,两本均有同等效力。

中华民国政府授权代表

苏维埃社会主义共和国联邦政府授权代表

换文:草案(密件)一九四　年　月　日于迪化

径启者:关于本日所签订之苏维埃社会主义共和国联邦与新疆间关于贸易之协定,本代表兹谨以苏维埃社会主义共和国联邦政府名义证实所已达成之协议如下：

（甲）一九三九年六月十六日（即中华民国二十八年）中苏通商条约附件，对于苏维埃社会主义共和国联邦驻中国商务代表处所规定之法律地位，准适用于苏联驻新疆商务委员办事处。

（乙）在新疆实施贸易业务之苏联各对外贸易机构及其各职员在新疆应遵守中国法律及政府命令。

（丙）苏联各对外贸易机构在新疆所签订之各商业契约均须服从中国法律及中国法院之裁判，但若中国法律或个别契约有特别规定者，与作别论。

本代表顺向贵代表表示崇高敬意。

此致中华民国政府代表

复文：文字相同

关于贸易协定草案之说明

第一条关于出入口货物，苏方原案曾主张双方不加任何限制及禁令，经我力争，苏方先同意采用"法律上所规定之禁令与限制"字样，后乃主张采用中苏商约第二条内所指明可能采取之禁令或限制，因此经双方同意，即按该约予以列举。

第二条及第三条，查苏联对外贸易系属国营专利，所以均由其商务委员办事处及其对外贸易机构办理，苏联与各国所订商约均如此规定，中苏商约依然。唯为指定其权利与义务范围计，经双方商订，用所附换文规定之。

第五条，内容规定两原则：（一）苏方所纳税捐，不应较我本国机构或人民所纳者，为较高或加重。（二）双方均应遵守海关手续。

第六条，指定苏联商务委员办事处可派设其代表之城市（均为新省行政区区市）。

第七条，为通商时往来货运之便利而订（主要者伊、塔、阿三区之过境手续，亦在其内）。

第八条,规定协定有数期限。

附件——换文:(甲)项系指定商务委员办事处之权利与义务范围。(乙)项订明苏方贸易机构应服从中国法律,是经我力主所商订者。(丙)项系规定苏方贸易机构所订契约如何处理之办法(即系依照中苏商约附件之规定办理)。

关于金属石油两协定之简明说明

第一条。关于金属协定:所谓"有色的及稀有的金属"之名称,在俄文可有两种解释:一为除铁及贵金属以外之其他各种金属,一为除铁以外之其他各种金属。为免误会并为我方自行保持开采金、银、铂三种贵重金属起见,经力主,说明金、银、铂三种不在公司开采范围以内。苏方业已同意(见第四号附件)。

第二条。关于组成公司之机构,双方各有三个单位,苏方业已决定,但我方应由何单位参加,尚须由政府核定。

第三条。资本本位,苏方原拟以苏联货币为本位,后经同意我方主张,以银元为本位。资本数额尚未拟定。苏方主张之数,每公司约以一千万左右之银圆数额,此点尚须由政府核定。

第四条。关于华方加入两公司之股份,除本条所拟定外,苏方尚主张特准予公司之采矿权亦加以估计,作为华方入股之部分。但我方为避免出卖全部新疆采矿权之嫌,未能同意,宁肯说明不索代价准予公司采矿,而仅以采矿之地段(其范围自可有限)估价作为华方入股股份之一。关于此点,经我方力争,在谈判未停顿以前成一未能解决之问题,直至谈判停顿后,苏方自动放弃其主张并表示让步。其此次所送交之草案即按照华方主张办理(附件第二号与本条,有联带关系)。

第五条。问题之中心在总经理。虽经力争,苏方未肯放弃。我方所以让步之理由已迭次呈报有案,此不复赘。唯为补充我方权利起见,曾经争取总稽查一席及双方平均用人之原则,并各处、科首长与副首长分配之办法(见第八条)。

第六条。内所准予公司各权利均曾经过审慎考虑及交涉。唯皆属实际上之需要。至于苏方原提航空、运输及无线电之通讯已经力争并经苏方放弃。

第七条。关于来中方服务苏方人员所需签证并公司运输物资时所需通行证或签证,此条同意予以便利。

第八条。系我始终力争之结果(见第五条)。成本百分之若干以代替缴纳各种捐税之办法亦系一简便缴税之方法。

第十一条。亦为我方力争之结果,能使公司产品由双方平均收买。

第十二条。苏方能有自由利用其红利之便利。

第十三条。本省技术人才缺乏,故为训练人才起见,此条似属有利于本省。

第十四条。关于期限问题,苏方原提五十年,经磋商至再,苏方最后仅让步五年。

关于附件

第一号附件应为公司章程之草案,唯原拟将协定草案商妥后始待研究,苏方虽章程草案早已送交,但尚未开始讨论。

第二号附件见关于第四条之说明。

第三号附件,关于此项附件苏方原拟草案双方磋商至再,初双方各坚持其主张,在谈判未停顿以前未能协议,至谈判停顿后苏方自动放弃。双方未能同意之主张乃依我方修正案拟定此次议定书之草案。

第四号附件(只附于金属协定)见第一条。

原新疆省档案:第 1—1—100 号

《中苏国家关系史资料汇编》(1945—1949),第 401—405 页

马步芳致刘孟纯电
1949 年 7 月 23 日到

迪化。长官公署刘秘书长粹文兄并转刘特派员绍周兄:密。倾奉行政院院长阎午铣穗秘电开:(一)新军内调问题,前准午微密机电悉。立委力主缓议,皆与中央决策相同,曾以午阳四防电奉复,谅荷察及。

唯兄最近三电,似鉴于外交困难,又主内调,甚有全部放弃新疆之议。山意,新省之安危系于新军,是否内调者,作外交谈判之任务似无多大影响。盖某方军事行动殆将视整个问题关系而定。我新军一日不撤,苏对我必一日有所顾虑,当可为外交之后盾。故中央经熟虑结果,仍决定新军暂不调内,借保该省安全。(二)关于中苏谈判问题,近令饬遵外交部电饬,刘特派员泽荣仍希照已有六经电办理,嘱以代表团名义向苏声明,略谓:"据我政府指示,仍愿就贸易部分先与苏成立协议,否则苏如仍坚持两项谈判同时解决,则我拒绝不能接受与我法令及对第三国条约要抵触之采矿权要求,当宁使谈判无形停顿而由苏方负停顿之责。总之,对苏谈判在我立场审定已无可让步。政府即使委曲求全与苏成立协议,但必难获立法院同意,结果仍非打消协议不可。此点为向苏方坦白说明之。至对我表示反应如何,请转饬代表随时具报,以凭迅议对策"等因,自当遵办。除呈复外,特电遵办。马步芳　午养一兰印

原新疆省档案:第1—1—100号

《中苏国家关系史资料汇编》(1945—1949),第405页

刘泽荣致外交部电

1949年7月25日

　　本月十五日双方同意之贸易协定草案,已请长官公署交最近飞机转呈钧部,现候核示。至经济合作案,由六月三十日起遵照钧示暂停谈判,在未停之前,仅有二、三点双方各坚持其主张未能协议,不料苏方于本月二十二日派员来署声明称:经济合作方案于最后会商时双方未能协议之各点,现苏方决定让步,同意华方主张。如此代表团间已达成协议,现已作成草案,请即接受云云。当经答以未奉政府新指示以前,暂不可能继行谈判手续,只可将此意报告政府等语。查苏方此次送交新草案,其最后尚在争持之各点,确已照华方意见修正,即等于双方代表团间已达成协议之表现,除将该草案及说明书即航寄至钧部外,应如何

办理？乞速电示。

《中华民国重要史料初编——对日抗战时期》第七编《战后中国》（一），第817页

刘孟纯致张治中电

1949年7月26日

即到。南京长官张：丑养京秘电奉悉。密（加码）。（一）中美商约第五条规定，"倘缔约国此方将来以关于其领土内矿产资源之探勘及开发之权利给予第三国之国民法人或团体时，此项权利亦应依照依法组成之官厅现在或将来所施行之有关法律规章给予缔约彼方之国民法人或团体"，以本条解释应为，我国如准许苏联有在我领土内开矿之权利，则美国亦可要求享受同样权利。但决不能认为我国"违反去年十一月中国政府所批准的中美商约中的条款"，甚谓"可能在目前中国危机中中国图使美苏冲突的一种努力"，尤为美方神经过敏之推测，其此种表示与所谓"美总统对此关心将变成警戒"云云，显含有严重警告意味。（二）预料苏方必已获得此项消息，甚至苏方最近所表示之强硬态度与催促我定期进行中苏航空协定之商谈，可能均为对美云此种表示之一种事实上的答复。在苏方看法，当然认为美国过去企图置整个中国于其势力范围之一切努力业已失败，今后再无能为力，故毫无顾忌的利用此种时机压迫我接受其任何条件。如此时我直捷的向苏方代表提到美国态度如何如何，甚至仅暗示对美方态度我不能无所顾忌之意，均将使苏方愈增不快之感，无补于交涉之前途。职与刘特派员现正慎重研究准备觅取适当发言之时机，仅讽示苏方请其注意我与第三国条约关系，但结果将不会影响苏方之决定态度。（三）此时所应顾虑者厥为我中央现正处于极端困难之境地，假如全面和平无法获致，则我在长江以南之政权必须依赖美国之支持（当然美国能否支持与如何支持系属另一问题），自未便过分刺激美方。而现在新省系在中央管辖之下，钧座为代表中央负责此项谈判之大员，更未便违反中央意旨。目前我方如接受苏方要求，将来中央如不核准，则钧座所处之境地必极困难，似

有从根本上,亦即在钧座未来政治动向之决定上觅取解决此种矛盾之方法。问题发展至现在阶段,显已非技术的应付所能支撑。言念及此,至深焦虑。(四)属稿至此,适我钧座丑有申京秘电,自当遵照进行。惟敬日我曾与刘特派员商酌探询苏方意见,仍准备商谈。但苏方表示谓,彼方现无新的意见,只等待我方对其所提各点之答复。特派员当答以总须三四天后始能答复,苏方当然已了解我方正在请示之中。现如继续进行谈判,我在此四项问题上仍无让步,则"延滞一时"之目的能否达到尚属疑问,似可先就其中关于两公司总经理及期限两点于力争之后作一让步。至金属矿产分配,则请苏方具体列举矿产名称再行讨论。对贸易部分出入口货物不加限制一点,我方仍以海关手续及办法之限制为原则,坚持加入条文,以视对方反映如何,续请核示。是否有当,敬乞裁夺示遵。职刘孟纯。丑宥午　亲印。

原新疆省档案:第 1—1—100 号

《中苏国家关系史资料汇编》(1945—1949),第 406—407 页

外交部关于新苏贸易协定研究意见
1949 年 8 月 5 日

呈行政院

关于新苏贸易协定草案之研究意见

第一条　……(大体尚可)

第二条　……(大体尚可)

第三条　苏联驻新疆商务委员办事处及苏联各对外贸易机构在新疆境内有权办理贸易业务,并有自由选择顾主之权,同时货物买卖之条件,应依卖主与买主间自由商议决定之。

研究意见

照上述规定,仅有苏联片面对新疆之贸易关系,而新疆对苏联之贸易关系,则只字未提,且由苏方自由选择顾主,货物买卖由卖主与买主自由商定,是新疆政府无权过问此项贸易之进行,似应以平等之原则,

于新疆对苏联之贸易关系,亦予以明白规定,且规定新疆省政府之贸易机构有权监督贸易进行之是否合法。

第四条 ……苏联商务委员办事处及苏联各对外贸易机构有权向新疆境内运入苏联货物。

研究意见

照上述规定,仅有苏联向新疆运入苏联货物,新疆对苏联之输出,只字未提。似应以平等原则明白规定新疆贸易机构有权向苏联境内输出货物。

第五条 中华民国政府同意,对于苏联各对外贸易机构向新疆输入苏联货物,或向苏联输出新疆货物,及因在新疆境内贸易业务关系所征收之各税捐,不应较对于新疆政府各贸易机关、私人团体及个别商人于输入输出货物时,及因在新疆境内由于贸易业务关系,所征之税捐为加高或加重。

研究意见

照上述规定,新省贸易,虽有输入输出之分,但全由苏联对外贸易机构所包办;而于税捐因输入输出全由苏方包办之故,亦仅片面的对新疆有规定,于苏方则只字未提,似应以平等原则规定,无论输入输出,由新苏双方共同办理,而于税捐,亦应在平等互惠之原则下,明白规定。

第六条 苏维埃社会主义共和国联邦应在新疆有其商务委员办事处,地点设于迪化(乌鲁木齐)市。苏联驻新疆商务委员办事处得派有其代表于下列各城市,即:伊宁(固尔札)、塔城(秋勾长克)、承化(沙拉苏买)、哈密、焉耆(喀拉夏)、阿克苏、喀什噶尔、莎车(叶尔羌)及和阗。

换文(甲)……中苏商约附件对苏联驻中国商务代表所规定之法律地位,准适用于苏联驻新疆商务委员办事处。

研究意见

照上述规定,显系苏方企图控制新疆全境贸易,以便深入活动。且按中苏商约附件之规定,"苏联驻中国商务代表处,得在天津、上海、汉口、广州、兰州设立分处。商务代表及其分处之办事处,均享受外交上之豁免。代表处及其分处,有用密电码之权"。若苏联驻新疆商务委员办事处适用此项规定,流弊滋多。故此项规定,似仅以赋予苏联驻迪化商务委员为限,其他城市派驻之代表,不能同等享受,而于伊宁等九城市派驻代表一节,亦应就事实需要,予以减少。其他各条大致尚可。

综合上述研究结果,可见本协定草案内容,系侧重苏联单方面对新疆整个输出入贸易权利之获得。似应根据平等互惠原则,予以修正,且协定草案文字上亦有欠明晰之处,修改时,亦宜予以修正。

《中华民国重要史料初编——对日抗战时期》第七编《战后中国》(一),第820—822页

刘泽荣致叶公超电

1949 年 8 月 13 日

部次长钧鉴:357 号电奉悉。似此足见新疆与苏联协定能由中央通过之希望已微。唯职自蒙派现职五年以来,不顾一切困难及个人身体之衰弱,鞠躬尽瘁,其下怀一以秉承钧部指导,协助地方当局,力求安定边局。现今新疆局势日急,而一般佥认安定新局,唯有早与苏方达成协议为必须途径。既不被我中枢鉴纳,则以职之绵薄,绝无力再肩负新疆外交之重责,唯有恳求准予辞职,另派贤能,不胜惶悚待命之至。职刘□□　八月十三日

原新疆省档案:第1—1—100 号
《中苏国家关系史资料汇编》(1945—1949),第409 页

外交部呈行政院代电

1949 年 8 月 30 日

奉钧院三十八穗(五)七三八九号指令,遵于八月三十日召集经济部、资源委员会二单位代表,会拟中苏在新贸易谈判对案,会谈结果,佥以目前中苏关系之发展,显与三月前之情势不同。关于贸易谈判,应否遵循原定原则,与苏联达成协议,实有重行考虑之必要,谨将理由陈述如下:(一)苏联最近与所谓满洲人民民主当局缔订交换物资协定,我

若与苏缔结新苏贸易协定,不啻将我政府地位,自贬与所谓满洲人民民主当局之地位相等。(二)我对苏联违反中苏友好同盟条约之行为,曾提出抗议。在对白皮书之声明中复经郑重指出苏联违约,我对苏联违约行为既已一再指责,在苏方未答复我上述抗议,并在我方未获取苏联不再违约之保证以前,今若再与缔约,则前此指责,将失去意义,而我之立场,将益形动摇。(三)查顾全疆局安定,保持驻新国军安全,原为我恢复新苏贸易谈判之动机。兹兰州已陷,驻新国军退路已断,而匪锋指向西宁,且外蒙古军队自侵入北塔山区后,迄未退出,其骑兵近更有进犯百灵庙之传说,则新疆合围之势已成,疆局安危,恐非一纸贸易协定所能奏效。根据上述理由,故本部及各单位代表,均主张变更原定原则,贸易协定方面,亦不与苏达成协议。惟为顾虑新疆实际需要,俯顺新疆舆情,并避免与苏联直接谈判起见,关于今后新苏物资交换问题,拟密饬西北军政长官公署,示意省地方当局,与伊、塔、阿特区谋取妥协之可能,先以促成两区经济之交流,并间接从苏方获取物资,稍舒民困。能如此,则由外交问题变为内政问题,牵涉既少,收效亦大,纵不成功,亦可使中央维护疆局之苦心,见白于疆民。

　　《中华民国重要史料初编——对日抗战时期》第七编《战后中国》(一),第 823 页

(二)苏联与外蒙古独立问题

　　说明:1945 年 2 月,苏、美、英签署《雅尔塔协定》,认同维持外蒙古现状。8 月,在苏联压力下,中华民国政府同意外蒙举行全民投票,决定其是否独立。10 月份,外蒙古全民投票,公决独立。随即,苏联、中国等承认其独立。

雅尔塔协定（节录）①

1945 年 2 月 11 日

协定

苏联、美利坚合众国和大不列颠三大国领导人同意,苏联在德国投降和在欧洲作战结束后 2—3 个月内参加同盟国方面对日作战,附带条件如下:

1. 保持外蒙古（蒙古人民共和国）现状;

……

预计、关于外蒙古和上述港口（旅顺口、大连）铁路（中长铁路）的协定需征得蒋介石委员长的同意。按照约・维・斯大林元帅的建议,总统（罗斯福）将采取保障获得此种同意的各种措施。

三大国政府首脑同意,在战胜日本之后,对苏联的这些要求,应予无条件满足。

《苏联对外政策》(1946 年),莫斯科,1952 年,第 90—91 页

《中苏国家关系史资料汇编》(1945—1949),第 430 页

中华民国外交部长和苏联外交人民委员
关于蒙古人民共和国独立问题交换之照会（节录）

1945 年 8 月 14 日

中华民国外交部长的照会

人民委员阁下:

兹因外蒙古人民一再表示其独立之愿望,中国政府声明:于日本战败后,如外蒙古之公民投票证实此项愿望,中国政府当承认外蒙古之独立,即以其现在之边界为边界。

……

王世杰

---

① 该协定 1945 年 2 月 11 日于雅尔塔签订,1946 年 2 月 11 日莫斯科、华盛顿、伦敦同时公布——原注。

苏联外交人民委员的照会

部长阁下：

……

苏联政府对中华民国政府上述照会，业经收悉，并表示满意，兹同时声明，本政府将尊重蒙古人民共和国（外蒙古）国家独立与领土完整。

……

莫洛托夫

《苏蒙关系（1921—1974）·文件和资料》，第 2 卷，第 1 册，莫斯科，1979 年，第 122—123 页

《中苏国家关系史资料汇编》（1945—1949），第 430—431 页

决定自身独立问题外蒙开始全民投票
1945 年 10 月上旬

（新华社延安二十二日电）据路透，合众社电讯：中苏条约所规定的让外蒙人民自己决定其独立与否的全民投票，已于十月十日开始，国民政府并派内次雷法章等前往监督。据路透社讯，在外蒙京城库伦所举行的全民投票中，全体投票人赞成外蒙人民共和国成立。

《中苏国家关系史资料汇编》（1945—1949），第 431 页

十三省投票已揭晓，全体赞成外蒙独立
1945 年 10 月 22 日

（塔斯社库伦二十二日电）为外蒙古人民共和国独立而举行之全民投票的结果，纷纷到达负责管理投票之中央委员会。共和国的十八个省中，十三个省全民投票的初步结果已经收到，在这些省份中有三八一二四三个人参加投票，他们所有的人都投票赞成外蒙古人民共和国的独立。没有一个票是反对的。全国投票结果尚未全部收到。

《中苏国家关系史资料汇编》（1945—1949），第 431 页

全民投票中央委员会关于蒙古人民共和国独立问题实行
公民投票结果的记录
1945 年 11 月 12 日

在 1945 年 8 月 14 日中华民国外交部长王世杰先生致苏联外交人民委员维·朱·莫洛托夫先生的照会中,阐述了中华民国政府的声明:如果蒙古人民共和国(外蒙古)人民通过全民投票表明其对国家独立之愿望,则中国政府将承认蒙古人民共和国(外蒙古)在其现有边界之内独立。据此声明,蒙古人民共和国小呼拉尔主席团于 1945 年 9 月 21 日决定就蒙古人民共和国之国家独立问题进行全民投票。全民投票按照最广泛的民主方式进行。根据蒙古人民共和国宪法第 71 条,除了根据法庭审判剥夺表决权的人和精神病人,根据法律规定的原则被认为是精神病的人以外,蒙古人民共和国年满 18 岁以上的公民,不分性别、民族、宗教信仰、教育程度、游牧或定居生活和财产状况,以为社会出身,过去和现在做何种工作,一律参加公民投票。

小呼拉尔主席团 1945 年 10 月 5 日的决定规定了投票方式,内称:

"蒙古人民共和国之国家独立问题现付诸表决,请在所投票上姓名下标上'赞成'或'反对'字样并请签名,若不识字请盖上右手大拇指指印"。

全民投票以公开表决方式进行。在表决时每个投票人应就蒙古人民共和国之国家独立问题在"赞成"或者"反对"栏中签名表明自己的意见。为组织和举行全民投票,由小呼拉尔主席团决定设立的中央委员会组成如下:委员会主席,布马增德,委员会副主席,苏伦扎布,委员:杨吉马、锡林迪布、鲁夫桑、巴扎尔萨德、拉格恰苏伦、拉夫丹、桑扎、陶格米德、诺罗夫桑布、垂扎姆超、贡嘎扎夫、雅达姆苏伦、巴嘎扎夫、仁钦道尔吉、达姆丁、达格瓦、达姆丁、贡特夫苏伦、杜格尔扎夫、班兹拉格奇、拉姆扎夫、拉姆钦、巴勒吉尔、纳姆吉勒道尔吉、哈希嘎姆拜、索索尔巴拉姆。中央委员会认真审查了有关 1945 年 10 月 20 日举行的全民投票结果的资料和文件。在审查了全民投票的所有资料和文件,亦即:

4251 份投票者名单和 4251 份巴嘎委员会、浩林委员会、苏本委员会、和硕委员会、爱玛克委员会及希委员会①的记录之后,中央委员会认为所有这些资料都符合小呼拉尔主席团 1945 年 9 月 21 日和 10 月 5 日决定所规定的应有程序以及全民投票工作细则。根据小呼拉尔主席团 1945 年 9 月 21 日的决定,为了组织领导各地的全民投票,设立了由 20138 人组成的 3304② 个巴嘎委员会、浩林委员会、和硕委员会、苏木委员会、爱玛克委员会和市委员会;为了收集所投的票设立了 425 个投票站。各委员会在蒙古人民共和国公民中广泛地解释了全民投票的目的和任务、以呼拉尔主席团的决定、投票方式和关于表决程序的说明。投票于 10 月 20 日早晨 6 点至夜间 24 点钟在所有投票站同时进行。

对文件和 10 月 20 日白天各投票站全民投票过程的审查表明,投票本身也是严格按照小呼拉尔主席团的各项决定、工作细则所规定的投票方式以及蒙古人民共和国宪法第 71 条的规定进行的。中央委员会根据文件确定参加投票的总共应为在各地方委员会登记的 494960 人。在投票日前一天各委员会检查了投票人名册是否正确。上述人数中因正当理由(在旅途中、病重)未参加投票者有 7551 人。487409 位蒙古人民共和国公民参加了投票,占有权参加全民投票公民的 98.4%,其中包括 395 位在国外的公民,国外设立了 7 个投票站。

全民投票的准备过程和全民投票的情况鲜明地显示了蒙古人民共和国广大人民群众在争取自己国家独立的斗争中的团结一致和高度的政治觉悟。蒙古人民共和国国家独立问题的公决激起了全民热潮,国内各阶层人民自发地举行了游行示威和大小集会,这种游行和集会在投票日那天达到了异常广泛的规模。全国的牧民、知识分子、工人、工会组织和其他社会团体举行了 10282 次大小集会,有 586122 人参加。

---

①　以上行政机构分别相当于以下单位:生产组、生产队(村)、乡旗(县)、省和直辖市——原注。

②　《消息报》公布为 304 个——原注。

此外,妇女还举行了 3187 次①大小集会,共有 176081 名妇女参加,与会者在其发言和演讲中表示愿对祖国独立投自己的赞成票。关于举行全民投票一事,中央委员会收到了蒙古人民共和国公民的 1525 封书信、声明和 83789 份贺词,内中对自己的祖国所取得的成就表示喜悦,对祖国自由、独立的生存表示感激,并表示愿对蒙古人民共和国国家独立一致投赞成票。在许多投票站自发地举行群众示威游行,公民们高呼着口号,举着旗帜和蒙人民的领袖苏赫·巴(拉)〔托〕尔、乔巴山的肖像,举着苏联领袖和蒙古人民的朋友斯大林的肖像前往投票,为纪念全民投票日,在巴彦洪戈尔省省会建造了高达 10 米的方尖碑,以纪念蒙古人民共和国国家的独立。在隆重的气氛中升起了蒙古人民共和国国旗,举行了人数众多的大会,会后举行了群众性庆祝活动,在投票日那天,许多公民向各委员会敬献了珍贵的礼品、哈达、蒙古人民领导人的肖像、旗帜、贺信和祝词。委员会认为这是人民对自己独立、自由的国家及其奠基者感谢的表示。

　　根据上述情形,中央委员会认为,全民投票充分表明蒙古人民共和国人民渴望国家独立。根据中华民国政府 1945 年 8 月 14 日声明,此种国家独立应得到中华民国政府承认,本记录由委员会提交小呼拉尔主席团批准,委员会请求小呼拉尔将蒙古人民共和国公民在全民投票日寄来的所有礼品、贺信和书信,作为表明人民忠于自己独立的蒙古国的奠基者苏赫·巴拉尔的事业的历史文献,移交苏赫·巴托尔博物馆保存。

全民投票中央委员会主席　布马增德

副主席　苏伦扎布

《苏蒙关系(1921—1974)·文件和资料》,第 2 卷,第 1 册,莫斯科,1979 年,第 129—133 页

《中苏国家关系史资料汇编》(1945—1949),第 432—434 页

---

① 蒙古《真理报》为 3171 次——原注。

蒙古人民共和国小呼拉尔主席团关于就蒙古人民共和国独立问题举行全民投票结果的决定

1945 年 11 月 12 日

小呼拉尔主席团决定：

1. 批准中央委员会关于 1945 年 10 月 20 日举行的全民投票结果的记录作为表明蒙古人民共和国人民渴望国家独立的文件。

2. 在报刊上公布中央委员会记录并将记录提交苏联政府和中华民国政府,作为中华民国政府根据中华民国外交部长王世杰先生 1945 年 8 月 14 日致苏联外交人民委员维·米·莫洛托夫先生照会中的承认蒙古人民共和国独立的正式文件。

3. 满足中央委员会的请求,并将在全民投票过程中收到的蒙古人民共和国公民的所有礼品、书信和声明移交苏赫·巴托尔博物馆,作为表明蒙古人民享有其国家独立的坚强意志的历史文献。

4. 指出全民投票中央委员会和各地委员会顺利完成了任务,鉴于其权能已告终止,故解散上述委员会。

蒙古人民共和国小呼拉尔主席团主席　布马增德

书记　巴雅尔

《苏蒙关系(1921—1974)·文件和资料》,第 2 卷,第 1 册,莫斯科,1979 年,第 133—134 页

《中苏国家关系史资料汇编》(1945—1949),第 434 页

王世杰接见彼得洛夫谈话要点

1945 年 12 月 7 日

......

二、关于承认外蒙独立问题,以事关系中华民国领土之变更,故本部须于外蒙公民投票之结果向中央常会及国防最高委员会及内政部报告,完成诸种手续。此项程序手续,预计至一九四六年一月十五日以前可以完成,预定在一月十五日左右正式承认。

至于外蒙当局拟于承认后立即派代表与中国政府商议树立外交关

系一节,中国政府表示欢迎。外蒙在内蒙之军队,前经东北苏军总司令部声明,将与苏军同撤,我政府希望外蒙军队之在内蒙境内者,在本年内完全撤至外蒙境内。(下略)

《中华民国重要史料初编——对日抗战时期》第七编《战后中国》(一),第 166 页

国民政府发表公告承认外蒙独立

1946 年 1 月 5 日

(中央社重庆五日电)国府于一月五日发表承认外蒙独立之公告如下:外蒙古人民于民国卅四年十月廿日举行公民投票,中央曾派内政部次长雷法章前往观察,近据外蒙古主持投票事务人员之报告,公民投票结果,已证实外蒙古人民赞成独立,兹照国防会最高委员会之审议,决定承认外蒙古之独立,除由行政院转饬内政部将此项决议正式通知外蒙古政府外,特此公告。

《中央日报》(上海版)1946 年 1 月 6 日

中蒙将建立外交关系却伊巴桑已接
获中国政府承认其独立照会

1946 年 1 月 13 日

(塔斯社库伦十三日电)蒙古人民共和国总理兼外长却伊巴桑元帅,一月十一日接获中国外交部下列之电文称:“我们已经接到你关于中华民国三十四年十月二十日外蒙古人民实行全民投票的结果的照会,外蒙人民已证实他们的独立,按照最高国防委员会的决定,中国政府声明自今日起由外交部目前之照会通知承认外蒙古之独立。”

记者获悉,不久的将来蒙古人民共和国政府派遣代表往中国以建立蒙古人民共和国与中华民国间之外交关系。

《中苏国家关系史资料汇编》(1945—1949),第 435 页

《苏维埃社会主义共和国联盟和蒙古人民共和国友好互助条约》(节录)

1946 年 2 月 27 日

鉴于苏维埃社会主义共和国联盟和蒙古人民共和国签订的互助议定书十年有效期行将结束,苏联最高苏维埃主席团和蒙人民共和国小呼拉尔主席团决定将下引 1936 年 3 月 12 日议定书改为有效期十年的友好互助条约。

白卫军曾借助于入侵苏联领土的军队盘踞于外蒙古,自 1921 年在红军的支援下从白卫军手中解放蒙古人民共和国领土时起,苏维埃社会主义共和国联盟和蒙古人民共和国之间即已存在始终不渝的友好关系。两国政府从此种友好关系出发,本着支持远东和平事业和促使两国原有友好关系进一步巩固的愿望,兹决定从 1934 年 11 月 27 日起两国间的君子协定改为本议定书,君子协定规定在避免和防止军事进攻的威胁方面尽一切方法互相支援并规定在任何第三方进攻苏维埃社会主义共和国联盟或蒙古人民共和国时互相给予援助和支持,为此目的特签订此议定书。

第一条　苏维埃社会主义共和国联盟领土或蒙古人民共和国领土遭到第三国进攻之威胁时,苏维埃社会主义共和国联盟政府和蒙古人民共和国政府有责任立即共同讨论既成局势并采取一切为保障其领土安全可能需要的措施。

第二条　苏维埃社会主义共和国联盟政府和蒙古人民共和国政府承担义务在缔约双方之一方遭到军事进攻时互相提供各种援助,其中包括军事援助。

第三条　……本条约应于可能短的期限内批准,从批准时生效。交换批准书将在乌兰巴托进行。

如果崇高的缔约双方在本条约有效期满之前一年不声明希望废除条约,则条约在下一个十年期间仍然有效。

1946 年 2 月 27 日,即蒙历 36 年 2 月 27 日订于莫斯科,一式两份,每份各用俄文和蒙文缮就,两种文本具有同等效力。

苏联最高苏维埃主席团全权代表　维·莫洛托夫

蒙古人民共和国小呼拉尔主席团全权代表　乔巴山

《苏蒙关系(1924—1974)·文件和资料》,第 2 卷,第 1 册,莫斯科,1979 年,第 135—136 页

《中苏国家关系史资料汇编》(1945—1949),第 436 页

(三)中共与苏联的秘密外交

说明:1949 年初,经过辽沈、平津、淮海三大战役,中共获取内战全面胜利已成定局。斯大林急于知道中共政权的政策倾向及其对苏立场。毛泽东也想了解此时苏联对中共的态度和立场。于是苏联与中共展开了秘密外交。1949 年 1 月米高扬访问西柏坡。中共和苏联在秘密会谈中加深了彼此的了解,奠定了中共对苏联“一边倒”的外交政策基础。同年 6 月刘少奇访苏,奠定了中苏结为政治、经济、军事全方位同盟关系的基础。

米高扬就 1949 年 1—2 月的中国之行向
苏联共产党中央委员会主席团提交的报告

(应退还苏联共产党中央委员会　发至全体苏共中央主席团委员和候补委员普通卷,第 1 部分 N. 第 2375 卷)

绝密

特藏卷

苏联共产党中央委员会

鉴于中共和其他国家共产党之间已经出现的分歧,鉴于将就这些问题进行讨论,我认为有必要把我在 1949 年 1—2 月出使中国期间提交的报告,以及那个期间中央委员会给我的指示,分发给中央委员会主席团的委员和候补委员,作为参考。

这些报告是从当时革命委员会和中国共产党中央委员会所在地的西柏坡,通过密码电报传回来的,未经任何改动和增补,系原件的副本,一字不差,当时毛泽东身边有两个苏联军医——杰列宾(后在苏联死于空难)和麦列尼科夫,他们是毛泽东本人和毛的家庭医生。这两位医生有一部电台,负责联络。

我还认为有必要把涉及我的出使和会谈过程的某些情况做个交代。

1947—1948 年间,我党中央委员会和毛泽东之间就后者的莫斯科之行,交换过意见。他从来没有到过莫斯科,我国对他的邀请还在1947 年 6 月就已经转达给他了,我们表示愿意接待他同我们讨论中国革命问题,军事胜利后中国共产党将要遇到的课题,其中也包括中苏关系问题。

但是,由于毛泽东的驻地离我们甚远,联络困难,毛泽东的健康欠佳,中国革命军队的战事情况复杂化,以及其他的原因,毛的行期一拖再拖。

1948 年底中国共产党人的军事行动迅速发展,形势大好。一些决定性的战役在华北展开。我国把从日本关东军手中缴获的全部 70 万军队的武器转交到中国革命军队手中,它接受这批枪械后,正向中国要害地北京挺进。

1949 年 1 月 14 日,在中央委员会政治局会议上讨论如何就毛泽东来访时间给他复信时,斯大林表示了自己的想法,认为毛泽东此时前来未必合适,因他当时是游击战的领导人,虽然他的出行是秘密安排的,但是关于他的出国之事却瞒不住,恐怕已经走漏了风声。西方无疑会就他的出行做文章,说他访问莫斯科为的是向苏联共产党请领指示,而他本人则会被称作莫斯科的代理人。这会伤害中国共产党的威信,帝国主义和蒋介石集团会趁机大肆鼓噪反对中国共产党。

况且,不久即可成立一个由毛泽东领导的正式革命政府。届时他就能公开以中国政府首脑的身份出行,同邻国谈判,而不必秘密行动了。这反而会提高中国革命政府的威望和信誉，并且具有重大的国际意义。

尽管毛泽东推迟赴苏拖延了对于以臻成熟的问题的讨论，但因我党中央委员会政治局的一名委员要到中国，所以这个不利的方面却能够予以消除。

当时为迎接毛泽东本来已经做好了一切准备。政治局讨论了这个问题，同意了斯大林的意见，后者当即口述了一个致毛泽东的电报，内称：

"我们依然坚持，望您暂时推迟莫斯科之行，因为目前时刻您身在中国是非常必要的。如果您同意，我们可以立即向您派出一名负有责任的政治局委员到贵国，或赴哈尔滨或至另外一个地方，就我们感兴趣的问题进行谈判。"

毛泽东回答说，他决定暂时推迟莫斯科之行，他们欢迎我们派一名政治局委员到中国，同时表示希望该委员在1月底2月初成行，不到哈尔滨，而到毛的驻地。

斯大林提议我前往中国。

为了尽可能减少在中国谈判的困难，做好充分准备，不必过多的请示莫斯科，我拟了一个中国人可能向我们提出的问题清单，想好了几种可能的答案并且同斯大林和其他政治局委员进行了讨论。

这个时期，两个有争议的问题已经出现了，而我党中央委员会和中国共产党中央委员会之间对问题的解决办法也表现出了分歧。

1. 我党中央委员会不同意中国共产党中央委员会的下述观点，即中共中央认为，中国革命胜利之后，除了中国共产党以外，所有其他党派都应该退出政治舞台。1947年11月30日毛泽东在电报中说，在中国革命最后胜利的时期，按苏联和南斯拉夫之例，除中国共产党之外，所有政党就都应该退出政治舞台了，这将加强中国革命的势力。

1948年4月20日有斯大林签署的我党中央的复电中专门就此事说："我们不同意这样做。我们想，中国各不同的在野派政党，因代表着中国人民中间阶层的利益,也反对国民党集团,所以还应该长期存在,中国共产党需要把它们争取来合作,反对中国反动势力和帝国主义列强,同时保持自己的领导权,也就是说,保持自己的领导地位。下述情况当是可能的,即把这些党派中的一些代表人物吸收到中国人民民主政府中去,宣布这个政府本身是联合政府,以便用这样的办法扩大这个政府的民众基础和孤立帝国主义者及其国民党代理人。"

众所周知,由于听了这个意见,中国共产党改变了对待其他资产阶级政党的政策。

对待南京政府建议的态度,该政府希望苏联政府就停战议和事居中调解南京政府与中国共产党的关系。

1949年1月9日收到南京政府的一份照会,南京政府建议苏联政府(还有法国、英国和美国)就停战议和事,担负起居中调解南京政府与中国共产党之间关系的角色。

我党中央委员会致毛泽东的电报中称:

我们想做下述回答:苏联政府一向坚持现在也仍然坚持在中国停止战争建立和平。不过,在答应同意居中调停之前,我政府想知道,另一方即中国共产党方面是否接受苏联的调停。有鉴于此,苏联希望这另一方面即中国共产党方面能够了解中国政府的议和行动,并且征得中共对苏联居中调停的同意。我们想这样回答并将请贵国政府把是否同意这样做告知我们。如果贵方不同意,请给我们比较合适的回答。

我们想,如果贵方被问及,答案约可为如下所述:中国共产党一向主张中国和平,因为挑起内战的不是中国共产党,而是南京政府,后者就应该对战争的后果负责。中国共产党主张与国民党进行谈判,但是不能让那些发动中国内战的战犯参加。中国共产党赞成同国民党直接谈判,不需要任何外国人居间调停。

为说明1月10日的这份电报,斯大林又于1949年1月11日追加了如下内容:

据前述可见,我们为您拟的对国民党建议的回答草案,意图是要对和谈施加影响。很清楚,没有外国大国调停特别是没有美国居间,国民党绝对不会同意和谈。还有,没有蒋介石和其他战犯参加,国民党不会同意举行和谈,这一点也很清楚。所以我们预计国民党会拒绝按照中国共产党提出的条件进行和谈。结果就将是:共产党同意和谈,有了这一条,人们不能指责中国共产党愿意继续内战。而国民党则是破坏和谈的罪魁祸首。这样一来,国民党和美国倡言和平这一花招就将被揭露无余,而您们则可以继续胜利的解放战争。盼复。

1 月 12 日,毛泽东发出回电,内称,对于南京政府的照会,苏联政府应该做如下答复:

"苏联政府一向希望现在也希望看到一个和平、民主、统一的中国。然而,通过什么样的道路达到中国的和平、民主与统一——这是中国人民自己的事。苏联政府根据不干涉别国内政的原则,认为在中国内战交战双方之间调停是不可取的……

……在中国人民中拥有极高威信的只有苏联,所以,如果苏联在给南京政府的复照中采取您 1 月 10 日电报中所述的立场,那就会引发这样的结局,即美国、英国、法国会认为参与调停是应该的,而国民党则将抓住一个把柄诬蔑我们为好战分子。可广大群众,因对国民党不满并希望中国人民解放军迅速胜利,届时会非常失望……

……现在,我们认为应该义正词严地否定国民党的和谈骗局,因为眼下中国阶级力量的对比已经发生了根本变化,国际舆论也同样不利于南京政府,而中国人民解放军今年夏季就能过江,直捣南京。

我们似乎不需要再次采取什么迂回的政治手段。在当前形势下,再采取这样的迂回手段利少弊多。"

针对上述电报,斯大林于 1 月 14 日签署了一件致毛泽东的电报,内中特别指出:"如何回答南京方面和美国的此等手腕,现在可能有两个回答。第一个回答:直言不讳,不加任何掩饰地拒绝南京方面的和谈建议,从而宣布继续国内战争的必要性。可能这将意味着什么?这将意味着,第一,您把王牌亮了出来,把和平这面旗帜当做重要武器交到了国民党手中。还意味着,第二,你们帮助我们在中国国内的敌人,把中国共产党说成主张继续内战的一方,称赞国民党是和平的保卫者。第三,意味着,您给了美国一个机会,它就能制造欧美的社会舆论,说什么同共产党讲和平是不可能的,共产党不想和平,所以要在中国争取到和平,惟一的手段就是像1918年到1921年这4年时间里在俄国进行的干涉那样,组织列强的武装干涉。"

下面说的是第二个回答,灵活一些的回答,其精神已经在苏联第一个电报所提建议中说清楚了。就在当日,1月14日,毛泽东说他已经收到上述1月11日的电报所补充的内容,他在电报中说:"我们与贵方在基本方针(利用同国民党的和谈,把革命战争继续到底)上是完全一致的。"他还说,他们在这一天发布了愿意同国民党和谈的8个条件。针对这个情况,毛泽东被告知,从他最后一封电报中,看得很清楚,我们之间已经就南京方面和平建议问题取得了一致的看法,中国共产党已经开始了"和平"运动。也就是说,这个问题可以认为是彻底解决了。

××× ××× ×××

我是用安德列耶夫的化名前往中国的,也是用这个名字签发了给上述化名为菲利波夫的电报。这是因为怕我在中国逗留的消息泄露出去,而按照斯大林的建议采取的防范手段。

1月26日我乘飞机动身前往中国,1月30日到达,在中国一直呆到1949年2月8日。与我一起在中国的还有交通部长科瓦廖夫,他当时被任命为我们派驻中国共产党中央委员会的代表,还有一个中央委员会机关的工作人员,也姓科瓦廖夫。

凌晨,拂晓时分,我们就从旅顺起飞,旭日东升时飞抵石家庄附近的前日本军用机场。总司令朱德、政治局委员任弼时和翻译师哲前来迎接。我们乘坐一辆缴获来的车走了160—170公里才到了党中央和军事委员会的驻地西柏坡,这地方是在一个山沟里。

前两天毛泽东向我介绍中国革命史和中国共产党内的派别斗争。后来,再会面时,他又回到中国共产党的这些历史问题,讲了很多情况,诸如他为反对"左"右倾而进行了多么艰难的斗争,党如何因王明(他受到共产国际的支持)的行动而被击溃,军队又如何因此受到打击,后来又怎么样改正错误,宗派主义分子们如何消灭中国共产党的干部,他,毛泽东本人,又如何侥幸活下来,他的被捕,被开除出党,险些被杀害等等。但是王明和李立三被揭露后,毛泽东,按他的话说,和同志们共事默契,结束了迫害干部的做法。他过去和现在都一贯主张在党内要表现出宽容,认为不应该因为有分歧就把人开除出党,不应该迫害人。

毛泽东说,您看看,就说王明吧,他起过很坏的作用,但是我们把他留在了中央委员会内,他受到中央委员会的重视,尽管他事实上什么工作也没有做。毛很详细地讲述了王明的错误,显然是想察看我们对王的态度,我们是否想依靠王或听取他的意见。我知道毛泽东与王明的分歧,所以没有就此内容说什么话。早在莫斯科时就已经说定,我不同王明见面。在我同毛泽东的多次谈话中,他一次都没有露面,也没有设法与我会见。

我同毛泽东和其他中共中央政治局委员讨论的某些问题值得引起注意:

我问毛泽东,他打算何时拿下南京、上海和其他大的工业城市,他说,目前还不急于做此事。比如,他说,"我们要想有能力从政治和经济上完全掌握住中国,还需要一两年的时间",他的意思是,在这个时间之前战争是不会结束的。

说到这一点时,他还表露了一个想法,说他们现在避免攻占大城市,而致力于夺取一些农业地区。例如,他们不想拿下上海。毛说,上海是一个很大的城市,而中国共产党没有干部。共产党的基本成分是农民,共产党组织在上海势单力薄。最后一点是,上海乃靠从外地运入的原料和燃料维持生计。如果他们拿下上海,那么燃料就运不进来了,工业将停滞,失业会蔓延,人民境遇将恶化。中国共产党应该培养干部,这件工作已经开始了,待到培养出干部,他们就能占领上海和南京了。

遵照我党中央委员会还在我离开莫斯科之前就已经确定的立场，我对上述观点提出了异议，论证说，占领大城市一事，越快越好，干部是在斗争中成长起来的。上海的食品原料问题不管怎么样，迟早一定要出现。而占领上海则能严重削弱蒋介石的力量，给中国共产党人提供一个无产阶级的基础。

2. 毛泽东不太重视共产党员无产阶级成分的问题，中国共产党更多地注意农民，而较少关注城市和工人阶级。这种立场根源于过去的时期，因为往时党和军队一直活动于山区，远离工人集中的地区。时代变化了，可是对工人阶级的态度还是老样子。

从记录中看得很清楚，比如，毛泽东"满意地强调说，共产党在农村的影响是独一无二的，无人可望其项背。是蒋介石对农民的政策帮了共产党人的忙。城市的情况就不一样了。在城市里，如果说共产党在青年学生中影响很大，那么在工人阶级中，国民党的势力要比共产党大。例如，在上海，抗日战争胜利后，当共产党还处于公开状态时，上海的 50 万工人中，共产党的影响所及只不过有 20 万，其他工人都拥护国民党"。

毛泽东说："中国农民要比所有的美国工人和许多英国工人觉悟高得多。"这个说法也值得注意。

3. 遵循我党中央的指示，我劝毛泽东不要拖延成立革命政府一事，要尽快在联合的基础上成立革命政府，这是有好处的，比如说，在拿下南京或者上海之后就立即宣布新革命政府的成立。这样做，即使在国际关系方面也是有利的——此后共产党人就不必再像游击队那样神出鬼没，而是一个政府的名义出面，这一定有利于进一步的反蒋斗争。

毛泽东认为，不应急于建立政府，他甚至说，没有政府他们会过得更有利些。如果有了政府，那就要搞联合，这意味着，共产党就要为自己的所作所为对其他党派负责，这就复杂了。眼下他们，共产党人是以革命委员会（原文如此）的名义活动，该委员会虽然与其他党派有联系,但它是独立的。毛泽东肯定说,这有利于我们清除国内的反革命分子。他坚持这一点,并且论证说,打下南京(预计在 4 月份),也不立即成立政府,要到 6 月或 7 月份再说。我坚持说,把建立政府的时间拖延过迟会削弱革命力量。

众所周知,成立政府是在 9 月 30 日。

4. 关于旅顺。毛泽东告诉我说,有一个女资产阶级社会活动家,找过他,向他提出了一个问题,即革命政府在中国掌权后,苏联再在旅顺保有军事基地就没有意义了,而收回旅顺,对于中国来说则是一件大事。

毛泽东说,他认为,这样提出问题就不对,这位女性不懂政治,她不知道,中国有共产党人,苏联也有共产党人,可这并不排除而完全允许把苏联在旅顺的军事基地保留下来。所以他们,中国的共产党人,主张保留这个军事基地。美帝国主义在中国是为了施行压迫,而苏联在旅顺是为了保卫它,防范日本军国主义。待到中国十分强盛,有能力抵御日本侵略了,那时苏联本身也就不再需要旅顺的基地了。

我党中央委员会和斯大林对这个问题持有另外的立场:如果中国政府将是共产主义性质的,那(按指苏联)就不需要在那里有基地了。我向中国同志们阐述了这个立场。斯大林得到我关于中国对这个问题立场的报告后,在 1949 年 2 月 5 日致毛泽东的电报中写道:

"……中国共产党人掌握政权后,形势就根本改变了。苏联政府已经有取消这个不平等条约的决议,并且一旦同日本签订和约,苏联就从旅顺撤军,自然美国也将从日本撤军。然而,如果中国共产党认为苏联军队以立即撤出旅顺为宜,那么苏联愿意使中国共产党如愿以偿。"

毛泽东坚持己见,不过看得出来,他有自己的策略考虑,但他没有说透。

关于新疆。这个问题也同样引人注意。毛泽东怀疑我们打新疆的主意。毛泽东说,新疆伊犁地区在进行独立运动,这运动不受乌鲁木齐政府支配,伊犁也有共产党。他说,1945 年他在重庆同白崇禧会面时,白告诉过他,说伊犁的地方起义者拥有苏制的高射炮、坦克和飞机。

我确切地告诉毛泽东说,我们不主张新疆各族人民的独立运动,况且我们对新疆没有任何领土野心,我们认为新疆是也应该是在中国的版图之内。

毛泽东提出了一个建议:在中苏之间经新疆建设一条铁路。任弼时提出了途经蒙古铺设一条铁路的方案。后来在莫斯科讨论这个问题时,斯大林主张建设一条经过蒙古的铁路,因为这样距离短一些,建设费用也少一些,建设途经新疆的铁路放在第二步。

关于蒙古。毛泽东主动问,我们如何看待内外蒙古的统一。我回答说,我们不支持内外蒙古的统一,因为这会使中国丧失很大一块领土。毛泽东说,他认为外蒙古和内蒙古可以统一起来,归入中国的版图。对此,我回答说,这是不可能的,因为蒙古人民共和国早就享有独立权了。抗日战争胜利后,连中国的政府都承认了外蒙古的独立。蒙古人民共和国拥有自己的军队,自己的文化,它的文化和经济正在迅速发展前进,它早就体验到独立的好处,恐怕什么时候也不会自愿放弃独立。如果有一天外蒙古与内蒙古联合起来,那结果大概是建立一个独立统一的蒙古国。谈话时在座的任弼时在这个时候插话说,内蒙古有三百万人,而外蒙古只有一百万人。斯大林针对我就此事的报告给我发来一个电报,供毛泽东参考,内称:

"外蒙古的领导人主张中国境内各地蒙古族人与外蒙古联合起来,在独立的旗帜下建立一个统一的蒙古国。苏联政府反对这个计划,因为它虽然并不威胁苏联的利益,但它意味着从中国割出一大块领土。我们认为,即使所有的蒙古人联合为一个自治单位,外蒙古也不会为了在中国政府的版图内实行自治而放弃独立。不言而喻,这件事的决定权属于外蒙古。"

毛泽东知悉这个电报后说,他会考虑这个电报,还说他们"当然不会维护一种大汉族沙文主义的路线,也不拟提出关于蒙古统一的问题"。

　　关于其他国家承认未来的革命政府的问题。毛泽东对此事提出了两个方案——第一,外国承认中国新政府,苏联则立即率先承认;第二方案,毛泽东显然喜欢这个方案,即不去力争对新政府的立即承认,如果某外国政府表示有意承认之,那就不予排斥,但暂时也不表示认可,把这种策略拖上一年左右。中国人认为第二个方案的好处在于,新政府的行动不受约束,就可以对中国之内的一切外国事务施加压力,不必顾及外国政府的抗议。

×××　×××　×××

　　毛泽东总是说,他们,中国共产党中央委员会等着我国党中央委员会给予指示。我回答他说,我党中央委员会不能干涉中国共产党中央委员会的活动,不能给予任何指示,不能领导中国共产党。中苏两国的共产党都是独立的,如果有人向我们提出要求,我们只能提出建议,但是不能发号施令。

　　毛泽东依然坚持,声称他还是等待我党中央的指示,因为他们的经验还很少,他还故意贬低自己作为党的领袖和理论家的地位与作用,说他不过是斯大林的学生,他认为自己的理论著作没有什么了不起,因为他对马克思主义并未做出什么新的贡献等等。

　　我想,这是东方人表示谦虚的方式,但是这并不符合毛泽东对自己的实际评价和他心目中的自我价值。

　　为证实上述想法,我想从当时我同毛泽东的谈话中援举几个例子。还在我们第一次谈话时,他就说过:

　　"请考虑,中国远远落后于俄国,我们是一些水平不高的马克思主义者,犯过很多错误,如果用俄国的标准来衡量我们的工作,那我们就什么都没有了。"

　　我回答说:"可能这些话证明中国共产党中央委员会领导人的谦虚,但是令人不敢苟同。作为水平不高的马克思主义者,不可能在中国领导 20 年的内战并取得胜利。至于说错误,那么凡是积极活动的政党,都免不了犯错误。我们党也犯错误,但是我们党坚决遵循无情揭露错误的原则以为前车之鉴。"毛泽东补充说,我们是好心犯错误并真心纠正错误,他还举了一个例子。1946 年中国共产党中央委员会在进行土地改革时犯了错误。开始分析错误时看到,早在 1933 年他关于土地改革的著作就写得完全正确。可到 1946 年我们却把这些忘记了。如果 1946 年重温这些东西,那就不会犯错误了。1946 年大家把 1933 年写的关于土地改革的著作反复研读过了,并且公开向农民承认了错误,承担了错误的责任,因为虽然不是领导本身犯下的这些错误,可领导要对基层工作人员的错误负责。

毛泽东说如果用俄国革命的标准衡量中国革命,那中国就什么都没有了,我指出,对此不能苟同。

第一,中国革命是一个伟大的历史事件;第二,不考虑在中国进行革命的具体实际情况,而用俄国革命的标准来衡量它,那是不对的。

好像是为了证明这一点,毛泽东说,1936 年中国共产党在苏区表现了教条主义,照搬苏联的方法,结果导致了失败(原文如此,显然这里指的是 30 年代前期中共在根据地的政策。——列多夫斯基)。

接着,毛泽东说,用马克思主义教育干部是中国共产党的首要任务之一。过去他们以为干部自己就应该阅读全部马克思主义著作。现在看清楚了,这是不可能的,因为干部们一面学习,一面还进行着大量实际工作。所以他们决定要求每个干部必须读 12 种马克思主义著作。他列举了这些著作(《共产党宣言》、《社会主义从空想到科学的发展》、《国家与革命》、《列宁主义问题》等等,)但是没有举出任何一本中国马克思主义的著作。

我当时就问毛泽东,这 12 种著作里没有一篇从理论上总结中国革命经验的著作,他是否觉得不妥当。

毛泽东回答说,他作为党的领袖,对于马克思列宁主义没有任何创新,不能与马克思、恩格斯、列宁、斯大林相提并论。

他为斯大林的健康举杯,强调说列宁斯大林的学说是现在中国革命胜利的基础。斯大林不仅是苏联各族人民的导师。而且也是中国人民和世界各国人民的导师。毛泽东说他自己是斯大林的学生,说他自己的著作并没有什么伟大之处,不过是把马列主义学说在中国加以实践而已,他本人没有做出什么贡献。

此外,他亲自向各地发电报,措词严厉,禁止把他——毛的名字与马克思、恩格斯、列宁、斯大林并提,不过为此事他同自己的亲密战友们有过争论。

我回答说,这证明毛泽东的谦虚,但是不能同意他的说法。马列主义在中国不是机械地被搬用,而是在考虑中国特点和具体条件的基础上加以运用的。中国革命有自己的道路,具有反帝革命的特点。所以,阐述中国共产党的经验必然有更高的理论意义,必然丰富马克思主义科学。再说,难道能够否定中国经验的总结对于亚洲国家革命运动的重要理论意义吗?当然不能。

毛泽东指出,王明及其拥护者就过分强调了中国特点,利用这一点来反对党的路线。

我回答说,民族主义分子一般地是利用本国的历史特点把党拉到资产阶级蜕化的道路上去,马克思主义者也考虑这些特点,那是为了按照马克思列宁主义学说来领导革命。毛泽东没有对此提出异议。

我在 1949 年 2 月 5 日的电报里报告说,毛泽东在一次谈话时曾"强调在分析中国革命性质问题时,他根据的就是斯大林同志 1927 年前的论述和他最近关于中国革命性质的著作。

斯大林同志关于中国革命是世界革命一部分的指示,以及他对南斯拉夫西米奇民族主义的批评,对毛泽东来说,是非常重要的。

毛泽东几次强调说,他是斯大林同志的学生并且奉行亲苏的方针"。

××× ××× ×××

2 月 7 日最后一次谈话时,毛泽东对于就一些最重要的问题所进行的讨论表示满意,并感谢斯大林同志对中国革命的关心。

当我抵达符拉迪沃斯托克时,波斯克列贝舍夫打来电话并据斯大林指示通知我,政治局对我在中国做的这些工作表示非常满意。政治局每天开会都研读和讨论我的电报。斯大林要求我尽快回莫斯科,详细汇报各种情况。

回到莫斯科后,我确实了解到,斯大林和其他政治局委员都很满意,并且说我未辱使命。

现将我从西柏坡发出的电报和在那里收到的莫斯科的回电附上。

A. 米高扬

(原件未注日期——译者)

俄罗斯联邦总统档案,全宗3,目录65,案卷606,第1—17页

打印件,副本。

(俄)安·列多夫斯基

《米高扬与毛泽东的秘密谈判(1949年1—2月)》(中),《党的文献》1996年第1期

刘少奇访问莫斯科
斯大林与中共代表团的会谈纪要
1949 年 6 月 27 日

绝密

会议于6月27日23时至24时进行。

参加会议人员:莫洛托夫、马林科夫、米高扬等同志;刘少奇(中共中央书记处书记)、高岗(中共中央政治局委员、中共中央东北局书记兼东北人民政府主席)、王稼祥(中共中央委员)、卡尔斯基(即师哲,翻译)和伊·弗·柯瓦廖夫。

在与代表团成员握手和互致问候之后,斯大林要他们转达对毛泽东身体健康的问候。

刘少奇同志感谢斯大林同志对毛泽东同志的关心,并递交了毛泽东给他的信。在这封信中,毛泽东对苏联给予中国的巨大帮助,向斯大林表示感谢,并请斯大林接待代表团。

在此之后,斯大林转入讨论代表团提出的问题。

一、关于贷款。斯大林说,苏共中央决定向中共中央提供 3 亿美元贷款。关于这一点,斯大林注意到,两党之间类似这样的协议在历史上尚属首次。

3 亿美元贷款按照 1% 的年利率,以设备、机器和各种类型的材料、商品的形式提供给中国,平均每年 6000 万美元,为期 5 年。

中国将在贷款完全生效后的 10 年之内清偿贷款。关于这个问题,斯大林说,毛泽东同志在电报中以他个人的名义表示,对于这样的贷款,1% 的年利率少了,应当增加。

斯大林对此向代表团解释说,苏联向西方民主国家提供贷款的年利率为 2%,而提供给中国的贷款减少了一个百分点。这是因为中国的情况与西方民主国家不同。在西方民主国家那里没有战争,经济也比较稳固;而中国还在进行战争,经济持续恶化。因此,对中国应当按照更优惠的条件提供大量援助。

然后,斯大林笑着说,当然,如果你们坚持高一些的年利率,那就是你们的事情了,我们可以接受。

关于签订贷款协议问题,斯大林说,有两个方案。第一,由苏共中央和中共中央代表签订协议;第二,授权苏联政府和现已建立的中国东北政府签订协议。等到今后建立了全中国的民主联合政府,再通过苏中两国政府间的谈判来签订协议。

二、关于专家。斯大林说,我们将提供专家。我们已经准备好在最近按照你们的要求,派出第一批专家。但我们应当谈妥关于专家的报酬。我们认为,如果你们是按照粮食向你们的专家提供报酬的话,对苏联专家也可照此办理。但是应当按照你们的优秀专家的高水平报酬标准提供给苏联专家。不能低于,当然也不要高于这个水平。鉴于我国的专家享有高工资,因此,如果需要的话,将由苏联政府向他们补足。

斯大林说,如果发现我国专家中的个别人有不良行为,请你们通知我们。正像人们所讲的,家中难免有丑陋之人,在好人当中也可能会发现坏人。

不良行为将会败坏苏联国家的荣誉。因此,我们对此将进行警告、教育。必要的话,将进行惩罚。

我们不容许苏联专家对待中国专家和中国人民采取傲慢和轻视的态度。

在回答斯大林的这些话时,刘少奇说,在中国有一些与帝国主义活动没有联系的外国专家,他们得到的报酬大大高于中国专家。斯大林对此回答说,在我们苏联国家中,有不同于资本主义国家的自己的看法和制度,我们想按照我们自己的看法和制度办。

三、关于派遣专家去上海。斯大林同志说,我们已经挑选了15名专家,可以按照你们的要求,在任何时候派过去。请你们研究并通知我们。但是,一般来讲,你们应当注意到,在大城市,特别是在上海,有许多你们自己的专家和具有高度技能的工人,他们能够提供的帮助,会大于而不是小于苏联专家的帮助。因此你们必须吸引他们投入到积极的工作中去。

四、斯大林同志说,我们还准备帮助你们清除上海的水雷。既可以派专家,我们有很多这方面的专家,也可以提供扫雷艇。

我们可以这样来做。比如,卖给东北政府几艘扫雷艇。然后在大连、旅顺或者符拉迪沃斯托克教会中国海员如何清除水雷。斯大林接着笑着说,东北政府可以把它们再"卖给"中央政府。

五、关于新疆。斯大林同志说,不应当拖延占领新疆的时间。因为拖延会引起英国人对新疆事务的干涉,他们可以使穆斯林、包括印度的穆斯林活跃起来,以继续进行反对共产党的内战。这是不能容许的。因为在新疆有丰富的石油储量和棉花,而这些正是中国所急需的。

汉族在新疆所占的人口比例现在没有超过5%。占领新疆以后,应当把这一比例提高到30%。通过迁移汉族人的方式,全面开发这一广阔而富饶的地区,并加强对中国边境的防卫。

总之,为了巩固中国的国防,应当让汉族住进所有的边境地区。斯大林同志说,你们过高地估计了马步芳的力量。马步芳的部队主要是骑兵,在有大炮的情况下,非常容易将其摧毁。如果你们愿意的话,我们可以提供 40 架歼击机。这些歼击机可以非常迅速地驱散并击溃这支骑兵部队。

六、关于舰队。斯大林同志说,中国没有自己的舰队。然后又补充道,你们好像已经从国民党那里缴获了一些舰只?

中国应当有自己的舰队。我们准备帮助你们建立舰队。例如,现在我们就可以打捞那些军用和商用的沉船,并帮助把它们修理好。

至于你们请求帮助巩固青岛的海防,我们可以派遣一支分舰队去青岛港。但要在建立全中国的政府以后,以拜访的形式去。

七、刘少奇同志感谢斯大林同志给予的巨大帮助。这些帮助体现在中国生活和工作的各个方面。并感谢向中国提供的异常优惠的条件,这在历史上是没有过的。

他并强调,中共中央已经拟定了一个条例,并将分送给党的各级组织,以便给苏联专家创造一个使他们任何人都不会抱怨的工作条件。

八、斯大林同志说,我们也给苏联专家拟定了一个类似的条例,使他们不致得罪中国专家。

九、在回答中国同志关于建立莫斯科和北平之间的空中航线的请求时,斯大林同志说,我们已经做好了准备,现在就可以着手组建这条航线。

我们可以帮助你们建立飞机装配修理工厂。可以向你们提供最新型的歼击机。你们想要捷克斯洛伐克生产的,或者是俄罗斯生产的歼击机都行。这样你们就可以培养自己的飞行人员了。

十、斯大林同志同意代表团提出的这一请求,即在政治局会议上听取他们关于中国政治军事和经济形势的报告,并就一系列重要问题交换看法。并同意过三四天,以便代表团做好准备。

十一、斯大林同志说,我们准备在国家机构、工业和你们想要学习的所有方面,全面帮助你们。但为此目的,应当称你们是来自东北的贸易代表团,以便你们能够公开进行访问。

十二、如果你们认为这样做是适宜的,我们将在报纸上发表一条消息,报道以高岗同志为首的贸易代表团抵达莫斯科。这样你们就有可能性广泛地进行参观,包括参观各种游艺娱乐企业。

中国同志请求,等他们请示毛泽东后再对此做出回答。

俄罗斯联邦总统档案馆,全宗:45,目录:1,案卷:329,第1—7页,正文由打字机打印,原件、签名和附注是手写的,"印了一份"。

《斯大林与中国》,第97—101页

中共中央代表团的报告
1949 年 7 月 4 日

绝密

译自中文

中国革命目前的形势

中国人民的革命战争,现在已基本上取得了胜利,不久就将取得完全的胜利。

截至 1949 年 5 月底,被中国人民解放军占领的中国富庶地区已有290 万平方公里,占全国总面积的 30%(因新疆、青海、西藏的面积很大),人口 2.75 亿,占全国总人口的 57%,县城以上的城市,包括最大的城市上海、南京、北平、天津、武汉在内,有 1043 个,占全国 2000 个县以上城市的 51%。

中国人民解放军在 3 年来的战争中,消灭了国民党军队 559 万人,国民党军队包括其后方机关在内,现在只剩下 150 万人左右。其中有些战斗力的只有 20 万人左右,而人民解放,据最后统计,则已发展到390 万人,其中四个野战军 240 万人,其余为各军区地方部队及总部直属兵团和机关学校。有空军 7500 人,海军 7700 人。(1/有飞行员吗?有水兵吗?)

人民解放军在今年夏秋两季可占领福建、湖南、江西、陕西等省,冬季可占领广东、广西、云南、贵州、四川、西康、甘肃、宁夏、青海等省。这样就基本上结束了对国民党的战争。剩下的有台湾、海南岛、新疆和西藏。其中西藏问题只能用政治方式而不能用战争方式解决。台湾、海南岛和新疆，要等待明年才能占领。台湾因有部分国民党军队作内应，可能提早占领。我们完全赞成尽可能早地占领新疆，而占领新疆的最大困难，是如何肃清和保证向新疆前进的道路，以及缺乏必要的交通工具（由甘肃到新疆需经过漫长的没有粮食和饮水的沙漠地带），如果能够克服这些困难，占领新疆的时间，将可以大为提前。

除了军事上的胜利，我们在政治上也已经取得了胜利，美帝国主义和蒋介石国民党已经陷入完全的孤立。所有中国的民主党派都站在我们一方面，人民群众轰轰烈烈地起来，欢迎人民解放军，反对帝国主义和国民党。

我们认为，中国革命的胜利已经毫无疑问了。但由于我军的行动受到交通条件和自然条件的限制，因而要取得完全的胜利，还需要一些时间。关于帝国主义对中国革命直接武装干涉的可能性，我们从来就有充分的估计，联共（布）方面关于这个问题对我们的指示，更加引起我们的注意，我们完全同意这样指示。我们没有松懈对这种可能性的警惕。但照目前的国际形势来看，似乎没帝国主义者派遣上百万军队对中国进行大规模武装干涉的可能性。况且，这也只能推迟中国革命胜利的时间，而不能消灭和阻止中国革命，同时还将使帝国主义陷入极大的困境。但帝国主义派遣一二十万军队占领中国三四个海港，或作一种扰乱性的武装袭击，仍然是可能的。我们对此已做了准备。因为我们没有海军和空军，海岸没有设防，帝国主义的这种武装袭击可能会给我们带来一些困难和损失。但我们的军事力量不会受到损失，而且这将激励全国人民及军队起来反对帝国主义，并驱逐这些进行干涉的军队。正因为如此，我们认为，如果我们处理得当，帝国主义有可能不敢来进行直接的武装干涉。我们应当注意不给帝国主义以进行武装干涉的借口。与此同时，迅速肃清帝国主义的走狗——国民党的残余力量,使帝国主义的武装干涉更加困难。

中国人民革命战争的胜利,发生在第二次世界大战以后,世界无产阶级与人民民主力量,特别是苏联,给予中国人民的帮助,是中国人民取得胜利的决定性条件之一。中国共产党利用了这些条件。在中国革命中,有成功地组织反帝民族统一战线的经验,土地改革的经验,在乡村中长期进行武装斗争,包围城市,然后夺取城市的经验,在城市中进行秘密工作与合法斗争,以配合武装斗争的经验,以及在中国这样的国家内建立马克思列宁主义的共产党的经验。这些经验,对于其他殖民地和半殖民地的国家,可能是很有用的。

(二)新的政治协商会议与中央政府

中国革命战争已基本胜利,很快就会完全胜利。今后的任务,是争取在最短时间内结束战争,肃清蒋介石国民党残余,并尽可能迅速地恢复和发展国民经济,管理和建设这个国家。

我们决定在今年8月召开新的政治协商会议,并成立联合政府,现正在积极进行各项准备工作。新的政治协商会议,不是由共产党一个党或少数几个党发起和召集的,而是由中国所有民主党派、人民团体和少数民族及海外华侨共23个组织共同筹备和召集的。这种方式使党外人士非常满意。

现在政协筹备会已组成,共同筹备委员134人,其中党员43人,肯定跟我们前进的进步人士48人,中间人士43人,其中中间偏右的只有12人,在进步人士中有15个秘密党员,共产党可以保证对政协筹备委员会的绝对领导。在筹委会中另外还设立了常务委员会,有委员21人,同样可以保证我党的领导。

筹委会已决定将来参加新的政协会议的党派14个,代表142人。地区代表102人,军队代表60人,人民团体和少数民族及海外华侨代表206人,总共45个组织,510个代表。代表中党员将占多数。

我们认为,中国的政治协商会议是为群众所熟悉的中国革命民族统一战线的新的适当组织形式,准备使其成为经常性的组织,并在必要的地方成立地方的政协会议。

政协会议准备通过各党派团体共同遵守的纲领,选举中央政府,发表宣言决定新的国旗、国徽、国歌等。(2/各省政府是否也要成立?)

新的中央政府的组织成分尚未决定。在新的政府中除军事委员会外,在内阁之下,将成立财政经济委员会,文化教育委员会及政法委员会(管理公安、内务、司法等),并设立各部。在各部中,准备设立铁道、农业、林业、商业、冶金、纺织、燃料、交通、邮电等部。中央政府准备以毛泽东同志为主席,周恩来同志为内阁总理,(3/这是事实上的总统吗?)刘少奇和任弼时不参加政府。

关于中国新民主主义的国家性质和政权性质,我们的理解是:

它是以无产阶级为领导,以工农联盟为基础的人民民主专政的国家。

它是对帝国主义、封建势力和官僚资本实行专政的。(4/什么是"官僚资本")

工人阶级是这个专政的领导力量,工人、农民与革命知识分子的联盟,是这个专政的基本力量,同时,团结尽可能多的能与我们合作的小资产阶级和自由资产阶级及其代表人物和政治派别参加这个专政。这就是这个专政的组成成分。

人民民主专政不是资产阶级专政,也不是无产阶级专政,这是无需解释的。(对!)

中国的人民民主专政,与列宁在 1905—1907 年革命中所提出的"工农民主专政"有共同点,但也有区别点。以无产阶级为领导,工农联盟为基础,这是共同点。但中国人民民主专政包括愿意反对帝国主义、封建主义和官僚资本势力的自由资产阶级的代表和派别在内,这是区别点。(5/对!)其原因在于中国是一个半殖民地国家,我们在革命中及革命后一个相当长的时期内需要集中力量去对付帝国主义及其走狗,(对!)以及中国民族资产阶级的特点。正如斯大林同志 1926 年在共产国际中国委员会的演说中所说的,中国未来的革命政权将"主要是反对帝国主义的政权"。

中国人民民主专政的形式,是人民代表会议制,这不是资产阶级式的议会制,而相近于苏维埃制,但与无产阶级专政的苏维埃制也有区别,因为民族资产阶级的代表参加人民代表会议。(对!)

中国人民民主专政,有它的外部矛盾与内部矛盾,有它的外部斗争与内部斗争。所谓外部矛盾与外部斗争,就是它与帝国主义、封建主义、官僚资本主义及与国民党残余势力的矛盾和斗争,这在推翻国民党政权后的一个相当长的时期内仍然是存在的,并且仍然是主要的矛盾和斗争。

所谓内部矛盾与内部斗争,就是人民民主专政内部各阶级间、各党派间的矛盾与斗争,这在今后将会逐渐加强,但与外部矛盾比较,在一个相当长的时间内,将仍然处于次要的和服从的地位。

有人说:"在推翻国民党政权或者实行土地改革之后,中国无产阶级与资产阶级的矛盾,便立即成为主要矛盾,工人与资本家的斗争,便立即成为主要斗争。"我们认为这种说法是不正确的,因为一个政权如果以主要的力量去反对资产阶级,那便成为或开始成为无产阶级专政了。这将把目前尚能与我们合作的民族资产阶级赶到帝国主义那一边去。这在目前的中国实行起来,将是一种危险的冒险主义的政策。(对!)今年2月安得列耶夫同志与毛泽东同志谈话时,曾同意中共对民族资产阶级采取拉拢政策,后来,联共(布)中央也指示我们必须吸引民族资产阶级到我们这方面来,我们是完全同意这些指示的。

在推翻国民党政权之后,劳资间的矛盾是客观存在的,并将逐渐加强。因此,工人阶级要向资产阶级进行必要的和适当的斗争,才能保护工人阶级与人民民主专政的利益,但同时,还要和民族资产阶级实行必要的和适当的妥协与联合(签订取消罢工的集体合同),以便集中力量去对付外部敌人和克服中国的落后现象。在中国,从现在起到实行民族资本完全国有化,还需要经过许多步骤,需要一段相当长的时间,这一段时间到底需要多久,要看国际的和国内的各种条件来决定,我们估计可以需要 10 年到 15 年。

中国的人民民主专政,将实现中国的统一,这是中国的一个伟大进步,这是在无产阶级的领导之下实现的。但是由于中国的落后,交通不便,过去帝国主义的势力范围与封建势力的割据,中国统一的经济体系尚未形成,所以目前还不能不给地方政府以较大的自治权,以便发挥地方的积极性。(7/将要成立省级地方政府吗?)在目前,实行过分的中央集权制,我们认为是不正确的和有害的。(对!)

我们以上的这些看法是否正确? 希望获得斯大林同志及联共(布)中央的指示。

中国各民主党派的领导人物,绝大多数已来到北平。中国共有十多个民主党派,他们都是一些进行政治活动的小团体,成员总数不到 3 万人,其中民主同盟有 2 万人,在一部分知识分子中比较有影响。他们都不在工人和农民群众中进行活动。他们的组织松散,内部很不团结。例如所有各党派都无法提出自己的参加政协会议的代表名单,因为他们内部有争吵。他们的代表名单,都必须由共产党发表意见才能提出。但各民主党派都有几个领导人物,这些人物因为在中国进行长期的政治活动,在人民中是有些影响的,他们的组织就靠这些领导人物来维持。在每一个党派中都有左、中、右三种人,国民党的残余分子及帝国主义走狗,都极力想钻进这些民主党派中,争取他们的合法地位,我们为此已向这些党派提出了严重警告。所有各党派在反对蒋介石国民党这一点上是完全一致的。在反对帝国主义这一点上也是一致的,但有少数人在不久以前仍与帝国主义分子有些联系,直到最近才断绝了这种联系。在土地改革这一点上,则有一部分人是勉强地和共产党一致的。在对苏联的问题上,有少数人还提出了一些民族主义的意见。

所有各民主党派,在公开的政治场合中,都能接受共产党提出的一般纲领,他们都公开地宣布拥护中国共产党的领导。除帝国主义的走狗蒋介石国民党外,中国还没有最后地形成民族资产阶级的政党,没有像欧洲国家那样的反动的资产阶级政党。(8/有没有买办集团?)

在中国实际的政治生活中,参加政协会议的那些人民团体将发挥相当重要的作用。这些团体,有的已拥有广大的会员,并且都在迅速地发展会员。他们在过去的反对美蒋的斗争中,曾有过重要的作用,在今后能发挥更重要的作用。他们都能接受共产党的领导,或者是在共产党的绝对领导之下。除全国总工会早已成立外,最近还召开了妇女、学生、青年的全国代表大会,成立了全国民主妇女联合会、新民主主义青年团及全国学生联合会。因中国青年过去已有很多组织,为了统一这些组织,还成立了全国及各地的青年联合会,暂时作为统一青年运动的组织。

国民党的工会、妇女团体和三民主义青年团,在国民党失败后,已处于非法地位,并迅速瓦解,其领导人早已逃跑或停止活动了,其中的进步人士,则在国民党失败以前就靠近我们了。由朱学范所领导的中国劳动协会,是有一些群众的,但已与全国总工会合并了。

安得列耶夫同志今年2月在中国提出要注意组织工人、职工和青年、妇女的工作。我们同意这些意见。现已在所有城市展开了这些工作,但由于这些工作过去长期间断,目前还需要重新训练这些工作的干部(现在每个团体都有几百个到几千个学生的干部训练学校),所以这些工作暂时还无法取得很快进展。我们希望能有几个有经验的苏联同志来中国帮助开展这方面的工作。

文化教育工作者及科学工作者的全国代表大会,不久即将在北平召集,并将成立他们的全国组织。他们是能接受共产党领导的。

(三)关于外交问题

联共(布)方面最近关于外交及对外通商借款等问题给我们的指示,我们完全同意。

帝国主义全力帮助国民党,反对中国革命,失败以后,现在又以下面的方法继续反对中国革命:

(1)继续援助国民党及其他可能的力量抵抗中国革命;

(2)用一切方法钻进革命阵营的内部来分化和破坏中国革命;

（3）用一切方法挑拨中国革命与苏联及世界共产主义运动之间的关系；

（4）用许多方法向中国共产党表示接近,企图拉拢中共与帝国主义国家接近。

对于帝国主义的这些阴谋,我们是看得清楚的,并且有经验绝不会让帝国主义的阴谋得逞。关于这些,我们已在各民主党派中提出警告,并号召人民提高警惕性。

所有帝国主义在中国的控制权,不论是在军事上的、政治上的、经济上的和文化上的控制权,中国革命均要彻底地加以摧毁。这是已写入我们二中全会的方针,是坚定不移的。现在我们的军队所到之处,帝国主义在军事上、政治上的控制权,已经随着国民党的覆灭而被摧毁,其在经济上、文化上的控制权也被大大削弱。但是帝国主义者直接经营的经济和文化组织依然存在,他们的外交人员和新闻记者依然存在。对于这些,采用什么步骤和方法进行处理,是值得考虑的。

今后我们的外交活动,我们认为应根据以下几项原则进行：

（1）和各帝国主义国家进行斗争,以便实现中国民族的完全独立；

（2）在国际事务中和苏联及各新民主国家站在一道,反对新的战争危险,保卫世界和平与民主；

（3）利用各资本主义国家之间和这些国家内部的矛盾(9/对。)

（4）在平等互惠的条件下发展中国与外国的通商贸易,特别是发展与苏联及各新民主国家的贸易。

我们没有各帝国主义国家在华投资情况的最新资料。据日本在1936 年的调查：英、美、法、德、意、比六国在华投资总额为 18.28 亿美元。其中英国占 10 亿多,美国占 2.2 亿,德国和意大利占 2.1 亿多。铁路贷款和政治贷款占 5 亿多,各国在中国所设银行的金融投资 4.5 亿多,经营进出口的贸易投资 3.8 亿多,经营工矿及其他工业部门的投资 3.6 亿多。但在日本失败以后,日本、德国和意大利在华投资均被没收。(10/被谁没收了?)英、法、比在华投资受到一些损失,美国增加投资亦不多。现在各国在华的企业是：银行保险、出进口贸易、航行外洋的轮船及码头仓库。此外，有英国占有一半资本的开滦煤矿（年产400万吨）、上海和天津的英国烟厂及上海的美国电力公司及其他若干市政企业，占有较重要的地位，其他企业均不重要。帝国主义在中国直接经营的工业与矿业，已经没有很重要的地位。目前，我们对于帝国主义在中国的经济企业，除在若干方面加以必要的限制外，一般还是让其继续活动。（11/什么样的限制？）但有些帝国主义者的流动资金已经抽逃，或采取消极的观望态度。在将来什么时机和采取什么方法解决帝国主义在中国的投资问题，是没收还是采取其他方式，我们还没有决定。目前，我们正忙于军事和其他工作，但应该做处理这个问题的某些准备。

各帝国主义国家在中国有自己的宣传机关和文化机构。据以前的调查材料，除报纸、杂志和通讯社外，仅仅英、美两国在中国就有31所大学和专业学校，32个教会学校，29个图书馆，26个文化团体，324所中学，2364所小学，3729个教会，93个宗教团体，147所医院，53个慈善机关。对外国原有的报纸杂志和通讯社及新闻记者，中共中央已决定停止他们的活动和出版，各地均已执行。但在上海，因为帝国主义掌握了上海的若干经济命脉，中央批准了上海同志的提议，暂缓实行此项决定，但以后仍准备加以执行。对于帝国主义国家在中国办的学校和医院等，暂时让其在遵守我们法令的条件下继续办下去。但不许再设新的，待将来国家有力量接收这些学校和医院时，将加以接收。对宗教机关，一方面允许其在遵守我们法令的条件下继续活动，另一方面，进行一些反宗教的宣传，对教会和教堂的土地经教民同意予以没收和分配。（12/对。）其他外国机关团体的土地亦予以没收和分配。

各国在中国的外交人员，我们都没有加以承认。只当做侨民对待他们，这样做的结果使人民感觉到中国已经站起来了，中共是不怕帝国主义的，并使我们免去了许多麻烦，使各民主党派不敢与帝国主义的外交人员接触，甚至普通人亦不敢接触各帝国主义国家的外国人，帝国主义在中国的外交人员利用各种场合请求并设法与我们保持联系,企图取得我们的正式承认。我们现在实行的对外国人的政策,在中国历史上是从来不敢实行的。但这样做,各国侨民感到有诸多不便,许多人请求出境,同时,我们自己在这方面也有一些不方便。

各国在中国已解放的地区约有侨民12万人,其中上海有65000多人,东北有54000人,在东北的外侨,主要是苏联人,其次是日本人。

在新的中央政府成立以后,就会发生与各国建立正式外交关系的问题,参加联合国及其他国际组织和国际会议的问题。各帝国主义国家可能有一段时间不承认我们,或提出若干束缚我们手脚的条件作为承认我们的代价,在这种时候,我们应采取何种政策?(13/区别对待。谁不承认中国,中国在贸易上就不给它任何优惠《美国的经济危机迫使它不得不重视与中国的贸易》,为此要利用中国的商人。)束缚我们手脚的条件,我们当然是不能答应的,但我们是否应采取积极的办法,以便保证取得这些国家的承认,使我们能够在处理国际事务中占有合法的地位?另一方面,我们是否要再等一等,不急于得到这些国家的承认,(14/是的!最好不急。)为了避免发生不愉快,先集中精力搞好国内的事情?(对!)在中国新政府成立后,苏联及东欧各新民主国家是否能尽快承认我们,即使各国帝国主义国家采取无视我们的政策。(15/对。)

如果帝国主义国家承认中国新政府,我们就准备与这些国家建立外交关系。那时,我们希望苏联能够率先承认我们。

对于国民党与外国签订的条约和协议,我们准备分别处理,其原则就是,凡是对于中国人民及世界和平民主有利的,我们都准备加以承认和继承。例如联合国宪章、开罗宣言、中苏友好同盟条约等。凡是对于中国人民及世界和平民主不利的,我们都准备加以废除。例如中美通商航海条约等。另有一些,则准备在进行修改后加以承认。(对。)

在各国承认新中国后,我们准备参加联合国及其他国际组织,特别是涉及日本的各种国际组织。在国际活动的政策上,我们一定要与苏联一致。在这一点上,我们已经向各民主党派做了一些解释。(16/对!)一些党外人士批评我们的政策是向苏联一边倒,毛泽东答复他们说:我们的政策就是要向苏联一边倒,如果不与苏联一起站在反帝国主义的阵营,而企图走中间路线,那是错误的。在经过这些解释后,各民主党派便与中共联合签署并发表了反对北大西洋公约的声明。

在以上各种外交问题上,我们希望获得斯大林同志及联共(布)中央的指示。(好。)

(四)关于苏中关系问题

苏联和中国之间牢固的民族友谊,对于两国和全世界都有极为重大的意义,特别对于中国的独立和建设,具有决定性的意义,中共中央是完全了解这种重要性的。中国共产党一定为增进和巩固这种民族友谊而不懈地努力。苏中友好同盟条约,在过去已给予中国人民很大的帮助,今后,新中国政府继承这个条约,对于苏中两国人民,特别对于中国人民,将有更伟大的贡献。我们完全愿意继承这个条约,在苏联与新中国建立外交关系时,这个条约需要加以处理,其处理方式大概有以下三种:

(1)由中国新政府宣布全部承认这个条约继续有效,不加任何修改。

(2)根据原来条约的精神,由两国政府代表重新签订一个新的中苏友好同盟条约,以便根据新的情况在文字和内容上有所增减。

(3)由两国政府代表换文,暂时维持这个条约的原状,但准备在适当的时机重新加以签订。

在这三种方式中,应该采取哪一种方式为好?(17/等毛泽东到莫斯科后再决定这个问题。)

在民主党派及学生和工人中,有人提出苏联在旅顺驻兵,蒙古独立及苏联运走东北机器的问题。(我们从东北运走的日本资产只是一部分,远不是全部)。我们曾向这些人解释:当我们自己还不能防守自己的海岸时,如果不赞成苏联在旅顺驻兵,那就是对帝国主义的帮助。关于蒙古人民共和国的问题，我们说：蒙古人民要求独立，根据民族自决的原则，我们应该承认蒙古独立，但蒙古人民共和国如果愿意与中国联合，我们自然欢迎。这只有蒙古人民才有权利决定这个问题。（18/对。）关于苏联从东北运走机器设备的问题，我们说：这些机器是日本人的，苏联把这些东西当做胜利品运走，去建设社会主义，免得落在反动派手中以此反对中国人民是完全正确的。以上这些说法，不知是否正确？关于与苏联通邮、通电、通车、通航等问题，我们希望迅速办理，并愿由苏中两国合办一个航空公司。这些事情，应当如何进行。（19/我们来帮助进行。）

关于与东欧各民主国家建立关系及通商问题，应当如何办理？（通过与他们的直接谈判。）

我们长期处在农村游击战争的环境中，对外面的事情知道的很少，现在要来管理一个如此大的国家，并进行经济建设和外交活动，我们还需要学习很多东西。在这方面，联共（布）给予我们的指示和帮助，是十分重要的，我们迫切地需要这种指示和帮助。除苏联派专家来中国帮助我们外，我们还希望派一些苏联教授到中国来讲学，并由中国派一些参观团去苏联参观和学习，除此之外，派一些大学生去苏联学习。（20/好。）

关于联共（布）与中共的两党关系问题。毛泽东同志与中共中央是这样认为的：联共（布）是世界共产主义运动的统帅部，而中共则只是一个方面军的司令部。局部利益应当服从世界利益，因此我们中共服从联共（布）的决定，尽管共产国际已不存在，中共也没有参加欧洲共产党情报局。（21/不！）在某些问题上的，如果中共与联共（布）出现分歧，中共在说明自己的意见后，准备服从并坚决执行联共（布）的决定。（不！）我们认为应该尽可能地密切两党的相互联系，相互派遣适当的政治上的负责代表，以便处理两党有关的问题并增进两党相互的理解。（22/对！）

毛泽东同志希望访问莫斯科，但他现在已不可能秘密地去莫斯科，只有等候苏中建立外交关系时公开地进行访问。他到莫斯科的时机和方式,希望予以考虑。(23/对。在 1949 年底,建立外交关系以后。)

以上所提各项问题,希望给以指示。

关于苏联给中国的 3 亿美元的贷款,我们完全同意斯大林同志所提出的各种条件,并感谢苏联对于中国的帮助。(24/还有白银呢?)

希望斯大林同志及联共(布)中央对中共的工作和政策,能够经常地不客气地给予指示和批评。

中共中央代表团团长　刘少奇

1949 年 7 月 4 日

俄罗斯联邦总统档案馆,全宗:45,目录:1,案卷:328,第 11—50 页。正文由打字机打印,原件、签名是手写的。

《斯大林与中国》,第 102—115 页

关于向苏联学习党和国家建设经验问题
给联共(布)中央斯大林的信
1949 年 7 月 6 日

联共中央斯大林同志:

我们在自己的报告中已经提出许多问题向斯大林同志及联共中央请示,关于借款及专家问题,斯大林同志已有指示。此外,在我们动身的时候,毛泽东同志要我们将关于国际形势,新的战争危险,苏联与帝国主义美英间的关系等问题的估计与分析,向斯大林同志请示,以便作为中共估计国际形势的指南。

我们想利用在莫斯科的短短时间学习苏联,想要知道的问题大概如下:

苏联的国家组织。其中包括:

一、各级政权机构;

政府中的各部门;

中央与地方的关系；

政权的基层组织；

党的组织、政府的组织及群众团体的组织相互之间关系；

经常的武装组织、法院组织与公安组织；

财政经济机构；

文化教育机构；

外交机构与外交斗争。

二、苏联经济的计划与管理。其中包括：

工业、农业与商业的配合；

国家预算与地方预算，个别工厂、机关、学校与农场的预算；

国家企业、地方企业，个别工厂、机关、学校的企业与合作社企业之间的相互关系；银行的组织与作用；

合作社的组织与作用；

海关与对外贸易的组织与作用；

税收制度与税收机构；

运输机构。

三、苏联的文化教育。其中包括：

各级学校的组织与制度；

学校与生产部门的联系；

学生的招收及对学生的待遇；

学校课程；

其他文化艺术工作；

学术研究机关。

四、党的组织与群众团体的组织。其中包括：

党的组织方式；

党务工作部门；

党的教育组织；

党委制；

党的干部管理；

工会的组织方式；

青年的组织方式。

学习的方式，是请苏联各方面工作的负责同志与我们谈话，我们想请下列各机关能派出负责同志与我们谈话：

部长会议；

内务部；

教育部及文化高级机关；

外交部；

国家计划局；

银行；

合作社；

商业部；

对外贸易部；

财政部；

党的组织部；

工会；

青年团；

一个至两个工厂的厂长，支部书记，工会主任，莫斯科州委、市委、市政府；

另外我们还想参观一二工厂，一二农庄，一二学校。

第三个问题是我们想请苏联政府为新中国的建设管理人才办一专门学校，好像过去的中国劳动大学一样。开始收学生一千人以下，内分各系，如工业、商业、银行、法律、教育等系，并分速成班学期一年，普通班学期两年，及正式班学期三—四年。这样可以很快的培养人才，可以从现在的工作岗位上调一些人来学习，可以免除语言不通之困难，因上课参观，均可以经过翻译。现在分散在各学校之中国小孩的学习，照旧不变。

此外，我们想派一些各方面负责工作的同志来苏联作学习性质的短期参观，时间三四个月，一方面亲自参观，一方面听一些讲演与谈话。这也是提高我们干部学习管理国家与管理经济的办法之一。

再，就是希望苏联能够派各方面的教授到中国去工作，这样可以帮助我们在本国培养各方面管理国家的干部。

第四个问题是苏中交通问题，通邮，通电，通车，通海运，通航空，由苏联经哈尔滨，沈阳，大连，由沈阳到北平，由北平经库伦至苏联等航空线，组织中苏航空公司，帮助中国建立飞机修理厂，培养空军干部等，这些问题，希望具体谈一谈，具体解决。

第五个问题是苏联帮助我们训练海军干部，帮助我们一些扫雷艇，打捞船只，海岸设防等问题的具体化。

第六个问题是关于苏联帮助我们解放新疆。毛主席来电完全赞成提早占领新疆，并嘱我们关于苏战斗机帮助及空运军队问题具体化，我们希望供给我们关于新疆情况的材料及具体商谈空军帮助。

第七个问题是关于东北的几个问题：

1. 贸易问题，今年冬季东北可向苏联出口粮食八十——一百万吨以换机器。

2. 东北与大连币制统一以沟通大连与东北的经济来往，减少我们外汇负担，更好地恢复大连的工业。

3. 大连海口开放问题，以便输出煤块和盐等到香港、日本。又如上海、天津被封锁，能否利用大连作为中国出入口货物的海口？能否允许英美商船出入大连？

4. 鸭绿江水电站的电力供给问题，东北方面要求该电力站以一半电力给东北，该电站建设时中国出资 7500 万日元，朝鲜出资 5000 万日元，希望苏联方面帮助解决这个问题。

第八个问题是中苏文化交流。中苏文化交流这是密切两民族关系的重要工作，如通讯社、电影、中苏文化协会工作，工人、农民、学者相互拜访参观，在中国培养俄文人材，在苏联培养中文人材，在中国成立俄文图书馆,开设书店,发行苏联及新民主主义国家之报纸、刊物、书籍和电影,书籍翻译问题。关于这些问题我们希望能与一定的负责同志商谈。

以上诸问题请给以指示,或指定专人与我们商谈。

致布尔赛维克敬礼

中共中央代表团主任刘少奇

一九四九年七月六号

根据审定原件刊印。

《建国以来刘少奇文稿》(1949 年 7 月—1950 年 3 月)第 1 册,第 29—34 页

毛泽东给刘少奇转斯大林的电报

1949 年 7 月 25 日

约·维·斯大林同志:

我们收到了毛泽东同志 7 月 25 日的电报,他建议我们将这份电报转交给您。现附上这份电报如下,请您过目并给予指示。

中共中央代表团团长　刘少奇

1949 年 7 月 25 日

电报全文:

"一、我们同意在莫斯科建立一所中国学校,并同意系的划分和要讲授的课程。我们正好也需要向苏联学习根本不同于资本主义的学说、原理、各工作部门的体制,所以创建这样的学校是极为必需的。对这件事需要投入精力和一些费用,但是应当谈妥,这些费用要由中国来支付。

二、我们同意派一些同志到苏联去参观,以便在那里看一看和进行学习,并获取经验。参观可以现在就开始进行。这一工作的具体计划等你回来后再进行。

三、同意派邓力群去新疆,其任务是在那里建立和北平的无线电联

络。目前,胡宗南部队的主力已被消灭。其残部 70000 人已退至陕西的南部。我军已经占领了宝鸡和凤翔。本月 26 日我们由 10 个军组成的军队将开始进攻平凉、镇原、陇县,与马步芳和马鸿逵指挥的 10 多万人的 6 个军作战。如果这些行动取得重大胜利,我军将转入短期休整,随后就进攻兰州、西宁、甘州、凉州、肃州。因此,这些据点将在今年秋天被我们占领。如果是这样,我军就有可能在今冬占领迪化。8 月中,即在完成平凉地区的军事行动后可以开始和彭德怀、张宗逊和赵寿山计划这件事。据彭德怀同志的通报,他们极感汽车的不足,他们询问能否在苏联购买用于调运部队的 1000—2000 辆汽车。

我们认为,如果我们等待从苏联购买汽车并将他们运至甘肃省,然后我军再向新疆推进,这就至少要把我军的军事行动推迟至明春或明夏。我已经问过彭德怀我军有无可能在今冬步行进入新疆,然后乘苏联提供的汽车穿越伊犁、伊宁地区。我尚未得到答复。一有回音,当即奉告。

四、我们同意派苏联摄影师到我们这里来,他们将随同中国人民解放军的部队一起工作。如果这事已经议决,那就需要加快进行。建议这件事应在最近的 1—2 个月内办好。他们应该先到达北平,在这里呆 1—2 个月,然后上前线。这样的话,从今年 10 月起他们就可以开始自己的工作了。这将使他们能够摄制有关占领广州、兰州的军事行动的影片。攻占广州的行动计划在今年 10 月,攻占南宁的行动在 11—12 月,重庆和贵阳在 12 月,兰州在 10 月,而攻占昆明和乌鲁木齐在明年的 1 月或 2 月。如果联共(布)中央认为有必要,可派 3—4 个摄影师小组到我们这里来。每个摄影师小组可指派 1—2 名有较高的政治和文化素养的记者或作家随行。他们将和中国人民解放军的部队一起行动,这样他们就可以了解我们部队的生活和当地居民的生活习俗。摄影师小组可每个野战军派一组(我们有 4 个野战军)。先把他们送到北平,在这里集中,然后责成柯瓦廖夫同志和我们的一位同志(中共中央委员)给他们作报告,以便他们能够更好地在前线工作。

　　第三野战军将只在两个地方,即在福建省和台湾开展军事行动。福建省的军事行动将于今年10月结束,而攻占台湾的军事行动要在我们建立了空军部队后才能进行,这也许要在明年的下半年才有可能。然后,摄影师小组可以和这支部队一起工作,拍摄该部队的生活、部队和居民之间的相互关系。

　　以前的摄影师小组的准备工作双方都进行得不充分,所以事情进展得不好。如果这次我们做好全面的准备工作,我想,事情是可以办好的。

　　五、在上海,自封锁之日起,严重的困难日益增加。但是为了粉碎这种封锁,必须占领台湾,但是没有空军是不可能占领它的。我们希望你和斯大林同志就这一问题交换意见,苏联能否在这方面帮助我们,即在6个月至1年的期限内,在莫斯科为我们培养1000名飞行员和300名机场勤务工作人员。此外,苏联能否卖给我们100—200架歼击机、40—80架轰炸机,这些飞机将用于攻占台湾的军事行动。在建立海军舰队方面,我们也请求苏联帮助我们。我们设想到明年的下半年,即在我军进攻台湾期间,中国大陆的所有领土除西藏外都将被我们占领。

　　欧洲和世界其他地区的反帝运动有可能大踏步向前,也有可能在美国和英国将爆发经济危机,在这种情况下,如果我们利用苏联的援助(即除了我们请求苏联帮助我们培训飞行员和卖给我们飞机,也许还不得不请求苏联给我们派苏联空军和海军的专家,以及飞行员参加军事行动)来攻占台湾,这样会不会给美苏关系带来损害?

　　请你向斯大林同志报告这一切,以便他来斟酌我们的计划,是否可以将他们付诸实施?如果这些计划大体上是可以接受的,我们打算现在就派学员去苏联。关于培训飞行员的具体计划正在制订。容后奉后。在解决了这些问题后,你就可以回国了。

　　请将上述一切转告斯大林同志。

　　毛泽东　1949年7月25日"

　俄罗斯联邦总统档案馆,全宗:45,目录:1,案卷:328,第 137—140。打字本,复印件。

《斯大林与中国》,第 121—124 页

<h3 align="center">同斯大林谈推翻国民党问题</h3>
1949 年 7 月 27 日

　　我们说:在第一次国共合作时,后来国民党叛变,我们毫无准备,我们受了很大的失败,上了很大的当。但在第二次国共合作时,我们的头脑就是清醒的,在合作开始时,我们就开始准备当蒋介石叛变时如何对付他。在抗日期间,我们一直准备了八年,在此期间蒋介石也准备消灭共产党。所以在抗日结束后,蒋介石叛变,我们是有准备的。斯大林同志听到这段话后,他说:这是敌人教训了你们。他又说:我们是不是扰乱或妨害了你们呢? 我们说:没有。我们接着说:毛泽东同志到重庆或者可以不去,有周恩来同志去就够了。但毛泽东同志到重庆去,结果是很好的,使我们在当时立即有了政治上的主动权。斯大林同志说:毛泽东同志到重庆是有危险的,CC 等特务有害毛同志的可能。当时美国人曾向我们说:中国国民党要和平,为什么中国共产党不要和平? 我答复说:中国共产党的事,我们管不着。斯大林同志又问我们说:你们在美国人参与的和平运动中是否受了损失,妨害了你们。我们答复说:在和平运动中中共中央的头脑是清醒的,但有个别的负责同志对和平有幻想,受了若干不大的损失。但那次和平运动很有必要,结果我们孤立了美蒋,使后来我们推翻国民党,打倒蒋介石,没有一个人说我们这样作得不对。斯大林同志说:胜利者是不能被审判的。凡属胜利了的都是正确的。

　　根据刘少奇审定原件刊印。

《建国以来刘少奇文稿》(1949 年 7 月—1950 年 3 月) 第 1 册,第 35—36 页

维辛斯基与中共中央政治局委员的会谈纪要

莫斯科,1949 年 7 月 30 日

秘密

应中共中央政治局委员刘少奇关于会谈的请求,于 16 时接见了他。在互致问候和一般性的简短谈话后,刘向我提出 4 个问题要求加以阐述:

一、关于外交部的组织结构、工作形式和工作方法,关于培养、利用和配置干部。

二、关于在其他国家中的全权代表机构和领事馆的组织、状况及其工作内容。

三、外交舞台上斗争的基本原则和这一领域中最主要的经验。

四、我们对新中国中央政府在外交工作方面的建议。

关于第一个问题,我指出,苏联外交部的建制和美国国务院、英国外交部或法国外交部略有不同。苏联外交部的主要特点是:它结构的基础是包括相应国家在内的各政治业务司。此外,尚有一些职能局以及辅助机构。我指出了主要的司和局。我还指出了一些辅助机构:事务管理局、财政货币管理局、中央会计局。我说,在外交部里还有外交使团服务局和两所学校:为外交部系统培养干部的外交学院和国际关系学院。

一长制原则是外交部工作的基础。部长的指示是外交部的所有工作人员都必须遵守的。部分委员会是顾问机构。部分委员会的决定应由部长批准。外交政策性的问题由部长提交政府审议。

刘对外交部党组织系统的问题感兴趣。我指出,在外交部工作的所有联共(布)党员,包括部长和副部长都在一个党组织内,属于一个党委会,它拥有区一级委员会的权力。所有党的机构都是选举的。党委会由党代表会议选举。党组织不干预外交部的事务,它没有赋予监督职能。它从事党组织的政治教育工作并解决党的组织问题。

外交部的党组织受联共(布)莫斯科市委的领导,而外交部党的领导成员则受联共(布)中央的领导。

对刘提出的外交部的工作人员有多少和党员所占的百分比是多少的问题,我回答说,在外交部约有1500名工作人员,其中约95%是联共(布)党员。

刘想知道在我们的国外机构中(大使馆、外交使团和领事馆)有无党组织。我回答说,那里有"工会组织"。对刘提出的在人民民主国家驻莫斯科的大使馆和外交使团里有无党组织的问题,我说,关于这一点我没有听说过。

然后,刘请求讲述有关我们的大使馆和外交使团的组织情况。我就此问题做出解释,并按刘的请求着重讲了领事馆的职能。

刘接着提出了我们外交干部的培养和他们的党派身份问题,以及在外交部和其他苏联机构的服务中利用旧专家的问题。在对此问题作答时,我强调,在外交干部的培养和学习上,我们依靠我们的党。外交学院和国际关系学院是我们干部的来源。我们外交工作人员的绝大部分是联共(布)党员并出身于工人和劳动农民阶层。我指出,在苏维埃政权年代我们就完全更新了外交部中央机关和驻国外机构的外交工作人员的成分。与此同时我还指出,我们吸收过旧专家,尤其是在苏维埃政权的初期;即使现在我们也不拒绝利用非党的旧专家(国际法问题的专家、顾问和法学家等)。在利用旧专家的问题上,我们遵循的是列宁和斯大林关于在必须勇敢地提拔新干部的同时利用旧专家的著名论断。我们现有的经验证明,这一方针是完全正确的。我们的依据是,真正的学者和专家,如果给他们提供了从事创造性活动的条件,是不可能在建立新社会的过程中成为消极的旁观者的,尤其是在苏维埃政权实际上为他们提供了发挥创造性和积极性的条件下(例如,巴甫洛夫院士等)。

刘又问,我们方面在国际关系问题上有什么建议或愿望,他可以转告毛泽东的。对此我说,妥善解决对日本的和平是重要的国际问题之一。在解决这一问题时,我们应当力求这一问题的筹备工作由外长会议,而不是如美英所建议的那样在 11 或 12 国会议上来进行。在解决这一问题时,应像解决其他重要国际问题那样,达成下述一点是重要的:在此之前,中国新的民主政府应得到各外国政府的承认。

我接着指出,我们应当密切关注美国的政策,这就是说要采取措施,及时使美国当权集团为实现自己的帝国主义目的而利用局势的企图不能得逞。我指出,在这方面,对中国的民主主义者应有特别的警觉和警惕性。

我还指出,在国际事务中还需要保持随机应变的自由。外交与军事战略密切相关。可以希望我们的中国朋友能顺利地完成这一任务。在我们的视野中应当经常利用我们敌人阵营中的矛盾。及时了解并善于利用敌人的矛盾——这就意味着拥有重要的战略潜力。在这方面,斯大林同志对我们有英明的教导,所以我们说,这是斯大林的外交。

刘随后说,毛泽东非常希望在适当的时候访问苏联并亲自了解社会主义建设的成就。刘说,我们也邀请您访问中国。我对邀请表示感谢。

在谈话结束时刘问,外交部是否有可能接受一批中国民主主义者参加短期训练班,为中国未来的外交部及其驻外机构培养外交工作人员,或者,如果方便的话,派遣苏联专家到中国来就地培训中国干部。我回答说,我觉得这在原则上是可行的,但是,这一问题应在最高级机构间进行协商。刘说,这当然要反映在给斯大林同志的有关信件之中。

会谈时了解到,中国朋友没有足够的有关国际关系问题的参考资料,尤其是外交词典等。我答应寄赠给他们几本已经出版的外交词典第一卷和将出版的第二卷。

参加会谈的有:中共中央委员王稼祥和师哲(卡尔斯基),以及伊·弗·柯瓦廖夫和尼·特·费德林。

会谈持续了 3 小时。

安·维辛斯基(签名)

分送:斯大林、莫洛托夫、贝利亚、马林科夫、米高扬、卡冈诺维奇、布尔加宁、柯西金同志。

俄罗斯联邦总统档案馆,全宗:3,目录:5,案卷:500,第 167—172 页;

《斯大林与中国》,第 124—127 页

刘少奇致斯大林的信

莫斯科,1949 年 8 月 2 日

约 · 维 · 斯大林同志:

我接到了毛泽东同志的电报。他要我回国,把王稼祥同志留下协助近日即将来莫斯科的刘亚楼和张学思同志处理创建空军和海军学校的事宜。这一工作在 8 月中旬或下旬结束后,王稼祥同志应回北平参加新的政治协商会议的会议,会后他将返回莫斯科。

因此我非常希望,如有可能,伊 · 弗 · 柯瓦廖夫同志,还有部分选派到中国去工作的苏联专家和我一起走。其他的苏联专家可以和王稼祥同志一起走。

为了给伊 · 弗 · 柯瓦廖夫同志和苏联专家们以准备行程的必要时间,我打算 8 月 10 日离开莫斯科。恳请您指示加快前往中国的苏联专家的准备工作。

在我离开莫斯科之前,除了和一些苏联同志会谈外,我愿意完成您所交办的任何任务。

请予指示。

致以布尔什维克的敬礼!

刘少奇

1948 年 8 月 2 日

俄罗斯联邦总统档案馆,全宗:3,目录:65,案卷:364,第 1—2 页。
打字本,原件,名字是亲笔签署的。

《斯大林与中国》,第 128—129 页

给斯大林的致谢信

1949 年 8 月 14 日

敬爱的斯大林同志:

我们在今天离开莫斯科回中国。根据中共中央的命令,王稼祥同志留莫斯科,代表中共中央与联共中央接触,待八月下旬回中国参加政协会议。

我们在苏联的期间,承蒙你及联共其他同志的特别盛意的招待与关注,使我们十分感激!

在你及联共中央其他同志的伟大的帮助和指示之下,使我们这一次来到苏联的任务获得十分满意的成就,特别是使中国及时地获得苏联的借款与专家的帮助。我们将尽我们的能力之所及把你的和联共中央其他同志的意见向毛泽东同志及中共中央传达。我相信中国共产党及其中央在毛泽东同志的领导之下是会善于利用苏联的帮助和你们的指示去为中国的人民和东亚的人民服务的。

我们为我们两党的亲密的关系及意见上的完全一致感到无限的欣慰。我们在此离开莫斯科回国的时(间)〔候〕,特向你及联共中央其他同志致谢!

致以

崇高的敬礼!

刘少奇

一九四九年八月十四日

根据手稿刊印。

《建国以来刘少奇文稿》(1949 年 7 月—1950 年 3 月)第 1 册,第 37—38 页

(四)苏联与中华民国政府断交

说明:1949 年 1 月 8 日,国民政府向美、苏、英、法四国提交备忘

录,请各政府调停国共内战。蒋介石统治集团妄想借调停之机与中共"划江而治",争取喘息机会。然而,美国先于苏联发表了不参加调停的声明。1 月 17 日苏联表示亦拒绝调停国共内战。1949 年 1—2 月,苏联驻华大使馆随国民政府南迁广州。然而,随着国民党政权在大陆大势已去,1949 年 10 月 2 日,苏联终与中华民国政府断交。

合众社声明称:苏联对调停感兴趣

1948 年 2 月 23 日

(本报南京二十二日专电)……

美国合众社曾于二十二日自南京上海两地发出关于或系中共和平试探之消息,该社为表明其立场起见,特于二十三日发表下列声明:

本社昨日所发新闻有涉及可能引起中央政府及中国共产党恢复谈判之发展,奈因解释不同,致引起误会。

本社亟欲表明下列四点:

一、本社并无直称蒋主席已同意恢复谈判之原意,本社电讯中,亦始终未有上述之文字,本社仅称:曾自可靠方面获悉;蒋主席于接见某一曾与苏联代表接触之中国官员时,允准该官员查明中共可能提出之条件,本社电讯明白表示,蒋主席并未同意恢复谈判。

二、本社并未存意宣称,亦迄未宣称,中央政府中有任何人曾采取主动,以谋恢复谈判。

三、本社在南京及上海两不同之地方,于完全独立分别之访问中,自两个不同之来源获悉,苏联代表一人,曾间接与不在南京之中国某一官员接触,提出建议称:苏联可能对调解之事,感到兴趣,同一之电讯,亦明白表示,一般预料中央政府不拟承认曾有此项建议。

四、本社目前并无亦迄未具有阻扰中央政府剿共战役之意向。

《中央日报》(上海版)1948 年 2 月 24 日

苏驻华大使馆否认愿为国共调停

1948 年 2 月 23 日

（中央社南京二十三日电）美国合众社所传苏联某驻华官员曾向我政府非正式表示调停戡乱战事一节，据此间苏大使馆发言人二十三日晨接见记者称："此项消息，并无根据。"

（本报南京二十三日专电）邵秘书长力子，今告往访记者时称：国共重开和谈，在目前为不可能之事，邵氏为前政治协商会政府代表，曾负责与共党商谈渠谓共党不要和平，彼辈曾力言和平商谈将影响共军之"革命"士气，邵氏复认为和谈之重开，必须基于下列三点，即（一）国际形势之演变与压力，（二）国军重大胜利使共党无法立足，（三）全体人民团体力量之充分发挥，故目前所谓重开和谈，实为毫无根据之事。

《中央日报》（上海版）1948 年 2 月 24 日

塔斯社辟谣

1949 年 1 月 1 日

伦敦《每日快报》12 月 30 日发表该报驻南京记者的报道称，似乎中国政务委员会陈立夫代表中国政府建议苏、美、英、法四国政府设立在蒋介石政府和中国共产党人之间进行调停的四方委员会。报道还指出，似乎苏联驻华大使罗申业已表示："俄国人可以讨论中国政府正式提出的建议。"

塔斯社授权声明：《每日快报》这则报道有关苏联的部分纯属虚构。

《消息报》，1949 年 1 月 1 日，第 1（9841）号

《苏联对外政策》（1949 年），莫斯科，1953 年，第 37 页

《中苏国家关系史资料汇编》（1945—1949），第 489 页

顾维钧暗示中国局势可通过美苏调停解决

1949 年 1 月 11 日

(中央社纽约十一日专电)我驻美大使顾维钧,因为人类努力而有特殊功绩,今晚荣获哥伦比亚大学校友会之一九四九年亚历山大汉密尔顿奖章,顾氏曾发表演说,认为中国局势,实可作为国际合作之试验场所,若大国合作,则中国纷争之解决,将更为容易,中国内乱之早日解决,非但符合中国人民,薪求和平之愿望,具将消除大国间摩擦之导因,也有助于增进东亚之安全与信念,并将改进世界和平一般展望。顾氏提出上述见解,因渠认为国际共产主义领袖,均为实际主义者,彼等面临自由国家坚强保护其自由与其生活之方式之强大团结阵线,可能领悟彼等统治世界之梦想,将无法实现,因而同意自由人民有与共党政权共同存在之权利,果尔,则循由外交途径,如举行会议事,经由正常途径致力解决日前分裂大国之一般悬案,其机会即将更佳,并益有成功之把握,所以吾人可以合理预期,因无一方面真正好战或愿意诉诸武力也,此种料想,如属确当,则中国局势,实可作为大国间国际合作之试验所也。

《中央日报》(上海版)1949 年 1 月 30 日

顾维钧会晤罗维特讨论和平解决国内局势问题

1949 年 1 月 13 日

(华盛顿十三日广播)中国驻美大使顾维钧十三日告记者称:余与美副国务卿罗维特会晤,系讨论有关中国和平之整个局势,中国政府将继续推行和平政策,直至中共已明确表示不愿考虑中国人民之和平愿望而后已,顾氏继称:中国政府认为中国局势至为重要,不独对中国为然,亦可谓为世界和平之所系,但中国政府并未寻求由他国调解国内战事之途径,仅表示在何种情形下可以获致和平。记者旋向顾氏称:罗维特是否面交有关美国政府对中国和平问题之答复。顾氏称:余与罗氏谈讨论中国局势,中国政府和平之意见,系基于中国人民之愿望,诚如蒋总统新年文告中所表示者。顾氏拒绝表示中国政府是否已接获美政府有关中国和平问题之答复,并力辟蒋总统将赴台湾之无稽谣言。

《中央日报》(上海版)1949 年 1 月 14 日

苏联政府对中国政府请求的答复
1949 年 1 月 18 日

1 月 8 日中国外交部向苏联驻华大使馆递交一份备忘录,内容是中国政府请求苏联政府在中国政府和中国共产党的和平谈判中出面调停。苏联大使已经获悉,中国政府已向美、英、法三国政府提出了同样建议。

1 月 17 日苏联外交部副部长 A. Я. 维辛斯基同志接见了中国驻苏大使傅秉常先生,并向他递交了苏联政府的复文,略谓:苏联政府一贯遵循不干涉他国内政的原则,认为不宜承担上述备忘录中所谈及的调停。

苏联政府的复文还指出,恢复民主、爱好和平的国家中国的统一是中国人民自己的事情,这种统一多半可以在没有外国干涉的情况下由中国内部各种力量直接谈判中取得。

《消息报》,1949 年 1 月 18 日,第 14(9854)号

《苏中关系文件集》,莫斯科,1959 年,第 209 页

《中苏国家关系史资料汇编》(1945—1949),第 490 页

苏联驻华大使随国民政府迁穗,美英驻华大使奉命留宁
1949 年 1 月底—2 月初

(联合社南京二十七日电)今夜确悉,美国务部已训令驻华大使司徒雷登,继续留京,采取"观望"政策,一面由公使衔参事克拉克率领一批职员,随同中国政府迁往广州,预料美方此举,特对此间西方各国外交使节之行动,有决定性影响,北大西洋集团各国使节在最近十八小时来,曾举行三次会议,讨论是否南迁问题,多数使馆现仍等待本国政府

训令行事,至于苏联大使馆与捷克及波兰等国使馆或将恪遵国书规定,随同南迁。

《中央日报》(上海版)1949 年 1 月 28 日

(中央社南京三十日电)苏联驻华大使罗申,将于下月二日离京赴广州,大使馆人员一批,今日已先行乘机前往。

(联合社伦敦三十日电)英外部发言人昨日宣布,英国驻华大使施谛文将留驻南京不致随同中国政府迁往粤,英国高级外交人员一名则随政府同行。

(联合社华盛顿三十日电)国务部昨日宣布,美国驻华大使暂时分驻南京与广州两处,司徒雷登大使将留在南京,大使馆公使参赞则将移驻广州。

《中央日报》(上海版)1949 年 1 月 31 日

苏联断绝与广州阎锡山政府的外交关系

1949 年 10 月 2 日

10 月 2 日,苏联外交部副部长葛罗米柯代表苏联政府向广州政府驻莫斯科代办发表声明如下:

由于在中国发生的事件已造成中国的军事、政治与社会生活的深邃变化的结果,中华人民共和国业已成立,中国中央人民政府已经组成,位于广州的阎锡山先生的政府已停止在中国行使权力,并已变成广州省政府而失去了代表中国与外国保持外交关系的可能性。这一情况造成了中国与外国间外交关系的断绝。

苏联政府考虑到所有这些情况,认为与广州的外交关系已经断绝,并已决定自广州召回其驻外代表。

《人民日报》1949 年 10 月 4 日

三、中英关系

说明:近代以来英国是对中国推行炮舰外交的主要西方国家,但二战中为对抗法西斯国家需要,在美国扶持下中国与英美苏同列四大强国。战后,美国成为对中国影响最大的国家,而英国的角色逐渐淡去。然而,英国毕竟仍是重要大国,不但继续占有香港,在诸多问题上美国的决策亦需考虑英国态度以求共同利益的实现,英国对中国的影响仍不能抹杀。战后中英关系的主要问题有:关于中英商约的交涉、香港海关和金融协定问题、"紫石英"号事件、对中共政权的承认问题等,英国外交文件中亦有不少对于中国局势、国共争端和台湾情势的观察。

为忠实于原档案,基本按照直译原则。某些不甚恰当或有异议的称谓,如"满洲"等,亦按原文翻译。为与各条资料标识区分,翻译时将原文中2.3.4.分条改为b.c.d.分条。译文提供页码统一采用页下方标识数字。一些材料涉及不止一个问题。发生这种情况时按照主要问题归入相应题目,不再重复收录。由于外交决策往往与先前事件和因素有着密不可分的联系,并具有一定前兆性和延续性,个别专题(如战后中英商约问题)收录了抗战时期的某些资料。

本章主要资料来源:

Paul Preston and Michael Partridge ed. , *Brithish Documents on Foreign Affairs:Reports and Papers from the Foreign Office Confidential print*(《英国外交文件集》,以下简称"BDFA"). Part Ⅲ Series E Asia, Vol. 6, Vol. 7; Part Ⅳ Series E Asia, Vol. 1, Vol. 2, Vol. 3, Vol. 5, Vol. 8. University Publications of America,1977,2000,2001,2003.

英文资料由冯琳翻译。

其他资料来源文中说明。

（一）中英商约

　　说明:战后六个月内要谈判全面商约,是1943年中美、中英《平等新约》中分别在条文上规定了的。英国方面重视战后中国市场,盼望与中国达成全面商约,很早就与中国政府进行有关接触。但中国以还都为由拖延对英谈判,同时却开始了与美国的商约谈判。战后大国实力及其对华影响力的改变,决定了英国在对华政策上无法追赶美国步伐。英国未充分认清战后中国政府外交底线,在提供的商约草案中提出多项导致分歧的条款,使短期内实现调和缺乏可能性。

中英平等新约(节录)
1943年1月

　　第8条

　　(i)缔约方将为一个全面的现代条约或友谊、商业、航海和基于要求它们任何一种的领事权的条约或者,无论如何,在停止反对它们现在作战的共同敌人的战争中的敌意后6个月内,进入谈判。这个或这些将被谈判的条约,将建立在国际法的原则和反映在现代国际程序及近年来每个缔约方各自以其它力量终结的现代条约中的惯例基础之上。

BDFA,Part Ⅲ,Series E Asia,Vol.6,pp.172-173.

艾登致西摩电(重庆)
1943年7月22日

　　一些与中国已经建立商业联系或希望建立这样联系的英国公司向我们寻求建议。他们大多意识到:没有即刻的商业可做,即使是战后也没有希望获得立竿见影的回报。但他们感觉到:他们应该建立联系,这些联系以后会使他们受益;这是应放入通盘考虑的一个市场。在一些情况下还有直接的服务,他们可以或以技术建议的形式或以为中国人战争利益共同开发中国自己的资源的形式对中国政府给予补偿。但是,即便在这种情况下,当环境一度更加吉利时,他们自然地盼望有利可图的交易。在征求我们建议时,他们通常也询问是否我们会允许他们在不久的将来派遣他们的代表到重庆。

b. 目前,我们正考虑我们的政策,当然,我们希望尽可能鼓励英国公司寻求在华的可能性,并试图建立未来在那里贸易的基础。但是,有下面这些困难:

c. 就我们所能预见的,战后任何规模的贸易有必要必须在一个正式的长期信任的基础上。财政部已经使之清楚(参阅5千万法郎贷款谈判):我们现在不能致力于允许向战后中国提供大规模的长期信任。这个国家总体上扩大信誉的能力不能预测,但是考虑到估计到的生产力的巨大需求和有限的原料供应以及使我们支出平衡的需要,在紧接着的战后的时期许多出口种类将必须得到有力控制。当然,我们将为缓解和复原到可能证明是行得通的程度而做点贡献,但我们需要从我们的出口中赢得可用的贷款。如果这个标准被采纳,中国将会在理想的目的地的名单上列于低的位置。因此,几乎没有什么约束对今后英国公司,在当前环境下,可以确定承担的。

d. 有更为直接的美国态度的困难。与美国国务院关于远东发展公司派出的两位专家(参见我的368号电报)的通信表明这样的活动在华盛顿被关注的程度是多么的密切。关于如此明显地由美国掌控的运输也有明显困难。但我们相信,美国商业利益事实上对于未来与中国的贸易往来并非坐视不理。我们值得表现出相似的兴趣,虽然毫无疑问我们应该处处小心,不要将我们自己暴露于任何破坏美国在那里现存利益的样子。与美国人一些预先的暗示或谅解来避免不友好的反应是必要的。

e. 在南美,我们正在提议,通过以商业访客和善意广告方式来维持和发展相互之间的联系和消费人群,以此准许对市场全面的鼓励。关于我们在白皮书对1941年美国租借法物品的再出口规定下的义务以及我们自己的供给地位,一些商品的运输正在继续。中国的局势在各个方面都迥然不同,似乎很难准确遵循同一线路。

f. 为有助于我们在这个问题上的研究,我应该为你对于目前形势和交通设施更为便捷时形势的观察感到欣慰。特别应提出的是,请将你所知道的现在美国在中国的商业活动报告一下。

BDFA, Part Ⅲ, Series E Asia, Vol. 7, pp. 30—31

西摩致艾登电

重庆,1943年7月31日

最近,全球工程公司(一个全球贸易公司的分支)当地代表询问商业顾问关于他现在对英国机械纺织业制造商在多大程度上准备了接受或考虑战后秩序的看法。同样的问题在这里已在考虑之中。商业顾问顾左右而言它,这个问题尚没有进一步明确。总体上讲,我认为我们不该打消英国公司在中国发掘未来合作可能性的积极性。从跟中国已有商业联系的英国公司来看,我认为,对派遣代表出访中国之举,缺乏有根据的反对;我感觉也不应该阻止可能准备首次开拓这个市场的富有魄力的英国制造业者或输出商类似的访问。如果是……(不可辨识字群)完全非官方的访问,并以正常渠道从事交易,或许在以上两种情况下都是值得鼓励的。从可能的美国反对角度看,我感觉这样的访问不该由地方上资助……(不可辨识字群)大使的派遣,但是我能断定商业顾问会安排非正式的与中国工业家的接触以及其它可能证明有用的措施。美国同僚一直非常热情地接待我国商业顾问,但他们并未对伯格斯特姆(Bergstorm)和杨格的活动有丝毫提及。

c. 当前呈现出的迹象是:那些为战后中国工业化负较大责任的人想要发展重型基础工业。我同意像大型钢铁厂、军械厂和水力电气厂这样的企业只能在一个十分长期的信贷基础上给予资助。这样的契约必然要由那些可以提供最适合中国人需要的条款的人来加以保证。不管是美国私人财政还是在一个已经消除了日本军事威胁的战后世界中的美国政府,都将准备大规模地扩展这样的信贷。不论在伦敦或是华盛顿,他们都有着比在这里更为有效的考虑。然而,我们看起来似乎是中国内地在紧接着的战后时期,将会对各种消费品都有无法满足的需求。英国出口商对其中的大多消费品都可能处于供给地位。而且,装备生产性的轻工业,尤其是纺织、服装工业不但可为英国适度规模的投资提供一个更有利可图的领域,还可从中国的出口中获得相当可观的、扩大的外汇资源来补充中国可见和不可见的资源。这个资源反过来能够用来为进一步进口生产性机器筹措资金。这看起来是可能的。但目前,虽然他们可能发现自己处于一个完成中国现在为总的战争目的所需要的高质量、小体积商品定单(英国化学工业公司和……公司今年已经保证了一些定单)的处境,但是必然要将代表们对这个国家的访问活动主要限制在开拓未来市场的可能性上。当商业运输设施更为便易时,我们假设机会将给予较大体积船运。

　　d. 目前关于英国和美国在"自由中国"的商业代表的处境可以粗略地描述如下:有大约一打的英国银行和公司,其中有英国化学工业公司,Jardine 工程公司,Jardine,Mathesen 公司,Arn……公司(当地经理是中国人),他们作为约 150 个英帝国制造商和 20 个美国制造商的代表。Andersen,Meyer 公司、William Hunt 公司等不超过半打的美国公司代表大约 60 个美国制造商。除了在一些孤立的例子中,我没有证据证明,重庆的中国政府部门的美国顾问正在积极地参与到战后贸易的讨论中去。大多数例子恰恰证明了相反的结论。然而,毫无疑问,像 China Defence Suppies、国际贸易公司、国家资源委员会这样的组织深深关注战后这个国家的复苏,美国顾问及其他们经常联系的专家需要关于中国战后工业化特定方面的技术性建议。很自然的,我们可以设想他们为了美国贸易的利益会尽可能利用他们的地位。

　　e. 我建议,整个问题可以有益地跟宋子文谈论一下。他是了解中国战后重建所有方面内情的人。

BDFA, Part Ⅲ, Series E Asia, Vol. 7, pp. 50–51

伊登(Eden)致裨德本(Prideaux-Brune)电(重庆)
1943 年 12 月 20 日

刚一抵达开罗,我就从与蒋介石总司令的一个手下面谈过的陛下的大使那里得知了一些情况。大使非常希望我与王宠惠博士就未来英中关系与战后合作问题进行交谈。

b. 陛下的大使好意地邀请王博士 11 月 26 日共进午餐。在此之后,他和我进行了谈话。贾德干(Cadogan)先生当时也在场。

c. 我告诉王博士,总的来说,陛下的政府真诚地渴望合作:我提到"不平等条约"的废除就是我们希望有一个新的开始的诚恳表示。当时,当我们采取行动,我已会见过所有首要的关心中国的英国人的代表。我没有发现批评:相反,很清楚,他们不但接受而且是欢迎新的环境。我们两个国家战后会需要对方,我期待一个带来互利的合作时期。同时,我必须发出一个警告。如果我们能够做出促进更好合作的一些事情,我们指望中国人也能有所帮助。例如,有为希望在中国继续贸易的外国人设置障碍的中国公司法的特色。

d. 王博士立即说,三四个月前有了个变化,法律上要求公司委员会的大多数是中国人:这个特殊的条款已被取消。

e. 关于将要谈判的新的商约,我告诉王博士,如果中国政府希望的话,我们甚至应该在战争结束之前做好准备开始这方面的工作。我明白这也是美国政府的态度。我们或许能够向中国政府展示我们用来规定与其它国家关系的那种条约,我希望没有大的困难来达成我们两国都能接受的文本。王博士看起来对此欢迎。

f. 王博士接着提出 5 千万贷款的问题,并提出一些他希望我们更容易接受的新提议。看了这些,我观察到,在它们之下,贷款过程中我们在战后仍将不得不向中国运送所占比重可观的战争中定购的英币范围商品。我委婉地表示不能接受。他应该知道,战后我们的财政地位将与过去大不一样了。我们已失去几乎所有的外国资产,将要用上所有可用的出口,来支付对我们的人民的需要至关重要的进口。不过,我向他许诺,这些提议会在伦敦审查,并有一个详细的答复。我很抱歉不能将他给我的提议包括进去。我认为,不久中国大使就会就这个问题跟我联系。

g. 最后,王博士说关于西藏问题达成协议很重要,但他似乎百分之百基于中国人立场来构想这个问题。我不得不告诉他,在那样的基础上,我认为无法达成协议。

h. 自始至终,王博士态度非常友好。我对中国为战后合作铺平道路的渴望毫不怀疑。总司令自己有一两次向我表示,他对此很重视,希望王博士与我能够为达成谅解有所帮助。

安东尼·伊登

BDFA, Part Ⅲ, Series E Asia, Vol. 7, p. 179

西摩致伊登电
重庆,1944 年 9 月 19 日

先生:

战争现在已经到了一个阶段,陛下的政府或许应该对战后英国对中国贸易的前景有一个公正全面的考虑。我最近有机会与主要的英国公司驻重庆代表进行交谈。尝试对从重庆方面看来似乎很可能产生的一些困难进行总结性说明,应该会有所收益。

b. 我提议假设,不管是否中国将作为一个统一国家从战争中浮现出来,或者是否目前分裂倾向对中央政府来说过于强大,以一个有价值的规模进行贸易仍然是可能的。以往三十年的经验表明,与一个分裂的中国进行贸易和在一个分裂的中国进行贸易是极为可行的。

c. 在上个世纪,外国商人一直为治外法权地位所保护。这些权利被废除后,我们发现中国人对于在旧体系中放进什么东西是毫无准备

的。目前用于外国商业利益的法律经常是一知半解而不实用的。它们的执行是不规律的。立法机构不能让人信任。中国政府关于诸如给人民保留可靠的工业这样事情的政策尚且没有被制定。这似乎成为中国不同思想流派争鸣的一个源头。在外国控制的公司是否可能在中国形成这个问题上亦然。一些言论主张这可以被允许,而另一些同样权威的言论却主张不能允许或者只能在某些情况下才能被允许。事实上,所有或几乎所有主张似乎可归为一点就是,如果中国要朝着她所期望的合理的工业化方向有所进展的话,就要在一个大的规模上需要外国资本和协作。

d. 当中国与外部世界的关系被切断的时候,治外法权被废除了。因为有足够的时间,本来希望做出更大的努力来为一个可使用的未来系统创造基础。各种各样的计划理事会和委员会也确实纷纷建立。然而困难的是,即便他们制订的计划会被转化为立法,在多数情况下也会作用甚微,或者没有实际的作用(贸易和外国投资并不存在)。其结果只是在政党的国家主义派看上去不错的一个为国家主义路线设计方案的尝试。明确的立法可能会推迟,直到中国人能对战争结束时的立场看得更为清楚。但我认为,当贸易通道重新打开,我们可能面临一个会使国际贸易十分困难的立法团体,这是真正的危险。即使立法不被正常地执行,然而这样的法律存在着,总会有于外国利害关系不利的风险。

e. 正如已经提到的,中国人已经充分认识到外国金融和帮助将是他们所必需的。鉴于这一点,他们正在几乎完全地依赖美国,虽然我相信倘若能从英国和其它地方得到任何技术上的帮助的话,他们一样会非常高兴。他们对雇用德国技师也没有偏见。我不知道美国政府在这件事情上的政策很可能会怎样,但在中国的美国人希望美国得到任何或许值得争取的对华或在华的贸易,这一点没什么可怀疑。在和先生们联系的过程中。布莱塞兹(Brassers)的计划(9月2日,我的740号电报)和先生们做出的提议的拒绝。伯格斯特姆(Bergstorm)和杨格(1

月13日,我的55号电报)好像是建议美国的影响要致力于对抗任何供给来自英国的建议或物资的合同。我听到有人在这里说,关于美国公司和英国公司现在都不和中国人达成战后实施的契约,有一个绅士协定。我设想不会有这样的协定。如果现在在美国的无数重要的中国商人仅仅将他们自己限制在调查和咨询的话,确实是令人惊讶的。

f. 此外,还有一点应该指出,那就是中国的政治家们(虽然不是中国的商业社团)的嫌恶,至少是对一些早期建立的在华经营的公司。正如你所知道的,美国人只有很少早先建立起来的公司在通商口岸,因此中国人的嫌恶主要是针对大的英国公司。我想这种感情可以恰当地用一个中国人对一前英国在华官员的评论加以概括:"就个人来讲,我们非常喜欢他,但他知道太多关于我们的事情了。"随着联络重新开始,中国商人自然地转向先前建立的联系,这种感情可能会消退。但是,毫无疑问,它目前存在着。

g. 是否战后中国市场将如整体估计得那么大,还要拭目以待。然而至少有一点看上去是肯定的,那就是一旦联络重开,就会有一个十分巨大的商品需求量,数年来中国对它们一直急需。以棉布、纺织和其它机器、机器工具、肥料和几乎各种类型的消费品为例。紧接着的战后时期大概对大不列颠联合王国经济来说非常重要,看上去非常值得千方百计地确保一个公正的商业份额——当然,假定出口商品将在一个相当短的时间内得以实现,假定中国人能即时支付款项。向中国进口的财政显然很可能呈现出很大复杂性。

h. 有没有办法鼓励中国人给大英帝国下定单呢?实际上,有些中国公司已经为战后交货下了定单,并为这样的定单支付了保证金。在8月11日我的673号电报中,我们建议可能会有措施鼓励中国人增加为战后贸易之用而投向伦敦的保证金。然而,如果任何这样的计划将产生结果,中国所需要的商品一旦在大英帝国可以得到就会在其它地方得到,这是个根本问题。我明白,这会是不可能的。如果是那样,中国人将从他们能最早得到交货的来源购买他们迫切需要的供给品。

i. 以一个更长远的眼光看,可以做些什么来引导中国人以一个相当自由的方式对待外国公司呢? 伦敦各部一向反对现在为一个商业条约的谈判采取任何行动。我看到了困难,但是总体上讲,我仍然认为尝试谈判这样一个条约是值得的。中国人可能会拒绝签订我们认为值得签的任何协议,但是无论如何,谈判对于得到一些更为清楚的中国人的意图是有用的。

j. 很不容易建议任何方法来成功地对抗中国人狭隘的、限制性的立法的倾向。倘若它最终被采用,我们要抓住机会指出这样立法的作用反过来将影响中国的复苏。虽然对外国银行的一项限制(9 月 9 日,我的 765 号电报)已经被取消,或者至少如我的美国同事所认为的那样更为可能地是为生产留出了很小的回旋之地,这很可能仅能起到很小的作用或者根本毫无作用。有人建议我,一项可能是回应议会问题的公开声明,可引发有益的反响。这里的困难在于切实的可以形成问题主题的东西太少,还在于虽然我们很自然地认为中国人会被好好地建议采纳自由的英国人的态度来对待外国公司、银行、海运等等,但是中国人自己却可能从他们自身利益出发来认真考虑它,通过效法不怎么开明的国家保护他们自己。在某些情况下,可能公众的力量会有用,然而,它的作用需要认真的对待。

k. 中国人对于控制在华建立的公司的需要,有待于最后的确立。他们曾经告诉我们他们将自由处理他们的事务,而在另外的时间,他们又告诉我们,必须由大多数中国的资本,或委员会中中国人的大多数,或一个中国的主席同意。这看上去是一个可望最终在经济基础上得以解决的事情。对于战后将被随意处理的外国资本来说,中国并非一个特别有吸引力的地方。如果中国人想获得私人投资者的资金,那么中国人必须提供可以吸引投资的条件。即便是最乐观的中国人,现在也开始怀疑以前被广泛持有的理论:是为了中国规定这样的条款,基于这些条款她会接受大的数额,这些数额也会被急切地提供出来。然而,应该加上一点,中国正希望更多地以从国际复兴开发银行贷款的方式获得资金。这使中国不太看重外国投资者产生敌对的危险。

l. 至于美国的态度,似乎在重庆没有什么可做的。如果美国的公司准备在一个长期信用的基础上供应商品(对此我猜想是令人怀疑的),如果恰恰是这样,他们会早于英国公司开始供货并得到这笔交易。这并不是说英国的公司最后无法竞争。我感到他们肯定能够那样——但是如果美国人希望那样,他们能有一个飞速的开始。中国是美国人控制和援助的战区,他们有无数技术专家在这个地方,这一事实为他们增加了优势。倘若外交部能得到任何关于战后美国在华可能执行的商业政策或者关于许多有名的中国商人在美国的活动的信息,我会十分欣然地接受。比如说,我认为中国人就希望美国人将在保留中国人的国旗的情况下,帮助恢复中国沿海贸易。是否这样的计划有希望符合美国的政策?我们对此饶有兴趣。

m. 在我看来,我们应该迅速地研究战后英国与中国商业关系的问题。这很大程度上取决于中国急需商品的先期供应,在这方面我们也许会被置于十分不利的地位。也还有许多未知因素,包括自然是很重要的一项:中国的财政和汇率。我们这里已有的新闻是不好的,在重庆不容易对国际商业的大概的总体背景形成任何十分清晰的概念。一方面,我们发表声明,强调避免任意争夺市场的必要性和对商业事务方面良好邻国政策的希望等等。另一方面,我们看到大大增长的,在其它国家中,从美国出口的必要性的证明。毫无疑问,美国人在与英国和其它出口国的激烈竞争中,此时还指望中国接受一些额外的出口。现在不可能去判断各派想法的相对力量,但是有人建议,我们应该为在这个市场中一段激烈竞争的时期做好准备。

n. 我知道,这个急件所谈到的内容在以前的信件中都以某种形式涉及过。然而,我希望这个全面的总结会对正在考虑战后商业可能性的部门有用。

H. J. 西摩

BDFA,Part Ⅲ,Series E Asia,Vol. 7,pp. 462-464

西摩致伊登电

重庆,1944 年 12 月 21 日

你的 404 号急件:领事协定

12 月 20 日,我将我们对目前草拟协定的意图通知给了外交部副大臣。他告诉我,中国政府现在几乎已经完成了商业条约的草拟,他们的草案将包括重新组织领事事务的规定。他们更喜欢将商业和领事问题放在一起处理,目前还不打算继续进行与美国的协定草案。

b. 外交部副大臣认为中国的草案会在一月的某时准备好。除非草案是建立在类似于其它地方的现代条约的常态模式之上,否则他不会被牵着鼻子走。

BDFA,Part Ⅲ,Series E Asia,Vol. 7,p. 499

贝文致西摩电

1946 年 2 月 22 日

我的 718 号急件(11 月 20 日:商业条约)

考虑到已秘密获悉草案内容的英商中华会社的观点,同时也作为因各部就您的 1716 号电报和奥杰恩 1945 年的 10 号电报所引起问题的必要协商而导致的延误的结果,我很遗憾,最终协议过的草案几乎不可能在 3 月 2 日,即 1943 年条约的第 8 条规定的“进入谈判”的最后期限,之前递交给中国政府了。

b. 许多问题还很突出,我们不愿以最后草率仓促来损害对它们的仔细考虑。因此,在这种环境下,我们感到最好的办法不是试图在 3 月 2 日之前提出草案,而是您现在应就 1943 年条约第 8 条条款照会中国政府,表示我国政府希望与中国政府为与这些条款相应的一个商约的结论而进入谈判。这个照会可以继续指出我们几乎已经完成了条约的草案可供这样的谈判之用,希望能很快将它提交中国政府。该照会可以这样结束:建议中国政府倘若同意,我们的照会和中国政府的认可应被视为为 1943 年条约第 8 条的目的而进入谈判的开始。

3. 如果您同意,您被授权为此向外交部提出照会。

BDFA,Part Ⅳ,Series E Asia,Vol.2,p.116

西摩致贝文电

重庆,1946 年 2 月 27 日

你的电报 335 号

外交大臣在 2 月 22 日的备忘录中提议:当中国政府目前正忙于还都南京的时候,基于 1943 年第 8 条条款的条约谈判应在还都安排有更多进展时,晚些再确定日期。

b. 我业已回答说领事条约草案已在提出,我国政府同样地愿意谈判差不多已经准备好提交的商业条约,若非我确定我国政府将如外交大臣建议的那样乐意推迟讨论,交换信件理所当然地互相被认为是为进入谈判而满足条约需要。

BDFA,Part Ⅳ,Series E Asia,Vol.2,p.116

贝文致西摩电(重庆)

1946 年 4 月 17 日

我的 201 号电报[2 月 1 日:中美商约谈判]

4 月 10 日,来自重庆的新闻报道引用了外交次长在该日新闻发布会上的话:一个"大面积的协约"业已在中美商约谈判中达成,这些会谈将有望很快带来一成功结论。

b. 关于实际上在这些谈判中已取得哪些进展,您有什么消息吗?中国人已经在与美国人的谈判中达到一个高级阶段,而却以还都南京为恳求的急务作为拖延跟我们自己的谈判的理由(见您的 304 号电报),我们对此迹象感到疑惑。

BDFA,Part Ⅳ,Series E Asia,Vol.2,p.380

西摩致贝文电

南京,1946 年 5 月 2 日

您的 670 号电报

在重庆 4 月 19 日的一场招待会上,美国大使馆的法律顾问贝莱(Byran)回复外交部欧洲事务司司长的特别询问时说,商约谈判只是适度良好地进行着。目前在谈话中的蓝来讷(Lamb)得到了此话是一个诚实陈述的印象。

b. 有理由相信美国政府在商约谈判的早期阶段施加了压力(关于这点美国大使一贯特别地缄默),可能部分考虑到公司法中预期的不利条款仍在斟酌之中。着眼于潜在的美国财政的善意,虽然中国政府可能已准备与美国政府进行讨论,很可能中国政府乐意对他们利用未决的还都南京的借口作为能从同时与美国大使馆谈判当中得到的交易优势。

c. 然而,即便像 1943 年条约中他们所做的那样,中国政府的目的是试图引用美国条约作为随后和其它国竞争更有利条款的一个先例。虽然考虑到我们更加自由互惠的政策,对我们其它要求的中国协议可能也容易达成;所有迹象表明美国政府决定保护美国商业和个人在华利益,我们可以通过要求最惠国条约从像他们获得的那种好处中受益。而且,美国提议文本的发表该在我们谈判开始之前,它也许会为我们提供一个很可能出现困难的条款的有价值的预先暗示。

BDFA,Part Ⅳ,Series E Asia,Vol. 2,p. 380

外交部给英国驻华大使的官方通讯附件[①]

1946 年 5 月 14 日

大不列颠联合王国与中国之间的定居与航海草约

---

① 经改后,包括商业委员会 1946 年 5 月 22 日信中的修正——原注。

导言

大不列颠、爱尔兰及英属海上领域的国王陛下和中华民国民族政府总统阁下；

希求针对彼此国民的定居条件和他们在对方领域内的航运权利，达成进一步的条款。

业已决心为此目的确立一条约，并已委派他们的全权大使：

大不列颠、爱尔兰及英属海上领域的国王陛下，印度皇帝（下文中提到的国王陛下）：

为大不列颠和北爱尔兰联合王国：……A. B.；

中华民国民族政府总统阁下：……C. D.；

他们已彼此进行了沟通，他们的全部权限找到了良好、合适的形式，他们已然同意如下：

第 1 条

（1）目前条约适用于缔约方的领土：在国王陛下方面，大不列颠、北爱尔兰及关于 31 条之下涉及到的任何领土；在中华民国民族政府总统阁下方面，乃是中华民国的全部领土。

（2）在目前条约后面的条款中，任何提及缔约方的领土问题都应被视为是关于那些缔约方条约适用的领土。

第 2 条

在目前的条约中：

（1）词条"一方（或另一方）缔约方的国民"，涉及英王，应意味着所有英国国民及所有英国保护下的属于目前条约适用的领土的属民，涉及中华民国，应意味着中华民国的所有国民，遍及当前条约中的"国民"理应仅指物理上的人；

（2）词条"一方（或另一方）缔约方的船只"，涉及英王，应包括所有在任何当前条约适用的领土的法律之下注册过的船只，涉及中华民国，应包括在中华民国法律之下注册过的所有船只；

（3）任何国家"公司"的表达，或"一方（或另一方）缔约方的公司"

的表达,是指所有合法的人在该国或根据情况在缔约方的领土,同样地从有效的法律取得他们的身份;

（4）词条"外国",涉及英王,指不是英联邦一部分的国家（后者包括在陛下的主权、宗主权或保护之下的任何领土以及在陛下授权或托管治理之下的任何领土）,涉及中华民国国民政府总统阁下,则指不在其权力之下的领土;

第 3 条

（1）在该文件条款下,一方缔约方希望为已被批准的目的,如文件中第 2 段所定义的,而进入另一缔约方领土的国民（和他们的妻子及 18 岁以下未独立的孩子）,将被允许居住在那里,及在上述领土内旅行,除了进入鉴于民族安全而限制特权阶级的人进入的任何地方或区域。任何强加上的这样的限制将被平等地用于后者缔约方的国民,除了适时地被授权者外。对于内地旅行,不需要旅行公文和签证,一个国家的护照或其它令人满意的身份证明之作品即足够。

（2）前段"被同意的目的"一词将表示这样的目的:即在任何时候会被缔约方批准进入,其寻求入境,无论如何将包括:

（a）一个六个月或缔约方可允许授权的更长时间的暂时访问;

（b）任何直接关涉国际贸易的行为;

（c）商业或职业利益（包括财政、商业、工业、银行、保险、海运和运输）的管理或技术指导;

（d）任何系统的教育性的学习课程;

（e）任何代表一个被认可的传教社团或医疗组织的活动;

……

BDFA, Part Ⅳ, Series E Asia, Vol. 2, pp. 357−366

贝文致因恰普（Inverchapel）勋爵电（华盛顿）

1946 年 5 月 16 日

请参看关于与中国商约主题的我的 2199 号急件,15 号南京电报的发报副本及给您的 1945 年 5556 号电报。

b. 美国人在这一事件上表现出的不合作态度很令人失望。我们设想促使美国国务院交换意见的新尝试会带来少许有用的效果,尤其是在这个美国谈判顺利进行着的阶段。然而,我们该感激您能获得的任何关于美国谈判进程的信息。如果您没有看到反对意见的话,您也应因此相应试探美国国务院。

c. 同时,您可以秘密地告诉他们,我们自己与中国人的谈判因国民政府迁往南京而相互达成协议推迟。最后的草约现在已经送给我们的大使,我们希望在最近的将来开始谈判。

BDFA,Part Ⅳ,Series E Asia,Vol. 2,pp. 380-381

因恰普勋爵致贝文电①

华盛顿,1946 年 6 月 4 日

您的 4720 号电报

上个星期,萨穆斯凯尔(Summerscale)有机会向美国国务院商业政策司官员提美国与中国商约的问题。后者说谈判正顺利进行并良好前进着;一些难点出现过,他无法预言条约何时能达成。同时他被秘密地告诉我们自己与中国人谈判的状况。

b. 萨穆斯凯尔(Summerscale)还指出:我们对尚未看到美国的草案感到非常遗憾。美国官员说,美国国务院坚定地认为让中国人开始相信我们正交换意见,并可能感觉我们在"联合起来向他们施压",这会是错误的。他否认他们是不合作的,并说给费谢尔(Fisher)的关于他们条约的消息(其要点在哈利法克斯[Halifax]勋爵 1945 年 8 月 11 日的急件中已经沟通过)应使我们能够对他们草案的内容有一个非常公正的看法。

BDFA,Part Ⅳ,Series E Asia,Vol. 2,p. 381

---

① 6 月 7 日收到——原注。

贝文致施谛文①电(南京)

1946 年 9 月 18 日

你的 479 号电报

这是令人不满意的。有效的美国的条约将成为中国的主要条约，在此基础上中国政府将与所有其它国家谈判商业条约。正如你所知道的，美国人反对关于我们各自草约的任何咨询。同时，他们可能打算在我们极其感兴趣而对他们相对来说关系不大的事情，例如航运上"待价而沽"。

b. 在最后这个阶段，让中国人改变他们的态度也许会证明是不可能的了，但我们感到，我们应该至少让他们的决定不那么轻易地通过。

c. 你于 2 月 27 日给外交部的函件最后一段使这封信函被公认为是履行 1943 年条约第 8 条第 1 款的目的而"进入谈判"之需要的信件。然而，虽然条约的文字被这样遵守，我们仍认为这样单方面拖延谈判，特别是在这个问题上倾向于另一个有同样条约规定的国家，因而在此规定的执行中倾向于后者来区别对待，是违背这个条款的根本精神。

d. 如果你没有反对意见，请就以上几点告知外交部。

BDFA，Part Ⅳ，Series E Asia，Vol. 2，pp. 115–116

施谛文致贝文电

南京，1946 年 9 月 5 日

你的电报 591 号

外交部条约司司长 9 月 3 日通知中国顾问，中国政府在与美国完成商业条约谈判之前，不准备与其他国家开始商约谈判。

b. 虽然已经取得客观的进展，但美国的草约中有中国经济和财政政策中的棘手问题，最后的决定将不得不(不可辨识字群)从巴黎的外

---

① 　Ralph Slcine Stevenson，英国外交官。

交大臣处返回。

c. 8 月 2 日,外交副大臣在新闻见面会上宣称美国商业条约是一个冗长而复杂的文件,他不知道何时才能公布。

BDFA, Part Ⅳ, Series E Asia, Vol. 2, p. 93

施谛文致艾德礼电

南京,1946 年 11 月 8 日

先生,

我很荣幸地传达给你,同此,正如中央通讯社 11 月 5 日所公布的,中华民国与美国之间的《友好通商航海条约》文本于 1946 年 11 月 4 日在南京签订了。

b. 该协定的签订一直是谈论不休的谈判的焦点。双方为签订成功举行了仪式,宋子文博士主持。中国媒体对此十分关注,但是,鲜有建设性评论;社论观点多关注在这是中国自废除治外法权后缔结的第一个条约以及它肯定会或多或少地影响随后与英国及其它政权条约的起草和谈判这样一个显而易见的事实上。

c. 我们将注意到,代表美国签订条约的是驻华大使和施麦斯先生——直到最近才卸任的美国大使顾问、现在的天津总领事。美国代表包括施麦斯,清楚表示他是美国方面承担着谈判重任一个重要人物,正如王化成博士是中国方面第二个签署人一样;当施麦斯先生被从天津招过来时,有人对施麦斯自身的反应感兴趣。我正巧那时访问天津,去参加仪式。从政治的立场上,他觉得很奇怪签字之事居然会发生。这给我的感觉是,当条约已经准备好一段时间时,美国国务院并不认为签署条约是明智的,因为它可能会被解释成鼓励中央政府认为美国的支持会从其它方向接踵而至之意。这让人回想起,直到 10 月 11 日张家口的中共基地被占领之前蒋总统向中共发起进攻,高层美国代表们感觉总司令不是真的试图与中共妥协,还在尽力使用美国调停的努力作为蒋军事行动的烟幕。我设想一些人因此会从恰逢其时签订条约之举读出深意,将其解释为作为对中央政府随后行动的一个允诺,在将要草拟中国新的民主宪法的国民大会即将召集之前,条约签订了,自然增加了国民政府的份量。

d. 这一条约本身的重要性和内容之繁多都要求我们对其文本进行细致的研究,不过,至今还没有时间这样做。虽然它在许多方面包含了我们提交给中国政府的《定居与航海草约》相似的内容,但美国条约也涵盖了更宽的领域。他们的第 1 条关于友谊与外交关系;第 15 条主张:"坚持一个目的和政策的程序……计划带来一个扩大的国际贸易";第 16 条和 18 条关于海关规定和手续以及进出口限制;第 19 条关于国际支付和汇率控制;第 20 条关于垄断和公共机构。这个列表不是为了无所不包,而仅是说明问题。在大英帝国政府各部关注下,这两个条约文本无疑都会被递交,以便做一全面的比较研究。我希望研究的结果能尽可能早地传达给我。我认为目前正全力忙于接待英国商务访华团的上海的商业秘书会及时地将他们的意见和英国商业社团的意见提供给你。

e. 总的来说,我认为该条约并没有提前为我们赢得很多好处。在航运事务方面它对我们毫无帮助。稍微粗略地通读条约,下面几点似乎值得注意:

第 2 条(1)包含对内地旅游限制的废除,这一点与我们自己的草约第 3(i)段非常相似,它是在中国生活复杂化的一个因素。

第 2 条(2)规定一般的美国人虽然可以自己建造,但只有租用土地的权利;这一规定在一些特定情况下被第 8 条解释和修改,这些情况涉及到限制带来的强加于在联邦的某些州的中国公民的复杂情形,而被设计修改以维持总的互惠原则。

第 3 条(2)涉及中国版图中商务办事处分支机构的建立,根据最近中国的立法规定中的限制性倾向这也许证明是颇有价值的。

第 4 条(2)附带了一个决定性的附文,似乎允许中国人优待他们自己公司,而区别对待外国的利益。

第 6 条(1)有明确的保护人身和财产安全的条款,我们的草约第 20 条大致涵盖了更为宽泛的内容。

第 6 条(2)规定以资本输出作为补偿,若非我们的第 20 条也在一个互惠基础上提到这点,它是远远比我们的草约第 18 条全面和明确。

第 6 条(4)规定仲裁判决的相互承认,这一点我们的草约中没有提到。

第 7 条表达了一个诚恳的希望:住宅搜查要以一种造成最小限度不便的方式进行,比我们的 12 条更为深入。

第 11 条处理了对旅行推销员待遇问题,第 12 条允许设立学校,这两条又比我们的草约更为明确。然而,推测起来,我们根据我们的草约第 20 条将从这些约定中受益。

第 14 条明确了当双方都被卷入与同样的第三方的敌对关系时对另一国国民动员的条件。

第 21 条(3)和第 24 条(2)保护美国利益,避免可能会有利于第三方的中国对沿海贸易权和内陆航行权限制的任何松动。

第 26 条(4)保留和预约由美国及其财产和至古巴、菲律宾的巴拿马运河带所给予或即将给予的有利条件。

第 29 条列举自 1944 年条约以来为该条约所取代的条约。

f. 我们观察到在美国的条约中没有涉及保险业问题的条款;也没有任何像我们的第 25 条那样规定双方要遵循国际惯例。

施谛文

施谛文致贝文电

南京,1946 年 12 月 31 日

先生,

很荣幸随函传达与你三份"友好通商航海条约"的中国草案,该草案是在去年 5 月 14 日附于你的 104 号急件中,并于去年 6 月 19 日就

此与中国政府沟通——见 Wallinger 先生当天的 675 号急件——的中国政府的"大不列颠联合王国与中国之间的定居与航海草约"的对应文本。

b. 今天下午外交部条约司司长王化成博士将对应草约交给陛下的大臣,王博士对这件事情的意见成为我今天的第 925 号电报的主题。

c. 因为今晚我有一个安全的机会到上海,我将没有评论的草案送去,希望它会从上海到香港再到巴黎成为明天的焦点。这个急件也将有一份送至上海的商业顾问那里。

施谛文

第 4 号附件

中英友好通商航海条约草案

导言

大不列颠、爱尔兰及英属海上领域的国王陛下,印度皇帝和中华民国民族政府总统阁下;

根据 1943 年 1 月 11 日在重庆达成的中英条约第 1 段第 8 条条款,期望进一步加强他们两国之间已经愉快地存在的友好关系,促进和规范他们之间的商贸关系;

已决心为此目的达成条约并委派了全权大使:

大不列颠、爱尔兰及英属海上领域的国王陛下,印度皇帝(以下简称国王陛下):

代表大不列颠和北爱尔兰的大英帝国:

代表印度:

中华民国民族政府总统阁下:

他们业已以他们的全部权限、以良好的正当的形式彼此沟通,同意以下各项:

第 1 条

(1)目前条约适用于缔约方的领土,国王陛下方面,大不列颠和北爱尔兰的大英帝国、印度、所有殖民地、海外领地、陛下的保护国、所有在他的保护或宗主权之下的领土、所有联合王国政府实施委托统治权或托管权的领土；中华民国民族政府总统阁下方面，所有中华民国的领土。

（2）在当前条约的随后条款中，任何所指缔约方领土应被认为是关于条约适用的缔约方的那些领土。

第 2 条

在当前条约中——

（1）"一方（或另一方）缔约方的国民"一词，涉及国王陛下，应意味着所有英国国民和所有属于当前条约适用领土的受英国保护的人，涉及中华民国，则指所有中华民国的国民。我们这样理解：在整个当前条约中"国民"一词，仅指代自然的人；

（2）词条"一方（或另一方）缔约方的船只"，涉及英王，应包括所有在任何当前条约适用的领土的法律之下注册过的船只，涉及中华民国，应包括在中华民国法律之下注册过的所有船只；

（3）任何国家"公司"的表达，或"一方（或另一方）缔约方的公司和协会"的表达，是指已经或今后可能会根据在那个国家或根据情况在缔约方的领土上可适用的法律和有效的规定而建立或组织起来的公司、合伙企业、和协会，不论是否带有有限的责任，不论是否为经济利润，视具体情况而定；

（4）词条"外国"，涉及英王，指不是英联邦一部分的国家（后者包括在陛下的主权、宗主权或保护之下的任何领土以及在陛下委托统治或托管治理之下的任何领土），涉及中华民国国民政府总统阁下，则指不在其权力之下的领土；

第 3 条

缔约方之间应有持续的和平和稳固、持久的友谊。

在互惠基础上，任一缔约方政府将有权利向另一方政府正式委派将被接受的外交代表，并将根据被承认的国际法原则，在该领土中享受其它这样的缔约方的权利、特权、免税权和豁免权。

第4条

（1）在该文件条款下，一方缔约方希望为已被批准的目的，如文件中第2段所定义的，而进入另一缔约方领土的国民（和他们的妻子及法定年龄以下未独立的孩子，这个法定年龄要根据他们各自的法律决定），将被允许在这样领土的整个范围内居住、旅游和从事贸易。在享受居住和旅游权的时候，任一缔约方的国民将在另一方领土内受制于其它这样的缔约方所适用的法律和规定，包括那些对进入任何地方或地区的强制性限制和外国人登记注册的指令性要求，假如他们不被要求申请或携带除有效护照或由他们各自的主管当局签发的其它身份证明以外的任何旅游文件。

（2）前段"被同意的目的"一词将表示这样的目的：即在任何时候会被缔约方批准进入，其寻求入境，无论如何将包括：

（a）一个1年期或缔约方可允许授权的更长时间的暂时访问；

（b）任何关涉国际或当地贸易的行为；

（c）商业、工业或职业的管理或技术指导；

（d）任何系统的教育性的学习课程；

（e）任何代表被寻求入境的缔约方所认可的医疗、宗教或文化社团或组织的活动。

（3）在该条以上段落提到的情况下寻求入境的所有的人，须持有一个有效的国家护照，护照将被认为是保证他们重新进入其国家领地的凭证，且可能需要持有签证，或其它被他们欲访问的领土当局准予或者代表该当局而被批准进入和/或居住的许可。然而，倘若访问的目的是被认可的，签证或其它必要的许可不会被拒绝，除非当局在针对个人的基础上有关于国家安全、公共秩序、健康或贫困的理由反对其个人。

（4）只要他们确保和遵守在该领土内适用于所有外国人离开的条件和规定，任一缔约方国民将被授权离开另一方的领土。

（5）该条内容将不被用来影响迄今被中华民国国民享有的进入香

港的自由和现存关于中国国民进入缅甸的安排。

第 5 条

在另一方领土内居住的缔约方的国民不应被强迫离开该领土或是拒绝允许在他短暂离开，这个短暂离开与其基本连续的居住并不矛盾，后再次入境，除非该领土当局基于以下情况有理由个别地反对他本人：

国家安全；或公共秩序；也就是说，他已被宣判犯有严重罪行或领土当局对他正在从事犯罪活动掌握有可靠的信息。

第 6 条

（1）在另一方领土内的任一缔约国国民将被允许参加和从事未被有效法律和规定禁止的商业、制造、加工、科学、教育、宗教和慈善活动；从事和继续从事每个非排他性为该国国民保留的合法工作、专业或职业；为居住、商业、制造、加工、职业、科学、教育、宗教、慈善和埋葬目的，而取得、持有、建立或出租和拥有适当的土地；不论国籍、自由选择，雇用代理或雇员；做任何伴随或为享有这样的权利和特权的需要的事情，根据适用的有效法律和规定，以另一缔约方国民同等的条件，行使所有这些权利和特权。

（2）前段条款不扩展到公司和社团；在那里所提到的权利和特权，限于那些任一缔约方到国民作为个体所享有的。

第 7 条

在另一方领土中到任一缔约方的国民将被免除于所有强制性兵役，无论是陆军、海军、空军、国民警卫队还是民兵；被免除于所有形式的体力劳动（除了在带来重大公众危险的自然灾难情况下）；被免除于无论何种的所有司法和行政功能的强制性表演，除了那些由关于陪审员的法律强加的。他们亦将被免除于所有作为此种兵役或此种功能之表演的一种代替物的捐献，不论以金钱形式或以货代款形式。

第 8 条

（1）任一缔约方的国民将被允许行使信仰自由和崇拜自由，被允许为教育他们的孩子建立学校。在行使这些权利的过程中，他们可以在另一方领土内,没有由于他们的宗教信仰或别的什么的原因带来的烦恼或干扰,进行宗教仪式和通过他们可能选择的任何发表言论的途径讲授宗教或其它,在他们自己到房子里或在任何他们可以在方便的环境中自由地建立和维持的合适的建筑里,假如他们的宗教和教育行为与公众道德不相违背并依照了适用的法律和有效的规定。

(2)除非依据正当的法律程序,否则举行宗教仪式专用的建筑将是神圣不可侵犯的。

(3)依照有关埋葬地点的殡葬和卫生法律和规定,任一缔约方的国民也将被允许根据他们的宗教习俗在为此目的建立和维护的合适和方便的地方埋葬死者。

第 9 条

(1)关于该段中列举的问题,整体上坚持国民待遇到原则,缔约方同意:任一缔约方的公司和社团将在另一方领土内被允许遵守可适用到法律和有效规定来参与和进行商业、制造、加工、财政、科学、教育、宗教和慈善活动;为商业、制造、加工、财政、科学、教育、宗教和慈善的目的而获取、持有、建立或出租合适的土地;不考虑国籍、自由地雇用代理机构或雇员;为享有这样的权利和特权而做任何偶然或必要的事;与另一缔约方的公司和社团在同等条件下,施行所有这些权利和特权,除非另有这样的另一缔约方法律的规定。

(2)任一缔约方的公司和社团将被允许在另一方领土内,遵守那里有效法律的需要,建立分支机构。

第 10 条

(1)在另一方领土的任一缔约方的国民和公司将自由进入法庭陈述、起诉或者为他们的权利辩护,对此没有任何条件和限制,没有任何在规定的另一缔约方国民和公司应付款之外或更多的税款或支付款;并将与此类国民和公司在所有诉讼和诉讼程序中以同等程度自由地在这些领土中被授权作此行动的人中间雇用辩护人、律师、代理或翻译。并且,在另一缔约方的没有永久公司、分部或代理的任一缔约方的公司和社团将被允许在服从由可适用法律和有效规定强加的需要基础上，根据前述文句来施行这些权利和特权。

（2）在关于对穷人自由合法帮助的给予或诉讼费用担保的给予方面，任一缔约方将在其领土中给予另一缔约方国民、公司和社团如给他自己国民、公司和社团一样的待遇。

第 11 条

（1）向另一缔约方境内的任一缔约方的国民、公司和社团征收任何形式的税款，将符合以下条件：

（a）不论居住地和他们的主要贸易地位于何处，任一缔约方的国民、公司和社团在另一缔约方领土之内，将不必交纳任何税款，也不必履行附带的任何要求，除非在这样的条件下、并有根据彼领土中有效法律和规章所规定的正式手续。

（b）任一缔约方的国民、公司和社团，不管他们居住在何处，不管他们的主要贸易地点在什么地方，将在另一缔约方领土内不受比另一缔约方的国民和公司正在或可能承受的更多、更高或更繁重的任何税收或其它与之相关的任何要求的制约。

（c）种植、生产或制造于任一缔约方的物品，进口到另一缔约方领土，将在另一缔约方领土内不受比种植、生产或制造于这些领土的物品正在或可能承受的更多、更高或更繁重的任何税收或其它与之相关的任何要求的制约。

（d）由另一缔约方的国民、公司和社团，或由这些国民、公司和社团组织和参与的公司和社团种植、生产或制造于任一缔约方的物品，将在这些领土中，不受比由该缔约方的国民、公司和社团或由这些国民、公司和社团组织和参与的公司和社团种植、生产或制造于他们的领土的同类物品正在或可能承受的更多、更高或更繁重的任何税收或其它与之相关的任何要求的制约。

（e）运用于该条的"税收"一词的表达，没有对它的一般性的偏见，包括：

(i)关于个人或关于财产、权利和利益、专业、职业、商业或工业的任何税收。

(ii)任何关税、税收、苛杂、罚款,即任何以政府名义实质性强征的税收、强迫性贷款或捐献或其它收费。

(2)根据该条第(1)段条款,任一缔约方国民、公司和社团,将通过另一缔约国的财政部门和法庭,享受与后者缔约方的国民、公司和社团同样的待遇和同样的保护。

第 12 条

由任一缔约方国民、公司或社团在另一缔约方领土上占有、持有、租赁或租借的住所、仓库、工厂、商店和所有其它的企业、机构等使用的房屋及地基将被尊重。若非在同样适用于最后提到的缔约方的国民、公司或社团的法律规定的条件和手续之下,不应搜查住宅,不应对这样的建筑或房屋及地基进行搜查,书报或帐目也不应被检查或审查。

第 13 条

(1)在不损害1943年1月11日在重庆签署的中英条约第5条条款和其附件的第3段的情况下,任一缔约方国民、公司和社团将在另一方领土中,在这样的另一方法律和规章所规定的条件和要求之下,享有不低于任何其它外国国民、公司和社团的优惠待遇,被允许取得、持有、处理可动的或不可动的财产。

(2)而且,他们将被允许从另一缔约方领土输出他们的财产和货物以及出售此种财产和货物的收益,而没有彼缔约方国民、公司和社团在同等环境中应受条件和限制之外的约束。

第 14 条

(1)在另一方领土中参加或开展商业、制造、加工、金融、科学、教育、宗教和慈善活动的任一缔约方的国民、公司或社团将被授权向另一缔约方政府申请给予对在为这样的活动中被雇用的目的而进入和居住于该领土的申请中所指定的人的许可。

(2)已经居住在另一缔约方领土超过3年的任一缔约方的国民将

被授权向另一缔约方政府申请对其随行人员进入和居住在该领土的许可。

（3）为依照该条第（1）段和第（2）段条款而申请的许可将被给予申请中指定的人（连同他的妻子和在成年年龄之下的孩子，这个成年年龄由他自己国家的法律决定）进入、居住或被雇用，依具体情况而定，除非提到的这个人作为个人基于以下原因被反对——

（a）国民安全

（b）公共秩序

（c）健康。

第 15 条

（1）任一缔约方的国民、公司和社团将在另一方领土中，与任何其它外国的国民、公司和社团一样，遵守另一缔约方法律和规定，在为赢利或其它目的组织和参与有限责任公司和其它公司和社团方面享有权利和特权，包括控制、管理、晋升或合并的权利，和购买、拥有和出售股份的权利，以及作为侨民在这样的公司和社团担任主管或官员职位的权利。由另一缔约方的国民、公司和社团依照该段列举的权利和特权组织或参加的任一缔约方的公司和社团，与任何其它外国国民、公司和社团组织或参与的公司和社团一样，遵守有效的可适用的法律和规定，将被允许行使它们被创建或组织的功能。

（2）由另一缔约方的国民、公司和社团依照前段条款组织、参加、控制或经营的任一缔约方的公司和社团，与由他自己的国民、公司和社团组织、参加、控制或经营的该缔约方的公司和社团一样，遵守有效的可适用的法律和规定，将被允许在该领土从事和开展商业、制造、加工、科学、教育、宗教和慈善活动。

第 16 条

任一缔约方的国民、公司和社团决不在另一方领土中对任何军事或市民的、不同于或更大于可能强加于另一缔约方国民或公司的要求负有义务，并将为此被给予足够的费用，费用将不低于类似环境中另一缔约方的国民或公司被支付的额度。

第17条

（1）在另一方领土内的任一缔约方的国民、公司与社团将在关于发明专利权、商标、商号、文学和艺术作品的版权等方面,与另一缔约方国民、公司与社团享有同样权利,假若他们遵守强加于后一缔约方国民、公司与社团的条件和手续。

（2）我们认为任何对前段所提到的权利的非法侵犯将根据侵权所发生地的法律加以处理,只要缔约方中的一方的法律没有赋予他的国民、公司和社团对翻译的保护,缔约方便将不必将这样的保护给予另一方的国民、公司和社团。

第18条

在4-17条（包括第4条和第17条在内）所提到的所有问题中,任一缔约方在后来可能给予任何其它外国的国民、公司和社团的任何特权、优惠或豁免权,将分别被延伸到另一缔约方的国民、公司和社团。

第19条

（1）种植、生产或制造于任一缔约方的物品,无论从哪里进口到另一缔约方领土,将不承担比种植、生产或制造于任何其它外国领土的同类物品所支付的其它或更高的税收或费用。

（2）种植、生产或制造于任一缔约方的物品,出口到另一缔约方领土,将不承担比种植、生产或制造于任何其它外国领土的同类物品所支付的其它或更高的税收或费用。

第20条

（1）种植、生产或制造于任一缔约方的物品,无论从哪里进口到另一缔约方领土,将不承受那些不同等扩展到种植、生产或制造于任何其它外国领土的同类物品的进口的任何禁止或限制。

（2）种植、生产或制造于任一缔约方的物品,出口到另一缔约方领土,将不承受那些不同等扩展到种植、生产或制造于任何其它外国领土的同类物品的出口的任何禁止或限制。

第 21 条

(1)任一缔约方的船只将与任何其它外国船只一样,有权载货来到另一缔约方正在或可能向外国商业和航海开放的港口、地方和水域;当在这样的港口、地方和水域内,将享有与另一缔约方的船只和货物同等的待遇,不论该港口是船只离开的港口还是目的地。

(2)任一缔约方将允许所有可以被合法进口或出口的商品的进口或出口,也允许在另一方船只上运送乘客从他们各自的领土中来或去往那里;这样的船只、它们的货物和乘客将与本国的船只和它们的货物和乘客享有同样的特权,不承担任何其它或更高的税收或收费。

(3)在任一方领土中正在或可能在今后给予本国船只进口或出口的物品的补助金、退税和其它无论何种类或类别的此种特权,也将以同样方式被给予另一缔约方的船只进口或出口的物品。

(4)关于所有种类的、不论以何名目,例如登记吨位、公共厕所、港口、码头、海港、领港、灯塔和检疫,而征收于船只的应付款、费用和支付款,或以政府、公共功能、个人、社团或任何种类的公司名义或为它们的利润而征收的费用,任一缔约方船只将在另一方领土内的港口享有与本国船只至少同样优惠的待遇。

第 22 条

(1)任一缔约方的任何船只,如果由于天气原因或事故而被在另一方领土内的港口避难,将在那里自由地整修、获取所有必要的贮备和重返海洋,而无须支付多于另一缔约方的船只在同样情况下可支付的费用。但是,万一商船主人为支付花费,需要处理掉一部分商品,他将必定遵守他达到地方的规定和关税。

(2)如果任一缔约方的任何船只在另一方海岸搁浅或遇难,这样的船只和它的所有部分以及属于它的所有储备物和附属物,从那里挽救的所有物品和商品,包括任何可能倾落海中或如果出售而获得的收益,和所有发现于这种搁浅或遇难的船只甲板上的文件,当由这样的船只、货物、商品等的主人,或他们的代理机构认领时,将交还给他们。如果现场没有这样的主人或代理机构,那么,只要它们是第一个缔约方国民或公司的财产,所指的船只、货物、商品等一经遇难或搁浅发生地区所在缔约方的领事官员在另一方法律规定的期限内认领,将被运送给该官员;此类领事官员、主人或代理机构将仅支付保存财物所发生的费用,连同在诸如另一缔约方国家的船只遇难或搁浅情况下应付的打捞抢救或其它花费。

(3)然而,缔约方同意挽救的商品将不支付任何海关关税,除非被批准用于内部消费。

(4)在船只因天气原因、搁浅或遇难而进入港口的情况下,如果业主或业主的雇主或其它代理机构不在场,各自的领事官员将为向他的同胞提供必要协助之目的而被授权干预。

第 23 条

在第21条和22条所提到的所有问题中,任一缔约方的船只将在另一方领土中受到如同任何其它外国船只的优惠。

第 24 条

该约条款,除了第2条和第23条的第(2)段,不给予任一缔约方的战舰任何权利。

第 25 条

该约关于船只的条款不扩展到内陆航行和沿海贸易。然而,倘若任一缔约方给任何其它外国船只内陆航行和沿海贸易权利的话,这样的权利将同样地被给予另一缔约方船只。中国民国大陆和它的海岛领土之间的贸易将被认为是该条意义中的沿海贸易。

第 26 条

(1)任一缔约方为规定和促进过境交通而采取的措施,应便利于由轨道或水路通过使用中路线的自由运送,便于去往或来自另一缔约方领土的人和货物的国际运送。没有基于个人国籍、船只旗帜、起始地点、托运地点、离开地点、进入地点、离开地点或目的地、或关于货物或船只、马车或货运车辆、或轨道或水路的其它运输方式之所有权的任何状况的分别。

（2）运输中的交通将不支付任何关于运输（包括入关和出关）的特殊应付款，除了仅仅为这样的运输所必需的监督和管理而支付的费用。

（3）任一缔约方都不得根据该条款运送被禁止入境的乘客或被禁止进口或出口的货物。

（4）为该条之目的，无论过境者有或没有换车、进入货栈、改为散货或改变运输方式而通过该领土，当它仅是完整旅途的一部分，起点和终点超出了运输发生地所在缔约方的领土边境，人、行李、货物和船只、马车、货运车辆和轨道或水路的其它运输方式，将被认为是经过任一缔约方的领土的运输。

（5）在该条提到的所有问题中，任一缔约方的国民、公司、社团和船只以及生长、生产或制造于他们的领土的物品，将在另一方领土中受到不低于分别对应于任何其它外国的国民、公司、社团、船只和货物的优惠待遇。

第 27 条

（1）无论在哪里，当前条约关于任何问题为国民待遇或最惠国待遇的给予规定了替代性条款，它都被理解为这个在这些可替代条款间的选择权将取决于在每个特定事件中该缔约方的受益人。

（2）当前条约关于最惠国待遇的条款将适用于：

（a）为使边境交通便利，正在或可能在今后给予相邻国家的有利条件；

（b）按照一般适用的多边会议而给予任何外国的有利条件，包括正如其目的使国际贸易或其它国际经济交往自由化并给以推动的、向所有联合国成员国开放的相当大面积的贸易区域；

（c）关于正在或可能在今后给予任何其它外国国民、居民、公司或社团的内部税收、苛捐或费用的有利条件，或（i）依照扩展同样有利条件给所有国家的立法，或在互惠基础上，扩展给它的国民、居民、公司或社团，或（ii）由于包含在与任何别的外国的协定中的双重课税的条款。

第 28 条

缔约的双方因当前条约任何条款的适当解释或应用而产生的任何纠纷,应他们中的任一方的要求,将被提交国际法庭,除非在特定情形下双方同意将纠纷提交某个其它的法庭或者以某一其它形式的手续处理纠纷。

第 29 条

(1)当前条约一经生效,将超越缔约双方以下条约的条款:

[待填]

(2)在任何情况下,当当前条约任何条款与根据前段没有被超越的、缔约双方在当前条约签字日之前达成的、或者已终止的任何其它双边条约或协定的条款之间存在或可能存在冲突,当前条约条款将有效。

(3)根据该约第 1 条,认为该条第(2)段条款不影响关于当前条约不适用的领土的任何权利或义务,或关于属于在任何该条第(2)段提到此种其它条约或协定之下出现的这种领土的个人。

第 30 条

(1)当前条约将被批准,批准会尽可能快地在……被交换。条约一经批准立即生效,有效期五年。

(2)如果没有任一方缔约国在所说的五年期限到期之前的另 12 个月将他终止条约的意图通知给对方,那么条约将继续有效,直到这样的意图通知给出之日起 12 个月期满。

上面提到的全权大使确实已签署当前条约并在条约上盖印。

于 194_ 年以英文和中文印制 _份,两种语言的文本将具有同等效力。

BDFA,Part Ⅳ,Series E Asia,Vol. 3,pp. 159–168

(二)香港海关和金融协定

说明:1946 年,由于国民政府输入管制加强、币值下跌,通过香港的走私、逃汇和在港金融黑市等问题愈演愈烈,对政府财政经济造成严重危害。为解决华南与香港畸形贸易造成的巨额损失,国民党政府与英国政府和港英当局就关务协定和金融协定展开艰难交涉。英国政府提出中国应恢复战前转口条例,作为英国配合中国政府急待达成的协定及其所作出让步的交换条件;国民党政府抵制英国要求,试图加速谈判进程,蒋介石甚至表露出准备动用武力摆平走私、禁止对港贸易的打算。经反复交涉,1948 年 1 月 12 日,关务协定达成。10 月 18 日,又关于中国海关与香港政府间关税协定所附地图及说明换文。同年,国民政府形成金融协定草案,但没有在中英政府间正式签订。随着国民党政权的迅速崩溃,协定没有产生多少效力。

薛穆致贝文电

南京,1946 年 6 月 20 日

在南京的陛下的大使向尊敬的外交部长致以敬意,很荣幸向他传达关于香港问题的备忘录。

第 5 号附件

香港

（保密）

总司令和蒋夫人以今天的告别午餐招待我和太太。午餐后我与阁下有个谈话,外交部大臣和顾维钧博士也在场。

b. 在我提出陛下的船只到中国港(分别记录)的访问问题之后,总司令普遍性地谈到中英关系,认为他们在最近几年有了很大发展。他也认为,在世界的政治家面前在主要的政治问题方面,中国和英国的利益是非常相似的。但是他认为只要香港问题仍未得到解决,中国与英国的关系就不会那么令人满意,或者实施起来不会有它与美国之间的那种互相信任。他说,找到一种解决办法使各相关方面的物质利益都得到保护并不困难。在一定程度上这个问题是个心理上的问题。除非找到一种解决办法,否则公众对英国政策的信任将无法完全建立。作为一个例子,阁下提到最近美国人废除了影响到向美国移民的中国人的排华法案:事实上,实际作用非常小;而心理上的作用却十分令人满意。

c. 总司令偶然提到:在他与管辖亚瑟港和大连的苏联政府讨论中,俄国人争论道:既然中国人允许英国驻留香港,他们很难反对在更远的北方的俄国人的存在。阁下又说,这个争论实际上没有任何特别的重要性,但是他提及这一点是因为它在俄国人方面已经被提出来了。

d. 最后,总司令让我一回到英国,就将他关于此事的看法以及它的重要性——他将此事看做是促进他希望看到的中国和大英帝国之间友好关系的一个途径,转告陛下的政府。

e. 正如我从最近的信件中所看到的,陛下的政府尚未决定他们关于香港的未来政策。除了证实了我所正确了解的:他考虑了使我们的物质利益得以保护的一些安排外,我没有进一步询问总司令的看法(他的态度很可能还不是很明确)。当然,我承诺过将他告诉的话传达给外交大臣。

f. 考虑到谈话发生的环境,如果对陛下的政府适合的话,在我离开的前夕,它可以作为中国政府问题的开始被提出。另一方面,它同样地可以作为一个或多或少非正式的信息被提出来,以满足中国政府希望这个问题被提出的愿望。像所预料的那样,在谈及香港的始终,总司令并未把殖民地和租借地区别对待。他强调事情的心理方面,似乎要暗示主权问题在中国人看来将是头等重要的。

H. J. 薛穆

1946 年 6 月 13 日

BDFA,Part Ⅳ,Series E Asia,Vol. 2,pp. 17–18

施谛文致贝文电

南京,1947 年 1 月 4 日

殖民地部(Colonial Office)将把一份 12 月 20 日的急件传送给您。

在这个急件中香港总督关于最近与中国海关谈判的关务协定草案发表了他的看法。除了观察到关于它的谈判再一次证明了香港政府在共同的问题之上与中国当局合作的意愿,我对协定没有什么评论。

b. 香港行政会议建议反对利用这个机会来为英国航运取得等价物的企图,大概因为在约束走私方面显然有共同的利益。我提出(过),在向中国政府表明我们打算利用一切机会保护我们自己的利益方面,我们可能有优势;假如注意到整个有计划的方式,以这种方式我们的合法航运显然在特权阶层压力下正在被中国政府削减,这一点是尤其合适的。

c. 我不赞成提出中国人肯定坚持的沿海航行权的主要问题;但"本国货物"问题在我看来似乎是一个合理合法的协议的等价物,不但对英国航运和香港贸易中心的贸易来说是这样,而且对现在或被迫在为他们港口间的货物而等待中国的船只,或被迫为在香港换船、在旅程中任一段使用外国船只的货物而支付出口税和进口税的中国商人来说也是。我所考虑的安排是赞同在香港中国海关关栈的建立,在关栈,海关加封的、从一个中国港口运送到另一个中国港口的货物可以等待航运,不论驶入或驶出香港的船只的国籍。

d. 我并非暗示在批准由中国人同意前述提议而决定的协定中,我们应该受偏爱,但我想有一个很好的理由来提出。

BDFA,Part Ⅳ,Series E Asia,Vol. 3,p. 157

施谛文致贝文电

南京,1947 年 2 月 27 日

我的 134 号电报:与香港的海关和金融协定(Customs and Financial Agreements)。

当宋子文重申他呼吁一项立即的、有利的与香港达成海关和金融协定的决定时,他邀请我下午拜访他。

b. 他告诉我他收到伦敦大使馆的私人秘书的来信,得知 2 月 21 日要在那里召开会议讨论这个问题,他原本非常希望在今天之前得到答复。

c.他继续说,政府和国民参政会中的同僚一直在对他造成压力,要为总司令安排一次公开陈述,引起民众对由美元流入香港和走私带来的中国日渐减少的(不可辨识群:资源?)的流失的关注。因为他不希望做出有碍与英国良好关系的事情,所以在顶住这种压力。我承诺将他的呼吁转达给您。我希望您能很快将陛下政府在这个问题上的决定通知给我。

BDFA,Part Ⅳ,Series E Asia,Vol.3,p.213

施谛文致贝文(南京)电

外交部,1947年2月28日

您的206号电报[关于2月27日:与香港海关和金融协定]。

所指的关务协定已经由殖民部经与其它相关政府各部磋商给以考虑,目前已经决定在依照以下各点的原则上提议可以被允准:

(a)从起草角度看,当前形式的协定有很多未定的要求,关于它的修订将不得不给出许多建议。

(b)因为协定将包括一些对君主权利的减损,它不应在香港政府和中国海关总署之间,而应在陛下的政府和中国政府之间。

(c)应为香港政府做出的最为重要的让步寻找一个等价物,这应是本地货物的战前转口条例的复原。

b.因此,除非您看到严重的反对,不然您现在应该通知中国政府:陛下的政府准备原则上同意关于香港的被提议的关务协定;他们认为协定应该在陛下的政府和中国政府之间;他们重视必要的某些草案修订,这些现在在他们的紧迫的考察之下;与此相关,他们已被吸引关注另一个海关问题,也就是,战前章程还没有被恢复,凭借战前章程来自中国港口的货物被允许为后来向中国再出口而运往香港,而不失去它的本国地位;如果中国政府有可能立即复原这些战前转口条例,他们会大大有助于最终缔结被提议的协定。

　　c.关于金融协定,请参看随后即刻发出的电报。

BDFA,Part Ⅳ,Series E Asia,Vol.3,p.214

施谛文致贝文(南京)电

外交部,1947 年 2 月 28 日

　　紧接前面的报告:与香港的海关和金融协定。

　　关于金融协定,殖民部已授权香港在第 5 号香港急件(参看卡梅尔[Camer]给上海的第 15 号电报)中被提议的基础上继续进行。

BDFA,Part Ⅳ,Series E Asia,Vol.3,p.214

施谛文致贝文电

南京,1947 年 3 月 14 日

　　您的第 228 号电报:香港关务协定。

　　外交大臣这样被通知。

　　b.考虑到在我的第 206 号电报中所报告的宋子文先生抗议的性质,我愿意能够让外交大臣知道:香港政府已被授权了解他们将要准备开始的(您的电报 229 号)金融控制安排。

　　c.我正询问香港总督,假如他被过早开始的行动弄得不知所措,是否他会对我那样通知中国政府有什么反对意见。我猜想您原则上会同意。

BDFA,Part Ⅳ,Series E Asia,Vol.3,p.226

施谛文致贝文电

南京,1947 年 4 月 18 日

　　您的电报第 228 号:海关和金融协定。

　　在答复我的信件的 3 月 4 日的电报中,外交部长宣布中国中央银行总裁张嘉璈和财政部海关关务署长张福运已被委派分别作为中国政府讨论这些金融和海关问题的代表,当准备就绪,可以进行谈判时,将通知英国大使。

b.这样,看起来中国政府要将讨论从香港转移。然而,我认为我们的目的是:

(a)对香港政府适合的关务协定的细节,应该正如在我的第315号电报第2段所建议的那样,首先与香港协商决定,然后在英国大使和外交部之间得到确定;

(b)金融协定应在香港专家之间讨论,而不需得到英国大使和外交部之间类似的确认。

c.感谢您关于这两点的指示。

BDFA,Part Ⅳ,Series E Asia,Vol.3,p.251

贝文致施谛文电

南京,1947年5月2日

您4月18日的第416号电报:海关和金融协定。

我同意。

关于关务协定,我们正在考虑使协定具体化的形式问题,并将迟些给您电报。

BDFA,Part Ⅳ,Series E Asia,Vol.3,p.251

奥格登总顾问致贝文电

上海,1947年5月6日

南京给外交部的第416号电报和我的1520号信件。杨慕琦今天告诉我,对于在关于走私和外汇管理问题上与香港的合作谈判中出现的任何具体问题上的连续失败,中国人的情绪非常坏。虽然他希望罗杰斯能很快带回对金融谈判中实质进展的可靠消息,但他担心极端的讨论会获胜。

b.针对香港的实际的报复行为的压力明显地增长了,当形势从内部变得糟糕,这一点可能影响很大。

c.是时候回应所提到的我的信件中报告的关税总局局长的态度了。

BDFA,Part Ⅳ,Series E Asia,Vol.3,p.260

贝文致史蒂文森(南京)电

外交部,1947 年 5 月 9 日

5 月 6 日的第 73 号上海给外交部的电报:香港海关和金融协定。

我们倾向于不理会中国人诸如由杨慕琦所报告的那种反应,因为很可能中国是要考验并吓唬英国政府使我们早些进入谈判。不过,杨慕琦的判断通常是正确的,关于多大程度上这些报告要被严肃对待,我们希望听到您的观点。要注意,倘若中国政府陷入非常严重的经济困难,他们将到处寻找替罪羊,为此目标,香港是个诱人的、易被攻击的对象。

BDFA,Part Ⅳ,Series E Asia,Vol.3,p.262

施谛文致贝文电

南京,1947 年 5 月 14 日

您的电报第 537 号:海关和金融协定。

很清楚,中国政府在试图通过向我们尊敬的人传达这些隐藏的威胁来硬逼我们签字。

b.通过宣传或其它方式针对香港的报复的风险是不可否认的,但是我感觉我们不能被胁迫。

c.我建议财政顾问告诉局长说,我们已经向中国人的要求表示了同情,但是考虑到同时保护香港利益的正常愿望,这些要求需要长期和认真的研究;当我们被呼吁满足要求的时候,我们希望从中国政府那里得到乐于通融的、耐心的回应以作为促进更好发展的贡献是公平的。

d.也许金融顾问也可胁迫杨慕琦说,与中国政府坚持立即满足他们广泛的愿望形成对照,他们并未给我们任何切实的交换物,这使我们的处境丝毫没有变得容易。

奥格登总顾问致贝文电

上海,1947年5月21日

致南京的第11号,留存。

您致外交部的第504号电报。

张福运由罗杰斯陪同,于今日拜访我和商业顾问,询问是否我们还准备进行如阁下您已被外交部通知的关务协定的谈判,为此他已被任命为谈判代表,如果要谈判,是否谈判将在这里或南京。

b. 我们告诉他,我们相信谈判会便利地在这里举行,但我们仍在等候进一步指示。

c. 然后,我们进行了关于转口条例问题的非正式讨论。我们认为,如果中国政府有可能为他们所寻求的相当可观的让步而在这一点上做出退让的话,英国政府的处境将容易得多。他回答,依照他的看法,鉴于对中国的船只所有者既得利益的强烈反对,他的政府将毫无可能在包括沿海贸易权在内的问题上让步。实际上,他认为中国的船只所有者比强盗好不到哪去。他再次建议问题在商业条约的背景中被提出会比较好。

d. 我们打断他说,在那样的背景中,问题肯定不可避免地变得广泛得多、重要得多,然而英国政府目前的提议(正如我们所见到的)根本不需要被解释为提出了国旗问题和沿海贸易权的问题,而是作为一个正好自然地适合当前情形的贸易问题和主要的海关问题。我们继而转到详细阐述个人观点的一种表达,特别是关于在4月14日第181号蓝来讷(Lamb)先生给基特森(Kitson)先生的信件第6段第1部分中提到的那些,强调从香港到一个中国港口定期往来的船只不应被描述为在从事沿海贸易。

e. 罗杰斯先生说这个意思从来没有向中国政府提出过,中国政府肯定把阁下给外交部长的 111 号照会解释为英国政府无理由地试图将完全独立的沿海贸易问题插进这些谈判中。他认为,如果做出一些这样的解释,或许以一个这样的建议:由出口商关于从中国的一个港口经由香港运送到另一港口的货物向海关提供合同,而不考虑船只在香港与一个中国港口之间悬挂的是哪国国旗,以此满足海关规定。若只是为了调节气氛,这样可能有所帮助。

f. 张福运先生个人仍然深信我们会毫无进展,并担心整个谈判会因为这一点而失败。但是他同意,如果我们不可能完全放弃转口条例提议(这显然是他所希望的),对我们来说仅次于最好的做法是按照此次非正式谈话的路线来正式地阐明我们的观点。

g. 因此我们冒险提出,我们被授权将上述第 4 段和第 5 段中勾勒的备忘录透露给张福运,表明这些考虑正由英国政府提出,英国政府希望这个更为详尽的解释会有助于中国政府考察阁下照会中的提议。然而,我们应该保留英国政府在未来某一天单独提出更加全面的英国航运权的问题。

h. 上述事项已经商业顾问同意。

BDFA,Part Ⅳ,Series E Asia,Vol.3,pp.269–270

施谛文致贝文电

南京,1947 年 6 月 4 日

香港致殖民地事务大臣的第 915 号电报。

外交部次长已经口头通知陛下的大使说,中国政府将不会同意 3 月 4 日在我致外交部长的第 111 号函件中所提的恢复香港转口条例的要求。

b. 然而,在这样的环境下,我感觉我们应该继续进行关务协定。但如果中国政府以后再要求超出我们准备给的更大的便利,我们应该答复说我们不能那样做,提醒他们:是他们不愿意同意我们的要求去做一些事情来作为为香港利益的交换条件。

BDFA,Part Ⅳ,Series E Asia,Vol.3,p.297

奥格登总顾问致贝文电

上海,1947 年 6 月 14 日

致香港的第 98 号。

下面来自金融顾问:

"中央银行的总裁要我今天会见他。他问我考虑了什么特别的措施来促进出口香港。我告诉他,香港当局会欢迎任何有效措施使中国的产品以合理的港元价格达到香港商人手中。现实的汇率调整和汇率解禁的失败,似乎指向某个贴补方案。我又说,我们希望走私的消除也将带来不可避免地助长走私非法贸易的过高收费之根源的逐步消除。我还提到香港当局不会欢迎大规模的国营贸易。

"b. 总裁说他最急切地想早日确保与香港的协定。他十分高兴得知香港当局愿意合作,他认为,假如在当前环境下他们不为与中国的过境贸易期待一个太大的贸易额的话,当前的提议为协定提供了基础。他已指示邵先生去研究贴补的问题,并给出具体建议,当建议制订出时,邵先生肯定会跟我商讨。他补充说政府决定采取有力措施防止走私,并为处理中国当前的局势而设想了多种政治措施,但是他强烈感觉单凭政治措施是不够的。积极的经济手段也是必要的。

"c. 当时也在场的邵先生说,南京有两派看法。一派主张以强硬的报复措施来针对香港;另一派是政府支持的,倾向于合作。因此,如果有可能的话,表明合作取得的效果能与斗争的结果一样好或者更好,这很重要。"

BDFA,Part Ⅳ,Series E Asia,Vol.3,p.280

奥格登总顾问致贝文电

上海,1947 年 6 月 18 日

致香港的第 101 号。

我的第 98 号电报。

下面来自金融顾问:

"中央银行总裁今天通知我说,政府已经宣布一项贴补木材、油、鬃毛、大豆、茶、丝绸、蛋和羊毛的政策。在这个方案下,中央信托局将通过香港出口华南的产品,外汇收益将自然增加到香港这里。而且,将尽可能地使商人也能经由香港出口这些和其它商品,为达到这个目标,邵先生和罗杰斯正在致力于制订出促进出口的详细措施。

"b.总裁继续说,蒋介石个人现在正对走私问题感兴趣,并宣布了他以武力取缔走私的打算。他想委派他的一个保镖在广州成立缉私局,在中国南部沿海和香港边界驻扎武装军队。总裁担心此举可能导致严重的边境事件,非常关注此事发展。他不久将看到蒋介石,将尽他所能地使这些缉私的影响力的范围最小化。为此目的,他正在南部中国安排更多可用的海关缉私艇,但他的主要愿望是说服蒋介石,使之相信问题可以通过诉诸金融和经济手段得以最好的解决。然而,蒋介石对与香港拖延的谈判中出现的任何具体问题的失败都极其不耐烦,一心想采取他自己的'强武力'手段。

"c.总裁如果报告说与香港协定的一个基础已经达成,那么他将有助于自己的主张。因此,他希望您能同意第1段中略述的措施会提供您将在邵先生带回的提议草案中准备采取步骤去(不可辨识群)的条件。当他期待原则上最后确定协定,而留下细节给邵先生和香港主管当局之间日后协商,总裁希望不久能到广州亲眼看一下那里的形势。

"d.我冒险告诉总裁,他可以确信,对您来说您十分渴望以一种合作和谅解的精神在这些问题上与中国当局保持一致,并且确信您最不希望的事就是它们继续形成导致事变和恶劣关系的绊脚石。我说,当然,我不能以任何方式代表香港政府,但是我会为您最有利的考虑,立即将他的口信转达过去。我也告诉他,您渴望看到达成提议的关务协定,对您来讲我怀着希望看到它很快实现。

"e.我希望您感觉能够授权给我,让我告诉总裁:一旦双方制订出细节,您准备在第1段和第3段的基础上继续下去。紧密安排此事很重要,我盼望尽速回复。在我看来,是冒险尝试的时候了。"

BDFA,Part Ⅳ,Series E Asia,Vol. 3,pp. 281-282

蓝来讷致贝文电

南京,1947 年 8 月 8 日

致香港的第 206 号。

您的电报第 124 号。

根据新闻出版物,在例行的新闻招待会上叶博士发表的声明表示:中国政府十分重视日益严重的香港和澳门的走私,外交部再三寻求英国和香港政府在加强某些有效的海关措施方面的合作,但是还没有得到回复。然后,他暗示了中国政府欲采取特别的措施与这种邪恶作斗争的意图。(从大使馆职员和叶博士之间的谈话中我猜想他是指建筑边界贸易站。)

他还谈到临时性反走私措施和金融协定的谈判,但是谈论的方式给人这样的印象:中国急切希望签订这两个协定,但被一个未能意识到其中包含的高尚的道德因素的联合王国阻止了。

我认为叶博士的谈话是一次将金融协定从走私问题中分离出来的有害的尝试,这是 Yen(应为 Yeh 的误印)博士公然宣称的野心。

BDFA,Part Ⅳ,Series E Asia,Vol. 3,p. 331

贝文致施谛文(南京)电

外交部,1947 年 8 月 15 日

您致香港的电报第 206 号:香港关务协定。

中国的大使 8 月 14 日拜访了常务次官,催促从速决定。他被告知,依据某些我们希望很快就此联络中国政府而并不包括任何原则问题的对协定草案的修改,我们准备缔结协定。关于延迟签订的原因,我方解释为这是部分由于工作在香港的压力,在香港,同样的人在为关务协定和金融协定交涉着。不过,也指出,中国人自身也要为协定的延迟负部分责任,因为直到6月初您才接到对您3月4日致外交部信件的口头回复。

b. 关于战前转口条例,我们告诉大使,作为我们在被提议的关务协定之下正在做出的让步的互惠办法,事实上,我们希望中国人能够给予我们这种让步,但是因为我们现在认为他们不准备退让,所以我们打算独立达成协定来作为我们的善意和准备帮助困难中的中国人的证明。最后,我方向大使解释说,协定将在英国政府和中国政府之间达成,我们希望您能不久将新草案呈递中国政府。

c. 我们不能反对中国人采取独立措施与走私作斗争,假如这些不会破坏或威胁英国在香港的主权。是否是这样,您的电报中不是很清楚。如果您再来报告告知是否边境贸易站真的已经建造,如果建造了,在哪里,我会很高兴。

BDFA,Part Ⅳ,Series E Asia,Vol.3,p.331

施谛文致贝文电

南京,1947年8月21日

您的电报第873号:香港关务协定。

外交部次长8月13日针对蓝来讷在这个主题上发表了一次长篇激烈的演说,宣称这是一个"道德的"问题,香港的美名将依靠它50年,等等。叶博士威胁说,如果香港不马上采取一些措施阻止因从香港走私而造成的中国经济壁垒的裂缝的话,中国人的政府将不得不采取激烈手段停止所有过境进出口,包括粮食。虽然他宣称他已经通过个人干预两次防止了中国人政府实行这样的手段,但蓝来讷仍得出这样的结论:叶(公超)在虚张声势。因为叶(公超)无疑曾提过边境贸易站的真实存在,而我没有看到任何证据。

b. 蓝来讷在所指的你的电报第1段和第2段以十分类似的话语回答了那些引述,并非常肯定地说,他不同意叶(公超)对媒体讲话的正确性(参见我的206号致香港的电报),叶(公超)讲话的煽动性可能会危及成功缔结金融协定和关务协定的可能性。

　　c. 中国人政府已逐渐使自己达到在这个问题上歇斯底里的恐慌状态,不完全地,带着试图说服魏德迈(Wedemeyer)将军的目的,面对草案的托辞和无能力,我猜测中国人自己已经千方百计地加强他们所想望的经济措施。因此,我很高兴得知有可能得到中国大使对于推进修订的草案的保证。

　　d. 同时收到了外交大臣关于去年年底双方考虑过、可接受的总的草案的有效性的照会,声明:因为英国政府希望恢复战前转口措施"作为协定的一个条件",结果是"数月前已经取得成效的讨论现在搁浅了。"我建议以您所指的电报的说法答复。信件复印件以袋随附。

BDFA,Part Ⅳ,Series E Asia,Vol. 3,p. 339

施谛文致贝文电

南京,1947 年 8 月 22 日

致香港第 216 号。

您的 1349 号电报致殖民地部。

下面来自南斯拉夫联盟共和国的代表托马斯:

"中央银行的总裁为现在罗杰斯带给他的香港当局打算推迟协定细节的宣布的消息感到很是不安。他已经在这里宣布细节将在 8 月 23 日被公布,现在的推迟将令他尴尬和为难。

"b. 他希望我使香港政府最绝对地确信:他想要以真正与香港合作的精神实行协定。他只是等待香港官方公告公布,前往广州研究当地的形势,并为如何通过协定的执行使中国和香港共同利益最大化而设计方案。同时,在那里他将希望有机会为个人的讨论亲赴香港。关于澳门,他已经安排向那个港口以美元开据发票进行出口。

"c. 我非常不赞成对这个问题的任何判断,强烈希望您按照计划进行协定。我们必须给张嘉璈机会让他很好地履行承诺或是食言。现在,就在经过数月耐心的谈判而正待执行协定的前夕,仅仅因为担心协定不管用而设法逃避协定,这会造成最坏可能的影响,会是一个战术上的大错误。特别是当宣布英国货币可兑换性的延迟后,中国人也许自己决定援引例外条款,至少有这样可能性的时候。虽然张总裁对今天早上我传达给他的新闻的接受是很合意的,但我强烈地感觉是他会在(3 个码群被遗漏)这一点上很不心甘情愿。

"d. 无论如何,我们必须注意设法保证:无论在哪里,招致的任何憎恶应该是在中国人方面,协定失败的责任应该在他们。

"e. 英国大使完全赞同这些观点,十分希望协定的公布将按照原来计划的那样做出。"

BDFA,Part Ⅳ,Series E Asia,Vol.3,p.341

施谛文致贝文电

南京,1947 年 8 月 25 日

你的电报第 769 号,致香港的 1081 号电报的重复文本:关务协定。

外交部次长 8 月 13 日问陛下的大臣,关于包括最终协定的照会的交换,我们打算采取什么程序。特别地,外交次长说,在中国政府最后接受前,中国政府自然愿意我们的(不可辨识群)草案经过他们的专家研究。在此事件中,他建议这样的研究和任何有效的讨论在香港本地在专家水平上进行,会更为可取。而他们进行此事的代表无疑将会是关税总局局长。

b. 陛下的大臣表达了个人观点说,这个建议似乎是合理的,假如它不会造成进一步的延迟和争论。我赞同大臣的看法。

我感谢您授权通知中国政府说这样的安排对我们是可接受的。陛下的大臣得出这样的印象:虽然中国政府可能提出协定技术性的细节,但他们不可能关于协定的条款制造任何值得注意的困难。然而,如果他们那样做了,我认为我们应该指出:不能指望我们再做超过已经做出的慷慨的让步。

BDFA,Part Ⅳ,Series E Asia,Vol.3,p.342

贝文致施谛文(南京)电

外交部,1947年9月2日

8月25日,你的电报第811号:关务协定。

我们原则同意你提前传送给中国人一份协定草案的副本,但是在这样做之前,你应该等待收到修改稿,这个修改稿将需要使英国政府和中国政府方面都接受协定,而不像第1242号(7月30日)香港电报中所讲的那样。当然,这些和其它修订将主要是尊重原文的,但如果经过仔细阅读,中国政府希望由香港的专家对它进行研究的话,我们应该没有异议。

b. 对你的最后一句话,我同意。

BDFA,Part Ⅳ,Series E Asia,Vol. 3,p. 344

奥格登总顾问致贝文电

上海,1947年11月28日

致香港的第179号。

我的第177号电报。

下面来自托马斯:

"邵先生今天应中央银行总裁的指示来见我,他直截了当地问我是否香港打算执行10月3日在南京签订的协定,特别是提出'产地来源证'系统的条款,中国人对它的最初提出起了很大作用。

"b. 邵先生反复说总裁在南京面临很大的并且是日益加重的压力,较之批准货单的兑现,他更为担心接连的挫败。

"c. 在官方和黑市汇率的分歧上,邵先生清楚表示,目前完全不可能给予(不可辨识群)希望,使之认为缺口有可能会在不久的将来关闭。汇率的问题是一个不能在仅仅涉及香港的协定中解决的事,而是要限制在边境范围,依据金融、经济和政治的多方面考虑。目前它受到了紧急关注,但是有许多冲突的看法需要协调。关于您对于澳门的担心,他指出在那里渗漏的危险是双方都意识到了很长时间的一个问题。

事实是:在南京形成的文件中,关于香港应立即实施某些措施的计划被启动了,但没有对澳门和汇率的限制。邵先生颇为强烈地力劝:现在合适的途径是不再有延误地执行这个计划,如果结果是您对澳门的担心不幸言中,您可以马上引起中国人对此问题的关注,那么这个责任将转到他们头上。因此中央银行总裁的控制将被加强,既然他能指出香港正在尽他们的职责的事实,并强调中国方面更为有效的行动势在必行。作为最后的办法,您将不得不(不可辨识群)被咨询。我推断中国当局希望通过加强和巩固预防措施而不是通过金融管理来控制经由澳门的渗漏。

"d. 因此,紧急的要求是您应该立刻介绍一下带有中国人的要求清单的'产地来源证'方案。他们希望坚持包括锡和钨在内。邵先生问我是否我希望在礼拜一之前得到答复,但我告诉他这当然是不可能的。不过,我承诺要求一个尽早的答复。"

BDFA, Part Ⅳ, Series E Asia, Vol. 3, p. 374

奥格登总顾问致贝文电

上海,1947 年 12 月 4 日

致香港的第 180 号。

我的第 179 号电报。

下面来自托马斯:

"中央银行现在让我通知您,他们愿意将皮革和生丝排除在产地来源证方案之外,但因为在香港的罗杰斯所解释的原因,他们希望您同意所有锡和钨的再出口应该包括在内。

"b. 他们现在还要求,中国的币制规定控制中国的国币现钞(限制可能提高至法币 5 百万)的进出口的那些部分应该在可能达到的最早的时间付诸实施。需要花时间分类的被没收的私运货物单的处置问题使困难出现,但他们十分恳切地请求您:留下处置细节以后解决,立即实施措施,不要让延迟发生。何时您能继续这件事?

"c. 关于法币规定的余项,他们希望这些准备好随后通知早些实行。

"d. 什么时候金融立法能准备完毕? 他们提到您于 12 月 3 日告诉了罗杰斯。什么时候他们可以盼望看到文本呢?

"e. 关于澳门他们向我保证积极的步骤已经采取,通过严格预防措施来阻止渗漏。"

BDFA,Part Ⅳ,Series E Asia,Vol.3,p.380

奥格登总顾问致贝文电

上海,1947 年 12 月 4 日

致香港的第 181 号。

我紧接着的前一个电报。

下面来自托马斯:

"蒋介石自己一直在为香港问题与中央银行总裁交涉,总裁使关于您未签署的协定先是在 8 月 15 日、然后在 10 月 3 日预言的可能的结果出现,为此他很是困窘。从蒋介石的角度看香港,我们可以确信,双方的好好先生也都将视线固定在那个方向。现在除非一些外部的可以看到的合作信号很快出现,不然,距离拥护与香港友好合作政策的张总裁被排外者和好战者推到一边的时候不远了。无论如何,蒋介石不懂经济或金融,他简单的军人思维可能倾向于直接的方法,比如尝试把香港排除在中国的贸易之外。

"b. 我非常真诚地希望,在很短的时间里我们真的会处于一个坚定地将所有不好信念的主张都拒之门外的立场,作为证据,请注意这样的事实:香港正全心全意地尽责执行 10 月 3 日的协定。我相信,如果作为您的角色再有更多犹豫不决的话,中国和香港的关系真的会有损害。因此,尽管我对您十分尊重,我仍建议目前正确的政策是:给这件事情一个诚实的审判(不管我们可能有的疑虑是什么),然后以'互相合作与谅解的精神'为过失和困难争辩。中国人再三给出这种便利。

让我们拭目以待,是否他们真的会同时不偏不倚。"

施谛文致贝文电

南京,1947 年 12 月 17 日

致香港的 344 号。

您的电报第 206 号,向 1891 年的殖民地事务大臣做了重述:关务协定。

一旦协定的修订草案文本就绪,它将被以提议的为便于考虑的交换信件形式(参见外交部给我的 954 号电报)传达给外交部。

b. 这些文件的副本将被送给您。

c. 我将以适当的途径通知您:

(a)是否文本会被中国政府接受;

(b)最后达成一致的交换信件的日期;

(c)文本在这里通过共同协定而发布的日期。

贝文致施谛文(南京)电

外交部,1948 年 4 月 16 日

我们已经在根据 3 月 11 日香港给您的急件,进一步考虑中国国民大会中香港代表的问题。

b. 提名主要是反对的意见,因为在通常的国家实践中它是一种创新。就我们所意识到的而言,除了中国,没有别的国家在特定的海外地区的本国居民中有经提名或选举产生的选民。无论如何,关于提名的代表,有一种民族统一主义的意味,即便他们代表在香港的中国国民,而不是一个独立的香港选民。法国准备接受海外中国人的提名代表,但看上去似乎不接受使印度支那正式成为一个独立的选区。

c. 请电报传来您关于进一步选举中国政府代表的当前环境中的明

智做法的意见。也请告知,是否一些代表被提名,或现在正在参加中国的国民大会,如果可能的话,查明是否他们是香港的普通居民。

施谛文致贝文电

南京,1948年5月15日

中国的选举。

在最近涉及立法院的一则消息中,中央新闻局声称,在香港、缅甸、马来亚、印度支那、日本、菲律宾和荷兰东印度群岛(按:现在的印度尼西亚),选举中国华侨的11人代表"不受当地法律的限制"。

b. 这一点似乎(不可辨识群:接近?)我们这样的结论:事实上,立法院或国民大会对香港代表还没有选举或即使是提名。

c. 在没有任何相反的证据情况下,因此,我宁可不要画蛇添足。

d. 考虑到国民大会中有两个加拿大的中国华侨代表,我认为最好还是将我们对在英国和有关殖民地领土内的此种选举的反对意见通知给加拿大大使。他说他正在与他的政府讨论代表的合适人选。

贝文致施谛文(南京)电

外交部,1948年5月18日

先生,

为了交换关于赠送给中国海军"黎明女神"号轻型巡洋舰(H. M. S. *Aurora*)、8个港口巡防艇和护航驱逐舰"灵甫"号(H. M. S. *Mendip*)(Hunt级驱逐舰)的5年期限贷款的照会,我约请中国大使5月18日访问我。阁下表达了中国政府对此项物资援助的感谢,作为我们长期的友谊和合作的进一步证明,他对此援助表示欢迎。

b. 然后,我告诉大使,我希望他能够帮助推动他的政府早日达成关于先前在华国际清算的债务安排。这在 1943 年 1 月 11 日中英条约的条款中已得到清楚的确认,但是,虽然一个委员会已经在上海呆了两年多,虽然他们的建议已经在相当长时间以前就提交给中国政府,但仍然没有取得什么进展。在我看来,这件事的实践性很强。许多以前被市政当局雇用的英国国民还在等着得到他们所挣的钱。英国政府已经发放一些贴补来减轻困境,但我请他关于最后清算的必要性催促他的政府。

c. 离开之前,大使询问我关于他最近对解决九龙争端的提议的立场。我答复说这些仍在研究中,不过我初步的看法是:它们还意味着中国政府对争论中的地区提出司法权要求。关于这一点,大使表达出相当的关注,因为,他认为处理犯罪的这些提议被明显地设计为不是在英国政府和中国之间提出司法权问题,而是防止犯罪行为逃避制裁。我向阁下保证我们会尽可能快地让他得到一个合理的答复。

贝文

BDFA,Part Ⅳ,Series E Asia,Vol.5,p.61

施谛文致贝文电

南京,1948 年 7 月 19 日

在离开之前的 7 月 17 日与外交部长的会面过程中,我问是否他愿意我到伦敦后将一些事情通知给陛下的政府。

b. 在答复中,他对于在过去两三年中,回答内阁的同事或前人民政治委员会和后来的行政院关于英国政府对待印度、巴基斯坦、缅甸和锡兰的民族和对待诸如马来亚、新加坡、香港这些主要或全部都是中国人的领土的居民的差异时遇到的困难开始了长篇大论。他承认他一直不能给出一个令人满意和信服的答复。

c. 我插话说,如果今后再被问到此类问题,他可以作出这样一个简单而完全令人满意的回答:印度、巴基斯坦、缅甸和锡兰地位的宪法变化是其经历了很多年教育和发展过程的终点。这些国家已达到有能力实现政治和经济独立的一个点。英国政府始终不变的目标就是将所有殖民地领土以它们各自所能达到的速度带到那一点。这种发展所能实现的速度有赖于民族自身的特征和他们领土的自然资源。他们可以被认为有能力独立的时间要由英国政府来决定。

d. 我不能吹嘘这个反驳给外交部长真的留下任何印象，因为他继续强烈指出，中国和英国之间的关系应该通过将其置于在中国人口占主导或全部的领土、特别是关于他们的政治发展方面密切合作的基础上，得到加强和促进。他没有准确解释这种合作如何进行，而是匆忙直接转到香港主题。他告诉我中国政府得出这样不情愿的结论：香港是"对中国的政治和经济威胁"。共产党人和准共产党人正在利用香港作为不仅是宣传而且是对中国颠覆性活动的基础。他很高兴看到香港当局在效法马来亚政府，对共产党人采取防御性措施。但是，他主张在这个问题上与中国政府密切合作确有必要。香港对于中国处在十分特殊的地位，这样的合作对双方利益都必要。他希望英国政府不要让中英关系作为一个小殖民地政府未能认识到这种必要性的后果而恶化。

e. 然后，他接着谈到问题的经济方面，声称：金融协定的主要条款还没有执行，关务协定的条款亦均无效。我立即对此作出回应，告诉他，他关于这个问题的信息是错误的。我承认金融协定的部分内容是不可能执行，但那么说是由于中国政府采取的行动，而不能归咎于香港政府。我向他指出，关务协定中的许多内容都在应用，一旦边境问题解决，整个协定都将被执行。我希望不久即实现。

f. 我继续使他确信香港政府盼望尽可能与中国政府密切合作，他们完全认识到那样做对他们是有利的，他们希望一旦外交事务反驳说，中国政府理解香港给政治流亡者以庇护，而不理解香港政府保护一个引渡程序正在香港法庭执行的名叫徐继庄的普通罪犯——潜逃的邮政银行经理，这样的合作将得以实施。香港与中国之间有一个引渡条约，他说，香港政府拒绝遵照。我向外交部长指出，只要中国政府能提供充分的证据使香港法庭满意，这个人就将被引渡，而截止现在他们还完全做不到。不过,我的话徒然无用。他不能或不愿理解香港政府不能干涉或推翻司法,即使当政治利益发生危急的时候。我认为,尽管他经验丰富,但他公开声称缺少理解力,倒很诚实。公正作为一个抽象的概念对于中国人来说并不意味着什么,彻底独立的司法概念,除了可能作为一个理论,在他理解能力之外。

g. 尽管我们观点不同,但我们的谈话很友好。我感觉某种程度上他在拿我发泄情绪。(我以在许多问题上的陈述作为会见的开始,这显然令他感觉不舒服。)我想他也想为预期的与立法院的会议建立一个案例,立法院似乎正以其新发现的吓唬部长的能力为乐事。然而,这不意味着他在十分牵强的关于中英殖民地领土的合作提案和关于香港的主张中不严肃。他和他的外交部正不习惯地处在立法和监察院压力之下,必须尽他们所能来保护自己。而且,他与他所有的同事,无疑都从内部和从一个国际的观点意识到中国政府的弊病,这样他们感觉有必要在他们认为安全的时候耀武扬威一下。

BDFA, Part Ⅳ, Series E Asia, Vol. 5, pp. 90–91

施谛文致贝文电

南京,1948 年 7 月 21 日

我的第 13 号电报,存留。

7 月 20 日,在我离开之前,蒋总统在一个告别会面中接见了我。

b. 我们从讨论欧洲形势开始,总统总结说,虽然似乎一触即发,但他相信苏联不打算进行战争。我不得不提到南斯拉夫,指出中国共产党关于铁托的宣言是中国共产党人在苏联势力之下牢固地建立的事实之证明,总统对此饶有兴趣。

c. 接着,蒋总统谈到香港。然而他没有像外交部长谈得那么深(见所指我的第 4 号电报),他强调香港与中国密切合作的至关重要性。在讨论中港关系的政治方面时,我告诉总督葛量洪(Alexander Grantham)先生与宋长官谈话的结论(见 7 月 7 日香港第 24 号急件)。

我强调这样的事实,香港的共产党人很清楚在非常小心地不违犯殖民地法律,他们特别地与马来亚的共产党活动割断联系。不过,香港政府完全意识到他们潜在的危险,如果中国当局能拿出确实具体的破坏性活动的证据,就政府方面而言,他们准备采取主动来为处理它们的合作而满足中国政府的愿望。

d. 关于中港关系的经济方面,蒋总统说金融和关务协定缔结已有一段时间,他发现很难理解为什么它们均没被充分实施。我向他解释原因,强调香港政府在实践中使协定提前生效所要走过的路程。关于这一点,我向他提到我与当地美国媒体代表的会见,这次会见于今晨发表。我也告诉他,金融协定的完全实现已被中国政府所采取的行动变得不可能(正如中央银行自己意识到的)。然而,我推断关于这个主题的进一步谈话正在进行。关于关务协定我指出,即使它通过香港必要的立法而生效,它的整体也不能产生实际效力,因为中国海关部门现在只是在他们方面完成了必要的可行安排。我说我希望阻碍立法的小问题将会很快清除。我以再次强调这样的事实作为话的结尾,香港总督几乎在四个月之前、在必要的立法之前就批准了香港领水的海关巡逻。蒋总统接着说,他同我一样希望协定的早日实施,并补充说,如果延误是由于中国方面的行动或缺少行动而造成,他将乐意知道,以便能补救。

e. 蒋总统接着十分抱歉地指出,中国政府在保护徐继庄的引渡中经历的困难(见所指我的电报第6段)。他使我了解,中国政府将这件事情看作香港与他们合作意愿的一个证明。然后,我向他重复了同外交部长讲的话。蒋总统说,就他所知,徐罪行的所有可能的证据都是由中国当局提供的,如果这对香港法庭来说还不够好的话,中国政府会感觉他们没面子。我再次向他保证香港对此事的严肃和他们满足中国政府需要的渴望,但再三指出,为政治或其它任何原因而向法庭施压,对他们来说是完全不可能的。我不知道为什么中国政府提供的证据是不充分的,但我承诺咨询葛量洪先生,并尽我所能地在这件事情上帮忙做些什么。蒋总统谢过我,并再次表达了他希望香港能够同中国政府合作的热切愿望。

f. 最后,蒋总统请我向您和首相转达最友好的问候和所有美好祝愿。

蓝来讷致贝文电

南京,1948 年 8 月 9 日

外交部次长叶(公超)今天向我表达了中国政府对香港政府态度的欣赏,8 月 8 日的《字林西报》刊载的来自香港的路透社这样报导:

"8 月 7 日,官方渠道表示,香港政府将禁止中国共产党人和其它反国民党群体在香港为组建与现存政权对立的中国联合政府而集会的任何企图。"

b. 外交部次长接着提到最近在纽约的冯玉祥元帅发表的公开宣言,大意是:他要返回中国"参加要将蒋介石排除在外的新的政治协商会议。"作为由李济深元帅发起的对共产主义者和民主党派成员以及其他中国政府的敌对分子参加该会议的广泛邀请,外交次长希望香港政府阻止冯元帅登陆(不可辨识群:香港?)。我回答,可能没有合法的理由否定对冯进入香港的许可,不过当地政府很可能会使他的存在窘迫。如果在殖民地居住时他行为不端,就会是另一种情形。有关这一点,上述路透社报导引用香港官员的电报说,虽然目前没有理由阻止冯玉祥登陆香港,但当地政府不会纵容计划推翻中央政府的活动。

贝文致罗纳德(里斯本)电

外交部,1949 年 6 月 23 日

先生,

葡萄牙大使今天造访,提出澳门和远东问题。他也问到我们关于香港防卫和一般对华关系的态度。

　　b. 我告诉大使，我们所实行的政策正是我在黑泽的工党会议上宣布的，在国防大臣就此在下议院做了陈述。共产党人纪律严明，尊重英国人的生命和财产。他们显示出想建立贸易的迹象。澳门防卫的问题依赖于是否那里会被攻击，无论澳门还是香港此刻我都不希望遭受攻击。在考虑这个问题时，我说，虽然关于如果澳门被攻击（假如迄今已发生）我们会做什么这个问题还没有明确决定，但我对此很上心。

　　c. 大使呼吁关注英葡条约在这方面的重要性，我没有作答。

贝文

BDFA, Part Ⅳ, Series E Asia, Vol. 8, p. 139

（三）"紫石英"号事件

　　说明：1949 年 4 月，在人民解放军发起渡江战役前夕，英国军舰"紫石英"号擅自闯入长江防区，引发与人民解放军部队的炮战。英国海军后派多舰救援，引起更大规模的炮战。英方救援以失败告终，"紫石英"号被俘。尽管稍后中英双方都得出了这是一偶然事件的正确判断，但围绕着释放该舰而展开的谈判却是艰难的。双方在英国是否应对这一事件认错道歉上意见分歧，谈判陷入僵局。英国曾考虑远东舰队总司令布朗特亲自出马与中共高层接触或将此一问题提交联合国安理会的可能。7 月底，"紫石英"号利用黑夜及客轮经过之便侥幸逃脱。"紫石英"号事件中，英国虽无炮舰外交的故意，但英舰的逃遁，形象地标志着列强炮舰外交在中国的终结。

　　本节主要资料来源：

　　英国国家档案馆藏：英国外交部档案 FO/371

　　中央档案馆编：《中共中央文件选集》，第 18 册，中共中央党校出版社，1992 年中国人民解放军军事科学院毛泽东军事思想研究所年谱组编：《毛泽东军事年谱》(1927—1958)，广西人民出版社，1994 年

《毛泽东选集》(一卷本)，人民出版社，1966 年

中共中央文献研究室编：《周恩来军事文选》第三卷，人民出版社，1997 年

江苏省档案馆、安徽省档案馆编：《渡江战役》，档案出版社，1989 年。

1. 炮击事件的发生与双方的判断

施谛文致英国外交部电①
1949 年 4 月 20 日

从"紫石英"号向南京发来的无线电报告说，今天上午 9 时半左右在南京以东 60 英里左右的口岸西南的长江中，它遭到了沉重的炮火打击并搁浅。它还报告有较大的伤亡，但没有(重复一遍，没有)报告炮火是来自共产党还是中央政府的军队。

此后未收到该舰的进一步报告。

皇家军舰"伴侣"号从南京，"黑天鹅"号从上海正赶往救助。

已向中国海军司令部和南京的国防部通报了对"紫石英"号的袭击，并告知了上述救援军舰的派遣。

我也已将此事电告英国驻北平领事，希望他能够将此事转达共产党高层，促使后者向他们的沿江部队下达适当的命令。

在将这一悲剧性的事件告知地方媒体时，我要求路透社强调所有上述英国舰只的人道的和平的使命。

FO371/75887

---

① Ralph Slcine Stevenson，时任英国驻华大使。

斯卡莱特①备忘录

1949 年 4 月 20 日

自从 1948 年 10 月中国共产党开始向南方推进以来,在知会并得到中国政府允许的情况下,英国在南京一带的长江中停留一艘军舰,以向在日益迫近的战争的威胁下留在中国首都的英国人提供人身保护和精神支持,已成为惯例。

1949 年 2 月,当中央政府迁移到广东时,它于 2 月 8 日发布了一个要求所有外国舰船撤离长江的正式声明。在提出这一要求时,它尽力解释说,这一告示不应解释为反对外国军舰的存在:它只是想在事先避免它们遭遇不幸事件。

海军部说,迎江而上的去替换在南京的"伴侣"号驱逐舰的"紫石英"号炮舰在开抵口岸附近时搁浅,并遭到来自岸上炮火的袭击(我们尚未知道来自何岸)。

对于这一事件,很可以有一个心理方面的解释,因为据说口岸是共产党在南京下游过江的非常可能的地点之一,并据说渡江的时间会于 4 月 21 日拂晓,如果谈判在那时破裂的话。我们知道,李副总统准备拒绝共产党的最后的提案。

FO371/75887

英国外交部致英国驻南京大使馆电

1949 年 4 月 20 日

海军武官 4 月致远东舰队副司令的第 190417Z 电报已经指出,共产党可能在 4 月 21 日渡过长江,并说口岸一带是南京下游两个最可能的渡江地点之一。

我不清楚,"紫石英"号为什么在如此接近可能的发起进攻的时间

---

① 　Peter W. Scarlett,英国外交部助理次官。

通过危险区域？并希望你能尽快地告诉我促成"紫石英"号在这一关头开往南京的具体情况。

FO371/75887

施谛文致英国外交部电
1949 年 4 月 21 日

根据我的要求,英国远东舰队副司令推迟了在南京舰只(皇家海军"伴侣"号)的换防,以避免在共产党第一次最后通牒到期的时间 4 月 12 日在长江航行。他告诉我,军舰能停留在南京的最晚时间是 4 月 26 日,稍后他提出应由"紫石英"号在 4 月 20 日替换。这一要求使我预期,替换会在共产党的第二次最后通牒到期之前即可能的渡江日期 4 月 21 日之前完成。因此,我同意了副司令的建议。据我们所知,除了小规模的局部战斗外,长江下游的大部分地区一直处于彼此默认的停火状态。如果一切如期望的那样,换防已经完成……

FO371/75887

施谛文致英国外交部电
1949 年 4 月 21 日

已经确知,对"紫石英"号的攻击来自人民解放军。"伴侣"号在前往下游的途中也遭到了类似的攻击,舰只损坏,并有相当伤亡。我相信,这些悲剧的发生是由于当地部队的错误。

"紫石英"号现在在玫瑰岛附近漂流,希望能修理好,开往南京或上海撤下死伤人员(17 人死亡,20 人受伤)。

它最好能前往上海,那里有较好的医院和修理设施。

你们应该再次强调军舰的和平的和人道的使命,并敦促他们立即向人民解放军的地方指挥官下达不再向它开炮的命令,如果它能够完成修理并再次航行的话。

"紫石英"号也许需要援助,两艘英国军舰已经到达江阴附近。你应该敦促下达类似的命令,当这些舰只前往救助时不向其开炮。所有的舰只都非常明显地悬挂着英国旗帜。

在今天或明天,用英国皇家空军的水上飞机向"紫石英"号投放医疗用品是可行的。飞机应该涂有英国标志,并要求发布类似的不向它开炮的命令。……

FO371/75887

马登①致董纳森②电

1949 年 4 月 20 日

如果停止开火的命令能够确实下达,有什么措施能让我们知道已经下达这一命令,又有什么措施能保证使共产党部队会执行这些命令?

如果获得这一命令的机会很小或没有,我不想推迟救援行动,尽管我当然非常希望避免进一步的伤亡。

因此,如果你能告诉我你对获得这一命令所需时间的估计,我将不胜感激。

FO371/75887

马登致"伦敦"号等电

1949 年 4 月 21 日

看来在最近一段时期没有机会与对方达成谅解,又考虑到"紫石英"号需要尽早得到援助,因此,我准备让"伦敦"号上驶至"紫石英"号的抛锚处,尽可能快地护送它驶往下游。……

FO371/75887

---

① Alexander Madden,英国远东舰队副总司令。
② Vernon Donaldson,英国驻华大使馆海军武官。

马登致布朗特①电

1949 年 4 月 21 日

已经下达命令,要"伦敦"号和"黑天鹅"号撤退。所有表示和平意向的信号都被置之不理,六圩附近和北沙洲岛南端的炮兵发射出猛烈的炮火,英舰给予了有力的回击。显然,不可能带着"紫石英"号下驶,因为即使在高速度的"伦敦"号上,伤亡也不轻。如果现在我们仍企图带走"紫石英"号,我们所失将远远大于我们所得。

我们认为,在最高层所采取的最急迫的行动应是努力尽快达成一些协议。已经要求南京大使馆随时通知我有关的最新进展,诸如让"紫石英"号到南京的可能性等⋯

FO371/75887

施谛文致英国外交部电

1949 年 4 月 21 日

鉴于"紫石英"号伤亡人员进行医护的紧急需要,以及该舰的医生和所有医护人员都已死亡的状况,"伦敦"号正从江阴开往玫瑰岛,以图护送"紫石英"号前往上海。

FO371/75887

施谛文致英国外交部电

1949 年 4 月 21 日

英国驻北平领事报告,共产党地方当局拒绝接收根据我致北平第47 和 48 号电报中的指示而提出的信件。

在这种情况下,考虑到英国海军"伦敦"号无法救助"紫石英"号,尤德先生②自愿去试图与浦口北部的共产党军队进行接触,期望能够

---

① Patrick Brind,英国远东舰队总司令。

② Edward Youde,英国驻华大使馆三等秘书。

见到有足够的权力下达停火令的共产党指挥官。我同意这一想法。尤德希望今天夜里能够通过分界线,他已获得了中央政府军事当局的允许。

陆军武官杜里中校①和海军副武官克仁斯少校②已经乘车前往镇江地区,以期能够与"紫石英"号取得联系。

FO371/75887

施谛文致英国外交部电

1949 年 4 月 21 日

我已向此间的新闻界准备了如下声明,以更正一些不准确的报道,包括说我已向北平的中国共产党当局提出抗议。

英国大使已经指示英国驻北平领事馆的负责官员,利用一切可能的办法,向中国共产党最高主管当局转达信件,告知向"紫石英"号和"伴侣"号开炮的事件,请求他们立即向长江沿岸的军事指挥官下达命令,停止这类炮击。

随后的信件强调了对"紫石英"号上的伤亡人员进行医疗救护的迫切需要,并再次要求下达命令,防止对执行和平的人道任务的英国海军舰只再次开炮。

英国大使馆现在已获北平领事馆确认,他们已收到这些信件。

此后,英国大使馆被告知,考虑到现仍漂浮在玫瑰岛附近的"紫石英"号上的伤亡人员仍然无法得到适当的治疗,英国海军巡洋舰"伦敦"号已经沿江而上,以图尽快给予医疗救护,如果可能的话,帮助"紫石英"号驱逐舰驶往完全地带。

考虑到最近的令人不安的进展,我授权进一步发表如下声明:

---

① Dewar Durie.

② John S. Kerans,因紫石英号舰长受伤不治,克仁斯奉命从南京赶往镇江,代理紫石英号舰长。

由于"紫石英"号附近地区遭到持续不断的猛烈的炮火打击,英国海军"伦敦"号无法接近"紫石英"号,以完成其将舰上受伤人员撤往安全地带的使命。

由此看来,长江沿岸部队显然没有获得英国所期望的停止向这些英国舰只开炮的命令。由此可以推断,到目前为止与北平当局的联系未获成功。

英国大使馆的尤德先生自愿去试图与浦口北部的中国共产党军队的指挥部进行接触,以期获得必要的停火命令。没有这一命令,现在要接近受伤人员,并给予他们适当的医疗救护显然是不可能的。

FO371/75887

斯卡莱特备忘录

1949 年 4 月 21 日

以下是来自海军部的最新消息:

1."紫石英"号已经成功地使自己移动,它向上游前进了数英里。由于导航上的困难(它的航图室已经被损坏,导航员死亡),无论是往上游还是下游,它都不能走得更远。

2."伦敦"号和"黑天鹅"号卷入了激烈的战斗。负责指挥的舰队副司令已经意识到,继续向上游前进只会增加他的伤亡名单,因为"所有表示和平意向的信号"都被共产党所置之不理。他们无法接近"紫石英"号。

马登将军已经要求英国大使加倍努力,以达成一个停火协议,使"紫石英"号能够撤出。

海军对局势的评估,排除了再派遣一艘军舰到南京的可能性,以在危机中保持与使馆的联系,直到局势澄清为止。

我认为,我们无法采取什么行动来支持施谛文的努力。

FO371/75887

施谛文致英国外交部电

1949 年 4 月 22 日

以下是北平 4 月 22 日发来的第 115 号电报：

我已将你第 48 和 49 号来电的内容写入给朱德的第二封信中，我于 4 月 21 日夜晚通过邮局发出该信。邮局将我的第一封信交给了地方军事当局，他们的身份我还不清楚。我没有收到朱德的任何回复。由于当局仍然拒绝承认我是英国官员，及拒绝向我提供任何有用的联系渠道，我建议，作为最后的一着，你可直接致电北平中国人民解放军司令部朱德将军。这里的地方新闻界对"紫石英"号事件没有任何反应。

FO371/75888

德宁致贝文①备忘录

1949 年 4 月 22 日

如你所知，国防大臣将与周一前往挪威。他请我今天下午去见他，表示了他对长江事件的局势发展的关注。

首先，亚历山大②先生说，由于我们未就共产党的行动造成的伤亡和损害向他们提出抗议，公众舆论可能会愤怒，到目前为止我们所做的事情都是请求它们停止对我们舰只的炮击，他想知道这是否已经足够。我指出，根据我们目前的情报，共产党是否会接受我们的任何抗议，是非常值得怀疑的。还有一点是，在英国海军"伦敦"号沿江行驶途中，国民党方面也对它开了炮。

使国防大臣生气的第二点是，关于"紫石英"号我们能做些什么。现在好像有 40 人还在舰上，包括代理舰长和受伤的舰长，要放弃这艘军舰和炸毁它吗？如果这样作，这不等于承认我们错了吗？另一方面，

---

①　M. E. Dening，英国外交部助理次官；Ernest Bevin，英国外交大臣。

②　A. V. Alexander，英国国防大臣。

如果我们决定让"紫石英"号离开它现在的地方,它便有被共产党军队的再次炮击所打沉的危险,这种可能性由于共产党军队似乎要在"紫石英"号和南京之间的地段渡江而变得更大。

国防大臣认为,这两个问题应该在高层解决。他知道,海军大臣将于周二在上议院发表一个声明,他认为也应在下议院发表一个类似的声明,尽管他觉得由一个海军部次长来发表这样的声明并不合适。他希望首相能发表声明,但我已知道由于要参加英联邦会议,首相在周二将不会去下议院……

FO371/75889

毛泽东起草中共中央军委指示

4月21日　收到粟裕等21日8时20分关于外舰妨碍我渡江的请示电后,为中央军委起草复粟裕、张震并告总前委,刘伯承、张际春、李达电:你们所说的外舰,可能是国民党军舰伪装的,亦可能是真的,不管真假,凡擅自进入战区妨碍我渡江作战的兵舰,均可轰击。但如该外舰对我渡江在实际上无妨碍,则可置之不理,暂不去打他。

4月22日　紫石英舰被击伤后,接英国驻北平总领事包士敦来函事,为中央军委起草致渡江战役总前委,粟裕、张震、刘伯承、张际春、李达电。指出:英国驻北平总领事要求我军对于英舰两艘营救被击损之英舰紫石英号船员一事予以便利,我们意见在不妨碍我军渡江作战条件下,可予以营救之便利。营救事务完毕后,如英方仍要求开往南京护侨一事不能同意,但如其不听劝告,仍开南京,只要其不向我开炮及不妨碍我渡江,我亦不要攻击他们。

《毛泽东军事年谱》(1927—1958),第746页

新华社述评:人民解放军战胜英帝国主义国民党军舰的联合进攻①
1949 年 4 月 22 日

（新华社长江前线二十二日二十四时电）在镇江江阴段的渡江作战中,人民解放军曾于 20 日及 21 日战胜英国帝国主义和国民党的大队军舰的联合进攻,这件事值得全国人民极大注意。事情的经过是这样的:当 20 日我军攻击北岸敌桥头据点及江中许多洲岛,准备大举渡江的时候,除和国民党陆军作战外,还要和国民党的海军作战。20 日上午,有两艘敌舰由东向西开来,向我泰兴县西北扬中县正北名叫口岸的北岸桥头阵地发炮。其目的是阻我向中心洲进攻及展开船只渡江。我军炮兵当即奋勇还击,敌舰一艘被毁,不久下沉。另一艘负伤,向西驶至镇江附近大部下沉。此时又有一艘敌舰从镇江方面向东开进,至口岸附近向我阵地发炮,我再还击,又将该舰击伤,该舰后向下游驶去。21 日上午,又由东面来了两舰,一大一小。此时我即首先发炮,使其不敢迫近,又将该两舰击伤,狼狈向来路江阴方向逃去。由于这一次向敌舰作战胜利,方才将敌舰阻我渡江之计划打破,21 日下午方得大举渡江。当我军和上述五艘敌舰作战时,江中尚泊有几艘敌舰和上述五舰相距不远,亦参加战斗,惟畏我炮火,不甚积极。直到 21 日夜间,我军还以为上述各舰都是国民党的军舰。到了 22 日,从各方面收集情报,方才知道上述诸舰中,竟有四艘是英国军舰。四艘英舰中,有三艘在战败后向江阴以东逃去,大概是逃往上海,另一艘英舰现搁浅于镇江附近不远的江中,要待我军占领镇江后才能将详细情形查清楚。在和上述诸舰作战的过程中,人民解放军伤亡二百五十二人,阵地及武器被毁一部,英帝国主义的海军竟敢如此横行无忌和国民党反动派勾结一起,向中国人民和人民解放军挑衅,闯入人民解放军防区发炮攻击,直接参加中国内战,致使人民解放军遭受巨大损失,英帝国主义政府必须担负全部责任。国民党反动派历来勾结美帝国主义发动战争,屠杀同胞,现当

---

① 这是毛泽东为新华社写的述评新闻。

日暮途穷之际,又复勾结英帝国主义的大队海军深入长江,图阻人民解放军渡江,此种卖国残民罪行,必须彻底清算。

《渡江战役》,第112—113页

毛泽东起草中共中央军委指示

4月23日　为中央军委起草致渡江战役总前委、粟裕、张震、刘伯承、张际春、李达电,请粟、张加强江阴方面炮火封锁,一则使国民党军舰不能东逃,二则使可能再来之英舰不能西犯,如敢来犯,则打击之。对于营救紫石英号之伤员,如英方来取联络,不要拒绝。但其必须承认错误,并赔偿损失。对其伤员,予以医治,但不要释放。待后谈判解决。

《毛泽东军事年谱》(1927—1958),第747页

英国海军部致英国外交部电
1949年4月23日

当时机成熟时,海军部将会向新闻界发表如下声明:

英国海军"紫石英"号在前往南京执行人道使命的途中,受到了敌对炮兵的完全无缘无故的袭击。结果很显然,如果没有进一步的战斗及随之而来的重大伤亡,该舰便不能解救出来。海军部认为,避免损失更多的生命是最为重要的考虑,因此,远东舰队的指挥官马登副司令,已经向"紫石英"号的指挥官下达命令,令其率员登陆,转到安全地带,并炸毁该舰。派遣另一艘军舰取代"紫石英"号加入远东舰队之事正在考虑之中。

FO371/75889

施谛文致英国外交部电
1949年4月24日

尤德于4月21日晚渡江来到浦口,在次日上午与共产党军队的前线部队取得了联系。4月23日下午6点,他见到了前线指挥官。他要

求允许英国军舰"紫石英"号平安通过,前往上海或南京。他受到礼貌的接待,并被告知这一事情必须提交更高当局来处理。这次会面倒是比较快,但结果是消极的。

以下是会谈的概况。共产党方面声明,只有这些舰只帮助他们渡江时,才会接受英方的要求。当尤德明确地表示这是不可能时,他们回答说,那么"你们必须自己找到解决办法"。共产党方面声称,英国军舰没有获得人民解放军的许可便进入了战争区域。对于尤德所说北平的共产党当局拒绝接受英国领事的信件一事,没有人给予回答。共产党方面强调,英舰开炮造成了他们部队的严重伤亡,并拒绝承认尤德所说的自卫权。关于这一点,昨天夜里北平共产党的无线电广播同样声称,英国舰队的帝国主义行动造成了严重伤亡。

共产党人清楚地表明,他们不承认尤德是一个外交官员,而仅仅把他看作是一普通的外国侨民,并声明对外国人的人身和财产提供充分的保护是人民解放军的政策。

从以上可以看出,共产党的高层领导企图利用上述理由来逃避他们对其身份已充分了解的中立国船只进行无缘无故的攻击所应受到的谴责。尽管尤德的勇敢的值得称赞的努力取得的是令人失望的结果,我还是想再次通过英国领事向此间的共产党的军事指挥机关或市政府(一旦其中任何一个建立起来)提出要求,允许该舰不受侵犯地安全地驶往南京或上海。我们唯一成功的机会似乎在于坚持和谨慎地宣传……

同时,我希望不要公开尤德与共产党指挥官的会谈细节,以免它有碍任何以后可能出现的讨论的机会。相应地,我只告诉新闻界,在与人民解放军的前线部队进行了接触后,他已经安全返回,但他的使命的结果是消极的。

FO371/75889

马登致海军部电

1949 年 4 月 26 日

初步的越来越多的信息表明,谈判可能是在与最先炮轰并击伤"紫石英"号的指挥官之间进行的。

会谈要点如下:

1. 如果"紫石英"号"不制造麻烦"和不移动的话,它不会受到骚扰,如果它企图这样做,解放军将会开炮,因为只有更高当局才有权同意放行。

2. 已知道"紫石英"号是英国军舰,已下达除非英舰先开炮将不向英舰开炮的命令。重复强调是"紫石英"号首先开炮。英国代表否认此点,并指出"紫石英"号直到几乎要搁浅时才开炮的。

3. 桑德兰号飞机受到炮击,是因为没有事先没有预告它的到来。共产党并说,如果提出要求的话,共产党方面将提供医疗援助。

4. 确认他们有 250 人的伤亡。我也说了我们的伤亡人数。

5. 指挥官担忧外界对人民解放军的反应,说中国人和英国人一直是朋友。……

FO371/75890

施谛文致英国外交部电

1949 年 4 月 27 日

这一社论给了我们在目前我们所能得到的对于这一事件的官方描述和对于事件结果的官方观点。共产党对于这一问题的态度给在此间的我们留下了这样的印象,他们并不(重复,不)确知他们在这一事件中是否处于强有力的地位,他们倾向于处于守势。不管怎么说,这一社论在语气上并不很激烈和不可调和,它本可能那样做的。

FO371/75899

英国海军部致马登电

1949 年 4 月 27 日

当"伦敦"号和"黑天鹅"号准备前往救助"紫石英"号时,向它们提供空中支援的问题,已经在议会和媒体上提出。你们考虑过此事吗?

FO371/75891

马登致英国海军部电

1949 年 4 月 28 日

正如我先前已经指出过的那样,我认为在和平的路线上采取紧急行动,是唯一可能获得积极性成果的行动途径。

能提供空中支援的最近的飞机是在马来亚,它们显然不能在上述地区持续行动数天。

除了那些岛,沿江地区还有许多炮位,其数量之多,非大规模的空袭不能奏效。

FO371/75891

德宁致贝文电

1949 年 4 月 28 日

在周二讨论中国问题的内阁会议之后,中国大使打电话来澄清,中国大使馆对《泰晤士报》上的声明不负任何责任,那一声明声称曾经警告过英国从长江撤出军舰。

应我的请求,李滋戴尔先生正进行调查。现在已很清楚,《泰晤士报》无疑应对此事负责,中国大使馆确实没有发表任何声明。似乎是《泰晤士报》的外事记者与中国大使馆的情报顾问有一次私下谈话,谈话中提到了这一警告。后来当这一消息通过电话传到值班编辑那里时,便发生了误解。李滋戴尔先生告诉我,《泰晤士报》现在已经非常清楚地意识到他们这一失误的极端严重性,但我们对此事并非故意造成已感满意。

中国公使今天打电话给我,表示大使对这一事件的关注,并特别要求我向你通报这一情况。我告诉他,我们很高兴地得知大使馆对此事没有任何责任。

FO371/75891

中央军委关于处置一切外交事务须事先报告请示的指示
1949 年 4 月 26 日

总前委,刘邓张李,粟谭,并告林罗刘谭①:

……野战军以下,任何部队及其首长均无权未经中央或中央局、野战军前委批准擅自采取对待外国侨民超过中央规定的行动。在战场上,由于外国军队、军舰、空军及手持武器的外国人参加战斗行动,我们应该实行自卫,但同时,必须报告野战军前委转报中央,请求指示。……

中央军委
卯宥

《中共中央文件选集》,第 18 册,第 246—247 页

中国人民解放军总部发言人声明
1949 年 4 月 30 日

我们斥责战争贩子丘吉尔的狂妄声明。四月二十六日,丘吉尔在英国下院,要求英国政府派两艘航空母舰去远东,"实行武力的报复"。丘吉尔先生,你"报复"什么?英国的军舰和国民党的军舰一道,闯入中国人民解放军的防区,并向人民解放军开炮,致使人民解放军的忠勇战士伤亡二百五十二人之多。英国人跑进中国境内做出这样大的犯罪行为,中国人民解放军有理由要求英国政府承认错误,并执行道歉和赔偿。难道你们今后应当做的不是这些,反而是开动军队到中国来向中

---

① 指刘伯承、邓小平、张际春、李达、粟裕、谭震林、林彪、罗荣桓、刘亚楼、谭政。

国人民解放军进行"报复"吗？艾德礼首相的话也是错误的。他说英国有权开动军舰进入中国的长江。长江是中国的内河，你们英国人有什么权利将军舰开进来？没有这种权利。中国的领土主权，中国人民必须保卫，绝对不允许外国政府来侵犯。艾德礼说："人民解放军准备让英舰紫石英号开往南京，但要有一个条件，就是该舰要协助人民解放军渡江"。艾德礼是在撒谎，人民解放军并没有允许紫石英号开往南京。人民解放军不希望任何外国武装力量帮助渡江，或做任何别的什么事情。相反，人民解放军要求英国、美国、法国在长江黄浦江和在中国其他各处的军舰、军用飞机、陆战队等项武装力量，迅速撤离中国的领水、领海、领土、领空，不要帮助中国人民的敌人打内战。中国人民革命军事委员会和人民政府直到现在还没有同任何外国政府建立外交关系。中国人民革命军事委员会和人民政府愿意保护从事正常业务的在华外国侨民。中国人民革命军事委员会和人民政府愿意考虑同各外国建立外交关系，这种关系必须建立在平等、互利、互相尊重主权和领土完整的基础上，首先是不能帮助国民党反动派。中国人民革命军事委员会和人民政府不愿意接受任何外国政府所给予的任何带威胁性的行动。外国政府如果愿意考虑同我们建立外交关系，它就必须断绝同国民党残余力量的关系，并且把它在中国的武装力量撤回去。艾德礼埋怨中国共产党因为没有同外国建立外交关系而不愿意同外国政府的旧外交人员（国民党承认的领事）发生关系，这种埋怨是没有理由的。过去数年内，美国、英国、加拿大等国政府是帮助国民党反对我们的，难道艾德礼先生也忘记了？被击沉不久的重庆号重巡洋舰是什么国家赠给国民党的，艾德礼先生难道也不知道吗？

《毛泽东选集》（一卷本），第1463—1464页

马登致英国海军部电

1949年5月1日

我从远东舰队总司令官那里了解到，在国内有这样一种印象，即共

产党的高层指挥故意地为英国海军设下陷阱和蔑视英国海军。

　　我没有看到能证实这一印象的证据，或开炮是共产党高层指挥的故意行为的证据。我认为，对于开火缺乏严格的纪律规定是这次事件发生及扩大的最可能的原因。

FO371/75891

马登致英国海军部电
1949 年 5 月 3 日

　　在尽我的努力再次审视了所有的证据之后，我的看法是，在"紫石英"号事件发生之时，共产党给其炮兵部队的指示是不要（重复一遍，不要）向英国军舰开炮。

FO371/75891

2. 中英间多种渠道的接触

施谛文致英国外交部电
1949 年 5 月 3 日

　　……

　　在"紫石英"号和共产党地方指挥官之间已经建立起良好的关系，后者暗示，"紫石英号"可能很快获准离开，这使得双方争辩的语气变得尽可能地缓和。

　　但我相信，你会同意这些关于"紫石英"号的会谈不应公开，无论是在辩论中或以任何其他方法，以免这样的公开会有损获得成功的机会。

FO371/75891

施谛文致英国外交部电
1949 年 5 月 3 日

　　昨天夜里听到英国广播公司的广播，它转引一些英国报刊的话说，英国海军的军舰在中国的水域向英国公民提供保护,以预防中国共产党人。

这样的说法是不正确的,也是危险的。因此,我急切地期望在议会辩论和在其他公开的声明中强调这样的事实,即英国海军舰只停泊在那里是准备在过渡时期(重复一遍,过渡时期)万一发生法律和秩序的崩溃时,向当地的英国人和其他社团提供援助和支持,并强调一旦有效的管治得以恢复,我们便准备撤走这些军舰。

FO371/75891

施谛文致英国外交部电
1949年5月6日

今天,我的一位馆员向新成立的南京军事管制委员会外事处处长递交了一份备忘录。该备忘录声明,英国海军当局希望"紫石英"号能尽快离开中国水域,开往一个能进行必要的修理的港口,希望中国人民解放军能尽快给它安全通行的许可。

处长答应将备忘录转呈其上级。

我希望,目前不要(重复一遍,不要)公开发表以上的接触。

FO371/75891

施谛文致英国外交部电
1949年5月16日

外事处的一位基层官员通过美国大使馆转来的信息,似乎暗示着当局准备接受英国使馆对4月20日"紫石英"号沿江而上的有关情况的解释。我随即派了一位使馆人员于5月14日亲自向外事处的官员递交了一份备忘录。该备忘录扼要重述了去年11月对让一艘英国军舰停泊南京所作出的安排的背景情况。

备忘录还强调了"紫石英"号使命的和平的人道的性质,并清楚地表明:

1. 英国一直在考虑,一旦法律和秩序恢复便撤出军舰。

2. 舰只停泊南京得到了当时南京政府的同意,此外,也不可能将它停泊之事告知华北当局,因为他们拒绝接受英国领事的官方信函。

3. "紫石英"号航行的时间安排足以使它可在(根据我们尽力获得的准确情报)人民解放军准备强渡长江之前到达南京。

在递交备忘录时,该使馆人员口头解释道:

1. 尽管英国驻北京领事在好多天之前已经向朱德发送了对"紫石英"号使命的详细解释,但英国大使馆仍不清楚,南京地方当局是否充分了解事件的情况。

2. 英国一直在考虑,在人民解放军抵达并控制南京之后便撤出军舰。他最后重申,我们现在希望"紫石英"号能获得安全通行的许可,并尽可能快地离开。该处副处长记下了这些要点,并表示将把备忘录呈交上级。

FO371/75891

"紫石英"号致马登电
1949 年 5 月 18 日

从镇江地区前线指挥部派来的政治委员康矛召上校①,在甲板上向我递交了如下信件……

以英语进行的会谈比较困难并非常冷淡。共产党方面的官员说,在英方对该信件作出书面答复并确认我的代表证书之前,将不(重复一遍,不)考虑我与政治委员的会谈。

在举行会谈之前,将不会讨论安全通行许可的问题。

我阐述了舰队总司令的看法,再次强调英国军舰的和平的意图。

我相信,这一地区指挥部拥有让我们安全驶出长江的权力。

我设法从他们那里得到情报,我们的 2 个士兵现在正在附近的共产党军队的医院中。在会谈举行之前,将不会考虑放他们回来。

---

① 康矛召,中国人民解放军第三野战军炮三团政委。

"紫石英"号的任何移动将仍会招致报复性的炮击。

我提出,有关这类责任的全局性的问题是在南京的更高级别上讨论的问题。他们很快反驳说,由于共产党尚未与英国建立外交关系,这是一个须由地方解决的事情。

FO371/75891

布朗特致施谛文电

1949 年 5 月 20 日

时间对"紫石英"号是非常急迫的。到月底时,它可能已经用尽燃油。

如果在"紫石英"号第 180814 电中提到的会面越显重要,如果海军部不反对,我正在考虑飞往"紫石英"号,在舰上升起我的旗帜,并亲自参加会谈。这会给"紫石英"号的放行提供最好的机会,英国的军舰被没收的可能性已是如此严重,是值得去冒这个风险的。

如果我的谈判失败,我将宣布沿江下驶的计划,公开它的日期和时间,并说明我应该这样做。如果吴淞仍然处于战区,我将在未到吴淞之前抛锚。在这种情况下,共产党是不大可能开炮的,尤其是我们采取一切可能的步骤,通过广播和其他手段告诉共产党政府。

如果我们真的受到炮击,引起反响,这当然会进一步使政府困窘,但无疑要知道,另一种选择只能是毁掉军舰,但不可能很彻底,该舰可能会最终落入共产党的手中,舰上官兵将沦为俘虏。

我知道,可能有人会说在任何情况下我们都不能承受另一次"紫石英"号事件,在面对所有的警告和缺少支援的情况下开动该舰就会招致这一结果。最好的回答当然是取得成功,但除此而外,共产党并没有任何扣留舰只或开火的权力。一直到吴淞口的沿江两岸都在它的控制之中,并不存在战争区域。另一种选择几乎意味着另一次类似的"紫石英"号事件。

我认为,风险是小的,成功的机会很大。我们至少应该在诱导共产党摊牌上采取一些主动行动。

英国海军部致布朗特电

1949 年 5 月 20 日

海军第一军务大臣的亲自指示。

你提议的访问不会(重复一遍,不会)发生。

英国海军部致布朗特电

1949 年 5 月 20 日

海军第一军务大臣的亲自指示

我们从这样的角度来考虑你的提议,看看如果你的计划失败,将会有什么样的后果。

失败的风险似乎是很大的,因为

1. 根据以往的报告,你碰到的困难会与英国大使在与能够承担责任的共产党当局接触时所碰到的困难同样之多。

2. 地方上的共产党无权作出同意的决定。

3. 考虑到第一次事件,你通过一个出人意料的举动来解救"紫石英"号的机会是很小的。

如果你的计划失败

1. 将危及国家的荣誉,我们与共产党的关系将进一步恶化。这将会产生长远的影响,尤其是对上海和香港。

2. 英国政府将在国内遭到理所当然的批评。

3. 将进一步丧失威信。

大臣们现在考虑,解救"紫石英"号的新一轮的努力应在共产党占领上海后立即进行,但这不意味着放弃现行的努力。

贝文致施谛文电

1949 年 5 月 21 日

　　海军部告诉我们,到 6 月 9 日以后,"紫石英"号将不可能以它自己的动力行驶。

　　在攻克上海之前,共产党似乎不大可能允许"紫石英"号离开,但这个日子也不会太久了。那时,放行舰只的问题将会成为真正急迫的事情。我急切地希望,一切可能的方法都应采取,以劝说共产党在月底之前给予该舰安全通行的许可。你有什么建议吗?

FO371/75892

施谛文致布朗特电

1949 年 5 月 21 日

　　……在我看来,这可能是一个好的战术,即由克仁斯少校告知中共地方当局,他级别太低,除了有关该舰的安全通行权的技术性细节外,他无权讨论其他任何问题。他受权表示,为了理顺关系,该舰所属的远东舰队总司令准备到南京或到紫石英号舰艇来,与相应层级的人民解放军高级将领讨论更为广泛的问题。克仁斯可以建议将此一提议提交中共最高指挥部考虑。如果共产党同意这样的提议(这将涉及到他们许可英国的飞机或军舰进入),我们的谈判地位无疑将大大增强。但是,如果他们拒绝,此后谈判不能取得不能令人满意的进展的责任将会落到他们身上。同时,我怀疑,他们是否准备采取像没收舰艇这样重大的步骤,除非他们能够找到借口。

FO371/75892

布朗特致克仁斯电

1949 年 5 月 22 日

　　关于答复与中共地方指挥官代表举行会谈的问题,请将我的如下意见转达袁将军:

有关"紫石英号"事件的谈判,英国大使已在南京开始进行。他已向外事处解释了"紫石英号"为什么会在中国人民解放军致国民政府的最后通牒期满前24小时通过炮兵阵地的原因。

因此,这个问题是正由高层外交界所讨论的问题,我不能授权"紫石英号"舰长与中国人民解放军就4月20日不幸事件的责任问题进行任何讨论。现在的舰长对此一事件可以说全然缺少直接了解,因为他当时不在艇上。

关于紫石英号驶离长江问题,在中国的内战中,英国海军一直持中立态度,从来没有为任何一方而采取干预行动。由于英国海军丝毫没有牵涉于任何的敌对行动,不予"紫石英号"安全通行许可的惟一理由,可能是因为的它的行驶会影响到军事行动,或可能使军舰本身陷于危险。除此以外的任何其他理由的扣留,必然将会产生最严重的国际后果。

……

FO371/75892

中共中央军委对进入中国内河、港口的外国军舰、
中外轮船的处理原则的指示
1949 年 5 月 20 日

粟张,并告总前委,刘张李①:

皓未、号午两电均悉。

(一)黄浦江是中国内河,任何外国军舰不许进入。有敢进入并自由行动者,均得攻击之;有向我发炮者,必须还击,直至击沉击伤或驱逐出境为止。

(二)但如有外国军舰在上海停泊未动,并未向我军开炮者,则不要射击。

(三)中国及外国轮船为敌军装载军队及物资出入黄浦江者,亦应

---

① 指粟裕、张震、刘伯承、张际春、李达。

攻击之。

（四）中国及外国轮船在上海停泊未动者，或得我方同意开行者，准其停泊或开行，并予以保护。

（五）为了对付外国军舰的干涉，你们应有充分的精神准备与实力准备，即要将外国干涉者的武装力量歼灭或驱逐之，如感兵力或炮火不足，应速从他处抽调补足。

（六）号午电说有二舰挂外国旗，请查明系挂何国旗，以便公布。嗣后，凡关外舰事件应将详情查明具报。

军委

号亥

《中共中央文件选集》，第 18 册，第 276—278 页

军委关于预防帝国主义干涉中国革命的对策

1949 年 5 月 28 日

彭贺，刘邓，陈饶粟，林罗①：

（一）近日各帝国主义国家有联合干涉革命的某些象征。例如美国正在和英法等十二国会商统一对华政策，青岛增加了美国军舰，留在南京的各国大使准备撤走，英国在香港增兵，广州国民党亦有某些高兴表示等事，可以看出这种象征将来是否会演成干涉的事实，目前还不能断定。但我们应当预筹对策，以期有备无患。

……

《中共中央文件选集》，第 18 册，第 308—309 页

"紫石英"号致布朗特电

1949 年 5 月 31 日

请注意，政治委员康矛召上校就是三江炮兵部队的指挥员，在我早

---

① 指彭德怀、贺龙、刘伯承、邓小平、陈毅、饶漱石、粟裕、林彪、罗荣桓。

先的电报中称为康少校。因此,他仍然坚持自身无责和向他的上级证明其行动的正当性的方针。很遗憾,我今天才知道这一情况。

FO371/75892

"紫石英"号致布朗特电
1949 年 5 月 31 日

很遗憾,在英国政府承担事件的责任之前,现在显然不可能讨论达成一个安全通行许可的协议。政治委员始终拒绝和不相信有关这一事件的所有事实。我在各个要点上坚持讨论,并向他说得很清楚,我们的证据是无可辩驳的。他不会改变他进行谈判的态度。

现在已清楚,袁仲贤将军是能够和愿意谈判的最高官员①。我已经建议,除非我获得可与中国人民解放军讨论高层政策的授权,否则我将要求"桑德兰号"运来一位"高军衔的高级军官"。

即使这位高级军官的到来也不一定能获允"紫石英"号的早日释放。

FO371/75892

英国外交部致施谛文电
1949 年 6 月 1 日

以下电报已发给香港总督:

魏亚特将军②的如下私人信件准备转递周恩来。请你在确认了能够确保递交的最适宜的地址后发出此信:

"我感到,如果你能够放行'紫石英'号,这将会在英国产生非常有益的影响。考虑到我们的老朋友关系,我冒昧地向你提出这一建议,希望你不要介意我这样做。"

FO371/75892

---

① 袁仲贤,中国人民解放军第八兵团政委。
② A. C. Wiart,曾任英国驻华军事代表。

英联邦事务部致驻英联邦各国高级专员电

1949 年 6 月 3 日

迄今为止,在处理这一事件上,我们仍未能与任何共产党的高级当局建立联系。这一点也不奇怪,因为与"紫石英"号舰长谈判的政治委员恰恰就是首先向"紫石英"号开炮的炮兵部队的指挥官。正因为这个原因,他不愿意让谈判升到一个更高的级别。

我们现在的估计是,6 月 14 日之后,"紫石英"号将没有足够的燃料以它自己的动力来航行。因此,我们决定进一步推动与共产党的三条途径的接触,现在他们不愿给予"紫石英"号以安全通行的许可,除非我们对事件承担完全的责任。进一步的接触通过以下途径进行。

我们已经指示我们驻南京的海军武官去会见刘伯承(南京市长、南京市军事管制委员会主任),并向他递交备忘录。备忘录将解释:

1. 我们并不认为我们无论如何总是错的;

2. 我们并非不愿意对有关"紫石英"号被扣押的前前后后进行调查,作为受害的一方,我们认为有必要尽早调查;

3. 迄今为止,我们没有强烈地要求释放"紫石英"号,因为我们理解直到长江下游处于共产党的控制下之前,存在着让它停留在原地的军事上原因。现在既然这一理由已不存在,我们认为,它继续留在那里对于调查并非必要,应允许它在今后数天内离开长江。

其次,我们已经指示远东舰队总司令向共产党军队的总司令朱德发去个人电报,呼吁立即给予安全通行许可,并表示愿意稍后来到中国与朱德会谈。

最后,我们已经作出安排,通过魏亚特将军向周恩来传递个人信件,敦促释放该舰。我们感到,通过一些个人关系,由这位在对日战争中与中国建立密切关系的杰出的英国人来传递信息,可能会在所有别的方法都失败时取得成功。

以上内容可以由你们自己斟酌告知英联邦各国政府。

FO371/75888

施谛文致英国外交部电

1949 年 6 月 3 日

……

我的大使馆官员去了南京军管会外国侨民事务处,但是他无法见到他希望见到的刘伯承将军。外事处长实际上事先便已拒绝了他向刘伯承将军的陈情。这位处长说,事件并非发生在刘将军的军事区域,因此,此事不在他应该管辖的范围内,不管怎样,在双方没有建立外交关系的情况下,事情应该在与此事相关的英国海军及镇江指挥部之间来解决,而与南京外事机构没有什么关系。这位显然已经得到最高当局的简要指示的处长,继续"以私人身份"说道:1.镇江指挥部拥有充分的谈判权,他们已经与克仁斯少校进入商讨;2.这一事件侵犯了中国的主权,中国人民对此感到愤怒;3.正如此前的中共指挥官所清楚表示的那样,如果英国海军能够承担自己的责任并给予赔偿,事情便能够很快得到解决……

鉴于这一接触途径夭折,这里留给我们的唯一的途径便是向外事处递交经过恰当修改的备忘录,并要求他们将副本呈交朱德总司令……

FO371/75892

施谛文致布朗特电

1949 年 6 月 3 日

我认为,在你们与朱德将军联系的结果出来之前,采取第一节中所谈及的任何一种其他选择都是不成熟的。我恐怕,我们现在必须准备无奈地面对这样的前景,即在"紫石英"号现有的燃料供应耗尽之前,仍无力促成它的放行(我们正在探索向它补充供给的可能性,但对能否做到不能太乐观)。在这种情况下,提出另一种建议,将会给他们造成我们太急躁和焦虑的印象,这只会对朱德对你们的直接信函的反应产生不利影响。因此,我倾向于任由地方的讨论处于暂停的状态。

然而,如果朱德将军同意我们委派一个高级的海军代表,我同意你们在第6节中的意见,马登将军将是最合适的人选。

我怀疑,在目前有限的基础上,即使以海军武官来替代克仁斯,是否会出现任何打破现在僵局的机会。你们会从随后的电报中看到,海军武官与南京军事当局的接触已经不幸夭折。

FO371/75892

中共中央军委对于英国军舰紫石英号的处理办法

1949年6月10日

总前委,南京市委:

(1)详细地研究了你们有关紫石英号的各项来电后,我们同意总前委巳微(指6月5日)电中所提的办法。你们可令前线司令部康矛召以公函通知紫石英号舰长克仁斯定期至我司令部与袁仲贤将军会谈。届时,袁仲贤可根据英舰四艘武装侵入中国内河及炮轰我军阵地的基本事实,将英远东舰队司令布朗特两次函电及克仁斯几次备忘录的无理和威胁辞句给以口头驳斥。在会谈中应注意劝导其承认英国军舰闯入未得解放军许可的中国领水和战区为基本错误,至少应劝导其承认无法取得我军同意即行开入亦为冒失行为,然后,才能允予考虑将谈判英国海军的责任及认错、道歉、赔偿等问题,与容许紫石英号军舰开走修理问题分开解决。同时,并须规定克仁斯舰长应根据上述态度转告布朗特海军上将送一备忘录给袁仲贤将军,袁将军亦复一备忘录,作为换文。备忘录内容,须经双方议好,然后交换。交换后再规定放走紫石英号若干办法,并监视其下驶。如果在会谈时,克仁斯态度甚坏,无法劝导其作恳求表示,则应宣布停止会谈,延期十天再见。在此十天中,我们应即起草一备忘录,将英海军应负的责任及我方的要求和提议(即在肯定英海军犯了错误的条件下容许紫石英号开走修理,而保留我们继续要求英海军认错、道歉、赔偿的谈判权利并以之作为两国间悬案)写上,稿成后先电中央核准,经批准后再送克仁斯,估计英海军最后会同意我方保留要求。

（2）审阅你们有关紫石英号的各项文件和谈判经过，一般是正确的、成功的，只是你们回答克仁斯的辰迥（指 5 月 24 日）备忘录并未事先送中央审核批准，这是不妥当的，以后应当注意。

（3）你们估计紫石英号一般地不会偷走，但应准备该舰如采取偷走办法时的对策。我们认为，如果紫石英号采取偷走办法，我方军舰及江岸、炮兵应装作不知道是紫石英号，而让其逃去（此点应事先秘密通知有关方面）不要攻击，然后迅即发表声明加以申斥。同时，你们又应防止香港英国军舰可能偷入我长江防线接走紫石英号。因为美联社香港七日电，"一位皇家海军发言人称，小型军舰黑天鹅号将在 6 月 13 日左右驶赴上海，作例行的巡逻"，但"将不试图经过吴淞进入上海"。这可能是一种试探，或试作威胁，我们应严密戒备吴淞、江阴两要塞。如果紫石英号经过江阴偷走，可不予炮击；如果黑天鹅号试图经过吴淞或江阴进入内河，则必须给以打击，在放第一炮前，可先放排枪令其停驶，如不听，则炮击之。

（4）谈判及经过情形，望随时电告。

中央

巳灰

《周恩来军事文选》第三卷，第 644—646 页

"紫石英"号致马登电

1949 年 6 月 12 日

在今天的会谈中，政治委员询问远东舰队总司令是否还有什么意见需要我转达。我说，会谈正企图在南京和北平的最高级别上举行。他说，他不知道有这样的事，但是，在会谈快结束时，他答应电告南京和北平查明这一情况。他似乎相当愿意讨论安全通行许可问题，如果他的上级发下话来。

可能很快可以获得从上海运来我们的邮件和供应品的许可。

已经获得购买新鲜食品的充分便利。

施谛文致英国外交部电

1949 年 6 月 14 日

任何能对中共当局释放"紫石英"号施加的影响力,无论它是出自中国著名人士的主动提议,还是应英国官员之请,都应受到欢迎,给予支持。

因此,英国驻上海总领事所谈到的接触活动应受到谨慎的鼓励,尽管在这样做时,我们应当注意到这样的事实,中国的中间联系人可能对赢得(掉字……)的喜欢比支持正义的事业更感兴趣。因此,他们可能充当了共产党的试探者的角色,想知道我们准备为"紫石英"号的放行肯付出多高的代价……

3. 谈判陷入僵局

施谛文致布朗特电

1949 年 6 月 23 日

……我们所能期望获得的最好结果是你来电中第 3 节的(a)。此外,我希望不要(重复一遍,不要)提出对我们遭受的损失给予赔偿和道歉的问题,因为这样做只会损害获得成功的机会。然而,如果共产党太过于坚持获得我们的道歉和赔偿,海军武官便可以乘机强调指出,为了事情获得友好的解决,我们到目前为止一直压着不提出我们的要求,但如果共产党坚持提出这一问题,我们没有其他选择,只好也提出类似的要求,因为我们遭受的损失要大得多。这样的问题只能在政府一级的谈判中解决……

施谛文致布朗特电
1949 年 6 月 23 日

袁将军现在所提出的解决方案的基本条件,似乎使谈判出现了充满希望的前景。我考虑我们应该授权克仁斯继续进行……

FO371/75893

巴克莱①备忘录
1949 年 6 月 23 日

外交大臣要求我记下,海军大臣昨天夜里给他打电话,谈及"紫石英"号发来的有关与中国共产党谈判的电报。海军大臣对外交大臣说,首相已经同意在作出的答复中采纳共产党将军所提出的要求。外交大臣说,他不喜欢使用"擅自"这个词,想知道能否改成"不幸地"。然而,海军大臣非常急切地赞成根据共产党将军所提出方案进行换文。外交大臣多少有些勉强地表示了同意。

我知道,这一问题已由国防大臣重新提出,并将在今天上午的内阁会议上提出来讨论。

FO371/75893

斯卡莱特致外交、国防、海军等大臣备忘录
1949 年 6 月 23 日

由于内阁今天上午开会,远东舰队总司令发来的第 230601 号电,已经传阅……

外交部法律顾问同意我的看法,认为总司令提出的答复是可以接受的。

尽管总司令答复的第 4 节(C)尽力迎合共产党将军的要求,但在

---

① R. E. Barclay,英国外交部官员。

表达上与该将军所建议的文字仍不相符。

我们相信，内阁希望，不应允许丧失这一拯救"紫石英"号的机会。因此，我们认为如果共产党将军坚持使用他本人最初提出的方案，我们只好接受它。

因此，我们希望各位大臣将赞成下附致布朗特的电报草稿：

致布朗特电稿

同意你提出的协议。

然而，你提出的文本似乎在字面上并不能满足共产党将军的要求（见"紫石英"号 221202 号电第 6 节）。如果中国人继续坚持他们最初提出的文字，你可以表示同意。

在那种情况下，尽管我们认为"不幸进入"比"擅自闯入"更为真实，但是你不应在这一文字问题上使协议告吹。也许，当翻译成中文时这一困难便不存在了。

FO371/75893

第 42 次内阁会议纪要
1949 年 6 月 23 日

海军大臣说，在有关释放英国海军"紫石英"号的谈判中，未能达成任何协议。迄今为止，共产党当局一直坚持，英国政府应该首先承担责任，对事件作出道歉，并在原则上同意向炮击造成的中国方面的伤亡作出赔偿。但是，负责指挥中共当地部队的中国将军现在表示，可以将该舰很快放行，如果英国代表同意在换文中"承认英国军舰未经允许擅自闯入中国人民解放军前线地区的基本事实"，并保证其后谈判将继续进行的话。考虑到"紫石英"号舰上的官兵所遭受到的严重的困苦，应该作出一切努力来利用共产党当局态度的这一变化。另一方面，有人向海军大臣提出，承认"紫石英"号"擅自闯入"这一水域，可能会损害英国政府向中国共产党政府提出赔偿要求或抵制中共政府可能向英国提出赔偿要求时的地位。

尽管大臣们普遍同意,应该作出一切努力,来利用共产党当局在这一问题上的态度的任何变化,但他们认为,不应该接受会过分损害以后英国政府有关赔偿问题上的地位的任何形式的文字。

内阁决议:

请外交大臣与海军大臣磋商,考虑对"紫石英"号舰长所发来的电报作出答复的措词。

CAB128/15

布朗特致英国海军部电

1949 年 6 月 23 日

提议让"紫石英"号向袁将军提出如下协议:

英国远东舰队总司令布朗特海军上将和(具体头衔)袁仲贤将军就英国海军"紫石英"号达成如下协议:

袁将军同意让"紫石英"号安全驶离长江。

以下是"紫石英"号事件的基本事实:

1. 4 月 20 日,英国海军"紫石英"号驶往南京执行和平的使命,得到了那时尚在南京的国民党政府的同意,当国民党政府还控制着长江两岸时,英国已与它达成了若干这类性质的安排。

2. 英国远东军队总司令没有办法与中国人民解放军的指挥部取得联系,因此,该指挥部没有得到英国军舰行驶的事先预告。

3. 当"紫石英"号上驶之时,在国民党和人民解放军之间有停战协议,但中国人民解放军正在准备强渡长江,他们的部队集结在北岸准备攻击。"紫石英"号的航行此前已经数次推迟,以避免在英国人看来的关键日期。但是,它的开航实际上恰好发生在如此靠近渡江的时刻和地点,以致发生了非常不幸的但并非不合情理的误解,从而导致了炮击。

4. 当"紫石英"号能重新开动时,它被警告,由于长江两岸的军事行动,开航将是危险的。根据中国人民解放军的要求,"紫石英"号自那以来一直停留在当初抛锚地区。

　　海军上将和袁将军探讨了这一极具悲剧性的不幸事件。海军上将对无法将"紫石英"号的航行计划告知中国人民解放军,对当时他对形势的判断导致"紫石英"号的航行与中国人民解放军的实际作战时间上如此接近,对英国军舰的开火必将导致的中国方面的伤亡,表示遗憾。袁将军则对导致"紫石英"号上的伤亡和损失的误解表示遗憾。

　　这一协议不妨碍日后在海军上将和袁将军之上的更高当局进行任何调查和谈判。

　　希望尽快得到驻华大使的评论和海军部的同意。

　　请海军部将此点转告外交部。

FO371/75893

布朗特致"紫石英"号电

1949 年 6 月 25 日

　　请你将如下内容告诉袁将军。

　　你当然有权作文字细节上的调整,但如果提出任何重大的改变,你应该告诉我。

　　英国远东舰队总司令布朗特海军上将致袁仲贤将军信:

　　"我很高兴地获悉,你已准备允许英国海军'紫石英'号安全驶离长江,现在我正式要求你给予这一许可。

　　我承认,英国海军'紫石英'号未知会和获得中国人民解放军指挥部的同意,而驶入人民解放军的前线地区

　　我相信,对于双方的伤亡,你和我都深感遗憾。

　　此函不影响日后更高主管机关可能进行的任何调查和谈判。我向你保证,英方将不反对任何这样的谈判。"

　　在转交这封信时,你应该要求袁将军作出书面声明,表明他现在同意给予安全通行许可,并确定"紫石英"号能够启航的日期。

FO371/75893

"紫石英"号致布朗特电

1949 年 6 月 30 日

地方警备部队指挥官今天收到信函,康上校在信中通知他说,在 7 月 1 日至 7 月 7 日期间不可能举行会谈,这段时期要忙于准备和庆祝中国人民解放军的胜利。康和袁将军这段时期似乎都要离开。

然而,我要求他转告袁将军,在他们离开之前找个时间会谈,事情的处理应向前推动并尽快完成。他答应转告。

FO371/75893

布朗特致董纳森电

1949 年 6 月 30 日

关于"紫石英"号第 300107 电。我认为这是对克仁斯所使的另一个诡计。我认为克仁斯已经心力交瘁,共产党知道这一点,并正在玩弄他。董纳森似乎应该去"紫石英"号接手这一事情,完成现在的谈判。

我同意你的第 250214 号电中的看法,共产党不希望更高级别的代表到来。但出于上述原因,我提出这一建议。

因此,如果你同意,我将指示"紫石英"号向共产党提出,要求立即会见董纳森。

FO371/75893

布朗特致英国海军部电

1949 年 7 月 1 日

"紫石英"号认为,讨论可能被延长,"擅自"一词的去掉,将被证明是推延谈判的一个很重要的原因。

已经通知"紫石英"号,远东总司令希望避免使用任何副词,但是如果非用不可的话,可按以下顺序讨论使用:在不适当的时候不幸地、鲁莽地(Imprudently)及擅自地……。

FO371/75893

布朗特致施谛文电

1949 年 7 月 2 日

在要求"紫石英"号就另派翻译一事与地方当局接洽之前,我等待你对我 301420 电的答复。

我同意你第三节所说,非常希望克仁斯能够反对使用轻率地或鲁莽地(Imprudently)这样的词。缺少与克仁斯联系的密码,给我带来非常严重的不便。

FO371/75893

布朗特致"紫石英"号电

1949 年 7 月 2 日

越来越清楚,康是有意地对你进行个人攻击,使用典型的制造停顿的伎俩来使你沮丧。在充满希望的局面后出现这个推延,证明他们有可能译读了我们用普通电码发出的一些电报,从而认为我们在文字方面的态度正在软化,但我们绝不是这样的……

FO371/75893

克仁斯致布朗特电

1949 年 7 月 5 日

交换信函。共产党不愿接受你第 250801 电中的第 4 节。入侵(Invaded)一词被作为关键的前提提出。我拒绝接受这个词。但是,他们愿意接受侵入(Infringed)这个词。

采取如下的文字的条款会被接受:

"我承认,英国海军'紫石英'号和其他三艘卷入这一事件的英国军舰,在没有得到中国人民解放军允许的情况下,侵入中国内河和中国人民解放军的前线地区,是英国方面有关这一事件的基本错误(重复一遍,错误 Fault)"。

……

你第 250801 电中的第 5 节不被接受,他们同意删去它。

其余部分可以接受,除了他们要在第 7 节的最后一句话后加上"进行有关讨论道歉和赔偿问题的谈判"。

关于基本错误一词,他们起初试图用"基本罪行",我没有接受。

关于擅自等词,你要求我在任何情况下都不接受。

FO371/75894

施谛文致布朗特电
1949 年 7 月 6 日

……我认为,我们可以同意再提及另外三艘军舰,同意在述及中国人民解放军前线地区时使用"侵入"一词。但是,我们不应(重复一遍,不应)同意将该词用于"中国的内河(China's National river)"。(它的最好翻译可能是 Chinese inland waters)我们也不应同意包含有"基本错误"的语句。后者尤其明显地有碍于随后有关责任问题的讨论。

FO371/75894

英国国防部致英国外交部电
1949 年 7 月 6 日

国防大臣得知,海军大臣将很快与外交大臣讨论"紫石英"号发来的最近一封有关与共产党换文的电报。他想让外交大臣事先知道他对此事的看法。

关于第 2 节所建议的文字,尤其是"未得到中国人民解放军的许可是英方的基本错误",亚历山大先生认为,这样来表述事实是不可接受的。

亚历山大先生还认为,我们不应接受第 5 节中所建议的有关道歉的文字,即"进行讨论道歉和赔偿的谈判"。当然,任何有关赔偿问题的谅解,应该征求财政部的同意。

FO371/75894

英国外交部致施谛文电

1949 年 7 月 7 日

我不能接受任何包含要我们认错的文字……如果我们显示出我们甚至愿意在实际的谈判还没有开始前，便作出危及我们在这件事上整个地位的让步，共产党将会获得这样一种胜利，它可能使我们永远无法从这最初的一步中恢复过来。

我认为应当口头上向共产党讲清楚，"紫石英"号在长江行驶是得到了在联合国安全理事会占有一席的那个政府的授权的。我要你们把这点讲清楚，是因为也许作为最后的手段，如果"紫石英"号还不能释放的话，我们将不得不诉诸于联合国。我的估计是，无论是俄国人（它仍然承认国民政府），还是中国共产党人，都不喜欢"紫石英"号事件被提交到联合国。虽然我在现阶段不打算威胁采取这样的行动，但我确实希望共产党能明白我们是在我们的权限内采取行动的。我非常愿意谈判，如果直接谈判不能达成任何协议，我也准备在必要时将这一事件付诸仲裁。但我不能接受这样的处境，"紫石英"号继续被非法扣留，而在这同时我被要求首先认错，这将损害我们在整个事件处理中的地位。

为了获得"紫石英"号的早日释放，我准备同意远东舰队总司令承认，"紫石英"号没有得到中国人民解放军的同意进入前线地区，引起了误会。但你会记得，我们未知会共产党人的原因是，到那时为止我们所有的官员向共产党当局发出的信函都被置之不理。尽管我不坚持将未知会共产党的原因包括在声明中，但我认为应该向共产党讲清楚，我们这样做也有我们的理由。

FO371/75894

布朗特致英国海军部电

1949 年 7 月 10 日

外交部 7 月 6 日第 767 号电支持我第 051806 号电中所提出的文

字,反对承认"擅自侵入"。海军部第 231920 电则提出,如果必要的话,可以接受这样的文字。

我们的目标是,在不作出任何有损于英国的荣誉以及未来谈判进程的承认的情况下,使"紫石英"号获释。

我个人的看法是,超出我第 051806 号电的承认可能是非常有害的,我打算坚持这一点。当然,这不妨碍更高当局作出进一步的让步,但我希望不要出现这样的局面。

如果我们不能达到这一目标,万一共产党坚持在"紫石英"号第 051017 电中报告的条件,那就只有在库存用尽和官兵们精疲力竭时炸毁军舰,谈判释放官兵之事。但是,有效地炸毁军舰并不是一件容易的事。

FO371/75894

"紫石英"号致布朗特电

1949 年 7 月 10 日

康今天通过翻译口头通知我,在我送去由你签发的证书之前,将不会(重复一遍,不会)有任何讨论最后文件并签署文件的会谈。……

FO371/75894

布朗特致克仁斯电

1949 年 7 月 10 日

告诉袁将军,我愿意将我第 250801 电的草案修改如下,但我不会(重复一遍,不会)作任何大的修改,因为这样做将背离事实真相。

我第 250801 电第 4 节表述如下:

"我承认,未获中国人民解放军的同意,英国海军'紫石英'号进入前线地区,引起了误解。"

我同意取消我第 250801 电中的第 4 节,但我感到奇怪,袁将军不想与我互表遗憾。

我第250801电第6节可以修改如下：

"这一信函不妨碍日后更高主管机关可能进行的任何调查和谈判。我向你保证，英方将不反对讨论长江事件的任何方面。"

……

FO371/75894

布朗特致克仁斯电

1949年7月10日

条件允许时应将以下内容直译。它是我致袁将军的，而不是（重复一次，不是）给康上校的。它解释了为什么我不能在信函的文字上再作任何让步。

4月20日，英国海军"紫石英"号驶往南京执行和平的使命，它得到了在联合国安理会拥有席位的中国政府的同意。

英国远东舰队总司令没有任何办法与中国人民解放军的指挥部取得联系。

当时在长江两岸有停火协议存在，但是，"紫石英"号的开航恰好发生在如此靠近中国人民解放军渡江的时刻和地点，从而发生了误解。

直到搁浅之前，"紫石英"号都没有开炮。

当"紫石英"号能重新开动时，它被警告，由于军事原因，开航将是危险的。这些原因早已不存在，不再有任何理由继续扣留"紫石英"号。

我不承认，"伦敦"号及其他军舰增加了误解。因此，我的信只限于"紫石英"号……

FO371/75894

布朗特致"紫石英"号电

1949年7月11日

情况令人失望，但不是（重复一遍，不是）毫无希望。

关于你的会谈的一个重要问题是,你无法见到将军。康显然是在玩他的消耗你的把戏,他是完全不可信任的。他已经好几次改变了他的说法。除了递交一些信件之外,你还有什么更多事情能与他打交道吗?

看来如果你坚持你的意见,信函可能会到达将军那里。

FO371/75894

4. 英方考虑布朗特出马或提交安理会

斯卡莱特备忘录
1949 年 7 月 12 日

后附"紫石英号"发来的电报显示,不仅地方谈判已经彻底破裂,而且它的指挥官正显示出过度紧张劳累的迹象。考虑到这一点,海军部将指示远东舰队总司令亲自前往当地,与中共地区指挥官袁将军进行有关安全通行许可的谈判。他们请求外交大臣赞同他们的这一举动。如果布朗特上将未能达成目标,他们建议他应该争取到北平去,将该事件提交到中共最高当局面前。

我感到,我们当初反对远东舰队总司令出马的理由已不再存在。在目前的情况下,这一招值得一试。我因此起草一份电报稿,征求驻华大使的意见,同时我清楚地表明,布朗特上将所进行的任何谈判,都必须在外交大臣最近指示(参见致南京第 767 号电)的框架内进行。

(德宁,斯特朗等已批阅)

FO371/75894

英国外交部致施谛文电
1949 年 7 月 13 日

考虑了"紫石英"号第 1112072 号电报所说的情况,海军部准备指示远东舰队总司令前往当地,亲自与该地区中共指挥官进行会谈,如果这一会谈结果不能令人满意,他们建议布朗特上将应尽力寻求与北平最高当局会晤。

我接受你的看法,倾向于同意这一建议,但要清楚,谈判须在我有关电报的框架内进行。如果你同意打出更高一级的牌的时候已经到来,请与舰队总司令直接联系作出安排,我将不胜感激……

FO371/75894

英国海军部致布朗特电

1949 年 7 月 13 日

在形势已经发生变化的情况下,海军部现在同意你前往"紫石英"号,亲自会见袁将军。如果这一举措仍不能获得"紫石英"号的放行,你应该坚持前往会见毛,无论他在何地。

在会谈中,你的论点应该基于你给"紫石英"号的一系列的指示中所阐明的要点和原则。

克仁斯在绝大部分的谈判中,不得不被迫依赖康作为他与袁将军之间的中介。如你所说,作为炮兵部队的指挥官,康显然在他的权力范围内尽一切可能地在其报告中进行粉饰,将谈判控制在他的掌握之中。在这种情况下,你无疑应拒绝与康打交道,你应该向袁将军强调指出康的极其令人不满的行为。

你也许会认为,利用公众舆论向袁将军和毛施加压力是明智的。

外交部正向驻华大使发去类似的电报,请他直接与你联系,告诉你他对此事的看法。你应该根据他的建议行事,必要时与他商讨细节问题。

FO371/75894

布朗特致克仁斯电

1949 年 7 月 14 日

请将如下信件交给袁将军

"你 7 月 13 日来信收悉,谢谢。因为我认为,在你和我之间直接交换意见,是解决"紫石英"号事件的最快的方法。

由于除了无线电外,与南京的通信无法进行,我无法很快向你发出有关授权的亲笔信件。因此,我正指示董纳森上校,代表我签署授权书,并通过克仁斯少校向你递交。这一授权书的副本参见本电第12 节。

我希望将克仁斯少校作为我的代表,直接向你递交我的个人信件,并把你的信件向我递交。如果你能为此而亲自会见他,我将非常感谢。

我之所以提出这一要求,是因为事情已经涉及到了国家间关系的问题,这些问题之重大,远不是克仁斯少校所能够讨论。而且,康上校对待克仁斯少校的态度,非常不能令人满意,以致我不能相信你本人的观点被他真实地反应出来。

关于英国海军"紫石英"号的安全通行许可问题,我同意,应该互换信件,但我不能接受有关入侵中国领水这样的说法。"紫石英"号的航行得到了那时在南京的合法政府的批准。

我愿意授权克仁斯少校根据我 6 月 11 日通过康上校递交给你的信件,签署给你的信。正如克仁斯少校在 7 月 11 日所表述的那样,这一信件作了巨大的努力以满足你的期望。

在这一信件中,我将承认英国海军"紫石英"号未经中国人民解放军的允许而进入中国人民解放军的前线地区,引起了误解,进入触发了事件。

我还将向能保证,英国方面不反对稍后由更高当局进行任何必要的调查和谈判。这些谈判可以包括长江事件的任何方面……

FO371/75894

施谛文致英国外交部电

1949 年 7 月 15 日

由于谈判的另一方企图把有关释放"紫石英"号的地方谈判的范

围扩大到包括更广泛的政治问题,而这些问题只能是由更高级别讨论的,谈判已经陷入了明显的僵局。因此,我同意,努力促使共产党当局同意与远东舰队总司令讨论的时候已经到来。

接触的方法显然需要仔细地考虑。一场好的交道显然取决于中共对总司令致袁将军信函(见总司令致"紫石英"号第 140545 号电)的反应。因此,我建议,在我对你的来电提出我详细的评论之前,先等待克仁斯少校报告对那一信件的反应。

至于一些有关问题,如共产党态度的改变在多大程度上是由于康上校的缘故,我倾向于认为,是袁将军在支持他,而袁又可能是在将最高当局的政策付诸实施……

FO371/75894

帕落特①备忘录

1949 年 7 月 15 日

这里,有两点需要考虑:

1. 这一问题能否提交安理会?

2. 如果能提交,它在政治上是否有利?

关于第一点,瓦莱特(Vallat)先生比我更有发言权。在我看来,在安理会上指控中共是困难的,因为他们没有清楚的明确地位。在理论上当然一直可以声称,安理会可以调查任何争端或将会导致国际冲突或引起争端的任何局势。但是,在实践中,当争端中的一方或涉及这一局势中的一方,并不拥有一个政府的地位时,很难设想怎样进行这一问题的调查。安理会没有任何与之进行沟通的手段。由于中国国民党政府尚未下台,并仍然占据着安理会常任理事位子,问题将更为复杂。

关于第二点,我非常怀疑。我看不到我们能从在联合国采取的任何行动中能得到什么物质上的补偿。我们也许能够让中共行事的蛮横

---

① C. C. Parrot,英国外交部官员。

方式曝光,并由此损害共产党人的事业和引起对我们的同情。但是,我们并没有绝对把握成功地做到这一点,因为斯拉夫人肯定会重弹老调,说我们没有权利进入那一地区。即使我们的申诉在法律上是无可辩驳的,但我们却不能指望在安理会其他成员国中获得一致的同情。一些小国家可能会倾向于认为,如果我们在世界各地在别人的领土上建立基地,我们就必须准备碰到不愉快。当然,我们的情况是非常好的一类情况,因为我们的军舰从事的是人道的使命,而中国人的行为特别不人道。但是,这可能不会引起像它本应引起的安理会成员国的太多的道义上的义愤。

苏联和中共政府可能将不会欢迎我们采取这样的行动,他们会因此而感到困窘。他们可能已经在考虑坚决要求获得中国在安理会的席位。出于这一原因,他们将基于避免在这类事件中遭到安理会的谴责。另一方面,有一种可能性,这些考虑不会使他们感到忧虑,他们也许会欢迎有机会使他们唤起民族主义和反帝的情绪来反对我们,并使舆论广泛地注意任何使我们丢面子的事情(我们可能被认为正在经历这样的事情)。

FO371/75894

瓦莱特备忘录
1949 年 7 月 20 日

……

答复第一个问题,我想,这一事件是能够提交安理会的。但是,我认为它必须是作为一种情势而不是一个争端而提出。我理解,对于联合国宪章第 6 条所说的争端的定义,联合国并没有形成一致意见,但在我看来,这样的争端应该是指国家之间的。这样说的理由之一是,宪章第 32 条讨论了提交安理会的争端各方的外在组织形式,它显然只适用于国家。另一方面,扣留"紫石英号"的情况,确实会引起宪章第 34 条所说的情势,因为它可能会导致国际冲突。因此,我认为安理会有权调查这一情势,以确认这一情势势继续发展下去是否有可能会危及国际和平和安全。我不想预测安理会是否会确认,目前这一情势继续发展希望将危及国际和平和安全。我认为,从情势的各种要素中可以得到这一结论,但无疑结果将取决于政治的考虑而不是法律的考虑。如果安理会确实能够得出这一结论,根据宪章第 36 条的规定,它将有权提议采取适当的程序和方法来进行调整。在缺乏强制执行这一决定的授权措施的情况下,很难设想,在安理会怎样对要求共产党释放"紫石英"号施加压力……

FO371/75894

英联邦事务部致驻英联邦各国高级专员电
1949 年 7 月 21 日

第 225 号电报中提到的三条途径都没有取得任何明显的结果。远东舰队总司令致朱德个人信件和魏亚特致周恩来的信件至今未得到回复,而刘伯承则拒绝会见英国大使馆人员。然而,一个阐述英国政府观点的备忘录于 6 月 16 日交给了南京的外国侨民事务处。

共产党当局坚决拒绝在外交层面举行有关释放"紫石英"号的谈判,坚持在"紫石英"号的指挥官和共产党的地方军事当局之间进行直接谈判。他们拒绝先允许"紫石英"号离开它目前的位置,而把事件的责任问题留待稍后再作讨论。相反,很清楚,他们希望在允许该舰离开之前强逼舰长承认英国方面对事件的责任。

为达到这一目的,"紫石英"号所困地区的政治委员作了各种努力,来诱使"紫石英"号舰长在一个计划中的英国远东舰队总司令与镇江地区指挥官袁将军的交换信函中,接受承认英国对事件负有责任的文字。自从 6 月 16 日以来,谈判主要局限于企图找到一种方式,它既能满足共产党人的不合理的要求,又不对我们造成伤害。

远东舰队总司令认为,共产党方面是有意不让谈判取得进展,意图削弱"紫石英"号上的官兵的士气。这一看法为这一事实所证实:共产党最近拒绝允许从上海派船只来补充供给。尽管目前仍能从地方上获得一些新鲜食物,自7月12以来"紫石英"号一直处于消费半量定额的状态。幸运的是,"紫石英"号从南京获得了50吨的燃油补充。他们采取了一切可能的节约措施。目前很难估计舰上的存货能维持多长时间。

当地的谈判现在出现了以僵局而收场的可能。作为最后的手段,我们正在考虑让远东舰队总司令亲自前往"紫石英"号并与袁将军对话是否明智。我们充分意识到采取这一步骤的可能的不利之处(尤其是明显地存在着被羞辱性地拒绝的可能),但是,显然不能让"紫石英"号的官兵们无限期地困在他们现在的地方,解救他们的各种可能的手段都必须加以考虑。

FO371/75888

布朗特致董纳森电

1949年7月24日

请交大使。

我认为我们应该尽快对袁的最近的答复作出回答,他在一些地方仍然让门敞开着。

我有一个建设性的回答准备(此处有讹误),你也同意,我准备提出一个与袁进行个人会谈的建议,如果双方仍不能达成协议的话。

如果得到许可的话,我将乘驱逐舰前往。如果需要的话,也可以乘飞机去,但我现在还不想告诉袁这点,因为军舰有很多便利。

FO371/75894

施谛文致英国外交部电

1949年7月27日

7月25日,澳大利亚大使在与南京军事管制委员会外事处处长黄华的一般性讨论中,乘机提及"紫石英"号事件,指出尽管它主要是英国所关注的事情,但如果未能获得令人满意的解决,将不可避免地影响到与英联邦所有成员国的关系。

黄华承认可能会产生影响,但他重复了我们所熟悉的共产党的论点。他提出了一个新的建议,说英国远东舰队总司令可以改变他的代表,尽管话说得有些含糊和可能未获授权。对此,澳大利亚大使回答,双方都改变其谈判代表也许是一个好的主意,期望新的思路能找到走出僵局的道路。

澳大利亚大使在谈话结束时再次敦促尽早解决,并强调不可期望英国政府会承担事件的责任或道歉。

FO371/75895

布朗特致克仁斯电

1949年7月27日

以下是我致袁将军的信函:

克仁斯上校已经将你对我7月14日信函的口头答复向我报告。我从你的答复中可以清楚地看出,在我们之间存在着误会,它可能是由于语言上的困难引起的,也可能是由于其他原因,你不理解我的提议的基础。

我必须明白无误地表明,有一些我一直坚持并将继续坚持的坚定的原则,其内容如下:

1. 我承认,英国军舰"紫石英"号于1949年4月20日行驶于长江,虽曾获得当时在南京的合法政府的承认,但仍由此引起误会。

2. 不承认中国人民解放军有扣留英国海军"紫石英"号的任何权力。

3. 将我认错作为给予"紫石英"号安全通行许可的条件,将是相当不合适的。你将我为我认为不真实的事情认错作为条件,则更是不合适的。

4. 我不能接受,我们现在的讨论是对4月20日和21日的长江事件的对错进行调查。这是我们以后讨论的内容。

5. 你所提出的议题是具有国际重要性的问题,它远不是克仁斯少校所能讨论的。我将授权他签署得到你我同意的信件,并在我们之间传递信件。他可以作必要的文字调整,以保证能清楚地向你转达我的意思。

FO371/75894

布朗特致克仁斯电
1949 年 7 月 28 日

这是我 270742 电的附件 1.

1. 我要求,准许英国海军"紫石英"号安全驶往长江下游出海。

2. 我认为,英国军舰"紫石英"号未获中国人民解放军同意于 1949 年 4 月 20 日进入前线地带,是产生误会的基本因素。英国军舰"伦敦"号、"伴侣"号及"黑天鹅"号同样均未获得中国人民解放军的同意而进入前线地带。

3. 对于今后双方上级机构所要求进行的任何调查和谈判,英国方面皆不反对。本人同意,任何一方要求进行这一讨论时,均可包括长江事件中的任何问题。英国军舰"紫石英"号、"伦敦"号、"伴侣"号及"黑天鹅"号均牵涉于这一事件。

FO371/75894

5. "紫石英"号逃脱

施谛文致英国外交部电
1949 年 7 月 28 日

如果我致远东总司令第 110 号电中有关共产党态度的理解是对的,那么,通过谈判获得合理解决的前景似乎一点也不顺利。如果是这样,采取以下行动的时候可能将很快到来:为了打破僵局,我们不得不考虑或是接受无疑是屈辱性的条件,或是采取果断的措施? 诸如凿沉军舰或在夜幕的掩护下冲出去,以结束舰上的官兵所遭受的难以忍受的无礼和扬子江流域的酷热所造成的身体上的煎熬。

当然,对后两种行动的冒险性质以及如果失败将会产生的严重后果,我们并不存在侥幸心理。只要通过合理的谈判获得解决的任何希望依然存在,人们当然不愿考虑采取如此极端的措施。这一情况下其他重要的因素显然是,舰上人员保持健康和士气的能力,气候条件(如月光的亮度)有利于逃脱的程度。人员生活的状况现在主要取决于正在进行的谈判的结果,正在向共产党要求运送 300 吨燃油,这将会使甲板上目前难以忍受的生活得到一些改善。

FO371/75894

布朗特致英国海军部电
1949 年 7 月 29 日

我已经告诉"紫石英"号,我将支持他所作出的有关突围的任何决定。我说得很清楚,我并不强求他这样做,建议只是在他认为天气和能见度适宜情况下才可采用。在最近台风过境期间,有机会可以一试。

他正在仔细地观察中。航行将是困难的。

除非在 10 天内燃料和补给到达,否则也许有必要命令他炸毁军舰。

FO371/75895

布朗特致英国海军部电
1949 年 7 月 30 日

我们认为,我们应该为"紫石英"号准备发动一个强大的精心准备的舆论攻势。看起来,再等待下去也没有什么好处,而及早行动则有可能带来许多好处。

我第 140825 和 191324 电中提及的利用公众舆论可能是一个好的

开始,再加上舆论界带有鼓动性的说辞,说英国的耐心已经耗尽,世界舆论将会很快得知共产党在这件事上的所作所为。

克仁斯刚刚递交了我的第 270742 和 270448 号电。正等待从上海运来粮食、燃油和补给,这有待于镇江当局的批准,他们曾含糊地答应过此事。现在的燃油储备只有 40 吨。

如果对我的 270742 号电的回答不能令人满意,或补给被难以接受地推迟,我提议应立即发动舆论攻势。

FO371/75895

英国外交部致施谛文电

1949 年 7 月 30 日

远东舰队总司令致海军部第 290956Z 号电(我将在紧接着的下封电报中告诉你内容),授予了"紫石英"号舰长可以自行决定突围的权限。

海军部现在致电总司令,说如果没有进一步向海军部谘商,不应(重复一遍,不应)企图突围,并询问为什么总司令认为这样的行动现在可能会成功。

我们同意你在第 1125 号电中表达的看法,除非谈判彻底破裂,不愿意考虑采取如此极端的措施。但是,考虑到这样的事实,即如果"紫石英"号不能进一步得到燃油,它可能在 10 天之内陷于瘫痪,如果你能很快来电告诉我们,你对突围举动(无论其成功与否)可能产生的影响的看法,我们将非常感激。

FO371/75895

汤姆林森①备忘录

在下附电报中,远东舰队总司令似乎已经向"紫石英"号舰长授予

---

① T. s. Tomlinson.

了一旦条件有利时可以自行决定突围的权力。海军部起初倾向于给予总司令以无条件的支持。但是海军第一军务大臣现在明确决定,"如没有向海军部的进一步谘商",不应企图突围。不很清楚这句话的确切含义是什么。

无论其成功与否,突围的企图将会对英国在共产党中国的利益,甚至可能会对英国人的生命,带来严重的影响。我们与中共达成某种协议和保留我们的经济利益的努力,将遭到严重的,也可以说是致命的挫折。

鉴于这些原因,我们认为,在施谛文先生有足够的时间对这一举动的政治风险提出评估之前,我们应该反对授权"紫石英"号舰长突围的任何建议。

我提出了致施谛文的电报稿,要求他紧急表明他的看法。

FO371/75895

英国外交部致施谛文电

1949 年 7 月 31 日

以下是外交部和海军部今天下午发布的联合声明的全文:

本年 4 月,英国海军"紫石英"号在长江中受到共产党炮兵的袭击,当时它正前往南京为外国侨民执行一项人道的使命。该舰被严重损坏,伤亡惨重。此后,共产党的地方军事当局拒绝给予"紫石英"号安全通行的许可,除非该舰指挥官克仁斯少校签署一个承认英国对这一事件负责的文件。这是一个无法接受的要求,"紫石英"号因此在几乎难以忍受的酷热和囚困的条件下被扣留达 3 个月之久。

英国政府一直(而且现在仍然)准备在适当的级别上讨论 4 月事件的责任问题。但是,共产党当局拒绝与英国驻南京的大使讨论这一问题,坚持把它作为一个地方问题,而由其地方军事当局与英国远东舰队总司令的代表克仁斯少校来讨论。

3 个月过去了,克仁斯少校未能在可以接受的条件基础上获得安全通行的许可。而舰上船员的处境正逐步恶化。鉴于共产党坚持拒绝给予该舰正常的供应和安全通行许可,远东舰队总司令授权该舰舰长,在他认为可行的情况下,即使没有获得安全通行许可也要开走。

在"紫石英"号沿江下驶途中,它至少两次遭到猛烈的炮火攻击,其中一次它被迫进行了自卫还击。

FO371/75895

施谛文致英国外交部电
1949 年 7 月 31 日

关于公开声明,我又想到以下数点:

1.任何公开报道不应提及英国军舰"伴侣"号进入中国的领水之事。

2."紫石英"号在下驶途中被迫对炮击它的江岸炮兵进行还击。应该强调,它只是做了自卫所必须的最低程度的还击。

3.如果公开声明能够强调,"紫石英"号的逃脱是由该舰舰长决定的,它符合一个水手对他的船只和船上人员的安全负责的优良传统。舰长并没有将他准备突围的意图向我们中的任何人透露。由于共产党已经拒绝在这件事上与英国驻华大使馆交涉,他们事实上一直坚持将此事作为地方问题由人民解放军和英国海军来讨论。我们这样的声明是符合逻辑的,也不会伤害到有关人员。

FO371/75895

科特斯①备忘录
1949 年 8 月 2 日

事实上有些相当的"扬扬得意",很快将向"紫石英"号的指挥官颁发 D. S. O. 奖一事(对此,我们当然很高兴听到),不会使共产党有任何

---

① P. D. Coates,英国外交部官员。

高兴。他们迄今还没有作出任何明显的反应,他们无疑正在认真考虑他们能够做什么。如果他们认定,有必要采取强硬的措施来挽回面子,他们可能会选择找海军武官的错,但我们不能只是等待观看他们要作什么以及他们的公众舆论采取何种路线。对我们来说,有一些相当尴尬的地方(诸如远东舰队总司令刚刚提出是否允许他前往当地,与共产党的袁将军讨论此事)……

FO371/75895

科特斯备忘录

1949 年 8 月 5 日

这应该记录在案,在远东舰队总司令在他发出 290956 号电授权"紫石英"号自行开走之前,既没有与外交部也没有与海军部商量。

海军部的电报说,在没有与他们进一步的商讨之前,不应当企图突围,海军部显然没有及时得到总司令关于此事的电报。

结果,我们致南京的第 862 号内部电报没有再发给远东舰队总司令或副司令,因为在它到达海军部的密电室之前,我们已知道"紫石英"号已经开动了。

FO371/75895

布朗特致英国海军部电

1949 年 8 月 5 日

以下是导致"紫石英"号逃脱的有关电报往来的简要说明。

在我的头脑中,一直在考虑着逃脱的可能性,并希望将这一点告诉克仁斯,同时向他保证,如果他能明白的话,我来承担责任,而他除非在理智地确信有成功把握时不应试图这样做。没有密码,很难将这一意图传达给他。尤德和威斯顿被简要告知了此事,但他们从没有机会登上"紫石英"号。

现在看来,克仁斯也有着同样的想法。他在 7 月 9 日就如果受到台风的威胁时应如何采取行动征询我的意见。这一问题对于一个海员来说,是太初级了,所以我希望,它隐含着某种意思……

7月25日,一次台风经过了"紫石英"号附近地区,我重复了这一建议,并作了进一步的暗示。但从克仁斯的答复中不能确定,他是否懂得了我的意思。一种密码刚好被发明出来,它比以前的密码提供了更好的安全性。考虑到谈判的不能令人满意的状态、日益减少的燃油和你所知道的其他因素,我用新密码告诉克仁斯,我授予他是否突围的决定权。

他的回答表明,他一直怀有这样的企图,并很迫切,如果条件许可时,他将考虑采取行动。我在7月27日进一步去电,强调只有在他看来江面条件和能见度都确实有利时,才能考虑突围。由此,发动权给予了他,没有必要再给他发电了。

事后,看到第114号南京来电,我感到欣慰和高兴。大使在来电中与我们想到了一起。因为安全问题,也因为我觉得外交部门会倾向于反对以上的计划,我在7月的第290956电中向海军部作了通报,但没有告诉任何其他部门。

FO371/75895

(四)英国对国共争端的态度

说明:国共争端是战后几年中国的基本特征,为保持和实现在华利益,英国需要尽早做出正确判断以便选择立场。英国外交部对此问题有相应讨论。

施谛文致贝文电

南京,1946年8月9日

8月7日,我在牯岭将我的信件呈送给蒋介石。

b. 在呈送时我们的谈话限制在政治普遍性上,但他在该日晚间招待我晚饭,我们又谈了一个小时零一刻钟。饭间我从他那里得到对于中国甚为严重的局势的看法。他告诉我说,他确信共产党并非真想与中央政府达成令人满意的妥协,相反,他们试图支配它。因此他得出结论:唯一的办法是从军事上打败。当我暗示这可能会是一项将置中国于完全的经济混乱之中的漫长而艰辛的任务时,他回答道:击败共产党军队的主体不会需要很长时间,一旦这一点实现,他希望共产党领导人的心态将会更为通融,那时可能会达成一些妥协。

c. 附带说一下,蒋介石的观点的表达印证了我从今晚早些见到的马歇尔将军那里听到的消息。他告诉我,中央政府正在山东准备一场对共产党的大规模的军事行动,并准备考虑在热河、继而在满洲采取进一步的军事行动。他认为双方军事领导人不受控制,将不会听温和主义者的反对声音。在他看来,中央政府坚持大规模军事行动的时间可能会达两个月,之后,国家将陷入经济混乱,并将为共产主义的扩张提供可想象的最有利的条件。

d. 在他与我的谈话中,蒋介石没有提到香港。至于中英关系,我们仅谈到增加我们两国间贸易的愿望。

BDFA,Part Ⅳ,Series E Asia,Vol. 2,p. 46

施谛文致贝文电

南京,1946 年 8 月 10 日

下面是对我的每周总结第 32 条一般性信息的详述:

b. 马歇尔将军和司徒雷登博士都很友善。后者与我保持着密切联系,他告诉我他已经告诉蒋介石说他对周恩来的要求太苛刻了,并建议总统远离给他出这样的馊主意的"老帮派"。蒋夫人也就这一点催促过他的丈夫,但蒋介石拒绝放弃他的老朋友。总而言之,司徒雷登博士至少在目前清楚地知道他自己在最后的作用。

c. 共产党人的发言人(王博士)向顾维钧详细地说明了蒋介石认

为接受共产党人提议的"不可接受的"条件。他逐步提高了要求,共产党人被要求完全撤出江苏北部、济南府至青岛铁路和北至热河、承德,包括他们即将答应在 10 月 10 日之前清除的除了黑龙江、兴安和北部龙江之外的整个满洲,和将山东、山西的军队撤退至 6 月 7 日第一次停火命令发出时的状态。这是只予不取,取得和平现在看来很困难。共产党人不会放弃他们已经在这些地区建立的"民主的"管理,经验表明国民党分子不论在哪里接管了共产党人的领土都对这些卓越的人毫无顾虑。共产党人会继续谈判,但他们真实的希望是美国将宣布它对采取进一步(不可辨识群:调处的?)的行动的无能为力,并通过从这个使命中撤回马歇尔将军"将整个事件放到国际的平台上"。王博士对于这所意味着什么感到苦恼,表现得有点逃避,但顾问懂得他是希望建议共产党人考虑基于莫斯科会议上三国外交大臣对中国的宣言向苏联和英国政府呼吁;参考联合国组织认为这里有不可排除的对和平的威胁的看法——也见顾维钧的第 2 号电报(不可辨识群:39?)。

d. 我请王博士代为致谢周恩来将军,感谢他让我们了解发展动向,并向他力陈倘若任何这样的措施被考虑,最好尽早与我商议。共产党人自己可能还没有决定要采取的行动,因为当美国人仍在调处的时候,向莫斯科(实际上是伦敦)的呼吁很可能会得到美国人的支持。马歇尔将军描述周恩来是"我所遇到的——我已遇到过一些——最有能耐的谈判者",我想他将在延安所能接受的限度内小心地施展他的才能。

BDFA,Part Ⅳ,Series E Asia,Vol.2,p.47

施谛文致贝文电

南京,1946 年 8 月 14 日

我的电报第 380 号

政府机关将呈来 8 月 10 日由美国大使和马歇尔将军发布的司令部的声明内容,声明说似乎不可能找到使停火命令变为可能的协议方式,关于共产党人撤出地区的当地政府的地位是最为困难的一点。在

8月12日的私人谈话中,司徒雷登博士似乎有点不那么悲观,说对话仍在继续。然而,他已离开前往北平大约10天——参见我的电报第378号。

b. 同时,总统在对日作战胜利纪念日发表了长的声明,路透社亦将刊载;但是除了声明中表示"我们希望他们(共产党人)帮助我们在中国赢得和平"这样十分微弱的和平建议外,我没有看到它对这个问题有任何推进。

c. 周恩来将军和司徒雷登进行了长谈,下面是共产党人的发言人给顾问的报告。美国大使声称联合声明并不表示美国政府准备立即放弃调处的努力;它主要是策划用来停止美国政策的新闻记者野蛮而危险的推测:

(a)基于杜鲁门总统关于中国政策的声明,要求蒋介石立即发布无条件停火命令。

(b)如果蒋介石拒绝撤退所有的美国在华军事编制。

(c)公开声明美国不能单独控制中国局势,并建议在一个国际的基础上讨论和解决。

(d)允许事情像现在这样随意平稳发展。

据发言人所说,司徒雷登的态度不明朗,不过,就个人来说,他不准备拒绝国际讨论的可能性。

d. 发言人不得不再次详述共产党人在此提议背后的观点。我们或俄国人或法国人能做哪些美国人没有试过的事情? 没有令人满意的答复。共产党人似乎正为是否冒着失去美国同情的险去促成此事而摇摆不定。我们得知共产党人已经对法国大使馆采取了少许试探性行动。

e. 关于在我的电报第2段中提到的蒋介石的约定,发言人声称周恩来对司徒雷登作出如下对应性提议:

(a)从山东铁路(不可辨识群)撤出所有共产党军队,铁路局被置于执行总部之下三重体控制。

(b)撤除北至热河南部,不排除承德。

(c)撤除哈尔滨,考虑下令撤除安东省①的可能性。

(d)撤退至山东和山西的 6 月 7 日线,倘若在这些省的中央军也退至同一日期所在位置。

(e)将共产党人在江苏北部驻军由三个师减至一个师。倘若政府同意在撤出的地区在司徒雷登任主席的三方政治委员会(Tripartite Political Committee)领导之下为当地政府举行直接选举,并允许外国和中国记者及其他观察者有权充分地看到投票的公平性。

如果这些让步是司徒雷登博士不那么悲观的看法的基础,我们几乎看不到乐观的理由。

BDFA,Part Ⅳ,Series E Asia,Vol. 2,pp. 47-48

施谛文致贝文电

南京,1946 年 8 月 25 日

我的电报 433 号

下面是美国同事给我的政治信息的要点,他应蒋介石要求比原定时间提早从北平返回。

b. 他和马歇尔将军建议尝试通过将问题分别归入政治和军事来利用新局势。司徒雷登博士讲得很清楚,蒋介石的五个条件不但是停火命令的前提还是共产党的协议建议的召集国民政府委员会的前提——这一点是在我的 380 号电报报告的共产党发言人的讲话中所没有提到的。从蒋介石同意立即召集以我的美国同事为主席的五人政治小组这一举动可以看出,这具有进步的性质,在我的美国同事看来这是他和马歇尔最近一个联合声明的直接后果。

c. 小组的任务是为被提议的国民政府委员会中共产党人的精确人数和投票程序及团体内的否决这样的问题找到解决方案。在马歇尔将

---

① 即辽东省,1947 年国民政府将伪满州国时期的安东、通化合并为安东省。1949 年建国后设辽东省(安东市),1954 年撤辽东、辽西二省,恢复辽宁省。

军领导下关于这五个条件的军事谈判将依赖于这个政治小组的进展。

d. 我指出这些条件中关于地方行政的条件是一个政治问题。阁下赞同,但又说道:它只是一个暂时性的,因为如果国民政府委员会开会、国民大会于 11 月 12 日召集来制定宪法,地方行政的问题就会仅作为一般性解决的一部分。

e. 阁下说:他和马歇尔将军都感到这个新的局势给他一个检验双方诚恳度的机会。倘若蒋介石现在向非正式的政治小组提名代表,将表明他不仅在拖延也在推进军事准备。马歇尔将军昨天离开前往牯岭,如果需要立即任命就通过电话:小组将立刻开会。至于共产党人,对他们诚恳度的检验将来自小组本身。如果任一方不讲道理,将对此再次公开。

f. 总的来讲,美国大使怀有些许更多的希望。

BDFA,Part Ⅳ,Series E Asia,Vol.2,p.86

施谛文致贝文电

南京,1946 年 8 月 28 日

我的电报 434 号

马歇尔将军昨晚返回南京,他带来了蒋介石关于非正式的政治小组的回复。我的美国同事告诉我的大意是:蒋介石赞成建立这个小组,但希望宋子文提名国民党成员。

b. 我的美国同事对蒋介石将提名成员的事授权给宋子文表示困惑,不能决定这是蒋介石自身固有的拖拉策略,还是可以被认为是与蒋介石反复出现的想避免被指控为独断专行地干涉国民政府委员会的愿望相一致。无论如何,在接下来的 48 小时我的美国同事希望听到宋子文的两个提名。

c. 在牯岭蒋介石跟马歇尔将军的谈话中,蒋确定在司徒雷登博士的小组产生政治讨论的结果之前,他准备暂不实施他的五个条件。

BDFA,Part Ⅳ,Series E Asia,Vol.2,p.87

施谛文致贝文(华盛顿)电

外交部,1946 年 8 月 29 日

你的电报 5025 号(8 月 8 日)和南京电报 378 和 380 号(8 月 10 日—国共争端)。

8 月 10 日马歇尔将军和莱顿·司徒雷登博士在南京发表的国共争论的联合声明的影响还不是很明显,但是如果南京的 433 和 434 号电报中设想的进一步谈判失败,共产党人可能就会遇到,像南京的 380 号电报所建议的那样,"把整个事件放到一个国际的平台上。"据报告,周恩来已经威胁说,若美国不"改变帮助蒋介石向共产党发动内战的政策",共产党人将上诉联合国和"三巨头"。

b. 还不清楚共产党为此目的如何打算,或者是否他们正被莫斯科鼓动,但这两种可能性似乎都会在他们身上发生:

(a)呼吁英国、苏联和美国为保证 1945 年 12 月三国签署的《莫斯科协定》的实施而介入。这可能会给苏联一个机会来表明美国在华行为和美军在那里的存在对我们都赞同的联合的实现是一个障碍。不管我们是否会以它仅代表一个政党的观点这样的理由拒绝共产党的呼吁,苏联制造事端的机会是相当大的。

(b)如果需要说服,我们要基于中国的局势已构成对世界和平的威胁的原因,说服莫斯科将整个事件提交联合国。

c. 在后一种情况下,如果抱怨是直接关于中国内战的状态,安全理事会(或大会)将不可避免地遭遇国内管辖问题,毫无疑问会像西班牙一样陷入同样的僵局。

d. 然而,如果苏联将他们的呼吁建立在美国的行为和美军在华的存在问题上,仅仅以国内管辖的理由就很难拒绝这个呼吁。实际上,这样的可能性意味着这些策略要对莫斯科和延安都有吸引力。

e. 根据安全理事会的议程,未经中国同意而解决中国的局势,需要委员会七个成员国一个简单的多数票。作为中国,美国和英国大概会反对它,很可能这个问题不会被列入委员会的日程。但是如果是这样,中国政府唯一的否决当然是防止委员会做出任何建议。

f. 苏联人无疑意识到了这一点，如果他们决定将中国的问题提交安全理事会，他们并没有希望得到任何决定。他们的主要目的是使人们不再相信美国对中国的干涉，并削弱国民党的地位，否定他们可能在这两个目标上实现相当大的成功是没有意义的。目前乌克兰人对希腊的英国军队的抱怨无疑带有同样的目的。

g. 第 2 段中设想到的两种可能性大概会让美国人不愉快，正如他们会让我们感到不愉快一样。问题是我们要做什么？美国对未来调查的程度以及在多大程度上他们决定继续执行他们目前实施的政策，现在我们对这些一无所知。

h. 迄今为止，我们关于国民党和共产党人争端的态度是：在我们的公开声明中，我们指责内战，并表达了希望马歇尔对调处的努力取得成功的愿望。我们仍希望能达成和平解决，但是我们非常希望能被告知关于这个争端的美国政策中的任何变化，它可能影响到我们在华的利益。无论如何，我们希望在被提交国际法庭的这个事件中的行动应经过与美国人的协商。

i. 我们不能忽视这样的事实：作为对日本战争的一个结果，美国已经占据了在中国的领导地位；以我们现在的资源，即使美国决定退出领导地位，我们也无法指望取代它。美国在中国做些什么对于我们的将来至关重要。在韩国（见华盛顿 7 月 27 日 4788 号电报），美国似乎决定采取进一步的措施。似乎不大可能它会在几乎同一时间在中国采取向后退的行动。然而，它对外交失败的承认加上国内压力，使美国的影响力减弱，这可能是美国彼方向上决策的迹象。

j. 大体而言，美国保持它在中国的影响力是我们的利益所在，只要防止混乱扩展到主要的港口，从而无期限地推迟所有复原的希望。而且，如果美国的影响力撤出，亦会增加苏联趁混乱状态攫取好处的机会。

k. 要求美国保持他们在中国的影响力，对我们来说非常困难。另一方面,我们确实对这个问题的结果很关心,因而假如你会将在前面段落中讲到的关于我们想法的一个总的暗示传达给美国国务院,并首先尽力查明他们对于第 2 段设想的那样延安或莫斯科可能采取之行动的反应,其次是他们预期的美国的中国政策的发展方向,我将很高兴。当然,你要避免给他们这样的印象:我们在指望美国替英国来火中取栗。

h. 你也应避免给他们这样的印象:我们想协助调处,或者以其它方式分担很可能会以失败告终的当前美国政策的责任。无论如何,我们希望在我们考虑我们自己的中国政策之前,能更清楚未来美国的意图。

BDFA,Part Ⅳ,Series E Asia,Vol. 2,pp. 87-88

备忘录

中国

8 月 10 日马歇尔将军和司徒雷登博士发表的关于国共争端的联合声明的影响还不清楚。它事实上承认了国民党努力达成和解的失败,并把失败的责任平摊到有关双方肩上。它直接的影响似乎是使双方在美国大使的支持下重开的谈判中又走到一起,但是预言这些谈判是否会取得任何成功,还为时过早。

b. 同时,从中国有报告说,共产党人可能被鼓励将整个事情放在一个国际平台上,这些报告描绘出共产党反对美国对国民政府援助的不安情绪到了顶点,周恩来最近威胁说,若美国不"改变帮助蒋介石向共产党发动内战的政策",共产党人将上诉联合国和"三巨头"。

c. 还不清楚共产党为此目的如何打算,或者是否他们正被莫斯科鼓动,但这两种可能性似乎都会在他们身上发生:

(a)呼吁英国、苏联和美国为保证 1945 年 2 月三国签署的《莫斯科协定》的实施而介入。这可能会给苏联一个机会来表明美国在华行为和美军在那里的存在对我们都赞同的联合的实现是一个障碍。不管我们是否会以它仅代表一个政党的观点这样的理由拒绝共产党的呼吁,苏联制造事端的机会是相当大的。

（b）如果需要说服，我们要基于中国的局势已构成对世界和平的威胁的原因，说服莫斯科将整个事件提交联合国。

d.在后一种情况下，如果抱怨是直接关于中国内战的状态，安全理事会（或大会）将不可避免地遭遇国内管辖问题，毫无疑问会像西班牙一样陷入同样的僵局。

e.然而，如果苏联将他们的呼吁建立在美国的行为和美军在华的存在问题上，仅仅以国内管辖的理由就很难拒绝这个呼吁。实际上，这样的可能性意味着这些策略要对莫斯科和延安都有吸引力。

f.根据安全理事会的议程，未经中国同意而解决中国的局势，需要委员会七个成员国一个简单的多数投票。作为中国，美国和英国大概会反对它，很可能这个问题不会被列入委员会的日程。但是如果是这样，中国政府唯一的否决当然是防止委员会做出任何建议。

g.苏联人无疑意识到了这一点，如果他们决定将中国的问题提交安全理事会，他们并没有希望得到任何决定。他们的主要目的是使人们不再相信美国对中国的干涉，并削弱国民党的地位，否定他们可能在这两个目标上实现相当大的成功是没有意义的。目前乌克兰人对希腊的英国军队的抱怨无疑带有同样的目的。

h.第3段中设想到的两种可能性大概会让美国人不愉快，正如他们会让我们感到不愉快一样。问题是我们要做什么？迄今为止，我们关于国民党和共产党人争端的态度是：在我们的公开声明中，我们指责内战，并表达了希望马歇尔对调处的努力取得成功的愿望。我们仍希望能达成和平解决。但是将这个问题以何种形式诉诸国际法庭可能都会使目前处于调处角色的美国政府尴尬，并可能证明是对这样的调处可能有的任何成功机会的最后打击。

i.当前的调处似乎有两种可能的结果。首先，从乐观的角度看，当前的谈判可能会带来一个可延续的和解，这个和解将成为建立所有党派效忠的联合政府以及逐渐出现一个稳定而统一的中国的基础。无论对美国还是我们自己，这将是最佳结果。带着他所有的过失，蒋介石是在中国唯一可能博得全体的尊重和服从的领袖。他也赞成西方的民主理想。但是,他身边的反动势力阻挠自由因素被介绍进入政府,并使极权主义和极端民族主义的倾向在政府中延续下去。问题在于要克服这种反对,保证足够的共产主义者和其他民主代表进入政府,来产生一个能赢得全体拥护的兼容并蓄的民主政府,直到建立完全的立宪政府。

j. 另一种可能性是:在其成功的前景逐渐减弱的谈判持续了一段时间之后,目前的谈判将伴随着全面内战、以失败告终。如果那样,战火可能会燃及英国和美国利益集中所在的主要港口,无期限的混乱时期会随之而来,在这样的混乱中我们的利益不可避免地会遭受损失,国家经济的整体复原会被无期限地推迟。无论这样的无序状态时期的最后结果怎样,它对我们在中国和远东地位的短期影响总体上会很严重。如果从那里的混乱中出现了一个莫斯科支持的、对西方利益敌对的共产党政府,它的长期影响将同等严重。

k. 第三种可能性,也就是:从内战的混乱中出现的、在毛泽东领导下的共产党政府,对马克思—列宁主义意识形态的忠诚,不及对当地的土地改革和延安政权实行的社会民主及给中国带来相对高效而公正的政府的热衷。不管怎样,在当前环境中,除非在与莫斯科支持的共产党人决裂之后,否则这样的政府几乎不能取得优势地位。土地改革家们在共产党内部的分裂中幸存、并强大到足以统治中国的可能性太小,不足以依赖。而且,从长远来看,不能保证这样的政府不会证明至少和国民党的极端民族主义者或莫斯科支持的政府一样对西方利益持敌对态度。

l. 因此,为了英国利益,要确保以第 9 段中设想的路线达成和解。顺便提一下,这样的和解将与 1945 年 12 月莫斯科会议达成的决议一致。那时三国外交大臣被记载是"为在国民政府领导下一个统一、民主的中国的需要,为在国民政府所有部门有广泛的民主因素的参与的需要,为停止内战的需要,而达成协议。"

m. 英国政府对于确保产生一个统一、友好之中国的兴趣是三方面的。首先,中国的不断的无秩序状态只能延迟整个世界的复苏,与其它大国一样,我们在其中有着根本的兴趣。其次,大英帝国目前是东南亚主要的稳定因素;任何中国的分裂性势头肯定会影响到那个地区的稳定,尤其是会影响到有数百万政治影响可能重要的中国人居住的马来西亚、缅甸和其它东南亚的英国属地。由于它与中国的亲近度,香港很可能特别受中国的不安的政治环境影响。

n. 英国第三方面的兴趣在于与中国已建立了百余年的广泛的贸易联系,这种联系的维持有赖于一个稳定和平的中国。在这样的环境下,中国提供了一个巨大的潜在的市场,在这个市场中每人都会有空间,从而为世界的繁荣做出了全面的贡献。

o. 由于美国的影响和资源,美国承担起促进两个中国派别和解的领导地位。鉴于上面列举的原因,美国在中国的所为对于我们的将来至关重要。虽然我们也许不能有效地帮助促进和解,但了解美国政策将引领我们前往哪里,对我们来说是重要的。尤其重要的是,我们应该了解当前美国在华政策的方向上的任何预期的变化,比如,可能包括中止现在调处的努力和美国陆海空军从中国的撤退。

p. 这个问题也在国际的平台上关系到英国,不但作为一个安理会常任理事国,而且作为前面引述过的莫斯科协定的签字国之一。这个协定确认了我们坚持"中国内部事务的不干涉政策"。假如莫斯科或者共产党依据上面第 3 段(a)的文字提出这个问题,我们应该希望尽可能地与美国结盟,为此目的,协商是必要的。

q. 因此,为上面列出的各种原因,希望英国政府可以被告知美国在华政策未来发展的动向。

外交部,中国司

1946 年 9 月 1 日

施谛文致贝文电

南京,1946 年 8 月 31 日

最高机密

我的电报 450 号

司徒雷登的五人非正式小组中的两个国民党代表是吴铁城将军和张厉生先生。前者曾经是上海市市长,这些年来担任国民党的秘书长。后者曾经是共产党(据我的美国同事所说),直到最近是行政院的秘书长。

b. 我的美国同事对国民党代表的选择相当满意,打算将小组成员召集起来,于 9 月 2 日开始工作。小组不得不解决的主要问题是共产党人的力量和(不可辩识群:民主的?)同盟在国府委员会中的代表。共产党人一直维持 14 个的总数,也就是刚超过国府委员会的三分之一。国民党相信他们正坚持这点,以便能为阻止国府委员会的建设性工作而使用否决。另一方面,共产党人宣称,所有他们希望确保的是国府委员会将不违背政治协商会议的任何决议;如果可以以其它方式使他们确信这一点,他们愿意放弃国府委员会中部分席位。我的美国同事认为这是合理而较为乐观的。

c. 他今天告诉我他所负责的一项新进展。好像上次马歇尔将军看到蒋介石的时候,他问蒋介石在什么情况下蒋介石愿意停止进攻共产党。蒋介石回答:"只要共产党停止进攻我的军队。"我的美国同事将这句话传达给周恩来,建议他拿蒋介石的话当真,或许是值得的。周恩来因此建议毛泽东应该考虑发布一个停火三天的命令,假如蒋介石将以某种方式作出回报的表示。同时,今天马歇尔离开,前往牯岭。我的美国同事认为蒋介石最近在这个地区,特别是今天早上被政府军队占领的(不可辩识群:热河?)的首府承德,和江苏北部,已取得一两个胜利,可能现在愿意中止他的军事行动(顺便提一下,卡顿·魏亚特[Carton de Wiart]将军也持此观点)。如果那样,上述提议可能有一些希望奏效。

施谛文致贝文电

南京,1946 年 9 月 5 日

我的电报 460 号

我的美国同事昨晚通知我说,因为共产党成员在拖延,他还不能举行他的非正式小组的会议。

他们实际上还没有拒绝参加,但对最近美国战争部次长为向中国出售剩余贮备而签定的中美协定,周恩来已明显表现了很大不满。他对蒋介石依然坚持五点要求更为恼火。今天我的美国同事准备见周将军,希望能使他相信小组希望及早开会的愿望。那两个国民党代表已经会见我的美国同事,美国同事发现他们是讲道理的。

b. 关于提到的我的电报第 3 段中提到的提议似乎有一些轻微的误解。马歇尔将军没有拿它作为假设的事情来征求蒋介石的意见,我的美国同事认为那是他的想法,但等待听到延安的共产党总部对它的反应。这尚需时日,不过我的美国同事希望在今天与周恩来将军的会面中听到更多有关的情况。

c. 共产党的发言人在今天与顾问的谈话中明确无疑地确认了上面的分析。他说如果上面提到的协定并未在事实上导致停火,共产党人就认为讨论宪法和国府委员会功能没有多大意义。应周将军的要求,马歇尔将军已经询问蒋介石,如果五人小组达成协议,他是否会承诺发布停火命令;然而蒋介石不准备致力于这一点,或是最后撤出五点要求。

d. 关于延安下令停火的提议,周将军已同意共产党人将在一待定的某天发布这样的命令,假如那一天北平执行总部的野战队出现在不同的战区,以便共产党方面的执行停火,假如在上述确认后蒋介石也同意公开发布一项停火命令。这个提议也被蒋介石逃避过去。因此,形势似乎是无望的,但是周将军今晚将进一步与美国代表讨论。由于在目前总进攻中的胜利和针对特定的共产党主张的接管剩余贮备协定的签字,政府的态度变得强硬起来。当顾问观察到协定不包括战争贮备时,发言人讲道,诚然协定中没有枪支,但却有经济援助,政府从而可获得对国民党无疑有重大军事效用的货车和飞机配件。

BDFA,Part Ⅳ,Series E Asia,Vol.2,pp.92–93

施谛文致贝文电

南京,1946 年 9 月 7 日

　　五人小组还没有碰头。我的美国同事和马歇尔将军已数次会见周恩来,周给他们留下十分惊恐的印象。周恩来回应他们对他未能履行参加五人小组的诺言的抗议,断言:考虑到政府成员最近的声明,即使五人小组取得令人满意的进展,也不能保证战斗会停止。

　　b.不过,最后他同意发电报给延安,寻求授权使他凭借我的美国同事和马歇尔将军给他的保证在小组中开始谈判,以达到这样的效果:如果小组取得进展,而中央政府仍拒绝停止作战,他们将公开批评政府。目前还在等待答复。

　　c.同时,马歇尔将军于昨晚离开美国大使馆前往牯岭。在我的美国同事建议下,他打算一改恫吓蒋介石的通常作风,而是呼吁蒋介石在这个他们发现自己是调处者的、十分困难的局势下帮助美国人。在这个联系中他打算向蒋介石指出,无论如何,他的五项停火前提条件中的一些已经通过军事手段取得。我的美国同事不排除这种可能性,如果蒋介石不对这个友好的表示作出回应,马歇尔将军可能暗示美国必将撤出调处、中断对中央政府的供应。

BDFA,Part Ⅳ,Series E Asia,Vol.2,p.94

施谛文致贝文电

南京,1946 年 11 月 13 日

最高机密
我的电报 720 号
虽然马歇尔三人军事小组和中国共产党的指导小组的非正式会议

都已举行,两者都有周恩来参加,但后者保持一种全然不妥协的态度。他现在的想法就是返回延安,这样虽然董必武仍作为共产党代表留在这里,而事实上会中止谈判。

b. 我的美国同事现在似乎相信了若非按照共产党自己的毫不让步的条件,共产党是没有兴趣与中央政府达成和解的。他目前的意见或多或少是这样的:共产党的态度已使美国政府的调处角色告以终结。美国政府有三种可选择的路线:

(a)彻底退出;

(b)继续伪装出谈判是可能的姿态;

(c)在中央政府的支持下完全撤出,如果中央政府保证——

(1)不再进攻共产党军队,并且

(2)在美国财政和经济帮助下推行一套全面的行政和财政的改革方案。

第一个条件会通过对掌握在将要负责新的中国军队的复员、改革、训练和装备的美国军事当局手中的军队的控制而得到保证。第二个条件将在拥有广泛地虽然并不(不可辨识群)但实际力量的美国"顾问"的权威下获得。显而易见,美国解决他们与中央政府的政治差异的行动给中国带来的经济和军事利益的增加,从一开始就会随时向共产党开放,使之分享好处。

c. 我的美国同事显然倾向于(c)路线,尽管他意识到了将它贯彻到底的巨大困难。从最初试图执行条件(1),他们就遇到区分对土匪的合法军事行动和对共产党的进攻的实际上的不可能性。吸收复员军人将造成极大问题,这些问题只能由美国财政资助的大范围的公共建设工程来解决。找到即便在美国指导下有能力完成必要的行政和财政改革的人将是极端困难的。

d. 我推断马歇尔将军并不像我的美国同僚那么悲观,合适的推断是:他认为美国政府做出重大决定的时机还没有到。这里的美国部长巴特沃思(Butterworth)先生似乎认为它还没到。我将密切关注,再发电报。

e. 我听说,蒋介石将国民大会推迟三天的行为造成"第三种"政党的分裂。现在他们中的一些打算参加大会,而另一些将以放弃参加大会之举继续追随共产党的领导们。

BDFA,Part Ⅳ,Series E Asia,Vol. 2,pp. 264–265

施谛文致贝文电

南京,1946 年 11 月 28 日

机密

我的电报 732 号

我的美国同僚告诉我,正在离开前往延安的周恩来将军是马歇尔将军给毛泽东传递是否共产党人希望他的进一步调处这样一个信息的送信人,如果答案是肯定的,他将乐意继续他的努力;但是如果答案是否定的,他会立即退出。周恩来将军答应尽快将共产党人的答复传达给他。答复尚未到达。

b. 在我看来,马歇尔将军的立场日益艰难。虽然共产党人在南京仍有代表,但周恩来引人注目的离开实际上中止了谈判。共产党人对于召开国民大会的回答是一个总动员命令:他们的态度继续是彻底的不妥协,他们正采取一切可能的步骤增强他们抵抗的力量,包括从延安撤出妇女、儿童和医院,为"焦土"政策做准备。另一方面,国民党正抓紧进行危险延安的军事部署。不仅是国民党的中间派,即使像胡适博士(前中国驻华盛顿大使,现在为国民大会主席团一员)这样的无党派人士似乎也确信一些对共产党人的进一步的军事行动是必要的。我推测蒋介石的军事顾问们确信能够在三或四个月内拿下延安。蒋介石自己和国民党内的中间派都不认为拿下延安会使问题得到最后的解决,但他们显然非常想给已经因张家口的丢失而受到严重削弱的共产党人的权威以严重一击。令没有迹象显露的共产党人态度中的某种变化失望的是,对延安的进攻不可能长期拖延。在国民大会召开期间可能会暂缓,但共产党人不断的军事行动会在任何时候为蒋介石收回他的停火命令提供充分的借口。

c. 我继续让您了解发展态势。

BDFA,Part Ⅳ,Series E Asia,Vol. 2,p. 288

施谛文致贝文电

南京,1946 年 12 月 6 日

机密

我的电报 802 号

马歇尔将军昨天从共产党人那里得到答复。他们没有直接答复他。无视共产党的决心、单方面召集国民大会的做法已经破坏了与中央政府达成协议的基础;不过,假如目前非法的国民大会被立即解散、政府军退回到去年 1 月 13 日占据的位置,共产党仍愿意继续谈判。

b. 共产党人充分地懂得,这些条件是不可能实现的;从我的美国同僚答复的角度看,事实上他们是不希望美国更进一步的调处。

c. 马歇尔将军和司徒雷登博士正考虑当前的局势。尚未有定论,但马歇尔将军不久可能返回美国商量对策。

d. 12 月 1 日,这两个美国调处者与蒋介石有一次长谈,关于如果像已被证明的那样共产党人的答复是毫不让步的,就决定为使他们谈判而进行最后一次尝试。蒋介石将采取直接呼吁的形式,或者通过派全权大使到延安或者通过一个官方声明或者两者都采用。呼吁将基于——

(1)关于根据共产党决议一个宪法已被制定的事实(蒋介石说他现在可以保证这一点);

(2)扩大行政院,使其包括最能胜任的个人,而不考虑党派;

(3)建立国府委员会,并为共产党保留 9 个空位。

e. 自然,我的美国同僚认为共产党人将拒绝这样的呼吁,美国政府有必要作出政策上的一项重大决定。马歇尔将军返回美国寻求意见,可能在发出呼吁之前或之后,这一点还没有决定。

f. 在上面第 4 段提到的谈话过程中,蒋介石表明了他的倾向已经又返回到去年 8 月呈递我的信件时跟我讲的态度(参见我的 376 号报告)。他现在认为有必要彻底粉碎共产党人的军队,然后进行政治绥靖。他觉得 8 到 10 个月即可完成,并可完成(不可辨识群:彻底地?)在那时甚至可以清除游击队。他似乎并不害怕继续战争对经济的影响,因为他断言中国作为农业国,无论工业遭受多大破坏,都可以渡过难关、逐渐恢复。

g. 我的美国同僚仍倾向于美国实行我的第 732 号电报提到的(c)路线的行动。他个人认为如果按照那些路线给蒋介石的一个坚定的允诺,蒋介石会接受它。然而,他怀疑当前美国行政是否愿意那么深地介入中国内部事务,特别是考虑到总统地位的虚弱。

h. 写到这里,我得知共产党人的发言人今天已将如前面第 1 段总结的答复通知给了新闻记者。

BDFA,Part Ⅳ,Series E Asia,Vol. 2,pp. 294–295

施谛文致贝文电

南京,1946 年 12 月 14 日

机密

我的电报 832 号

我的美国同事显然一直在设法说服蒋介石,现在可确信的是:假如美国的支持和援助会按照我的电报第 732 号中提到的路线(c)立即到来,蒋介石将同意放弃寻找一个军事的解决办法的念头。马歇尔将军仍在考虑这个局势,还没有下定决心,虽然据我的美国同事所说,他对蒋介石最近重建和平的努力(字群遗漏:by?)印象很好,司徒雷登博士确定他排除了美国放弃中国的想法。

b. 蒋介石态度的进步被我的美国同事描述为:就他本人来讲,宁愿作为试图给中国带来民主的人流芳百世,不愿作为期望一场反共战争

的人遗臭万年。

c. 蒋介石仍打算按照所指的我的电报中的第 4 段的路线向延安发出最后一次呼吁。令他甚为尴尬的是,他在这方面的意图、甚至(不可辨识群:关于所有可能派遣的?)使者们的名字被泄漏给了媒体。结果是共产党已经宣布这样的呼吁是毫无用处的。然而,他不打算放弃(或?)停止这个提议。

d. 美国方面还没有指令给美国大使或马歇尔将军。因此,司徒雷登博士不知道是否美国政府会做好准备面对如此彻底地介入中国内部事务,像他提议的那样。倘若他们最后果真接受了这个方案,马歇尔将军的使命当然有必要重新定义。

BDFA,Part Ⅳ,Series E Asia,Vol.2,pp.302–303

施谛文致贝文电

南京,1946 年 12 月 19 日

机密

我的电报 862 号

修订后的宪法有望在 12 月 21 日被国民大会采用。某一关于行政院的扩大和国府委员会的编制的宣言(不可辨识群:将随后产生?)。这将用去一些天的时间,赴延安的代表团(见提到的电报的第 3 段)将于年底之前离开,此事作为议案被提出。

b. 就留在南京的共产党代表而言,我觉得最近有轻微弱化的声音。他们声称他们对马歇尔将军的答复(见我的电报第 832 号)并不意味着他们打算排除美国的调处。事实上他们希望马歇尔将军会继续他的努力。他们建议政府应该对共产党人做出一些国民党准备与他们达成一致的表示,他们甚至暗示他们有可能撤回他们提出的解散国民大会的要求以及返还政府军到他们去年 1 月占领的位置。

c. 我的美国同事(不可辨识群)认为这只是在设法使局势保持不稳定性,直到,像共产党人希望的那样,事件的压力导致国民党政府的倒台。在与我的美国同事的谈话中,共产党的代表说国际情势、特别是莫斯科和华盛顿之间关系的改善使他们对一个在中国最终令人满意的解决怀着希望。

d. 有人提议,赴延安的代表团应该建议共产党人(不可辨识群)立即恢复谈判,共产党人对中国重建的第一个有实际意义的贡献应该包括在他们手中的领土上重新建立铁路交通(字群省略)的合作。

e. 我的美国同事确信共产党人将拒绝恢复谈判的呼吁,如果是那样,马歇尔将军将返回美国寻求意见。很可能一到美国,他就发布一个公开声明,强调共产党不顾中央政府最近的努力而采取的不合作态度。他将归罪于延安的极端主义分子,并在相当程度上归罪于国民党中的反动分子。他将澄清:中国唯一的希望在于蒋介石领导之下遍及全国的开明分子掌握政权的假设。

f. 我的美国同事十分推心置腹地告诉我说,蒋介石在最近几周已经向他自己和马歇尔将军反复请求帮助和指导,而且已表明他自己非常愿意接纳他们的建议。上周,蒋介石竟然请求马歇尔将军接受他的私人首席顾问的职位,强调即使马歇尔将军当上美国总统,也不会比担任这一职位对世界和平做出更大贡献。马歇尔将军以自己的性情不适合担任这一职位作为托辞拒绝了。

BDFA, Part Ⅳ, Series E Asia, Vol. 2, pp. 305–306

施谛文致贝文电

南京,1948 年 1 月 19 日

考虑到政府军事局势的恶化和共产党进一步胜利的可能性,你被授权自行建议英国国民和组织:当商业性空运仍有效的时候,应考虑从内地、长江以北和暹罗东部撤退不必要人员,仅留下那些即便在共产党控制下也将会被保留的人员。空运是目前撤退的唯一可靠方式,它持续的有效性当然有赖于是否可以自由降落机场。决定离开的英国国民应被建议优先于北平、天津或汉口而前往上海,从那里进一步的空中撤退(我们并没有像美国那样的良好装备)可能最后成为必要的。这些指示与最近美国大使发布的指示一致。当然,关于在当地条件下采取什么行动,你自行斟酌。

BDFA,Part Ⅳ,Series E Asia,Vol. 5,p. 23

施谛文致贝文电

南京,1948 年 2 月 3 日

您可以考虑通知那些在中国北方保留组织的英国传教士社团和商业公司,为避免从英帝国派遣任何不必要人员的可能性,我已让顾问官员自行处理。提议给出确切的建议:妇女和儿童不应被派遣,直到进一步通知。

BDFA,Part Ⅳ,Series E Asia,Vol. 5,p. 24

周恩来致宋庆龄电

1946 年 12 月 17 日

Jack Chen(陈伊范)从北平来,使我们知道很多欧洲特别是英国的现状。在现在美国独占资本企图独占世界的局势下,中英两国人民的合作,其重要性已不亚于中美两国人民的合作,甚至英政府中的左派我们也必须努力与之合作,以孤立英国政府中专门追随美帝国主义的反动分子,同时也就是孤立美帝国主义分子。目前世界的形势,一方面是苏联的强大,欧洲许多新民主主义国家的兴起,英法人民的进步,殖民地半殖民地以中国为首的民族解放运动的发展,过去法西斯国家的人民的觉悟,最后,美国人民的要求和平与不久就要到来的美国经济危机,这些都促使全世界向着和平民主进步;另一方面,美帝国主义及其在各国的合作者即反动分子,在上述的趋势下,日益陷于孤立。而首先表现在中国蒋介石的统治,经过五个月严重的内战与一党包办的国大的召开,愈发显得孤立了。如果内战继续下去,蒋介石的武力再经过半年到一年的消耗,解放区人民的武力将有可能与蒋介石的武力渐渐的处于平衡的地位。

《周恩来书信选集》,第 364—365 页

(五)英国对中共政权的承认问题

说明:战后英国曾试图和美国保持一致的对华立场,这也是他们的一贯态度。但随着内战局势明朗,美国仍对中共敌对并准备抛弃蒋介石,英国却为了维持在华商业利益而倾向于接受中共政权,尽量保持在中国的位置,避免任何后退或被推出去。

1. 英方的态度

中国的共产主义者

随着中国的共产党人日益胜利,现在有人认为英国政府应该给予他们承认,并与中共占领区,即所谓"解放区",开展贸易,因为当前南京的国民党政府落魄潦倒,无论如何是无效而腐败的,因此也不值得我们继续支持。

所以,目前到了评价中国的共产党人地位的合适时候了。

共产主义在中国有着大约 30 年的历史。1922 年,孙逸仙在上海与布尔什维克越飞(M. Joffe)缔结协定。1924 年,中国的共产党人被正式承认为国民党成员,在苏联的鼓舞和指导下,国民党军队挺进中国中心。1927 年产生了分裂。在那一年,鲍罗廷(M. Borodin)和其他苏联顾问被遣离,一个中国共产党人的苏维埃在江西省建立。经过一些战役后,中共进行了著名的"长征",1935—1936 年在相对贫穷的农业省陕西重新建立,总部设在延安。在那里他们进行农业改革,在很大程度上放弃了他们在江西政权更多的残酷和暴力。1937 年 7 月抗日战争爆发,中共与国民党建立可运作的协调,然而,这并未维持多久,在战争

的后期,延安地区被一流的国民党军队牢牢封锁。1945 年 8 月,日本提出投降,共产党的军队向东北移动至中国北部,但是被阻碍获得平津地区的控制权,阻碍的成功是由于美国舰队的存在和美国统帅部空运中国军队到这些地区。在这种环境下,苏联军队延迟撤出满洲,直到共产党军队得以从山东运送过来,1946 年 4 月,苏联军队最终撤出,留下日本人的武器和弹药,被共产党人获得。

　　同时,1945 年 12 月,莫斯科会议上苏联、英国和美国三方外长决定了"关于为在中央政府之下一个联合、民主的中国的需要,为中央政府各方面民主分子的广泛参与的需要,和为内战停止的需要。"为履行该宣言,在赫尔利将军辞职后,作为杜鲁门总统特使的马歇尔将军,于1946 年 1 月得以将国民党人和共产党人召集到一起,签署停战协定。然而,关于共产党军队在国民党军队中的整体性和关于协定向满洲的扩展,矛盾不久就激化了。到 6 月为止,大规模的战斗在满洲爆发,很快蔓延到中国其它地区。虽然马歇尔将军还在进一步试图调处,但到1946 年结束时,中国的共产党人不再希望进入联合政府和重组的国民军中,并在追求与他们作为一个纯粹的中国政治团体的利益不同的政策,这样的事实显而易见。调处努力的失败和美国与苏联关系的显著恶化同时发生,这很难说是偶然。这些没有结果的谈判导致的战争的推迟,产生了有利于共产党人的影响,1946 年底共产党人对国民党来说比年初的时候相对更为强大了。1947 年 1 月,马歇尔将军放弃了调处,回到美国,成为国务卿。1947 年间,共产党人除了在显然不能接受的条件下之外,坚持拒绝进入谈判。蒋介石将军于 1947 年 7 月,以针对被他描述为不法之徒和叛乱者的共产党人的全面总动员命令的发布使谈判最终破裂。

　　共产党人破坏通讯和对国家经济生活至关重要的工厂的系统方针,获得了不断增长的胜利,而且使中共控制了除沈阳、吉林和长春之外的几乎整个满洲。而在沈阳、吉林和长春,政府军队的处境现在也岌岌可危。共产党人已在华中有效地站住脚,甚至深入到长江南岸的稻米产地——湖南省。随着通货膨胀迅速恶化,中国政府的财政形势江河日下。国民党军队和政府官员当中士气普遍明显低落,特别是从1947年8月魏德迈(Albert C. Wedemeyer)将军的公开谴责之后。他们感觉美国援助计划,也就是现在美国国会考虑中的5亿7千万美元,将来到得太晚,不会起到有效的作用。但是,虽然美国政府对国民党中的腐败和反动因素不满,中国政府没有放弃希望,他们希望美国政府将采取足够措施来保证中国不致落入中国共产党人控制,并因此受到苏联的排他性影响。

那些中国共产党人的同情者长时间内一直争辩着,指出中国共产党只是土地改革者,是"更像中国人而非共产党人",他们在中国当政不一定意味着中国将成为苏联的附属国。关于这些观点,1946年11月,南京的英国大使声明,他相信无论什么地位,档案可能会是"该党最初的、最后的、自始至终的领袖都是共产党人。因此相信他们不仅会在所有环境下奉行'党的路线',而且会自动地为苏联的最佳利益服务。"他继续表达了对中国共产党人放弃机会以"民主的"联合方式进入政府的诧异。他指出这一点是不能与单纯的中国人的利益相协调的。他做出这样的结论"原因必须在什么是共产党人领袖认定的信条中的最大利益当中寻找,他们的利益在此处以及别处都如此便利地与苏联的利益相吻合。"

自然地,建立在纯粹的农业地区,中国共产党人应该主要地集中满足农民对土地的渴望。

但是,也很明显,中国共产党人随着日益胜利正在变得更加残忍。似乎极为合理地推断:既然共产党领袖是坚定的马克思主义者,土地将不允许被无期限地保留为私人所有,而是将被集体化,除了无产者所有的阶级将被清算。不可否认,斯拉夫人强调放弃个体的思想,与中国人个人主义的性格形成强烈对比。同样真实的是,1927年国民党抛弃苏联的指导,驱逐出共产党人。另一方面,今天的中国共产党人已经大大壮大,与1927年时不可同日而语。确实,在那些已经取得控制权的地区,已经以一种公平的方式改造着中国人的生活和性格,这种改造方式除非很快就改变了,否则看起来很可能会永久存在下去。中国共产党人的主要领袖,诸如哈尔滨的李立三和北部中国的毛泽东,是莫斯科培养的,并与莫斯科保持着经常的无线电通信联系。因此,当他们遇到新的占领广大城市人口中心的问题时,依逻辑判断,他们会采用莫斯科规定的模式。毫无疑问,首先将会有一定自由度给私人企业,但毛泽东已明确表示,中国的共产主义是世界革命的一部分,中国共产党人的最终目标是在中国实现完全的马克思共产主义计划。与此相关,我们很有趣地注意到,毛泽东在 12 月 25 日对中国共产党中央委员会的一个报告中指出,该党"依靠社会主义苏联"、依靠"马克思列宁主义科学";在这个报告中还有像下面的话:"美国帝国主义及其走狗在不同国家已建立起反动阵营,反对苏联和欧洲新的民主国家、反对资本主义国家工人运动、反对殖民地民族运动、反对中国人民解放……各东方国家的所有反对帝国主义的力量应该联合起来,反抗帝国主义和反动分子在每个国家内的压迫。"

因此,事情可能会这样:如果中国共产党人成功掌握政权,他们将实行令苏联政府满意的政策。的确没有证据显示,中国共产党人是独树一帜的,以通常的变化来满足特定的当地环境的其它地方的事态模式也会不适用于中国。

外交部,中国司

1948 年 4 月 1 日

BDFA, Part Ⅳ, Series E Asia, Vol. 5, pp. 49–51

蓝来讷致贝文电

南京,1948 年 5 月 25 日

先生,

1947 年圣诞节,毛泽东向中国共产党中央委员会做了一个报告,该报告包含了一些关于中国共产党人政策和目标的有意思的内容。特别是毛泽东对其政党计划的评论显示了为无地农民设计的纯粹的农业政策的重大修改,因为他承认了对中产阶级做出让步的需要,以及在未来的中国、在共产党人政权之下小商人所能够发挥的重要作用。

b.发动起更大范围人口的意图,在随后不同的中国共产党人著名人物发表的声明中,以甚至更为直白的方式不言而喻。无需怀疑,这样的承认与优惠待遇的承诺将会是对农村和城市社会相当部分人的吸引,尤其在民心很可能更为涣散、自日本投降后当地人对中央政府控制下的生活条件不满的华北。从后来中央政府发言人承诺有利于土地耕种者的土地改革的声明中,起码明显看出,国民党宣传的指导者们完全意识到了他们的对手这项新政策的潜在效力。

c.中国经济局势的进一步恶化,不幸地为种植共产党人的种子提供了尤为有利的土壤。聪明的外国观察者事实上已报告说,有这样一个倾向:大街上的人,特别是华北地区,将共产党政权下的生活前景视为一个可能的改善。它充其量是在剧变的受害者、内战的劫掠和无能而腐败的官僚作风的负面影响的两种罪恶间的选择。而且,很可能,在别的国家已知的共产党的某些特征,也许对一般中国人来说并不像那些作为个人自由原则已经建立的国家居民那样令人厌恶。专横的勒索和强加,而不考虑人身保护权,例如秘密警察的运作,在这个国家毫不新鲜。尽管共和国政府取代了至高无上的皇帝,此类极权主义的实行仍继续存在。

d.自然,这并非表示共产党人的哲学天生就对中国大众具有号召力。相反,尽管在自由主义者和知识分子当中(当然,特别是在华北的大学中)有许多他们的同情者,正统的共产党信条中的一些方面,诸如土地耕种的集体主义,与农民根深蒂固那种自己拥有所耕种土地以使自己家庭的生计像他本人一样得到最好的保证的愿望相悖。共产党人对这个重要因素的承认体现在他们农业改革政纲的主张上。共产党人主张将土地分配给农民个人,从而得到他们以较国民党在心理机会的利用方面更配合、更强的适应性和才能来配合调整他们的政策。这样,虽然像通过人民法庭迫害不幸的受害者这样的共产党方法的野蛮性，已经导致大批带着恐怖的流言的难民流入中国其它地区，但是国民党改善大众命运的失败只能使普通百姓难以抗拒共产党的宣传。因此，从中国人民的角度来看，共产党人渗透的策略是真正管用的，不管它的方式会怎样改进。因为，尽管他们可能有理由期待在共产党人统治初期社会较低阶层的生活会有所改善，但这并不意味着他们盼望这样的改善会长期持续也是合理的。

e. 当然，在英国和其它外国利益方面同样的结论亦不可避免。没有人能否认，目前国民党政策中的排外本质，例如在"中国的命运"中，被理解和实践为：对外国企业的差别限制，实践中对1943年条约和其它放弃治外法权的条约之下的中国政府应负责任的践踏，像厦门和九龙城所发生的有组织的、经常的激烈骚动。然而，随着政治的成熟，国民党领袖对待外国人的态度有改进的希望，而其它国家的经验充分证明：共产主义只会制造恶化的态度。但是，在现存的政府和共产党人的政府之间潜在的利与弊的权衡是：在中国比其它国家更难以评价。要知道，在其它国家，共产党显著的敌意和他们的对手确定的友好之间是界线分明的。另一方面，在中国，仇外是民族特征，因此，必须不去考虑当政党派的政治特征。在这方面，有趣的迹象表明：中国共产党人正在意识到，有必要示以善意换取外国同情，打散、或至少是减轻由他们先前粗暴对待外国人，特别是传教士，而在国外留下的不利的印象。最近在共产党人的区域里，有对外国人和财产至少是一般性尊重的慎重政策的迹象，而所有目击者的证据曾经使对外国人的粗暴对待显得更为突出，其中天主教传教士是最严重的受害者。比如说河北献县的外国传教士的某些成员相对平安无事，并已被共产党人允许数次前往天津。也有理由相信在满洲四平的罗马天主教主教及其随员自从被共产党人捕获后，正在受到合理待遇，有可能会被准离开。虽然当港口最近被共产党人占领时，正在营口（牛庄）的颐中烟草股份有限公司（前英美烟草公司）的两个英国雇员的处境也许并不是那么让人乐观，但比起数月以前的此类事件,关于他们的安全忧虑已减少。也有这样的暗示:大概在可预期的时间,当共产党控制天津这样的商业中心时,中国共产党领导人愿意与外国利益建立商业关系。

f. 然而,若太相信这些代表着对我们减少的敌意的话,这种判断将是不恰当地唐突。不论中国的共产主义为适应当地特点而调整成什么样子,共产主义在根本上是对非共产主义国家是怀有敌意的,这种敌意迟早在中国显露出来,即使中国摆脱苏联的指导。莫斯科将尽力通过指挥当局最大程度地控制中国共产党人,这同样是不可避免的。在此过程中,正统的苏联共产主义面对中国人的顽固和惰性,可能遇到阻碍,甚至挫折,但是它的有害影响必会不可避免地盛行。去过共产党人区域的人都有这样的印象:这个社会中,年轻些的人与年长些的人相比,普遍对斯大林和苏联信条有更高的热情。

g. 因此,显而易见,尽管当前中国政府有着无可置辩的缺点,我们还是应不受劝诱,不给共产党人以鼓励。同时,考虑到正在或可能成为他们所控制的抵押品的英国利益,向他们作出无端的敌意表示,显然也是欠谨慎的。不过,假如我们提供我们所能恰当地提供给中央政府的此种帮助,并在这方面尽可能地与美国政府站在一起,这很清楚是有益的。而这样做的困难在于:美国政策本身还有些不确定,有时还自相矛盾。这在很大程度上由于这样的事实:任何对中央政府积极帮助的有效性取决于他们准备并有能力采取一定措施来最有效使用他们自身的资源和那些来自国外(例如美国援助)的资源的程度。更多钱和物资向中国的投入就其自身来讲是不够的,没有中国人自己真诚的合作,这些援助将会像联合国善后救济总署的工作一样失败和毫无用处。在南京和华盛顿的美国当局已经长期地努力向总司令灌输更有力的自我帮助是迫切而必要的感觉,但是成功被在我 5 月 20 日的第 443 号电报中所说明的那种政治的考虑牵制了。因此,很容易得出这样的结论,有效对抗中国共产党人进一步在中国扩大威胁的唯一可能,是通过实际的外国军事援助,虽然不一定是武装干涉。但是,这样的措施,无论对美国还是任何其它民主国家来说,都会顾虑重重。而只有时局的一个军事解决似乎才能提供任何永久的希望。如果事实上议会程序的和平解决的确存在过,那么现在已不再可能,即使在马歇尔调处时期。考虑到斗争的严酷,这种斗争实际上是共产党或者国民党统治整个中国这样一个直接的问题,以领土的行政分割来达成和解,看上去几乎是不可实现的,虽然我相信这是在中国的美国当局所期望的解决方式。尽管这样,目前伴随着经济混乱的内战威胁还在非决定性地、不确定地继续着,就目前所能估计的,任何一方都很可能不服从道理或放弃耗尽枯竭的战争。

（大使不在场）

蓝来讷

BDFA,Part Ⅳ,Series E Asia,Vol. 5,pp. 68–71

施谛文致贝文电

南京,1949 年 3 月 4 日

机密

先生,

最近共产党在中国的胜利和共产党占主导的政府控制这个国家的前景,在创造整个东南亚新局面的过程中非常引人注目。在那个地区,共产党人未来发展上的前进的影响,无论如何是具有重大意义的。而在印度支那、缅甸、马来亚和印度尼西亚数百万的中国人的存在无疑会有更为严重的影响。

我和美国、印度和澳大利亚的同事近来讨论这个局势,对于如何应对形成了我们的观点。我们充分意识到事件超出了我们各自的能力范围。但是,考虑到中国的地位以及东南亚的中国人口这样的事实,这个地区的问题变得如此紧迫和引人关注,我们冒昧制订了一份联合备忘录,提出若干建议。这个备忘录的一份随函附上。

b. 你将注意到,我们假定东南亚基本的革命条件,如果不被控制,会迅速被共产党人拿对落后的人口具有巨大号召力的简单的"耕者有土地"、"工人有权利"解决办法利用。在这种环境下,仅仅用武力是无济于事的,唯一希望是产生一个非共产党的解决办法,解决革命所寻求解决的主要问题。我们认为,东南亚的联盟是终极目标,但在目前环境中,它在政治上是不可实现的。然而,我们认为,在不是太远的将来可能实现的是一个包括这个地区的国家和领土的永久的咨询委员会,委员会详细制订和应用共同的政策,提供给一个能够对抗共产党经济学说的完整的经济。创造这样一个实体的必要前提条件,将是印度尼西亚和印度支那政治自由和马来亚至少是参与共同经济政策的宪法能力的实现。也有这样的必要:咨询委员会应该在此之前制订一个经济和社会计划,现实地应对涉及到的落后社会的特殊问题。我们认为这样的计划现在就应该由一个英国、美国、印度和澳大利亚任命的、政治和经济专家以及有进行了非洲调查的 Lord Hailey 的才能的人们组成的小型委员会来制订出来。我们建议这是第一步。关于这一点,雇用像国际事务皇家学院(Chatham House)、美国的外国政策协会(the Foreign Policy Association of the United States)、印度的世界事务研究所(the Indian Institute of World Affairs)和一些澳大利亚的此类团体,会比较便利。

c. 我们进一步建议,为了所提议的东南亚咨询委员会能够使该计划实施,最好建立一个包括来自那些不得不给予必要的物质帮助和技术指导的强国,也就是英国、美国、印度、澳大利亚、法国和新西兰的代表的顾问委员会。我们意识到,即便这样一个委员会的功能是纯粹建议性的,并仅应咨询委员会邀请才行使,它可能会被认为是一种"帝国主义的辛迪加"。假如这证明是有效的反对,另一种方案也许是将建议功能委托给美国,如果其它有关强国将在能力范围内提供需要的专家或其它帮助。

d. 美国、印度和澳大利亚的大使正分别向他们的政府发出同样的信件。(我澳大利亚的同事直接向在英国的爱维特[Evatt]博士发出急件。)

e. 出于上面第 2 段中提到的考虑,我仅向东南亚的总警监寄送了一份副本。

施谛文

第 9 号附件

备忘录

在中国建立一个共产党主宰的政府的可能性已在东南亚创造出新的局势。共产党在华胜利的直接影响改变了邻近地区事件的进程,将赢得这些国家经济和平转型可用的时间减少到最少。共产党控制的中国与东南亚国家半殖民地经济并存,从其中产生的问题可以被阐述如下:

b. 到现在,东南亚所有国家的最主要问题就是自由的复兴。这基本是个政治问题,随着印度和缅甸的独立,原则可以说已经被建立,虽然这个历史阶段的后一时期仍保留在印度支那和印度尼西亚书写。但是,即使荷兰和法国也承认它们的殖民地将很快不得不获得独立。

c. 然而,取得独立并不解决这些国家必须面对的问题,一个将这些地区由错误时代的社会纽带维系在一起的、建立在饥饿经济基础上的典型的"东方"文化转变为以社会公正和经济自由原则组织起来的现代社会的问题。简而言之,这些国家必须将欧洲进化的一个世纪的整个过程浓缩为一个短的时间去进行,以仍生活在前工业时代的社会接受 20 世纪中期的技术,拿新的破坏性的观念涤荡他们的思想。作为结果而发生的条件本质上是革命的,不论它的过程还是它的结果,因为它在寻求强行发展,不允许缓慢的进化过程。

d. 如果我们接受局势的内容是革命性的观点,那么问题立即随之而来:如何将其置于控制之中,并引导进入正确的轨道? 因为如果我们不控制局面,共产党人将带着"耕者有土地"、"工人有权利"的简单解决办法进入并成为主宰。

e. 在东南亚的环境中,共产党的解决方式具有巨大号召力。共产党的思想家们承认随着已经不再有社会作用、不再代表社会中的生产原则的地主和依附于地主的人抵抗力减小，从封建主义到共产主义的转变更为容易，他们预见到这个局势。换句话说，由中产阶级构成的散布于世界其它地方的反共产党因素完全消失了。这是为什么共产主义在亚洲更有攻击性、而看上去大众更少有效反对的一个原因。

f. 东南亚国家能被说服通过武装其对手和鼓励反对分子为防御"四大自由"而联合来抵抗共产主义袭击的任何观点，和自由竞争的新口号，预先注定会失败，只为一个经济和社会的革命已经遍及整个地区这样简单的原因。

g. 那么，我们如何行动？很清楚，要通过接受这个局面的革命内容，并提出革命寻求解决的主要问题的解决方法。如果通过一个非共产党的解决办法，同样的目标能更为安全地在一个相当短的时间内达到，那么有足够理由相信共产主义在这个地区可以被抵制。

h. 当然，可能会有人争辩说，共产主义革命的替代道路确实在印度实现了——同样的目标被议会方式实现——那是议会控制的革命，并通过立法来实施。但是，东南亚的环境似乎不能保证任何沿着这样的路线成功行动的希望，首先因为在这些国家没有已建立的顺从原则，其次因为领袖需要一个有效的国家机器——训练有素的效率和忠诚服务——众所周知这在这些国家不存在。

i. 那么，什么是可选择的替代方式？最终的解决似乎很显然：实行有计划的、完整的经济，在该地区的小单元中创造一个可存活的国家，执行前进的经济和社会政策，形成这样一个东南亚的联盟。在不远的将来，这样的解决办法也许并不可行，只要有这样的原因存在：像印度支那等国正在为独立而奋斗，像缅甸等国最近才取得独立，这些国家甚至不会考虑任何可能限制它们的政治独立的事。但是，北部共产党巨人的存在创造出的形势可能会证明足够有力而带来它们态度的变化，正如以同样方式，作为那么热情的民族主义者的西欧国家在同样环境中联合到一起。

j. 而这应是目标,我们的行动应该以其作为指导,显然,既然不能获得即刻的解决,我们要有一个在尽可能快的时间内付诸实施的短期政策。一个将制订出公共政策、并为能抵抗共产党经济信条压力作准备的这个地区的国家的长期存在的咨询委员会,似乎正是解决问题的答案。但是,为了使这样一个咨询委员会产生,作为第一步,需要印度支那和印度尼西亚取得它们的政治自由、马来亚具有起码能够使它参与经济政策的宪法组织。

k. 当这样一个咨询委员会产生时,在它之前应该有一个经济和社会计划,现实地处理它们落后社会的特殊问题。这样的计划将必须规定有以下几点:(a)废除非生产性的土地所有制,为提高生产在最现代的技术帮助下实现农业的重组;(b)将现在靠土地生存但对国家生产的提高无益的大量人口吸收进入工业;(c)该地区经济一体化,避免浪费性的区域间竞争;(d)建立大规模的医疗和卫生设施,以减弱“季风带”的气候条件影响;(e)建立普通教育系统,为民主的发展奠定基础:总而言之,就是一个计划经济体制。

l. 现在应该采取的第一步就是最有效地利用可用的时间,在印度尼西亚和印度支那的问题解决之前,为这个地区制订出一个计划。这只能在对主要的社会和经济条件进行了认真分析之后才能完成。这样的调查应该不仅仅包括目前的社会形态,还应主要指引向它们未来的形态:也就是,它必须明确东南亚的新社会应依据什么原则被改造。

m. 在美国叫做“社会工程师”团体咨询了这种性质,该团体将提供给我们一个在东南亚可以磨钝共产主义的号召、驯服和管制革命进程的可替代的方案。

n. 最迅速和直接对此感兴趣的大国是美国、英国、澳大利亚和印度。如果咨询被委托给一个由来自这些国家的四或五个高水平的、有一些实际问题经验和进行了非洲调查的 Lord Hailey 的才能的政治和经济思想家组成的小型委员会,那么可行的前瞻性的计划将被拿出,给有关政府批准。

o. 然而,这种情况似乎很可能发生:东南亚政府即便在组建了他们自己的永久性咨询委员会后,也不能充分利用这个没有物质援助和技术建议的计划。因此,形成某种与这个永久性咨询委员会平行并密切合作的、不仅包括上面提到的四个大国还包括必须被考虑进去的、在东南亚有持续的经济兴趣的法国与新西兰的顾问委员会,也许是可取的。当被永久性咨询委员会请求时,这个小型委员会将与咨询委员会合作,负责决定需要援助的数量、种类及其获得。

BDFA,Part Ⅳ,Series E Asia,Vol.8,pp.120–122

贝文致弗兰克斯(华盛顿)电
外交部,1949 年 5 月 29 日

机密

先生,

美国大使馆的大臣霍尔姆斯(Julius Holmes)于 5 月 11 日拜访我,留给我两份备忘录:一份是关于日本赔偿,它随远东委员会中美国代表同主题的声明文本做出;一份是关于对中国共产党政府的承认。我从您 5 月 10 日的 2606 号电报中得知,前者的文本已经由国务院寄送给您。后者文本在 5 月 11 日我的 510 号电报中传达给您。

贝文

备忘录

主题:中国共产党政府的承认

(机密) 1949 年 5 月 10 日

北部中国的中国共产党人已经拒绝承认他们控制下领土内我们的领事官员的官方性质。他们坚持认为,因为西方国家政府与他们之间缺乏承认和官方关系,领事官员只是非官方的人。他们一直在争辩关于他们希望我们认可的原因,但随着统治中国领土的国民政府政权的逐渐消弱,共产党人将可望形成要求成为国家性质的政府。这将带来承认问题。

　　国务院认为西方大国,尤其是北大西洋社会的那些国家的策略应该包括一个保留的态度,等待接近新的政权。我们能等得起。我们应该小心抵制中国人惯用的以一个大国对付别的大国的策略。

　　国务院还认为,如果新政权建立,当建立时,西方大国发起任何准备承认的行动,是不利的。甚至这样对我们来说也是不利的,如果我们的官员发布声明,给人留下共产党的任何寻求承认的途径都是受欢迎的印象。

　　更进一步说,国务院强烈认为西方国家在这一点采取共同阵线会是可取的。

BDFA,Part Ⅳ,Series E Asia,Vol. 8,pp. 138−139

贝文致哈耶尔—米拉(Hoyer-Millar)(华盛顿)电
外交部,1949 年 7 月 21 日

机密

先生,

美国大使今天造访,应其要求讨论中国。

b. 道格拉斯(Douglas)先生说艾奇逊(Dean Acheson)先生很想继续在巴黎的外长会议期间我曾与他的谈话,特别是交换关于中国的意见。我们共同面临着关于我们两个国家的许多问题,例如对共产党政权的承认问题;在联合国组织中这种承认的影响;对华贸易问题以及这样的贸易是否不会增强共产党人的力量。艾奇逊先生愿意所有这些问题在我们之间都有沟通。关于是否此类讨论范围应被扩展到包括其它感兴趣的国家,特别是英联邦成员国,以及是否它们会欢迎我们的看法,国务院还没有形成意见。

c. 我告诉道格拉斯先生,我会考虑这个问题,并给他一个答复。十分坦率地说,我不希望那么快就面对中国问题。目前,我自己在关注中东和印度与巴基斯坦之间的克什米尔问题。我赞同中国问题也必须考虑,希望当我与大臣前往华盛顿时能够与艾奇逊先生讨论此事。

d. 我后来给道格拉斯先生一封信,说我非常愿意我们的官员对他开列的问题在一起商量,我已经说过当我从大陆回来时我会进一步考虑这个问题。

贝文

BDFA, Part Ⅳ, Series E Asia, Vol. 8, pp. 143–144

贝文致弗兰克斯(华盛顿)电
外交部,1949 年 8 月 26 日

机密

先生,

在今天早上的谈话过程中,美国大使问关于我们对在中国面临的各种问题的态度,是否有一些话我可以让他传达给艾奇逊。我回答说,内阁很快会重新考虑我们的政策,就目前而言,对我已经告诉他的话我没有什么可补充的。

b. 道格拉斯先生说,正如他所看到的形势,美国政府与英国政府主要的不同在于,前者认为应千方百计地通过最大限度减少西方大国与中国共产党之间的贸易量来向其施压。美国政府认为这将使共产党人认识到,对他们来说,与西方的正常贸易关系是多么必需。

c. 我答复说,我们对中国整个问题的态度受过去历史的影响很大。例如,我们回想起一个严重的错误,我们曾连续太长时间承认满族的政权。我们也相信,中国共产党首先是中国人,他们不能突然地成为俄国人。至于有关的封锁,我们倾向于认为,我们应该采取措施保护船只应对中国领水的限制。道格拉斯先生说,国务院倾向于反对这个观点。他们也反对过早承认共产党人。对此,我回答,目前这个问题还没有出现,因为还没有共产党政府建立。道格拉斯补充说,对共产党人的承认将会使联合国安全理事会中共产党的代表从一个增加到两个,这种考虑相当大程度地影响了国务院。他们很自然地希望避免那种情况发生。

d. 然后，我说在我看来，似乎美国白皮书实际上抛弃了不值得美国进一步支持的蒋介石，但是，美国政府好像还没有将代替者放到他的位置上。大使承认确有一些影响。他又说，不过，现在整个问题在被华盛顿的专门委员会讨论着，这个委员会包括杰塞普（Jessup）博士、司徒雷登（Stuart）博士、弗司迪克（Fosdick）先生和其他一些人。

e. 作为总结，我说我总体的方法可被概括为：我的倾向是保持我们在中国的位置，尽量避免任何后退或被推出去，同时设法安排最小量的供给通过封锁输送进去。

贝文

贝文致哈维（Harvey，巴黎）电
外交部，1949 年 8 月 31 日

机密

中国的局势。

在将至的对华盛顿访问过程中，外交大臣将利用机会与艾奇逊先生总体上讨论我们对中国局势的估计及我们对它的政策，正如我紧接着的电报中所总结的。美国政府以及充分认识到我们官方层次上的看法。

b. 只向您透露，这次讨论的目的是确定美国在多大程度上同意我们的看法和政策。如果需要的话，外交大臣将试图说服艾奇逊先生：现在被内阁批准的这个政策是正确的。如果美国感觉他们自己不能遵循，他希望说服他们不要谴责我们这样做。

c. 请极为秘密地将我后面电报中的所列我们看法的要点传达给您所属的政府，并询问他们关于我们对中国局势评价的意见。若告诉我是否外交部长愿意原则上支持我们"保持一只脚在门内"的政策，我也会很感激。

d. 同时，您应该通知外交部长，英国政府决定给在南京的英大使指

令,一旦中央共产党政府显然将要建立,就要撤出咨询。

BDFA,Part Ⅳ,Series E Asia,Vol.8,p.145

贝文致哈维(巴黎)电

外交部,1949 年 8 月 31 日

先生,

紧接前面的电报。

下面是正文:

总体

似乎没有任何进一步的理由希望共产党人在力求取得在中国完全的统治中失败。已失掉信誉的国民政府无法做出有效的或延长的抵抗,它不再希望大规模外部援助,或者,更不必说来自政府可能分解成为的任何分裂的派别。因此,计划必须是在假设不远的将来共产党统治整个中国的基础之上。

b.无疑,目前中国共产党的领导人是正统的马列主义者,他们当前强烈的亲苏政策不仅在中国还在东南亚对西方政治和经济利益构成严重威胁。

c.关于东南亚,看起来鼓励一个有效的反共阵线来防止共产党人越过中国边境的侵蚀是最为重要的。关于中国本身,我们认为,在目前阶段,任何防止共产党人取得在中国完全政权的外部努力不但注定会失败,而且会使传统上仇外的中国人在新的统治者领导下联合起来;对新政权表示出普遍的公开的敌意无异于打算将它进一步推进莫斯科的怀抱。

d.因此,我们认为,促使在中国较少反对西方倾向出现的唯一希望,是给新政权意识到在克服经济困难的过程中西方帮助的必要性以及苏联帝国主义与中国民族利益本质上的不兼容性(例如满洲)。

e.每个强调莫斯科的设计有悖于强大独立中国的存在的机会应该被遏制。总体上,我们希望目前尽可能避免与共产党人的正面冲突,虽然我们无意追求主要问题上的缓和政策。

经济

f. 因为以下原因，我们认为西方商业和金融利益应该努力在尽可能长的时间里在华维持它们自己。

（a）如果有一天，当共产党人开始意识到在克服他们的经济困难时与西方通商的必要性时，可以假设，他们的第一兴趣点将不是对政府，而是对私人的关注，所以在中国应该有可以接近的西方利益，这一点很重要。如果在较后的阶段，共产党人希望接近政府，我们认为他们的提议应是基于他们自身利益的考虑。当然，英国政府不打算与共产党人发生官方关系的进展，但他们同样不希望以劝阻英国商业利益与他们建立正常的商业关系来表示公开的敌意。

（b）虽然关于中国的共产主义对于外国商业社团的基本的敌意可以说是没有疑问的，不过，经历仍然有可能在目前某种程度上成为自己宣传的囚徒的共产党当局中引发一种更为现实的态度。可能对于将来没有多大乐观的理由；但如果直到充分明显地证明是站不住脚的时候，才放弃我们的立场，我们会是不明智的。当然，一旦放弃，长期确立的、根深蒂固的商业机构和联系在实践中肯定永不能恢复。

（c）考虑到它在香港和东南亚的立场，英国自然有充分理由渴望避免可能会导致增强共产党中国军事力量的商业交易。然而，我们不认为，继续进行市民必需品的正常贸易会使共产党中国发动战争的可能性更容易被察觉，但贸易停止带来的困难将会减小，至少在主要的工业城市，就人口整体而言。当然，这些会被中国共产党人描述为完全由于对"帝国主义者"势力的敌意。

（d）应承认，外国在华经济利益很可能或早或晚面临被没收的威胁。假如商业的正常渠道仍然开放，共产党人与西方通商的愿望可能令人相信有足够强烈，可使某种贸易和补偿协定最终被保护。

（e）但是，也许比前面的考虑更为重要的是这样的事实：外国商业社团构成西方在华影响的主要因素。我们认为，头等重要的是在亚洲铁幕之后尽可能长地保持最大化的西方接触和影响,特别应记住,它可令人信服地证明,大大超出共产党政权力量的一个任务可能是管辖和控制个体的中国人根深蒂固的经商倾向。只凭利用中国人的本能进行有损于共产党人的贸易的残余希望造成对我们地位的完全放弃,这看上去将是不成熟的,至少可以这么说。

(f)最后,从长远来看,在一个强大而有效的政府之下,中国作为原材料和粮食产地,以及作为出口市场的潜能不应被忘记。在未来某一时间,如果西方世界那时被断绝可利用的资源,这些潜能会实现,那将是一件不幸。我们必须仍旧希望,西方世界和有效的中国政府为这个国家的经济发展、为远东和作为一体的世界的利益,由此合作的机会最终将到来。割断现存的与中国的商业联系将彻底与这样的目标背道而驰,无论如何,撤离似乎只是暂时的。

g.为上述原因,虽然我们在中国的商人可能最后不得不切断他们的损失而离开,但我们认为不论在我们的政治或经济利益中,如果能够避免,他们就不应做此选择;据了解,美国当局认为,那些停留在后面的外国商人为寻求私人利益而将他们自己置于人质地位,因此不值得同情,我们不赞同这种观点。而且,必须记得,英国在华公司是私营贸易。是否值得他们继续试图将他们的活动进行下去,决定权必须主要还在他们。英国政府在现存环境中将不认为试图阻止那些愿意并能够继续贸易的人是合理的,肯定也不希望通过这样的阻止而为继而产生的损失负责。

h.当然,这不意味着英国在华商人团体会被建议无期限地继续在屈辱性和不平等的条件下经商。我们计划应该鼓励英国在华利益彼此之间以及与其它友好大国的商业社团之间充分合作,以便当贸易机会来临时,它们会在被允许的条件下利用共产党的需要来保护改进的措施。

撤出

i.正如上面指出的,英国政府赞同过早地放弃英国在华利益,他们认为英国商人和传教士(英国在华社团的两大主要因素)能够越久保持一只脚在中国,就越有希望保持英国政治和经济利益。

j.广泛地说,虽然,最近几周有一些主张撤退的感觉,英国在华团体仍决定保持他们自己,如果能够的话。如果英国国民想离开,英国政府一定会提供所能提供的这种帮助,使他们离开。但是,至少目前还不打算建议他们大规模撤出。

承认

k.联合国宪章(第23条和27条[3])好像是这样规定的:除非有一个中国的代表存在,安理会才能仅在程序问题上做决定。所以,似乎最重要的是,法律上的承认不应从一个中国政府撤出,直到法律上的承认可以被给予它的后继者。这样,继续承认国民政府和给予共产党人承认的问题就成为同一问题的两个方面。

l.直到共产党人形成一个声称具有国家性质的政府,才会有根据法律或根据事实给予共产党人承认的问题出现。然而,有各种各样的迹象表明,共产党人希望以他们目前向南方的进攻,来取得大片土地,以清楚地表明是中国有力的统治者。接着,他们将建立一个政府,苏联无疑会很快给予承认。共产党人显然希望这个阶段在1949年中秋达到。

m.因此,承认问题将在下面几个月中变得急迫。而在这个阶段、在所有可能的偶发事件中,为即将采取有利行动的细节性考虑还有太多未定的因素。故这个问题只能在总体上有效地讨论。

n.在最坏的情况下,在承认之后,英联邦和北大西洋国家与共产党中国政府的关系,可能循着它们与东欧苏联的附属国之间的关系模式发展。不过,可能这个模式最终会沿着我们当前与南斯拉夫人的路线发展,因此,我们认为西方国家应小心不要从外部对共产党政权发展公开的敌意态度来损害未来的可能性。

o.对轻率承认共产党政权的政治上的反对是显而易见的。另一方面,停止对一个有效控制大部分中国的政府的承认是合法地引起反对的,并导致关于保护西方在华利益的严重的实际困难。要求任何特殊条件的实现,来作为承认共产党政权的回报,这是十分不可能的。因此,可能在一定时期之后,推迟承认可能严重损害西方在华利益,而不会得到任何补偿的好处。中国共产党人自己不可能有因为不被承认造成的严重不便。对他们来说,他们将可能拒绝与任何继续承认国民政府的大国建立外交关系。

p. 既然国民政府被认为不再有能力维持有效的抵抗,它被大国继续承认的问题应该在一个实际便利而不是感性的基础上被考虑。如果在台湾或在西部中国有国民党的控制,将该政权视为事实上的统治当局会被认为足够了。然而,最重要的继续承认国民政府的决定因素将是联合国代表的问题。

q. 关于联合国组织中的中国代表,根据所能估计的共产党人的时间表,似乎有可能在即将到来的一届大会中国民政府将继续代表中国。但是不能排除这样的可能,中国代表的变化将成为一个爆炸性的、有争议的问题,即使在大会期间。不可能提前决定在这样的事件中联邦和北大西洋国家的态度,但显然它们之间有密切和连续的咨询将是合意的。

BDFA,Part Ⅳ,Series E Asia,Vol. 8,pp. 145−148

美国国务院会议记录
华盛顿,1949 年 9 月 13 日

中国

以下人在场:

艾奇逊(Dean Acheson)先生	贝文(Bevin)先生
道格拉斯(Lewis Douglas)先生	弗兰克斯(O. Franks)先生
杰塞普(Jessup)博士	戴宁(Dening)先生
巴特沃思(Butterworth)先生	巴克莱(Barclay)先生
萨特思韦特(Satterthwaite)先生	

艾奇逊想起杰塞普博士主持下的一个特别顾问委员会在调查美国在华政策问题,他现在看到了他们的建议,他总体上同意。他很想将中国问题从内部党派政治领域移开。

顾问委员会得出的总结论如下:

美国政府应避免给人跟在共产党人后面跑的印象,相反,应让共产党人来找他们。

他们应该继续寻找任何真正抵抗的群体在中国出现,但不应太急于给这样的群体以支持。目前,视野中没有足够地位的国民领袖。然而,他们应该坚持寻找中国版的铁托主义的发展。现在还不是向共产党人表示抚慰的时候,那样只会是软弱的象征,无论如何不会被美国公众所接受。这个目标应该让中国共产党人通过痛苦的经历而认识到:苏联附属国的地位没什么好处。应千方百计使苏联与中国利益冲突的行为显露出来。当前,美国政府没什么武器可以伤害共产党人,虽然这方面的形势会逐渐改变。不过,他们一定避免做出任何帮助他们的事。

推荐给美国政府的政策可以被总结如下:

(a)不做出过早的承认,直到共产党政权取得对中国更大部分的强有力控制才给予承认;

(b)坚决要求新政权对中国国际债务的认可;

(c)遵循的政策应该尽可能与大西洋国家协调一致;

(d)不应有对新政权的经济战,但应该使其勉强维持。例如,不应该急于提供贷款。美国政府应该设法保护关于普遍禁止向中国进口 1. A. list 明确列出的产品的协定。关于 1. A. list 明确列出的产品,必要的控制机构、出口许可证等应该建立,但是目前还不应有阻止这些物品到达中国的行动。

艾奇逊先生还提到目前政府事务在台湾展现的复杂性,但他说看上去现在没有可能在那里进行公开行动。

贝文先生说英国政府不急于承认共产党政权。另一方面,因为英国在华商业利益比美国大得多,英国在华处境与美国有很大不同。英国社团被建议呆在原处,英国领事官员保持在他们的位置上。几乎不可能在现阶段建议英国社团撤出。那样做会对香港和其它地区造成十分挫败士气的影响。给予承认的问题将必须视共产党政府的表现而定。如果他们试图使用威胁的话,肯定不会给予承认,并且有必要保证他们接受国际债务。同时,他认为有这样的风险,如果西方国家太顽固,中国人将被进一步推进莫斯科的怀抱。首先避免做出任何阻止他们成为中国人的事,这一点很重要。

艾奇逊先生说他同意目标必须是鼓励与莫斯科之间的裂痕。然而,他认为有这样的危险:过早的承认将使中国的反共产党力量气馁。

诸人同意,通过小册子或别的什么的最大限度的公开,应该被给予苏联人从满洲移走所有可用机械和设备的行动上。

艾奇逊先生说,美国政府很理解,因为英国在华利益广泛得多,英国政府的行为必定与美国政府有某种不同。但它是处境的不同,而不是政策的分歧。只要两国政府的目标保持一致,他认为策略上有一些差异并不是大问题。

经过进一步讨论向中国出口的问题,贝文先生确认他同意应千方百计阻止 1. A. list 上面所列商品进入共产党中国。他理解再次调查建立控制 1. B. list 中物品的机构的可能性。

BDFA,Part Ⅳ,Series E Asia,Vol. 8,pp. 149–150

美国国务院会议记录

华盛顿,1949 年 9 月 13 日

香港

以下人在场:

艾奇逊(Dean Acheson)先生	贝文(Bevin)先生
道格拉斯(Lewis Douglas)先生	弗兰克斯(O. Franks)先生
杰塞普(Jessup)博士	丹宁(Dening)先生
麦吉(McGhee)先生	巴克莱(Barclay)先生

巴特沃思(Butterworth)先生

萨特思韦特(Satterthwaite)先生

贝文先生说关于香港采取何种态度的问题是英国政府延长考虑的主题。他希望通知艾奇逊先生他们已经得出的结论,并选读 C. P. (49)177(第16段)的相关摘录。当然,如果有对香港的侵犯,将以所有可用的军队进行抵抗。他认为香港的局势现在在良好的掌控中,所有必要的预防措施都已采用。政府现在对面临武装进攻、经济封锁或内部颠覆的能力有自信。

艾奇逊先生说,他认为贝文先生描述的政策很可靠而合理,应该得到美国政府的支持。

BDFA, Part Ⅳ, Series E Asia, Vol. 8, p. 150

贝文和顾维钧谈话记录

华盛顿,1949年9月16日

中国民族主义者的地位

中国驻美大使顾维钧博士今天拜会我,询问是否有些确定的事从我与艾奇逊关于中国的谈话中浮现出来。

我告诉大使,正如他所意识到的,美国和我们自己在对待这个问题途径中有分歧,我们只是交换了意见。我们当然很想保持我们在华的利益,我们必须等待发展。

然后,大使说国民军现在正在奋勇战斗。国民政府能够发放银元,很好地鼓舞了军队的士气。顾维钧博士也声称广州外面的共产党军队可以被阻止,为此将付出巨大的努力。他说共产党军队现在离广州有40—120英里。我问大使他们能被拖延多久。我得到的预测是,共产党军队将恰好停留在大约9月中旬现在的位置。大使悲伤地肯定了这个预测的准确性,但对共产党军队正在被约束很有信心。他希望我们和美国人会给以道义上的支持。如果我们那样做了,他确信国民军就能有救;中国仍有大片地区没被共产党人统治。他又说共产党政府正在经历贸易和通货的困难,三个月前表现出的信心现在开始消退。

顾维钧博士接着提出被置于联合国之前的决议问题。我说考虑到美国白皮书的发表和最近的事态,对我们来说支持这样的决议极端困难。当然,我们将认真考虑整个问题,但我再三表示,当前局势之下,即使对于他最好的朋友来说,支持提议的决议都是不可能的。我在与外交部保持密切联系,在最终决定我们应该采取什么措施之前,我将继续观察中国的发展。

贝文

华盛顿,1949 年 9 月 16 日

BDFA,Part Ⅳ,Series E Asia,Vol. 8,p. 151

美国国务院会议记录

华盛顿,1949 年 9 月 17 日

中国的发展

以下人在场:

艾奇逊(Dean Acheson)先生	舒曼(M. Schuman)
贝文(Bevin)先生	巴特沃思(Butterworth)先生
波内特(M. Bonnet)	弗兰克斯(O. Franks)先生
墨钱特 Merchant 先生	克拉皮埃(M. Clappier)
丹宁(Dening)先生	萨特思韦特(Satterthwaite)先生
巴克莱(Barclay)先生	麦克阿瑟(McArthur)先生

贝文先生说英国政府的政策是在中国保持一只脚在门内。因此我们不撤走任何我们的领事,也不建议我们的社团离开。在承认问题上,英国政府决定十分小心地进行,并与美国、法国和其它相关政府保持密切磋商。当然,有一个棘手的安理会中国代表的问题,重要的是不要太急于表态。他认为,英国人和美国人在对华策略上有一个细微差异,美国人更倾向于撤离他们的领事和建议他们的社团离开。

贝文先生接着说,他听说有个新情况,就是两艘美国船只正试图冲破封锁。巴特沃思先生肯定说国务院做过这样的报告。船主被告知他们在偷渡封锁线一事上不能得到美国海军的协助。另一方面,美国政府不能禁止他们做此尝试,如果他们希望冒这个险的话。巴特沃思先生又说,假如从双方都能得到令人满意的保证,s. s. General Gordon 将于 9 月 23 日左右主要为迁移美国市民和其他希望撤出者的目的而前往上海。

贝文先生问是否美国和法国政府认为封锁是合法的。巴特沃思先生回答,美国政府已告诉国民政府,他们不认为他们的宣言构成合法的封锁。

波内特说法国政府采取同样态度。然而,既然他们在现场没有船只,问题主要是理论上的。作为回答贝文先生的一个询问,舒曼说他认为法国一度设想派出的救援船只并不能实现。对贝文的进一步询问,波内特说法国在中国有相当多的利益和相当大的商人与传教士团体。目前这个团体仍保持在原地。不过,法国大使 10 月初将离开寻求咨询。

贝文先生说,他不想给人英国大使在逃离的印象,因此,他希望他的撤离应该表面上与新加坡的麦克唐纳(MacDonald)先生磋商。不过,一旦离开,他自然不会再回来。所有英国领事将保持在他们的位置。回应舒曼的询问,巴特沃思先生说美国政府正在撤出他们所有的领事,除了那些在上海、天津(虽然他可能晚些离开),当然还有香港的。他们自然也保留一个机构在南京。他认为可能有大约 800 个美国护照持有者停留在上海。

贝文先生说中国在华盛顿的大使告诉他,国民党正在将共产党军队阻止在广州之外,并试图争辩共产党人现在在他们的时间表中迟滞了。巴特沃思先生说 Marshal Li 的代表抱怨说蒋介石不能提供足够的黄金和白银,他认为到 10 月为止将有严重困难。

三位部长同意,他们所能做的,就是关于这个局势保持密切磋商。他们也同意,可能共产党政府将在 10 月 10 日成立。

艾奇逊然后谈到承认问题,说明美国政府的态度与他在 9 月 13 日跟贝文先生的会见时所讲的一致。他补充说,虽然他希望三个政府步调紧密一致,但如果他们感到必须采取单独行动,也没什么可谴责的。舒曼提到法国政府的一个特别考虑,共产党人控制印度支那边境土地之前,不存在承认问题。

贝文先生说他已经使英国政府对香港的态度明朗化,他们将一定抵抗侵犯。葡萄牙外交大臣今天要求去看望他,并提出澳门问题。葡萄牙政府向那里派遣了军队,但对他们抵制进攻的能力有疑虑。当然,共产党人有可能进攻香港、澳门或印度支那。英国政府明确,如果进攻发生,他们将战斗,但法国和葡萄牙还没有给出一个公开的立场。

艾奇逊说葡萄牙外交大臣也告诉他,援军已派出,但葡萄牙将不能抵抗一个确定的攻击。M. da Mata 问到关于美国在香港的军事联络官,他被告知他们只是来自广州的在不同身份掩饰下的服务随员。他也问到如果香港被攻击,美国政府将做什么。艾奇逊先生说他已回答他们被要求援助,但任何侵犯将是对联合国宪章的侵害,美国政府将在宪章之下履行义务。

巴特沃思先生评论说澳门总督好像对局势不太重视。他不想加强军事,援军的派出在他看来是种挑衅。他声称他没有内部问题,确信能维持形势。

舒曼问,如果国民政府倒台,他的同事认为关于在安理会的中国代表将发生怎样的变化。假如安理会可能照常运行的话。艾奇逊先生说他认为美国政府主张缺少一个安理会常任成员不必妨碍它的工作。不过,这是个十分技术性的问题,最好留给律师。

BDFA, Part Ⅳ, Series E Asia, Vol. 8, pp. 151–153

施谛文致艾德礼(Attlee)电

南京,1949 年 10 月 1 日

你致巴黎的第 2337 号电报,第 11 到 17 段:新的中国政府的承认。

被选进政府委员会(Government Council)(也就是 Supreme Body,

大概与苏联的最高苏维埃主席团对应)人员名字的公布,表明政府的组成大有进展。有官方报道说政府将于今日"就职"。政治院(political Yuan)(内阁)和其它政府机构的人们可能不久完成。

b. 新中国政府向世界宣布它的组成的程序还是个有待推测的事。大家会认为,总理或外长将也许通过电报与外国政府联系,告知政府形成的事实和它将有条件地愿意建立外交关系。然而,与此有关,所有实际上已经发表的内容包括人们政治协商会议作出的两个决定。

(1)一个决定是新的中央政府"可以在平等、互利和互相尊重领土主权基础上,与那些断绝跟国民党反对派关系并采取对中华人民共和国实质性态度的外国政府谈判建立外交关系。"

(2)一个决定是它一组成,政府将向联合国大会发出电报,"宣告中华人民共和国建立,宣布由中国人民政治协商会议选举出来的中央人们政府是能够代表中国人们的唯一政府,否定所有由伪广州政府的反对残余派遣代表的代表地位。"

因此他们可能个别地联络外国,可能他们将视致联合国大会的电报或其它正式公开宣言为满足通知外国事情上的所有要求。

c. 我不知道是否关于承认的决定由外交大臣在华盛顿与艾奇逊的谈话中得出。但在我看来,似乎只要国民政府在广州存在,即使考虑收回对它的承认将也会是困难的。所以,除非什么是真正的中国政府的问题由大会和安理会(看来是不可能的)讨论,并作出有利于新的共产党政府的决定,否则将会有一个时期,一个正式建立的政府存在着,对这个国家更大部分地区拥有政权、享有一些外国但不是多数外国的承认。在对没有给予立即承认的那些国家的代表形成区别对待的过程中,不可能很快的反应,但如果长时间的推迟承认发生,我们可能预料到当局对我们保留在共产党控制区的外交和领事官员态度的变化。

d. 我建议,带着减轻这个局势造成的不便的目的,英国在北平的总领事可被授权在新政府形成后一个合适的时间遵循下面的路线与外交部长进行官方联系,即使没有接到新政府关于组成的直接通知。

联合王国的政府在小心研究中央人民政府形成所带来的局面。经济和政治上友好、互利的关系在英国和中国之间存在了许多个世代。我们希望未来这些将继续。因此,联合王国的政府建议,在他们的研究完成之前,为两国政府间更大的便利和推动两国间贸易,非正式的关系将在英国领事官员和中央人民政府控制下的适当的政权之间建立。

e. 我不推荐任何事实上的承认,因为这将意味着对达成最后决定的更长时间的拖延,并将几乎肯定地被新政府拒绝(英国广播公司和联合王国新闻界使用的事实承认或事实关系词语为同样原因应该被阻止)。当然,有可能上面建议的那种联系也将被拒绝。但是,在一个新政权建立初期,更好的环境似乎可能有吸引力(正如不止一次向我们暗示的那样),无论如何我想这种表示值得一试。如果成功了更好。如果失败了也不比没有试过差。

f. 这个电报在与我的印度和澳大利亚同事交换意见后被草拟出来,他们总体同意,并要求将内容传达给他们各自的政府,他们也将直接发去电报。

请外交部将我的前电报第 385 号内容传达给香港,我的电报第 122 号和未编号的 30、28、38 号分别传达给华盛顿、联合王国纽约代表团(United Kingdom Delegation New York)、渥太华、堪培拉、新德里。

[重复给华盛顿和联合王国纽约代表团(United Kingdom Delegation New York)。副本为优先复述给香港送给 Telegraph Section C. O. ,为渥太华、堪培拉和新德里送给 Telegraph Section C. R. O.]

BDFA,Part Ⅳ,Series E Asia,Vol. 8,pp. 153–154

贝文致弗兰克斯(华盛顿)电

外交部,1949 年 10 月 18 日

机密

先生,

美国大使今天来看望我,提出中国问题,交给我来自艾奇逊的所附

的信息。

　　b. 我告诉道格拉斯先生,我没有意识到发生在将与北平的中国共产党政权进行联络的事通知国务院中的延误。已查明延误是由于国务院的一个过失,我告诉道格拉斯先生,我赞同这非常令人尴尬,并向他承诺这样的延误不会再发生,我在华盛顿所给的保证将被尊重。然而,我又说,这不一定意味着我们可能不会不得不在某些环境下单独行动。

贝文

第 26 号附件

美国大使馆　1949 年 10 月 17 日

国务卿让我给您下面的消息:

　　"英国政府给北平的中国共产党政权的消息内容,显然作为回应共产党为承认问题的邀请,使我关注。副本于 10 月 11 日被提供给国务院,这是在北平发出消息的六天之后。尽管中国共产党政府接受了,消息的措词看起来暗示着事实的承认,虽然外交部使我们确信那不是意图。我感觉有信心,这一步并不是打算背离此前在美国和联合王国之间达成的谅解,确信在华盛顿和纽约关于避免急于接近承认问题的重要性、密切和连续磋商的必要性、尽可能行动在共同过程的愿望方面的谈话。然而,在远东有着相似利益的西方大国中的一个独立行动的暗示将被中国共产党人最大程度地利用,并不可避免地对独立的亚洲国家的决心和合作产生不利影响,几乎是没有疑问的。

　　"关于这个情况,向您坦率地说,我希望再次表达这样的愿望,联合王国考虑的任何关于承认问题的未来行动都会在"我们早些的讨论中设想的充分磋商之后,向您担保美国政府完全有同样做法的打算。"

BDFA, Part Ⅳ, Series E Asia, Vol. 8, p. 155

贝文致施谛文(南京)电

外交部,1949 年 10 月 18 日

机密

先生：

中国大使今天早上拜访我,告诉我说他的政府十分关心新闻界关于我们将要完全承认中国的共产党政府的暗示。他随身带来昨天《晚间新闻》剪报,报纸的外交通讯暗示英国政府只是在行动前等待某些承诺。

b. 我回答,我没有授权或指示发布任何这样的陈述。它是报纸的猜测。同时,我们正处于很困难的境地。我们在中国有很多英国公民,也有大量利益,我们不该对保护他们袖手旁观、什么都不做。因此,我们命令我们的领事为他们的利益竭尽全力。在此之外,我们还没有走,关于承认共产党政府我们仍未做出进一步决定。那个问题必须认真考虑。

c. 然后,大使强调,在很长时期我们是盟友,并曾并肩战斗,他的政府对共产党军队的最初胜利感到特别痛心。我们显然比其它政府给予更想给予承认,这对当前中国政府不利。郑天锡博士也提醒这样的事实,这个问题将于下个月在联合国面前出现,对他的政府来说,似乎我们正采取的措施在它甚至还没有被讨论的时候就对情况造成偏见。

d. 我告诉郑天锡博士,所有这些事项在我们关于承认问题采取任何最后行动之前将被统筹考虑。我接着提醒他注意,在华盛顿我见到过顾维钧博士,他向我保证在广州会有一个立场。但事实不是这样。大使接着解释道国民军中间有一些意见分歧。只要他们能够,他们会坚守在那里,但由于这个分歧,他们不得不撤退。我问他关于台湾,是否一旦共产党人一到,同样局势会出现在那儿。他十分断然地表示,将会战斗到最后一刻,军队将会抵抗。然后,我问关于重庆,他做出同样声明。

BDFA, Part Ⅳ, Series E Asia, Vol. 8, pp. 155-156

总领事厄克特(Urquhart)致贝文电

上海,1949 年 12 月 14 日

先生,

承认的紧迫和显然增强的国民党空军引人注目的力量提出封锁问题的新方面。

b. 在外交部给上海的 819 号电报和 838 号电报中暗含的承认将自己解决这个问题的意见,当地的观点并不这样认为。如果承认之后采取行动阻止国民党在领水干涉的话,自然将完全是另一码事。虽然这有充分理由避免暴力地实现或进入领水,但我建议,告诉共产党人我们打算做什么,是明智的。

c. 如果当在海上受阻,国民党运用他们全部的空军力量、使用日本飞行员对抗上海,影响可能会严重。前者有在汉口和上海之间通过空战击沉超过 140 艘船只的记录,发射后势不可挡。(从汉口来的美国总领事刚才到达,仅带了身上穿的衣服,他的船也被破坏了。)但袭击可能不仅限于船只。我们相信外国财产,如水煤气工厂,目前幸免,是由于外交的原因。他们在承认之后可能会成为目标。

d. 如果那是承认的代价,英国社团将受到轰炸和有船只来此的危险。但是,给当地政府机会去决定是否他们为这个城市的整体而接受危险,这是策略性的。如果没有事先通知他们,我们就开始一系列导致严重轰炸的事件,我们可能除了挨骂之外一无所获,即使我们[不可辨识群]非暴力抵抗。然而,如果我们告诉他们正试图做的事,并取得他们的同意,我相信他们不会攻击我们,即使轰炸剧烈。

e. 我们迄今为止的地位与当地政府相比是强势。我们使军舰在领水之外,无论界限内发生什么,将责任留给他们。我注意到,他们赞赏我们政策的正确性。现在很清楚,他们希望借夺取舟山群岛来解决问题,他们的失败引起了关注。有报道说 General Chen—hua 已经解除军事责任,虽然 Chen Kang Chi 主张他还负责。

f. 该电报中的内容不应被理解为影响最近的船只提案,国民党应该能够让她不失面子地通过。

贝文致胡阶森①（南京）电

外交部，1949 年 12 月 19 日

机密

先生，

中国大使今天拜访我，带来 12 月 18 日雷纳德新闻政治通讯的一个报道，大意是英国政府不再等待法国或美国，而决定承认中国的共产党政府，宣言将于年底之前发出。

b. 郑天锡博士问我是否这篇文章有任何事实上的根据。我告诉他，承认的实际日期还没有确定。我说我必须对他坦白。大英国试图对整个形势保持稳固的影响力，但十分清楚，国民军现在没有抵抗，共产党人正挺进整个中国，取而代之。在这种局势下，我们不可能拒绝承认这个从革命和内战中显露出来、现在拥有几乎整个国家的新政府。它不是一个观点问题，而是事实问题；虽然我为他和他的同事感到极其抱歉，但我们不能盲目走下去，装作什么都没发生。我告诉大使，我们决定原则上承认，但没有确定日期。我们以行动与其它受影响的政府联络着。

c. 接着，郑天锡博士问我是否我们会停止承认国民政府。我说还没有采取这样的决定。关于那些国民政府仍控制的领土，这个问题正被考虑，但环境变化得非常快。我将在承认的实际行动发生之前见到他，并传达给他在此问题上我们的立场。

d. 大使说，大英国和英联邦愿意承认共产党中国的推测使国民军士气受挫。我告诉他，我不接受这种说法。国民军士气低落已有很长时间。实际上，在那些希望与中国友好政府的整个困难时期，我们没有从蒋介石或他的政府那里得到一句话，这不能对我们的行动给予任何帮助。我们试图以最友好的方式行动，我感到他的断言不公正。

e. 郑博士又说，他被置于十分困难的处境。他不知道，是否他已被

---

① J. C. Hutchison，英国驻中国第一任临时代办。

宣判政治死刑或者是否他被希望继续坚持。我说这通常是革命条件的后果,虽然我为他感到遗憾,但我不能帮他很多。我们拥有过最友好的关系,我愿意做任何能够做的事,但是英国政府的利益要求现在必须做出一个决定。

贝文

BDFA,Part Ⅳ,Series E Asia,Vol. 8,pp. 157-158

2. 中方的反应

如果美英断绝同国民党的关系可考虑和它们建立外交关系(1949年4月28日)

我方对美、英侨民(及一切外国侨民)及各国大使、公使、领事等外文人员,首先是美、英外交人员,应着重教育部队予以保护。现美国方面托人请求和我方建立外交关系,英国亦极力想和我们做生意。我们认为,如果美国及英国能断绝和国民党的关系,我们可以考虑和它们建立外交关系的问题。此事请邓、饶、陈、刘加以注意。(这是毛泽东为中共中央军事委员会起草的致邓小平、刘伯承、陈毅等电报手稿的一部分)

《毛泽东外交文选》,中央文献出版社、世界知识出版社,1994 年,第 83 页

中国政府和外国政府建立外交关系的原则(1949 年 10 月 1 日)

中华人民共和国中央人民政府委员会于本日在首都就职,一致决议:宣告中华人民共和国中央人民政府的成立,接受中国人民政治协商会议共同纲领为本政府的施政方针……。同时决议:向各国政府宣布,本政府为代表中华人民共和国全国人民的唯一合法政府。凡愿遵守平等、互利及互相尊重领土主权等项原则的任何外国政府,本政府均愿与之建立外交关系。(根据 1949 年 10 月 2 日《人民日报》刊印)

《毛泽东外交文选》,第 116 页

资本主义国家同中国建交必须经过商谈（1949 年 12 月 19 日）

缅甸政府要求建立外交关系问题，应复电询问该政府是否愿意和国民党断绝外交关系，同时请该政府派一负责代表来北京商谈建立中缅外交关系问题，依商谈结果再定建立外交关系。此种商谈手续是完全必要的，对一切资本主义国家都应如此。如果某些资本主义国家公开宣布和我们建立外交关系，则我方亦应去电该国叫它派代表来华商谈建立外交关系问题，同时可将电文大意公开发表消息，如此主动权仍然操在我手。你们对此意见如何？（这是毛泽东在访问苏联期间致刘少奇、周恩来电报的主要部分）

《毛泽东外交文选》，第 117 页

中英建立外交关系上应解决的先决问题（1950 年 2 月 8 日）

估计英代办胡阶森即将到京，望告外交部于胡到后当其来访时提及关于建立外交关系的初步程序的事宜，即应告以其中最重要者为英国与蒋介石反动派残余的关系问题，因英国既已与我中华人民共和国中央人民政府建立外交关系，即不应同时再与国民党政府作任何外交来往，而英国代表在联合国安全理事会及其他组织中竟继续承认国民党代表为合法，拒绝接受我中华人民共和国代表，这在建立中英外交关系上是不可能不解决的先决问题；其次，英国香港政府对国民党政府在港的官方代表、机关及其所属的一切国家资财采如何态度，也须弄清楚，因这类事情也是属于与国民党政府断绝关系的问题，等等，看胡阶森如何答复。至于收回英国兵营问题，可暂置不谈。（这是毛泽东访问苏联期间致刘少奇电报的一部分）

《毛泽东外交文选》，第 129—130 页

英国政府的态度，甚至在 1949 年 5 月就已十分明显地赞成早日承认。他们认为，这是维护英国在远东利益的一个方法。他们关心香港，希望和中共做生意。

8 月 12 日宋子文告诉我说，香港的英国人已经通知中国航空公司

离开香港,并将维修车间移交英国皇家空军使用。宋子文说,英国人提出的理由从表面看是正确的,但是,实际上他们要中国航空公司离开香港,是担心中共会以该项财产为中国政府财产而提出要求。他又说,他正在考虑向委员长建议成立一家私营公司以接管中国航空公司和中央航空公司。

这就是英国态度的一个例子。

《顾维钧回忆录》第 7 分册,中华书局,1988 年,第 409 页

我很想亲自拜访贝文。访问于 9 月 16 日进行。我询问了贝文对局势的看法。贝文说,他和艾奇逊进行的讨论主要是交换意见和看法,而不是为了作出决定。他知道美国对蒋委员长感到非常失望,发觉他们从他那里得不到合作。白皮书明显地表明,他们为了改善中国局势,曾提出许多建议,但均未被采纳。他又说,英国政府对蒋委员长也有同样的感受,因此也很失望。他们本来也可以发表白皮书,使公众知道蒋委员长的不合作,但是那不是英国的做法,因此他们没有发表。

我说,从新闻报道看,我认为他比美国人更倾向于和中共建立关系。我不知道这些报道的正确性如何。美国最初曾抱有同样的希望,但是美国受到了共产党的粗暴对待。共产党对待英国一直不是那么冷酷无情,不过我恐怕这不会持久。最终他们会使英国遭受他们给予美国的同样待遇。

贝文说,英国在华拥有它不愿放弃的利益。它必须设法保护这些利益。此外,每当中国发生内战和中央政府不能统治时,英国的政策一向是和地方当局谈判。但是,关于承认问题,他可以说还不打算做出承认或不承认中共的决定。无论如何,到目前为止,共产党尚未建立中央政权。

我说,贝文先生可能考虑到香港的安全。不过在这方面,有必要对局势采取现实的看法。国民党政府仍在战斗以遏止共军前进。与前几个月相比,近三个月来国军作战情况大有好转,士气大为高涨,致使共

军的前进在某些地区已被遏止,在其他地区则趋于缓慢。

回到香港问题上来,我说即使从保护香港的观点看,国民党政府继续和共产党作斗争,对香港也大有帮助;而且只要国民党政府仍然控制着从中国西北到东南的广大领土,则不仅香港是安全的,而且国民党中国将成为东南亚各国的屏障。此外,关于香港,国民党政府和英国之间签有条约,而国民党政府对于条约规定的义务历来是尊重的。即使为了保护香港,支持国民党政府的斗争也是一个更为稳妥的政策,因为这会产生间接保障香港安全的作用。

贝文说,关于香港,他的政府正在采取以它自己的力量来保卫它的政策。那就是他们一直在香港设防的原因。如果中共进攻香港,他们就要抵抗,那就会产生一种非常严重的局势。

我说,英国武力保护香港只是最后一着。然而只要国民党政府仍在和共产党作战,就不会有共产党入侵香港的问题。因此,如果英国和美国能对国民党政府给予充分的道义上的支持和一些物质援助,这对香港是有利的。

贝文说,英国政府的对港政策是以中国政府无力守住广州的设想为根据的。但是正如他曾对艾奇逊说的那样,英国的情报表明,共产党要在 9 月中旬才进攻广州。他问我,关于这个日期,我曾听到什么消息。

我说,按照我得到的情报,共产党指望在 9 月底以前占领广州,并不迟于 10 月 10 日,即在中华民国国庆节前建立其中央政权。但是共军现在落后于预定的时间。

在我告辞往外走时,他作为一种友好的表示,对我说,内阁实际已决定承认共产党政权,但是执行决议的日期由他掌握。如果在广州的中国政府能够相当成功地保卫广州,他可以推迟执行,甚至要求内阁撤销这项根据具体情况作出的决定。

《顾维钧回忆录》第 7 分册,第 411—414 页

（六）整体观察

1947 年英国议会友好代表团访华报告

（议会访华代表团团长安蒙勋爵（Lord Ammon）于（1948 年）1 月 23 日给马修（Mayhew）先生的信件）

在去年 8 月 22 日外交部的一封信中，代表团被要求回国后提交一份报告，主要关于那封信中陈述的标题。我们准备按照他们当初的顺序依次报告。

作为开场白，我们提到旅程之初，在其它地方中代表团访问了卡拉奇，并（应他本人要求）会见巴基斯坦政府首脑真纳（Jinnah）先生。他讨论了关于他的政府所面临困难的一些问题，特别是关于旁遮普。

我们的主席应西部孟加拉总督拉贾戈帕拉查里（Rajagopalachari）先生邀请，在加尔各答的政府议院过夜。此外还访问了缅甸（仰光）和暹罗（曼谷）。

在所有地方，我们受到极大礼遇和盛情，只有曼谷例外。曼谷没有与英国大使联系，或许因为飞机晚到了一天；中国大使对我们致以谦恭而慷慨的招待。

转到访问中国的问题，在上面提到的信中我们被要求评价以下主题：

（a）蒋介石的地位

这个问题不容易回答。我们不得不相信他个人品格值得赞赏和敬重；但是他的确受到某种对他的许多亲信反对态度的影响。

毫无疑问，就中国人民而言对内战没有什么热情，当然与我们所知道的爱国热情无关。我们有幸与总统（这个称谓比总司令更受欢迎）和蒋介石夫人一起在南京共进晚餐。在长时间的谈话中，后来，作为回应关于他认为何时会有结束敌意的可能，总统说：在六个月内或至多

12 个月,他们有望全部清除长城以内的反叛分子。

内战遮蔽了中国所有其它的问题,成为北方最引人注目的事情。这决不是建议我们:大英帝国应该试图在内战中协助政府。不过从各个方面看有这样的建议:共产党人的压力从外部、通货膨胀从内部将不可避免地导致政府的解体,除非实质性的帮助很快从外界来到。

国民党似乎在衰落。我们认为,导致衰落的出现,经济状况的原因与内战本身的持续不断的原因同样多。

后来,有消息转达过来说,总统愿意与代表团再次谈论这个问题,但不幸的是这个谈话没有随之发生,因为在总统的电报打来到我们答复期间,新的麻烦在北方爆发,将他的注意吸引过去。

(b)中国军队的士气

关于前线的中国军队,我们不好说。那些我们在非战地区看到的军人看起来衣装整齐、准备良好;但是从和他们中的一些人的谈话中我们推断:由于他们的军饷经常被拖欠,他们中有相当大的不满,普遍缺乏热情。然而,必须重申,就战斗一线的军人而言,我们不了解。关于如何造成这种情况的问题,我们询问了许多将军和其他政府军中的高级官员,但没有得出确切原因。

就我们所能见,看上去除非一些干预从外部施予,否则战争会永无宁日,或者是达成一项分割中国的协议。

(c)英国对华联合援助的价值

我们不太清楚这个问题意味着什么。如果它指葛莉琵夫人基金(Lady Cripps's Fund)(很可能是指它),那么在代表"被遗弃的"儿童及其他困难的人而做的工作中,有足够证据证明基金十分有帮助。在英国社会真的到处听到对这个影响的评论,他们认为考虑到国内资金紧张的条件,这样的援助的确没有必要。但是就我们从中国人以及那些关心这项基金的管理和对不幸者的照料的人来说,它无疑是有利的。

英国公债非常高;事实上比美国的公债高得多。中国人好象怀着一个希望认为我们也许会以某种方式介入,以便中国停止流血和财富的流失。他们超过百分之八十的收入都在战争的可能性中花费掉了。

……

施谛文致贝文电

南京,1948 年 3 月 5 日

很荣幸在这里附上关于 1947 年中国事件的报告。

2. 该报告的大部分要感谢大使顾问拉布谢尔(G. P. Labouchere)先生,报告中关于内战和海军事务的部分要分别感谢军事专员和海军专员。

施谛文

附件1

年度报告

……

Ⅲ 中英关系

14. 无论在哪个报告中关于这一年中国对大不列颠联合王国的行为来说,都很难给中国超过六分(以十分计)。在信誉方面,必须被置于这几点:非常友好的对在秋季对中国主要城镇进行了为期 6 周旅行的以安蒙勋爵为首的英国议会代表团的接待,中国对赋予印度和缅甸独立地位的诚恳的和坦率的赞赏,尽管经历 3 个月艰辛谈判而终归实现的中英空中运输协定的签署,以及在像南森(Nathan)勋爵、民航大臣(Minister of Civil Aviation)、圣·邓斯坦的克鲁萨·麦肯齐(Clutha Mackenzie of St. Dunstan's)先生这样的知名人士访华时所受到的十足的敬意。他们的新闻界对英国在联合国组织中的地位大体上也算友好。然而,被评价的一方并未愉快地阅读。在今年年初英国国会上议院的一场争论中所做出的评论表达了这样的愿望:任何中英之间的商业条约将为英国船只作好准备,使之被授权停靠长江港口。这样的意见和安蒙勋爵在英国议会代表团旅途中表达的类似观点被作为报纸评论的主题,其敌对论调对于讨论中的主题来说很是不合情理。为补偿作为 1943 年中英条约的结果而终止服务的英国人和其他上海市政委员会的前职员的努力进展很小或者说没有进展,而公开声称的恢复英国财产的计划进行到一定程度,但,是一个不完全令人满意的程度。也有通常沉闷的小烦恼和无效率的混合,包括对英国人的房屋和地基的暂时军事占领,以及上海市政当局面对上海市政委员会前职员在上海的英国总领事馆的空地上集会示威时的无作为。但是,正是由于与香港的关联和很明显地保持香港问题于公众之前的意图,中国人采取了对英国和英国利益的很不友好的态度。关于对被控将一小贩致死的香港警察宣判无罪,和广东省保安大队因在香港水域有杀害意图的武装抢劫而被判有罪,中国政府提出了尖锐的抗议。香港也在继续为中国走私活动受牵连。然而,最为严重的是该年年末反对驱逐九龙城大量中国的非法居住者的而产生的骚乱。这被民族主义分子巧妙地利用,来构成对中国在这 6 英亩土地所谓管辖权的侵犯,并制造反英舆论和反英示威,包括 1948 年初一伙不法暴徒火烧英国总领事馆和其它英国在广州的房屋,而地方当局未采取积极措施防止事件发生。这两个事件是谈判的主题,在其中,无法看出中国政府到目前为止已给出真诚希望体面解决的令人信服的证据。

BDFA,Part Ⅳ,Series E Asia,Vol.5,pp.31-42

施谛文致贝文电

南京,1947 年 3 月 25 日

先生,

我很荣幸告诉您,国民党中央执行委员会目前正在南京开会。关于它的会议记录的报告将以适当途径传达。同时,我感觉应该通知您:3 月 16 日,(中国的)外交部长对这个团体就中国的外交政策做了简要报告。正如新闻界所报告的那样,他的讲话似乎主要是概括性的。

b. 王世杰博士以宣称中国支持联合国并将继续支持下去作为开场

白。从去年 5 月创建开始,联合国已经在权力和重要性方面成长为一个为保证世界和平的国际组织。虽然会上有紧张状态和激烈的争论,大国和小国都在日益将联合国看作一个维护和平的机构,并不间断地给其以支持。诸如减少武器、原子能和其它大规模杀伤武器的控制以及联合国警察部门建立之类的问题,对维持世界和平意义深远,正在被联合国安理会和军事参谋委员会讨论和计划着。与此相关,王博士告诉中央执行委员会,中国与其它大国一致同意:五大国否决权应被剥夺而不需修改当前联合国宪章。

c. 转到中美关系,王博士声称中国紧密遵循了维持两国间友谊和它们之间进一步合作的传统政策的基本原则。这个政策将会延续到未来。王博士指出,在马歇尔使华期间,美国已经帮助完成大约 3 百万战争罪犯的遣返。他补充说,假如不是那样,中国将在复原和重建中大受牵制。王博士也间接提到中美友好通商航海条约的签订、美国军事顾问团在中国的存在,以及美国全面的经济帮助。

d. 转到中国同苏联的关系,王博士将谈话限制在 M. 莫洛托夫对中国应在莫斯科会议上被讨论的建议上。他详细地重复谈到中国反对这样的过程的原因,声言在任何情况下中国都不允许由外界讨论中国内部问题。

e. 关于日本,王博士声称中国政府遵循了这样的原则:不为过去的错误行为寻求报复,而是努力营造一个日本不再以侵略性民族出现的环境。日本 3 百万战犯已被不受干扰地安全遣返的事实,就是中国人民对日本人不是报复性的足够证据。他认为,这已赢得日本人民的感激。为保证日本将不再成为侵略者,美国已为对日本的共同控制提议了一个中国、美国、英国和苏联的 25 年协定。中国原则上同意了提议,但是对协定实质的讨论需要等待召集一个关于日本的和平会议。

f. 王博士也提到中国与法国的外交关系,在谈到关于外交部的主要任务是保护海外中国人生命和财产时,提到缅甸、印度、荷兰东印度群岛(注:即现在的印度尼西亚)和菲律宾,特别提到帕拉塞尔群岛

（注:某些外国人沿用的殖民主义者对我国西沙群岛的称呼）和印度支那。根据 3 月 19 日的新闻,王博士因他对外交政策的运作而受到一些激烈的批判。特别是他被行政委员会的右翼指责为对苏联软弱以及"当国家被莫斯科外长会议排除在外时、当苏联掠夺满洲里时"的失败保护。他被问到,为什么中国还不能要求苏联开始外蒙古边境的划分。他也被指控未能有效保护海外侨民。报道的批判如此尖刻以致于此时部长被迫辞职。

　　g. 我将该急件的复印件送我国驻莫斯科和华盛顿的代表。

施谛文

BDFA,Part Ⅳ,Series E Asia,Vol.3,p.249

（七）英国对台湾的观察

　　说明:台湾于 1945 年回归中国,有了重大变局,战后的一定时期惟有英美两国在台湾岛设有领事馆,英国对于台湾局势、光复后的重建、秩序的恢复以及 1947 年的骚乱等问题进行了观察和分析。

薛穆致贝文电

　　26 号

　　在重庆的英国大使向英外交部的首席秘书致以敬意,很荣幸向他传达来自福州的英代理领事的一份报告,这份关于他最近台湾之行的报告附在大使 1945 年 12 月 9 日致重庆的急件中。

　　报告已送东南亚指挥部(South-East Asia Command)(第 3 号);东京(第 3 号);上海商业顾问(第 8 号)(原始附件)。

　　重庆,1946 年 1 月 8 日。

　　第 17 号附件

　　1945 年 10 月 24 日—11 月 14 日台湾之行的报告

旅行概要

10 月 22 日,我离开福州,在安克雷奇塔登上一艘美国的步兵登陆艇,一艘将要渡运 107 师和不同的中国军事部队以及城市警察前往台湾的登陆艇,10 月 24 日在基隆登陆,同日早上到达台北,住在美国航空援助服务(American Air Group Aid Service)总部,也正是应他们的邀请我来到台湾。我的主人在我到来的时候正在旅行中,直到 10 月 27 日才返回台北。首府目前的局势对我来说很模糊,看上去有点微妙,因此我主要在台北以类似于一个对任何人——那些喜欢论及岛上情况的美国人、中国人抑或日本人——来说的沉默观众的身份度过了从 10 月 24 日到 11 月 1 日的这段时间。我的主人们回来之后,就忙于与日本军队官员为取得更多关于调遣和处置被俘美国空军的确切信息的一系列会议,考虑到日本军队显而易见的仍然在全岛范围行使着的彻底控制,我很高兴接受他们的邀请列席这些会议,并有一次陪同他们到新竹听取问讯。我也花了两天去视察英国领事区,检查存货。

2. 虽然 10 月 25 日陈仪将军正式从安藤利吉将军那里接受台湾岛的投降,但显然,他没有军事力量也没有行政人员可以利用,以使受降不只是个仪式,很清楚,如果我要在可用的有限时间内取得岛屿的第一手经验,唯一有能力做出必要安排的是日本人的组织;因此我向外交部和军事人员的代表作出口头要求,要求安排一个九天的旅行来给我一些对这个国家经济资产和它目前被破坏程度的看法。这个要求最终被同意。

3. 我很幸运地成为前福州市长、老朋友——黄曾樾的旅行伙伴,他曾在 9 月初与美国的 A. G. A. S. team 一起到达这个岛,并在陈仪将军来到之前担任总统代表。

4. 我们的旅行从高雄和屏东开始,向台南行进,在台南我们远足前往 Amping 和 Uxanto。从台南,我们乘汽车向北,在嘉义到台中的途中停下来,以此为起点参观 Jitsugetsitan 的大型水电厂和 Nyataku 的新港口工厂。从台中,我们乘火车取道新竹返回台北。在所有地方,我们做完一个完整的计划,参观工厂和其它有关经理和董事管理之下的相关设备,也为与市政和警署当局正式和非正式的谈话预留了时间。最后两天,旅行团队在没有我在场的情况下完成计划,我为陪伴我的美国主人飞往东岸的屏东和 Kairenko 而提前离开返回台北。我和负责这次旅行的日本人都很希望我对西部和东部都有一些体验;从我的观点看,虽然结果是大部分时间在推断坠毁飞机的确切数量中有些无用地过去了,在东岸的两天对我所关注的这个岛屿勾勒出粗略的全景图还是有用处的。从花莲港返回台北,我得以花费两天时间来考虑 11 月 15 日在一个日本的小巡逻艇上返回之前所看到的。

报告的目标和局限

5. 从前述的计划要点中,可能形成对随后报告应被接受的保留程度的一些评估。这个旅行匆忙而不可避免地表面化。我动身去台湾时,对前往那里能有何收获并没有清晰图画,而只是带着对 1941 年以来有着太多推测却没有什么明确信息的岛屿的真实情况的十分强烈的好奇心。在旅行过程中,一些关于或重要或不重要的特定工厂和产业的官方信息被获得,它被纳入考察是因为可能在形成附属品时有些价值。它通过官方渠道获得,通常是在我的询问之下;便利不可避免地为个人观察需要而提供。我建议这样的附属品只在它们填充岛屿现存局面的整体图画时有用,事实上它是为对我作为非常不合格的主体而开始的一轮工厂视察的这个图画的第一手观察的一个借口。我对日本向导所不了解的台湾方言的知识,对我有很大帮助,它让我从与旅行过程中同伴黄先生介绍给我的许多台湾朋友的会见中充分获得益处。

6. 到现在为止,目前在岛上起作用的美国消息源一定呈递了十分详尽的经济和军事报告,料想其中的许多内容您将得知,提醒注意的是,如果这份报告与美国的报告在细节上有冲突的话,很可能后者是正确的。不过,仍希望这个参观者提供的独立的图画或许会有点用处。

7. 如上面提到的,在台湾的第一周,在台北获得大量的二手信息,主要来源是从 9 月初就呆在台湾的 A. G. A. S. 的官员们,次要来源是更近到来的其他美国官员和日本人、台湾人和一些中国官员。除了A. G. A. S.的官员们,我所交谈的美国人都没有走出过台北省,本土的来源在经验上同样狭隘。

中国地位的总结

8. 在台湾登陆的第一支中国军队似乎是10月初从新加坡运送过来并在基林(keeling)及其附近驻扎的第70集团军。他们的纪律相当好,给人们留下不坏的印象。10月24日,第107师从福州登陆,驻扎台北城。他们的纪律很糟糕,给人印象十分不利。除此之外,直到9月14日,没有更多中国军队登陆,虽然从海防港来的一个部队,应该是第62集团军,有望很快来到高雄。李上将,第2舰队指挥官,代表中国海军大约10月22日到达基隆,下榻台北。一些中国空军官员来到并接管松山区(台北)和一两个南方区域。如上提到,陈仪将军10月24日来到台北,于次日从安藤利吉将军那里正式受降。他由大约200名官员陪同,主要是浙江人,他们中几乎没有什么人会讲日语或台湾话,更由于缺乏他们接管的这种类型的复杂官僚政治的行政工作,他们在任务中进一步受到阻碍。到11月15日,中国官员的小群体已经"接管"台北、新竹、嘉义和高雄的省政府,在接着的日子东海岸有望受到同样待遇。这样的小群体通常不超过10人,由数百名中国警察陪同。另外,上述台湾北部和南部海关的专员和副专员也来到,并"接管"高雄和台北。Kanan银行由5个中国人接管,两个中国人来接管了铁路,但很快又返回了上海。

日本地位的总结

9. 台湾现在包括400,000名日本平民,主要在台北地区,大约180,000个日本军人相当平均地散布在岛上;后者似乎纪律和士气良好,他们自己先前关于粮食储备和兵营的安排没有变。对于他们的裁撤尚未做什么。

中日当局的平衡之总结

10. 事实上,很明显,那些到来的中央政府的国内代表被暂时派来主要是为一个研究角色,当没有中国官员不能从日本人那里获得充分合作的迹象时,前者目前完全依赖于后者执行行政行动。从军事观点看,也很显然,当中国军队和日本军队之间没有摩擦发生的征兆,或者没有任何日本方面违背诺言的迹象时,中国军队实际上可以被当作岛上军事局势中的一个因素而被忽略。显而易见,在现存环境下,在即使大量增援岛上的中国军队也没有显著效果的环境下,政府的和平转换依赖于中国政府发布命令的智慧,而不是他们背后的实际力量。

台湾人对主权改变的反应

11. 台湾人似乎对日本人的政权还没有惋惜之心。无论我到哪里,我都能听到对日本人对台湾人的歧视和对他们生活方式的无理干涉的喋喋不休的抱怨。我推断,主要罪状是禁止学习汉语(虽然不是台湾方言)和穿汉族服装,两者都是相当耻辱的原因,特别是后者,如果被在街上看到穿汉服,经常会以暴力脱去长袍,显然强制地执行,第二个现在被预知是对待新到来的政府的一个巨大不便的来源。台湾人高等教育机构的缺乏也是一个愤怒的原因,虽然我认为事实上它是没有理由的。总的说来,台湾人对日本人的反感只不过必是任何臣民对征服者的反感——这诚然是个正确而充分的理由——与明确的行政冤情没有许多联系。新主人是中国人而非日本人,这就足够了,对他们真诚的欢迎的确不取决于行政改革。

法律与秩序,价格控制的恶化和崩溃

12. 台湾人对行政主要的关心是作为新政府角色实施法律和秩序的快速行动。自从日本人交出日本警察的权力,一度无疑地,被越来越频繁地挑衅,警察自身得不到新政府的指示,对要采取的行动不知所措。为应对这个面临损害新政府的成功开始的危险局势,总司令的代表黄曾樾用台湾方言做了数次广播演讲呼吁台湾人继续服从原有的和日本的警察,直到陈仪将军来到,局势会有改观。我以为广播起到了一些作用,但肯定没有彻底改变局势,这个局势基于日本警察威严的丧失和在现存环境中自然产生的他们对采取任何一种积极有序行动的抵

触。从这个警察权威丧失的主要因素中很不可避免地伴随着:首先是对人身和财产的危险,高速路抢劫和袭击日益寻常,盗窃亦如此。第二,价格控制立法崩溃;我从日本人和台湾人作出类似推断:在整个战争过程中黑市几乎不存在,警察对农村地区的控制足够保证粮食(模仿英国模式将农作物和家畜进行登记)以政府价格出售给政府,而不是私下以生产者价格,分配平均,没有缺乏粮食的困难,这种情况仅仅受到1945年重度轰炸的影响而没有根本改变;然而,自从投降后,警察不能够强迫将粮食运送给政府,定量供应减缩,大量被"开放的"市场代替。其结果是导致粮食价格彻底攀升,从8月到10月间大约上涨百分之百,并伴随严重的地方季节性供应波动。第三,公共资产正遭到破坏。一个突出的例子是森林局种植的防风林和路边树木的非法砍伐。大批岛屿农产品的来源地——台中、台南和高雄省的海岸平原变得平坦,裸露出土地,主要的经济作物,特别是大米和糖很容易受到风的侵害。为与此作斗争,森林局种植并维护了常规的竹子和松树防风林;但是,居民们意识到他们现在可以那样做而不受惩罚,他们正继续通过砍伐它们来缓解暂时的燃料短缺,尽管砍伐会带来长远的财富损失,我自己就亲眼目睹台南紧临的北部大片土地已经被砍伐殆尽。

"自卫队",台湾人对警察权威衰落的反应

13. 对他们自身的悲痛像那些被让渡的警察控制力一样,他们产生的反应有更为无穷的危险。在增长的无法制和现存警察体系显而易见的无用的事实面前,各种地方组织的用棍棒武装、衣袖带有徽章的"自卫队"在全国范围涌现出来。这些组织公开宣布的最初的目标是补充和加强日本警察不能维护的公共良好纪律。无疑,因缺少常规警察,一些这样的"国民卫士"在这个环境下是必要的,我在南部各省交谈过的所有日本官员都强调,没有这种组织的帮助,警察现在将是无能力的。但是,这些团体不是政府组织的,它们的努力是不协调的,它们的执行领导通常是没有受过良好教育的农民,虽然它们的士兵通常是尽职尽责、动机善良的,但毫无疑问结果并非这样。日本警察的士气状况很重要的一点是,那些自我任命的命令、逮捕和惩罚台湾人的法律监督者的权力似乎从未被怀疑过。关于这些自卫队,上等阶层的台湾人表现出真正的惊慌。抢劫、敲诈这样的明显的弊病倒不常见;这些组织显示出繁殖的倾向,没有任何中央控制,繁殖和一些情况下各自卫队之间的冲突时有发生。带着控制粮食价格上涨的目的,有的自卫队用抢掠政府仓库或者设置路障阻碍供给品从他们自己的地区运出去或从该地区经过这样粗鲁的补救办法。这些自卫队包括青年团,三民主义保安队,新生活可能被称为拥有全岛组织的唯一一个是第一次被提到的、由李友邦挂名领导的那个。这个自卫队在人员和运作方面最初无疑均是农村的,但是,到11月中为止,他们的臂章和棍棒在城市中日益常见,看起来这样的势头不可避免:这些组织将继续扩张,直到政府镇压或引导他们的活动。我还没有看到自卫队的数量统计数字,我也不相信它们已经达到有可用数字的阶段,但我猜想5000这个数字将是在任何西部海岸省份联合的自卫队的数字的保守估计。提醒注意,在这个时候我写道在整个岛上没有超过3000个中国警察。当然,我遇到过许多这些自卫队的代表,他们的目的经常冠冕堂皇,他们与增强着的现存的警察组织合作的宣言也很有迷惑性,然而我有足够理由相信,实践会与官方阐释的理论大大脱节。一天晚上,我在距离新竹北部5英里的地方遭遇一个自卫队路障,从一群有老有少男女混杂的人无序而激动的状态看,显而易见地,去操纵这样一群人作为行政部门或政府政策的一个工具,其价值是何等之小。不过,在一个刚摆脱强大官僚控制而转到中国行政之下的国家,这种农村运动的不祥意义不需要进一步强调。

炸弹破坏:重建的困难:人口的再分布

14. 整个台湾的一个主要问题将是对炸弹破坏的修复。城市中被破坏的(也就是不适合居住的)房屋与适合居住的房屋的比例从台北的大约20%到基隆和嘉义的50%不等;台南,高雄和新竹大约40%;屏东,20%;台中,不到10%。令人震惊的低死亡率伴随这个令人震惊的破坏比例;例如,台北600,嘉义200。市内住宅的破坏包含城镇与乡村之间人口分配的剧烈改变,它使复原所需的劳工供应脱节,使其价格远高于相对膨胀的商品价格。在观察时期,市政当局难以维持任何基于非熟练劳动的服务——甚至,例如,清扫街道之类——在现存条件下使队伍足够庞大以便进行大量重建的可能性为零。严重的木材短缺加重了劳工问题;显然,台湾常常依赖从福建或更近些时候从日本的大量的木材进口,台湾人几乎无法重建,除非这些供应渠道被重新打开。同时,大批以前的城市人口"返回他们的村庄";至于根据前面段落,乡村社会与现存运动有多大关联,这是个需要推测的事情,如果有的话,这个扩张大概是非经济的扩张。

工厂:日本经理对重建的态度

15. 台湾起初是一个完全依赖农业的岛,后来发展了可观的工业资源,包括58个主要的大型精炼厂、2个大型铝厂、几个化工厂、钢铁基地、大型浅野水泥厂和许多其它各种各样的小些的工厂。这些工厂大部分遭到轰炸破坏,多数在10月间停产。从我自己的观察看,虽然多数情况下看上去,充分维修以使部分生产恢复,这并不困难,特别是如果重建在全岛基础上进行,机器的重新分配已经可以由中央权威指挥。各种工厂的经理们确认,事实是这样,那样的中央权威的确存在,像台湾糖业生产者联合会和台南发展公司,就有能力指挥一个设备的再分配,足以使全岛的工业生命在缩小的规模之上继续。在所有我访问的工厂中,经理和职员强调了两点;第一,在他们自己不盼望返回日本,并希望中国政府将利用他们的技术知识重建工业的时候,政府应尽早形成它的政策,这点很必要。因为在重建和抢救延迟的每一天,设备在风和天气作用下耗损着,最后的救援工作在变得更加困难和昂贵,他们自己不准备在没有新政府指示的情况下采取行动;第二,如果工厂重开,它们无论如何应表面上以一个常驻中国职员行使中国的管理,这也是必要的。他们强调,这对控制所需要的劳动力是基本的,日本人自己在目前环境中对雇用和管理台湾劳工不负有直接责任。言外之意似乎是劳工不仅是难控制的而且是不可得的,如果中国政府强制采取工业行动,那么这种行动必须不只是供应,还要保持和约束必要的劳动力。我认为,劳工在台湾通常是一个严峻的问题,并受与农业需要一致的供应的季节性波动的影响。

电力厂

16. 以 Jitsugetsetan 的大型水电厂和遍布全岛的许多分支发电站为基础的卓越的电能供应实际上保持完好。在城市,同样地在乡村,电普遍用于照明,这对来自中国的来访者来说是一个令人惊奇的事。

交通:铁路、公路、电车

17. 空袭对岛上的交通破坏很小,甚至没有破坏。铁路失去全部车辆,一定程度上来自空袭,但我认为主要是因为缺少维修需要的钢板和备件,不过,永久性道路和主要的西部海岸桥未遭破坏,虽然无疑它们多少需要彻底检修。战争期间,个人旅行和通过轨道运送货物的权利被严格控制;战争以来,这个控制变成形同虚设的规定,火车拥挤,准确地说是乘客过剩;没有尝试过根据可用座位来限制售出的票数。考虑到公路交通相对少的公共交通工具,火车的过度拥挤就不足为怪了。台湾西海岸似乎有设计良好、建设精良、配有极好的桥、两旁绿树掩映(后者自然在审美和农业作用外还有军事价值)的足够的交通网络,但目前除了一些多组合的和一些像基隆—台北林荫大道这样的路桥外,外表都已极其糟糕——即使以可比较的中国标准来看。看上去,在战争年代,除了为遮蔽空袭而建设障壁外,它们没有受到任何一种关注。常常会看到被冲走的段段路基,经调查发现破坏是两年前的发生的。然而,在极大程度上,完好的公路系统的基础还在,只是需要进行表面修整以供真正高级交通工具使用。台湾交通一个显著特征是手摇车。窄距车道和手摇车补充着常规铁路和公路系统,提供着一个足以满足村庄和乡下交通的网络,并支持着宽轨道的铁路。对一个从闭塞中国来的访问者来说,这个系统的一个直接结果是看不到装载着苦力的长火车,而那在海峡的这边是如此熟悉的景象。包含在这个系统中的主要费用不会很大(这样的轨道在英格兰田野建设中是司空见惯的),劳力经济影响如此之大。

　　　　　　　财政:通货膨胀的控制:台湾日元的隔绝

　　18.台湾目前特殊问题的财政局势。正如上述第 12 段所提到的,直到 8 月份,日元不存在通货膨胀的危险,考虑到良好的政府机器仍可进行财政控制,没有理由猜想过去两个月严重的通货膨胀除了严厉的政府行动外还需要什么来抑制。这是就内部对日元攻击而言,从外部攻击角度看,台湾政府主要关注的似乎是防止日元向接近于中国元的倾斜倾向。从开始,当局就英明地禁止任何官方日元与中国元之间的兑换,并采取一切措施防止从中国来的移民强迫公众接受中国。在这两个目标上,中国政府都最终成功,但毫无疑问围绕货币的不确定性助长了 9、10 月间的通货膨胀。在台湾居住的外国和中国组织正在以美元作保证金(以临时汇率 15 日元＝1 美元)或简单依靠官方对汇率澄清后还款的保证从 Kanan 银行获得贷款。因此外国组织花了大力气将日元的发放限制到最小,无论对外国职员还是对中国职员,我认为中国组织承受着同样的束缚。从陈仪将军那,我推断,使台湾货币保持完全隔绝,直到中国元的稳定化使可行的中国货币得以推行而不致引起台湾的财政剧变,这正是他的意图。做到这一点将需要相当大的毅力和耐力,去面对由那些会从通货膨胀或者从台湾向私人企业和资本的开放中获利之人正在施于和即将施于他的强大压力;现存财政政策的一个基本条件是政府对所有出口和进口的控制,台湾专卖局正是为此目的而生。

　　　　　　　　　　　日本平民

　　19.我在台湾遇到的日本平民的一个显著特点是他们显而易见地与祖国鲜有联系;他们来到台湾定居,一想到返回他们感觉现在已失去联系的日本就十分沮丧。我碰到的许多公务员已在台湾呆了三十多年,从未回过日本,也从没想过重归故里。许多属于职员阶层,几乎所有的人都依赖固定的工资收入,因此,9、10 月份的通货膨胀没怎么影响到他们。显然,所有日本平民,不论被雇用在工业部门、公务员、警察还是教育领域,都希望留在台湾,而不希望被遣返。所有人都为增长的无法治浪潮担忧,他们感到这迟早会直接危及到他们自身,而警察将不能或不愿保护他们。一两个日本人处私刑者在台北及其周边农村发生,但总体而言,在我看来他们是害怕未来的可能性而不是现在。

日本的军队:态度:现存的权威

20. 与平民相当不知所措和消极的态度形成对比,日本军队看上去警觉而镇定。他们的态度好像是一个野心勃勃的边锋中后卫在一场他从未传过球的失败的游戏之后的样子;他们对导致失败的其他部分人在战斗中的技术细节饶有兴趣,并很想从一个专业人员的立场加以评判,同样客观地批判他们自己和盟军的策略和装备。他们的士气和纪律显然很好。岛上的整个军事组织完好无损,总部在台湾任何部分采取迅速行动的能力已多次展现给我。而且,日本军队在日本和台湾平民中的威望显然很高,他们的权威在除台北之外的所有省份都仍然勿庸置疑,即使在台北,我确信,在那里唯一不同是中国军队和官员的存在使它表现得比较收敛。

日本军队:裁军和秘密行动

21. 关于裁军进行到什么程度我不能表达什么观点,但我判断,可能除了台北附近的一些军队之外,不会有很大进展。在除台北外的所有省份,见到安排有刺刀的岗哨肯定是寻常之事。在这些环境下,关于是否这些军队是在用时间隐藏武器以备未来突发事件之需的问题自然被提出来。我谈到许多这种推测和许多对于这正在进行的肯定断言。我只能评论说,我个人曾沿着这些线索思考了两次,每次都留下对此问题的推测是完全无用的确定结论。日本军队仍是岛屿的主人,如果他们想隐藏武器,不可能有人知道,也一定没人能阻止。作为一个例子,我会引证在花莲港——一个位于东部海岸高山环绕的平原中央的小港口——的一个事件。我们看到日本士兵将弹药箱装进一个近海小汽艇。一被问到原因,卫戍部队指挥官告诉我们他接到命令将弹药倒进海里。我们随后确定这个命令来自中国总部。花莲港的 40 英里内都没有中国军队，所以，监督是不可能的。我还要补充一点，花莲港是"特别攻击队"（也就是相当于神风［Kamikaze］的军队）基地之一。我不确定有一个中国人在场监督会增加裁军的彻底性或是顺利性，但显然在这样的方法目前关于是否有武器被藏匿的推测确实没有用。我个人的印象是，不像平民那样，日本军队渴望全都返回日本。他们极其害怕被留在台湾的战犯集中营，任由中国士兵、特别是中国食物承包者的仁慈摆布的前景。我有确切根据地推断，安藤利吉将军代表台湾的日本军队向陈仪将军提出两点明确要求：第一，如果分给日本军队一块可以种出他们自己的食物的土地，他们准备放弃给养权利；第二，如果将军保证船只将被用于遣返日本军队，海军准备救援在台湾海港沉没的100,000 吨的船只。我认为在将军到来之后不久，这两个要求就非外交地提出了，在任一种情况下，两个都遭拒绝。目前没有花力气在集中日本军队或干涉他们现在的安排上。他们没有被限制在兵营或者被雇用于再建设的任务，或者，就我所知，在任何方面。

附属于中国第 70 集团军的美国联络小组：

面对中国人和日本人的地位

22. 中国的第 70 集团军由 Griddley 上校指挥官率领的一个美国联络小组伴随。这个小组的士官大约在 100 到 200 之间。他们的功能理论上完全是建议性的。而事实上他们发现，虽然一方面他们的建议很少被中国人要求，但却不断地被日本人寻求，日本人声称美国的压力是克服中国总部惯性的基本条件，这样的惯性极大危害着岛上政府顺利移交。在我看来，这样的要求可能与美国官员为他们感到的进程的慢节奏而产生的不耐烦相一致，在激怒随时发生的时刻，军事背景和前景使他们有资格指挥，而不仅仅是观察。考虑到前段描述的总的局势，美国指挥官员感到就他的手下而言不能控制的观光可能造成令人不快的事件发生，因此，他将下属和官员限制在兵营，非官方目的不得外出。虽然这个命令背后的意图是好的，但其结果却是使这个小组前所未有地依赖通过官方途径送达的信息。既然在联络方面，日本技术远优于中国,我认为中国很可能不是对手。

美国在台湾的情报

23. 美国的情报由作为 Griddley 上校的 G. 2 的 Hatte 上校和代表空间科学局的克拉克上校提供。在后者的指挥下,空间科学局对岛屿的防卫和 9、10 月期间的工业资源进行了详细的调查。

美国国务院代表:他对局势的观察

24. 岛上唯一真正有权力对台湾人的事情发表官方讲话的在场的美国人是葛超智(George Henry Kerr)——美国海军后备队的助理海军武官。他在日本和台湾的帝国大学教书,度过了数年,直到战争爆发前不久,他会讲日语,与日本人和台湾人的接触有宽阔的基础,在此之上他形成了比岛上其他美国人更为平衡的对局势的看法。他似乎为他的同胞难以应付一个不是很困难的局势而感到沮丧,证实了我的担心:日本人设法取得的与美国联络小组的社会和官方的一致正在破坏中国人对美国建议的信任。

日本人对台湾对待外国人所采取的宣传路线

25. 在前面段落我试图尽可能不加评论地重现图画,就像我所看到的那样,并描述它发生的条件。在日本人提供给我设施的同时,他们也提供了美国人,他们很自然地转到相当大的麻烦和花费上面。推测起来,给我们造成一个特殊的印象;我感觉,作为对当前台湾局势进行一些观察的序曲,去分析我自己和美国观察者在我们访问期间经历的日本人的宣传路线,对现在日本人的政策和意图有所揭示,是值得的。为方便起见,我喜欢的"处理"是分成不同阶段。首先日本军人和平民都渴望乐于国际的社会魔力,为纯粹日本人的环境和习俗影响而着迷。实际上,他们说,"我们是优良人群,不为自己感到害羞,我们的生活方式实在有许多要辩解。"下一个阶段是对他们的组织能力的熟练效率、他们的工程师和技工的技术、他们的行政人员的耐心和能力、帝国政府的力量和资源留下印象,与英国企业和行政部门相似的优点进行比较:当我处理这个比较时,他们以在变化的阶段值得称赞的适应性而退出,也就是,虽然两个帝国的个人情况一样,我却以很大兴趣发现他们方法的相异。第三个阶段是注意到他们在台湾建立起来的部队的巨大潜力,强调包含在分裂中的浪费,如果主权的转移使日本个人被排除在岛屿的行政和工业生活之外成为必要,就有分裂威胁。第四阶段是渲染岛屿的危险状况、无法治状态的滋生、日本警察的无能为力、中国警察和军事力量的失败。所有一切是在一个闲聊背景下,在此背景下中国人的无能始终和美、英、日等国人的优点相对照。

关于日本在台警察的推论;尽快遣返军队的必要

26.首先,我认为它清楚地表明,考虑到包括个人倾向和长期政策在内的原因,日本人准备在保持他们个人在台湾地位的新权力的直接好处方面付出高昂代价。其次,日本人渴望使外国观察者习惯地认为中国人在岛上会必然失败;这可能由于天生的敌意,或者,另一方面,用来防止在岛上可能出现在日本人门前的麻烦。复次,日本地方官员装作自满于"自卫队",认为它们像高级官员所声称的非常不寻常,给我留下深刻印象,特别是自从台湾人、下层官员和日本平民指出它们毫无用处以来。虽然可有各种解释,但官方阐释和可查明的事实之间的矛盾,的确给我在美国人的圈子里听到的这些自卫队最初由日本人发起的说法以似乎合理的解释。第四,日本人在假装行政的无效,特别是在维持公共秩序和价格控制方面,我不认为局势开始就能保证,就这件事而言,我也不认为它仍能保证。显然,仍希望强迫台湾人服从的日本人(例如日本军队)很容易便可做到,似乎不太可能承认军队的道义支持,警察也不能如此。是否警察消极的态度是因为冷漠还是有意纵容农村的动荡来破坏新政府的权威,如果不是由日本当局鼓动,这是个需要推测的事情。关于这一点,我不能表达什么观点,只是指出,后者的情况中,目标将是取得暂时的同盟干预和最终的台湾自治。我进一步指出,后者情形中,岛上美国官员的态度(作用很小)将故意为日本人谋便利。第五,显然当180,000人的日本军队保留在台湾时,他们始终是中国政府的一个麻烦,无法获得关于他们行动的可靠信息将是一个持续的怀疑的理由。他们的遣返一定是中国政府的首要目标。

局势的总结;陈仪将军的地位

27. 看上去,台湾局势的一个好处是陈仪将军自己,他有足够经验和力量,而考虑到他娶了日本人作妻子并在日本接受了教育,推测起来,他与日本人打交道会驾轻就熟。人们普遍相信,他得到总统授权在以后管理台湾的三年中完全凭借个人的判断力。如果这是真的,通过随之而生的权力随意地将中央政府军队、官员或组织从岛上排除,将加强他的力量,保证台湾问题在一个台湾人的基础上处理。至于其它,岛上的局势还没有时间发展到有可能判断已知各种因素的权重的时候;家族传统和台湾人对中国的直接的热情可以被他们的日本式教育、本土自尊心和对国语的无知抵消,与此相关,倘若没有成功处理,中国的共产主义问题也可能损害台湾人对中央政府的信任;是否日本人秩序的回忆将最终加强或转移台湾人对中国政府的忠诚,这是个公开的问题;是否新政府将有足够力量控制通货膨胀,另一方面,是否台湾社会有效地保持了原有的中国人的韧性,使他们能够承受通货膨胀,而不致产生剧变,还不能预知;是否当前法律和秩序的衰微将是全面分裂的开始或者纯粹是过渡时期的暂时的特征,还不能预知;日本官方政策仍然模糊不清;关于日本平民的人身安全还有疑虑的空间;局势还不够平静以使人们无需不安,也没有绝对的基础去断言台湾人的不忠或日本人的不忠;180,000 人的日本军队从一个昏暗的背景到面对这些政治的不确定。虽然上述局势的大部分情况无疑对所有新占领国家来说是常见的,目前没有充分证据来猜想先前的结论是正确还是错误,但政府任意处置的缺乏力度使台湾多少成为中国政治和行政效率的一个挑战。

BDFA,Part Ⅳ,Series E Asia,Vol.1,pp.87-96

施谛文致贝文电

南京,1947 年 3 月 6 日

台湾的局势

台湾北部台湾人与中国人之间破坏巨大、死伤严重的重大骚动的报道,已经被台北居民带来的严重暴动于 2 月 27 日和 28 日在那里发生的消息和来自基隆的地方中国海关居住区已经被劫掠、海关巡洋舰正为职员可能的撤离待命的消息所证实。

2. 据说蔓延到南部的无秩序主要归因于居民自日本投降以来对腐败和中国中央政府委任的中国行政的无效政府积累的不满,显然没有反对外国的偏见。

BDFA, Part Ⅳ, Series E Asia, Vol. 3, pp. 220–221

施谛文致贝文电

南京,1947 年 3 月 11 日

我的电报第 240 号:台湾的无秩序。

中国政府现在承认了当地人对行政的不满和暴动的事实。例如,中央新闻报导台湾代表向陈仪长官陈述要求更大的自治措施以及取消现存军事控制和其它弊端。

2. 最近来自英国领事和美国总领事的媒体报导和报告确认了台湾人武装良好的人群对台北和基隆的中国政府总部进行了连续袭击。然而,两个地方的戒严令已经(3 月 9 日)缓解了一点局势,2,000 名宪兵目前在基隆登陆,等待华南进一步的增援。

3. 即使当前的混乱被较多武力成功镇压,在没有对居民不满作出慷慨反应的情况下,地方政治形势无疑也会继续面临政治上的危险。同时,当前的运动没有被导入反对外国的渠道,就应该没有理由对淡水的英国领事和英国社团在北部台湾大约 25 人的安全作出担心。

BDFA, Part Ⅳ, Series E Asia, Vol. 3, p. 221

施谛文致贝文电

南京,1947 年 3 月 10 日

先生,

我很荣幸同此信件传达给您 2 月 12 日来自英国驻淡水领事关于他对当地台湾形势的印象的有趣的急件。

2. Tingle 先生对于岛上居民中间对于自从"解放"以来的腐败和中国中央政府委任的中国行政官员来台谋权力的广泛觉醒和不满的观察,充分证明了先前来自各种渠道的报告。据说许多当地人已经遗憾地回忆起日本占领时相对好些的日子,那时他们至少还能从有用的当地资源的发展中分一杯羹。由一两个旅行者表达的这种不满可能最终导致严重骚乱的观点,已经被 3 月 6 日我的 240 号电报报告的最近的暴乱所证明。虽然细节性的消息还没有,但显而易见,这些事件代表了对中国行政压抑已久的怨恨的一次爆发。当然,中国官方宣传机构试图将因为台湾走私者对抗政府保护国有烟草专卖的预防性措施而造成的局势的严重性最小化,给出一个基隆的中国海关被选中进行暴力袭击的貌似真实的陈述。虽然目前为止还没有表面化,但从岛屿最北部地区开始的骚乱事实上看上去将向南蔓延,达到台湾整体起义的阶段。无论如何,大约 20,000 个从日本军队复员的台湾人的存在是潜在的危险。

3. 中国政府对当地经济垄断的程度在所附 Tingle 先生的报告中的列表中被证明,而第 5 段官方雇员的比较表格关于报告开始部分所列高级官员则显示,如此大的比例在国外接受过教育,或至少很好地掌握英语,也许是一个令人注目的事实。因为台湾的长期利益似乎必须依靠美国的财政支持,正如中国大陆一样,所以,第 23 和 24 段指出的美国声望显而易见的日益降低更为引人关注。同时,像那些在第 10 段中被描述的美国部队缺乏技巧的、侵略性的行为可能不会增强美国的好名声。

4. 感谢 Tingle 先生对这个重要地区事件的出色、及时的报告。

施谛文

65 号附件:

代理领事 Tingle 致施谛文(南京)

第 7 号　淡水,台湾　1947 年 2 月 12 日

我很荣幸随函传达给您关于台湾形势的第一份报告,正如我在岛上 7 星期后它们呈现给我的那样。我意识到这份报告的冗长,但考虑到引起陛下关注重要真相的任何延误都是不明智的,故在此呈上。

G. M. Tingle

附件

中国控制 15 周后台湾行政和局势的评估

行政长官公署

虽然名义上陈仪长官有权选择他的官员,但如果由他自己选择的话那些官员不全是他想选的,不过,出于他自己的目的,不但可能他没有得到最好的团队,台湾岛也没有获得它值得拥有的行政官员。行政公署内部存在坚持私利的不同派别,不同部门内部也一样,看起来,如果事情对他们足够重要,他们会绕过行政长官。

2. 对于台湾事务征求意见时,据说陈仪主要依赖黄朝琴,游弥坚,李万居和林忠。我被告知,这些顾问,特别是似乎最受重视的黄,由于害怕长官的脾气并没有言无不尽。的确,陈仪似乎有一意孤行的性情,会对与他自己的倾向相反的消息和观点不耐烦。考虑到他的履历在福建,在一些台湾人中间照他们看来,他的名声并不是那么坏,只是相当无效率,这多少有点奇怪。如果一件对台湾人的幸福有害的事引起了他的注意,他们声称他将尽全力纠正,但是,通常什么都没有发生,他们说这是因为他的努力被政府内的其它利益阻止了。不管真实情况是什么,美国人的观点是他自己在精心算计。

3. 各种专员和部门内更小的官员都出去中饱私囊。尽管这种陈述包揽所有官员,涵盖面过大,但根据所有岛上可得到的观点,它似乎只是确切的事实。某些派系认为并没有特别的观点详细说明这一点,可能只是作为中国政府所在地而言的不言自明的推测,并认为这种观点关注的是政府相对于其它省政府的能力。

4. 当 1945 年 10 月行政长官一行到来,他们接管了一个将台湾人

排除在更高行政职位之外、将岛屿经济的许多方面限制在政府专卖和政府控制政策之内的政府系统。新来者毫无创见地接受了这个系统,不是因为他们不能独创性思维,事实上他们中的一些在地方政府中显露出了不寻常的能力。首先,他们沿袭日本人的统治方法,无疑是因为以守成的方式管理事务比较容易。到现在,他们有时间变革这个系统。他们没有变革,反而为他们自己眼下和将来的利益,强化了并在目前正在强化着它,大大损害到当地台湾人的利益和私人(包括外国国民的)商业。

排除台湾的中国人于行政职位和政治影响之外

5. 下面的数字表明 1946 年 7 月总署办公室 9 个部门雇员的成分:

	台湾的中国人	大陆的中国人	合计
总署	…	1	1
秘书长	…	1	1
专员	…	8	8
从副专员到低级技术专家	25	330	355
从低级技术专家到高级职员	206	308	514
低级职员	194	202	396
合计	425	850	1,275

6. 大陆的中国人争辩道,台湾人没有足够的专家充任政府职位,但事实是如果政府愿意使用台湾人,会有足够多胜任的人应职来使上面的表格不那么严重地偏向大陆。我曾听说一个受过教育的台湾人认为台湾人可以管理整个国家:他说,许多台湾人在日本公司工作过,对于如何管理,他们知道的像他们的主人一样多。当然,他们较大的决心坚定的诚实关系重大,但我不完全同意他;目前我认为他们缺乏有能力担当更高行政职位的人。

私营商业的困难

7. 麦理浩(Maclehose)先生 1946 年 6 月 4 日(福州给南京的急件

第 31 号）的报告 16—3 段中提到的台湾贸易局从那以后就给出了它的管辖范围。在或大约在 1947 年 2 月 4 日，当一份要求所有进出口贸易经由该局进行的国际指示通过政府公署发出时，最后的阶段似乎已到来。好像不是该局给自己制定了积极提供急需物资或鼓励出口贸易的任务。它没有合格的人选也没有这样的动机。正如麦理浩先生所说，看起来它的活动没有被恰当地规定。但是如果以前不是的话，那么，若被引证的政府指示随附，从现在开始它的一个主要功能将是通过对商业征税而增加政府税收，例如发布进出口许可给私营商人作为向商品征以 5% 的税收的回报。同时为它自身的贸易，则不需支付 5%，这样的政策应该不能始终如一地削弱私营商人的基础并迫使他们退出商业。所有这些似乎在挡道的东西都是无效率：缺乏相关商业的专门知识，"压榨"过头的税收。我还没有问这里的外国商人，为什么他们面对这些困难还在坚持尝试向前走，但如果让我来回答，答案应该是他们在指望着与上面提到因素相联系的专门知识和规范的商业行为能够打破专卖。例如，茶商不愿意将他们的茶卖给贸易局，收取 40% 的押金，很久以后得到剩余的一点或是勉强地得到。

8. 除垄断酒、烟、火柴和樟脑的生产与贸易的台湾贸易局和专卖局之外，省政府也有许多"公司"与私营公司竞争。该报告附录Ⅰ中给出了它们中的 33 个的列表，可以看到它们囊括了台湾商业和工业活动的主要方面。令人吃惊的事实是虽然有所有这些特权，政府竟然资金不足。一个原因是中央政府是岛上一个严重的损耗渠道：台湾银行的上海事务所拿到岛屿出口给台湾的收益，而日元专员就不得不去谈判从中央政府贷款 C.N.C 给台湾的银行。另一个原因是行政公署中没有记帐员，没有详细帐目由各部保存下来。即使有普通的公务员能避开困难，例如，象在丑闻现在正流行的樟脑专卖公司：那里有商品的官方牌价，但一个打算以那个价格购买的可能的买主却被告知没有存货。他给出官方牌价外加更多的东西之后，便被允许买进一批。官方价被记入专卖公司帐户，多余的则进了私人腰包。

政府未来的优势

9. 在 1947 年 1 月行政长官、秘书长、专员、市长和县长、国民党省总部主席、参谋长、省政治委员会主席等参加的当前政权在台湾的第一次行政类型的会议结束时,做出结论:将 1947 年 12 月中华民国的新宪法一下子全部应用于台湾是不适合的,但它应该在连续三年内逐步应用。也就是说,在 1947 年末,仅乡村和小的城镇领导由公众选举产生;下一年选举应扩展到市长和县领导,第三年扩展到更高级官员。会议争辩道,台湾应用宪法的条件并不成熟。而真实的情况是这个生活水平和教育程度都比大陆任何一个类似的超过 6 百万居民的"省"要高,是最适合引进宪法的一个。行政人员很清楚地知道,如果公众选举,他们将不能保住官位。他们在为争取时间而拖延,以便有更长的时机赚钱,人们这样推测,因为他们认为三年中什么事都可能发生,也许宪法通过大陆的事变或当地的行为而变得不那么让人讨厌。一种看法(来自一个台湾人)是官员们打算利用他们剩下的时间控制岛上的各种商业和企业,以确保当他们去职的时候到来时,他们将在无人能驱赶他们的这个国家的经济生活中作为平民身份而得到保护。我的美国同事不认同这个看法,他自信地说不是所有大陆的中国人都想在台湾站住脚。他们赞成这样的看法,那些人在出去尽可能地捞钱,然后带着财富回到大陆。我同意他们的意见,大陆人不会想永久定居台湾,而是感觉他们不会很介意一些年作为平民背井离乡,如果那样意味着发大财的话。去猜想那些不得不随波逐流的官员正专注于短期而忽视长期的情况,是合理的。

目前的发展

10. 现在出现的问题是:倘若行政是这种类型,那么它来当政能取得什么成效? 各方面都认为,从战争结束到大约 1946 年 8 月,岛上的经济逐步恶化。在那个月,美国国务院大概被在台湾官员的报告激怒,指示这里的美国领事馆询问是否建立一个政府对所有岛上商业的专卖是省政府的政策。大约与此同时,南京的中央政府想起台湾还没有正式交给中国。接着,在10月初,当一天上午10点左右两个达科他人使一小支完全以自动武器装备的美国军队登陆,我唯一能描述为一个例证的事情发生了,接着他们占领了台北飞机场,而对一个超大堡垒,因太大而不能登陆,威风地环绕四周,丢下战争储备物资。军队在住进台北及其周围更舒适的军营之前,在飞机场停留了一个晚上。一些天以后,一架比奇航行器来到,在下面几周内飞绕全岛,拍照考察。加强这些争论的,可能也有逐渐让人信服的一点:从经济中索取可能得到的一切而不放回点什么,无异于杀鸡取卵。无论如何,自从去年初秋有迹象要放些东西到岛上之后,不幸的是仍然没有统一的改进,居民生活条件也没有改善。

11. 改善的主要功劳是联合国善后救济总署活动的结果,而不能归功于政府,政府人员仍然眩惑于这里相对高的生活条件——遍及全国的混凝土或碎石路,永不中断的电等——而没有充分意识到这些服务现在必须接受他们的维护,否则将来的某时就不会再有。类似的缺乏智慧在台湾银行的贷款政策中显露出来,台湾银行以前在一个商业贷款大约是工业贷款的四倍的基础上向工业和商业贷款,在过去12个月里提高到工业是商业的四倍。这样,倾向是以货物筹措资金,而使生产这些交易的商品的企业挨饿;以损害可靠投资为代价,投机交易得到鼓励。有时,这是个完全缺乏常识的例子,淡水动物血清厂在重建严重损坏的主要建筑物和修补一些辅助建筑物上花光了从美国农业和森林部得到的40,000美元赠款,而不是忽视主要建筑物及修补一些辅助建筑,将一些钱投资在职员上,另一些投资在设备和动物上。一位联合国善后救济总署的专家告诉我说,利用如此使用的这些赠款,他会保证生产出足够整个中国用的动物血清;实际上,当局有了一个漂亮的大楼,而里面没有产品。

农业复原

12. 对于农业,台湾人每年需要大约400,000吨各种肥料、杀虫剂和灌溉系统的维护。在日本和台湾中断联系、遣返日本人(根据1947

年 2 月 7 日的官方数字,麦理浩先生提到的保留下来的 7,000 个关键人物,现在已减少到 917 人)的特殊环境中还需要一些农业专家、一些在提炼糖和林业中使用的设备、实验站一些器材的代替物和资金以继续进行日本人先前为耕者所做的工作,例如实验工作和购买肥料用的收获期前的贷款。1946 年 5 月在台湾设立办公室的联合国善后救济总署,截止目前已带来蔬菜种子、动物疾病疫苗、210 桶杀虫剂和足足 50,000 吨肥料。除非现在对这个宝贵商品的分配规则有所怀疑的联合国善后救济总署取消交易,否则,预期到 6 月底之前还将会有 150,000 吨来自美国、澳大利亚、挪威及其它国家的肥料到达。我认为,这是联合国善后救济总署向中国分配的全部肥料。它正被运往台湾,大概是因为大陆交通的不便、熟悉如何使用肥料的台湾农民购买联合国善后救济总署肥料的能力以及省政府圈子的迫切需要。渔业设备、牲畜、拖拉机、农具店铺和其它物品也将到达。

工业复原

13. 尽管农业最主要,多年以来,工业在台湾经济中也发挥着巨大作用。在初步调查后,联合国善后救济总署地方办公室决定,虽然有不利影响,农业仍能生产出多于人口基本需要的农产品,因此强调将复原而不是救济。所以他们特别关注工业。工业在战争中受到轰炸,员工无法复职,不得不去适应沉重的战时需要。它需要相对多新的备用设备、备用件、原材料和为将来供应品的安排,关于继续什么、停止什么的政府政策;例如因为近年来非常态条件下,金与石油成为抢手货,金矿和石油提炼厂在混乱地运行。也需要钱、受训人员、政府关于维护什么、允许私有资金运作什么的政策和一套允许产品在最小的干预下到达市场的规章。联合国善后救济总署所处地位使它不能提供大部分需求,至于政府政策,他们至多只能给以建议。主要用于矿业的一些设备已得到并分配,培训技工的课程被设立;2100 条铁轨、5600 个鱼尾板、2800 个钢条、1100 个钢铁管、360 卷电缆和 675 箱炸药被进口,人们希望其它数量可观的物资也将来到。

14. 然而,如果省政府不维持这些设备以备生产或恰当管理他们的话,引进新设备和修复损坏就起不到多少好作用。如果政府不有效控制物价,不检查商业行为,例如使补充的粮食无法达到需要之人手中或可供出口的囤积行为,增加农业生产就起不到多少好作用。联合国善后救济总署在台办公室的观点是:目前没有很大希望去指望政府准备好或特别愿意提供有效利用已经来到或订购物资所需要的,或提供继续和扩展行政院善后救济总署已开始的工作所需要的。

政府成就

15. 在他们方面,政府可以指出建设台北、基隆和高雄的大量工作。台北的许多地方私人建筑现在正在进行,修复炸弹破坏正被推进。一些必须归功于这些城市的市长,一些归功于帮助清理海港的美国海军力量。道路仍旧良好,虽然它们没有被维护,坑洼正在出现。1946 年11 月开始新的公共汽车服务,带有美国发动机和底盘和日本样式的在当地生产的车身的车辆在基隆和台北、台北和淡水之间有效运行。它干净快速,而几乎从不拥挤。台北市政公共汽车服务就没有那么好了。还为政府增添政绩的是,他们没有过多干预台湾电力公司———一个国有资源委员会和有关省政府的联合,该公司对台湾岛作用巨大,并雇用了一些非常有能力的人。加拿大在华使馆的商业顾问科斯格雷夫(Cosgrave)上校为可能提供的加元,于 1947 年 2 月 4 日前后参观了他们在日月潭的设备,对公司的业务范围和能力印象很深。

16. 但是,在历经 15 个月之后,这并不是大不了的成就,没有许多可以直接归功于省政府。相反,它经受着持续的通货膨胀(1947 年 1 月 1 日,黑市对美元的汇率是 1 美元 = 230 台币;2 月 9 日 1 美元 = 400 台币),从 1946 年 1 月到 1947 年 1 月提高了 243% 的生活成本,铁路的危急状态,煤炭产量的下降(因为行政规定的低价格而减产),糖产量的下滑(因为政府不提供糖业补助,农民一直在生产在控制下价格高出许多的稻米),腐败和大量的专卖规定和限制,这些正使商业发展缓慢而面临困难,即便在对政府本身很重要的时候。作为一个例子,最后我提一下台湾省铁路管理局,它与台北西屋公司的代理机构怡和洋行签有合同,因为紧迫需要锅炉管,如果服务能维持,他们耐用的铁路机车就不减少。铁路管理局在得到第7段中提到的政府指导性新闻后,要求公司尽其所能地帮助生意渡过难关,迫切要求自由贸易原则。

17. 当被告知行政总署在缺乏资金的情况下仍不厌其烦地奢侈招待从大陆来的有影响力的访问者,以使他们带给外界一份有利的报告时;当被告知据说当一个中国报界记者团在1946年10月初访问台湾,陈仪在他们到达之前让人给他们的旅馆送钱做礼物时,即使一个偏向政府的观察者可能也开始怀疑行政的正确性。蒋介石在同月访问的一个原因据猜测就是要亲自看看岛上的情况,但是据说他没有机会自己发现许多东西。

日本人和原住民

18. 总司令可能提出的一点是岛上是否还有残余的日本反抗中心。日本人的遣返现在已经结束,仅留下被特别免除的关键人物及其家属,总共2641人。人们认为目前不存在可能形成使台湾重归日本运动的日本政治中心,但如果台湾人对中国政权的不满继续下去并有所增长的话,这样的中心可能会被(那些说宁愿让日本人也不愿让中国人统治的)台湾人所期待,或者被发现或者被唤起。

19. 在山里非常有可能有五六百名日本士兵逃脱了大遣返而在那里避难。他们可能不太危险,因为他们有小型武器,能够耕种小块土地来满足生存,不会被目前在岛上仅有一个师——第21师的中国人所追击。现在当局既没有办法也没有愿望去进行内地山区的扫荡行动,这种无能力和不愿意也反映在对待原住民的问题上。日本人通过征讨和严厉的政治控制,将原住民限制在一个清楚界定的、有警卫沿着规则路线及其沿线巡逻和阻隔的区域,除非他们接受城市化的生活。这个控制现在被打破;警察不再巡逻。原住民可以自由穿过警备线,当局以食物和衣服作为礼物,试图安抚他们。当然,他们不再对政权构成威胁,但他们可能发展成一个麻烦。

基隆军事区

20. 在对山区问题置之不理的同时,政府却有工夫宣布一个基隆军事区的存在,并禁止在里面拍照。由于没有多少军队可用于这项任务,他们无法有效地使它成为军事区。虽然在范围上它似乎注定包括从基隆到淡水的所有沿海地带,但我怀疑基隆的驻军和淡水的驻地是目前这个地区的唯一证明。我认为它作为一个倘若中国对台湾岛的控制被加强将要发生的事情的预示而值得一提,因为领事财产可能会在将来随之受到影响。

台湾的中国人

21. 台湾人大约有 6,080,000 个,可能很少人现在不为大陆中国人的到来感到遗憾。他们为中国结束太平洋战争的热情是强烈而真诚的。大陆人的到来没有长期存活下去,他们的攫取性、腐败和显而易见的无能,正如在降低的生活水平所暴露的那样,让台湾人痛苦地感到失望,尽管日本人没有给他们什么机会参与治理国家,但至少他们享受到社会服务、稳定的通货和经济、法律和秩序。早期中国人以令人难以置信的愚蠢侮辱性地称台湾人为"奴隶",拿走他们想要的一切,不管是可以被叫做"敌产"的财产还是餐馆中的一顿免费美餐,现在那个阶段过去了,台湾人发现他们自己仍被排除在行政之外,生活水平降低了并继续在降低着。政府维持着旧的日本人的税收(以后大陆人不再支付的那些税收,他们说,他们在大陆已经停止),并从中国引进新的。新的规章和限制继续出现,以致个人正直水准比任何大陆的中国团体都高的人正在接受中国人的借口方式、空头许诺、自卫的托辞。

22. 台湾人说他们将宁愿被美国、其次被日本、最次被中国统治。他们在许多情况下放弃中国国语的学习,而在战争结束时这曾是他们渴望的。现在他们在尽力学好英语。为此,有足够需求使两份月刊的出现物有所值,《台湾杂志》和《台湾青年报道》均以英文印制。

23. 对于台湾人的反抗是否时机成熟,观点不一,但即便成熟他们也不能彻底进行一次反抗,这一点看上去是勿庸置疑的。据称各个方面都缺乏领导,自从麦理浩先生的报告第 14 段中所提到的逮捕后,不论什么领导肯定都不可能自吹自擂了。省政治委员会共有 35 个成员,人们认为以黄朝琴作为首席成员是明智的。大约 20,000 个台湾人在日本人的军队中服役后返回家乡,他们中的大多数在劳工营中服役。他们用过盟军的武器,并在一些情况下也使用过日本人的,因此瞧不上中国人从大陆带到岛上的那些。我相信,台湾人在许多时候使自己融入有地方领导的小的地方群体当中,这些返回的军人充当了显著角色,这是正确的。我也相信,还没有任何组织形成大的规模,可能形成组织领导的受教育的那种类型的人仍倾向于指望外界,主要是美国的帮助。没有得到这种帮助,并听了麦克阿瑟将军对日本的所谓倾向政策的谣言,他们认为美国的好意在减少,在这个阶段选择了举起无力的双手,问:我们能做什么?

政府对外国代表的态度

24. 美国和我们英国是目前在岛上保持领事馆的唯一国家,虽然有传言说荷兰计划不久在这里设立机构。行政公署与美国领事的关系似乎很冷淡,也许因为领事有理由表达国务院的谴责,也可能因为行政公署不喜欢感觉他们的行动在远东画面中被一个大国那么多地观测到;而且,代表们不由自主地有时候充分醒悟和厌烦了,他们的感情隐隐露出来。行政长官和专员们对我一律很诚恳,但我得到这样的印象:由于生产困难,他们并不指望从大英帝国得到许多。

结论

25. 我不得不得出的结论是:台湾问题最好的解决方法,正如它今天所遭受的,是将岛屿从大陆行政中移出。去讨论根据开罗宣言和随后的事件是否相去甚远,以及从我们更宽泛的国家观去看,结果是否值得回应和实用性的思考,这超出了我的能力,但是,从当地看这个问题,对日和约之前的全民公投将肯定是一次摆脱中国大陆控制的压倒性投票。台湾人需要的是自治,在他们能够承担这样的任务之前,也许仿效我们非洲托管地实施方式的联合国托管几乎一定能得到台湾人的赞成。不论是否可行,它会给出这些问题的答案:一个正派但管理上不发达的民族如何决定自己的未来,岛屿的生产潜力如何得到最好的开发,联合国特别是美国和我国如何享受在他们历尽艰辛解放台湾之后可能会合理地期望的那些贸易机会。只要中国人为控制和专卖的狂热继续下去,我相信,岛上的外国贸易将有一个令人恼怒的、艰难而几乎不可能的时期,在这个时期如果地方当局不打算遵守其条款,而中央政府不能或不愿让他们遵守条款,那么没有商约会达成。即使是当这个报告正要完成时发生的事情,也加强了我已形成的观点:倘若当前政权继续存在,英国商业和其它私有商业一起将在这里没有容身之处,毕竟,就一个仅是事实上的政权来说,这些发展以及面对敌视我们商业利益的行动面前原则上采取什么态度的问题,构成我紧接着的急件的主题。

BDFA, Part Ⅳ, Series E Asia, Vol. 3, pp. 229-236

施谛文致贝文电

南京,1947 年 3 月 24 日

参考 3 月 19 日我的第 296 号电报,在淡水的代理领事交给我后,我很荣幸附上下面的急件,里面对台湾每日的无序状态进行了报告:3 月 1 日到 15 日之间的第 12,13,14,15,16,17,19,20 和 21 日(包括 1 日和 15 日)。

2. 这些杰出的报告确认了我相关主题报告中所提到的这些骚动的主要特征。大家会注意到,点燃岛上居民心中所潜伏的反抗中央政府任命的中国官员的垄断的、压制的行政管理的火花,是专卖局的下级属员贸然造成的一个事件,专卖局对局势的粗暴处理导致非武装的台湾旁观者的干涉和随后而来的抗议游行。这些反过来发展为对中国管理前提的攻击,过于依赖机械枪支的各队中国武装部队仅被用来点燃不满。当新闻通过台北电台和其它通讯方式传到更远更多的地方,反抗在其它中心爆发,至少在援军到来之前,局势无疑很快就超出陈仪长官的应付能力。长官显然在拖延,摆出愿意与市民代表进行谈判的姿态,对他们对宪法和其它改革的提议以适当的考虑。这些证明有些彻底，它们包含在 Tingle 先生第 17 号急件中引述的"32 点要求"中，从中看出岛上居民的不平主要来自他们在自己的政府中缺少代表、个人自由的缺乏、警察的镇压力量，以及中国政府组织的专卖者对岛上经济的剥削。对新的中国军队以宪兵和士兵形式登陆之后的事件的解释，似乎证明了台湾人对陈仪将军打算出卖他们的猜测，如 Tingle 先生第 21 号急件的结论段落所概括，共同作用产生的形势是公开战争的情况，一个用在驻军中心的中国先进武装力量眼皮底下积攒的这种武器进行斗争的地下运动形成。

3. 迹象证实这种看法，起义是没有预谋的，人们没有准备和非武装的，它是直接反对当地中国行政，而没有任何共产党的授意，尽管中国政府发言人不可避免地作以相反的声明，没有反对外国的敌意。与下属部队好像彻底群龙无首、行动盲目而残暴的中国军队司令部形成鲜明对比，台湾人有时似乎表现出极好的自律。

4. 台湾以其天然的财富、人口和与中国人的亲近关系，可以被合理地当作中国行政能力和对被解放了的同胞社会之亲善的理想检验基地。岛屿以平等方式和平纳入国家框架，成为中国复原的宝贵资产。不幸的是，中国人战后的贪心使他们选择将台湾人当作殖民地的附属者来对待，这使台湾人遗憾地缅怀起日本统治之下相对温和的政权。现在，在这个意志坚定而出了名的桀骜不驯的民族中间建立一个满足而友好的氛围之前，需要出色的政治智慧和真正的安抚愿望。国防部公开做出基础改革的承诺，白崇禧将军带着含糊的宽大承诺来调查骚乱原因的特殊使命到达台湾。然而，这些很可能不会使对死刑记忆犹新的岛上居民相信宣传部长彭学沛在最近的新闻发布会上所承认的那些。不过，从陈仪长官的被捕和宣判、以及果断恢复 3 月 18 日国民党中央执行委员会大会所提出的制度和方法的决议中或许会升起一些希望，正如媒体所报道的那样，坦白承认长官"恐怖统治"、政府腐败无能、中国士兵纪律败坏、岛上商业专卖控制、不尊重地方风俗和感情。

施谛文

BDFA, Part Ⅳ, Series E Asia, Vol. 3, pp. 242-243

（八）其他

薛穆致贝文电

重庆,1946 年 2 月 27 日

我的电报 250 号

美国大使接到对第 5 段中提到的陈述的负面答复,在同一段中,外交大臣重复争论,并包含对我们的答复。

b. 布赖恩,前地方自治鼓吹者,现为美国大使的特殊顾问,他遵照美国国务院指示密切关注时局,宣称他计划建议美国大使发电报给国务院,宣称他们应当迫切要求国际委员会评估上海的资产和债务。他建议美国政府运用有效的手段向中国政府施加压力,虽然他不确定中国在当前问题上是否会愿意那样做。

c. 回应他的询问,我们告诉他,我们正在等待提到的我的电报第 2 段中请求的指示,不过,对债务的联合评估事务是我们特别重视的。

BDFA, Part Ⅳ, Series E Asia, Vol. 1, p. 105

蓝来讷致贝文电

南京,1948 年 9 月 14 日

中国政府在最后时刻拒绝从香港来的英国专机通行,我本打算乘坐该机对汉口和北平进行官方访问。

b. 虽然给出的拒绝理由是这个线路上的军事行动,但它只能是个借口,因为民用航线仍在正常使用。与以前拒绝前往新疆的美国大使馆飞机通行结合起来看,这更多可能是中国政府阻碍政策的一个征兆。

c. 我和美国大使馆在分别表达我们的观点,希望说服中国政府服理。而且,因为美国大使馆服务专员的两个飞机后来出人意料地取得通行许可前往香港,我打算再次压迫中国政府重新考虑似乎是单方面收回专机便利,既然英国大使赞同中国政府。

d. 如果同时为我的旅行派遣的飞机有可能靠近香港的话,我会非常高兴,万一中国政府突然改变他们的否定态度,在这种情况下立即提议一次飞行可能是考验他们是否真诚的好策略。

e. 而我完全知道这个飞机也许在别处有更重要的用途。如果那样,我自然不希望它为期望着上述目的而停留在香港。不过,我希望大约 10 月中旬,当我们试图实现一次与考察研究中国人的军事官员有关的旅行前往北平时,有一架飞机可以待用。

BDFA,Part Ⅳ,Series E Asia,Vol. 5,p. 99

1946 年 3 月 6 日英国国会议事录(节录)
1946 年 3 月 6 日

台维斯先生质问外交大臣谓:除中国政府之外,其他政府根据英国政府所参加签订之何种条约或协定,或根据何种权利,得将工厂及机器运离中国领土?

贝文先生:我不知有规定任何此种权利之任何条约或协定。现在所指或许是日本所有的工厂和机器。对于此问题,英国政府认为处置日本财产,应由凡对日本要求赔偿之盟国共同商讨及解决。关于此事未得协定之前,英国政府认为此类财产所在之国家,应将其暂行监守。

《中华民国重要史料初编——对日抗战时期》第七编《战后中国》(一),第 248 页

英国驻华大使馆备忘录
1946 年 3 月 11 日

陛下驻莫斯科代办奉陛下外交大臣之训令,将下开各节于三月九

日通知苏联外交部长莫洛托夫先生："联合王国政府据报,谓苏联军队从沈阳及其他地方之工厂中,将日本人所有之机器及装备运离满洲,陛下在联合王国之政府因此种消息深感不安。

此类消息迫使陛下政府保留其一切权利,并宣布其意见,认为处置日本之财产,乃所有对日本要求赔偿之盟国间所应商讨及解决之事务。

在未经如是之商讨以获得协议以前,陛下政府认为占领此类工业设备所在地之国家,应将此类财产暂为监守,以待拨给该国在日军赔偿中所实际应得之部分。陛下政府对于第三者擅自运走此类财产不能同意,对于各别政府间处为置日本财产、权利利益及其所有权而缔结之一切协定,亦不能承认。

此项照会之抄本并送达中国政府。"

贝文先生对于外交部长阁下给予陛下驻华大使馆之情报,表示谢忱,并向王世杰博士声明,陛下政府对于满洲情势之发展不断密切注意。贝文先生对于慨允将此案之情形,随时通知陛下政府,亦表谢悃。重庆英国大使馆,一九四六.三.十一。

《中华民国重要史料初编——对日抗战时期》第七编《战后中国》(一),第248—249 页

英政府对苏联非法处置中国东北之
日本资产向苏联政府抗议全文
1946 年 4 月 9 日

本代办奉敝国政府之命,通告贵政府,以据所得报告,苏联军队尝从事搬移满洲境内日本所有在沈阳及其他地方之机器及设备,敝国政府为之感觉不安。

是项报告使敝国政府不得不保留权益,并将其见解提出备案,即处置日本资产,乃凡可提出日本赔偿要求之联盟国间所当讨论解决者。

在未经讨论而成立协定前,敝国政府认为此等资产所在之国家,应暂行保管,以与该国最后应得赔偿抵账,乃属适当之办法。

但对于第三者片面搬移,殊难缄默,对于各国政府间自行商订最后

处置及日本产业权利利益及资产所有权之任何协定,均不能加以承认。

　　本照会并通知中国政府。

《中华民国重要史料初编——对日抗战时期》第七编《战后中国》(一),第249—250 页

四、中国与其他各国关系

说明：反法西斯战争胜利后，中国国际地位空前提高，成为联合国常任理事国，中国的对外交往进一步扩大了，同一些新的国家建立起了外交关系，积极参与各种国际事务。随着战后民族解放运动的兴起，中国重视发展与周边各国的关系，积极支持周边国家独立建国。

本章主要资料来源：

刘金质、杨淮生等编：《中朝中韩关系文件资料汇编（1919—1949）》（下），中国社会科学出版社，2000 年

《申报》影印版 1946、1947、1948

中国第二历史档案馆编：《中华民国史档案资料汇编》第五辑第三编《外交》，江苏古籍出版社，2000 年

《罗家伦先生文存》第八册，台北"国史馆"，1989 年

台北中研院近代史所档案馆藏《外交部档案》，档号：010.11/0001。

（一）总论

说明：战后中国的外交，一方面是处理与战败国的关系，另一方面要发展新形势下的与其他国家的关系，透过外交部的施政报告，可以更全面地了解国民政府的总体对外交往状况。

外交部拟提国民参政会施政报告
1947 年 5 月

一、提要

本部一年来之外交工作，仍根据我国对外基本政策继续推进，其中

重要中心工作,诸如:订约方面,废除不平等条约工作之完成,中美通商航海条约之签字,中暹、中厄(瓜多)、中沙(地阿拉伯)、中阿(根廷)、中菲(律宾)友好条约之缔结,中法关于中越关系协定之订立,中加贷款协定之签订,以及根据中苏友好同盟条约完成苏军自东北撤退等。关于国际会议方面,我已参加巴黎和会签字对意和约,并两次出席联合国大会,对于国际间军事、经济、文化之合作尽力促进与维护。关于对日要求赔偿方面,我已建议美国采用临时指令办法,先准拆迁一部分赔偿工厂,已获得美国之同意。此皆荦荦大者。其次如协助南洋华侨返还原居留地,交涉取消或修改各国对我侨民之歧视苛例。去年及今年初昔眼亚比及巨港事变之善后处理,法越冲突中华侨所受损失之向法方要求赔偿,以及恢复、增设、升格驻外机构以加强外交业务与夫延揽专材补充干部等,亦为本部重要工作。

兹为详细说明起见,首及我国对外之基本政策,次及订约及参加国际会议,处理敌国事项,我与主要盟邦之关系,我与其他国家之关系,保侨工作,外交行政各项,一一分述于后。

二、我国对外之基本政策

我国对外之最高指导原则,当为三民主义。抗战胜利以来之基本政策,则规定于和平建国纲领之中,具体言之,约有四端:

(一)遵守《大西洋宪章》、《开罗会议宣言》、《莫斯科四国宣言》及联合国宪章,积极参加联合国组织,以确保世界和平。

(二)根据《波茨坦宣言》,肃清日本在中国残余势力,并与同盟国共谋日本问题之解决,防止日本法西斯军国主义之再起,以保障东亚之安全。

(三)与英、美、苏、法及其他民主国敦睦邦交,遵守条约信义,并致力于经济、文化之合作,以共策世界之繁荣与进步。

(四)本平等互惠之原则,迅速与有关各国订立通商条约,并改善侨胞之地位。

以上四个原则,又为最近签订之三党共同纲领所拥护,故将为我国最近外交之指针。

最近一年来之外交工作,即根据上述纲领逐步推行,兹分别说明于下:

三、议订条约及参加国际会议

（一）关于订约事项

1. 完成废除不平等条约工作。自一九四三年英美声明放弃在华特权以来,各国相继追随,故我已与各国次第订立新约。去年一年间,法国、丹麦、瑞士亦已撤废其在华特权,仅余葡萄牙一国,亦已于本年四月一日在京签订换文,同意取消在华领事裁判权及其他一切特权。百年来外国在华所享特权,至此最后清结。

2. 友好条约。为加强与各国之友好关系及争取我国侨民之平等待遇与保侨起见,与世界各国签订友好条约之工作仍继续推进,计于三十五年一月二十三日在曼谷签订《中暹友好条约》,以建立两国邦交,并维护数百万侨民之利益,该约于同年三月廿八日在重订互换批准文件,并于是日起生效。三十四年六月八日在金山签订规定入境最惠国待遇之《中多（明尼加）友好条约》附加条款,则已于三十五年三月二日在多京互换批准文件,并自是日起生效。三十五年一月六日并曾与厄（瓜多尔）国签订《中厄友好条约》,该约于同年四月廿七日经国民政府批准,并经将批准文件寄交驻秘鲁大使馆,约期互换矣。又《中沙（地阿拉伯）友好条约》亦已于三十五年十一月十六日在吉达签字,对于我赴麦加顶礼之同胞,在沙国关于身体、财产之安全以及遗产之处理,嗣后可获得保障。最近复于本年二月十日在阿根廷京城签订《中阿友好条约》,对于彼此人民出入境及入境后旅行、居住、经商等事项,均规定互给最惠国待遇。此外,我国侨民众多之菲律宾共和国业已获得独立,我于去年七月遣使祝贺该国独立时,即曾拟定约稿与之开始谈判,以为两国友好关系之初基,几经磋商,原则早经获致同意。惜后因菲亦拟将已获同意条文推翻重议,中间曾一度停顿。最近已于四月十八日在马尼剌正式签字。其他与纽西兰、乌拉圭、委内瑞拉、哥伦比亚、巴拿马等国之订约谈判,则均在不断进行中。

3.专约。在此时期内,我国与法国曾对中越关系成立二专约,一为《中法关于中越关系之协定及换文》(卅五年二月廿八日在重庆签订),对于我在越国侨胞之居留条件,我国对于假道越南国际通运之特殊待遇,滇越铁路国内段之让与我国,以及我驻越北军队由法军接防各问题,均作详尽而于我有利之规定。一为《中法关于中越航空线临时办法换文》,去年十二月十四日在南京签订,规定中法越南空中通航问题。

与外国所订空运协定除上述者外,尚有与美国所订之《中美空中运输协定》,三十五年十二月二十日订于南京。近又正与英国对此问题进行谈判中。

又,《中巴(西)文化专约》于卅五年三月廿七日在巴京签字,该约规定教授、学生、技术人员、图书等项之交换问题,此为我国与外国所订关于此类性质之第一专约,以后当视事实需要,随时与他国议订。

4.商约。卅五年九月廿六日,我即与加拿大订立《中加通商暂行办法换文》,以应中加商约签订前两国间贸易上之需要,并为我国商品输入加国时谋得关税上之最惠国待遇。《中美友好通商航海条约》,经年余之磋商,已于同年十一月四日在南京议妥后正式签字。按该条约为我国取消不平等条约后之第一商约,对于中美两国国民入境、居留、航海诸项,均有详细广泛之规定,一切悉以平等互惠及通常承认之国际法原则为基础。该约签字后,我即开始磋商中英商约,先将英方草案加以研究后,另拟我方对策,送交英方研究中,不日即可开始谈判。此外,对于暹、印、智(利)、阿(根廷)各国商约之协订,亦正积极准备中。

(二)参加国际会议

1.巴黎和会。关于对意、罗、保、匈、芬五国和约,早在卅四年九月之伦敦五外长会议中予以讨论,旋经莫斯科英、美、苏三外长之准备,及三十五年四月与六月美、英、苏、法四外长之两次集议,始于三十五年七月廿九日在巴黎正式举行和会,经十一周之集议,结果通过五国和约,和会于十月十五日闭幕。和约之成立,表示战争在法理上之终止。其对我国之意义,外交部王部长曾加阐明,谓此次会议,虽不涉及关于德日之问题,然其组织与程序,可能构成今后对德日和约之前例,此项会议在和约中对领土、军事或经济事项所作任何规定,无疑对于今后对德日和约之内容具有重要影响。此外,对意和约中第十八、十九、二十诸条,并规定意大利放弃一九〇一年九月七日《北京条约》中所有在华利益及特权,以及天津、厦门租界及上海公共租界之权利。五国和约系于本年二月十日在巴黎签字,我国除签字对意和约外,因对罗、保、匈、芬四国并未宣战,故不参加对该四国和约之签字。

2. 联合国大会。联合国第一次大会系分两阶段举行,第一阶段会议系于卅五年一月十日在伦敦举行,其主要任务为成立联合国组织及其附属各重要机构。大会结果各重要附属机构,如安全理事会、秘书处、经济暨社会理事会,以及国际法院法官之选举均已先后完成。至第二阶段会议,原定卅五年九月三日举行,嗣因巴黎和会关系,一再延至十月廿三日在纽约举行,大会经八周之集议,于十二月十五日闭幕,结果颇为圆满,其重要之成就,除对联合国本身行政方面诸问题,如预算及会址获有协议外,他如托管理事会之成立及普遍裁军案之通过,均为重要之收获。

四、处置敌国事项

（一）对日要求赔偿案最近发展

我国要求日本赔偿事,最近已获得部分解决。一年多以来,因苏联对于日本国外资产之态度未能与中美等国一致,日本赔偿会议无法召开,整个赔偿工作遂无从进行,外交部迭次电饬顾大使,洽询美方从速拆迁专供赔偿之日本工厂之设备,美方对我立场甚表同情。旋由我方建议美国用临时指令办法,先准拆迁一部赔偿工厂,此点业经美方接受,并已由美政府训令麦帅总统先拨百分之三十配各国,其中我可得其半数。

查现在盟军总部管制下专供赔偿之工厂达一千所,其中包括军工厂、飞机制造厂、造船厂、钢铁厂等十三部门,为数颇为可观。我国除派定五人接收委员会前往筹措外,国内方面诸如运输、分配、安设各项,亦由行政院赔偿委员会会同有关部会准备中。

(二)审判日本主要战犯情形

日本主要战犯东条英机等廿八名,前经中、美、英、苏等十一国检察官于卅五年四月廿九日共同向远东国际军事法庭诉请审讯,嗣据该庭中国检察官向哲浚先后呈报,大川周明因病停止出庭,松冈洋右、永野修身相继身故。现计出庭受审者,尚有东条英机等廿五名,嗣后被告方面将竭美国、日本律师数十人之全力及日本朝野之协助,大举维护。其所采步骤有关我国者为:甲派美籍辩护律师数员前来我国调查并搜集证据;乙请求法庭传左列人员赴日出庭作证(1)九一八事变及七七事变前后,我国曾与日方折冲谈判之人员,(2)作战期间经日方请求或第三国斡旋参加中日关系商谈之我方人员,(3)曾赴日出庭作证之我方人员,(4)现仍留华之日本文武人员,(5)向我国政府机关及团体调取有关文件。现悉此项战犯审判工作可于本年秋结束。

此外,我正准备对日和约草案,以为日后商定和约之用。

五、我国与主要盟邦之关系

我与英、美、苏、法在战时为主要盟邦,在胜利后同为安全理事会常任理事,共负联系世界和平之重责,对于战后各问题之措置,意见容有出入,但我则始终以坚守正义、加强团结为基本政策,以求取我国际地位之发展、国家利益之保障。兹就我与各盟邦之关系作一简略之报告于次:

(一)美国

我与美国素称友好,自日本投降以来,美国除协助我受降接收及遣俘外,并于金融、经济、物资、技术各方面,对我多予供应。为发展两国商务起见,《中美通商航海设领条约》已于去年十一月十四日在南京签字。外交部刻正研究发展对美商务方案,一俟完成当与经济、财政等部会商统筹办理。此外,美国自一九四三年废除一九二四年之移民律后,即宣布我国赴美移民可享限额权利。外交部已与有关部会拟具移民赴美申请程序及审查规则,已奉行政院核定施行。战中美友谊在日益强固中。

（二）英国

一年来之中英邦交颇为友好,无论在联合国会议上,或在历次外长会议中,中英两国均能切实合作,英方以战后欲早日恢复中英贸易,曾于上年十月派商务代表团来华查研究,先后访问京、沪、平、津、青岛、沈阳、成、渝、昆明、汉口、台北、汕头、广州等十四处,经于十二月初返英。关于中英商约,外交部于上年初照会英方,按照中英新约之规定拟与商订。英方旋即提出商约草案,外交部经与有关各部会商讨后,提出对案,现正在谈判中。

（三）苏联

战后我与苏联之关系,完全建立于卅四年八月十四日之《中苏友好同盟条约》,日本投降后我即进行接收东北行政之工作,嗣因苏军之撤退一再延改,致我接收工作发生种种困难,经我一再据约交涉,苏军宣告于三十五年五月三日自东北完全撤退。至于旅大行政之接收问题,我政府刻正根据条约与苏方交涉,并正拟先行派遣官员前往视察当地情形。

此外,苏联对于日本在东北企业,以系曾供关东军使用为藉口,声明应认为苏军战利品。我国因受日本侵略损失特重,故于日本投降后即公布《收复区敌伪产业处理办法》,决定没收日本在华（东北九省包括在内）一切公私财产,以之充作日本对华赔偿之一部分。关于此项立场,外交部曾通知苏美两国政府,并于五外长在伦敦会议时,由王部长分别向美国国务卿及苏联外交人民委员会委员长提出。美方答复表示同意,当时苏方则以为涉及日本赔偿问题,愿提出远东委员会商讨。盖我国对于苏方所提战利品之要求,因其超过国际公法及国际惯例所公认之战利品范围,且与我国所采取上述立场不相符合,故迄未予以同意。

（四）法国

中法两方曾于去年二月廿八日在重庆签订《中法关于中越关系之协定》，对于华侨在越应享之特权，中国国际通运之特定区域及越南铁路滇段归属中国独营以补偿我国因战时该路暂时停运及海防封锁所受之损失各项，均有详细规定。

六、我与其他国家之关系

（一）英属各自治领

我与英属自治领之外交关系一年来颇有进展，兹分述于下：

1. 中加关系，中加签订六千万加元贷款协定，三十五年二月，我方根据加拿大输出信用保险法案，在奥太瓦与加政府签订贷款协定，由加贷我六千万加元，俾我国政府得于一九四六年至一九四七年向加购买物资。此外，我并与加订立通商暂行办法，互以最惠待遇相给予，以谋中加贸易之发展。

2. 中澳关系，（一）中澳使馆升格事，经于上年在原则上确定，惟以此事与其他国家有关，致实施上略有稽延，不久当可实现。（二）中澳贸易将见发展，澳方厂商迭向我领馆查询我国出口业及羊毛贸易情形，并请介绍可靠厂商，并有组织商务访华团之意，中澳贸易颇有发展征兆。

3. 中纽关系，我在纽西兰首府惠灵顿原只设有总领事馆，因纽西兰政治地位愈见重要，中纽换使事现已原则上商定，一俟纽西兰派使前来，中纽即可互换使节。至于中纽今后友好关系，我政府已开始与纽政府商订友好条约。

（二）亚洲各国

印度为增进与我之贸易关系，于上年二月中曾派商务代表团来华访问京、沪、天津、重庆等地，于四月中旬回印，同年十月，我并同意与印度交换大使，以增强关系。中印两国政府现正直接磋商订立友好通商条约。本年三月间在德里所举行之泛亚洲会议，虽系民间集会，但对亚洲各国，尤其中印两国之团结与了解颇有裨益。

朝鲜自经解放后,我已派定总领事驻扎汉城,以资联系。

菲律宾自独立以来,不顾我侨过去对于该国进步所作之贡献,先后提出劳工菲化、零售商菲化以及菜市菲化三案,排斥我侨作业,影响我侨权益颇巨,外交部当已一再严重抗议。前两法案卒未成立,后一法案亦已延缓实施,现我正设法防阻前两法案在本届菲国会中再度提出。

暹罗与我自于去年一月缔结友好条约以来,关系已日趋友善,现正在开辟航线,促进商务关系之中。

(三)欧洲各国

我除已于卅四年七月承认波兰新政府,复于上年九月派遣使节外,并于去年三月间与瑞士换文,其中瑞士同意放弃在华特权。五月间中丹麦新约成立,丹麦亦撤废其特权。本年四月间葡萄牙亦与我订立新约,放弃特权,建立彼此之关系于新约基础之上。又奥地利自于一九三八年被德国吞并后,即已变成德国之一部分,战后奥国政府成立,我国为顾全中奥邦交,改善旅奥侨民待遇,乃于卅五年七月七日承认奥国临时政府。

(四)美洲各国

我与中南美各国之友谊日在增强中。阿根廷已于本年二月与我签订友好条约,并盼与我增进商务关系。厄瓜多(尔)于去年即与我再度签订友好条约。他如玻利维亚、巴拿马均在与我商订友好条约之中,最近我并决定在玻、厄两国派驻兼使,在哥伦比亚设置专使。至巴西与秘鲁与我向称友善,均愿与我增进贸易关系,我已饬驻使注意该国之商务情形,并调查我在各该国市场可畅销之货品。

七、保护侨民工作

在战争期中,我国在外侨民流离播徙,艰苦备尝,故我于战争结束之后,即竭力协助我侨民返回原居留地,同时并向各地政府或国际机关要求享受同等之救济。旅日台籍华侨,因在过去受日本帝国主义之压迫达五十年之久,一旦解放,仇视日人特甚,致与日人不相融洽。故我乃一面遣送志愿归国之台侨返省,一面向盟军总部声明,台侨自去年十月廿五日起恢复中国国籍,以防阻类似涩谷事件之再起,现此事已由我驻日代表团与盟军总部获致了解。在过去一年之中,不幸先有上年九月之昝眼亚比事件,我侨民遭受印尼人之残杀,后有本年一月之巨港事变,印荷两军混战时,我居住市区之侨民横遭轰炸,印尼人并乘机枪杀绑掳与奸淫,致华侨之生命财产损失甚巨。我当即提严重抗议,现荷印双方均已同意拨款救济。我为宣慰侨胞起见,并于上年十月初派遣专使前往慰问,宣达中央之德意。同时并曾向印荷双方提议在华侨密集区域,划定华侨安全区,以免再度遭受无故之杀害。在若干重要区域,我已获得当地政府之同意,由华侨组织自卫警察或参加地方警察,以保护华侨之生命财产。越北华侨于去岁及今年初法越冲突之中,亦曾遭受损失,我已就各方调查所得之数字略达法方,要求赔偿,法方对此已大体表同意。河内一区华侨之财产生命,因我迭向法方及越盟政府交涉,在过去数月法越之大冲突中,幸尚无重大损害。此外,中南美各国,往昔对我侨民颇多歧视条例,迭经我方交涉,业已相继取消,大体上可谓已达完全平等地位。惟古巴政府于去年七月起,即着手制定新劳工法草案,对于外侨工作权利与移民入境两项有严格之限制,影响我侨之权利,我已根据条约加以力争,并联络驻古有关使馆及外侨团体,共策进行。加拿大之移民法律,对于华人夙有歧视,我政府曾不断与加政府交涉。最近加政府已向议会提出议案,提请废止该项歧视法律。澳大利亚政府对于留澳华人之待遇夙多苛刻,近经我方一再交涉,已在陆续改善。

八、增强外交行政

外交业务之推进与机构之运用及人才之配合有密切不可分之关系,故外交部于最近一年以来继续调整机构、配备人才,兹简明分述于次:

(一)办理复员

1.起复旧员,抗战军兴后,自驻日各馆撤退听候调遣人员,前驻沪办事处、驻香港货单签证处人员及国府西迁外交部疏散人员为数甚多,胜利后由部分别予以查核,根据其服务能力及在沦陷区中坚贞自矢不为敌用之成绩,均经分别起用,派在该部及各附属机构服务,用昭激励。

2. 恢复外馆,驻外各馆因战事停闭或迁徙他处者甚多,近一年来均经陆续恢复,计有驻波兰大使馆、驻意大利大使馆、驻挪威大使馆、驻捷克大使馆、驻阿姆斯得达姆领事馆、驻昂维斯领事馆、驻巴黎总领事馆、驻马赛领事馆、驻西贡总领事馆、驻河内总领事馆、驻马尼剌总领事馆、驻汉城总领事馆、驻新加坡总领事馆、驻山打根领事馆、驻吉隆坡领事馆、驻槟榔屿领事馆、驻仰光总领事馆、驻巴达维亚总领事馆、驻巨港领事馆、驻望加锡领事馆、驻泗水领事馆、驻棉兰领事馆。

(二)增设或升格驻外机构以加强外交业务

1. 增设者计有驻暹罗大使馆、驻阿根廷大使馆、驻菲律宾公使馆、驻哥伦比亚公使馆(兼驻厄瓜多尔、委内瑞拉两国)、驻坤甸领事馆、驻清迈总领事馆、驻宋卡总领事馆、驻百揽坡领事馆、驻柯叻领事馆、驻海防领事馆、驻墨尔本领事馆、驻伊斯兰堡领事馆、驻古晋领事馆、驻德军事代表团、驻日代表团、远东委员会中国代表团、驻联合国代表办事处、驻联合国安全事会代表、驻联合国经济暨社会理事会代表。

2. 升格者计有驻智利大使馆、驻印度大使馆、驻罗安琪总领事馆、驻阿庇亚领事馆。

(三)延揽专才并补充干部

胜利后外交业务日趋复杂,使领馆之增设,需才尤多,人员补充为当前急务,除将高考外交官类及格人员全部任用外,并以甄试方式,尽量延纳各大学外交、政治、经济各系毕业生,以资储备。

《中华民国史档案资料汇编》第五辑第三编《外交》,第 5—16 页

王世杰在国民参政会上所作外交报告
1947 年 5 月

主席、各位参政员先生:

自贵会前一次大会以后,至今已一年多,在此一年多时期内,关于

外交事件处理的经过，已另有书面报告，如果详细说明，亦恐时间所不许。且过去一年间，贵会驻会委员会每两星期开会一次，外交部经常有书面报告或口头报告。外交部的工作和政策，亦经常在贵会驻会委员会不断地督导之下分别进行。故今天报告的内容有若干地方省略，亦有若干地方较详，诸位先生如有特别关心的问题，将来在审查会时当详为答复。现在所报告的是，第一是日本问题，第二是中国同美、苏、英、法几个同盟国的关系，第三是韩国问题，第四是侨民保护问题。

第一，日本问题

日本虽已战败，但在外交上如何对付日本，还是一个最重要的问题，抗战前日本是我们最大的敌人，今后对日本问题的处置，确实仍关系世界的和平，我们对日本问题的基本政策，在日本投降以后，经蒋主席慎重考虑，宣布对日决不采狭义的报复主义，亦不用姑息办法。这一年多以来，处理日本问题，即一本不报复不姑息的态度厘定我们的政策。军事方面一切问题则从严执行，不使日本重整军备再来危害中国，威胁世界和平。政治方面我们取宽大态度，尤其日本内政问题，主张在某一种程度下由日本自己解决。经济方面，一本正义和公道的要求。所谓军事从严，现已将日本军备解除，尤其作攻势用的军舰完全毁灭，可作其他用途的军舰，由中、美、英、苏四国分配。我海军总司领部已派员去日本洽领。空军以及士兵则分别退伍。就是重工业方面，凡可改作军备用的一律拆换。这种军事上消极工作已经做到，最要紧的是在和约签字之后，对日本将来重整军备须有一共同监视的机构与办法，否则日本军备虽已解除，将来仍可重整再事侵略。这个问题在英美方面已与我们接洽，将来在和约签订以后，由中、美、英、苏协议成立廿五年或卅年的公约，或更长一些时间。这个公约提出，以后经中、美、英、苏四国交换意见，大体上没有多大出入。现因欧洲问题尚未解决，影响公约不能立时成立，这个问题或在和会之前解决，或在和会中提出，现未决定。至于政治方面，只要日本内政不违反民主的原则，由日本自行解决。现在日本新的宪法已送到远东委员会审议。同盟国管理日本有二个机构,一是远东委员会,由十一个国家组织的;另有中、美、英、苏四国合组的对日委员会。这个宪法经远东委员会长时间考虑后通过。现在日本政府的改组,就根据这个宪法产生。关于经济方面,在和约签字了之后,日本人民究竟保持怎样的生活水准,正由远东委员会与有关各国外交当局交换意见。我们当然不取报复态度,让日本人过奴隶生活,所研讨的是日本哪些工业、商业可以保持,哪些工业作赔偿之用,哪些工业必须停办。

日本赔偿同盟国的资产,除日本国内资产外,尚有国外资产,如何分配赔偿,经过半年多洽商,迄未解决。因苏联与各国意见不同,无法获得协议。中国政府认为,中国抗战时期最久,损害最大,无论日本国内国外资产的赔偿,中国应有优先分配权,因时间迁延过久,得不到协议,使中国对日本应取偿的物资不能充分利用。经一再向美国及其他同盟国商洽,并建议假定赔偿物资没有协议,美国政府应负责对赔偿问题采取若干临时的紧急措施。现在日本实际由美国占领,美国因我们的催促,在不久以前有一个议案提出远东委员会,就是对于日本国内物资,大家公认可作赔偿用的先拿一部分,约百分之卅分配给中菲等国,这是损失最大的几个国家,中国配得一半为百分之十五,其余三国各得百分之五。征求大家意见之后,美国就照此分配办法执行。中国政府已派员赴东京与驻日代表团洽办此事,将来所得物资数字或许很大,但也就发生许多问题,比如物资如何运回中国,运到中国后如何能充分利用,若搁而不用,损失很大。行政院对于日本赔偿物资如何分配利用,正在计划。这种物资将来不仅分配国营工厂,亦有一部分分配给民营工厂。至于整个日本全部国内外的资产赔偿问题,正由远东委员会继续讨论,能否得到解决尚难预料。他如赔偿我国物资中不能运到中国,或在中国国内不能用的,就留在日本继续生产,将生产品供给中国。详细办法,政府亦在研究之中。

过去一年间处理对日问题中有一件特别重要的事,就是日本在中国被俘虏的军队和侨民约有三百万人还留在中国,其影响社会秩序与人民生活实不可想象。这件事情由美国协助达成任务,现在中国境内还有少数日侨,这是因技术上需要,才决定留在中国,但为数不大,东北及台湾较多,连同技术人员眷属总数约三万人左右,调查也许不十分精密,只是大概数目。各机关留用之日本技术人员均由其本人填具志愿书,并给予相当待遇。以上是日本问题处理的概况,现对日本问题之解决,正作进一步的研究和准备,尤其对和约的订立,各位先生对此如有高见乐予接受。

第二,中国和美、苏、英、法的关系

最近常有人问起政府对这几个主要联合国家的政策如何,兄弟相信,我们要为世界利益中国利益打算,必须使五强合作,假使五强不能合作,全世界的和平前途必很危险。我们本于这个观念,从大处着眼,不愿放弃一切可协调合作之路,亦不愿以我们的行动来影响全世界的和平协调,在这个观念之下,我们对任何一个国家都没有成见,我们没有亲哪一国或反哪一国的思想,但是现在五强间的不协调,任何一个问题和意见都能够发生冲突,我们中国对当前问题所采取的态度,仍以世界和平与国际正义为依归,现就这几个国家在外交上的关系分别简单位说明。

一、中美关系

关于中美关系,我们政府一贯的方针是要加强中美传统的友谊,中美传统的友谊最悠久、完整、实在,我们在这样良好的环境中,如果不能加强传统的友谊,何以对国人,亦无从处理国际关系,在以往我们没有妒忌偏心来影响传统友谊,过去如此,今后也是如此。过去一年多的中美间关系很多,不是今天短时间所能详细说明,只择最重要的事简单说一说。美国对中国最重要的一件事,就是刚才所说助我遣送日侨、日俘回国,马歇尔将军在中国工作之成败,可由未来历史家去谈判,我不必讲,但是,他把三百万日侨、日俘在一年中遣送完毕,现在大家对这件事也许不感觉重要,仔细回想,如果这三百万侨俘是散在中国各地、共党区域、关内外,且为数至巨,能完全遣回日本,实在并不是一件容易的事。我们从深一步想,这实在是美国对于中国的安定,具有不可想象的一种贡献。其次是中美商约的签订。一九四三年,中美、英间废除了不平等条约,取消这些不平等条约,所废除的是领事裁判权、内河航行权、治外法权、使领署、租界等。除此之外,中国与外国还有许多通商条约,这些通商条约应随不平等条约的废除而需要另定商约替代,过去外国与中国所订商约,多半是骗人的,外国人藉此到中国来经商,可得许多便利,而对中国侨民经商则没有规定,即有规定也是不利的,所以不平等条约废除后,一定要求新的商约代替旧商约。经过一年多的接洽,成立了中美商约,中美商约成立时,国人的批评认为商约精神是平等的,美国给别的国家是什么权利,中国也可以同样享受。反之,中国给别的国家权益,美国亦可援例,双方经商互有保证,而中国仍可以视情形需要保障自己商民。这个商约签订后,所有以前中美间的所有商约一律废除,且新商约规定以五年为期,五年以后,任何方面如不愿继续,可以取消。现在这个商约已经立法院批准,美国方面已提交上议院讨论中。再次,美国未来对华经济援助的问题,想大家都很关心,我们在现状之下,需要美国的经济援助是十分的迫切,现在世界有力量援助中国的只有美国,许多国家都待美国救济,即英国亦不能例外。英国在前年向美国已借了大宗款项,现在仍继续向美国接洽借款。我国战争结束以后,内乱不止,交通尚未恢复,农工商业在在需要援助,去年的农产品,如棉花一项不及战前的四分之一,粮食生产量大减,尤其是北方的麦子生产更为衰弱,现在即使中国国内的战事停止,交通恢复,这种农工生产没有二三年时间的努力,不能恢复战前状态。所以,要渡过当前的经济难关,我们不能不需要国外的援助。胜利以后,美国对中国的援助,主要的是联合国救济物资,联合国救济物资现在已经终止,以后我们没有方法再能够得到联合国的救济物资。现在美国又通过以三亿五千万美元物资救济各国,将以一部分援助中国,这个援助,政府正在与美国商谈中,希望短时间内有一决定。其次,关于借款问题,此次政府改组以后,参加政府三党共同发表施政方针,规定如果借用外债,一定要用于生产建设,稳定改善人民生活,不能做旁的用处,这是大家郑重考虑后成立的协议,以后政府当然本着这个方针来做。美国政府对我借款问题,正在慎重考虑中。

最后谈一谈中美间的文化问题,去年中国与美国签定购买美国剩余物资协定时,规定美国以出售剩余物资款项两千万美金作为未来十年发展中美文化之用,现美方已将此项方案送交我国征求意见,正在研究中。

以上是一年余来中美两国关系比较重要的几点。

二、中苏关系

贵会上次大会指示对苏关系,政府必须严格执行中苏友好条约。一年余来,外交部始终本着这一个政策,严格履行条约的规定。过去一年间,中苏间细节的事,现在我们不说,只举几件重要的事。

关于苏联军队的撤退问题。苏联在东北的军队究有多少,我虽不敢提出确实数字,但据东北负责军事长官报告,至少有六十万至八十万人,这个数字当然很大。依照中苏条约规定,苏联军队在日本战败以后,三个月内全部撤退,后因种种原因延迟不撤,我们不断交涉,到去年五月旬苏联才正式向我们声明,五月三日苏军已完全撤离中国国境,所以在东北境内,苏军可能已经完全撤退。

关于旅顺大连接收问题,按照中苏条约,旅顺大连是中苏共同使用的海港,但是这两个地方的行政权是属于中国的,尤其是大连的行政权完全是属于中国,旅顺则多少有点限制,因为敌人撤退时,附近被共产党占据,希望能与共产党和平谈判,以便接收,后以和谈不成,所以旅顺大连也无法顺利接收。苏联曾自动的通告我们去接收旅大的行政权,愿意双方遵照中苏友好条约办理,我们经过若干时间准备,通知苏方须派行政人员、武装警察和保护行政人员安全之必要军队。经过相当时间的商谈,苏联表示,第一保证没有反抗政府的武力,第二反对旅顺海港属于中国行政范围,但可保证中国行政机关人员的安全,最后对于武装警察之数量要受限制。至于军队问题,按照中苏条约,苏联在大连撤兵,中国才有可能开入。他们以为,对日和约还没有签订,在法律上战争还没有终结,不能让我们军队进去,我们表示必须要有军警进去,尤其是大连,同时为了明了旅大的实况起见,先要组织调查团去看一看,苏联已同意我国派人视察,约定旅大根据地为共同使用的地方,将组织中苏军事委员会处理,但加派武装军警一点仍要求苏方接受。

此外,中苏间还有一件不愉快的事,即是今年三月间莫斯科外长会议,苏联提出来讨论中国问题,本来四国外长会议的目的,是讨论对德奥的和约问题,到了开会的时候,苏方竟提出讨论中国问题,并要求英美发表前年公告执行中国问题的情形。此项提议苏联事前未与中国商谈,中国自不能同意。美国对此表示不能同意,英法也采取同样态度。在莫斯科会议前,我们本已照会四国政府,外长会议只能讨论德奥和约,不讨论德奥和约以外的问题,否则中国政府不能同意,苏联后来不提出邀请中国参加,当时马歇尔征求我们同意,我们答复,任何国际会议不能讨论中国问题,固然中国不会参加开会,就是参加也不能讨论,并郑重声明,外长会议无论会内会外,均不能讨论。结果英美接受我们的意见,声明除了交换说明美国在中国撤退问题以外,不讨论一切中国内政问题。苏联竟有此提议,我们不仅坚决反对,且要求英美严予拒绝。这是中苏间一件最不愉快的事情。

三、中英关系

一年来中英间关系大体上相当满意。中英商约英国原向我提有草案,内容与中美商约大致相同,我国亦提有对策,英方尚未答复。条约内容与中美商约所不同的,因美国非殖民地国家,商订条约比较简单,在英国有很多殖民地,这些殖民地多有我国侨民,英国若在中国想得到最惠国待遇,中国在英属殖民地自亦应得最惠国待遇。在此情形之下,对于中美商约所定最惠国待遇,英国有所考虑,因之答复至今未送来。中英新商约仍在商谈之中。

对英关系,贵会每一次大会都谈到九龙同香港的问题。关于这两个问题,兄弟在此地不愿多说,不过我个人觉得九龙、香港不是一个极难解决的问题,只要秉承蒋主席指示,按照外交上合理的途径,加深中英间的友谊,去求得这个问题的解决。英国现在的政府,不是十九年前国民党未执政时的政府,现在英国政府的政策是准备放弃以前的帝国主义的作风,对印度现决定于六月前要撤退,对缅甸亦拟准其独立。在此情形下,我个人以为要加深中英间的友谊去努力,九龙、香港问题可以合理的程序求得解决。最近英国国会由工党的要求已决定今年秋天(九月至十月间)派国会访华团来华,这件事请参政会各位先生特别注意,因为在我国宪法没有实施,民意机关未成立前,参政会便是我们代表民意的机关。

四、中法问题

过去一年多同法国办了好多次交涉,别的不说,现以越南问题而论,自去年商订中法条约后,要求法方,一华侨在越南已得最惠国的待遇,二要法国充分保护越南华侨。因自去年十二月十九日以后,法国政府同越南人民政府决裂,到现在几个月间,都是在战争状态中。越南人民政府首长抱焦土抗战政策,一个地方如果不能守,即尽力迁移人民,破坏一切,现越南双方军事依然僵持。现在越南华侨约有五十万人,几个大城市居民如一西贡、二海防、三河内大多数都是中国人,越南人极少。西贡人口约有三十万至四十万,而华侨即占三十万以上,海防只有几万越人,其余均为华侨,河内华侨也是多过越人,还有一小部分华侨在乡村。华侨损失情形,死伤较少,财产损失较大,我们现在一面要法国政府依照条约保护华侨生命财产,不攻击华侨区域,并要越南政府同样加以保护。双方虽都表示愿意保护华侨,事实上华侨损失仍不算小,法方对在海防、河内及其他地方因经战事,华侨所有损失已承认赔偿,至于赔偿数字及方式尚在谈判中。

第三,韩国问题

一九四三年蒋主席在开罗会议时,曾提议在日本投降之后应准韩国独立,商议结果,至适当时机即可独立,苏联在柏林会议时曾经接受。所以,韩国问题初有开罗会议的协议,后有苏联的同意。到前年年底,中、美、英、苏四国有一协议决定,韩国在五年之内由四国共管,希望于五年之内可以完成韩国独立之一切准备工作。现韩国由美苏两国占领,苏联占领北韩,美国占领南韩,而南北两韩之交通现几乎断绝。日本投降虽已一年多,因美苏分别占领,意见不一,韩国至今尚无统一的政府,韩国人民深感日本战败国尚且有一个政府,而韩国到现在反无一统一政府,异常愤慨。美苏在不久以前曾商量如何解决韩国问题,并将商谈结果通知中国,我们即对美、英、苏三国外长声明,韩国统一的政府必须成立,不能因为内部意见冲突而延迟,假定短期内还不能得到协议,就应该召集英、美、中、苏四国会议来解决。韩国与中国的利害关系太深,所以我们对于这个问题不能不要求迅速而妥善的解决。现美苏两方为此事尚在开会商议,希望能得到一个协议,这次商谈能否使韩国组织一个统一政府,现未拟报告,我们希望美苏能早日成立协议。韩国与中国有切身利害关系,我们不能不督促美苏双方于短期中得一解决。如果韩国问题美苏间不能得到协议,我很怕今年十一月间四国外长会议再讨论欧洲问题时,仍然不会有结果,则世界前途实令人忧虑。

第四,关于侨民的保护问题

诸位参政员中有不少是海外来的,对这个问题一定很关心,我们有很多的侨民在南洋、在中南美、在其他地区,我们必须保护他们。关于保护侨民有一个基本的国策,是国父所昭示的,凡是对于没有解放的民族应扶助其独立,这个国策不能忘记,为整个世界潮流,亦为侨民永久利益着想,应本着这一国策努力,如果我们对一个地方有所偏袒,那个地方人民对我侨民情感必不好,影响当地华侨事业的发展或继续生活,我以为现在不能因有一部侨民受到损害而忽视此基本政策。所感困难,一在流血革命运动发生时,我们侨民常有损害,而这种损害是当地人民所给予。二南洋许多地方的民族原来没有解放,一旦解放之后,很容易有偏激狭义的国家主义思想,因而发生排华运动。华侨在各地变乱中,因当地人民的行动对华侨有所损害,或新解放的民族有偏激狭义的国家主义思想的表现,我们仍应重视我们大的方针,对未能解放的民族独立自主的运动,必须表示同情与援助。因此,对南洋各地任何军事冲突,不要我们华侨参加任何一方面军队或任何一种斗争,唯其如此,我们才能一面要求当地政府保护华侨,同时要求革命政府亦予保护。我们对东印度是如此,对越南也是如此。在东印度,中国人组织有警察完全是为华侨的安全,华侨组成的警察,在越南河内战事发生时曾尽力维持治安,使双方都能重视华侨的生命财产亦藉此得以保障。现在我们要求与已经解放的国家签定条约,给我华侨的最惠国的待遇。因为没有定约,他们可以随便定法律来限制华侨的一切行为,我们没有方法去阻止,譬如暹罗在过去始终是受日本胁迫,我们对于暹罗一部人勾结日本政府自予反对,而对暹罗的独立不但不阻碍,而且积极的助其成功。一年以来本此方针,去年我们已与暹罗定约,依照条约规定,暹罗对我华侨各种问题已逐渐改善与解决,中暹关系一天天走上正常友好的方向。至于菲律宾,当其宣布独立时,我们也一样同他们订立条约,我们并没有过分的要求,只要求与其他各国一样,我华侨有最惠国的待遇,中菲条约现已签定,前几天菲议会亦已批准。总而言之,对于侨民的保护,我们是不断的努力,与当地政府商议改善。

还有许多问题,因时间关系不能向大会一一报告。在审查会中,本人或外交部同仁可随时详细说明,并向诸位请教。

《中华民国史档案资料汇编》第五辑第三编《外交》,第16—25页

外交部拟1947年度外交行政措施检讨报告底稿
1948年2月12日

外交部三十六年度施政方针中之重要者,计有下列三端:

1. 促进联合国中各会员国及非会员国对于军事、政治、经济、文化上之密切合作,以确保集体安全,奠定永久和平。

2. 根据联合国宪章扶助弱小民族之解放。

3. 本平等互惠原则,迅速与有关国家商讨友好通商条约,并交涉改善各地侨胞地位。

外交部过去一年间之工作,即根据上述方针积极推进,诸如友好条约之签订,友邦援助之争取,中外纠纷之处理等,除少数场合因情形特殊稍感困难外,推行尚属顺利。此外,我对国际各种重要集会以及对日管制等,无不及时参加,以贯彻我国之立场与主张。至对日和约之签订,尤有充分之准备。

兹就三十六年度外交上之重大措施,简明分析于后。

一、促进中外友好关系

我为加强与各国之友好关系,争取我国侨民之平等待遇起见,与世界各国议订条约之工作仍继续推进,兹分述如下:

甲、友好条约

1. 在本年度签字并互换批准书生效之友好条约,中菲(律宾)友好条约于四月十八日在菲京签字,七月二十日经国府批准,十月二十四日在菲京互换。

2. 在本年度签字尚未完成互换手续之友好条约,中阿(根廷)友好条约于二月十日在阿京签字,六月十三日国府批准,七月一日略达阿根廷大使馆,请于阿政府批准该约后随即告知,以便在京办理互换手续,至本年度尚未获复。

3. 前此签字在本年度内互换批准书生效之友好条约,中厄(瓜多)友好条约于四月十七日在厄京互换生效。

4. 前此签字在本年度经国府批准准备办理互换手续之友好条约,中沙(地阿剌伯)友好条约,已由国府于七月二日予以批准,十一月六日将批准约本、全权证书及简派状等件寄发驻埃及公使馆,办理互换手续。

5. 前此业已开始谈判本年度内继续进行但尚未获协议者,有委内瑞拉、哥伦比亚、萨尔瓦多、瓜地马拉、巴拿马、洪都拉斯、海地、乌拉圭等国。

6. 在本年度内开始谈判之友好条约:

(甲)中纽(西兰)友好条约,约稿于上年终提出,本年度开始谈判,九月间纽方提出对案,我方修正案已拟就,正准备向纽方提出。

(乙)中澳(大利亚)友好条约,中澳原拟订立废除法权条约,惟迁延日久,原约稿已不复适用,爰于本年四月十五日饬由驻澳公使馆,向澳方另提友好条约约稿。

(丙)中国与南非友好条约,南非情形与澳大利亚相似,经拟就友好条约约稿于本年十一月廿七日寄交驻英大使馆,相机提出。

(丁)中意友好条约经拟就约稿,于本年十二月廿一日提交意大使。

乙、通商条约

1. 中英商约,自卅五年十二月卅一日向英方提出对案后,尚未获得英方之答复。

2. 中印商约,印度独立后,即积极准备与之缔结商约,经参合各有关机关意见,就中英商约草案加以增删,拟就约稿,于本年十月廿四日正式提交印度驻华大使。

3. 中智商约,七月间着手草拟约稿,现已竣事,准备向智方提出中。

4. 此外,对法、荷、暹、菲、阿根廷、埃及各国之商约,均已开始研究。

丙、空运协定

1. 中英空运协定于七月廿三日签字。

2. 中荷空运协定于十二月六日签字。

3. 中暹空运协定,我方签字手续业已办妥,以暹罗政变,暂缓正式签字。

4. 中法空运协定草案,已于年底由法方提送到部,正办理中。

5. 此外,并与菲律宾、印度等国进行缔结空运协定之谈判。

6. 中英关于中国香港间关务协定迭经敦促英方,始于十二月廿五日将协定最后修正稿提送到部,现已于三十七年一月间签订生效。

丁、中美教育基金协定

本年四月初,美国即将以运用剩余物资充作各种文化事业基金之协定草案照送我国,当经外交部会同教育部及美大使馆代表举行会商,旋于十一月十日正式签定中美教育基金协定,依此协定,美国将剩余物资售款二千万美元从事中美文化及教育之合作。

戊、废除最后一个不平等条约

本年四月一日,与葡萄牙举行关于取消葡萄牙国在华领事裁判权及处理其他事项之换文。从此,再无一外国在华得享此种特权。

此外,我为敦进睦谊增进邦交起见,并继续与各友邦交换使节。兹将三十六年度内我国与各国所互换之使节,列单于次:

①三十六年度我国所派使节

职别	姓名	府令任命日期
驻葡萄牙公使	王化成	卅六、二、八.
。驻印度大使	罗加(家)伦	卅六、二、廿八.
。驻智利大使	吴泽湘	卅六、二、廿八.
驻埃及公使	何凤山	卅六、三、八.
驻多明尼加公使	黄芸苏	卅六、三、十二.
驻土耳其大使	李迪俊	卅六、三、十二.
驻日代表团大使衔团长	商震	卅六、四、十九.
驻哥伦比亚公使	于望德	卅六、五、八.
驻丹麦公使	李骏	卅六、五、廿一.
*驻希腊大使	温原宁	卅六、六、廿五.
兼驻委内瑞拉公使	于望德	卅六、六、廿六.
*兼驻厄瓜多公使	于望德	卅六、七、十一.
*驻奥地利公使衔代表	沈士华	卅六、八、九.(已于卅六、十二、九.任命为公使)
驻加拿大大使	刘锴	卅六、五、廿九.
。驻瑞典大使	谢维麟	卅六、九、十八.
*驻缅甸大使	涂允檀	卅六、十、廿七.
*兼驻玻利维亚大使	保君建	卅六、十、廿九.
*驻奥地利公使	沈士华	卅六、十二、九.
驻巴西大使	郭泰祺	卅六、十二、廿六.

附注：

1. 表内有。号者系指于卅六年度内升格之使馆。

2. 表内有＊号者系指于卅六年度内新设之使馆。

②卅六年度到任之驻华使节

。印度大使　梅农（His Excellency The Honorable K. P. S. Menon）三月廿九日到任

加拿大大使　戴维世（H. E The Honorable T. C. Daris）五月廿一日到任

阿根廷大使　爱司古柏（H. E. Dr. Emilio R. Escobar）六月三日到任

＊玻利维亚大使　穆诺斯（H. E. Juan Munoy Reyes）七月廿六日到任

墨西哥大使　艾吉兰（H. E. General Francisco J. Aguilar）八月廿八日到任

捷克大使　李立克（H. E. Dr. Josef Lelek）九月十九日到任

埃及公使　以斯马仪（H. E. Glias Ismail Bey）一月三十日到任

葡萄牙公使　冯实嘉（H. E. Dr. Joao de Barros Ferreira de Fonseca）三月十三日到任

荷兰大使　樊艾森（His Excellency F. C. Baror Van Aerssen Beyeren Van Voshol）三月廿九日到任

二、接受美国援助

1. 美国转让海军船舰

美国国会一九四六年七月十六日第七十九届国会第二期会议第五一二号法案及杜鲁门总统第九八四三号命令，移转我国军舰一百卅八艘及若干海军船坞设备，业经于卅六年十二月八日正式签订"中美转让海军船舰及装备之协定"，其中九十六艘已由我国接收。

2. 联总结束后美国对我物资救济

美国参、众两院联席会议于一九四七年五月十七日通过三亿五千万美元对外救济法案，根据是项法案议订之"中美关于美国救济援助中国人民之协定"，于卅六年十月廿七日正式签字，美国将以为数约三千万美元之物资供给我国之需要。

3. 美国于剩余物资售款项下拨充中美教育基金

美国国会第五八四号法案（即 Fulbright Act）及一九四六年八月三

十日"中美剩余战时财产出售协定"规定,美国自剩余物资售款项下拨二千万美元充中美教育基金,业经于十一月十日签订"中美教育基金协定",此项基金每年可动用一百万美元,分二十年用完。

4.美国通过紧急援华方案

美国鉴于欧洲经济情势严重,为施行马歇尔援欧计划起见,杜鲁门总统要求国会于十一月间召开特别会议,讨论援欧办法,并首先提出紧急援助法、意、奥之临时计划,其中并无中国在内,惟美国一般舆论以及国会多数议员,均以亚欧局势同等重要,主张中国应列入紧急援助方案之内,旋经两院联合委员会会商结果,同意列入中国款额,交由拨款委员会决定,旋该会以国务院对于援华部分并无具体计划,无法执行。国务院乃建议利用去夏对外救济法案中之余额,俾使中国得以购买若干粮食、棉花、燃料、药品等。最后通过先拨该法案之余款一千八百万元助我。迨十二月十九日杜鲁门总统复向国会提出援欧长期计划时,声明长期援华计划即将于卅七年一月提出。

三、处理中外纠纷

甲、北塔山事件

本年六月五日外蒙军在有苏联标志之飞机掩护下,越过外蒙与中国之边界,深入新疆境内,向我北塔山之驻军进攻。外交部当于六月十一日分别对苏、蒙提出严重抗议,要求苏联政府严惩对于与此事有关之过失人员,保证今后不再发生类似事件,并保留要求赔偿损失之权。对外蒙并要求蒙军立即退出中国国境。同时并向苏联大使馆费德林参事声明事件之严重及中国政府对此事件之重视。六月廿日苏方函复,六月廿二日蒙方照复,均否认事实。六月廿七日外蒙复照竟声称,华军越界侵入蒙境。外交部于七月八日驳复苏方六月廿日之照会,七月十日驳复外蒙六月廿二日之照会,七月十二日驳复外蒙六月廿七日之照会,并重申六月十一日之抗议。八月五日苏方照复仍保持六月廿日照会之立场。八月五日蒙方照复仍否认事实,并称北塔山北麓为蒙境。外交部于九月十一日驳复蒙方八月五日之照会。九月六日外蒙照称,北塔山事件蒙方总损失为蒙币三、三九八、七五二元,要求我方赔偿。我于十一月廿六日驳复蒙方,并声明北塔山区之中国驻军因被外蒙武装力量越境攻击,遭受重大损失,现正由中国政府令饬地方驻军详细查报中,一俟清查完毕,中国政府即将向外蒙政府提出赔偿要求。

此外,外蒙曾在本年第二届联合国大会时提出加入要求,我表示反对,外蒙该项请求因遭大会之否认。

乙、接收旅大案

关于接收旅大事,我与苏方于本年三月开始会商,我方主张我派员接收旅大行政权时,同时派遣足量之军警进驻旅大,苏方以依照中苏协定,旅顺海军根据地之防护由中国政府委托苏联政府办理之。又以现时尚未与日本缔结和约,对日战争状态尚未终止,大连仍应受旅顺海军根据地区域之军事统制,故反对我国军队进驻旅大。我以依照中苏条约,旅顺海军根据地区域全部均为中苏共同使用之海军根据地。又现时日本已投降一年有余,所谓对日作战之事实实际上已不存在,即在对日作战时,中苏协定亦无限制中国军队进入大连之条文,故对于苏方之解释不能予以同意。此种意见经迭次以口头及书面向苏方表示,并要求苏方对于中国派遣军队入驻旅大之决定能充分谅解及同意,但苏方迄未表示同意。

我一方面与苏方继续交涉,一面曾派董彦平等赴旅大视察地方情形,以为恢复我在旅大行政权之准备,但董氏等抵旅顺后,因未能获得苏方所预先允许给予之协助,兼受地方临时行政机构之阻挠,未能达成视察任务。经据视察报告各情,一再照达苏大使馆,以证实中国政府派遣足量之军警进驻旅大实为必要。

外交部以我接收旅大行政权事延未实现,系由于苏方之阻挠,经于卅六年六月二十五日将关于旅大问题之交涉经过发表公报,同时仍继续与苏方交涉,并研拟适当方案,以期打开中苏间关于接收旅大问题之僵局。

丙、九龙城拆迁木屋案

香港政府发动拆迁九龙城内木屋所持之理由为该地系英政府官地（Crown Land），户主并无土地产权，亦未经许可，为防火防疫以谋一般市民安全计，特决定拆迁。由此涉及中英双方对于一八九八年中英展拓香港界址专条规定"所有现在九龙城内驻扎之中国官员"仍可各司其事，惟不得与保卫香港之武备有所妨碍。英方认为，现在九龙城内驻扎之中国官员仅指签订该专条时实际驻扎九龙城内之中国官员本身，此等官员之职务已于一八九九年因与防卫香港之军事需要相抵触而告终止。我方则认为该语系指当时设在九龙城内之中国政府机构而言，中国政府依约在该地得享有管辖权，中国政府虽于一八九九年中国官吏被英方强迫搬出后，未在该地继续设治，但英方亦无法律依据管辖该城。

我于获悉香港政府拆屋计划后，即不断向英方交涉，香港政府于原定迁移限期届满时，曾一再延期。诅至本年一月五日香港政府特采取强制拆迁措施。外交部当即向英方提出抗议，郑重声明我方对于九龙城之管辖权绝无放弃之意，对于所有英方过去及将来违反中英展拓香港界址专条之措施，决难认为合法，但英方如对该专条之解释不同，应循外交途径谋取公平合理之解决。为目前计，香港政府应立即停止其强制拆迁措施，释放被捕居民，不再继续逮捕，并妥为安置此次遭受损失之居民。一月十二日香港政府复派警察进入九龙城，将居民临时所搭陋屋再度拆除，并开枪伤及居民数人。外交部王部长当即面向英大使要求在本案交涉期间，务必中止一切强制行动，并促英方接受我方前次所提要求。英方意见大致为九龙城管辖权问题固可继续商谈，惟香港政府负责卫生行政，自不能不行使其职权。后经连日商谈，双方意见已渐趋接近，诅一月十六日广州各界游行时，竟发生焚毁沙面英国领事馆及其他英商财产之事件，丹麦及挪威二国驻广州名誉领事馆亦遭波及。我除向英、丹、挪各国表示遗憾外，复促英方对九龙城案迅求解决。英方表示九龙城问题不难循正当途径解决，但保护英侨生命财产系一国政府之责任。因此于一月三十日照达外交部，要求赔偿英方所受财产损失,并惩处应负责任之人员。该部亦于同日照达英方,要求赔偿九龙城居民所受损失及伤害,并惩办开枪及命令开枪之香港政府负责人员。现两案仍在继续折冲中。

丁、滇缅划界

中英滇缅界务问题,可分为两段,一为南段已定界,已于民国三十年双方以换文划定,惟尚未竖立界桩。当经外交部于卅六年十月十四日向英方提议,于同年底由双方派员前往勘界,英方以缅甸独立在即不便过问。我乃转商缅政府,缅以忙于接收政权,迟至十二月十六日始向我表示同意,展期于三十七年下半年办理,确定日期仍俟同年七月间再行决定。至是我表示同意。至北段未定界,现以准备未充,暂缓进行。

戊、西沙群岛

西沙群岛主权属我,在我国已认为毫无疑义。惟自二十年以来,法方屡次表示异议。抗战胜利后,我即派舰收复该岛,并驻兵武德岛。法军亦于本年一月间占领白托岛。迭经本部一再抗议,法方主张交付仲裁,我未同意。最近法方对此问题表示作有条件之让步。现仍在继续交涉中。

四、对待战败国家

甲、签订对意和约

草拟对意及对欧洲其余战败国家和约,经波茨坦会议决定,由五强外长会议担任。卅四年九月十一日,该会首次会议召集于伦敦。我国由王部长世杰及顾大使维钧诸氏参加。十二月二日休会。对于一般问题仅作广泛研讨。然终以和约起草问题,苏方与英美等国意见相左,遂无结果而散。嗣为打开僵局,美、英、苏三国乃于同年十二月十六日至二十六日重集商于苏京,对于和约起草程序获有协议,并征得我国与法国同意,就中决定对意和约由美、英、苏、法外长起草,经外长代理人在伦敦及四外长在巴黎会议商讨,克服困难,最后始获协议,乃决定于七月二十九日在巴黎召开二十一国和会。我国派由王部长及钱大使泰诸氏参加,经两月半之紧张工作,得于十月十五日顺利闭会,拟定和约草案五种,对意和约即其中之一。嗣再经外长会议决定,于卅六年二月十日签署对意和约。我国系派由钱大使泰代表签署,并根据该和约规定程序,于十一月二十四日将批准书送交法政府存放,而该和约即自送存之日起对我国生效。此外,我复于七月三十日与意政府在罗马举行换文两件,其一关于解决战争赔偿问题,其一关于处理在华意国若干官产及意侨产业问题。两国关系因此得相当调整。

乙、恢复对奥关系

我国已于卅五年七月七日承认奥地利政府,其在华侨民除纳粹党员外,业经解除敌国人民看待。复于卅六年七月派沈士华为驻奥公使衔外交代表。旋经中奥双方同意,改派正式使节。奥政府即派施德复为驻华公使,我方亦任沈士华为驻奥特命全权公使,业于卅六年十二月九日到任,同年十九日呈递国书。至奥新任驻华公使施德复亦可于卅七年初来华就任。

丙、恢复对德关系

对德和约草案,我方已有准备,惟四外长会议中途停顿,当俟将来和会开成时,相机提出。此外,关于留华德侨已大抵于三十六年度内分批遣送完毕。

五、办理华侨复员

海外侨胞以第二次世界大战及居留地内乱影响,受害甚深,我国遣侨工作分为两种:

甲、遣侨归还原居留地

此事须由各有关领馆先向驻在地当局交涉入境,其中有办理顺利者,亦有感觉困难者,兹分述如左:

a.归还缅甸者

缅方对归侨全部返缅,原则上无异议,但声言缅社会无法容纳,故在返缅速度、人数及次序上,坚持须有限制。送经切实交涉,始允分批返缅,其人数列下:

第一批　一八九五人(三十五年底)

第二批　二六一五人(卅六年春)

第三批　二五〇〇人(卅六年九月)

尚有应还缅甸之华侨计六八三四八人,仍在磋商分批遣送中。

b. 归还马来亚及新加坡者

交涉入境较为顺利,已大部遣送,计新加坡五八五九人,马来亚七四七五人。

c. 归还荷印者

荷印当局初亦限制华侨回境,嗣迭经交涉,始于三十六年夏允许一四〇〇人归去原居留地。现已遣还者约八百人,余在续遣中。

d. 遣返英属北婆罗州者计一八人,遣返沙劳越者计二〇七人。

e. 归还菲律宾者

菲方对于归侨最初限制甚严,仅允在一九四一年间离菲华侨可以返境,嗣经我交涉,是年以前离菲者可允按个别情形从宽核办。现国内等候返菲之归侨共八千六百人,业有三千六百人自行返菲,尚余五千人刻正交涉,要求菲允其分批归去。

f. 归还暹罗者

侨暹华侨前因当地排华风潮及他种原因,先后回国者为数甚多。胜利后除已自行返暹者外,其因无力负担暹境移民入口税二百五十铢者,数亦不少。嗣经多方交涉,暹方准许领有居留证者免税入境。截止本年七月止,经联总遣送返暹华侨之已有报告者计有四批:

本年三月第一批计六〇〇人

五月第二、第三两批计四七四及一六〇人

七月第四批计二五人

共一二六〇人

乙、遣侨归还中国者

遣送海外难侨返国,须有各有关领馆依照遣送标准,验定资格,再洽同行总、联总代表办理手续,计自缅甸及马来遣归者四四八人;自荷印遣归者一五七四人;自英属婆罗州遣归者六五人;自越南高棉遣归者七二人,又自南圻遣归者四〇人,尚有八百余人拟归,亦正设法予以协助。

此外,战时我国在新不列颠岛作战被俘官兵七四二名及被日方强征服务之平民八一三名,又在亚包官兵四一八名,则由澳政府于去年十月起至今年七月止,陆续为之遣送回华矣。

<h2>六、参加重要国际会议</h2>

甲、联合国特别大会

联合国徇英政府之请,于本年四月廿八日举行特别大会,讨论巴勒斯坦问题,其主要目的在成立一特别委员会,并责成该会准备有关巴勒斯坦之问题,向九月间举行之大会提出报告,以供研讨。我国派郭泰祺为出席大会代表。会议结果决定成立特别委员会,从事调查巴勒斯坦问题。委员会由澳、加、印、伊朗、捷、南、瑞典、秘鲁、乌拉圭、瓜地马拉及荷兰等十一国组成,安全理事会之五常任理事均不参加。

乙、联合国大会第二次常会

联合国二届常会于本年九月十六日起纽约举行,至十一月廿九日闭幕。此次会议议程繁重,且性质重要,故我国由外交部王部长世杰为首席代表。其所通过之决议案中,性质重要或兼与我国有关者约如后述:

A. 设立过渡委员会。大会决议于本届大会闭幕后,下届大会开幕前,设立一过渡委员会为大会之辅助机关,所有会员国各派代表一人参加。惟苏联等六国反对,表示不参加。我国代表为使该会不影响大会职权及安全理事会之工作,俾更能加强联合国之基础起见,曾对该会之权力有所建议。而大会之决议案内容,亦颇多与我国之建议吻合。

B. 成立巴尔干特别委员会。希腊与北邻三国阿尔巴尼亚、保加利亚及南斯拉夫之纠纷案,在安全理事会中,迄未获解决,美国乃提交大会讨论,结果通过设立巴尔干特别委员会,其主要任务在促进四国以和平方法解决争端,并监视四国是否听从大会之建议。该会由中、澳、巴西、法、墨、荷、巴基斯坦、英、美、波兰及苏联十二国组成,但苏、波二国已声明不参加。巴尔干问题虽对我无直接利害,但其发展关系世界和平者至巨,故我国极为重视,现已派定薛光前为我国参加该会代表。

C. 成立朝鲜临时委员会。美苏两国对朝鲜之独立问题曾经长时间之谈判,均无结果,美国复曾依据我前次之主张,提议由中、美、英、苏四国共同讨论,亦遭苏联拒绝。美国乃提交此次大会讨论,结果通过设立朝鲜临时委员会,由中、澳、加、法、印、菲律宾、乌克兰、叙利亚及沙尔瓦多九国组成,但乌克兰已声明不参加。该会之主要任务,在监视朝鲜于一九四八年三月以前举行之大选,以促成朝鲜之迅速独立。朝鲜为我邻国,关系密切,我国对其独立自表关切,对此项议案亦乐予支持。现我已派定刘驭万为参加该会代表。

丙、联合国亚洲及远东经济委员会

联合国经济社会理事会于本年三月间通过成立亚洲及远东经济委员会,以处理亚洲及远东之重建工作。查我国受战事破坏最重,且为亚洲唯一大国,该委员会自应设于我国,当经我驻经理会代表之努力折冲,经理会通过该委员会临时办公处设于上海。嗣经我政府之多方协助及予以便利,该委员会第一次会议于本年六月十六日在上海举行。我派蒋廷黻为首席代表,李幹为副代表出席会议。结果决定授权委员会秘书处调查各国经济情形,俾作成报告及建议,向第二次会议提出,以供研讨。

该委员会第二次会议于十二月廿四日在菲律宾举行,我仍派蒋代表廷黻及李副代表幹出席。结果通过有关粮食、工业、贸易及技术人员训练等问题之重要议案多种。

《中华民国史档案资料汇编》第五辑第三编《外交》,第25—38页

外交部为扭转时局案所拟办的事项方案

1949 年 8 月 6 日

扭转时局案第四章第五项具体方案

查我国在国际间之目前处境颇为艰难,欲求扭转现局,自应遵照阎

院长扭转时局案之指示,以"讲理"手段达成"蓄势"外交之目的。

基于上述原则,本部业已订定方案付诸实施,其有于扭转时局案颁发前已经订定实施者,查与上述原则亦尽相符,且所谓蓄势,一在长我之势,一在弱"匪"之势,前者为积极的作法,后者为消极的作法。兹谨将本部所拟各项重要方案及实施情形,分消极的与积极的两方面简陈如左:

一、消极方面

1. 截断"匪区"对外交通,以阻止其与各国之商业关系。

甲、对"匪区"港口之关闭

本部经与国防部呈奉行政院核准后,于本年六月二十日分别通知各有关国政府,决定本年六月二十六日零时零分起,将我一部分领水及港口切实予以关闭,虽经英美等国政府提出异议,我均曾据理驳复。

乙、对"匪区"空中交通之封锁

本部已于本年七月二十六日分别通知各有关国政府,决定将"匪区"以内机场暂停使用,以截断"匪区"对外之空中交通。

2. 阻止"匪区"与各国政府之外交关系

甲、力促各国驻华使节随政府迁移

乙、阻止各国政府对于中共政权之承认

本部自本年四月以来,即已迭电我驻外领分别洽探各驻在国政府对于承认中共政权之态度随时报部,今后仍当密切注视各国态度,并随时将设法因应,务求有效阻止各国对于中共政权之事实的或法律的承认。

丙、力使巴黎四外长会议避免论及中国问题

本年五月巴黎四外长会议,苏联原有意提及中国问题,本部早有所闻,经于会前分别电知我驻英美法三国大使密洽三国当局,严正表示,四外长会议不应论及中国问题,后苏联代表确曾在会中提出对日和约问题,终为英美法三国外长所峻拒。

二、积极方面

1. 充分利用联合国机构巩固我国际地位,取其道义上之声援。

2. 竭力加强与英美法等反侵略阵线之关系。

3. 设法促进美援。

4. 设法促使太平洋联盟之成立。

本部正就盟约内容及提出程序问题详加研讨中。

5. 为避免与美国对日政策正面冲突起见，在不违反我国基本利益之范围内，对日采取主动友好政策。

6. 加强对外宣传，展开国民外交。

附抄本部最近对外宣传指示六项

一、共产运动为"泛世界运动"，今西方民主国家已订《北大西洋公约》于西，而我与菲、韩诸国因鉴于远东赤祸之日益猖獗与民族生存及人类自由之日感威胁，特发起组织"太平洋联盟"，旨在联合并充分发挥远东各大民族自身之反共力量，以阻遏赤祸之蔓延，并进而保障世界人类之自由与和平。目前，西方国家之态度纵属冷淡，对于远东民族奋发自助之精神，虽尚未作有效之支持与鼓励，但信其对于太平洋反共联盟之发展，终必不能漠视之也。

二、西方列强之传统政策及基本利益，系在维持一独立自由之中国，俾成远东稳定力量，优容中共适与此政策及利益背道而驰。

三、中共得势后，缅甸、暹罗等邻国即受严重威胁，尤以香港、越南及南洋一带之属地为然，有关各国如仍优容中共，势将酿成不可收拾之局面而自食其果。

四、西方人士及政府对中共本来面目多未认清，甚或视为左倾进步势力，实则一旦成立政权，必将厉行经济统制，使门户开放政策名实俱废，推动积极措施，使外侨权益乃至经商、旅行、居住等自由，尽失条约及法律保障，并在一般对外政策方面与苏联互相呼应，证诸今日"匪区"虐待外侨之情形及毛泽东"八一文告"所言，即可概见。

五、我政府现正致力于政治、经济及军事之全面改革，业已渐著成效，且我仍保有三百余万陆军，大量海、空及商船，由于战区缩小，又及中共暴行日著，以之巩固西北及华南当可胜任，而中共控制区近来变乱迭起,灾荒荐臻,尤其自我封锁共区港口后,其对外交通濒于断绝,在经济上所遭遇之困难益形严重,是中共不徒不能有效统一中国,抑且渐露败象,今于我方独力支撑远东危局之际,各友邦不加声援而反于精神上予以打击,不独不智,且与己身利益相矛盾。

六、上开各项,应设法使驻在地政府与人民充分了解,尤应发动舆论,起而主张,对于各国报纸之歪曲言论,亦宜相机酌予解说,以释群疑。

《中华民国史档案资料汇编》第五辑第三编《外交》,第38—41页

(二)中朝关系

说明:国民政府支持朝鲜独立,因大国介入,南北朝鲜在建立统一朝鲜国家问题上存在重大分歧,最终双方分别建国。

李承晚将访华
1947年2月22日《中央日报》

(联合社二十日华盛顿电)南韩民主协会主席李承晚称:彼不久将赴中国与蒋主席商讨中韩问题。朝鲜报业协会主席金棠松(译音)称:彼可能与李氏同赴南京,与蒋主席会商后,将赴东京访麦克阿瑟。李氏称:彼将会见甫由汉城抵此之霍奇将军。霍氏抵此后,拒作任何声明。李氏表示彼可能与蒋主席讨论韩国托管问题,盖依莫斯科协定,中国亦与美、英、苏同样有权决定是否实施托管计划也。李氏之代表,林本(译音)已抵伦敦活动,与英外务部会商,以观其对于韩国托管及其他问题之态度。

《中朝中韩关系文件资料汇编(1919—1949)》(下),第1231页

李承晚离美来华

1947 年 4 月 5 日《中央日报》

（中央社华盛顿三日专电）朝鲜南部民主委员会主席李承晚已定明日乘太平洋海外航空公司飞机离此前往汉城，途经明尼苏达州及阿拉斯加，李氏可望于 11 日行抵南京。渠原定 1 日启程，后以商洽搭乘陆军运输队飞机发生困难，因而延期出发。闻陆军部与国务院对李氏之地位，各持不同态度。李氏留美期间曾数度攻击美驻韩负责当局，并指责霍奇将军偏袒左翼之政策，陆军部助理次长裴得森于国务院为李氏觅妥客机后，即时发表声明称：李氏来美，系为进行其"本身"之事务，陆军部认为李氏返韩并无搭乘军用飞机之必需。裴氏继称：陆军部最初允许李氏搭乘军用机乃系误准。

《中朝中韩关系文件资料汇编(1919—1949)》(下)，第 1256 页

李承晚来南京

1947 年 4 月 11 日《中央日报》

（本报十日上海电）韩国革命领袖李承晚，昨（十）晨九时访问在沪中美韩等国各界领袖，中午出席韩侨欢宴，二时半，参加美侨茶会；四时，赴国际饭店参加中韩文化协会、国民外交协会、市妇女会、市参议会及市党部等二十一团体联合鸡尾酒会。李氏于席上称："此次来华无政治任务，此行在向蒋主席已往对韩国援助表示谢意。"渠又称："昨（九）晚会与中央党部吴秘书长通长途电话，定今（十）晚十一时半乘夜车晋京，明（十一）晨十时谒陵，中午赴韩国驻京人士欢宴，下午应吴秘书长铁城酒会与我政府首长晤面。十二日中午晋谒蒋主席，是晚乘车返沪，十三日晨径返汉城。

（本报讯）韩国民族统一本部主席李承晚博士，可于今（十一）日晨由沪抵京。并订于今（十一）日上午十时赴陵园谒陵致敬。午间韩国在京人士欢宴李氏。下午五时吴秘书长铁城在国际联欢社举行酒会欢迎，政府首长及社会名流均被邀。下午七时王外长世杰在官邸欢宴。

明(十二)日午间李氏往谒蒋主席,后(十三)日离京径返汉城。

《中朝中韩关系文件资料汇编(1919—1949)》(下),第 1257—1258 页

对韩国问题我国将有表示
1947 年 4 月 15 日《中央日报》

(本报讯)外交界息:美国务卿马歇尔为敦促苏联对韩统一问题重开谈判,于 11 日曾发表其致苏联外长莫洛托夫函,并分别照会中英两国。兹悉:我国业已收到此项照会,关于我国对韩国问题所持之态度,外交当局不久将有正式表示。

按马歇尔致莫氏函中,曾提出两个步骤,请求苏联与美合作,即:(1)美苏两国同意基于尊重思想自由之民主权利,重行召开两国共同委会,以发展及解决韩国之独立方案。(2)于本年夏季规定一日期,由两国政府审查委员会之工作。

《中朝中韩关系文件资料汇编(1919—1949)》(下),第 1263 页

王世杰外长为韩国独立问题复函马歇尔将军
1947 年 4 月 17 日《中央日报》

(本报讯)外交部于昨(16)日发表王外长为韩国问题复马歇尔将军函全文,用以表示中国对于韩国问题之态度。兹将该函照录如下:

马歇尔将军阁下:

承以 4 月 8 日,阁下为韩国局势致莫洛托夫先生之函件见示,业经诵悉,志为感纫。本人兹愿申述敝国政府对于韩国问题之态度。

韩国之前途与中国有重大利害关系,为中国所异常关切之事。中国人民及其政府一向认为应可能迅速给予韩国人民以独立。自日本投降以迄今兹,历时已久,但韩国境内迄未成立一韩国人民之政府,此吾人所深引为憾者。吾人认为韩国政府之成立与其工作之开展,不容再令延宕。为使韩人早日实现其自由独立之志愿起见,中国政府认为倘占领该国之国家无法及早成立协议,则参加前年 12 月莫斯科协定(关

于韩国问题部分)之美苏英中四国,即应迅速从事全面之协商。本人并(以)〔已〕令驻苏大使将此函抄本分送莫洛托夫先生及贝文先生。

《中朝中韩关系文件资料汇编(1919—1949)》(下),第 1264—1265 页

纽约时报重视我对韩国声明

1947 年 4 月 19 日《中央日报》

(本报十八日纽约电)纽约时报以首页篇幅,登载该报记者就我外长王世杰对于朝鲜问题致美国务卿马歇尔函件。关于此事,该记者自南京发来长达一百五十字之专电。

《中朝中韩关系文件资料汇编(1919—1949)》(下),第 1265 页

解决朝鲜问题的关键

1947 年 5 月 16 日《中央日报》

秉直

为消除彼此间关于朝鲜问题的意见,美苏两国同意将于本月廿日在汉城举行混合委员会,以考虑成立韩国的临时政府。这一次会议的召开,从乐观方面讲,是朝鲜的局势露出一线曙光。但从另一方面看,是美苏在朝鲜的冲突,已经临到决定性的阶段。

这几天来,朝鲜南部,笼罩着极端恐惧的气氛。多数韩人相信,由于美苏两外长几次交换函件的结果,混合委员会纵能如期举行,但假如两国在事前没有带着求成的决心参加会议,从而不能在会议中获致可以实行的方案。韩国将由此招致更悲惨的灾难。多数韩人的具此信念,是基于下列两种推测:第一,如果美苏于此一次会议中,正式决裂,彼此撤退在南北韩的驻军,则北韩的训练有素的武装共产党徒,将迅速掀起朝鲜的南北战争;第二,美苏之间在会议席上的决裂,亦可能是美苏在北纬三十八度界线上的冲突开始,朝鲜将沦为两强的战场。

遭受了近四十年亡国惨痛的韩人,由于复国的心切,所产生的忧惧与悲观的情绪,实在是能为我们同情的。但是,就整个的国际情势看

来,美苏两国在目前似乎尚无力以朝鲜为战场,从事另一次武力的较量。更就美苏两国外长此次协议恢复关于朝鲜问题的谈判,其用意乃在挽救当前朝鲜的局势,并且打算进一步树立以韩人为主的政权。美苏两国似乎无意而且不再假此次会议作为最后决裂的借口。

造成朝鲜今天如此分崩离析局面的,美苏两国应该负全部的责任。当初在对日战争胜利以后,假如四强遵守一九四三年十一月的开罗会议宣言,使朝鲜实现独立自由的愿望,同时中国的东北三省,由中国政府迅速的向日军收回,则今天的东北亚情势一定非常的单纯与安定,美苏两国可因此而祛除无数不必要的猜疑。现在,美苏两国应该明白地看出他们对于解放后的朝鲜,所采取的政策的错误,首先分韩国为南北两部,用人为的力量造成朝鲜人彼此之间的仇恨,其次规定的五年托管制度,引起了整个韩人的愤怒与骚动。这种种不幸的现象,不仅使朝鲜人民陷于怀疑的境地;且使美苏两国,日益猜嫉与仇视。

就最近美苏两外长交换的函件中分析,他们对于混合委员会的是否召开,其主要关键在于下列的异议能否消除,即美国坚持"朝鲜任何民主党派俱不应在筹组新政府协商中遭受摒斥";而苏联则主张"朝鲜反对托管之各党派不得参加组织临时统一政府商谈"。我们承认今天朝鲜内部确有无数意见复杂的党派,但是造成这些纠纷的,乃是由于美苏强行分治韩国的结果。如韩国革命领袖李承晚所说:"朝鲜的人民中,是没有共产党的。朝鲜的共产党是在解放后不久从北方过来的,终于在全国酝酿和散布恐怖。"朝鲜既有了共产党,便连体的出现了共产党所谓的"反动派"。现在,美国尤其是苏联,绝不应该将他们在朝鲜所造成的错误,转而变成朝鲜不能获致独立自由的理由,这是一种最荒谬的逻辑。

朝鲜的问题,必需解决;朝鲜的独立,必需获致。这不仅为中国人所关切,且亦是整个人类的共同愿望。失之东隅,收之桑榆,美苏两国应该及时表现其的大理想,从朝鲜问题上达致两国的谅解,以免失之过晚。为了更彻底、更迅速地谋取朝鲜问题的解决,我们以为应由中英美苏四国参加作全面广泛的商谈。而这正是解决朝鲜问题的主要关键。至于韩国本身,则应鉴于亡国的惨重教训,在李承晚等革命领袖领导之下,统一意志,团结力量,以获取祖国的自由与独立,恢复朝鲜昔日的光荣。

《中朝中韩关系文件资料汇编(1919—1949)》(下),第1274—1276页

永丰电权与中韩关系

1947年5月19日《中央日报》

王璧岑

朝鲜原为箕子之后,与我汉族同出一源,在历史与血缘上,中韩两国,原有密切而不可分的关系。且在地理上,韩国实系中国东北地区延长出来的一个大半岛,所以中韩两国的关系,已非兄弟之邦等字所能形容的了。

正由于中韩在血缘上以及地理上的密切关系,故自一九一〇年八月二十九日日本并吞朝鲜之后,中国自始至终即站在同情韩国的立场,予韩国人民以精神与物质上的援助,韩国临时政府,一向设在中国,国父在广州就任非常总统时,即经承认韩国临时政府。所有不甘被日本奴役的韩国人民,为了保存实力,减少无谓的牺牲,也都先后渡过鸭绿江,离开国土,逃亡到东北以及中国的内地来。仅就东北一隅来说,一九一八年以前的韩国人民已在一百万人以上。对日抗战以后,韩国人民亦均纷纷加入抗战工作。故就中国的立场言,韩国乃与我并肩作战最先的友邦,而就韩国的立场来说,中国实为韩国人争取自由独立,反抗日本侵略的根据地。开罗会议时蒋主席特别提出要求说战后准许韩国独立,此项提案,虽在讨论时被修改,但因此开罗会议宣言中,已有于相当时期内允许韩国独立的规定。所有以上这些,都说明了中韩两国关系的密切,以及中国始终都在协助并促进韩国的独立运动。

日本投降,中国抗战胜利之后,朝鲜即以北纬三十八度为界,由美苏两国军队,分别收缴日军枪械,形成美苏分治韩国的过渡局面,中国

方面也由于苏军的进驻东北,使东北直至今日尚未能完全进行复员建设工作。但这只是暂时的现象,吾人相信美国国务卿马歇尔最近既曾致函苏外长莫洛托夫,立即予韩国以独立,而无侵占南朝鲜的欲望,苏联亦向以不侵犯他国领土为号召,当亦不致有长期侵占北朝鲜以及有碍我东北领土完整的意念与行动,因之吾人愿就有关韩国复兴与以及东北建设前途的鸭绿江水丰水力发电所产权电权诸问题加以商讨。

鸭绿江水丰水力发电所,系于日本占领时代伪"满"康德四年(即民国二十六年),由"满"鲜双方各投资五千万元,共同创办,民国二十六年秋开工修筑,民国三十年八月完成一部开始发电,三十二年秋全部完成,发电设备容量共计七〇〇,〇〇〇千瓦,平均常时出力约计四〇〇,〇〇〇千瓦,为世界第二位水力发电工程。电力为工矿业之母,亦为文明生活重要因素之一。因之水丰庞大之水力发电工程设备,其对中韩复兴建设前途,关系之重大,自可不言而喻。

本来,水丰水力发电工程建设当时,朝鲜系由日本直辖,且所订鸭绿江水力发电事业共同经营合同及备忘录中,亦仅有"日满两国"等字样,据此中国于日本投降以后,除依法接收水丰电权产权之半数外,对其他半数,是有权要求列入日本对中国赔偿部分,全部交由中国接收的。可是中国并没有这样做,这一方面是基于中国人的正义感,另一方面是基于中韩的友谊,认为名义上水丰虽由"日满"合办,实际上仍然是中韩两国人民血汗的结晶,因之,在日本投降以后,水丰的电权,也应该为中韩人民所共有,这是中华民族由正义感而发之于"情"的问题,而不仅是单纯的"法"的问题。

本诸以上的原则,所以我们认为当此韩国迈向独立,东北也正待复员建设的今日,中韩双方对水丰问题,应即本诸情理法理,交换意见,加以商讨。比方就产权问题来说,当时所订"合同"以及"备忘录",既由双方投资各半,则今日应由中韩双方正式商讨后,交换文件,声明水丰水力发电设备,中韩各有二分之一之产权,以便苏军撤退后,中韩双方共同接收,共同继续经营。再就电权来说,原合同规定水丰所发电力各以二分之一分配中韩双方,合同期限为三十五年,则目前中国方面除抢修水鞍轮电线,通知苏方驻军以发电二分之一输入我方外,中韩双方应即交换文件,共同承认原合同继续有效,并保持原定电力分配比例。基于这些,闻东北电力主管当局,前曾数度致函北朝鲜电力总局,期便约期会商,均未获致圆满结果,谅系遭受某方之压力所致,殊为遗憾!

吾人认为鸭绿江水丰水力发电事业,对于中韩关系前途,至为密切,先就中国方面来说。"八·一五"日本投降以前,东北境内计有火力发电所五十九处,水利发电所三处(水丰在内),总发电设备容量连同水丰发电二分之一在内,共计达一百九十一万三千余千瓦,水丰电力华方之半数,当时不过约当东北境为发电设备容量五分之一,日本投降经过苏军拆运,匪军破坏以后,东北残余发电设备之可用容量仅约二十万千瓦,是则今日水丰电力华方之半数已约等于东北残存发电总容量,这在目前东北电力缺乏的情况下,殊属不容忽视,据一般估计胜利一年余来,东北工矿复工者仅约为原有十分之一左右,电力之缺乏,为其主因,因之水丰电力华方之半数,一旦输入,即有助成东北地区工矿复工的作用。次就韩国的前途来说,自从一九一○年韩国被日吞并以来,韩国志士的奔走呼号,奋斗牺牲,无非是为了争取韩国的独立自主,如今日本既已战败投降,当为韩国走向独立自主的最好机会,一旦独立实现,则水丰丰富而低廉之电力,鲜方之半数正好作为复兴农业、兴办工业之资本,应当即早善为运用,勿为第三者所染指。复次,就中韩两国的关系来说,韩国在日本近四十年的统制之下,原来已很薄弱的农工各业,更加贫弱了。然而东北地区,却有极丰富的地下资源,极丰富的大豆高粱,以及已具规模的轻重工业,因之东北农工矿业一旦复兴,正可以东北之富,济韩国之贫,国境毗邻,大利在物资贸易上协助朝鲜之独立建国。且也,中国在过去曾为韩国独立运动,给予不少助力,今后为实现韩国独立,中国当亦决不推卸其应有之责任。

国父在遗嘱中有谓:"联合世界上以平等待我之民族,共同奋斗。"因之无论就中韩历史关系抑就三民主义的立场而言,中韩两国在远东方面均应密切合作。而水丰产权之善为处理,继续经营,虽只不过中韩合作的一小部分而已。但却为今后中韩在经济上合作的一个开端,因之,水丰问题,也就值得中韩人士加以重视了!

《中朝中韩关系文件资料汇编(1919—1949)》(下),第 1276—1279 页

王世杰部长在参政会谈韩国问题

1947 年 5 月 23 日《中央日报》

关于韩国问题,王部长谓:现日本投降已一年有余,而韩国境内尚无一个韩国人民之政府,此中国所最失望之事。现美苏已在汉城协商此一问题,我政府正以极关切之态度,注视此一会议。

最后王部长对于保侨工作,有相当详细之说明。王部长认为我革命基本政策,为对于争取解放与自由的民族寄予同情,此为三民主义信徒必须信守之一个信条,即为我侨民永久利益计,我亦应坚守此信条。因为我国在南洋一带侨民必须与本地民众友好相处,始能继续发展其工商事业。近来东印度等地发生战事,我侨胞之处境极端困难,我政府之政策与努力,在要求冲突之双方予华侨以保护,并予华侨以自卫之便利,若干地方已有自立之组织。至于目前基本保侨工作,仍在与一切有华侨居留之国家订立友好条约,使华侨在条约上获得最惠国之待遇。此等条约在过去一年间,已完成者颇不少。中暹条约、中菲条约,以及中国与若干中南美国家所订新约,均是此种性质。有了条约的根据,保侨的工作当可逐步的推进。

《中朝中韩关系文件资料汇编(1919—1949)》(下),第 1281 页

美苏同意组织韩国临时政府

1947 年 5 月 25 日《中央日报》

(本报讯)据二十四日伦敦广播:美国参加韩鲜美苏混合委员会某代表称:美苏业已同意根据莫斯科会议设立朝鲜临时政府之办法,并已决定开始审查可以参加政府之韩人资格。双方代表即将分别公开会议

结果。

（联合社二十四日汉城电）美苏混合委员会原定星期六发表联合公报，顷延期至下星期一。据悉：两代表团尚需较多之时间，以求对彼等会议进展报告之措辞，取得一致意见。

（联合社二十四日华盛顿电）美国务卿马歇尔告韩鲜诸领袖称：在美苏两国谈判朝鲜统一与独立之际，渠等应保持极端容忍与克制之态度。

朝鲜著名领袖三十九人本年二月间曾致函马歇尔，请于美军留在朝鲜期间仍以霍奇将军充任美军司令。马帅顷答复其中一领袖唐旺连（译音）曰：渠曾多方"鼓励"寻求朝鲜各界领袖一致希望达成朝鲜之统一与独立者，而"渠等且皆深信美军政府系以此为努力之鹄羽。"马帅又称："兹值美苏混合委员会在汉城重开之际，此乃朝鲜之重要关头。该委员会欲求成功，则极端容忍与抑制之态度殆为必不可少者。职此之故，余于接奉诸君之声明之余，乃特表感谢。"

《中朝中韩关系文件资料汇编(1919—1949)》(下)，第1283页

美苏分治下的朝鲜
1947 年 5 月 30 日《中央日报》

纪云

朝鲜面积二十二万一千方公里，人口二千二百八十九万八千。商箕子后商建国，世为我国藩属。秦汉后，改置乐浪、玄菟、临屯、真番四郡。隋唐复为新罗、百济、高勾丽三国，臣服我国。元明两代，仍为外藩。但丰臣秀吉入寇，明室维护力量已见孱弱，日本势力逐渐抬头，至日本明治维新后，朝鲜遂有新旧党争，新党附日，旧党忠清，结果酿成甲申之变与甲午之战。清廷战败后，朝鲜独立，但日本之控制，日甚一日，一九一〇年韩相李完用卖国求荣，上表奏请改奉日皇正朔，于是朝鲜遂于是年八月廿九日并于日本。

在开罗会议中，中英美三巨头商定朝鲜得于战后独立之决议。但

在波茨坦会议中,美英苏又成立美苏两国军事占领朝鲜的决定。因此,日本投降后,朝鲜便以北纬卅八度为界,中分为美苏两国的占领区。南区由美占领,面积三六,七六一方里,占总面积百分之四三点一。北区由苏联占领,面积四八,四八七方里,占总面积百分之五六点九。但以人口而论,南区约占百分之六十,北区则为百分之四十。

苏联占领区多干地,农产落后,多林原,工业在沿海区,及鸭绿江沿岸;工业生产总值约占全国百分之五〇点二,电气、五金、煤矿、炼钢等业均盛。现在的政治中心是平壤,就是朝鲜的古都。北韩的政治活动完全在共党控制下,但由于严密的军事封锁,北韩的实况迄今还是个谜!

美国占领区多耕地,农产甚丰。稻、小麦、大麦、大豆、棉花、烟草均为主要产物。米每年输入日本,数不在少。工业设备多轻工业及化工业,生产总值约占全国百分之四九点八。现在政治中心是汉城,就是韩国的故都。南韩的政治活动非常多难,但李承晚和金九领导的临时政府,却还未获得各国的承认。美国现在正全力准备打开北纬卅八度的界线,使朝鲜有一个举国一致的政府。但过去几度的努力,由于苏联的态度冷漠,希望仍渺。

根据莫斯科外长会议的决定,朝鲜将由中美英苏四国共同托管五年,但这一托管制度,却为朝鲜人民所反对。究竟如何解决托管和统一政府的难题,现在关键不在韩国人民自己,还要看这次美苏在汉城举行的混合委员会作如何的决定。

《中朝中韩关系文件资料汇编(1919—1949)》(下),第1287—1288页

美苏谈判重陷僵局

1947年5月31日《中央日报》

(本报讯)据卅日伦敦广播:美驻朝鲜军总司令霍奇将军对美国会称:渠相信苏联之意向在使朝鲜成为共产党之附庸国家。

(中央社汉城廿九日合众电)美苏混合委员会第一小组委员会,昨

晚无限期停止谈判。高级权威人士谓:该小组委员会作历时三日之讨论后,因关于成立临时政府事宜,混合委员会究须咨询若干朝鲜政党与否一问题而陷于僵局。混合委员会本日下午举行特别全体会议,以期解决第一小组委员会之僵局,然未能获致协议。混合委员会定于卅日再度会议,并于卅一日发表公报。据称:美国坚持凡一九四六年五月廿日前,人数超过十人以上之朝鲜政党均在咨询之列,但苏联则主张缩小咨询之范围。权威人士指出混合委员会去岁所议定限制咨询政党数目为卅个一点,因政局之变幻,已不合实际,尤其朝鲜南部刻有甚多态度中庸之新政党,而一九四六年三月廿日混合委员会初次举行会议时,并无是类政党存在也。甚为明显者,即备咨询之朝鲜政党数目,如受限制,则分明对苏联有利,过去十二个月内,朝鲜之极左翼政党,业已全部合并,使目前左翼政治活动,臻于致为集中之地步,是以假定同意咨询朝鲜南部工党,作为该部分左翼党派之惟一代表,几将使朝鲜南部所有极端党派不能获得合度之代表权。

《中朝中韩关系文件资料汇编(1919—1949)》(下),第 1289 页

美苏关于韩局的谈判无进展南韩贸易团将来华考察
1947 年 8 月 4 日《中央日报》

(本报讯)据一日旧金山广播:汉城美苏混合委员会苏联代表团主席今日否认苏联阻止韩国右翼政党参加韩国临时政府。

(中央社汉城三日合众电)韩鲜美苏混合委员会苏联代表希铁科夫今日在此间记者招待会中(按此为一九四五年来之第二次)称:苏联若接受美国之建议,则将迫使美苏混合委员会与任何美代表团认为合适之党派及社团磋商。按渠此项声明,系针对朝鲜美占领军代理司令勃朗所指苏联谓"接受苏联建议,将使朝鲜临时政府,被民主人民阵线所控制"一语而发者。

(中央社香港三日电)朝鲜贸易代表团,由其进出口部朝鲜贸易局局长李金范及财政局盐务委员金泰东率领,昨日抵此。代表团之任务

为视察中国及香港之经济情形,以谋促进中韩贸易,此经南韩美军当局许可即来之代表团,携来人参二千斤,分装二十七箱,以备换取其极感缺乏之盐五万吨。金氏谈论南韩情形称:南韩与北韩不同,目前各方面均在美军当局指挥下顺利进展,南韩现在争取完全独立途中之政府尚为临时政府。又为促进朝鲜及华南贸易,必要时南韩政府将在香港设立商务处。李氏谈话时,强调中韩文化、政治、经济关系之密切,深信中国可渡过困难,而成为远东方面之安全因素。代表团在港期间,拟会晤港督葛量洪,并与地方工商界领袖讨论促进中韩贸易之各种问题,又代表团亦将赴广州及华南其他各地考察。

《中朝中韩关系文件资料汇编(1919—1949)》(下),第 1308 页

朝鲜独立不容再缓

1947 年 8 月 31 日《中央日报》

　　日本败降,已经两年,这应该是不算太短的时间了。可是虽经过这两年的时间,各种善后问题,大都迁延未决,其中尤以朝鲜问题的搁浅,最引起一般的关切与焦虑。眼见其他各地曾受轴心国家侵略蹂躏的民族,都先后获得解放,获得独立平等的国际地位,朝鲜抑何不幸,徒以地位处于纠纷圈上,至今他的完全独立,仍是可望而不可即的,这不特引起二千多万朝鲜人民的愤懑,同时亦为全世界稍有正义感的人士所深感不平。

　　朝鲜独立的原则,久经世界爱好和平国家的公认,中英美三国参加的开罗会议,更曾予以确切的保证。这就是说,全世界爱好和平各国,特别是中英美三国,对朝鲜的解放,是负着一种道义上的责任;朝鲜独立一日不能现,此种道义上的责任即一日不能解除。在中英美三国之间,尤其是中国,由于历史的和地理的种种关系,对朝鲜的命运,更是不容漠视,不能任其迁延。

　　朝鲜今日是处于美苏两国的分别控制之下。由于两国政策的迥不相侔,两国的控制区,成了两个隔离的世界,独立不可得,同时统一亦不可能。这种现状,显然是违反了朝鲜人民的意志的。朝鲜是侵略的牺

牲者,在侵略国被击败了的今日,仍然受到这种不合理的宰割,世界上不平之事,宁有甚于此者!

美苏两国,为打破这种僵局,曾在汉城进行谈判;可是谈判迁延数月,纵有若干零星事件获得协议,而主要问题,都无结果。汉城谈判所以搁浅的责任,我们不拟在这里追究,好在事实俱在,明眼人自不难复按。可是,朝鲜问题迟迟不能解决,我们中国的关切,都与日俱增,再不容我们默尔无言。

中国于朝鲜独立,不仅在感情上衷心切望,于道义上负有扶持的责任,即从整个亚洲的和平中国自身的利害关系来看,亦感觉有促其早日实现的必要。中国近百年的历史指明:侵略者进入朝鲜,往往是进入中国的初步;朝鲜而置于被侵略的威胁之下,中国的东北地区,即旦夕难安。今日东北共匪的勾结韩共,更使我们深恐朝鲜问题如再不解决,可悲的历史或竟会重演。所以我们于美苏的汉城谈判,始终深切关怀,希望它能有重大的成就。然而这希望终于幻灭了!

美国因为与中国同样对朝鲜独立负有道义上的责任,所以于汉城谈判陷于僵局之后,更建议由中美英苏四国于下月八日是在华盛顿会议,来解决朝鲜问题。这个提案,为我们所竭诚欢迎,自无待言。

我们深知,两年来迁延未决的朝鲜独立问题,日后的华盛顿会议是否能合理解决,是无人敢于保证的;甚至连四国会议是否能顺利开成,都在未定之天。然而我们却不能因此即放弃了这种尝试;并且,纵然一次失败,我们还要二次三次的尝试,终必使问题获得解决而后已。以往各种国际会议的经验告诉我们,一时显得不可解决的问题而终获解决,并不是绝对不可能的。

我们希望未来的华盛顿会议能够解决这个问题,但我们却不希望为迁就强权者的要求,而违背了朝鲜人民的愿望。朝鲜人民的愿望,我们认为主要可以归纳为三点:第一、独立自主必须是无条件的,一切管制、一切外国的干涉,不论是用什么藉口、什么名义,都不容存在。第二、朝鲜必须有真正能代表人民的政府,换言之,这个未来的政府,无论由何种方式组成,必须经由朝鲜人民的自由意志选择出来。第三、朝鲜的领土不容腰斩为二,必须有实质的统一,不容以任何方式来行变相的分治。这三点,可说是朝鲜立国至低限度的条件,对朝鲜独立负有道义责任的国家,必须予以支持而不应轻易退让的,中国自然首先不愿放弃这个责任。

复次,未来的华盛顿会议,除了为朝鲜命运之所系,同时还是各强国对世界和平秩序的建立是否具有诚意的试金石。会议如竟告失败,世界势将更增加不安的因素。这个会议将为全世界所瞩目,所以我们于会议召开的前夕,更希望全世界爱好和平的人士,能对正义的主张作精神上的声援!

《中朝中韩关系文件资料汇编(1919—1949)》(下),第 1314—1316 页

四国讨论韩国问题　我正式同意美建议

1947 年 9 月 2 日《中央日报》

(本报讯)外交部对美政府邀请中国政府参加华盛顿会议,讨论朝鲜问题事,已正式表示同意。该项复文已于昨(一)日送达美国驻华大使馆转致美政府。

(联合社一日莫斯科电)共产党之真理报本日撰文抨击美国在朝鲜美苏混合委员会之代表,谓彼等于实现一九四五年莫斯科会议中关于朝鲜之决议时,越趄不前。该文作者写称:朝鲜人民正等待莫斯科诺言之实现,混合委员〔会〕活动之停止,谁应负其咎,对任何人其答案已非秘密。因而委员会之工作,困难乃接踵而至,然后始知美国代表对莫斯科决议之实现实毫无诚意也。

(中央社华盛顿卅一日合众电)此间星期明星报社论称:美国当前对朝鲜可能采限之惟一政策,系在南韩美管治区内建立韩国政府,且以各种有益于该区复兴之援助,以加强此一政府。该报称谓:美国建议于九月八日在此间举行之四强共商朝鲜问题之会议,其成立协议机会之渺茫亦如在朝鲜进行谈判之美苏混合委员会,然而此四强会议藉以表

明苏联对于朝鲜事项所表现之推托与失信,将可使美国在南韩推行本身片面之政策,变得更有力之道义与外交之支持。

《中朝中韩关系文件资料汇编(1919—1949)》(下),第 1316—1317 页

美将要求联合国干涉韩国僵局
1947 年 9 月 17 日《中央日报》

(中央社华盛顿十五日合众电)据可靠人士称:美国已决定要求联合国干涉美苏之朝鲜谈判僵局,目前之问题仅为何时宣布此意。该发言人拒绝透露美国计划之细节,然渠称:美国将要求联合国委员会调查朝鲜情形,并建议在一临时政府下求朝鲜政治统一之计划。美国发表声明之日期尚未确定,然可能于本周内在纽约发表,盖马歇尔刻正在纽约率领联合国美代表团也。

《中朝中韩关系文件资料汇编(1919—1949)》(下),第 1326 页

王外长在联大记者招待会上谈朝鲜问题
1947 年 9 月 20 日《中央日报》

(中央社佛拉辛草地十八日专电)王外长世杰本日向我国采访联大新闻之访员及此间侨报记者等十四人称:中国代表团来此时,并未具有成见,而将以独立公正之态度就大会各种问题,权衡其轻重。王氏于大会发表演说后,未几即举行首次记者招待会,并强调谓:公正之原则,乃我国代表团行动之指针。外长声称中国赞成美方之建议,主张大会讨论协助朝鲜尽速获得独立之方法及途径。王氏检讨自一九四三年开罗宣言以来之朝鲜局势,并称:大会能否就解决朝鲜问题谋致令人满意之计划,殊属疑问,而解决朝鲜问题之关键,乃在于中美英苏四国能否就大会所决议之任何方案获致协议。关于建议中之对日和约初步会议,外长表示中国之态度已于其离国时在上海发表之声明中大致阐明。并曰:中国深信所采立场系属公正,并希望中国之建议能由远东委员会其他国家善予考虑。记者复询王外长如日本问题提出大会讨论,则中

国代表团作何反应,外长认为此点甚少可能,因对前敌国媾和之工作,系由外长会议负责。朝鲜并非前敌国,故朝鲜问题可由大会讨论,王氏称:中国代表团对美国建议设立大会临时委员会,现仍在考虑中,渠重申中国之立场,谓否决权应节制使用。

《中朝中韩关系文件资料汇编(1919—1949)》(下),第 1327—1328 页

联大指导委〔员〕会通过将韩国独立问题列入议程
中国赞成联大讨论韩局势
1947 年 9 月 23 日《中央日报》

(中央社成功湖二十一日专电)大会指导委员会今日以十二票对二票,通过建议大会,讨论美国所提之朝鲜独立问题,苏代表葛罗米柯辩责大部分委员之意见,指责马歇尔在十七日之大会演辞中"错误及歪曲"报道朝鲜之情势。并称:最近美苏混合委员会关于朝鲜独立谈判之未能成功,应归咎于美国,而并非苏联。葛氏称:根据一九四五年十二月十九日四强莫斯科协议,朝鲜问题应由苏美中英之谈判解决,美国将该问题提交联合国大会,系违反其与其他三强之协定,故此事为"不合法"。

(中央社成功湖廿一日专电)中国今日宣称:支持美国所提包括朝鲜独立问题于大会议程内之建议。顾维钧今日向联合国大会指导委员会所发表之声明中称:中国代表团,同意将美国所提有关朝鲜独立之建议置于本届大会议程内,吾人并愿阐明中国采取此种行动之立场。根据中美英三国在埃及所缔结及苏联在波茨坦表示遵守之开罗协定,四强曾保证恢复朝鲜独立。一九四五年十二月美英苏三国所缔结而中国亦表示愿遵守之莫斯科协定中,亦规定四强应有所磋商及协议,以便成立朝鲜临时政府,并促使自由独立朝鲜早日实现。吾人获悉:迄今四国同时无任何修改上述两协定或有修改上述两协定效力之新协定,故上述两协定中规定之义务,仍对四强有充分之约束力。朝鲜之前途,乃中国所最关切者,吾人希望能竭尽一切努力,促使其有充分独立及自由之

朝鲜,得以早日实现,并参加联合国组织。

《中朝中韩关系文件资料汇编(1919—1949)》(下),第 1329—1330 页

王外长发表韩国问题声明

1947 年 10 月 21 日《中央日报》

(本报讯)据廿日纽约广播:中国外交部长王世杰昨晚为韩境美苏军撤退事发表声明称:美苏军队由韩境撤退之任何协议,必须征得中英两国之同意。

(中央社汉城二十日合众电)苏联突于今日下午一时中止朝鲜美苏混合委员会之谈判,苏代表希铁科夫已口头向美代表勃朗表示,苏政府已命令苏代表团返回北韩平壤。希氏之简短声明中,抨击美代表团所采取立场,已不能实行莫斯科会议之决议。希氏同时称:苏代表团刻已运用一切力量,以求尽速履行莫斯科协定,同时更在朝鲜临时民主政府领导下,建立一独立团结之国家。美国代表在十九日第六十二次会议中,已建议该会在未获联合国要求协助前暂行休会,然希氏之声明并未说明苏联之退出会谈是否为接受美国之建议,抑为片面结束该委员会(该会自一九四七年五月十日以来即毫无成就),汉城美军当局几一致认为苏联此举系片面结束该委员会,彼等之论据为:(一)苏代表团最近在南韩扩充间谍网;(二)希铁科夫在退出该会之声明中,显欲将该会之失败完全归咎于美国。

《中朝中韩关系文件资料汇编(1919—1949)》(下),第 1345 页

顾维钧重申希望朝鲜早获独立

1947 年 10 月 30 日《中央日报》

(中央社成功湖二十八日专电)我出席联合国代理首席代表顾维钧大使,今日在联大五十七国政治委员会就我国对联合国考虑朝鲜问题之立场,作首次一般性之声明,顾氏在历时二十六分钟之声明中称:我国代表团对美苏两国今日所提建议之详细意见,将于缜密研究后提

出之。但渠今日就我国所最希望者列举我国这一般立场,此即希望朝鲜人民早日获得独立是也。鉴于美苏混合委员会未能树定建立朝鲜独立之基础工作,及中苏美英诸强会议未能见诸实现,中国乃愿接受联合国所能给予之任何援助;以早日履行莫斯科协定中关于朝鲜独立之部分。顾氏对苏联所提撤退占领军之建议,在原则上表示同意,但渠强调在撤军以前,有若干基本条件如有效之民主政府及维持法律与秩序之规定等,必须取得保证,撤军之确切日期及条件应根据莫斯科协定由四强进行充分磋商后决定之。渠反对澳洲所提朝鲜独立问题作为对日和约谈判之完整部分考虑之建议,盖此种程序将无限期延迟朝鲜之独立,是则对于并非为敌人之朝鲜人民极为不公也。朝鲜之前途,乃中国及全世界所深为关注的问题,是以朝鲜人民之早日独立,对于远东和平及安全之因素关系,殊关重大。顾氏指出朝鲜之战略地位,为中国之门户及其在帝俄与日本之斗争中所用以作为工具之位,使吾人了解独立之朝鲜实为东北亚洲之和平及安全所不可或缺者。我国政府一向认为朝鲜人民应早日恢复完全独立,职是之故,中国曾在开罗会议中建议朝鲜独立,中英美三强所作之此一诺言,其后曾又为苏联在莫斯科所赞同,故四强全体均对朝鲜独立之原则负有义务。关于此点,顾氏又提醒各国代表称:"余欲表明余之遗憾,即苏联代表于提及莫斯科协定时,竟未提及中国,余确信此仅为一时之疏忽,盖以该协定订立后,中国立即被邀参加也。"后来加入协定者与原来订立协定之国家应负同样责任与义务,此乃明白之事,苏联本身即曾经由事后加入之同样程序而成为开罗协定之一员。根据莫斯科协定,美苏混合委员会应负准备成立朝鲜政府之责任,但中国所认为适应者,即混合委员会之未能达成协议,故中国政府曾于本年四月以照会一件,交予美国,另以副本分送苏英两国,力促勿再稽延此事。并建议如二强混合委员会不能获致协议,即应召开四强会议,迄今已有六月,而僵局仍未打开。顾氏指出渠曾以关切之态度注视美国之声明,谓美国于八月建议中曾论及四强会议之事,亦曾闻美国代表谓苏联对上述主张表示拒绝,惟拒绝之理由迄今尚无所

闻。中国认为如二强或四强磋商不获协议，"则联合国大会对该问题
之意见似为适当之途径，藉以取得联合国之协助，而予朝鲜人民以
独立。"

《中朝中韩关系文件资料汇编(1919—1949)》(下)，第 1347—1349 页

联大辩论韩国独立问题

1947 年 10 月 30 日《中央日报》

（本报讯）据廿九日纽约广播：联合国政治安全委员会今日上午十
一时开会继续讨论朝鲜问题，其第一项为讨论苏联之建议，即自朝鲜南
北两部选出韩人代表，参加联合国关于朝鲜问题之讨论。

（本报讯）据二十九日纽约广播：联合国政治委员会昨晚开会，讨
论朝鲜问题。美国代表在会议上重申美国提案，主张联合国组织委员
会监督南北朝鲜于明年三月以前举行大选，大选后再行撤退美苏驻军。
苏联代表则提出处理朝鲜事件新建议，主张：(一)美苏占领军于一九
四八年年初同时由朝鲜撤退；(二)邀请南北朝鲜两方代表出席联合国
大会，申述意见，以便决定组织未来朝鲜政府。苏代表并请求会议先行
讨论苏方上项建议案。会议至此未获任何决议，即宣告暂时休会。

（联合社廿九日成功湖电）苏联今日要求准许邀请朝鲜人民选举
之代表来此参加联合国关于朝鲜独立问题之讨论，美国表示反对。美
国发言人称：苏联此项建议殊非必要，显系企图延迟甚至阻止联大此项
会议对此问题采取行动。美国代表亦反对苏联所提联合国命令美苏两
方于明年一月一日前撤退其在朝鲜之驻军之计划，因渠等咸信朝鲜北
部之共产党已准备使朝鲜全国均归共产党政府之统属也。

（中央社成功湖二十八日专电）联合国大会之政治安全小组委员
会，本日改变以前决定讨论修正意国和约问题之初衷，而开始讨论更为
迫切之朝鲜独立问题。美代表杜勒斯顷提出美国所拟之决议草案，表
明美国之立场。美国之草案规定早日选举朝鲜国会，组织国民政府，而
以井然有序之方式接管南韩及北韩政府之工作，撤退所有驻军。依据

美国议案,此三步骤俱当受联合国监督。杜勒斯谓:美国之议案并非责难性质,而实为朝鲜前途之一希望,渠敦促大会支持美国之立场。苏联代表葛罗米柯立即加以质询,渠认为依据苏联观点,朝鲜问题不当由联合国大会讨论,而应由直接有关国家讨论之,盖此为关于战后解决之一般问题。苏联之立场立获波兰及乌克兰之支持。顾维钧大使代表我国发言,渠提起一九四三年之开罗会议,中国当时曾建议早日使朝鲜恢复独立,然此点并未成功,中国本年四月复建议中英美苏举行会商,讨论履行四强于莫斯科协定中对朝鲜人民之共同诺言,然苏联反对此议,中国政府认为如美苏不能以占领国家地位或以签订莫斯科协定之国家之地位获致协议,则惟有诉请联合国协助实践该协定之目的,方为实际之途径。本晨之另一发言人为澳代表伊瓦特,渠在原则上赞成美国建议。

(中央社成功湖二十八日专电)联合国政治安全小组委员会本日下午辩论朝鲜问题,五强代表中就此问题发言之第四人英代表贾德干,充分支持美国建议。贾氏称:美苏混合委员会既告失败,而美国建议举行四国会议讨论朝鲜问题一议,复因苏联反对而未果,则联合国大会具有考虑朝鲜问题之一切权利。渠论及双方所提美苏双方立即同时撤退韩境驻军建议,谓此种突然撤退,可能引起危险之混乱局面,渠须作审慎之考虑后方能接受此议。至于苏联之邀请朝鲜人民所选举之代表出席联合国一议,贾氏亦表示反对。渠指陈如欲朝鲜选举产生代表及时赴至纽约出席联合国大会,实属不能,亦无此必要,盖目前并未有强迫朝鲜人民为其所不愿或有损其利益之行动。南斯拉夫则竭力支持苏联之撤兵及朝鲜派遣代表出席联合国大会参加辩论之建议,南斯拉夫代表建议政治安全小组委员会,将朝鲜问题自议程中撤销,委员会主席称此乃不可能者,盖朝鲜问题系由联合国大会通过列入议程,而交予政治安全小组委员会讨论者。南斯拉夫代表发言后,并无他国代表发言,故政治安全小组委员会乃散会,而于廿九日再举行会议,苏联代表葛罗米柯已通知小组委员会,渠将敦促以关于朝鲜代表应否参加之决定,作为首先考虑之事项。

《中朝中韩关系文件资料汇编(1919—1949)》(下),第 1349—1351 页

联大续议韩国问题

1947 年 10 月 31 日《中央日报》

(本报讯)据三十日纽约广播:联合国政治委员会昨晚开会讨论朝鲜问题时,美代表对苏代表前日所提之处理朝鲜事件新建议表示在原则可予接受,即同意朝鲜代表可被邀请出席联合国大会申述意见,但仍主张由联合国大会组织特别委员会,立即前赴朝鲜监督朝鲜于明年三月底以前举行大选。苏联代表随即攻击美方上项主张,苏代表认为美仍坚持遣派委员会赴朝鲜监督大选,即无异抵消接受苏联之新建议。乌克兰及白俄罗斯代表立即附和苏代表之意见。比利时代表则指责苏联新建议,表面上虽似乎加惠于朝鲜,而实际上则可能延缓朝鲜事件之解决。最后中国代表顾维钧表示:于朝鲜组织政府问题未获解决前,美苏同时由朝鲜撤兵可能引起朝鲜发生内战。

(本报讯)据三十日纽约广播:联合国政治委员会本日恢复朝鲜问题之辩论时,印度代表森氏首先发言,反对苏联所提邀请韩人代表来联合国备咨询之建议。彼认为苏联之建议如获通过,韩国独立办法之拟定又将延缓一年。森氏亦反对美国所提联合国派临时委员会赴韩从事咨询工作之修正案。彼认为政治委员会应立即讨论问题之真正核心,即讨论美国所提设立委员会监督朝鲜选举及撤兵之建议案。

(中央社成功湖二十九日合众电)美国顷指责苏联所提邀请朝鲜人士出席联大参加朝鲜问题之讨论之建议,为不切实际,并另行建议授权联合国临时委员会赴朝鲜作上述讨论,此项建议系由美代表杜勒斯提出。杜氏对苏联所提与朝鲜人士咨商一节,表示欢迎,因此点至少表示:(一)苏方现已承认朝鲜独立之问题为联合国所应讨论之问题;(二)苏联承认必须与朝鲜人士有所咨商;(三)苏联已承认必须与真正代表朝鲜人民之朝鲜人士咨商,而非与挟有军力而居官位之朝鲜人士

咨商。故杜氏建议修正苏联之建议,在咨商一段之后,加入"授权联合国临时委员会赴朝鲜,举行此种咨商"一节。并谓:吾人必须觅取切合实际之方法,以取得咨商,故美国愿接受苏联之建议,但须加以修正。继起发言者,为白俄罗斯代表克斯雷夫,渠谓:苏联建议邀请朝鲜人士来此间参加政治小组委员会之讨论,显为公正之办法。旋由法代表梅维尔发言,谓苏联之建议"实极公允",但"吾人如何能获得朝鲜人民之真正代表则颇成问题"。渠对杜勒斯所提关于苏联建议之修正案亦表反对,谓杜氏所云乃一实质问题,而苏联之建议仅为一程序问题。

(中央社成功湖廿九日专电)今晚苏联正式向联合国提交驻韩军队撤退建议书,该建议书中所据各节均已见于前此苏代表向大会政治小组委员会发表之演说中,该建议要求小组委员会建议苏美同时于一九四八年初撤离朝鲜,以便朝鲜人民自己设立朝鲜国民政府。中国今晚亦提出关于苏联建议案美国修正案之修正案。按苏联建议案系主张邀请朝鲜人士参加讨论,中国除建议若干之文字修正外,并主张删除关于"南北韩"代表之规定,俾不致损害韩国获得统一代表权之可能。

(中央社成功湖廿九日合众电)消息灵通人士称:美国代表团相信目前获有其他联合国代表之足额支持,上述之代表均主张联合国大会通过美国所提之建议,即由联合国委员会监督朝鲜之选举,建立朝鲜独立政府,以及美苏军队撤出朝鲜。然美国代表团人士承认联合国委员会或将通过印度为增强美国建议所将提出之修正案,即改变联合国委员会之任务,使之由"观察家"之地位转为"直接监督"朝鲜之选举及建立朝鲜独立政府。

(联合社三十日纽约电)纽约时报社论称:"美国之企图重新统一朝鲜,并执行战时之四强托管与朝鲜临时民主政府两项协定均因苏联之阻挠而未成功。目前联合国大会中关于朝鲜问题之争辩,似为十一月间伦敦外长会议之预演。"

《中朝中韩关系文件资料汇编(1919—1949)》(下),第 1351—1353 页

联大政治委员会通过美国关于朝鲜问题的建议

1947 年 11 月 1 日《中央日报》

(本报讯)据三十一日纽约广播:联合国政治委员会昨晚开会时,再度讨论朝鲜问题,美国代表提议联合国选派临时性质小组委员会前赴朝鲜,负责监督并保证被选出席联合国大会申述意见之朝鲜代表,确系由人民合法所推选而非由军事当局所指派者。会议当即以四十一票对零票通过美国代表所提上项建议,苏联及乌克兰等若干国家放弃投票。会议随将苏联代表所建议,联合国不先选派委员会赴朝鲜而由朝鲜人民自行选举代表出席联合国大会申述意见(之)〔及〕提案付予表决,该案以三十五票对六票遭否决。苏联代表最后表示称:苏联政府今后将不参加未获朝鲜人民同意而由联合国大会选派赴朝鲜之临时小组委员会,且亦不拟与之合作。

(联合社三十一日纽约电)联合国大会今日将对全球谴责战争宣传一案作最后批准。该案系于廿七日经大会之政治委员会通过,其中吁请联合国之每一会员国采取适当步骤,以各种宣传方法,促进各国间之友好关系。美国则预定在大会巴勒斯坦特别委员会所属之一小组会中发表重要声明。预定提交大会者尚有保证战犯、叛国者及傀儡交付其犯罪所在地国家审讯之建议案。

《中朝中韩关系文件资料汇编(1919—1949)》(下),第 1353 页

联大政治委员会否决苏联关于朝鲜问题的建议

1947 年 11 月 6 日《中央日报》

(本报讯)据五日纽约广播:联合国大会之政治委员会顷以二十票对六票(另七票弃权)否决苏联之建议,即由联合国吁请美苏两国于今年年底自朝鲜撤退所有军队,并任由韩人在不经同盟国协助下设立其本身之政府。此议被否决后,苏联集团立即宣布将抵制美国之建议。苏代表葛罗米柯宣称:彼不能参加关于美国建议或亦修正案之表决。乌克兰代表曼纽尔斯基接称:彼亦不能参加表决,盖美国企图在朝鲜设

立傀儡政府,并以之为军事基地。委员会旋以三十四票对零票(四票弃权)通过印度之建议,其内容系强化美国之建议,更明白确定选举必须于明年三月底举行。

(本报讯)据五日纽约广播:联合国政治委员会顷通过菲律宾所提之修正案一项,吁请所有会员国在朝鲜独立之准备期间内,除遵从大会之决议外,应避免干涉朝鲜人民之内部事宜,在朝鲜独立后,亦勿采任何行动,致危及朝鲜及主权。

(本报讯)据五日伦敦广播:联合国政治委员会昨日开会时,美国代表提出处理朝鲜最后修正案,该提案内容主要点如下:(一)朝鲜于明年三月三十一日以前举行选举,此次选举并非分区选举而是全国性普选。(二)普选结束后即行成立朝鲜全国性政府及国民议会。(三)建立国家保安军队维持□□地方治安。(四)朝鲜国民政府成立九十天内,美、苏军队共同开始由朝鲜撤退。美国提案最后又声明,上述各项处理朝鲜步骤之实行,必须完全受联合国大会选派之特别委员会指导与监督,该委员会又必须在朝鲜南北两区有完全行动自由。苏联代表对于上项美国建议案进行抨击。据称:美国对朝鲜建议案,其目的系将朝鲜沦为牺牲品,并企图在朝鲜建立军事根据地,此乃违反波茨坦协定,朝鲜事件之惟一解决办法厥为美、苏两国立即由朝鲜撤兵。美国代表随即郑重发表声明称:美国亟愿早日由朝鲜撤兵,美国亦无在朝鲜建立军事根据地之意向,美国仅认为在朝鲜全国性政府未成立之前撤兵,则其后果可能引起朝鲜发生内战。中国代表顾维钧至此随即发表意见称:中国完全赞同美国之主张。顾氏又称:按照朝鲜目前实际情形,获悉朝鲜北部确有由苏联训练编成之韩军十五万人,而朝鲜南部则并无军队,如果美、苏同时立即自朝鲜撤兵,显然即将发生严重后果,此种后果不独影响朝鲜本部未来局势,且亦将影响中国东北九省未来局势。顾氏最后又郑重声明称:朝鲜事件之解决必须先由中、美、英、苏四国代表获得协商后,方可作最后决定。

(联合社五日成功湖电)据此间今日各种迹象观之,苏联似将拒绝任何派赴朝鲜之联合国委员会，并拒绝其前往刻为苏军所占领之朝鲜北部地区。苏联前曾拒绝联合国派赴巴尔干之委员会。苏外次葛罗米柯昨日发表长篇演说，反对美国所建议之特别朝鲜委员会时，首称：此项团体"绝无法律根据"。此乃苏联对巴尔干问题以及拒绝参加草拟"小型大会"计划之委员会时所用之同样论据。朝鲜问题今日在联大五十七国政治委员会中提付表决。美国关于在建立朝鲜政府以前设立一联合国委员会以监督朝鲜选举之建议可望通过，并将使苏联宣布不合作。诸代表首先投票表决苏联所提美苏两国于一月一日各自其占领区撤军之建议，此案未获通过之机会。苏联首先坚称：朝鲜问题在联合国绝无地位，一切问题当由美苏以占领国之地位予以解决。美国立场则为此案之所以提交联合国，乃因美苏谈判业已进行两年而毫无结果也。

　　（中央社成功湖四日专电）荷代表赫格伦治今在政治小组委员会宣布：荷兰反对苏联所提军队撤离朝鲜以前之办法，此为辩论朝鲜问题开始论及"以十五万训练装备均佳之朝鲜军队接防北部"一问题以来荷代表之首次起立发言。赫格伦治称：关于苏联建议，政治小组委员会应于考虑者，即此一支军队在北韩出现一事。渠称："此种军队难免不受诱惑，而向在军事组织上比较落后之朝鲜南部推进。"今日辩论席上之另一重大发展，为菲代表罗慕洛所提对美国办法之修正案，菲修正案要求为所有联合国在朝鲜准备独立之过渡时期，勿干涉朝鲜人民之事务，唯对于推行大会决议案方面则为例外，故各国须完全终止其有损朝鲜独立之任何行为。罗氏复称：如所有国家，尤其直接有关之二大国，不片面干涉朝鲜内务，则朝鲜问题自可迎刃而解。按将朝鲜问题提交联合国大会者为美国，而苏联则坚决反对联合国之出而"干涉"，故一般皆认为菲律宾之修正案乃苏联所主使者。

《中朝中韩关系文件资料汇编（1919—1949）》（下），第 1353—1356 页

联大政治委员会通过韩国独立计划

1947 年 11 月 7 日《中央日报》

（中央社成功湖五日专电）联合国大会今暂时通过美国所提在联合国九人特别委员会监督下成立独立朝鲜政府之计划。计划之中并规定其后朝鲜境内占领军撤退之办法。美国之提案以四十六票对零票，四票弃权之压倒多数在大会政治委员会通过。新朝鲜委员会之正式成立可以确定，然一般人士认为，此案，提交全体大会后，美国之胜利殆属暗淡无望，不过纸上胜利而已，盖以苏联与美国相同，均未参加此中立之委员会。而其□□之支援者，并曾扬言拒不参加委员会工作。如是，对于朝鲜北部言之，无异对美国之提案施以否决权。中国昨天所提之主张，在撤退军队之办法完成前，由参与莫斯科协定之四国先行磋商一案，今晨已因提出新修正案而由顾维钧大使撤销。新修正案中未提及参加莫斯科协定之四国，惟主张先行与联合国朝鲜委员会（中国为委员国家之一）咨商。从保证中国参加关于撤军办法之协商。中国之新修正案以及印度、菲律宾所提之修正案，均由美国接受，并由委员会以四十四票对零票，四票弃权通过。中立观察家对于委员会实际促进朝鲜独立之可能，多表悲观。惟某一官员称：大多数代表团均认为目前朝鲜人民如是惨痛，联合国所采取之任何予以协助之姿态，均应予支持。

美修正案全文（从略）

《中朝中韩关系文件资料汇编（1919—1949）》（下），第 1356 页

刘总领事即赴汉城

1948 年 1 月 9 日《中央日报》

（本报讯）我国已派定刘驭万为驻韩国汉城总领事，韩驻华代表团闵石麟氏特发表《欢送刘总领事驭万先生赴韩》一文，简志如下：刘总领事驭万，即将赴韩莅任，余谨代表旅华韩侨，敬致欢送之忱。刘总领事曾出席太平洋会议及华盛顿会议，此次奉命赴韩，必能为中韩两民族奠定永久亲善之基础。同时刘总领事此次赴韩，亦为中韩外交三十六

年来破题儿之喜事,值得吾人纪念。

当韩国临时政府自重庆返国时,中央以邵毓麟先生为驻韩代表,韩国人士□听之余,莫不引颈翘望,以待邵氏之莅临。各界韩胞,且曾筹备欢迎会,以资盛大之庆祝,乃以其他要务,不克前往,凡与邵氏友好之韩胞,均感怅惘,乃□刘总领事即将赴韩,余深盼其早日莅任,以慰韩国华侨及韩人各界人士之渴望。

愿韩国现处两大外国势力分割之下,刘总领事虽以中国外交官之资格前往汉城,但韩国本身尚未树立正式政府,不特无法善尽主人之身份,以招待伟大中国之贵宾,且韩国因遭战时及战后之种种困难,物资条件,极度低落;刘总领事此行,生活上将遭受种种不便,自无疑问,此□为余个人及韩胞所引为万分歉然者。

然中韩本为兄弟之邦,刘总领事此行本以中国四万万同胞之热情,以临韩国,藉以促进中韩两民族各方面之交流,从而奠定永久友好亲善之基础,初非办理普通外交前往者。然则刘氏赴韩,其意义实远较普通外交官任务为伟大,余欢送之余,并祝刘总领事之健康与中韩两民族携手万岁。

　　　　　　《中朝中韩关系文件资料汇编(1919—1949)》(下),第1364—1365页

中法菲三国赞同南韩立即单独选举
1948年2月5日《中央日报》

(中央社汉城四日专电)联合国赴韩代表团现似趋向与苏联摊牌之阶段,代表团三代表今晨于全体会议中,不顾苏联对代表团之抵制,主张即时于南韩进行选举,今日全体会议中发表意见之四代表中,仅有一代表反对于南韩进行选举,而主张将整个问题交还联合国大会驻会委员会处理。主张即时于南韩进行选举之三国为中国、法国、菲律宾,迄今仅叙利亚一国反对于南韩单独进行选举。全体会议将于明晨继续进行,以听取澳洲、加拿大及萨尔瓦多代表之意见,印度代表梅农为代表团主席,故或将不发表意见。据悉:加拿大代表亦反对于南韩进行选

举,然萨尔瓦多代表抵此后不久,曾发表不公开之谈话称:渠将赞成于南韩进行选举。萨尔瓦多如持此立场,则赞成于南韩进行选举之代表,将增至四人(按代表团代表共八人)。我国代表刘驭万称:联合国赴韩代表团于自成功湖启程前,即已料定苏联不致与联合国赴韩代表团合作。渠称:代表团定本此基础工作。刘氏吁请代表团一俟实际情形许可,即于南韩进行选举。渠:在南韩进行选举并非排除北韩之谓。按法国及菲律宾之代表,亦支持刘氏之意见。

(路透社华盛顿三日电)驻韩美国军政府副长官汉尔密克准将三日在华盛顿接见记者谈称:美国如退出朝鲜,则韩北受苏联训练之韩人二十五万名,可立刻接取朝鲜全国。南韩虽亦有韩人组织之军队及警察队,然实力远逊北韩。

《中朝中韩关系文件资料汇编(1919—1949)》(下),第 1373 页

平壤电台宣布北韩已成立政府

1948 年 2 月 17 日《中央日报》

(联合国汉城十六日急电)据美国方面之一高级官员称:朝鲜北部今日业已成立一苏联之傀儡政府,且有宪法、军队及国旗。此乃公开弃髦国际公法之举。

(联合社汉城十六电)某不愿宣布姓名之官员本日在记者招待会中称:苏军占领区设立政府之举,适在联合国赴韩委员会向小型大会报告之时,旗鼓相应,若合节拍。据美方人士称:吾人已获充分情报,知北韩有陆军二十万人,苏式装备,配有中型坦克及轻型飞机。渠并表示渠相信苏联正准备置联合国之决定于不顾,径自在北韩作片面之行动。北韩傀儡政府之组织已使美军方官员之猜测复起,后者认为苏联可能突然撤退其占领军,企图强迫美占领军亦自南韩作同样之撤退。

据来自苏占领军司令部所在之平壤广播,复宣布北韩人民军之建立,并创有一种宪法,将依此设立韩鲜民主人民共和国。此一由北韩人民委员会主席金一松(译音)所作之广播中复称:建立此项陆军之目

的,非如某些反动分子所恶意宣传者,谓将用诸互相残杀之内战,此项陆军将用诸事先防止反动分子方面分化及杀害人民之企图。至宪法草案乃北韩人民会议第四届全会所制定,但将交由人民讨论前,并将于三月中旬由一特议会开会票决之。

北韩之国旗,据称中心有一红星,其上为交叉斧头,其下为交叉之镰刀。美方人士称:是项行动乃破坏莫斯科有关朝鲜之协议者。苏联以拒绝征询大多数右翼人民意见之手段使美苏混合委员会之任务失败。

(中央社汉城十六日合众电)苏联控制下之北韩平壤电台,宣布北韩当局已在苏联占领区成立"民主人民共和国"。其最后目标,系合并南韩美占领区,而以汉城为首都。美军事当局立即称:该"共和国"之在北韩成立,实违犯莫斯科会议之决议,盖莫斯科会议中议决美苏应合作产生独立之朝鲜。联合国赴韩代表团,对此事尚无反应。平壤电台吁请召开北韩人民会议,以通过宪法,待南韩归入新共和国时,该宪法亦将实施于南韩。共和国首都暂设于平壤。"全韩陆军"亦奉令保卫三千万韩人之民主权利。平壤电台且宣布北韩之土地改革,将于人民最高委员会所定之时期实施于全韩。人民会议,将于三月中旬召开特别会议,以讨论通过宪法。平壤电台谓:一九四五年八月十九日成立之人民委员会,将为执行国家主权之机构,所有资源及对外贸易,将归国有或受国家监督。某美国当局谓:美国恒有国际协定之范畴中行事,然苏联已自行创造一政府军队及宪法。美当局人士推测下一步骤,将为独立政府宣布成立。

《中朝中韩关系文件资料汇编(1919—1949)》(下),第1386—1387页

中国青年党主席曾琦谈北韩政府成立
1948年2月20日《中央日报》

(中央社讯)当联合国代表团梅农、胡世泽等被拒绝视察朝鲜北部□羽而归之际,所谓北韩政府,突然宣布成立。记者以此为国际间一大

事,特访中国青年党主席曾琦氏,承曾氏扶病接见,发表如下谈话:

（一）此为苏联撕毁条约之又一铁证,因朝鲜之独立与统一,为波茨坦及莫斯科外长会议所明白规定,苏联自身所承认者,亦从而推翻之,使朝鲜分裂为二,"视条约如废纸",此与德国威廉二世及希特勒氏之"强权观念",实无丝毫差异。（二）北韩政府成立后,势将逐渐并吞南韩,使成为完全之苏联附庸,而与外蒙政府及酝酿中之"新满洲国""东蒙政府",西北之某部分合成"亚洲一大铁幕",与东欧之铁幕,形成东西两翼,进可称霸全球,退亦平分天下,此乃赤色帝国主义者预定之阴谋,吾人不难洞见其肺腑。（三）吾人回忆日本军阀之侵华,其步骤为先成立"满洲伪组织"继成立,"华北伪组织"及"蒙疆伪组织",最后乃成立"南京伪组织",其所妄倡之"东亚新秩序",与今之制造"亚洲新铁幕",可谓先后一揆,完全相同。吾人惨遭侵略之余,创巨痛深,惊心动魄,不能不保持"高度警觉性",万不可忽略此大危机,陷入"韩共""蒙共""越共"赤色包围中,成为铁幕之俘虏。宜固守条约立场,与英美及联合国会员国坚持朝鲜之完整,扶助韩人达到独立与统一目的,不能因目下忙于戡乱,而稍懈其"国际义务"。此乃"道义精神"所在,亦"国家利害"所关也。

《中朝中韩关系文件资料汇编(1919—1949)》(下),第1393—1394页

中美建议小型联大促成南韩选举
1948年2月26日《中央日报》

（中央社成功湖二十四日专电）中美二国今日要求联合国大会驻会委员会,训令联合国赴韩代表团进行其助成并监督朝鲜总选之工作,以建立朝鲜国会与朝鲜国民政府。美国为负责占领南韩者,而中国则为朝鲜之紧邻,故两国对朝鲜问题皆有利害关系,两国并建议驻委会,赴韩代表团纵不能进入北韩,亦应在南韩进行其所秉承之工作,两国认为南韩人民占全朝鲜人口三分之二,自可成立国民大会,并组织其国民政府,而北韩于环境许可其进行自由选举时,经选举后,亦可参加也。

美代表吉思普称:"美国向未要求在朝鲜获得特权,今亦如此,吾人并不欲朝鲜人民听由吾人摆布,吾人仅要求由代表全体联合国之赴韩代表团对朝鲜总选,加以监督。我代表蒋廷黻氏则称:"联合国大会前所通过之决议案之行动方针,乃联合国对朝鲜之独立与统一能有所贡献之最佳办法,不能因苏联之从中作梗,而即完全改变。"其后玻利维亚、厄瓜多尔、加拿大、澳洲、土耳其、巴西、阿根廷、希腊与萨尔瓦多各国,对苏联之不合作态度与其藐视联合国大会决议案之行为,皆曾予抨击,并一致支持中国与美国之立场,对此一问题,驻委会明晨将继续讨论。

(中央社成功湖二十四日专电)我国代表蒋廷黻今日告联合国驻会委员会(即小型大会)称:我国政府及代表团之意见,认为联合国赴韩代表团应进行其便利及注视朝鲜境内各党派之工作,目的在建立独立之朝鲜国民政府。蒋氏在赴韩代表团请求小型大会提供顾问意见以来,首次论到我国对朝鲜问题之立场称:"中国认为建立独立与统一之朝鲜,对全世界实为最重大之问题。"故并不认为联合国由于苏联之反对,而应对联合国大会去年十一月决议中所树定之行动路线有所迷惑。蒋氏指出赴韩代表团必须就朝鲜环境所许可之情形,努力贯彻联合国之计划。

《中朝中韩关系文件资料汇编(1919—1949)》(下),第 1395—1396 页

蒋君章:朝鲜选举问题

1948 年 5 月 16 日《中央日报》

一、世界瞩目的朝鲜选举

最近欧亚两洲在两个国家举行选举,并为全世界爱好和平人士所注意。这两个选举,在欧洲是意大利,在亚洲是朝鲜。就性质上讲,这两个选举是不同的:因为意大利是已经有了宪法,这次选举是依照宪法产生议会和政府;而朝鲜呢? 还是在美苏两国的分别占领之下,宪法还没有制定,所以朝鲜的选举,可以说是产生制宪机构的选举,但同时也是产生临时政府的选举。可是,在国际关系上说,这是美苏在世界各地

普遍对立的一个角落。意大利选举,可以产生一个统治全国的政府,而朝鲜选举的结果,显然不能产生统治全朝鲜的临时政府,由于这个立法机构所制定的宪法,能否被认为全朝鲜的宪法,也是一个摆在面前的问题。

二、统一运动和分裂局面

自从日本投降以后,朝鲜是被美苏两国分别占领着,北纬三十八度,成为两个占领区壁垒森严的鸿沟。商讨南北韩共同问题的美苏混合委员会,遇事争执,毫无结果,到后来连会也不开了。好容易得到了苏联的同意,美苏两国于去年八月在朝鲜首都的汉城又举行了一次混合委员会,是最近的一次,也可以说是最后的一次。会议中美国提出成立朝鲜临时政府问题,求取苏方的合作,结果是遭受了拒绝,连会议也宣告停顿。

这次混合委员会的失败,也就是朝鲜统一的失败,这是违反全朝鲜人民的公意的。其失败的原因何在?个中内幕,我们当然不容易得到正确的真相,但是就各种已经发表的消息来加以归纳,大概不出于美苏占领区里。我们可以简单地说,在美国占领区中,是推行美国国内的一套,一切是自由的,相反的意见,相反的言论,乃至相反的政党,都可以自由地活动。在苏联的占领区内,是推行着苏联国内的一套,不许有共党以外的反对政党,不许有共产思想以外不同的思想,苏军一占领北韩,使从事于警卫的训练,俗(城)〔称〕金日成部队,计有百万人之多。(他的部队有二十五万名在我东北,金之部将金晓山受中国共产党之命任中共十三集团军总司令,担任营口至图们一带之攻守工作。)美国是主张全朝鲜的人民,在自由的环境之下,产生立法的议会和临时的政府,以接收美苏两国的占领区,美苏两国的军队在临时政府成立后同时撤离朝鲜,如果苏联不赞成美国的主张,美国把这个问题提交中美英苏四强或联合国来处理。苏联是主张美苏两国不必顾问朝鲜的内政,也不必顾及占领区的交接,立即撤出朝鲜,朝鲜的内政问题,由朝鲜人民自己去解决。如果美国不赞成苏联的主张,苏联自己宣告撤兵,听凭北韩成立政府。

立即撤兵，由朝鲜人解决自己的问题，这对于朝鲜的人，有着三种不同的感想：在北韩的共产党看来，他们可以利用警备队的力量来控制南韩，完成赤色的统一朝鲜，他们是欢迎的；在朝鲜的自由民主分子看来，朝鲜会因此而引起内乱，他们忧虑着朝鲜的前途，颇有拉入铁幕的危险；而在一般不了解国际情势，不懂得民主自由和赤色铁幕是什么意义，而就急着要独立的一般人民来说，是欢迎这个口号的，这可以说是苏联宣传方面的成功。

朝鲜的末次美苏混合委员会在这种情形之下便失败了，朝鲜统一便失败了。

三、联合国的决议

美苏混合委员会讨论既无成就，美国乃将朝鲜问题提交四强商讨，中英两国皆表接受，苏联则拒不参加，对于南北韩分设临时议会之建议，亦拒不接受。去年九月下旬，此案遂提出于联合国大会，苏联则正式建议明春美苏同时撤兵，由韩人建立政府。十一月初，联合国政治委员会通过朝鲜独立之决议案，明白承认朝鲜人民之迫切要求独立为正当，朝鲜民族之独立，应予恢复，占领军应□之尽速撤退，并决定设临时委员会，以便朝鲜代表之参加，同时由中、澳、加、法、印、□、萨尔瓦多、叙利亚、乌克兰组织九国代表团，考察朝鲜情况，并办理与朝鲜选举及撤兵有关诸事；决定选举最迟应在一九四八年三月底以前在代表团监督之下举行秘密投票，一俟选举结束，议会应立即召集，组成统一政府，统一政府成立后，应立即与联合国代表团磋商下列各事：（一）编练国内保安队，解散一切军事或半军事组织；（二）南韩与北韩军政当局接收行政权；（三）在可能范围内尽速布置占领军之全部撤退，最好在九十日内实行。十一月中联合国大会正式把这个议案通过，在这个议案通过的过程中，苏联始终站在反对方面，并且作不合作的表示。

苏联代表在联合国政治委员会中所作的不合作的表示，在联合国代表团到达韩国的时候，作事实的表现，联大代表团中苏方分子不参加，当代表团到达朝鲜要求进入北韩时，苏方予以拒绝，连拜访苏联占领军司令的要求，都不接受。朝鲜的选举还没有实行，而北韩的朝鲜政府却于二月中正式成立，并定三月中召开人民委员会特别会议，讨论通过宪法，从此一向秘密活动的"人民军队"，也就公开的活动了，公开的训练了。据说苏军当局训练北韩军队的目标人数五十万人，北韩方面要求南韩方面接受其统治，如予拒绝，则将对南韩施以停止电力供给的报复。苏方这一个先发制人的政治攻势，而且还更进一步，提议南北韩政治领袖会议以吸收南韩方面的分子，瓦解联合国决议案所规定的选举。这个会议，就在南韩总选举前的几天，在北韩政治军事中心的平壤举行，会议中发表了公报，公报中除了要求美军撤退外，并且反对南韩办理选举，决定设立统一政府。

四、选举的实施

南韩的选举，虽然经过了那么多的曲折和障碍，但是终于在五月初旬举行了。这次选举的进行，是在南韩政治领袖李承晚等合作之下，得到南韩绝大多数人民的拥护。我们知道南韩的选举是在不断的骚扰中进行的，据报纸披露，自从选举举行（五月十日）前的两天起，至选举进行的那天，共产党滥肆破坏、暴动，因此而牺牲性命的，至少有一百人，受伤的有六十二人，被捕的有二百三十三人，可见得骚动是非常厉害的，但是选举毕竟是顺利地完成了，而人民不顾共党的恐怖手段前往投票依然非常踊跃，汉城一地投票人数，达选民总数的百分之九十二，投票的总人数在六百万人以上，从这个数字上便可以证明南韩的选举是得到人民的拥护的。北韩方面，据说也要准备办理选举，以与南韩相对抗，可见人民的意志如何，随便你怎样取巧，总选是民主自由的政治制度上是必需要征询的一个步骤了。

南韩的选举，虽然得到了结果，然而以后的问题，便格外复杂而困难了。显而易见的是北韩政府的成立，和北韩军队的训练，以及北韩军队与东北共匪的联合，不但是对南韩新民主政治的一个重大威胁，也是对中国和太平洋和平的重大威胁。我们必须认明，朝鲜问题是美苏普遍对立的一小部分,朝鲜的分立,是久已存在的问题,并不是因为南韩的选举而发生;但是无疑的,美苏两国在朝鲜的神经战,却是在这次选举的前后,格外激烈了,这也是同世界各地美苏神经战的益为激烈相符合。我们可以说美苏两国之间的矛盾未获解决之前,朝鲜的统一是无法实现的,因此,南韩民主政治的保护和推进,此后还一定有更多惊涛骇浪,这是世界爱好和平和宗奉自由民主的人士所最关切的一件事了。

　　　　　　《中朝中韩关系文件资料汇编(1919—1949)》(下),第 1477—1481 页

南北韩的对台戏

1948 年 6 月 11 日《中央日报》

李果

　　南北韩政党的第一次联席会议,并没有阻止南韩的选举,结果仍然是南韩的李承晚胜利,成立了南韩国民会议。如今,该会审查"大韩民国"的宪法工作,已近完成,业已于十四日开始讨论政府组织法。据云:七月底以前可能选出正副总统,预定八月十日开始实行新宪法。

　　正于此时,平壤广播电台,突然宣布:第二次南北韩政党会议已于六月廿九日在平壤开幕,本月五日曾发表大意如下的一项声明:(一)破坏南韩单独成立的国民会议,由此会议产生的南韩政府,也在被破坏之列。(二)由南北韩全体国民选举代表,组织朝鲜最高人民会议,建立朝鲜中央政府。(三)由朝鲜最高人民会议及朝鲜中央政府,要求外国驻朝鲜的军队撤退。参加这一会议的,据平壤广播称:有朝鲜劳动党,韩国独立党及全体左翼党派等二十个团体。

　　南北韩朝鲜政党联席会在九日的会议中,并决议在北朝鲜单独进行朝鲜民主主义人民共和国宪法,并根据该宪法选举朝鲜人民会议议员,据传,此项议员的选举,可□已于本月十五日开始。

　　至此,我们可以看出南北韩对台戏□对演,一台是"国民会议","大韩民国政府",一台是"朝鲜民主主义人民共和国宪法","朝鲜最高人民会议","朝鲜中央政府",看客们听听这些名字,又看看金日成、李

承晚等脚色,他们的内幕,也就不言而喻了。

不过,有一件事却颇值得我们注意,就□"大韩民国"将来的政府,将完全效法我国,□将采取责任内阁制,内阁总理对议会负责。而且,在南韩国民会议、起草的政府组织法中,于总统之下设考试委员会,法制委员会。行政部分分内政、外交、财政、国防、文化、农业、商工、社会、运输等部,亦与我国大致相同。仅凭这一点,我们也可以看出李承晚所领导的南韩,将是中国的好朋友。我们衷诚地祝愿他能早日完成树立"大韩民国"的大业。

《中朝中韩关系文件资料汇编(1919—1949)》(下),第 1500—1501 页

朝鲜问题的回顾与前瞻
1948 年 7 月 20 日《中央日报》

杨柳

(一)据合众社汉城十一日电,苏联控制下的北韩共产党,正加紧在北韩成立"独立政府",并宣布将于八月廿五日举行选举,但选民将只有机会对共产党挑选的人投赞成票或反对票。北韩政府这一措施原在我们意料之中,其可能发生的后果,亦只有加深朝鲜内部之分裂与对立而已,兹特就此问题略抒管见:

盟国对于朝鲜问题的决定,最初见于 1943 年 12 月 1 日中美英三国联合发表的开罗宣言,该宣言郑重保证"在相当时间,使朝鲜自由独立"。一九四五年七月廿六日波茨坦宣言又重申"开罗宣言之条文将予执行"。其后,莫斯科外长会议又同意在朝鲜设立临时政府。但是国际关系是最现实不过的,利益决定一切,宣言条约不妨成为具文,雅尔塔密约轻描淡写的一笔,已经决定朝鲜今日的命运了。自日本投降后,朝鲜就被美苏两国分别占领,北纬三十八度的界限也就成了妨碍韩国统一的一道鸿沟。

本来美苏混合委员会原为解决朝鲜问题的适当机构,但因双方意见不能协调,所以遇事争执,一无成就。去年八月,美国好容易征得苏

联同意,在朝鲜首都汉城举行第二次同时亦是最后一次的混合委员会。会议中美国根据莫斯科外长会议决定提出成立朝鲜临时政府问题以为统一的准备,但因苏方的不合作,终无结果,成立未久的混合委员会也因此宣告解盟。

(二)美苏联合委员会的讨论终告流产,美国为使朝鲜问题之获得有效而迅速的解决,不得不改变途径,将这一问题提交中美英苏四强商讨,中英两方表示接受,苏联则拒不参加,对于南北韩分设临时会议,韩国亦拒不接受。

一九四七年九月下旬,美国乃将此案提交联合国大会;十一月初联合国政治委员会通过朝鲜独立之决议案,并决定由中、澳、加、法、印、菲、萨尔瓦多、叙利亚、乌克兰等九国组织代表团,赴韩考察实际情势,办理与朝鲜选举、撤兵有关诸事项,作为朝鲜统一与独立的准备。

在联合国通过上述议案过程中,苏联始终站在反对的立场,与民主各国拒不合作。当九国代表团到达朝鲜,要求进入北韩,作实地考察的时候,苏占领军当局竟予严辞拒绝。朝鲜全国的普选还没有进行,而苏联操纵下的所谓"全韩民主人民共和国"却于今年二月十六日在平壤出现。北韩政府成立后,就积极训练军队,并由苏联供给配备,准备从事内战工作。当美苏驻军一旦撤退,它就可以挟其优势军事力量向南韩进攻,实现其以武力夺取政权的目的。

前此苏联亦一再提议美苏同时撤退驻韩军队,以便朝鲜进行全国选举。此举表面上看起来似乎冠冕堂皇,且亦平允可行。实则不然,先撤军后选举,结果只有加强朝鲜的分裂,并加深其内部的骚动与混乱而已,因为美苏两国占领南北韩方式不同,作为迥异,在南韩美占领区,一切完全是和平的民主的,任何歧异的党派,反对的意见,反对的言论都可以存在,美国因为想达成和平民主的朝鲜,所以在占领之初,只注意于和平民主政治的建立与和平民主教育的推行,并没有利用日本统治朝鲜时遗留下来的军国思想,组织并训练军队或大规模地供给各式武器。所以直到目前为止,南韩的民主思想虽颇充沛,而军事力量却甚薄弱。

北韩的苏占领区,情形完全不同,它推行着苏联国内的一套,不许有抱持反对态度的党派存在,不许有共产思想以外的思想存在。苏军一进入北韩,便有计划地大规模地着手组织训练军队,指导技术,供给武器。目前,金日成麾下已有数十万的正规武装部队。在这种状况下,美苏撤军,非但无助于朝鲜问题的解决,相反的,却足以引起朝鲜的内战,加烈朝鲜内部的矛盾与混乱,北韩却可以利用共产党军队,乘势进攻南韩,建立清一色的共产政权。名义上苏军将撤出朝鲜,实际上却仍然控制着朝鲜,并且扩大其控制区,加强其控制力,美国预见这一幕悲剧必然不久即会在美苏同时撤军后的朝鲜出现,故坚决反对苏方提议,并建议先举行全国普选。产生举国一致的统一的政府与议会后,然后撤兵。我们站在朝鲜自由、独立与统一的立场,当然赞同美国的提议。可是由于苏联的拒绝合作,美国的建议至今未获实行,这是举世关心朝鲜和平的人士引以为遗憾的。

(三)朝鲜举国一致的选举即因苏方的不合作而无由实行,美国不得不退而求其次,根据联合国“小型大会”的决议,先行单独举行南韩的大选。

南韩的选举,虽然经过不少的曲折和障碍,但终于在今年的五月中旬举行了。这次的大选,意义特别重大,因为这是韩国四千年历史中首次之自由选举,参加投票的总人数超过六百万以上,以汉城一地而言,投票人数几占选民总人数百分之九十二以上,足证南韩的选举是得到人民热烈的拥护的,此其一。

其次,在选举进行期中,共产党不仅运用一切手段,从事破坏与阻挠,根据各国的报导与估计,自选举前两日即五月十日起到选举进行那天止,因共产党暴动与破坏的结果而致丧命的至少有一百人,受伤的有六十二人,被捕的有二百三十余人以可见骚乱之严重。当时苏联控制下的平壤电台且整日播送节目,鼓励南韩共产党纷纷起而破坏选举之进行,同时并以停止供给电流,威胁南韩选民,放弃投票。可是南韩人民并不因此而屈服或畏惧，依然按时前往投票，结果终于完成任务，这是朝鲜民意真正的表现亦是正义战胜暴力的证明。此其二。

再则，此次选举地域虽限于南韩，而其意义则是全国性的，因为它完全是根据联合国小型大会的决议，按照人口的比例，在南韩先行单独举办的普选。按南韩与北韩的人口为二与一之比，故南韩可选出三分之二多数制宪议会的议长，留下的三分之一空额将等待北韩代表的参加。这办法如获得北韩的合作未始不是解决朝鲜问题获致韩国独立与统一的正确途径，故南韩普选乃是含有全国意义的真正自由而民主的选举，决非如若干亲共人士所批评的是美国"一手包办"的选举。此其三。

最后我们还要附带提及的是在此次选举中韩国内部各民主党派并未能完全合作与团结，致给予共产党不少可乘之机，从中挑拨离间，进行分化工作。例如南韩的选举中，金九、金奎植诸人即不能合作，无形中削减民主党派的力量不无令人遗憾。民主党派内部矛盾严重，可能导致共产势力的向南韩伸展，这是每一个关心韩国前途的人们最感忧虑的一点。

（四）现在正当南韩依法成立的国会通过宪法并决议于本月十四日正式成立民主政府的时候，共产党控制下的北韩平壤电台突于十一日宣布北韩决定于八月廿五日举行普选，建立"最高人民委员会"及"中央政府"。这一措施，原早在吾人意料之中，不足诧异，但其对于朝鲜前途，却能发生相当影响，故特就此问题，略加分析。

最先我们要指出的是廿五日即将举行的北韩普选，并不能解决朝鲜问题，其结果只有加强朝鲜内部的分裂与对立，甚或将因此而诱至内战亦属可能，而南韩普选后所带给朝鲜的一丝统一与独立的希望，亦必因此而宣告幻灭。

第二，北韩此举，本质上完全是共产党为对抗南韩国民政府而采取的措施。北韩政府虽需于下月廿五日普选后成立，但吾人亦可预见其性质必为共产国际所操纵的傀儡政权。此一政权，苏联及其附庸国必将加以承认并予以支持。

第三，北韩政府一旦成立，目前形势可能发生急剧转变。那时南北韩的对立政权不仅是韩国内部不同形式政权的对立，也不止是美苏两大势力的对立，而是整个民主势力与反民主势力的对立，这一对立，对于远东、亚洲，甚或整个世界的和平与安全，均将发生巨大的影响。

最后，我们必须坦白指出的是，中韩两大民族，无论从历史传统或地理环境方面观察，关系特别密切，因此我们对于朝鲜独立的前途最为关切。

而朝鲜在国际上的独立地位是建立在其国内真正统一的基础上的，朝鲜一日不能完成国内的统一工作，就一日无法获致国际上的独立地位。惟有统一的朝鲜，才有独立的朝鲜。任何有助于朝鲜独立与统一的提议或措施，我们衷心表示欢迎并愿加以支持；任何有损于朝鲜统一与独立的提议或措施，我们坚决表示反对。同时我们要提出的是，今日金日成部下的北韩共产党军队，在我们东北参加共匪叛乱的不下二十万人，而其部将金境山且有充任中共十三集团军总司令，负责营口至图们江一带之攻守工作。对于此种卑劣行为我们不能长此容忍。希望自觉的韩国人民对中韩两国共党合流并借以扰乱远东和平的行为，予以密切注意；并为确保远东的安全，维持世界的和平，合作奋斗！

《中朝中韩关系文件资料汇编(1919—1949)》(下)，第 1518—1523 页

李承晚当选韩国总统

1948 年 7 月 22 日《中央日报》

本月二十日，大韩共和国国民会议举行总统副总统选举。出席议员一百九十七人。投票结果，李承晚氏以一百八十票当选总统，李始荣以一百一十三票当选副总统。我们中国是开罗会议宣言签署国之一，韩国独立民主政府最高首长选出的消息传来，相信朝野人士必同深欣慰。

开罗会议宣言保证韩国独立"于适当时期实现"。第二次世界大

战终结到今日已届三年,韩国独立民主政府的组织始见端倪,不能不说是太迟。可是韩国国民六十年来艰苦非常坚贞不屈的独立运动,是有志者事竟成,韩国的独立运动志士与爱国国民之感奋,不待多言而可知。

第二次世界大战反侵略阵营获得胜利,原期团结一致,改造强权政治的世界为国际民主主义的世界。每一个民族国家的主权都能独立,领土都能完整,并以平等的地位,和平合作。开罗会议宣言签署者中美英三国领袖提出韩国独立的保证,心情中是怀抱着这一期待。不幸大战结束,而世界仍然是强权政治的舞台。更加以在共产国际指挥之下,各国共产党各自背叛其祖国,为共产国际的宗主国而效命。在这一大逆流之中,朝鲜的独立便受了双料的阻碍。第一是苏联不愿意与开罗会议宣言签署国家依据宣言来扶助韩国的独立,第二是韩共在苏军掩护之下武装起来,与中共携手并肩虎视韩国的领土主权。这双料的阻碍,威胁韩国独立,也威胁远东和平与安全。然而韩国独立民主政府终竟在这阻碍之下开始组织,不能不说是民主世界的一大成功。

李承晚总统及李始荣副总统都是韩国独立运动的巨擘。在第二次世界大战期间,李承晚氏寄居美国,李始荣氏寄居中国,同为韩国独立而奋斗。大战结束后,李始荣氏带了中国朝野的希望而回到韩国。李承晚氏由美回国,中途来华访问我政府和社会中坚人士,得到我朝野一致赞扬。这两位独立革命领袖当选韩国总统副总统,在沟通中韩两国的友谊,加强中韩两国的合作上,自将有更大的贡献。

我国父孙先生揭橥中国革命两大目标:一是收复台湾,二为助成韩国的独立,他留给中国革命的口号是"恢复高台"。如今台湾已回到中国的怀抱,韩国独立民主政府亦即将宣告成立,可以告慰我国父在天之灵。但是,我们东北与韩国尚在国际联军胁迫之下,中韩两国的爱国国民还要继续努力,必使主权国家平等合作的国际民主主义在此关系远东和平安全最重要之一角完全实现而后已。

主权国家平等的原则如不实现,世界和平便没有基础。但在共产国际威胁之下,国家主权与国际平等是不能实现的。中共之效忠共产国际,由中共接受欧洲共产国际情报局谴责南共的决议而得到最后的证明。韩共与中共之共同作战更是铁一般的事实。我们希望中韩两国爱国国民同深警惕,也希望全世界爱好和平的人士同深关注。

《中朝中韩关系文件资料汇编(1919—1949)》(下),第 1523—1525 页

于斌主教派代表参加韩政府成立大会

1948 年 8 月 3 日《中央日报》

(中央报社)韩国总统李承晚夫妇日前电请于斌总主教参加八月十五日韩国政府成立大典,良以于氏战时对东方各弱小民族之独立问题,尽力支持。兹悉于氏已复电致谢,允于届时派潘朝英博士代表前往,渠本人于是日(圣母升天节)将特别为韩国祝祷国运昌隆。

《中朝中韩关系文件资料汇编(1919—1949)》(下),第 1531 页

中国外交当局否认"中日韩"联盟传说

1948 年 8 月 4 日《中央日报》

(本报讯)关于新亚社东京电讯所传:"此间政界人士对美国计划中之中日韩联盟防共颇感兴趣"一事,据记者探悉:我外交当局对此并无所悉。同时,我外交当局认为:在对日和约未签订前,我国与日本根本无"结合"可能。

《中朝中韩关系文件资料汇编(1919—1949)》(下),第 1531—1532 页

李承晚电谢朱部长家骅

1948 年 8 月 6 日《中央日报》

(本报讯)韩国革命领袖李承晚博士膺任韩国首届总统,朱部长家骅曾去电祝贺,顷接李氏电谢:"辱承驰贺,至为心感,瞻望中韩两国邦交,益臻敦睦,而我新生之共和国,尤盼中国之精诚支助。李承晚。"

《中朝中韩关系文件资料汇编(1919—1949)》(下),第 1533 页

中国承认韩国照会昨已送达李承晚

1948 年 8 月 14 日《中央日报》

（中央社汉城十三日专电）中、英、美三国之开罗宣言约定允许韩国独立三国中之中国，今日正式通知李承晚总统，对八月十五日成立之韩国政府临时承认，由是苏联占领下之北韩拒绝参加五月十日选举产生之政府，已首先获得中国法律上之承认。又首先对于韩国予以事实上之承认者为美国。美国务院今日声明称：美国政府认为如是成立之韩国政府，可视为一九四七年联合国大会决议所期望之政府。中国对韩国政府临时承认之照会，已于今晚 7 时零 5 分由中国驻韩大使衔代表刘驭万送交李承晚总统。一般人士预料，菲律宾将步中国之后，亦予以临时承认。中国之照会送达后，李总统告中央社记者称：中国首先支持大韩民国之新政府，渠对蒋总统及王外长之友好表示深为感荷。数百年来中韩两国非仅友好互助，且为兄弟之邦，故中韩两远东国家，理应互相提携，以促进和平与繁荣。李氏又称：希望中韩两国可彼此相助，解决共产党问题。

《中朝中韩关系文件资料汇编(1919—1949)》（下），第 1539 页

李承晚复谢吴铁城

1948 年 9 月 13 日《中央日报》

（中央社讯）韩国光复后新政府成立，李承晚博士当选总统，业经我政府承认。国民外交协会吴理事长铁城前以李氏荣膺总统，曾派该会理事潘朝英携函前往致贺，藉敦睦谊。李总统近特复函申谢。兹录原函如下："铁城理事长阁下：鄙国政府复立故土，首荷中国承认。承晚无似，猥被众推，方切克惧。潘朝英先生来，获承墨华，既为本国祝瑕，并赐奖□加，气为之壮。潘先生盛意无穷，言旋匆匆，惆怅□既，仅此奉复，敬颂勋祺。李承晚。"

《中朝中韩关系文件资料汇编(1919—1949)》（下），第 1572 页

中国代表对韩国前途问题深为关切

1948 年 9 月 22 日《中央日报》

（中央社巴黎廿一日专电）中央社记者顷自出席联合国大会之我国代表团方面获悉：我国对本届联大所面临之各项主要问题之一，即韩国前途问题，深为关切。我国代表团较他国代表团更急盼我国近邻韩国之独立及统一能早日实现，盖韩国现正由美苏两国分别占领也。我代表团人士认为，联合国应予韩国议会一切可能之援助，俾能达成韩国之统一与独立，而执行联合国临时赴韩代表团一九四七年十一月所接获之联大命令；而此一命令固已为联合国小型大会一九四八年二月之大多数表决所认可者也。此外，我国所关怀之另一问题，为前曾阻碍安全理事会进展之五强否决票问题，盖以否决权之过分应用，恐将牵制联合国执行工作之进展也。我代表团所特别注意之第三项问题为，意大利前殖民地之前途问题。而列强间迄未能获致协议之原子能管制，亦为我国关怀之一项问题。关于托管理事会工作报告，亦为我国所热烈期待；托管理事会本次会议主席刘锴，现已应召来巴黎参加托管问题之讨论。我代表团长王外长世杰或不致在此勾留至联大全部会议完毕之后。

我代表团阵容

我代表团实力颇强，共有代表蒋廷黻、彭璧浦、钱泰及张彭春，以及副代表李迪俊与夏晋麟、徐淑希、张忠绂，此外尚有顾问及专家多人，对各项问题均甚熟悉。王外长抵此后，即与我代表团员及专家等不断进行磋商，以待大会之开幕。

《中朝中韩关系文件资料汇编（1919—1949）》（下），第 1582—1583 页

邵毓麟谈中日韩防共同盟问题

1948 年 10 月 21 日《中央日报》

最后邵先生谈到张岳军先生赴日前后各方谣传其使命在建立中日韩防共同盟，他在东京曾公开否认此事，但谣言仍不断存在。追求其根

源,发现莫斯科真理报,香港华商报(共产党机关报)、中共新华社,继续不断在散布谣言。事实上日本在未与盟国签订和平之前,中国仍与日本处于敌对状态,如即与之成立同盟自不可能。而国际共产党徒造谣目的,在掩饰中日韩共产党联合在东北所发动的战事。万一不可掩饰时,亦可藉此作为中日韩共产党向我作战的藉口。不幸部分国人竟误中共党宣传的毒计,批评"中日韩同盟"为亚洲区域集团,或亚洲区域组织,认为是一种加速世界第三次大战的组织。邵先生郑重地说:"我根本没有听到这件中日韩同盟组织的事。我不为'中日韩同盟'这件虚无的事体而辩白。但就理论而言,任何亚洲区域的组织,绝不能成为加速世界战争的组织。因为:第一、区域组织符合联合国宪章的精神;第二、纵使即有亚洲区域组织,此种组织应为防止世界大战的组织,由于亚洲各国的团结,才能加强亚洲和平的力量;(三)假如不幸世界大战不可避免时,亚洲应有团结一致的力量,以决定孰为友好国家,孰为仇敌。

《中朝中韩关系文件资料汇编(1919—1949)》(下),第1597—1598页

中国正式承认大韩民国政府

1949 年 1 月 4 日《中央日报》

(本报讯)外交部发言人昨(三)日声称:我国政府已自本年一月一日起,正式承认大韩民国政府,并准备将我国驻韩国代表团改为驻韩国大使馆。

《中朝中韩关系文件资料汇编(1919—1949)》(下),第1662页

我驻韩外交代表由汉城总领暂代

1949 年 3 月 23 日《中央日报》

(中央社广州二十二日电)我驻韩外交代表刘驭万呈请辞职,业经邀准,所遗署务由驻汉城总领事许绍昌暂代。

(中央社汉城廿二日专电)今据此间我官方人士消息,我外交部业

已接受刘驭万以驻韩外交代表身份所提之辞呈,惟刘氏仍将以联合国驻韩代表中国代表资格留驻此间。又在我驻韩大使未任命前,汉城总领事许绍昌将代理我驻韩外交代表一职。

《中朝中韩关系文件资料汇编(1919—1949)》(下),第 1686 页

韩独立党领袖金九昨被刺殒命
1949 年 6 月 27 日《中央日报》

(本报收音)汉城廿六日讯:朝鲜独立党领袖金九,本日在其警卫森严之寓所中遭一名安斗熙之炮兵军官枪击身死。据金氏秘书之一告记者,该军官系中午来访,谓有"私人要事"面告金氏,后者当在二楼房中予以接见,谈话约五分钟,其人即掏出四十五毫米口径之自动手枪,向金九连击四枪,两中胸部,其余中脸部及腿部。此七十三岁之政治领袖,于被刺后五分钟即气绝。刺客当时希图逃逸,但为守卫之门警捕获。据警察称:安斗熙并非金九独立党党员。

(按:在南韩去年五月大选前,金九即与现总统李承晚因政见不合翻脸,金氏曾力主应邀请北韩会商解决朝鲜南北统一问题。渠于一九四五年十月重庆返国时,为朝鲜流亡政府第一任总统。)

(中央社汉城廿六日专电)李承晚之最大政敌金九,今午十二时五分于其私邸,为一陆军军官暗杀。金氏身中四枪立即毙命。刺客安斗熙为金九之护卫捕获,谋刺动机不详。

《中朝中韩关系文件资料汇编(1919—1949)》(下),第 1701—1702 页

李承晚发表金九被刺案声明
1949 年 7 月 1 日《中央日报》

(本报收音)汉城三十日讯:韩国总统李承晚本日发表声明称:政治领袖金九之被刺,为金氏领导下独立党内部斗争之结果。声明中暗示此事与政府毫无关系。

同时,某与调查工作熟悉人士,以下述新闻一则,交与联合社记者,

但官方对此讯未予证实,亦不否认。该项消息中称:刺金九凶手安斗熙中尉,因获悉金氏因发动政变,刺杀李承晚,始行枪击金氏者。政变阴谋已较讨论阶段略为进展,该人士怀疑金九在陆军中实际控有有力组织之说。由于刺金者为一中尉,指出政变阴谋,规模不大,金氏之子并未预谋。

《中朝中韩关系文件资料汇编(1919—1949)》(下),第 1705 页

琉球革命同志会请组亚洲反共同盟

1949 年 7 月 9 日《中央日报》

　　(中央社台北七日电)此间琉球革命同志会会长蔡璋,对于组织亚洲反共大同盟以及在琉球及在台湾、琉球同胞等问题,顷发表谈话如下:(1)目前亚洲面临之严重课题,乃为反共问题。此素为亚洲诸国家之共同目标,敉平赤祸乃为构成亚洲之分子应有之义务,且站在保卫亚洲之立场而言,全亚洲各民族,实有应该团结一致,组成"亚洲反共大同盟"之必要。即中国、日本、南韩、菲律宾、琉球以及其他东南亚各民族打成一片,共同负起达成共同目标之责任,俾得迅速建立亚洲反共之整个体制,就地理言,亚洲各国之国防均有唇齿关系,亦应共同努力,负起责任,加强联系,实现国防经济之一元化,如果亚洲之将来,必有安宁之曙光。至琉球与祖国更应成为一体,祖国如无琉球海防将遭威胁,琉球如无祖国为依,民族势将不能生存,更有进者,倘台湾不守,则琉球甚难确保,是故保卫琉球之先决条件,必须是保台湾。(2)琉球同胞虽曾战时遭受空前之战祸,惟目前重建琉球之"自救意识至为炽烈,愿为建立经济基础及新文化克尽各种困难,并且正为树立自治政府而奋斗中。过去日本奴化政策之遗毒,也已全部洗清,在琉胞之间,对于"认识琉球"运动至为澎湃。倘一旦赤虫侵入琉球,必将遭遇琉胞之坚强反击。至于美国对琉球政策,未能符合琉球希望,此因琉球之浪漫精神。较之欧美之实利及现实主义文化另呈深刻之体相,更就美国占领琉球问题而言,琉胞相信美国对于琉球绝无领土野心。(3)居台省之琉胞,多半

服务于各水产机构,其对于台湾水产事业之发展,无不竭诚协助,今年农村处举办之渔获量竞赛会,获选渔船之船员多为琉球渔夫,可见一斑,此为祖国政府对琉胞管理之宽大所致。蔡璋氏对省府陈主席暨有关机关之援助,深表谢忱,惟现在基隆渔港方面谋生之琉胞居住问题,发生若干困难,将向政府呈请,俾得圆满解决。

《中朝中韩关系文件资料汇编(1919—1949)》(下),第 1708—1709 页

中菲韩将会同拟定反共联盟详细办法

1949 年 7 月 14 日《中央日报》

(路透社碧瑶十二日电)菲律宾外次奈尼顷告路透社记者:蒋李两氏所提议之太平洋联盟,即将使用外交方法付之实施,详细办法即将由中菲韩三国外交部拟具,三国将为联盟之核心,三国同意组织远东联盟后,即将邀请其他太平洋国家参加,菲律宾或将出面邀请,各国举行国际会议,菲方官员相信会议结果,已表现成立三年来之菲律宾共和国及季里诺总统已在远东采取领导地位。蒋总裁自出席开罗会议以来,此次访菲为出国第一次,菲律宾之国际声望因而提高,季里诺在蒋、季晤谈后在国内之声望,亦因而提高,对渠下次大选将大有补益。

(中央社马尼拉十三日合众电)据官方消息称:菲外交部刻正草拟阐释计划中太平洋反共联盟之目的及宗旨之声明,菲外次奈尼称:该联盟之主要原则将由菲政府提出,俾对该联盟感兴趣之各国家明了加入该约后之义务与权利,是项正式解释将于邀请各太平洋国家举行会议以前即公布。同时马尼拉记事报碧瑶讯称:菲总统季里诺刻正召菲驻联合国特别代表罗慕洛立即返国主持太平洋联盟组织事宜。据称:季氏希望罗慕洛能于下周内返国。

(路透社马尼拉十三日电)季里诺总统昨称:获悉华盛顿对于菲律宾、中国及南韩拟议之反共太平洋联盟作同情之反应,渠甚为"愉快"。季氏又称:此种有利态度实不足惊异,"盖发动此反共组织之国家,俱为美国之友邦。"菲总统且谓渠与蒋总裁会晤,尚为若干连续措施中之

第一步,俾面对共产主义威胁之国家,经过政治与经济之合作,实行"精神重整"之计划。

(路透社马尼拉十三日电)最近与蒋总裁讨论太平洋反共同盟之季里诺总统,昨夜宣称:菲律宾与中国对美国未有任何要求。

季里诺总统于菲律宾之夏都碧瑶,亦即上周末与蒋总裁会晤之处,在记者招待会席间称:"菲律宾与中国不拟烦扰美国,盖此为远东两大国家自愿以所有之力量组织起来,戡止共产主义,作为渠等对美国反共运动之协助。吾人并不对美国提出任何要求,反之,吾人在美国忙于应付共产主义之际,吾人先尽其一部分之贡献。"季氏又称:"南韩李承晚总统及中国蒋总裁要求本人发动以吾人所有之力量及友谊,设法帮助美国,而不盼望美国给吾人以酬答。"

(本报收音)华盛顿十三日讯:美国务卿艾奇逊本日在记者招待会上称:美国仍然相信此时谈太平洋公约仍为时太早,渠并不反对蒋总裁与季里诺之主张,即并非订立军事公约,而为经由太平洋国家政治经济合作之手段以应付共党之威胁。

《中朝中韩关系文件资料汇编(1919—1949)》(下),第1713—1714页

中国驻韩大使邵毓麟经马尼拉赴汉城
1949年7月25日《中央日报》

(本报收音)联合社香港廿二日电:中国新任驻韩国大使邵毓麟博士,昨天飞往马尼拉转赴汉城。邵氏并携有蒋总裁和李代总统致李承晚总统的亲笔函。邵氏在启程前拒对记者透露函件内容。据其友好猜测:不外有关太平洋公约和缔结中韩友好条约二事。邵氏证实蒋总裁已接获李承晚总统的邀请赴韩一行。星岛日报今天说:蒋已接受这一邀请,不过赴韩日期则未确定。邵氏说在菲律宾将与陈质平大使会晤。

(本报收音)联合社马尼拉廿四日电:中国首任驻韩大使邵毓麟博士今天就太平洋联盟问题与罗慕洛进行会谈,邵氏定明日飞赴汉城履新。

《中朝中韩关系文件资料汇编(1919—1949)》(下),第1718页

蒋总裁今飞韩与李承晚总统举行会议

1949 年 8 月 3 日《中央日报》

（本报收音）联合社汉城二日电：中国国民党蒋总裁可能于明天来此与李承晚总统商讨拟议中的太平洋反共联盟事宜。今天有中国运输机一架抵此，载来中国空军人员十名及两名文职人员，闻他们在此有几天耽搁。

（中国新闻社讯）本社自接近蒋总裁方面获悉：蒋总裁南韩之行已在准备中，据悉：侍从人员已在台北购置若干国产物品，以作总裁赠送韩国领袖之礼物。

《中朝中韩关系文件资料汇编（1919—1949）》（下），第 1721 页

（三）中法、中越关系

说明：战后中法关系中的主要问题是如何处理双边关系及各自与越南的关系，中法之间围绕双方关系及与越南的关系，签订了一系列条约和协议，从中可以发现中法、中越关系的概貌。

中法两国签订交收广州湾租借地专约

1945 年 8 月 18 日

中华民国国民政府与法国临时政府交收广州湾租借地专约

中华民国国民政府

法兰西共和国临时政府　　　　依据一九四五年三月十三日规定，本双方素有之友谊精神，以求解决两国间悬案之换文，决定缔结本约，并各派全权代表如左：

中华民国国民政府主席特派中华民国外交部政务次长吴国桢博士；

法兰西共和国临时政府主席特派法兰西共和国驻中华民国大使馆

代办戴立堂先生；

两全权代表各将所奉全权证书互相校阅，均属妥善。议定条款如左：

第一条　一八九九年十一月十六日中法间所订专约作废，该专约所给予法国政府之一切权利即行终止。

第二条　法国政府同意将广州湾租借地依照一八九九年十一月十六日中法专约所划定地界内之行政与管理归还中国政府。并了解中国政府于收回该地时担任该地所负之义务及债务，并保证对一切合法权利予以保护。

第三条　法国政府愿将该地上属于该地上一切土地、房屋、公产、设备及建置无偿让与中国政府，并将一切登记簿、档案、契据以及其他公文凡为接收与将来管理广州湾所需用者，交与中国政府。

第四条　（一）为免除法国公司及人民在广州湾地域内现有关于不动产契据及权利发生任何问题，并为免除因废止一八九九年十一月十六日订立之中法专约可能发生之问题起见，中国政府与法国政府双方同意，上述现有之权利及契据不得取消作废，并不得以任何理由加以追究，但依照正常法律程序提出证据证明此项权利系以诈欺或其他不正当手段所取得者，不在此限。同时相互了解，此项权利或契据取得时所依据之原来手续无论后来有任何变更之处，该权利或契据不得因之作废。双方并同意，此项权利或契据之行使应受中华民国关于征收税捐、有关国防及征用土地各项法律之约束，非经中华民国政府之明白许可，不得移让于第三国政府或人民，包括公司在内。

（二）中国政府与法国政府并同意，中华民国政府对于法国公司及人民持有之不动产永租契或其他证据，如欲另行换发新所有权状明，中国官厅当不征收任何费用，此项新所有权状应充分保障上述租契或其他证据之持有人与其合法之继承人及受让人，并不得减损其原来权益，包括转让权在内。

（三）中国政府与法国政府并同意，中国官厅不得向法国之公司及人民要求缴纳涉及本约发生效力以前有关土地移转之任何费用。

第五条　中国政府如经法国政府请求时,允将西营之旧广州湾租借地行政长官之官邸暨所属地皮及附属物免费租与法国政府作为法国领事馆馆址使用一年,并经双方同意得予延长,但了解自本约订立日起一年内如法国政府放弃援用此项规定时,中国政府可将上述地皮及所有房屋收回,自由确定使用。

第六条　本约用中法文各缮两份,均有同等之效力。

上开全权代表爰于本约定签字盖章印以昭信守。

中华民国三十四年八月十八日,即西历一九四五年八月十八日订于重庆

吴国桢(签字)
戴立堂(签字)

附件

本日交还广州湾租借地专约签订时,双方全权代表均同意于该地解放时派一中法混合委员会前往该地,该委员会由中国外交部与法国驻华大使馆各派一人组成之,其任务如左:

一、协助当地当局处理关于交收行政之一切紧急问题;

二、采取一切必要步骤俾法国之文武人员得在最良好之状态下遣回本国。

中华民国三十四年八月十八日,即西历一九四五年八月十八日于重庆

吴国桢(签字)
戴立堂(签字)

《中华民国史档案资料汇编》第五辑第三编《外交》,第737—739页

中法两国签订关于中越关系之协定

1946年2月28日

中国政府与法国政府为增进固有之友谊,同时为依照民国三十四

年(一九四五年)三月十三日中法换文之规定,恢复并发展越南与中国之经济关系,决定缔结本协定,并各派全权代表如左:

中华民国国民政府主席特派中华民国外交部部长王世杰博士;

法兰西共和国临时政府主席特派法兰西驻中华民国特命全权大使梅理霭先生;

两全权代表各将所奉全权证书互相校阅,均属妥善,议订条款如左:

第一部　居留条件

第一条　中国人民应继续享有其历来在越南享有之各种权利、特权及豁免,主要者如关于出入境、纳税制度、取得与置有城乡不动产、采用商业簿记之文字、设立小学及中学、从事农业、渔业、内河与沿海航行及其他自由职业。

第二条　关于旅行、居住及经营工商矿企业及取得与置有不动产,中国人民在越南应享有不得逊于最惠国人民所享有之待遇。

第三条　依照第一条对于居留越南之中国人民所征之税,尤以身份税不得重于越南人民所纳之税。

第四条　在越南之中国人民关于法律手续及司法事件之处理应享有与法国人民同样之待遇。

第二部　国际通运

第一条　法国政府在海防港保留一特定区域,包括必要之仓库场所,如有可能并包括码头,以备来自或输入中国领土货物之自由通运,此项特定区域内之有关税关事项由中国税关管理,其他事项尤其有关公共安全与卫生仍归法国行政管辖。

第二条　来自或输入中国领土之货物取道东京铁路者,自中越边界至为中国国际通运在海防港保留之特定区域应免纳关税通过,该项货物用列车载运,于起运时由中国税关当局予以铅封。

第三条　来自或输入中国领土之货物通过越南铁路者,应免除一切过境税捐。

第三部　中越商业

中国与越南之贸易将来根据最惠国待遇,另以商约规定之。

第四部　滇越铁路

第一条　一九零三年十月廿九日所订中法关于滇越铁路之协定,自本协定签字之日起废止之。

第二条　滇越铁路在中国境内昆明至河口一段之所有权及其材料暨设备照其现状移交于中国政府,由其提前赎回。

第三条　中国政府由提前赎回应补偿之款额由法国政府予以垫付,其款额由中法混合委员会决定之,法国政府只能就中国政府因一九四零年六月由于日本之干涉而致滇越铁路停运、海防港封锁、中国政府及商民所受物资损失之赔偿要求向日本取得之赔偿可能支付数额内,获得此项款额之偿还。

本协定用中文、法文各缮两份,中文、法文有同等效力,自签字之日起暂行生效,但仍应尽速予以批准。本协定之批准书在重庆或南京互换。

上开全权代表爰于本协定签定盖印以昭信守。

中华民国三十五年二月二十八日,即西历一九四六年二月廿八日订于重庆

王世杰(签字)

梅理霭(签字)

中法关于中越关系之协定附件

换文

甲、法国大使致王部长照会

征启者:关于本日中法签订关于中越关系之协定第四部,本大使敬以法国政府名义向阁下为下列之声明:

法国政府拟于最近将来向中国政府提出一改进中越间铁路交通之计划,法国政府并特别提出,中国政府为中国境内昆明至河口段之滇越

铁路所有人,如果决定允予法国方面参加经营该段之中国公司,则法国政府亦将比例给予中国方面参加经营该路在越南境内老街至海防段之法国公司。相应照请查照为荷。

本大使顺向贵部长重表敬意。

此致

中华民国国民政府外交部部长王世杰博士阁下

梅理霭（签字）

一九四六年二月廿八日

乙、王部长致法国大使照会

征启者:接准贵大使本日照会内开:

关于本日中法签订关于中越关系之协定第四部,本大使敬以法国政府名义向阁下为下列之声明,法国政府拟于最近将来向中国政府提出一改进中越间铁路交通之计划,法国政府并特别提出,中国政府为中国境内昆明至河口之滇越铁路所有人,如果决定允予法国方面参加经营该段之中国公司,则法国政府亦将比例给予中国方面参加经营该路在越南境内老街至海防段之法国公司。相应照请查照。

等由,本部长对于以上声明业经阅悉,敬以中国政府名义通知阁下,即请查照为荷。

本部长顺向贵大使重表敬意。

此致

法兰西共和国驻中华民国特命全权大使梅理霭阁下

王世杰（签字）

中华民国三十五年二月廿八日

《中华民国史档案资料汇编》第五辑第三编《外交》,第739—742页

中法两国签订法国放弃在华治外法权及其有关特权条约

1946 年 2 月 28 日

中华民国国民政府、法兰西共和国临时政府为欲巩固两国间素来

之友好关系，并以平等与主权国家之资格，对于有关在中国之司法管辖之若干事项认为有加以调整之必要，决定订立本约，各派全权代表如左：

中华民国国民政府特派中华民国外交部部长王世杰博士

法兰西共和国临时政府特派法兰西驻中华民国特命全权大使梅理霭先生

两全权代表各将所奉全权证书互相校阅，均属妥善，议定条款如左：

第一条　一、本约所适用之缔约两方领土，在中华民国国民政府方面为中华民国之一切领土，在法兰西共和国政府方面为法国本土、阿尔日里、法国海外一切殖民地及保护国，以及置于法国委任统治下之一切领土。本约以下各条所称缔约此方或彼方之领土应视为指本约所适用之各该方一切领土。

二、本约内"缔约此方或彼方人民"字样，在中华民国国民政府方面指一切中华民国人民，在法兰西共和国政府方面指本约所适用之领土内之一切法国人民、法属人民及法国统治与保护之人民。

三、"缔约此方或彼方公司"字样，在本约适用上应解释为，依照本约所适用之各该方领土之法律而组成之公司或社团。

第二条　现行中国与法国间之条约或协定，凡授权法国政府或其代表实行管辖在中华民国领土内法国公司或人民之一切条款，兹特撤销作废，法国公司及人民在中国应依照国际公法之原则，受中华民国国民政府之管辖。

第三条　一、法兰西共和国政府认为，一九〇一年九月七日中国政府与他国政府包括法兰西共和国政府在北京签订之议定书，关于法国政府部分均已失效。法兰西共和国政府放弃所有该议定书及其附件给予之权利。

二、法兰西共和国政府愿协助中华民国国民政府与其他有关政府成立必要之协定，将北平使馆界之行政与管理，连同使馆界之官有资产与官有义务移交于中华民国国民政府,并相互了解中华民国国民政府于接收使馆界行政与管理时,应担任使馆界之官有义务及债务与保护该界内之一切合法权利。

三、在北平使馆界内已划与法国政府之各段土地,中华民国国民政府允许法兰西共和国政府为公务上之目的保留使用之权。

第四条 一、法兰西共和国政府认为,上海及厦门公共租界之行政与管理关于法国政府部分归还中华民国国民政府,并放弃所有关于上述公共租界给予法国政府之权利。

二、法兰西共和国政府愿协助中华民国国民政府与其他有关政府成立必要之协定,将上海及厦门公共租界之行政与管理,连同官有资产与官有义务移交于中华民国国民政府,并了解中华民国国民政府于接收上述租界行政与管理时,应担任上述租界之官有义务及债务与保护该租界内之一切合法权利。

三、法兰西共和国政府放弃其对于上海法租界(包括两扩充区)、天津法租界(包括老西开区域)、汉口及广州法租界之权利,并同意将上述租界完全置于中华民国国民政府权力之下,并了解中华民国国民政府应担任上述租界之官有义务及债务与保护该租界内之一切合法权利。

第五条 一、为免除关于法国公司或人民,或法兰西共和国政府在中华民国领土内现有不动产之权利及契据发生任何问题,尤为免除各条约及协定之各款因本约第二条规定废止而可能发生之问题起见,缔约双方同意上述现有之权利及契据不得取消作废,并不得以任何理由加以追究,但依照正常法律程序提出证据证明此项权利及契据系以诈欺或其他不正常手段取得者,不在此限。同时相互了解,此项权利或契据如其取得时所根据之原来手续,日后有任何变更之处不得因之作废。双方并同意,此项权利或契据之行使应受中华民国关于征收捐税、有关国防及征用土地各项法令之约束,并经中华民国国民政府之明白许可,上述任何权利或契据并不得移转于任何第三国政府、人民或公司。

二、缔约双方并同意中华民国国民政府对于法兰西共和国政府公司或人民现有之不动产、永租契,或一切其他证件,如欲另行换发新所有权状时,中国官厅当不征收任何费用,此项新所有权状应充分保障上述契据或其他证件之持有人及其合法继承人或受让人并不得减损其原来权益,包括转让权在内。

三、缔约双方并同意,中国官厅不得向法兰西共和国政府公司及人民要求征纳涉及在本约发生效力以前之土地移转之任何费用。

第六条　一、法兰西共和国政府对于中华民国人民在法兰西共和国一切领土内早已予以旅行、居住及经商之权利,中华民国国民政府同意对于法国人民在中华民国一切领土内予以相同之权利。

二、缔约双方在各该方之领土内尽力给予对方之人民及公司关于各项法律手续与司法事件之处理,以及有关税捐之征收不低于所给予本国人民及公司之待遇。

第七条　缔约此方之领事官经彼方给予执行职务证书后,得在彼方领土内双方所同意之口岸地方与城市驻扎。缔约双方之领事官在其领事区内,应有与其本国人民通讯、会晤、指示之权,其本国人民亦随时有与彼等通讯之权,遇有缔约此方之任何人民被地方官厅逮捕或拘留时,该地方主管官厅应立即通知在该地方领事区内之彼方领事官,该领事官在其管辖范围以内有与其任何被逮捕或在狱候审之本国人民接洽之权,缔约此方之人民在彼方领土内被监禁者,其与本国领事官之一切通讯,地方官厅应予转递。缔约此方之领事官在彼方领土内应享有现代国际惯例所给予此等官阶人员之一切特权及豁免。

第八条　一、缔约双方经一方之请求应进行谈判签订现代广泛之友好通商航海条约及设领专约,此项条约将以近代国际公法原则、国际惯例及缔约双方近年来与他国政府所缔结之近代条约为根据。

二、前项广泛条约未订立以前,倘日后遇有涉及中华民国领土内法兰西共和国政府公司或人民权利之任何问题发生,而未经本约或缔约双方间现行而本约未予废止或本约不相抵触之条约、专约及协定规定者,应由缔约双方代表会商,依照普通承认之国际公法原则及近代国际惯例解决之。

第九条 关于本约第二条及第八条第二款双方了解:

一、法兰西共和国政府放弃关于在中国通商口岸制度之一切依据原有条约之权利。中华民国国民政府与法兰西共和国政府相互同意,缔约一方之商船许其自由驶至缔约彼方领土内对于海外航运业已或将来开放之口岸地方及领水,并同意在该口岸地方或领水内给予此等船舶之待遇,不得低于所给予各该本国船舶之待遇,且应与所给予任何第三国船舶之待遇同样优厚。缔约一方之船舶字样,指依照本约所适用该方领土内之法律登记之船舶。

二、法兰西共和国政府放弃关于在上海、厦门公共租界及上海法租界内特别法院之一切依据原有条约之权利。

三、法兰西共和国政府放弃关于在中华民国领土内各口岸雇用外籍引水人之一切依据原有条约之权利。

四、法兰西共和国政府放弃关于其军舰驶入中华民国领水之一切依据原有条约之权利,中华民国国民政府与法兰西共和国政府于缔约一方军舰访问彼方口岸时,相互给予适合通常国际惯例之优礼。

五、法兰西共和国政府放弃要求在中国邮政机关内任用法国公民之权利。

六、所有现在中华民国领土内设置之法兰西共和国政府一切法院,依照本约第二条之规定既应予以停闭,此项在中国之一切法国法院之命令、宣告、判决及其他处分应认为确定案件,于必要时中国官厅应予以执行。又当本约发生效力时,凡在中国之任何法兰西共和国政府法院一切未结案件,如原告或告诉人希望移交于中国主管法院时,即应交由该法院从速进行处理,处理时并适用法国法院原所适用之法律。

七、法兰西共和国政府放弃给予其船舶在中华民国领水内关于沿海贸易及内河航行之特权,法国公司及人民用以经营此项事业之一切产业，如业主愿意出卖时，中华民国国民政府负责以适当价格收购之。如缔约一方在其任何领土内以沿海贸易或内河航行之权利给予任何第三国之船舶，则其同样权利亦应给予缔约彼方之船舶，但以缔约彼方准许缔约此方之船舶在彼方本国领土内经约彼方人民之国民待遇范围以内，并应依照双方有关之法律办理，惟双方同意缔约一方之船舶在缔约彼方之领土内关于沿海贸易及内河航行所享受之待遇，应与任何第三国船舶之待遇同样优厚，惟须遵守上述但书之规定。

第十条　关于本约第五条第一款最末句，中华民国国民政府兹声明，该条内所指现有不动产权利之转让权所受之限制，中国官厅当秉公办理，如中国政府对于所提出之转让拒绝同意，而被拒绝转让之法国人民或公司请求收购时，中国政府本公平之精神及为避免使法国人民或公司损失起见，当以适当之代价收购该项权利。

第十一条　双方了解通商制度之废止不得影响现有之财产权，并了解缔约一方之人民在缔约彼方之领土全境得依照缔约彼方之法令所规定之条件享受，取得并置有不动产之权利。

第十二条　双方同意，凡本约未涉及之问题，如有影响中华民国主权时，应由中华民国国民政府与法兰西共和国政府之代表会商，依照普通承认之国际公法原则及近代国际惯例解决之。

第十三条　本约应予批准，批准书应于重庆或南京迅速互换，本约自互换批准书起发生效力。

本约用中文、法文各缮两份，中文、法文均有同等之效力。

上开全权代表爰于本约签字、盖印，以昭信守。

中华民国三十五年二月二十八日即西历一九四六年二月二十八日订于重庆

王世杰（签字）

梅理霭（签字）

《中华民国史档案资料汇编》第五辑第三编《外交》，第742—748页

中法关于中国驻越北部队由法国军队接防之换文
1946 年 2 月 28 日

甲、法大使致王部长照会

径启者:本大使谨向贵部长证实,法国司令业已准备担负管理日本战俘,维持越南联邦领土北纬十六度以北秩序与安宁,并保护中国人民之完全责任。为此之故,并提议对中国军队由法国军队接防一节,应按下列基础办理:

驻越南北纬十六度以北之中国军队交防,于三月一日至十五日期间开始,至迟应于三月三十一日完毕。中、法参谋于现在重庆举行会商之范围内,得同意决定此项实行交防之方式。

中国军队须取海道撤回而不能在交防后登轮者,可在附近登轮口岸之停留区域内集中,在物资条件许可之状态下尽速撤退。此项区域将由地方中、法司令商定之。至中国部队由其他方法撤回者,其如何移动,亦由地方中、法司令商定之。

相应照请贵部长查照见复为荷。

本大使顺向贵部长重表敬意。

此致

中华民国国民政府外交部部长王世杰博士阁下

一九四六年二月二十八日

　　　　　　　　　　梅理霭(签字)

乙、王部长致法大使照会

径启者:接准贵大使本日照会开:

本大使谨向贵部长证实,法国司令业已准备负责管理日本战俘,维持越南联邦领土北纬十六度以北秩序与安宁,并保护中国人民之完全责任,为此之故,并提议对中国军队由法国军队接防一节,应按下列基础办理:

驻越南北纬十六度以北之中国军队交防,于三月一日至十五日期间开始,至迟应于三月三十一日完毕。中、法参谋于现在重庆举行会商之范围内,得同意决定此项实行交防之方式。

中国军队须取海道撤回而不能在交防后登轮者,可在附近登轮口岸之停留区域内集中,在物资条件许可之状态下尽速撤退,此项区域将由地方中、法司令商定之。至中国军队由其他方法撤回者,其如何移动,亦由地方中、法司令商定之。

相应照请贵部长查照见复。

等由。查上述各节中国政府均予同意。相应照复即请查照为荷。

本部长顺向贵大使重表敬意。

此致

法兰西共和国驻中华民国特命全权大使梅理霭阁下

中华民国三十五年二月二十八日

王世杰(签字)

附件:会议记录(中华民国三十五年二月二十八日于重庆)

关于越北中国军队由法国军队接防之换文,彼此了解如下:

中国军事当局对于河内军营之法国军队于接防时恢复武装,不予反对,俾该军队得以实际负担因接防而生之各项责任。

《中华民国史档案资料汇编》第五辑第三编《外交》,第748—750页

中法关于法国供给中国驻越北军队越币之换文
1946 年 2 月 28 日

甲、法大使致王部长照会

径启者:按照中法主管机关所交换之意见,关于供给中国军队开支事,本大使谨向贵部长为下列之声述:

一、法国政府允自一九四五年九月一日至同年十二月三十一日止,垫付中国政府每月越币总额六千万元(六○,○○○,○○○元),以供中国军队驻越之用。

其已拨交中国各部队之款项,应就法国政府垫付总额内扣除之。

二、自一九四六年一月一日起，上列第一项所定每月越币六千万元（六〇，〇〇〇，〇〇〇元）之数额，可为垫款之计算基础，此项垫款，由中、法两国政府代表，依照中国军队之实际需要，并比例部队之数额，按期商议，经双方同意核定之。在中国军队交防完毕后，及实际离越前之期间内，中国司令适应中国军队需要之方式，将来以上述计算基础为出发点，另行核定之。

三、前中国司令部与法国司令部代表之参谋商议时，业经同意对于法国政府垫付一九四六年一、二两月份之款项，定为越币六千万元（六〇，〇〇〇，〇〇〇元）。

四、法国政府所垫付之越币款项，将来应归日本负担，中国政府对法国政府为谋此项偿还之交涉，应予支持。

相应照请贵部长查照见复为荷。

本大使顺向贵部长重表敬意。

此致

中华民国国民政府外交部部长王世杰博士阁下

一九四六年二月二十八日

梅理霭（签字）

乙、王部长致法大使照会

径启者：接准贵大使本日照会开：

按照中法主管机关所交换之意见，关于供给中国军队开支事，本大使谨向贵部长为下列之声述：

一、法国政府允自一九四五年九月一日至同年十二月三十一日止，垫付中国政府每月越币总额六千万元（六〇，〇〇〇，〇〇〇元），以供中国军队驻越之用。

其已拨交中国各部队之款项，应就法国政府垫付总额内扣除之。

二、自一九四六年一月一日起，上列第一项规定，每月越币六千万元（六〇，〇〇〇，〇〇〇元）之数额，可为垫款之计算基础，此项垫款，由中、法两国政府代表，依照中国军队之实际需要，并比例部队之数额，按期商议,经双方同意核定之。在中国军队交防完毕后,及实际离越前之期间内,中国司令适应中国军队需要之方式,将来以上述计算基础为出发点,另行核定之。

三、前中国司令官与法国司令官代表之参谋商议时,业经同意对于法国政府垫付一九四六年一、二两月份之款项,定为越币六千万元(六〇,〇〇〇,〇〇〇元)。

四、法国政府所垫付之越币款项,将来应归日本负担。中国政府对法国政府为谋此项偿还之交涉,应予支持。

相应照请贵部长查照见复。

等由。中国政府业已阅悉,并表同意。

相应照复,即请查照为荷。

本部长顺向贵大使重表敬意。

此致

法兰西共和国驻中华民国特命全权大使梅理霭阁下

中华民国三十五年二月二十八日

王世杰(签字)

《中华民国史档案资料汇编》第五辑第三编《外交》,第 750—752 页

外交部藏中法商务协定草案

1946 年

(1)协定草案

中法商务协定

法兰西共和国政府及中华民国国民政府,为谋恢复及发展两国间之贸易,并为求达到一九四六年二月廿八日中法协定所表示之愿望起见,兹商订条款如左:

第一条　法国、中国及越南同意以最宽大之待遇,互相准许彼此间货物之进出口,俾固有之贸易速率得以增进。

第二条　此项贸易在关税上应适用最惠国待遇之条款。

第三条　法国对于本协定附表甲所列之法国货物，或来自法国之货物，应在该表所指定每种货物数量或价值之限度内（此系 F. O. B. 价值）准其输出运往中国。

中国方面对于该项货物，亦应照其所指定数量及价值限度内准其输入中国。

第四条　越南官厅对于本协定附表乙所载之越南货物，或来自越南之货物，应在每种货物指定之数量或价值限度内，准许其输出运往中国。

中国政府亦准许此等货物之输入中国。

第五条　中国政府对于本协定附表丙所载之货物，在指定之数量或价值以内，准其输出运往法国。

同时法国政府亦准许此等货物之输入法国。

第六条　中国政府对于本协定附表丁所载之货物，应在该表所列之数量或价值内，准许其输出运往越南。

此等货物亦应由越南官厅准许其输入越南。

第七条　对于实行本协定有关清算帐目之方式，由法国驻华大使与中国政府外交部长换文决定之。

第八条　为使上述三地间之贸易便利起见，应组织一三人委员会，各由其本国政府指派之。该委员会等对于改进中法越之商业及经济关系，应有提出一切建议之权。

该委员会负责监督本协定之实施，经该三委员中一人之要求，即应开会。

第九条　甲、乙、丙、丁四表内所指定之分配定额，其有效期间，自本协定实施之日起，至一九四七年十二月卅一日止。

一般情形，该项货物之定量，应以暂时之平均额为准，但在发给进出口许可证时，为计及临时需要或季令关系，得于适当时期请三方合组之委员会审议此项问题，并核定之。

第十条　委员会委员每月至少集会一次，将发给关于附列各表内所载货品进出口许可证之情形互相交换报告。

在本协定实施后,适用于各时期之各项货表,亦由该委员等制定之。

第十一条　在本协定实施期内,如依本换文第七条法越与中国间贸易总数发生重大不平衡时,该委员会可核议应采取之措置,俾尽量恢复其平衡状态,主要为使在各该国内之销售价值予以调整。

第十二条　本协定之附表得经双方政府之同意而修改之。

关于"其他货物"一项之定额,由委员会各委员分配之。该委员会于必要时,并得在"其他货物"项目内增加货价之额数。

第十三条　本协定自　年　月　日起发生效力。

本协定至一九四七年十二月卅一日止为有效期间,但任何一方得于三个月以前通知废止。

本协定除三个月之预先通知废止外,应认为逐年继续有效。

代表法兰西政府

代表中华民国国民政府

附表甲

自法国运往中国之出口货物:

此项货物价值之标数系 C. A. F. 价值,不包括关税在内。

铁路(铁路之配备器材、修理桥梁之配备器材);

工业上之配备器材;

机器;

机器工具;

飞机、飞机材料;

地才尔卡车(Camion diesel);

燃用汽油之卡车(Camion a gayogene);

脚踏车、脚踏车零件;

铝;

光学及照相材料；

化学品；

药品；

香水及美容品；

巴黎产品；

首饰；

新奇物品（制成宝石）；

钟表；

烟火；

织品及制成之衣服；

玻璃；

肥料；

书籍；

纸类；

文具用品；

香烟纸；

酒或香槟；

各种烧酒及酒精；

其他货物。

附表乙

自越南运往中国之出口货物。

此项货物价值之标数系 C. A. F 之价值，不包括关税在内。

米（仅自一九四七起）；

鱼干；

士敏土；

树胶；

煤；

木；

炭；

其他货物。

附表丙

自中国运往法国之出口货。

此项货物价值之标数系 C. A. F. 之价值，不包括关税在内。

生丝；

残丝；

猪鬃；

绸缎；

棉花及残花；

草编品及草帽；

席；

发；

羊毛；

麝香；

桐油；

鱼胶；

麻油；

五倍子或没食子；

含油质之植物种子；

鸡蛋滋养品；

用以鞣皮之工业用蛋质；

法国本境内用之红茶；

北非洲用之绿茶；

猪肠、羊肠；

烟草；

皮货及皮革品、皮革及兽皮；

古玩；

锑；

钨；

苎麻；

漆品；

残麻及残苎麻；

其他货物。

附表丁

自中国运往越南之出口货。

此项货物价值之标数系 C. A. F. 之价值，不包括关税在内。

棉布；

棉线网；

丝；

猪鬃；

胶漆；

锡；

锑及钨；

铁及钢；

绿茶、红茶；

面粉；

糖；

麻油；

马铃薯；

烟草；

肥皂；

卡车；

汽油；

电灯泡；

火柴；

古玩；

其他货物。

（2）换文草案

关于佛郎区域与中国间清算办法之换文草案

两缔约国依照本日签订之商务协定第七条之协定,对于该条所载关于佛郎区域与中国间清算办法,同意依照下列办法办理之：

第一条　法兰西银行在中国中央银行开立佛郎存帐,得按巴黎之平均官价随时折兑美金。此项存帐将佛郎区域外汇统制局核准,对居住于中国之人所支付之款项予以记入贷方。

第二条　倘巴黎之美金平均官价发生变动,则第一条之该项存帐之贷方截至该项官价变动之日止,由法兰西银行比照当日之行市变动予以调整。

第三条　中国之中央银行在法兰西银行开立美金存帐,经中国主管机关核准,对居住于中国之人所支付佛郎区域之款项予以记入贷方。倘进口货之一部分货价由进口商付现,现其余部分之数额可用美金期票由法指定银行照数付给。

第四条　此等手续可直接由法兰西银行与中国之中央银行或间接由东方汇理银行,或中国银行,或由双方共同认可之其他机关办理之。

第五条　法兰西银行与中央银行于每月底开始结算帐目,并核定存帐结数。此项结余之数应于十五日内折成美金。

第六条　本协定之有效期间及其他条件与本日签订之商务协定相同。本协定得经双方之同意而修改之,尤以如因参加国际币制协定而致改变现状者为然。

附款

上列协定内所预定之付款方法,适用于处理下列各项事宜：

甲、关于商务协定甲、乙、丙、丁附表内所列各项货品之商业付款，并包括附属费用在内（如保险费、运费、过境费）。

乙、此缔约国之商行或公司所建设各项有利于彼缔约国之各项工程费用。

丙、关于著作税、商标执照税、奖金、保险及再保险之赔偿、捐税、罚金及诉讼费等一切付款。

丁、关于海空航行交通之营业收入。

戊、旅费、旅客日常费用及学费。

己、法国政府在中国及中国政府在法郎区域之各项开支，尤其如使领费及其他类似机关之一切开支。

庚、对于办理政府间约定借款事宜之机关及为偿付借款之各项款项。

辛、商得两国政府主管机关同意而确定之其他各项付款。

《中华民国史档案资料汇编》第五辑第三编《外交》，第 752—759 页

外交部讨论中法关于中越关系协定实施问题会议记录
1946 年 9 月 27 日

讨论中法关于中越关系之协定实施问题

日期：三十五年九月二十七日午后二时半。

地点：外交部会议室。

出席人员：资源委员会吴志翔、吴道良，国防部马定波，经济部张天泽、徐伯达，交通部凌士芬、萨福均、郑方珩，财政部朱偰，粮食部陈锡襄，外交部凌其翰、李文显。

主席：凌其翰。

纪录：马秉乾。

一、此次开会讨论主题

1. 中法关于中越关系之协定实施问题；

2. 法国经济考察团与各部讨论事项。

二、第二次会议会后情势之发展

关于中法谈判实施中法关于中越关系之协定一事，法方原由勒伯斯纳雷氏（Mr. Le Beerierais）担任，因法国国内审理某项法奸案须由勒氏作证，现已返法。现据法大使馆人员口头通知，法拟派莫氏（Mr. Marx）主持此事，闻关于铁路技术问题则由 Mr. Fontaire 协助。我对莫氏来华表示欢迎，莫氏与法大使馆参事戴立堂现在西贡与越南法国当局商讨中越有关问题，前法大使贝地高亦曾与会。

本月十五日越南临时政府主席胡志明与法国政府签订临时协定，外交部据报内容大致如后：

1. 在越法人、在法越人均享国民待遇及民主自由；

2. 双方企业不受歧视，越方征用之法国企业归还产权人；

3. 法国在越自由设立各级学校及科学研究机关，恢复百斯德研究院及远东法国学校；

4. 法人优先充任越政府顾问及技术人员；

5. 越南联邦币制统一，沿用东方汇理银行发行之越币；

6. 越南联邦统一关税，内地不设关卡，全越税率一致，关税及对外贸易组织混合委员会研究实施办法；

7. 设交通混合委员会，研究恢复全越交通、邮电；

8. 设法越外交混合委员会，研究越南与邻国互派领事问题；

9. 为停止交趾军事行动起见，双方议定停止军事暴行，释放政治犯及俘虏，亲越亲法人士双方不加诉论仇视，保证互享民主自由，取消敌对及合作制止敌国人民为害越政府，经法国政府同意任命人员，详订本协定实施办法，以求解决各种问题，至迟明年一月重开谈判。

该临时协定于十月三十日起生效。

依照协定第二项之规定，滇越铁路越段，越盟仍须将该段交还法国，及七项规定恢复越南内部及海外各地交通，与我有密切关系，应予注意。

三、讨论关于滇越铁路滇段之估价

交通部代表意见

1. 照滇越铁路之建筑费一亿五千八百六十四万佛郎,按年折旧,除去法方向日本要求赔偿之数目,我方按里程摊算赎回,但如法方向日本要求之数目超过该路建筑成本时,我方应无偿赎回。

2. 应按旧三十二年八月接收之所有设备,照价折旧,及二十九年拆除碧色寨至河口段轨料估价,按年折旧,以法郎折合美金计算。

3. 关于滇段因战事被毁部份之修复问题,交通部代表之示,将来所用修复费用,似应由法方予以补偿,再由法方向日本索偿。

四、中法铁路合作

1. 法越纠纷解决后,我方应即准备合作办法;

2. 该路两段合作之范围与方式,拟包括全路,拟相互投资,或拟仅限于联运,究应如何办理方于我有利,请交通部即提出详细计划,送外交部汇案办理;

3. 若法方提出越境铁路与我西南各铁路之广泛合理建议时,我方应提出何种对策,并请交通部提出计划送达外交部;

4. 越南政局尚未澄清,我与法谈铁路合作,将来能否获得越南承认,此时亦应加以研究;

5. 国防部代表提出建筑新滇越铁路,由昆明经老街,与暹罗铁路接轨,直达曼谷,开辟西南对海洋联系之第二铁路(详细计划国防部已函达外交部及交通部),请交通部及外交部设法促成此路。

五、在越物资损失

关于二十九年六月因日军封锁海防,我官商在海防物资损失确数,外交部已将所得损失各种货币数字函请中央银行按照当时汇率折合美金,以备向法方提出,外交部应另函请财政部查照,迅予办理。

六、清算越北敌产

我方已拟定两项清算原则,交我方代表届时向法方提出:

1. 日人在越北之产业,凡属于台湾日本总公司者,此种产业应属于接收总公司之国家;

2. 日人在越北之工矿,应以实物作价,补偿我方损失,勿予一律标卖。

七、关于法国经济考察团与各机关接洽事项

1.关于交通者,法代表团曾要求开辟由西贡经广州达上海之航线,我方亦请由中法订立合同,确定昆明至河内之航线。

2.各机关将来与法经济考察团如有所接洽,应随时通知外交部。关于此事最好各机关指派专人,外交部亦指定负责人员互相商讨以资联络,决定由外交部通知各机关办理。

3.关于与法经济考察团商谈应取之方式,似应由外交部先与经济考察团商定讨论事项,分别通知各该有关机关,由外交部依次召集各有关机关开小组讨论会,决定应付办法,再由各主管机关与法经济考察团径行商谈,事后由该机关将商谈纪录抄送外交部一份。

4.关于中法贸易、法越贸易及国际贸易之商讨,应由经济部派代表参加,并由经济部提出方案送外交部。

5.关于商讨驻越军费事,应由粮食部派代表参加。

八、其他

1.外交部报告,越北敌产清算委员会正积极准备开会,外交部请经济部及资源委员会派往河内参加该会之代表从速起程前往。

2.粮食部报告,法尚欠我军米八千余吨,请外交部直接向法国大使馆交涉清偿,又国际粮食局除原定配给我国食米之数量外,另允许我政府在越购米五万吨,我现购得者不过数千吨,本年内此数如能购足,粮食部即已感觉满意,现购米事委托中信局办理。

3.中越汇兑:

A、财政部应设法从速恢复中越间之汇兑,俾大量侨汇得以内流。

B、越南境内之银行统制越币外汇,而我国对各银行外汇币制并无任何限制,财政部应予注意。

C、在越境内美金与越币之兑换率,官价与黑价相去甚远,财政部与粮食部应予注意。

D、我应与法交涉,在越境内增设中、交两行,以利侨汇。

E、法国东方汇理银行昆明分行复业事,应由外交部向财政部查询。

附记:本部应办事项

1. 与法使馆交涉事项,确定河昆(河内至昆明)航线;

2. 函请财政部将我在海防物资损失数目按照当时汇率折合为美金;

3. 向财政部查询昆明东方汇理银行复业事;

4. 此次会议纪录应油印十份,分寄各与会机关。

《中华民国史档案资料汇编》第五辑第三编《外交》,第759—763 页

中法关于中越航空线临时办法换文
1946 年 12 月 14 日

(一)中国外交部部长王世杰博士致法国驻华大使梅理霭照会

为促进中法两国间之关系及往来起见,兹代表中国政府,谨向阁下建议关于创办中越间航空线临时办法如下:

一、中国政府准许法国航国公司自越南任何地点至上海间经营商业航运,并可能以广州及厦门为技术降落站。

根据相互原则,法国政府准许中央航空运输公司或中国航空公司自中国任何地点至西贡间经营商业航运,并可能以河内或土伦为技术降落站。

指定之公司(中央或中国)得在西贡装卸客、货及邮件,法国航空公司得在上海经营同样业务。

二、双方航空公司之航运班次暂先定为每两周飞航一次,双方之航空公司得于通知对方之政府后,增至每周飞航一次。此外,并得申请为若干次附加航运,或于必要时,申请另行增加其航运班次。

三、香港降落站之使用,得规定于双方公司之航运路线中。

四、议定航运业务之各项实施细节,应尽量参照芝加哥会议时所议定各文件,尤其国际民航公约之规定。飞航时间、价目表及运输量,应

由双方公司同意商定,分别呈经其各本国政府核定之。双方公司在其各本国领土内对航空所能相互给予技术上协助之细节,得由各该公司之同意商定之。

上开建议如获贵国政府之同意,本照会及阁下之复照即构成两国政府间之临时协定。该临时协定有效期间为六个月,自中华民国三十六年一月一日起生效。

本协定期限届满前三个月,两国政府应另行换文,以便于必要时将该临时协定予以延展,其期限即由该换文规定之;否则,任何一方政府亦应于协定期限届满前三个月,将不愿展限之意旨通知对方。

依照规定于中华民国三十六年一月一日正式开办航运业务之前,上述公司之飞机得从事若干次试航飞行。此项试航飞行得经营本航线之商业运输,运送客、货及邮件,但双方公司应将其日期及次数彼此通知,以便事先呈由其各本国政府核准施行。

又,双方同意,在该临时协定有效期限内,两国政府应就芝加哥所订各协定之范围内,商定一广泛之协定,如属可能,该协定尤应特别将中国航线延长至巴黎及将法国航线延长至东京一节列入。

本部长顺向贵大使重表崇高之敬意。

此致

法兰西共和国驻中华民国特命全权大使梅理霭阁下

王世杰(签字)

中华民国三十五年十二月十四日于南京

(二)法国驻华大使梅理霭复中国外交部部长王世杰博士照会

接准贵部长本日照会内开[王世杰照会内容略]。

本大使兹谨向贵部长声述,法国政府同意上开临时办法。

本大使顺向贵部长重表崇高之敬意。

此致

中华民国外交部部长王世杰博士阁下

梅理霭(签字)

西历一九四六年十二月十四日于南京

《中华民国史档案资料汇编》第五辑第三编《外交》，第763—765页

国防部为法舰企图侵占西沙群岛致行政院代电

1947 年 1 月 22 日

国防部快邮代电。创畏签字第 21 号。

行政院院长宋钧鉴：迭经海军总部周参谋长子巧、子皓代电，转据西沙群岛电台台长李必珍报称：本（十七）日上午十一时，法舰 F43 号驶抵本岛抛锚，经职亲往查询来意，据该舰长称，奉命令前来登陆，并运送我方人员离岛。当告以系我国领土，未奉命令不能擅离，如有纠纷可用外交途径进行。据云，西沙属法国领土，我国未经法方同意即行占领，似属不合。职告以须待职向上峰请示。该舰长仅允在该舰上发电以期迅速，并限明（十八）晨十时答复，否则强行登陆。查该舰载有多数陆战队。至十八日拂晓，法舰发射信号炮弹多发，情势紧张，天明时起锚驶去。至十二时返岛，派付长、翻译前来邀职赴舰，职再劝阻，据云限明（十九）日上午八时内考虑。职当答，如必登陆，我方抵抗。职已将所有密本及案卷除修密外，均已焚毁。法舰旋于十九日上午五时四十分驶退。并请鉴核，等情。除当经电令该台官兵，法舰如强登陆应予抵抗，并死守该岛。并分咨外交部向法方提出抗议外，乞鉴核等情。除饬海军总部转饬该岛官兵抵抗外，谨请转饬外交部向法方严重抗议为祷。职白崇禧子马创畏墙五。

《中华民国史档案资料汇编》第五辑第三编《外交》，第765—766页

中国驻法大使馆为中法西沙群岛交涉致中国驻联合国办事处函稿

1947 年 4 月 25 日

贵处本年三月廿六日函嘱检寄关于西沙群岛交涉资料，相应检同西沙群岛最近交涉经过及其他有关资料，函请查收为荷。此致

驻联合国代表办事处。

附件

法舰东京号本年一月十七日十一时驶抵西沙群岛中之武德岛（Voody Island），胁迫该岛守军撤退，并称我守军须于十八日晨十一时前答复，否则即强行登陆占领。我外部据报即于十八日向法大使严重抗议，并告以我军已奉令守据，但法军如不登陆或进攻我守军，决不先取军事行动。法大使谓，此举悉非法政府命令，而系安南法军当局所为。同时外部电本馆向法方严重要求，先命该舰撤退，以避免冲突，在法方对该岛武力未消除前，我将无法商谈。等语。驻法大使馆当于十九日访法外部秘书长，请其训令速将法舰撤退。彼亦云此事完全系舰长自由动作，已训令法督达任留制止。该部亚洲司长复于二十日函示达任留报告，内称，炮舰Tonkinio原奉令往武德岛侦察，如华军业已占领不必登陆，不料该舰长竟超出训令范围，惟当时法舰长与中国军官谈话情形融洽，绝无有致最后通牒事，后该舰即离去，驶至距五十海里之Pattle岛，见无人驻守，即留驻军二十人。此事希望中国政府处以冷静。事实上双方对主权问题各执一词，谈判解决方式甚多，或则中越渔民均可捕鱼，或则中法各择岛屿设气象台，或用共管方式，倘仍不能解决，提请仲裁亦可。等语。

元月廿日亚洲司长面告法大使谓，在法律上言，我对西沙群岛之主权迭经声明属于中国，不能改变立场，就政治言，法方亦不宜对此荒岛与中国争执，以致妨碍中法邦交，或尤影响中法在越南关系，法大使对此颇能了解。本馆复奉外部训令，对于法军占领白钝岛一事向法外部提出书面抗议，并请其采取一切有效必要步骤撤退该岛驻军，并口头声明在法方人员未撤退前，一切谈判有威胁之嫌，我政府将不便进行商谈。元月廿九日复晤亚洲司长，据称，法方已接获外部致法大使节略内有倘法军不退出白钝岛，一切结果由法方负责一语，意含威胁，法方让步将失面子。目前正以越事棘手，决不过分重视西沙群岛，但十五年来法方立场不能骤变，中国倘付仲裁，法方不待仲裁结果即可撤兵，等语。旋法方又提议于撤兵前半月许致文中国方面通知定期撤兵，但希望中国政府开始商谈用仲裁方式彻底解决,俟中国方面答复同意即行撤兵。经告以中国政府始终认定西沙群岛主权属于中国,在法军未自白钝岛撤退前,我政府无法接受关于商谈之方式。

查关于此案,我方始终认定,法军占领西沙群岛为侵犯我领土主权,法方则正以在越用兵,虽不愿多事,然亦不愿损失威望,故坚主仲裁,至双方交涉根据计分三类,(一)历史根据,法方提出嘉隆上谕,我国则声明汉代马伏波征南,该岛即属中国,法方认为无佐证。我方认为一八一六年安南为中国属国,断无属国片面攘夺宗主国领土之理。(二)占领事实,我方提出 1909 年李准竖旗占领,1912 年划隶琼州管辖及抗战胜利后驻军各事实。法方则称于 1938 年曾加以占领,但当时我国曾郑重声明保持我国立场。(三)条约根据,中法续议界务专条第三款以勘界大臣所划红线向南接划,该线以东海中各岛归中国,该群岛确在线东。法方认为该红线仅指沿海诸岛。

本馆根据上列各种理由与法外部往返辩论,法方坚持必我承认仲裁,然后撤退白钝岛驻军,我方则要求法方立即撤兵,再行商谈,至商谈方式不能事先规定。双方立场现尚未见接近。

《中华民国史档案资料汇编》第五辑第三编《外交》,第 766—768 页

中法两国关于延展中越间航空临时协定往来节略
1947 年 7 月—10 月

一、法国驻华大使馆致外交部节略

法国大使馆兹向外交部致意并声述:查创设中越间航空线中法临时协定业经本年六月二十八日外交部与大使馆互行换文,自一九四七年七月一日起予以展延六个月在案。依照协定末段所称,法国政府拟在十二月三十一日期满以前,向外交部提出正式协定之草案。惟此项协定讨论需时,似将延至一九四八年一月一日以后,故法国政府特此建议立将临时协定再予延展六个月,俾正式协定得在此时期内进行商讨。相应略达查照为荷。

一九四七年九月二十七日

二、外交部复法国驻华大使馆节略

外交部兹向法国大使馆致意并声述：大使馆本年九月二十七日第二九四号节略，关于法国政府建议将中越航空线临时办法于期限届满（即本年十二月三十一日）后，再予展期六个月，俾正式协定在此时期内得以商订一节，中国政府可以同意，相应略复查照并请转陈为荷。

中华民国三十六年十月二十日

《中华民国史档案资料汇编》第五辑第三编《外交》，第 768—769 页

中法两国关于修订航空临时办法换文

1949 年 4 月 30 日

关于修订航空临时办法之换文

（一）法国驻华大使梅理霭先生致中国外交部政务次长代理部务叶公超博士照会

关于一九四六年十二月十四日、一九四七年六月二十八日及一九四八年五月十日各换文所规定之中法航空临时办法，本大使兹就双方于交换意见后所获致之协议，代表法国政府谨向贵政务次长代理部务证实如下：

一、该临时办法应予以无限期延展，惟双方了解：任何一方政府得随时于事先三个月，将其意旨通知他方后废止之；

二、一九四八年五月十日换文之各条款，由下列各项替代之：

（甲）法国政府准许中国政府指定之一个或数个空运组织自昆明至海防或河内并自海防或河内延伸至在中国主权下之领土内任何一地点间往返经营商业航运；

（乙）中国政府准许法国政府指定之一个或数个空运组织自海防或河内至昆明间往返经营商业航运；

（丙）如指定之一个或数个空运组织放弃于一特定时期内经营所

规定之定期业务时,各该组织应获许于该时期内,以平均每十四日一次之班次,在上列(甲)项或(乙)项所规定之航线上分别经营不定期之商业航运;惟飞航日期及目的,指定经营该业务之空运组织以及飞航人员名单,应于五日前预为通知目的地国家之有关机关。

上列各节,如荷贵政务次长代理部务惠予证实,亦为中国政府所赞同,本大使实深感幸。

本大使顺向贵政务次长代理部务重表崇高之敬意。

此致

中华民国外交部政务次长代理部务叶公超博士阁下

　　　　　　　　　　　　　奉命代署

　　　　　　　大使馆首席参事鲁嘉凯(签字)

公元一千九百四十九年四月三十日于广州

(二)中国外交部政务次长叶公超博士复法国驻华大使梅理霭先生照会

接准贵大使本日照会内开:

"关于一九四六年十二月十四日、一九四七年六月二十八日及一九四八年五月十日各换文所规定之中法航空临时办法,本大使兹就双方于交换意见后所获致之协议,代表法国政府谨向贵政务次长代理部务证实如下:

一、该临时办法应予以无限期延展,惟双方了解:任何一方政府得随时于事先三个月,将其意旨通知他方后废止之;

二、一九四八年五月十日换文之各条款,由下列各项替代之:

(甲)法国政府准许中国政府指定之一个或数个空运组织自昆明至海防或河内并自海防或河内延伸至在中国主权下之领土内任何一地点间往返经营商业航运;

(乙)中国政府准许法国政府指定之一个或数个空运组织自海防或河内至昆明间往返经营商业航运;

(丙)如指定之一个或数个空运组织放弃于一特定时期内经营所

规定之定期业务时,各该组织应获许于该时期内,以平均每十四日一次之班次,在上列(甲)项或(乙)项所规定之航线上分别经营不定期之商业航运;惟飞航日期及目的,指定经营该业务之空运组织以及飞航人员名单,应于五日前预为通知目的地国家之有关机关。

上列各节,如荷贵政务次长代理部务惠予证实,亦为中国政府所赞同,本大使实深感幸。"

等由。本政务次长代理部务谨向贵大使证实上开规定,亦为中国政府所赞同。

本政务次长代理部务顺向贵大使重表崇高之敬意。

此致

法兰西共和国驻华特命全权大使梅理霭阁下

叶公超(签字)

中华民国三十八年四月三十日于广州

《中华民国史档案资料汇编》第五辑第三编《外交》,第769—771页

(四)中印、中巴关系

说明:国民政府曾积极支持印度独立,但独立后的印度与国民政府并未出现想象中的密切合作关系,而是在建立领馆等问题上分歧不断。中巴关系在平稳中发展。

对于印度拟在疏附开设总领事馆之意见

日期不详

查印度在华侨民为数不多,现仅上海一处设立总领事馆。今印度要求于我新疆西部重镇疏附开立总领事馆,想系具有左列目的:一、以前英属印度及喀什噶尔土邦人民越喀喇昆仑山往新疆贸易者,颇不□人。于新疆西南商务重镇之疏附设立总领事馆,以管理商务及

侨民事宜;二、当今喀什米尔之归属问题尚未决定,但我新疆多回教徒,与喀什米尔及巴基斯坦回教徒风气相同。印度为联络该方面回教徒起见,欲在疏附间设立总领事馆;三、疏附与苏贸易颇为密切,与阿富汗应属比邻。中苏印及阿富汗于葱岭以西一带当有未定界,而我新疆与喀什米尔北之坎居提应常发生关系,印度于疏附设领当有其政治意义。

　　查印度与我系友邦,印度请求于疏附设立领事馆,在原则上,我方似无拒绝理由。且我同意印度于该处设馆,将来我应可向印度要求于印西北地方设立领馆。但为顾虑新疆地方特殊情形,俾昭慎重起见,似应征询西北绥靖公署及本部驻新疆人员意见,然后再行决定,答复印方。

台北中研院近代史所档案馆藏《外交部档案》

刘泽荣致南京外交部
迪化,1948 年 6 月 21 日

　　南京外交部部、次长钧鉴:194 号电奉悉。一、英国驻喀什噶尔总领馆历来对外仅办印度商务及印侨事务,现印度独立,拟于喀什噶尔开设领事馆,可谓自然愿望,比英领代办较宜,我方似不必拒绝。二、据可靠方面消息,印度、巴基斯坦两国分治后,各分别委托现任喀什噶尔英国总领事暂代两国领事事务至本年 7 月为止,期满后或将另设领事馆,届时再行磋商云云,印度现既提出设领,巴基斯坦俟有相当时机,想亦必进行。三、我方如能同意设领,似可乘此机会在印巴边区添设领事馆,以应需要,其地点可多做研究。四、印度分治前,所有新疆印侨全属英领保护,新设领事馆如何分管,彼方现行说明较妥。五、新疆开设此种领事馆对内无影响,对外只可对我领事馆平等看待,使各方面无从藉口,则亦不应有问题,以上各点意见。

台北中研院近代史所档案馆藏《外交部档案》

刘泽荣致外交部亚西司

1948 年 6 月 29 日

英国总领事 Shrjtoru 昨抵迪化(拟登博格达山),据称:一、印政府进行在喀什噶尔开设领事馆(职答以据闻印方已向英外交部征求同意,未知已否答复);二,巴基斯坦亦拟将开设领馆;三、俟该两领事馆成立后,该地英国总领事馆即行撤销云云。印度设领我方如何决定,乞示。

签呈

日期不详

查印度联邦与巴基斯坦拟于我国新疆疏附(亦称喀什噶尔)设立总领事馆,先后征求我政府同意。外交部认为,印巴皆为友邦,应一体看待,我对印巴设领要求,应均予同意,且可趁此时机向印巴两国提出于该两国内设领之要求,以为交换。于礼貌上我方既同意印方在疏附设领,应当同意巴方在疏附设领,关于印度于疏附设领一事,经征询西北绥靖公署张主任治中及外交部新疆特派员意见,均覆称,印度于疏附设领,对新疆省目前政治环境不致有何影响,请行政院对印巴于疏附设领事均赐予同意。

因我国亦有在印巴设领之需要,应可藉此向印巴提出要求。查印度境内宜设领馆之地,一为印东北边境靠近藏边之葛伦堡,扼迫藏之咽喉,为西藏与印度及我国内地贸易之集散地,为监视西藏对外活动之前哨。当今藏事孔棘之秋,于该处设领万分必要。蒙藏委员会许委员长对此完全同意。一为印度西北喀什来邦首府,利那加(斯林拉佳)为通新疆要道。如因国库拮据,可裁撤一领馆,

签呈

欧一科,日期不详

关于印度拟于新疆疏附设立总领事馆而引起我国于印度及巴基斯坦设立领事馆一案,谨遵叶次长批示各点,签拟意见如左:

一,我国在印度是否有增设领馆之必要,基于政治的,经济的及侨

务的理由,我国极有在葛伦堡增设领馆之必要。因葛伦堡华侨较多,为藏印商务及滇康与藏印商务之孔道;且客近西藏,为对西藏情报及将来对西藏实施经济及商务控制之重镇。现我虽于加尔各答设有总领事馆,但对于藏印边疆方面究属隔阂,不能常常派员前往调查一切。葛伦堡既在藏印边境,且与尼泊尔、锡金、不丹为邻,对此等小邦,我应于葛伦堡设领,如可多与联络,多获情报,以为解决西藏问题之助。我与印度边界,自不丹东端以迄康藏南境与印度阿萨客省交界一带,英印向我康藏境内经营正力,将来中印必须谈判。如此时于葛伦堡设领,可对该方面情况预为调查,为未雨绸缪之计。就中国方面言,实为最需要之举。

台北中研院近代史所档案馆藏《外交部档案》

张治中致外交部电

1948 年 6 月 30 日

我方允其所请,对新省目前政治环境不致有何影响。在外交方面如与英国领馆同等看待,似亦不致有何问题。惟对巴基斯坦将来提出此项同样请求时是否一例办理。

台北中研院近代史所档案馆藏《外交部档案》

外交部致驻印罗家伦大使

1948 年 7 月 13 日

驻印罗大使:印度要求在疏附设领事,我拟同意,尚待院会核准。一俟核准,再行电知,该印领馆职员护照签证应暂缓,我决拟在Kalimpong 设置领事馆,希速向印方征求同意。

台北中研院近代史所档案馆藏《外交部档案》

行政院致外交部电

1948 年 7 月 24 日

37 年 7 月 21 日本院第八次会议决议〔通过〕,又,我国要求在葛伦堡设领事如获印度政府同意,与印度驻疏附总领事馆同时成立尤妥。

驻印大使罗家伦致外交部

1948 年 8 月 4 日

葛伦堡设领事于 7 月 31 日提出,(8 月)2 日,梅农复函谓印方正作 Urgent Consideration,如彼同意,复到即电,并签发印方各护照。

刘泽荣致外交部电

1948 年 8 月 5 日

喀什英国总领事薛普癸已回迪化,日内返喀,印度馆员 Desilsa 同往,据昨日来署谈及:一、自应候正式通知并俟印度领事到喀后方能成立新馆;二、薛密告彼个人,希望印巴同时设馆,否则分交馆务必更感困难,倘我能同时同意两馆一时开设,分清事务,于我似亦较便;三、喀什英总领馆将俟印巴两馆成立后,即可停办,届时将迪化英馆提升为总领事馆云。

张治中致外交部电

1948 年 8 月 6 日

关于印巴两国请求在新设领馆事,弟意似予以同等之看待,如同意印在新设馆,则对巴自不宜拒绝,领馆之等级亦宜不分轩轾。惟在新印侨,几全系回教徒,印巴分别设馆后,侨民如何分管,似应于事前有所订明,希裁夺办理。

驻印大使罗家伦致外交部电

1948 年 8 月 10 日

南京外交部王部长。7 日,梅农来馆,谈葛伦堡设领事,初言接潘尼加电,称中国政府告彼如印不同意葛设领,则华不同意疏附设领,彼以为此系争执,指态度不愿同意。伦谓,彼如对此介意,则中国亦有话说。去年中国提议斯林拉佳设领,原系好意,何故停顿拒绝,中国颇感不快,现在双方当忘小节而看大处。彼默然。后谓,如中国设领则苏联或巴基斯坦亦将要求在斯林拉佳设领。伦知系遁辞,乃曰此不可比,巴基斯坦要求者为整个喀什米尔,不仅斯城设领。彼知失言,乃曰,巴方所求自系全喀,至此,彼方吐实情,谓印度正与锡金、不丹等邦商议合并,如葛设领,恐彼等以为中国将参加一分。伦答,设领何至有此重大影响,中国对大邦决无兴趣。据吾所知,印度从未谈过西藏非中国领土一部分,盖此点出其隐衷,其实锡金原系属西藏也,彼随口应曰,从未说过。伦曰,余希望君与我以老友态度居中弥缝,到达双方设领目的,请将鄙意转达印度政府,重新考虑,彼应允。彼又露,巴基斯坦欲分印度疏附总领事馆财产。据伦观察,尼赫鲁无暇对此细想,此乃彼作梗。公超、元深知彼态度。印度虽称打倒英帝国主义,却满心要继续并巩固英侵略结果。

台北中研院近代史所档案馆藏《外交部档案》

罗家伦致外交部电

1948 年 8 月 14 日

晚接梅农半官式函,称:关于 8 月 5 日谈话,印政府在目前情形下不能同意中国政府在葛伦堡设领建议,甚觉抱歉,在印度内地设领是新奇创举,如他国循例要求,则亦势必拒绝。此印政府详加考虑后方得此决定,此无待赘述者。又以此意电潘尼加,云此函纯系遁辞,葛在印藏边境,如云系内地则疏附亦系内地。又,美国在 Lahore 设总领馆事,同样内地,现该处虽属巴方,但设领在分家前,亦在尼赫鲁内阁任内,况葛有中国侨民居住及商业来往,他国无从援例。农之前电所陈理由是真,此外全假。伦本欲藉梅农转圜,不意彼仍执迷,且此函一星期方复,恐曾征彼方边政或驻藏人员意见。彼既不客气,愚见潘使日内必将此事告,我方似可告以疏附在中国内地,印度继承英国之举不能同意。此话告彼后,此间护照即退还。如中间须经一重手续,由我方正式照会要求,待拒绝后再办亦可。外交本有 Take and Give,彼气焰正大也,如我动辄就范,将认为可欺。强硬亦不致生重大不良后果,况敌方既已谈出,似不便遽退,如何乞指示。并恳公超兄告潘使,梅农手枪指着之比喻不对,年来为南非洲、为克邦在卫生会议让步,并为其代谋安全理事会之中国,断非以手枪指着朋友者。

台北中研院近代史所档案馆藏《外交部档案》

外交部致罗家伦电

1948 年 9 月 9 日

本部接此间英使馆转达巴基斯坦外长来文,请我政府只同意巴在疏附设领要求,我因印案未定,尚未置复。

台北中研院近代史所档案馆藏《外交部档案》

新疆特派员公署致外交部

1948 年 9 月 22 日

南京外交部部、次长均鉴:242 号电奉悉。关于南疆印侨户口,兹准新疆省政府民政厅根据最近各县警察局呈报外侨调查表制就统计表一份,送请职属参考。据查,表内所列印侨概数与英领事所报相差甚大。除仍请该厅饬各县警察局限期确查,以期翔实外,理合附抄原送统计表一份。

注:附表总计 320 户 1441 人回教徒 1423 佛教徒 18 人

台北中研院近代史所档案馆藏《外交部档案》

刘泽荣致外交部电

1948 年 9 月 22 日

接喀什英领八月十七日电,告喀什现有巴基斯坦 44 人、印度 9 人、克什米尔 5 人。叶尔羌现有巴侨 213 人、印侨 2 人、克侨 159 人。和阗现有巴侨 39 人、印侨 3 人、克侨 15 人等语。查与 342 号电报人数仅差 1 人。

台北中研院近代史所档案馆藏《外交部档案》

外交部致巴黎大使馆转部长

1948 年 9 月 24 日

巴黎大使馆转呈部长。关于中印互增领馆事,前日潘尼迦大使来部称,前与叶次长所拟办法今经尼赫鲁本人研究后,印度政府可予同意。昨日,罗大使来电谓,亦得同样通知,但主张:先由潘尼迦向我保证,最迟于明年内可同意我在葛伦堡设馆。罗大使在未得上项通知前曾与梅农一度争执,有长电报部,并代传部座意旨,嘱叶次长不再与印使商谈此事,即潘尼迦来部亦不值与谈等语。查潘尼迦与叶次长所拟办法,曾经部座亲核,嗣后印方要求删除葛伦堡字样,经我拒绝,并决定在此状态中不再与之商谈,此亦部座所核定。今印方即可接受我原同意之方式,我是否应再提出罗大使所主张之附加条件,拟请部座考虑电示。按潘、叶原拟文字,本甚空洞,我同意理由并不扎实取胜,而在转圜。今若另提条件则系根本转变态度,叶次长、尹司长原均主张坚持在葛伦堡设领,按我方需要,似亦有此必要,但我曾一度意图转圜。究应如何办理之处,仍恳核示。

台北中研院近代史所档案馆藏《外交部档案》

外交部致新疆特派员公署

1948 年 9 月 28 日

外侨调查表甚为含糊,多不正确:1. 应将印度、巴基斯坦两国人民分开;2. 克什米尔人应分别说明;3. 宗教栏佛教恐系印度教之误。

王世杰致南京外交部电

1948 年 9 月 27 日

南京外交部:刘次长十二号电悉。应仍照叶次长与潘尼迦所拟办法予以同意,不必另提附加条件。

罗家伦致外交部电

1948 年 9 月 29 日

急,南京外交部刘、叶次长,极密。王部长面告,我国对 1906 年《中英续订藏印通商章程》期满后认为不能继续,另订商约,即以照会通知英印政府,嘱伦注意此案。照会已否送出,内容如何。又,葛伦堡问题如何,均乞奉示。

外交部致新疆特派员公署电

1948 年 9 月 29 日

喀什区包括若干县,英总领事馆是否设在疏附县区内,请速电告。外交部欧洲司。

外交部欧洲司致内政部方域司函

1948 年 9 月 30 日

查新疆 Kashgar 在我国地图上及文书中,或称喀什葛尔,或称疏附,究竟官用译名为何?

内政部复函

1948 年 10 月 4 日

查 Kashgar 官用译名似应以汉文疏附(英译为 Shufu)为准。维语之喀什葛尔为别称。按中文权威地图,如《申报六十周年纪念中国地图》则疏附之下另附注喀什葛尔,而英文地图则 Kashgar 下附注 Shufu。中文应称为"驻疏附总领事馆",英文则不妨仍旧。

台北中研院近代史所档案馆藏《外交部档案》

新疆特派员公署致外交部电

1948 年 10 月 1 日

该区包括:疏附、疏勒、巴楚、伽师、英吉沙、蒲犁、阿图、乌什恰、岳普湖九县,英馆设置于疏附县。

台北中研院近代史所档案馆藏《外交部档案》

外交部致印度大使馆函件

1948 年 10 月 2 日

贵大使当能忆及,外交部叶次长近与贵大使商谈印度拟在疏附设领及中国拟在葛伦堡设领一事,曾获致下述之谅解:一、关于将来在中国及在印度境内设领事宜印度政府接受互惠之原则;二、中国政府对于印度政府在其请求中所持定之疏附地方立印度之总领事馆一事当可予以同意,但仍保留于日后在葛伦堡或其他经两国政府相互商定之地方设领之权利。本政务次长代理部务,兹欲奉告贵大使者,即中国政府为顺应印度政府拟早日设立印度驻疏附总领事馆之愿望起见,对于上述之谅解表示同意。中国政府对于此项谅解表示同意之时,并愿再度促请印度政府注意中国政府拟在葛伦堡设领愿望,其理由业经叶次长于最近与贵大使商谈时详细阐明矣。因此,中国政府希望于此事再经提出时,印度政府能本于其过去所已善意表现之谅解及合作精神,同意中国政府原提之请求。上述谅解如获印度政府惠予证实,殊深感荷。

台北中研院近代史所档案馆藏《外交部档案》

外交部致罗家伦电

1948 年 10 月 5 日

第 387 及 390 号电悉,本部已照请潘使,证实印度政府接受第 377 号电叶次长所述办法,彼如证实,本部即递部长电示,正式同意印在疏附设领。

台北中研院近代史所档案馆藏《外交部档案》

罗家伦致外交部电

1948 年 10 月 7 日

急。南京外交部刘、叶次长。昨 392 号电计达。传潘尼迦以半官信件或谈话记录承认葛伦堡设领,原则同意,能预定期间最好。弟可证明,此事全系梅农玩弄,尼赫鲁并不明了,我方略持,决无损中印邦交。往来电,知此方案为潘所拟,而梅农称为 George Yeh Formula。小处均见其存心不良。

台北中研院近代史所档案馆藏《外交部档案》

外交部致罗家伦函

1948 年 10 月 8 日

司、科意见大致与吾公主张相同,可谓不谋而合。叶次长曾与部座离京前力陈此意,但我因鉴于国际大势及中印关系之微妙,终于决定接受印使所商定之折衷方案。部内自接获吾公 386、387 号来电后,曾再向部座请示,现已根据电复“应仍照叶次长与潘尼迦所拟办法予以同意不必另提附加条件”指示,正式照会印使。鉴于潘使曾迭向叶次长保证,于秋后返印时向尼赫鲁及印度政府促成允我在葛设领之事实。梅氏既然顽固若是,再与商谈恐亦不致有益。现俟潘使正式照覆对此事同意互惠原则后,我即正式答允印度设领疏附。至于巴政府方面,彼既定在宁商谈,自可同意。

　　　　　　　　　台北中研院近代史所档案馆藏《外交部档案》

外交部致罗家伦电

1948 年 10 月 15 日

驻印罗大使,印在疏附设领事因潘使已证实原来谅解,本部已于同日函复同意。Sathe 及馆员 5 人护照可即签证。

　　　　　　　　　台北中研院近代史所档案馆藏《外交部档案》

外交部致新疆特派员公署、西北军政长官公署电

1948 年 10 月 15 日

本部于删日正式同意印度在疏附设总领事馆,其辖区为新疆全省。同意印方派 Captain Sathe 为该馆总领事。巴基斯坦在疏附设领事尚未予同意。

　　　　　　　　　台北中研院近代史所档案馆藏《外交部档案》

刘泽荣致外交部电

1948 年 10 月 14 日

南京外交部:驻喀什英国总领事薛普登已于酉(十月九日)经蒲犁返国,并据此间英领面称,奉大使馆电,薛总领事返国后新疆全省英国利益之保护均移交驻迪领馆办理。

　　　　　　　　　台北中研院近代史所档案馆藏《外交部档案》

出使印度日记

1948 年 7 月 5 日

七月五日　星期一
晨打针。接外交部两电,一为印度要求在新疆疏附设领馆(想系

继承英在疏附—喀什—之馆），我国应要求在印度何处增设领馆；一为说明路透社所传印新公路事。非印新公路，乃印度正筑路向西康察隅、科麦二地，正达边境，故外交部发言人提出：中国正注意此事。云此事我方尚无确息，当设法调查才是。

梅农之秘书打电话与孟雄，问我所需要住宅条件事。想系彼感觉我在七月一日晚间谈笑时，所露不满口吻，欲谋补救。

《罗家伦先生文存》第八册，第 217 页

出使印度日记
1948 年 7 月 6 日

七月六日　星期二

晨覆外交部电，主在克什米尔京城 Srinagar 及噶林堡 Kalimpong 设馆，因上者为通新、下者为通藏枢纽，有政治上及将来边疆问题上重要意义也。此等电均系我自拟，不交下，用极密码。函致梅农，有意谢其关心房子事。重阅《西游记》完。郭子杰兄由 Lahore 来。

发家信，电 Chase。

《罗家伦先生文存》第八册，第 217 页

出使印度日记
1948 年 7 月 14 日

七月十四日　星期三

电外交部，谓将赴克什米尔，并主张在斯林拉佳设领，因外交部来电主张只在噶伦堡设领也。本日筹备明日动身赴克事。下午印物理学家，Dr. Bhabha 来坐，谈美术甚欢。夜间赴法国国庆庆祝会，其园中所悬灯餙，皆中国纸花所作，此间华侨之手工业也。遇尼赫鲁告以克邦之行。晚整理文件至夜深。

接家信，知立法院七月二十一日方休会。

《罗家伦先生文存》第八册，第 210 页

出使印度日记
1948 年 7 月 28 日

晨七时半往机场送 Mrs. Grady。八时半至加拿大高级专员 John Kearney 处,谈克什米尔问题,比大使 De Ligne 亦在,交换意见甚多,彼等谓现在联合国委员会难决之点,为是先发停战令,抑停战令与解决方案同时发表,现在还打不定主意,等自卡拉其回再说,巴方已承认有三个旅在克邦云云。下午有刘选萃君来访,彼系由该委员会所请之法律顾问(前在顾少川处做事),地位不低,此系该团惟一之中国人,为之大喜,当与详谈。七时半赴锡兰高级专员招待会,遇尼赫鲁、奈都夫人等,约其三十一日来馆晚餐。收尼赫鲁函,为北韩事。

接二十一日家信,知谭君所带物均到。外交部来电,谓巴方请交换大使,并在疏附设领,问我方在巴方何处设领为宜。发家信及与子言信,并函慰兆民夫人。

《罗家伦先生文存》第八册,第 227 页

出使印度日记
1948 年 7 月 31 日

上午许孟雄为自己事纠缠不清,严厉告之,同时许以调济。致函梅农,说我国政府要求在噶林堡 Kalimpong 设领馆,同时将彼派赴疏附总领事 Sather 等一行五人之护照暂缓签证,乃外交部指示也。外交部来电,谓克什米尔隶属未定,斯林拉佳 Srinagar 设领暂缓,嘱先提出噶林堡。又覆外交部电,主张与巴基斯坦交换领馆,应在其西邦遮普省之 Rawalpindi,因该处为通新疆、阿富汗之交通据点,且接近 Gilgit,将来隶属未可知,如属巴,则我方更当有领馆在 R. 以通声气。从边防著想,胜于 Lahore 也。昨宴 Mrs. Naidu,尼赫鲁及彼两家之人与 Lengar(内务省次长),用带来之绍兴酒,甚佳。告尼以在克什米尔印象,嘱其不要忽略经济方面。

近日天气均甚凉,不过八十余度。发致 Renova 信,告以雪艇覆函。

柏林情势愈紧张,贝文演说,不避武力字样。电唁兆民夫人。

出使印度日记

1948 年 8 月 2 日

梅农覆信,谓印度政府对噶林堡设领事,正作 Urgent Consideration。中午 Shiva Rao 请吃饭,奈都夫人及其次女在焉。

与孟雄商定八月十五日印度独立纪念日之 Message,因各报纷纷来索。

出使印度日记

1948 年 8 月 7 日

上午等梅农来,而未来,嘱孟雄打电话去,知彼以为我去,我倒不愿意去了(因我去过他家、他部,并请过他吃饭),他说他下午六时来。来时谈噶伦堡设领馆事,彼竟不愿意。其可恶语为[中国政府人对潘尼迦说,印度不承认噶伦堡设领,则中国不承认其疏附领,彼认此系以手枪指着的态度。]当力辟之。最后他说出真话来,乃是因此印度正在合并锡金、不丹,不愿中国在该处附近有人视察;且其最大隐衷,乃在西藏。故我于说话间不客气揭破他不良的存心,彼允再考虑。

约魏圭荪及乐遥翔夫妇来馆晚饭,饭后看 This Time for Keeps 五彩片,颇好。

出使印度日记

1948 年 8 月 8 日

晨发一长电致雪艇,报告昨晚梅农谈话情形,此事显系彼作梗,可暂冷之。此电已留稿。

印度口口声声骂英帝国主义,但是自己却要继承并巩固英帝国主义侵略之结果,梅农即其显著之代表也。下午至加拿大高级专员 Mr. John Kearney 处坐,旋偕其游 Ogla。晚在彼处便饭。

《罗家伦先生文存》第八册,第 232 页

出使印度日记
1948 年 8 月 13 日

拟一长电致雪艇,报告昨晚梅农来信内容,并斥其妄。彼云噶伦堡系内地,然则疏附非中国内地耶,且该地惟有中国有侨民在,且与西藏交界,他国何得援例。此系一片掩词,彼上次面谈时说,欲与不丹、锡金(西藏或意在不言中)归并,恐中国有领事在此,与彼不利,乃系真情;但彼不同意我在噶伦堡设领,则我不同意彼疏附设领一语,外交部中人(想系叶公超次长)已对潘尼迦说出,则我方不便退让,否则对印交涉更难辨。彼不知 Take & Give 原则,而有己无人也。下午四时访尼赫鲁,仍以善意通知彼联合国委员会消息,绝口不谈梅农信中事,仍系向彼留一重好感,彼此颇感激。

傍晚接外交部电,谓我决临时承认南韩为全韩政府电,附外交部长宣言,当即送各报发表。

《罗家伦先生文存》第八册,第 234—235 页

出使印度日记
1948 年 8 月 15 日

晨六时即起,七时二十分到 Red Fort 参加其升旗典礼,群众到者十余万人,但无去年狂热之表情,乃一年忧患之心理反应,且其中不少难民也。尼赫鲁阅兵后有演说。九时许完,至乐武官处。下午七时至总督府赴庆祝酒会(但已无酒矣),遇尼赫鲁与谈停战事,彼谓印度答覆亦须缓数日。看情况双方均在观望,均附条件。当告以原文所谓当地政权,系指克邦 Azad 政权(印方所谓叛徒),此点彼可注意。又遇巴方之 Ismail,约其明日来本馆谈话。盖今日接外交部电,同意我主张在

Rawalpindi 设领,与巴方要求在疏附设总领馆为交换条件。晚赴德里国大党独立庆祝会,在一电影院,所有表演,幼稚可笑,我与刘选萃均觉不耐,然不便走,至一时方散,大上当。

《罗家伦先生文存》第八册,第 236 页

出使印度日记
1948 年 8 月 19 日

接雪艇电,谓因立法院九月一日复会,恐不克于尼赫鲁动身前先访印,拟在巴黎见,嘱转告;又谓关于西藏问题,彼见部卷中有本馆询问印度政府,印、巴谁继任在藏权利义务节略,殊不当,盼以后不能提继承语。阅之殊为惊异,即查卷知此事发生于去年十一月五日,我在国内开会之时,外交部来一代电,谓印、巴分治后,英在藏之权利义务归谁继承,嘱探明。不意钱存典参事(时代馆)竟为此行文印外部询问,可谓无政治头脑,痛心之至! 当即拟一长电,将原委复部,竟请处分自己,此事固大错,但因我方始终不承认西姆拉条约关系,英由此条约得来之权利,我当然不承认。

晚因此事气闷已极! 至加高等专员署与 Kearney 详谈,知 Chetty(印新近逼下野之财政部长)之内容,乃一大弊案,因 Chetty 为 Patel 之人,故尼赫鲁为之掩饰下场。发家信及巴黎信。

《罗家伦先生文存》第八册,第 238 页

出使印度日记
1948 年 8 月 20 日

晨修正昨晚致外交部电稿,交译发。又接雪艇电,谓因印对我设领事,一时不能解决,故与巴方交换疏附及 Rawalpindi 设领事,暂缓正式答覆。接家信,知维桢筹备动身来印。接国防部第二厅厅长侯胜(字飞霞)函,知乐武官调回,派廖更生中校来此当武官。

下午偕乐夫妇及薛留生去看房子,太小甚差。复偕乐夫妇往访

Begum Rasul，因彼明日离此。印度今日上午十一时答覆联合国克邦委员会，内容尚未知。

《罗家伦先生文存》第八册，第 238 页

出使印度日记
1948 年 8 月 23 日

今天无甚事，上午发二电致雪艇，一报告联合国克邦委员会中印、巴双方消息，一报告印度近来对中国态度，及其在国际坛坫上之骑墙态度。今天梅农来一信，为加尔各答以前陈质平总领事应赔偿其房东损坏房子及家俱费四千余卢比事，措词不甚客气。

天雨甚冷，下午看资治通鉴，临书谱。

晚赴美国海军武官为其东大西洋与地中海舰队司令 Admiral R. L. Gonolly 而设之酒会。Conolly 来此作友谊拜访。

《罗家伦先生文存》第八册，第 240 页

出使印度日记
1948 年 9 月 18 日

今日为雪艇来事，颇费精神。昨日来电谓：在香港飞机有阻碍，约今日下午五时半可到，于是尼赫鲁之午餐约会，请其改在晚六时半。上午盘谷来电，谓五时方可抵加尔各答，七时蔡维屏来电话，谓约一时半到德里。于是尼晚餐约，又请其取消，然余仍欲其见面一谈也。乃梅农善于做官，为体恤上司计，竟于未向尼请示前，已露出彼个人口风，谓尼恐不能见，因太晚之故，实太可恶。彼于七时后复来谈，欲乘此机会，要我解决葛伦堡设领问题，尤为可恶！经我驳斥，详情将见以后致外交部电。雪艇乘 P. A. A 星座号机于十九日晨二时到，同行为胡庆育、时昭瀛、郭长禄三人，即来本馆小坐并进餐。三时离馆，三时半离德里，与雪艇谈国内问题，知币制改革，彼乃主动之一；外交上印度欲争安全理事会席无希望，因美不放心，怕其在安理会乱投票；关于西藏问题，中国向

不承认西姆拉条约,今年一九〇六年约满期,中国日内即通知英印,宣告其不继续,以备另定新约。

《罗家伦先生文存》第八册,第248页

出使印度日记

1948年9月21日

晨接梅农函,说愿接受叶公超对疏附设领方式(即噶伦堡缓议),但加一语曰"As it Stand",此人又在从文字上玩花样。急电外交部琴五、公超,主张在噶设领可缓期,但事前须有君子协定,明年以内准设,方不被其蒙混过去。彼专以 Outwit 人为事,恐潘尼迦接到梅农电后即访公超成立决定也。

函尼赫鲁,为雪艇致谢,并告以拟为潘迪悌夫人运动副主席事。此函赶今天发出,因明天联合国大会选举,潘成败不可知。

下午开读书会,吴俊才继续报告国大党历史,其中有奈都夫人任国大党主席时之一篇演说,骂倒男性,极有意义,此可代表其精神。晚失眠。

《罗家伦先生文存》第八册,第25页

印度国大党主席谈中印关系

1946年10月30日

(中央社新德里卅日专电)印度国大党主席克里巴尼亚称:渠相信,今后中印间关系将更密切,国大党各领袖虽已准备担负政府之责任,惟对英国离开印度之愿望仍表怀疑。由最近全国各处所发生之事件观察,彼等仍在玩弄旧日之分化政策把戏。记者询以对中国政治局势之批评,渠称:关于中国局势,各党派如纯为促进一般人民大众利益着想,而非图特殊阶级之利益,则中印两国均正遭遇之国内冲突自可克服,因一般民众之利益实为共同之同样利益也。渠复称:为促进两国间之文化关系,交通方面应更谋便利。

《申报》1946年11月1日

沈宗濂在印访问尼赫鲁

1946 年 12 月 14 日

（中央社新德里十四日电）我尼泊尔访问团团长沈宗濂,昨晨趋访印度临时政府副主席尼赫鲁及各外交官员等。渠并定十五日往访印临时政府外交部秘书魏特曼。渠告记者称,尼泊尔政府对我访问团备至优遇,并代拟定详细之访问节目,尼泊尔总理对我国授勋一节,极表兴奋,渠于演讲时称:吾国与中国之第一次接触为时极早,彼时此地之山谷,尚为一片湖泽,据历史所载,曼邱西系来自中国,并开凿喀它瓦山,导水外出。渠并授我代表以廓尔喀右手勋章。

《申报》1946 年 12 月 16 日

中国印度准备互派使节

1947 年 1 月 8 日

（中央社南京八日电）中宣部八日记者招待会中,记者问,报载中国政府请求收回西沙群岛,请问真相如何? 外部欧洲司长叶公超答称:中国政府已由日本占领中收回西沙群岛,该群岛主权本属中国,故无须经过向任何方面"请求"收回之手续。问,中国政府对美政府所提关于大连之照会,态度如何? 又中国政府接收大连,将有何种手续? 叶答,中国政府已收到美国政府关于大连之照会,其内容与报间所载大致相同,关于大连之法律地位,本人前次已发表意见,今日无所补充者。问,中印两政府已同意升格,互设大使馆,请问中印政府是否将商讨互设领事馆事宜。叶答,中印两政府,于去年十月二十二日同意将彼此之专员公署升格为大使馆,现两国政府均准备派遣使节,我国在印度向设有领事馆,印度政府则最近在上海初步设立领事馆。

《申报》1947 年 1 月 9 日

蒋介石电贺印巴两自治领成立及蒙巴顿复电

1947 年 8 月 14 日

（中央社南京十四日电）蒋主席顷分别致电印度联邦总理尼赫鲁,

巴基斯坦总督真纳及印度联邦总督蒙巴顿致贺,兹将电文分志于后:1.(致尼赫鲁电)值兹印度人民庆祝自由新时代肇始之晨,本人对于阁下及贵国人民之未来光荣与伟大成功,特致最诚挚之庆祝,并为阁下与甘地先生奋斗之伟绩,致无上之敬意。本人深信一切为独立、平等及进步而奋斗之人民,均将因印度之成功而获得鼓励,敬祝贵国建设成功,国运昌隆。2.(致真纳电)际兹贵国创立之良辰,本人谨向阁下及巴基斯坦人民致贺,并祝贵国建设成功,国运兴隆。本人深信巴基斯坦政府在其民众忠诚拥护之下,现正引导贵国进入一个和平进步之伟大新时代,谨此重申本人之敬意及友好合作之忱。3.(致蒙巴顿电)兹值阁下协助印度问题圆满解决之日,本人对于阁下之辉煌功绩,谨致热烈贺忱,并祝全印度之康乐与兴盛。

(中央社南京十四日电)印度自治领及巴基斯坦自治领,十五日即分别成立,我行政院长张群,国防部长白崇禧,蒙藏委会委员长许世英,参政会秘书长邵力子,新闻局长董显光,今日分电尼赫鲁、真纳及蒙巴顿致贺。

(中央社南京十四日电)蒋主席本日接蒙巴顿总督复电称:本人对于阁下之来电及祝贺之忱,深为感谢,此次能协助印度获致其久所盼望之独立,甚感快慰与荣幸。际兹新印度诞生良辰,本人深信中印两国间悠久之友谊益将增进,匪特两国之福,全世界之和平与繁荣将亦利赖之,谨此致敬并表谢忱。

《申报》1947 年 8 月 15 日

我与巴基斯坦互派大使

1947 年 8 月 14 日

(中央社南京十四日电)外部今公布:中国政府决定与巴基斯坦互换大使,按巴基斯坦为回教新邦,而我国西北诸省信奉回教者亦甚众,故两国间使节之互派,将使两国间友谊日趋敦睦。

(中央社南京十四日电)十五日印度联邦与巴基斯坦分治独立,此间原有之印度大使馆自明日始，即将代表印度联邦，原任印驻华大使梅农，改任印度联邦首任驻华大使。梅氏定明晨八时于大使馆举行升旗仪式，午后四时半赴外部拜会王部长世杰，作渠就任印度联邦首任驻华大使后之正式拜会。

《申报》1947 年 8 月 15 日

巴斯斯坦代表访问刘师舜
1948 年 8 月 4 日

（本报南京四日电）巴基斯坦代表达菊中教授，四日午十一时半访我外次代理部务刘师舜，并面交出使之证明文件，达氏除在京筹设大使馆外，并将在港筹设领事馆。据达氏称，巴基斯坦首任驻华大使人选尚在遴选中。

《申报》1948 年 10 月 5 日

（五）中德关系

说明：作为战时敌国，战败后的德国与作为战胜国的中国互动很少，此时的中德关系处于低谷，国民政府的对德关系集中于具体民政事务上，如处理在华德侨问题。

遣送德侨问题外交部发表声明
1946 年 7 月 2 日

（中央社南京二日电）关于遣送德侨最后名单之决定，外部发言人为答复各方所提问题，特发表下列声明：中国政府一向决定将有纳粹党籍或从事纳粹活动之德人，加以遣送，但对若干德侨是否纳粹党员不甚明显，而经调查并无损害中国或友邦之行为者，可予缓送。在核准缓送时，对于中国公私机关团体雇佣之拔尖人材，其工作为目前所必需者，得予以特别考虑。上述政策,系决定各德侨是否遣送及缓遣之准绳。至于某人应予遣送,某人应予缓遣,则以事实为据。但各方对个别案情之报告,颇多出入,中国政府对于本国及盟方所供给之消息,自须慎重审核,各方对于若干案情,虽确有不同之意见,然遣送及缓遣名单之最后决定,则全由中国政府负责。外间谣传,若干德人因惧被遣送,曾企图贿赂上海之中国团体及个人,以求豁免,外交部亦早有所闻。但中国政府早已设法预防,决不使决定此项名单之负责人,为恶势力所影响。政府亦令知各地遣送德侨之地方当局,彻底查究上述之谣传,上海市当局并奉令防止德人作逃避遣送之任何企图。

(美国新闻处华盛顿一日电)国务院发言人本日透露:中国将遣送大批纳粹党人出境,此等纳粹党人曾在中国大肆活动而被美国列为危险与不良份子,其中已有不少人登轮待行,另有一批将于七月七日启程。美国向中国政府所提之名单,其中尚有四十名未见,列于该二批名单中。

《申报》1946 年 7 月 3 日

首批遣返德侨七百余人离沪

1946 年 7 月 7 日

(本报讯)本市首批遣归之德侨,共七百余人,除昨日有十二人未报到外,全部已于昨日登美军舰"罗宾号",准备于今晨五时离沪。该批撤退名单中,尚包括来自广东、汉口、南京及济南等地五十七人。在离集中营前,曾经海关人员负责一一检查,秩序尚佳。又失踪之十二人,当局正加紧收索中,日前已有一孩死亡,死因不明。传另有数孩,亦已染百日咳,颇有蔓延之势,惟患者业经隔离。又此次撤退之名单中,有秀斯德夫妇、伦特夫妇及海塞尔等,若辈已由美籍律师何乐满氏,代向地方法院申请出庭证,俾便从实侦查若辈之反纳粹身份,而求免于撤离。闻何氏曾以若辈之名,询诸美国务及陆军两部,均证明与纳粹分子无关,其中秀斯德已旅华垂二十一年,曾任考士模纸业公司总经理,一九三七年时,秀氏曾想归化为美籍,惟后以战事爆发而未果。秀氏在沪战时,曾为本报在杨树浦区抢运出报纸数百令。海塞尔曾由"联盟"确认为曾为希腊执政时之政治逃亡者,素以反纳粹著称,蒋廷黻亦曾具出证明云。

《申报》1946 年 7 月 7 日

政府颁发德侨在华私人产业处理办法
1946 年 7 月 7 日

市政府近奉行政院颁发德侨在华私人产业处理办法采志如下: 1. 本办法内所称之德侨,系包括德国人民、旧奥籍人民,及德奥籍犹太人民而言。2. 德侨在华私人产业,依本办法处理之,本办法未规定者,适用收复区敌伪产业处理办法。3. 德侨在华私人产业之查报,由各省市政府依照附发表式办理之。4. 德侨在华各公司会社团体等所经营之产业,均由行政院指定机关接收保管,但对于易坏或变质之物品,得先行标售所得价款,交由中央银行专户存储。5. 德侨个人私有产业,应分别处理如下:甲、凡有德侨处理办法第二条例所列情事之一者,其私人产业,一律归政府接收处理。乙、凡须集中管理之德侨,除准予携带日常生活必需之物品,及我国法币五万元外,其他物品及款项,与有价值之货品,应自行造册签证,送请所在地省市政府接收,转报行政院指定接管机构接管。丙、前项所称日常生活必须之物品,计包括衣服、寝具、炊具、及食品,其他如手表、笔墨、图书、文件及纪念品(与作战行为无关者)等物。丁、应遣送回国而未集中管理之德侨,在为遣送以前,得准其在私有产业内,支付每月所需之生活费用,惟单身人每月不得过五万元,有未成年子女者,得每人每月多领二万元。戊、遣送回国之德侨,除上列乙项所准携带之物款外,得在其个人私有产业内,携带必须之零用费,其数值不得超过美金二百五十元。己、凡已得内政、外交两部核准免予遣送回国者,得呈请内政外交两部,准予保留其私有产业之一部或全部。庚、凡因政治宗教种族关系,而为纳粹政府被迫来华,能提出确实证据者,其私人产业的呈准内政、外交两部酌予保留。6.自三十四年五月七日起,所有德侨产业私行移转者,概作无效。7.本办法自公布之日施行。

《申报》1946 年 7 月 7 日

(六)中荷关系

说明:二战后,荷属印度独立,中国对荷属印度的独立予以了支持。

中荷两国签订关于荷兰放弃在华治外法权及处理有关事件条约
1945 年 5 月 29 日

中荷关于放弃在华治外法权及处理有关问题条约(译文)

中华民国国民政府主席阁下、荷兰国君后陛下愿以友好精神,使两国间之一般关系更为显明,并借以解决若干与在中国之管辖权有关事件起见,订立本约,为此各派全权代表如下:

中华民国国民政府主席阁下特派中华民国驻荷兰国全权大使金问泗;

荷兰国君后陛下特派荷兰国代理外交部部长魏尔杜南;

两全权代表各将所奉全权证书互相校阅,均属妥善,议定条款如下:

第一条　本约所适用之缔约双方领土,在中华民国方面,为中华民国之一切领土,在荷兰王国方面,为荷兰王国之一切领土。

本约所称"缔约此方(或彼方)人民"字样,在中华民国方面,系指依照中国国籍法为中国人民者,在荷兰王国方面,系指依照荷兰国籍法为荷兰臣民者。

第二条　现行中华民国与荷兰王国间之条约或协定,凡授权荷兰政府或其代表实行管辖在中华民国领土内荷兰人民或公司之一切条款,兹特撤销作废。荷兰人民及公司在中华民国领土内,应依照国际公法之原则及国际惯例,受中华民国政府之管辖。

第三条 荷兰政府认为,一九○一年九月七日中国政府与他国政府包括荷兰政府在北京签订之议定书,应行取消,并同意,该议定书及其附件所给予荷兰政府之一切权利,应予终止。

荷兰政府愿协助中华民国政府与其他有关政府成立必要之协定,将北平使馆界之行政与管理连同使馆界之一切官有资产与官有义务移交于中华民国政府,并相互了解,中华民国政府于接收使馆界行政与管理时,应厘定办法,担任并履行使馆界之官有义务及债务,并承认及保护该界内之一切合法权利。

在北平使馆界内,已划与荷兰政府之土地,其上建有属于荷兰王国之房屋,中华民国政府兹允许荷兰政府为公务上之目的有继续使用之权。

第四条 荷兰政府认为,上海及厦门公共租界之行政与管理应归还中华民国政府,并同意,凡关于上述租界给予荷兰政府之权利,应予终止。

荷兰政府愿协助中华民国政府与其他有关政府成立必要之协定,将上海及厦门公共租界之行政与管理连同上述租界之一切官有资产与官有义务移交于中华民国政府,并相互了解,中华民国政府于接收上述租界行政与管理时,应厘订办法,担任并履行上述租界之官有义务及债务,并承认及保护该界内之一切合法权利。

第五条 为免除荷兰人民或公司或荷兰王国在中华民国领土内现有关于不动产之权利发生任何问题,尤为免除各条约或协定之各条款因本约第二条规定废止而可能发生之问题起见,双方同意,上述现有之权利不得取消作废,并不得以任何理由加以追究,但依照法律手续提出证据证明此项权利系以诈欺或类似诈欺或其他不正当手段所取得者,不在此限,同时相互了解,此项权利取得时所根据之官厅手续,如日后有任何变更之处,该项权利不得因之作废。

双方并同意,此项权利应受中华民国关于征收捐税、征用土地及有关国防各项法令所约束,非经中华民国政府之明白许可,并不得移转于第三国政府人民或公司。

双方并同意,中华民国政府对于荷兰人民或公司或荷兰王国持有之不动产永租契或其他证据,如欲另行换发新所有权状时,中国官厅当不征收任何费用。此项新所有权状,应充分保障上述租契或其他证据之持有人与其合法之继承人及受让人,并不得减损其原来权益,包括转让权在内。

双方并同意,中国官厅不得向荷兰人民或公司要求缴纳涉及本约发生效力以前有关土地移转之任何费用。

第六条　缔约一方应给予缔约他方人民以进出其领土之权利,暨在该领土全境内旅行、居住及经商之权利。

关于各项法律手续司法事件之处理,及无论何种租税之征收,缔约双方政府各在其领土内,尽力给予对方之人民及公司不低于本国人民及公司所享受之待遇。

第七条　缔约双方相互同意,此方之领事官经彼方给予执行职务证书后,得在双方所同意之彼方口岸、地方与城市驻扎。

缔约此方之领事官在其领事区内,应有与其本国人民会晤、通讯以及指示之权,倘其本国人民在其领事区内被拘留、逮捕、监禁或听候审判时,应立即通知该领事官,该领事官于通知主管官厅后,得探视此等人民。总之,缔约此方之领事官在彼方领土内,应享有现代国际惯例所给予之权利、特权与豁免。

双方并同意,缔约此方之人民在彼方领土内者,有随时与其领事官通讯之权,缔约此方之人民在彼方领土内被拘留、逮捕、监禁后听候审判者,其与领事官之通讯,地方官厅应予转递。

第八条　缔约双方经一方之请求,或于现在抵抗共同敌国之战事停止后,至迟六个月内,进行谈判,签订现代广泛之友好通商航海设领条约。此项条约将以近代国际程序与缔约双方近年来与他国政府所缔结之近代条约中所表现之国际公法原则与国际惯例为根据。

前项所称条约未经订立以前,缔约此方同意缔约彼方之领事官,得在缔约此方现已或将来对任何外国领事官开放之一切口岸、城市与地方,依照国际公法普通原则执行职务。

第一项所称条约未经订立以前,倘日后遇有涉及中华民国领土内荷兰人民或公司或荷兰王国权利之任何问题发生,而不在本约及换文范围内,或不在缔约双方间现行而未经本约及换文废止或与本约及换文不相抵触之条约、专约或协定之范围内者,应由两国政府代表会商,依照普通承认之国际公法原则及近代国际惯例解决之。

第九条　本约应予批准,批准书应于重庆迅速互换。

本约自互换批准书之日起发生效力。

上开全权代表爰于本约签字、盖印,以昭信守。

本约用英文缮写两份。

中华民国三十四年五月二十九日,即西历一九四五年五月二十九日订于伦敦

金问泗(签字)

魏尔杜南(签字)

《中华民国史档案资料汇编》第五辑第三编《外交》,第779—782页

外部谈我对荷印争端政策

(本报南京六日电)关于荷、印冲突,我外部经慎重考虑后,六日由发言人发表谈话云:中国政府政策甚为坚定明显,第一,在政治原则上,中国政府同情于印尼之解放,并主张印荷军事冲突必须立即终止。基于此一政策,我政府在此次印荷冲突发生前,曾与英美政府一致求取冲突之避免,在冲突发生后,我驻安全理事会代表立即投票并主张由联合国命令停战,此与英法比三国当时所采之立场绝不相同;第二,我政府认为荷兰政府必须履行其对保护华侨之法律责任,印尼必须停止适用焦土政策于华侨之生命财产,中国之此种要求,实即国际公法与人道主

义之要求,我政府决不以任何原因而予忽视。此次荷方曾在若干地方抢救受难华侨,较诸过去显然更为尽力,印尼方面亦经应允阻止印尼军队之暴行,现冲突虽告停止,我政府对于华侨安全与救济问题,仍在继续交涉中。

《申报》1947 年 8 月 7 日

(七)中葡关系

说明:战后,中国通过条约正式取消了葡萄牙的在华治外法权,但关于收复澳门问题并未取得进展,双方仅仅就澳门关务问题达成协议。

中葡两国关于取消葡萄牙在华领事裁判权及处理其他事项换文
1947 年 4 月 1 日

中葡关于取消葡萄牙在华领事裁判权及处理其他事项之换文(译文)

(一)葡萄牙驻华公使致中国外交部部长照会

兹谨代表葡萄牙共和国政府奉达贵部长:葡萄牙政府亟愿增进葡萄牙共和国与中华民国及两国人民间之友好关系,并为此目的,业经决定放弃其在华关于领事裁判权之权利及调整下开其他各事项,爰建议订立协定如左:

一、两国间之现行条约或协定,凡授权葡萄牙政府或其代表在中华民国领土内对葡萄牙共和国国民或公司行使领事管辖权之一切条款,兹特撤销作废。

葡萄牙共和国国民在中华民国领土内,应遵守中华民国法律及受中华民国法院之管辖。

二、关于北平使馆界及上海、厦门公共租界,关于中国通商口岸制度与中国领土内各口岸外籍引水人之雇用,以及关于葡萄牙共和国船舶在中华民国领水内之沿海贸易与内河航行,葡萄牙共和国政府及其国民所享有之一切权利,概行放弃;对于此等船舶,应在相互原则下,给予与对于任何业已同样放弃上述权利之其他国家之船舶所规定之同等待遇。

　　三、在中国之葡萄牙领事法庭前所发布之命令、宣告、决定、判决及其他处分,应认为确定案件,于必要时,中国官厅并应予以执行。凡在中国之葡萄牙共和国领事法庭现有任何未结案件,如原告或告诉人希望移交中华民国政府之主管法院时,应即交由该法院尽速进行处理之,并尽可能适用葡萄牙共和国之法律。

　　四、关于葡萄牙共和国政府、国民或公司在中国之现有不动产权利,双方同意,此项权利及其契据不得取消作废。此项权利及契据之葡萄牙所有人在中国所享受之待遇及所应遵守之规章,并应与为一九四三年一月十一日以后与中华民国政府订有废除治外法权条约之任何他国政府之国民或公司所规定者相同。

　　上述建议,如荷贵部长以中华民国政府名义,证实中华民国政府愿予接受,本照会与贵部长复照即认为构成葡萄牙共和国与中华民国间之协定,并自互换照会之日起,开始生效。

　　本公使顺向贵部长重表敬意。

　　此致

中华民国外交部部长王世杰博士阁下

鄸赛嘉(签字)

公历一千九百四十七年四月一日于南京

　　(二)中国外交部部长复葡萄牙驻华公使照会

顷准贵公使本日照会内开:

　　"兹谨代表葡萄牙共和国政府奉达贵部长:葡萄牙政府亟愿增进葡萄牙共和国与中华民国及两国人民间之友好关系,并为此目的,业经决定放弃其在华关于领事裁判权之权利及调整下开其他各事项,爰建议订立协定如左:

一、两国间之现行条约或协定,凡授权葡萄牙政府或其代表在中华民国领土内对葡萄牙共和国国民或公司行使领事管辖权之一切条款,兹特撤销作废。

葡萄牙共和国国民在中华民国领土内,应遵守中华民国法律及受中华民国法院之管辖。

二、关于北平使馆界及上海、厦门公共租界,关于中国通商口岸制度与中国领土内各口岸外籍引水人之雇用,以及关于葡萄牙共和国船舶在中华民国领水内之沿海贸易与内河航行,葡萄牙共和国政府及其国民所享有之一切权利,概行放弃;对于此等船舶,应在相互原则下,给予与对于任何业已同样放弃上述权利之其他国家之船舶所规定之同等待遇。

三、在中国之葡萄牙领事法庭前所发布之命令、宣告、决定、判决及其他处分,应认为确定案件,于必要时,中国官厅并应予以执行。凡在中国之葡萄牙共和国领事法庭现有任何未结案件,如原告或告诉人希望移交中华民国政府之主管法院时,应即交由该法院尽速进行处理之,并尽可能适用葡萄牙共和国之法律。

四、关于葡萄牙共和国政府、国民或公司在中国之现有不动产权利,双方同意,此项权利及其契据不得取消作废。此项权利及契据之葡萄牙所有人在中国所享受之待遇及所应遵守之规章,并应与为一九四三年一月十一日以后与中华民国政府订有废除治外法权条约之任何他国政府之国民或公司所规定者相同。

上述建议,如荷贵部长以中华民国政府名义,证实中华民国政府愿予接受,本照会与贵部长复照即认为构成葡萄牙共和国与中华民国间之协定,并自互换照会之日起,开始生效。"

等由。本部长兹奉命代表中华民国政府接受贵公使来照所记录之建议,本照会及贵公使来照即认为构成中华民国与葡萄牙共和国间之协定,并自互换照会之日起,开始生效。

本部长顺向贵公使重表敬意。

此致

葡萄牙共和国驻中华民国特命全权公使酆赛嘉博士阁下

王世杰(签字)

公历一千九百四十七年四月一日于南京

《中华民国史档案资料汇编》第五辑第三编《外交》,第813—816页

中国海关与澳门政府签订之关务协定

1948年3月12日

澳门关务协定

中国与澳门政府佥认为,双方为增进与确保华南一带及澳门地方之长期繁荣,有赖于高度之合作,并为达成共同防止走私任务起见,中国海关及澳门政府经委派代表举行谈判,商定实施方案,以实现双方合作之期望。根据此项谈判结果,澳门政府表示愿采必要之立法与行政措施,以执行下列各条:

一、(甲)澳门政府禁止一切船舶于夜晚:(一)自澳门境内驶往中国,但经澳门政府与中国拱北关税务司另行商定者,不在此限;(二)自中国境内驶往澳门,但遇险船舶及经澳门政府与中国拱北关税务司另行商定者,不在此限。

(乙)澳门政府为协助中国政府防止私运属于中国海关所规定之违禁、禁止及限制物品,或中国政府所颁进出口贸易办法附表所列暂行停止及禁止输入物品前往中国起见,对于该项物品不得发给出口许可证或装船准单。上项物品清表应有拱北关税务司随时送达澳门政府查照。

(丙)澳门政府应责令结关前往中国船舶之船主向澳门政府呈递出口仓口单,澳门政府应将该项出口仓口单签证属实,于该项船舶结关前以副张送达拱北关税务司查照。

(丁)澳门政府应责令由中国到达澳门或由澳门结关前往中国之船舶或民船,将行程簿或民船往来挂号簿呈送澳门政府签证,并注明到达或结关日期。

二、上列办法实施所需手续,应由澳门政府与拱北关税务司商定之。

三、日后如因促进贸易、便利商民,认为对于双方有所裨益时,澳门政府对于商民愿在澳门地方履行中国海关财务义务之问题,应于呈准葡萄牙政府后考虑之。

四、依据促成上项办法之合作精神,澳门政府及拱北关税务司对于预示可能构成违反对方法律、规章或本协定所列各项办法之一般目的之事件及情况,应互相通知。

五、本协定各条款于立法程序完成五日后发生效力,直至签订本协定之一方以书面通知对方废止之日起三个月后终止。各条款之修正,得由双方协议处理之。

中华民国三十七年五月二十日

附件:来往函

一、中国海关总税务司致澳门总督函

径启者:兹谨奉达贵总督,本人业经中国政府授权,将协定节录签证,其中载明澳门政府与拱北关税务司商定之防止走私各项办法。

兹谨送上经本人依法签证之协定节录一份及同文协定节录一份,请贵总督予以签证,连同证实该协定节录各条款已为中国政府所接受,并为澳门政府所接受之函件,一并送还本人为荷。

本人顺向贵总督对中国海关显示之善意,表示崇高之敬意。

此致

澳门总督奥里维拉

中国海关总税务司李

一九四八年五月二十日

二、澳门总督致中国海关总税务司函

径复者:顷准贵总税务司本日来函,内附协定节录两份,载明最近中国海关与澳门政府业已进行之商洽。

兹谨将业经依法签证之协定节录一份附还,并证实澳门政府接受本协定节录各条款。

　　此致

中国海关总税务司李

澳门总督奥里维拉

一九四八年五月二十日

《中华民国史档案资料汇编》第五辑第三编《外交》,第816—818页

（八）中国与其他国家关系

　　说明:战后,中国周边许多国家纷纷独立,中国与独立国分别建立起正式外交关系。在处理侨民、边界问题上,并非想象中的一帆风顺,双方的分歧仍不时存在。

1. 中暹关系

外交部关于暹罗政府限制华侨移民交涉经过情形呈文
1947 年 5 月 16 日

　　外交部呈　　东 36 字第 10086 号

　　中华民国三十六年五月十六日

　　查暹罗拟限制我移民入境一案,在彼系早具成议,事属必行,而近因潮汕一带往暹轮船常因滥载,酿成惨案,更为暹方所借口。本年三月五日暹政府即正式向我驻使提出谈判移民问题,本部据报后,经即邀集侨务委员会及海外部派员会商,决定从取缔滥载及自动限制入手,以缓和暹方之反感各情,曾于本年三月二十五日以东 36 字第六零六九号呈报,并饬李大使向暹方交涉,勿即实施限额各在案。旋据该大使呈复称,暹罗阁议已于本年三月三十一日通过,限制我移民每年一万人,其他各国二百人。其后虽经我提议以战前十年间移暹华人之平均数目为

根据,主张每年限额最少须为一万八千人,并请照最惠国待遇,按照英美各得二百名之例,不能对我稍有歧视,侨教问题亦应同时解决。迭令李大使竭力交涉,并由我部迭约暹大使来部,面述我方立场,但暹方则除允将侨教悬案迅作解决以为酬答外,对于移民限额暂定为每年一万名一点,以事关暹方内政,且因经济状况不容超过此数,于是竭力坚持未肯让步。本年五月二日据李大使电称,暹移民限额办法已于四月二十九日公布,计内容如下:(一)每年移民限额暂定一万,(二)凡经商、游历来暹暂住者、取道暹国者以及随员学童等人不作为移民,(三)暹政府聘任人员及其眷属暹籍妇女之夫持有有效居留证或出口证者,以及传教士、教授、中小学教员,与曾住暹国妇女,在外国所生子女随母返暹者,出生暹国因结婚而失去暹国籍之妇女,皆不在限额内。侨眷则依暂时制定办法不列入限额之内。侨教问题已获圆满解决,现正待暹方书面答复。现续据李大使电呈,以限额公布后各方反响尚佳,侨社深知我已竭其所能,故迄无一报纸加以非议各等情。查本案交涉数目虽未能使之增加限额,但已造成与我协商之先例,而此次又因暹议会开会在即,为免反对派借口攻击,不得不对我大量涌进之侨民暂加相当限制。除分函有关机关查照,并相机再与暹方交涉,以期移民限额得以增加外,理合将暹罗对我移民限额经过情形备文呈报鉴核。谨呈。

行政院

外交部部长王世杰

《中华民国史档案资料汇编》第五辑第三编《外交》,第 777—778 页

中暹恢复外交关系

1948 年 3 月 6 日

(本报南京六日电)我国政府六日起正式承认暹罗新政府,恢复中暹外交关系。据外交部发言人六日称:暹罗于去年十一月九日发生政变后,已按照宪法之规定,于本年一月二十九日举行普选,新国会下院中民主党拥有过半数之议席,民主党领袖乃宽于二月二十日率命组织

内阁,并已于三月五日获得下院信任案,中国政府鉴于现在暹罗政府已为其人民一致拥护之合法政府,且乃宽曾以照会申明暹罗政府当充分履行其一切国际义务,决自三月六日起承认暹罗新政府,恢复两国间之正常外交关系。

(中央社南京六日电)暹前政府所派驻华大使杜拉勒晤记者称:渠尚未接获中国政府方面承认暹现政府之正式通知。"俟中国政府承认暹新政府后,余即将离华他去,前往暹罗或他地"。杜氏表示:如渠本人返暹安全无虑,则将返暹,不然将赴他地,惟目前尚难决定。按:杜氏于去年十一月九日暹罗发生政变后,曾公开表示渠本人不服从新政府命令。

《申报》1948 年 3 月 7 日

暹罗外长说中暹关系并未恶化
1948 年 3 月 18 日

(中央社曼谷十八日电)由于暹政府对华侨学校因悬挂中国国旗问题而采取断然态度,此间各界纷纷猜测中暹关系已见恶劣,暹外长披罗斯利刁桑法琪,曾向暹记者基于此项根据之说以严厉驳斥,渠称:就渠所知,中暹关系并未恶化,同时,两国国民刻正在从事友谊性之合作,渠并强调诸凡一切误解,均可循友谊性之外交谈判方式予以消除。

《申报》1948 年 3 月 20 日

暹罗取缔排华团体
1948 年 5 月 9 日

(路透社曼谷九日)暹罗政府已于今日令警察严厉取缔秘密团体、共党、共党授意的团体,或其他捣乱分子。暹罗此举是在发现以排华为标榜的极端地下团体之后。

《申报》1948 年 5 月 10 日

2. 中缅关系

蒋主席对缅制宪议会开幕的贺电
1947 年 5 月 11 日

（路透社仰光十一日电）缅甸制宪议会可望于今日通过议决案，声明所拟制定之宪法将为独立主权的缅甸联邦之宪法。大会临时主席社会党领袖马泰金致辞称："吾人之领导原则乃为所制之宪法应规定政府之民主制度，本人相信吾人必能制成为各族所接受之宪法，以建立统一强大的国家"。中、英、美、法、印、澳等国昨均有电贺缅甸制宪议会之开幕。蒋主席之贺电有谓："余及中国人民，对贵会所负之任务，深表同情，谨祝早日完成使命，并盼中缅友谊永存勿灭"。

《申报》1947 年 5 月 11 日

中缅正式互派大使
1947 年 9 月 9 日

（中央社南京九日电）外交部今日宣布：中国政府已正式同意与缅甸政府交换大使。中缅关系，素称密切，互派大使后，两国邦交，将愈臻巩固，缅甸在东亚之地位，亦当益见重要。

《申报》1947 年 9 月 10 日

归侨返缅继续谈判中
1947 年 9 月 8 日

（联合社南京八日电）外交部今日宣布：缅甸华侨万余人，战时避难返国，战后中缅两国政府谈判结果，已有六千人左右返国。政府现正继续谈判，以便于极短时期内，遣送其他流亡华侨返缅。缅甸当局曾反对华侨返缅，谓将增加政府之财政负担，但中国政府则以为缅甸全部华侨均为财主，一旦事业恢复，对于缅甸战后复兴，定有贡献。最后两国政府商定,出生缅甸或一九四二年以前住居缅甸之华侨,及能自立者,均准其返缅,每月至少准许华侨二千左右返缅。

《申报》1947 年 9 月 10 日

缅甸独立与中缅关系

自印度及巴基斯坦获得独立后,缅甸民族也积极走向独立,完成了历史上又一次不流血革命。据伦敦消息:缅甸代表团在总理牛泰价领导下,于十月十七日与英首相艾德礼,签订了英缅条约,规定明年一月英国将政权移交独立之新缅甸政府。二十四日英议会开会,艾德礼提出缅甸独立法案,顺利完成立法手续。英缅甸事务大臣李斯杜威尔,于二十六日正式公布"缅甸独立法案"与"英缅条约",法案内容规定自明年一月六日起,缅甸即成为一独立国家,既非英自治领之一部,亦不受英保护。条约内容承认缅甸共和联邦为一完全独立之主权国家,双方任命适当之外交代表,英缅甸事务部亦于明年一月六日结束;同时规定英缅军事关系,英国享有防务上之特殊利益,缅甸不得接受任何一国之防务代表,至英缅贸易关系,则采用互惠办法,此与美菲条约关系相同。但无论如何,这是一个别具新义的历史事件。开明的英国政府,实践了放弃殖民地政策的诺言,为大西洋宪章精神增加了光彩;而缅甸民族继印度及巴基斯坦不流血革命过程中,完成了民族解放和民族独立的使命,同样值得吾人的庆祝。

缅甸位于马来亚半岛最窄的地方,其大陆边疆与我国唇齿相依。据一九四零年国联年鉴统计:缅甸面积有二六一六一零方里,人口有一千六百万,包括缅甸人、卡洛林人、印人及中国人,其与暹罗印度交通,仅有仰光为主要活动港口。缅甸民族为东南亚最富有活力的民族,且习于耕作,早有亚洲"极乐之域"之称。这个勤劳的民族,有他古老的历史,公元第六至第七世纪,为封建贵族个别建立的藩邦,第十一至第十三世纪,封建领主让地位与商人阶级,不仅建立巨大的城市,并且与中国南洋发生商务连络,建立了强大的民族王国。那时佛教也从印度传入,文化逐渐发达,至第十四世纪,一直维持自己的独立。缅甸在对外关系上,曾打败蒙古帝国的侵略;直到第十九世纪,三次对英战争败北,终沦为英帝国的殖民地,缅甸民族悲惨的命运便于此时开始。英帝国认缅甸为"不列颠王冠的明珠",为了印度、香港及马来亚的统治,它必须领有缅甸,同时为了与法国争衡远东,它不惜投下金镑经营缅甸。一八八六年缅甸被宣布为不列颠帝国的一部,并且并入印度,同时英帝国为实行"分而治之"的传统政策,缅甸被分化上下两区,树立几十个小王国集合而成的联邦,此与统治印度的技巧相同。一九三七年曾根据赛门委员会建议,实行印缅分治,直隶英皇管理,内阁设缅甸事务部,指导缅甸总督行政;总督下设缅甸议会,分上下两院。是以缅甸既非殖民地,亦非自治领,而为大英帝国半自治的领地。缅甸民族富有活力,他们虽不满英国统治,然在这次大战中,却贡献人力物力支持盟国,并以领土领空供盟军对日作战,纵在日军占领下亦自强不屈。大战告终英国工党执政,缅甸继埃及及印度之后而独立,不仅为英国政府贤明的措施,并且是战后世界政治的必然趋势。看英政府和议会迅速而明断的决定,英皇接待牛泰价的诚挚表示,英帝国的王冠虽失去了灿烂的珍珠,但在英帝国自力更生的道路上,却添了世界的友人,更在民族解放运动上,留下人类最可纪念的一页。我们对于英国政治家这种有远见有魄力的做法,实在觉得可以钦佩。

　　吾人对缅甸获得独立,倍感兴奋,未来中缅自主的外交关系,亦必更日有增进,有裨于两国的安定与繁荣。在历史上,中缅关系有着很光荣的篇幅,即在地理上地位上,两国更有患难相共唇齿相依的关系。中缅交界的区域,与滇康毗连有三大江(潞江、澜沧江、大金沙江),内奄有片马江心坡诸地,关系我国西南边疆,亦为我西南国防的要塞,其得失事关我国命运重大。不幸历年来界务纠纷,时有发生,致中缅疆界迄未勘定,因之两国商务往来也缺乏正常。现在缅甸获得独立,我国已与之交换大使,勘界问题亦在进行中,实为中缅关系好转之先声。

　　吾人庆贺缅甸的独立,愿望缅甸制宪的成功,走向民主自由的大道。亚洲东南的安定与繁荣,系于未来的中缅的亲善。我国古代的世界政策,一贯以厚往而薄来为理想。放眼看今日世界,中缅地理上地位上的重要,吾人深深盼望缅甸的新生,选择中缅合作友好的道路,打破历年中缅界务纠纷的僵局,进而重建中缅商务关系。东南亚是慈祥善良的境地,吾人愿中缅两民族友好合作,永远沐浴在和平与宁静的慈海里!

《申报》1947 年 10 月 31 日

外交部就中缅界务问题声明立场

1947 年 12 月 1 日

(本报南京一日电)外部发言人顷因中缅划界问题,中缅报纸报导不一,特声明我国政府立场如下:关于滇缅界务,中英两国曾于一八九四年三月订有成约,除尖高山以南部分已由中英双方先后会同勘定外,至尖高山以北一段边界,俟将来查明该书情形,两国再定界线。查约文所指之北纬二十五度三十五分之北一段边界,即由腾冲之尖高山起以北一段,此段界线中英两国虽经数度交涉,迄未商得一同意之界线,民国三十年八月十八日,中国外部曾向英驻华大使馆提议,仍本友好和洽之精神,继续商谈此段未定界线,俾此多年悬案终获解决。英国大使馆于同年十一月十七日复称:已转达英政府及缅政府考虑中,一俟接到复文,即行转达等语。嗣太平洋战事爆发,缅甸沦陷,中国政府遂未再接英方关于此事之任何复文,今缅甸将告独立,中国政府及人民至感欣慰,关于此滇缅北段未定界务,相信中国与独立之缅甸,一本两国人民友好和睦之精神,及条约上之规定,不难循正当之外交途径求得合理合法与满意之解决,此时任何片面之言论或行动,自不能强使对方认为有效也。

《申报》1947 年 12 月 1 日

缅外交部声明中缅界务可协商解决

1947 年 12 月 1 日

（合众社仰光一日电）缅甸外交部之发言人一日称：缅甸政府不顾中国对其北边境一部分土地之"要求"，将接管现成为缅甸之一部分，及一九四六年一月四日成为卡伦尼邦之一部分之一切领土。该发言人称：缅甸国境边界早经载明于官方地图上，不须诉诸联合国，惟渠承认，若干边界虽则于地图上载明，然未在地面上设有标识，关于未定界部分，皆由双方协定解决之。

《申报》1947 年 12 月 3 日

叶公超出国庆贺缅甸独立

1947 年 12 月 29 日

（本报南京二十九日电）缅甸将于明年元月四日正式独立，我派往专任庆贺之特使外次叶公超，决于三十日上午八时离京，取道昆明专机飞往仰光，随行秘书郑健生，随行武官张显良上尉偕往，预计周后返国。

《申报》1947 年 12 月 30 日

蒋介石电贺缅甸独立

1948 年 1 月 4 日

（本报南京四日电）缅甸于四日正式宣布独立，此曾为我国藩属，历经六十年之异族统治吾人之兄弟邦，于此重登坛坫。我政府除派外次叶公超前往参加典礼专致贺忱外（按叶特使系于除夕下午六时飞抵仰光），蒋主席、张院长、王外长，及国民外交协会理事长吴铁城、中缅文协秘书长杭立武，均有贺电分致缅甸之总统、总理、外长等遥祝。四日晨，酷似我国国旗之青天白日星（一大五小）满地红缅甸共和国国旗，冉冉上升于国际联欢社屋顶，飘扬晴空。下午五时至七时，缅甸驻华大使馆代办萨布瓦德于国际联欢社交易大厅举行盛大鸡尾酒会，驻京各国使节及我政府首长多人均应邀莅临，同为自由富足之缅甸举杯。八时，中缅文协杭会长假原地欢宴英缅及我国人士五十余人。缅驻华大使馆现已在京觅得馆址,定五日正式开馆。首任大使宇密登即将启程来华。

蒋主席致缅总统萧恢塔贺电如下:兹值贵国独立,余代表本国政府及人民,谨向阁下申表最真挚之贺忱。贵国人民在阁下贤明领导之下,允能匪勉匡膺,共向日趋繁荣之目标奋进。中缅两国境壤连接,邦交素睦,经此战争,益臻弥久,异日两邦,定能继续合作,共为人类福利而戮力,则以往之友谊,堪为圭臬,此余所深信弗疑者也。蒋中正。

《申报》1948 年 1 月 5 日

3. 中菲关系

陈质平公使晤菲总统商各项迫切问题
1947 年 2 月 17 日

(中央社马尼剌十五日电)据悉:中菲友好条约之签订、菲律宾市场菲化及移民等迫切问题,在今晨我驻菲公使陈质平与罗哈斯在总统府内之长时间谈话中,皆经提出讨论。自晨十时始,晤谈约九十分钟。罗哈斯及陈公使皆不欲泄漏讨论内容。陈公使于接见记者时,仅讨论系于友好气氛中进行,并提及两国间之诸种迫切问题。菲方消息灵通人士称:因菲方暗示欲重新考虑中菲条约草稿,故中菲条约之谈判,可望于最近期内恢复,并在一具体方式下讨论,是项条约草稿,乃由菲方参加谈判者于上周内提出,而中国代表以该草稿撤消所有双方业已同意之条款而认为不能接受。

《申报》1947 年 2 月 17 日

我停止与菲谈判,外部将发声明
1947 年 2 月 20 日

(联合社南京十九日电)中宣部今日宣布,外交部准备于一二日内停止中菲条约谈判事发表声明。

（中央社马尼剌十八日电）此间华侨对祖国政府停止与菲律宾再做迁延时日及毫无结果之友好条约谈判所取之坚决立场，一致表示赞扬，本地华侨虽希望中菲友好条约能继两国商约之后，缔结成立，俾两国均获其益，但彼等对菲政府官员之反复善变，致使谈判中断之事，毫不引以为怪，此于菲方在最后一分钟尚欲坚持变更拟议中之整个草约，可以觇之，据某华侨评称：当此侨胞受菲方恐吓及恐怖行为之害，及菲政府与国会不断考虑采取数十种不公正措施，以完全排华为目的之际，欲与菲方谈友好，宁非贻笑大方。同时此间外国观察家，认为菲律宾独立后所获得之国家威望，将因其最近在中菲谈判中所表现之反复无常之态度而告贬落。

《申报》1947 年 2 月 20 日

菲总统罗哈斯邀陈公使长谈
1947 年 3 月 26 日

（中央社马尼剌二十四日电）据消息灵通人士之可靠消息：我国驻菲公使陈质平，本晨曾与菲总统罗哈斯自七时三十分起，作两小时商谈，中菲友好条约之谈判，因而不久可望重开。据悉：罗哈斯对陈公使表示，菲方盼望二月十八日停止之缔约谈判，继续进行。罗陈两人，并曾讨论及多端事项。陈公使本晨被邀与总统早餐，以便检讨两国之友好关系。

《申报》1947 年 3 月 26 日

菲竟反对琉球归还中国并要台湾"自决"前途
1947 年 11 月 3 日

（合众社马尼剌三日电）马尼剌公报三日称：菲律宾将反对任何使琉球归还中国之运动。菲外交部官员称：菲国代表将在对日和会上反对此项建议，以及将此事提交联合国。据称：菲官方反对此建议之原因,乃在于若琉球岛置于一个外国管辖下,菲律宾地位可能陷于危险。菲律宾将要求琉球岛置于托管下,并将要求台湾之政治地位,由其"自决"。另一官员称:美国可能不愿放弃琉球岛之统治。

（中央社马尼剌三日电）马尼剌公报所载菲律宾反对我国收回琉球之要求事,菲外长季里诺暨外次艾佛立加,今晨皆未表示意见。外部与总统府之其他官员称:渠等"绝未闻及此事",故不能加以证实或否认。但据记者从其他方面获悉:菲政府应有反对意图,且远在张群院长于国民参政会驻委会宣布中国将要求收回琉球以前,菲外部某官员即已拟就菲对此表示反对之计划。此间观察家对菲方此种态度,普表惊讶,盖菲律宾是否将被邀出席对日和会,迄今尚难获悉也。

《申报》1947 年 11 月 4 日

菲外交部否认曾反对琉球归我
1947 年 11 月 4 日

（中央社本市讯）菲律宾马尼剌公报,主张台湾实行"自决",此间各方对于此项故意抹杀事实之建议,深感惊异。台湾重建协会理事长杨肇嘉氏,四日特对记者发表谈话称:台湾永远为中国之领土,台湾人民尽属黄帝之子孙,虽经日寇五十余年暴力之统治,其纯洁之血统,始终不变,余信台湾人民无一愿意脱离祖国之怀抱。台湾于八年抗战后,得以重返祖国,台省同胞无不感觉兴奋,虽然其后事实之发展,未能尽符台胞之希望,因此虽引起外间种种之谣传,但余可断言台胞绝无脱离祖国之倾向,二百八十年前郑成功之率领台胞反抗满清,保卫台湾,艰苦奋斗,与日寇侵占后丘逢甲等无数先烈,前赴后继,力图恢复失土之壮烈史实,永为台胞之光荣,今日之台胞无疑必将追随彼等祖先之足迹,为保卫台湾,重建台湾而努力。

（中央社马尼剌四日电）菲外部顷发表一简短声明,否认昨日马尼剌公报所载消息。该声明称:"菲国任何外交官员,均未曾发表此种声明,且未有任何外交官员,准备基于所传之理由,采取关于反对中国要求之步骤,所传之理由谓:菲国反对中国之要求,乃因设如琉球群岛置于单一外国之完全统治下,琉球对菲律宾之战略位置,或可危及菲国之地位"。

《申报》1947 年 11 月 5 日

我将向菲政府提照会,太平岛为我领土
1949 年 4 月 15 日

(联合社马尼剌十四日电)菲律宾西面二百五十里之太平小岛,似将引起国际纠纷。中国公使馆今日宣布将向菲政府提出照会,要求证实报载菲海军奉令巡逻该岛之消息,是否确实。照会中并将声明太平岛为中国领土,菲国不得加以侵犯。

《申报》1949 年 4 月 15 日

菲总统声明对华政策不变
1949 年 4 月 29 日

(联合社马尼剌二十九日电)菲律宾总统季里诺昨在碧瑶接见中国公使陈质平,向之声明,菲律宾对华政策不变,即使政府军再败挫亦然,并请将此意转告将总裁。据碧瑶报告,季氏曾谓,即使国民党政府迁都至"最后"小城,菲律宾仍加以支援。

《申报》1949 年 4 月 30 日

4. 尼泊尔

尼泊尔代表团抵京
1947 年 5 月 2 日

(本报南京二日电)尼泊尔访华团二日下午四时许于团长克利新那将军领导下,乘车由沪抵京。下车后,即由在站欢迎之外部礼宾司长

李骏等陪同赴励志社休息。三日晨将赴陵园谒陵，同日午谒王外长，下午分谒张院长、孙副主席、沈市长，晚应王外长宴，日内谒蒋主席，献赠尼王之特等勋章。克利新那将军二日晚于旅邸接见记者，发表简短谈话称，余等此次不远万里，观光贵国首都，快慰奚似。近年来，余足迹遍及欧洲各地，久有观光上国之意，今果如愿以偿，首次莅临此最大邻邦，实为莫大快事。中国有悠久与伟大之文化，虽经艰险，卒能屹立至今，殊足钦佩。中尼两国邦交素极密切，一九零九年尼即曾派代表团来华，此次为尼代表团访华之第二次，至贵国代表团光敝国者，先后有一九二二、一九三四及一九四六等三次。本团为一亲善使节团，主要任务在以尼王之特别大勋章献赠贵国主席，此类勋章，为尼王所赠他国领袖之最高勋章，先后曾赠与英、比等国君主，此外并将以尼王所赠之女神三权勋章，赠与蒋夫人，此亦为尼王所能赠与他国妇女界领袖之最高勋章。余等此来，并携有尼王及尼首相致蒋主席之亲笔函，相信此来对两国邦交之更臻密切，或有所裨益。今日励志社广场除悬有青天白日满地红国旗外，尚悬有一只三角日月旗，此即尼泊尔国国旗。该旗图案庄严美观，此番首次飘扬于我国国土，路过者咸极注目。

《申报》1947 年 5 月 3 日

张群于右任接见尼泊尔访华团

1947 年 5 月 3 日

（中央社南京三日电）尼泊尔访华团团长克利新那将军一行，定五日飞平游览，外交部特派马秘书天英偕行照料，然后经杭返京。克氏一行三日上午十时由外交部礼宾司陪谒中山陵，献花致敬。午间由马秘书天英陪同前赴外交部拜会王部长世杰，午后由张院长群、于院长右任，分别接见，嗣于五时赴市政府拜会沈市长。晚间七时半王部长世杰于官舍致宴该团。

《申报》1947 年 5 月 4 日

尼泊尔拟与我建立友好关系

1947 年 5 月 5 日

（合众社伦敦五日电）顷自此间探悉：尼泊尔政府在此移交印度政权日期渐近之际，刻正准备放弃专与英国之传统友好关系，而将与中国建立友谊。

《申报》1947 年 5 月 7 日